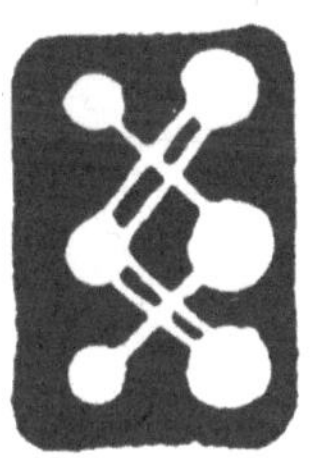

»Weibliche Figur (Seifenbläserin) als Allegorie auf Christian Peter Wilhelm Beuth, den Pegasus über einer Industriestadt reitend« von Karl Friedrich Schinkel, datiert auf 1837, aus dem Kupferstichkabinett der Staatlichen Museen zu Berlin. (Ausschnitt.)

Patrick Eiden-Offe

KLASSE

DIE POESIE DER ~~KUNST~~

Romantischer Antikapitalismus und
die Erfindung des Proletariats

Matthes & Seitz Berlin

Für Valentin und Martha
und für Johanna

Inhaltsverzeichnis

Einleitung

Im August 1830 reist Eduard Gans, ordentlicher Professor der Rechte an der Berliner Universität, Freund Heinrich Heines und Haupt der Hegel'schen Schule, nach Paris. Nur wenige Wochen zuvor hatten sich dort die aufgestauten sozialen Spannungen in einem kurzen revolutionären Ausbruch mit Barrikadenkämpfen entladen, in deren Zuge der letzte Bourbonenkönig Karl X. vertrieben und der »Bürgerkönig« Louis-Philippe auf den Thron gesetzt worden war.[1] Besonders aktiv in Erscheinung getreten waren während der Juli-Revolution die Saint-Simonisten, Anhänger einer in ihren religiösen Anschauungen oft wirren, in ihrer Gesellschaftskritik aber profunden frühsozialistischen Gruppierung.[2] Als Emissär der Berliner Hegelianer trifft sich Gans in Paris nun mit Vertretern dieser revolutionären Gruppe, um sich mit ihnen über den Stand der gesellschaftlichen Bewegung auszutauschen. Über viele gemeinsame Kritikpunkte an der entstehenden kapitalistischen Gesellschaftsordnung hinweg wird Gans schnell eine entscheidende Differenz beider Lehren bewusst: Während die Saint-Simonisten das »Uebel der Concurrenz [...] in der bürgerlichen Gesellschaft« beklagen und es in »Ordnung und Hierarchie verwandelt« sehen wollen, erblickt Gans gerade in der saint-simonistischen Ordnungsutopie ein Grauen, welches das soziale Chaos der Gegenwart weit überträfe. Das »Uebel« der Saint-Simonisten aber gilt ihm als Versprechen:

> »Wer aber die Concurrenz von ihr [der bürgerlichen Gesellschaft] ausschließen will, der erschafft eine andere Sklaverey der Aufsicht, welche, selbst wenn sie glücklichere Verhältnisse böte, nicht zu ertragen wäre. Das Alterthum arbeitete mit seinen Sklaven; wir mit unseren eigenen

> Personen. Dafür gehört aber auch die Person sich selber an, und ihr Glück oder Unglück, Erfolg oder Mißgeschick nehmen, hieße ihr heute die einzige Poesie entziehen, deren sie fähig ist. Denn die negativen Seiten des Lebens gehören auch dazu: wie das Gute das Böse voraussetzt, so muß ein volles Unglück möglich seyn, damit das Glück eine concrete und angemessene Gestalt empfange.«[3]

Dass Gans mit der »Concurrenz«, im Einklang mit dem Sprachgebrauch der Zeit und zumal dem der Saint-Simonisten, auch und ganz zentral das Problem der Klassenbildung im Blick hat, zeigen die folgenden Abschnitte seiner Memoiren, wo »Proletarier« und »Fabrikherren« einander gegenübergestellt werden und gar von einem sich anbahnenden »Kampfe der Proletarier gegen die mittleren Klassen der Gesellschaft« die Rede ist.[4] Warum aber meint Gans gerade in der »Concurrenz« eine Wurzel der »Poesie«-Fähigkeit des modernen Menschen (der »Person«) erblicken zu dürfen, die auf keinen Fall gezogen werden sollte? Die »Poesie« des modernen Lebens wird für Gans in dessen ökonomischer Prekarität begründet; die »Poesie« ist verbürgt durch die »concrete«, die stets gegenwärtige Möglichkeit des wirtschaftlichen Untergangs. Die Autonomie der Person, ihr (nur) Sich-selber-Angehören, liefert sie zugleich einer neuen Form von Heteronomie aus: einer Fremdbestimmung durch die Ökonomie. An dieser Heteronomie erst findet die Autonomie ihren Ernstfall, an ihr muss sie sich beweisen. Erst indem der moderne Mensch der Zufälligkeit und Unplanbarkeit der sozialen und ökonomischen Verhältnisse offen ins Auge schaut, kann er seinem Leben die volle, »angemessene Gestalt« und Form verleihen.

Der immer mögliche sozioökonomische Untergang, die immer gegenwärtige Drohung, in den »Pöbel« hinabgestoßen zu werden: Das ist es, was nach Gans die »Poesie« des modernen Lebens ausmacht.[5] Diese Pointe gewinnt ihre Brisanz auch daraus, dass hier ein gängiges Selbstverständigungsmuster der Zeit irritiert und neu justiert wird, das ausgerechnet wiederum Hegel auf die allseits zitierbare Formel gebracht hatte: In der Moderne, so postuliert er in seinen *Vorlesungen über die Ästhetik*, habe es der Mensch mit einer

»bereits zur *Prosa* geordnete[n] Wirklichkeit« zu tun; der moderne Roman aber sei das angemessene künstlerische Artikulationsmedium, um den notwendig sich ergebenden »Konflikt zwischen der Poesie des Herzens und der entgegenstehenden Prosa der Verhältnisse« auszutragen.[6]

Hegel hielt seine Ästhetik-Vorlesungen zwischen dem Wintersemester 1820/21 und dem Wintersemester 1828/29 insgesamt viermal, und die Rede von der »Prosa der Verhältnisse« konnte in den folgenden Jahren und Jahrzehnten auch deshalb so populär werden, weil die neue sozioökonomische Realität in dieser Formel präzise auf den Begriff gebracht schien: Die beiden Jahrzehnte nach 1830 werden im Deutschen als Vormärz bezeichnet, weil in ihnen alle Zeichen der Zeit auf jene Revolution vorverweisen, die im Februar 1848 zuerst wieder in Paris ausbrechen wird, um dann im März wie ein Lauffeuer den ganzen Kontinent in Brand zu setzen. In dieser Epoche findet in Europa der Durchbruch der Industrialisierung statt, die Gesellschaft wird marktförmig durchdrungen. Im Vormärz werden alle wesentlichen Weichen für das gestellt, was wir bis heute »die Moderne« nennen: Es beginnt *unsere* moderne Geschichte – mit all ihren Aufbrüchen, Normierungen und Spaltungen.

In den ästhetischen Konzeptionen der Zeit findet sich ein Widerschein dieser Entwicklungen. In seiner Romantheorie kontrastiert der »linke« Hegel-Schüler Friedrich Theodor Vischer das Poetische als Einbruch »auffallender, überraschender Begebenheiten«, als Offenheit, mit der »Prosa der Zustände«, welche er durch Vorhersehbarkeit und Routine bestimmt sieht. Die »prosaische Einrichtung der Dinge der Welt« umreißt Vischer historisch konkret: Es ist die »Teilung der Arbeit«, die zusammen mit einem »allgemeinen Zug zur Mechanisierung der technischen Produkte, des Schmucks etc.« die Charaktistik der Moderne ausmacht.[7]

Dass sich aus einer Verhältnisbestimmung von Poesie und Prosa die geschichtsphilosophische Signatur der Gegenwart herauslesen lasse, das hatte schon Jacob Grimm der Epoche ins Stammbuch geschrieben: »Die Poesie vergeht und die Prosa (nicht die gemeine, sondern die geistige) wird uns angemessener«, so heißt es in der

Einleitung der *Deutschen Grammatik* von 1819,[8] und so wurde es den ganzen Vormärz hindurch immer wieder zitiert, von Theodor Mundt in seiner *Kunst der deutschen Prosa* von 1837 etwa oder in Berthold Auerbachs politisch-poetologischem Manifest *Schrift und Volk* von 1846.[9] Im Gegensatz zu Grimm aber und auch zu Hegel, die den Zug zur Prosa als unhintergehbaren geschichtsphilophischen Zug der Epoche bestimmen, versuchen im Vormärz Dichter, Wissenschaftler und Philosophen, später auch politische Aktivisten und Propagandisten, einen Ausweg aus der »Prosa der Moderne« (Peter Bürger) zu finden und eine Re-Poetisierung des Lebens zu erreichen. Gesucht werden zunächst – in einer Formulierung Vischers – »grüne Stellen« des Poetischen im Grau der »eingetretenen Prosa«:[10] gleichsam Inseln des Außer-Gewöhnlichen, Reservate des »Wilden« inmitten der Zivilisation. Gesucht werden dann aber schließlich Möglichkeiten, die Moderne selbst, das moderne Leben gerade in seiner Modernität zur Ressource einer neuen Poesie zu machen. Hier findet Gans' Vorschlag seinen Einsatz: Wer es – mit Hegel, aber auch über Hegel hinaus – ernst damit meint, das Wirkliche als vernünftig zu rechtfertigen, der kann über den Gang der Geschichte keine Klage anstimmen, sondern muss diesen durchdringen.[11] Wer sich aber trotzdem mit der »Prosa der Verhältnisse« nicht abfinden will, der muss das Poetische dort suchen, wo die Doxa es am allerwenigsten vermuten würde.[12] Der muss, zugespitzt, gerade auch die gesellschaftliche »Teilung der Arbeit« und, damit einhergehend, die Klassenspaltung als Quellen des Poetischen akzeptieren. Wer eine Poesie des modernen Lebens sucht, der wird folglich um eine *Poesie der Klasse* kaum herumkommen.

Es ist nicht ohne Grund, dass in den beiden Jahrzehnten nach Hegels Tod – und, literaturhistorisch, nach dem Goethes: in der »Endschaft der ›Goetheschen Kunstperiode‹« (Heine) – im Deutschen der Begriff der sozialen Klasse heimisch wird und parallel eine folgenreiche Neubestimmung des Begriffs der Poesie vonstattengeht. Beides, so soll im Folgenden gezeigt werden, gehört im Vormärz noch zusammen, und zwar – wie wir bei Gans sehen können – nicht nur als Dichtung mit Trauerflor.

Auf die anhebende Klassenspaltung bezieht sich 1846 auch Berthold Auerbach in seiner Programmschrift, in der er eine weitere – eine gleichsam »wissenspoetische«[13] – Dimension des Poetischen freilegt. Ausgehend von Grimms Bestimmung der kraftvollen »alten Sprache« der »Wilden« postuliert Auerbach, dass gerade das Neue – »[s]elbst die neueste technische Umgebung« – sprachlich und gedanklich überhaupt nur erfasst werden könne, wenn man ein irreduzibel poetisches Element annehme, ein Element, das uns von der Prosa »wiederum zur Poesie führen« könne. Poetische Kraft und »Stärke« aber habe sich, so Auerbach, besonders in der Sprache des einfachen, des gemeinen oder »niederen Volkes« erhalten.[14] Die »volksthümliche Sprache« besitze die besondere Fähigkeit eines »kindlich Herumtastenden, wo man noch keine fertigen Schablonen und stehenden Redensarten für alles hat, sondern sich erst die Merkmale sucht, neue Worte schafft und alte neu bildet« – wo der Sprechende, so lässt sich zusammenfassen, sprach-poetisch tätig wird.

Durch die Wahlverwandtschaft von Poesie und »niederem Volk« wiederum könne Letzteres überhaupt erst gesamtgesellschaftlich in Erscheinung treten: »Es ist unbestreitbar, daß noch zu keiner Zeit die Zustände des sogenannten niedern Volkes so vielfach sich in die Betrachtung der Hochgestellten drängte[n], wie in unseren Tagen. Wesentlich hat hiezu die Poesie beigetragen.«[15] Wenn Auerbach als Beispiele aus dem englischen Sprachraum dann »Boz«, ein frühes Pseudonym von Charles Dickens,[16] und den »Korngesetzdichter« nennt – den *Corn Law Rhymer*, einen Aktivisten des Chartismus, der ersten größeren organisierten Kraft der englischen Arbeiterbewegung[17] –, dann kann kein Zweifel daran bestehen, dass er mit dem »sogenannten niedern Volk« nicht bloß seine geliebten Schwarzwaldbauern im Blick hat, sondern auch den »Pauperismus und das Proletariat«, denen er denn auch den letzten Absatz seiner Programmschrift widmet.[18] Als poetisch ausgebildete und ausgesprochene Tatsache aber wird »Klasse« dann schnell zum zentralen Bestandteil des politischen Imaginären der Epoche.

Poesie der Klasse kann somit schließlich auch als Genitivus subjectivus gelesen werden. Die Klasse tritt selbst als Subjekt, als Autor und Rezipient ihrer eigenen Poesie in Erscheinung. Der von Auerbach ins Spiel gebrachte *Corn Law Rhymer* ist in dieser Hinsicht kein schlechter Kandidat. Im deutschen Sprachraum wäre etwa an Wilhelm Weitling zu denken, der neben und wegen seiner »communistischen« Agitationstätigkeit von den Herrschenden mit genügend Zeit ausgestattet wurde, »Kerkerpoesien« zu verfassen,[19] oder an das von dem frühsozialistischen Projektemacher Hermann Püttmann 1847 herausgegebene *Album. Originalpoesien*, in dem neben Weitling unter anderen Georg Weerth, Friedrich Saß, Percy Shelley, Ferdinand Freiligrath, Anastasius Grün und Heinrich Heine mit Gedichten vertreten waren, und das, so Püttmann im Vorwort, noch einmal zeigen sollte, dass »die Dichter, die *wahren* natürlich, [...] immer mit dem *Volke* [gehen] und [...] niemals mit den *Königen* gegangen [sind]«.[20]

»Der Begriff der Poesie«, so schreibt Georges Bataille, »kann als Synonym von Verschwendung angesehen werden«.[21] Die Rede von einer *Poesie der Klasse* soll im Folgenden dazu dienen, die Klassenfrage – so wie sie sich im Vormärz zuerst stellte und wie sie sich bis heute in der einen oder anderen Form *noch* oder *wieder* stellt – vom Paradigma des Mangels zu lösen. Nicht Ignoranz oder Snobismus gegenüber Not und Ausbeutung sollen so zum Ausdruck gebracht werden, sondern ein Staunen über jenen verschwenderischen Reichtum an sozialen, an kulturellen und literarischen Formen, in denen sich Menschen historisch mit diesen Problemen auseinandergesetzt und in denen sie gegen diese Probleme gekämpft haben. Die Poesie der Klasse aber, die wir im Vormärz noch allenthalben beobachten können, wird schon bald verdrängt und unsichtbar gemacht werden – von den Mächten der alten und der neuen Welt, aber auch und nicht zuletzt von jener Arbeiterbewegung, die im Vormärz aus dem Geist der Poesie geboren wird: Je stärker, geschlossener und erfolgreicher die Bewegung in den nachfolgenden Jahrzehnten agieren wird, um so *prosaischer* tritt sie in Erscheinung. Ihre poetischen Gründungsfiguren aber müssen der Bewegung selbst dabei immer mehr bloß noch als irrlichternde Spinner vorkommen. Die Poesie der Klasse aus den Verschüttungen der Geschichte zu bergen und sie für die Gegenwart allererst wieder zur Debatte zu stellen, das ist das Ziel der folgenden Studie.

Klasse und Klassifizierung, Proletariat und Proletarisierung: ein begriffshistorisches Panorama

Ob in Poesie oder Prosa – soziale Wirklichkeit manifestiert sich in Sprache und verdichtet sich in Begriffen.[22] Die sprachlichen Ausdrucksformen wiederum prägen die soziale Wirklichkeit, sie geben der historischen Entwicklung eine Richtung oder irritieren sie; Begriffe müssen somit immer auch als selbst wirkmächtige historische Akteure angesehen werden.[23] Wer dieser wechselseitigen Bestimmung gerecht werden will, der treibt »Gesellschaftstheorie als Begriffsgeschichte« – so die etwas gewaltsame, aber durchaus zutreffende deutsche Übersetzung von Raymond Williams' begiffshistorischem Standardwerk *Culture and Societey* von 1958 –, und er betreibt gleichsam nebenher, wie wir sehen werden, immer auch transnationale Übersetzungsgeschichte.[24] Die Frage, wann und von wem für welche Sachverhalte welche Begriffe eingesetzt (oder verworfen) werden, ist dabei klarerweise eine politische: Begriffsgeschichte ist immer auch »Begriffspolitik«.[25] Die erste Hälfte des 19. Jahrhunderts zeichnet sich durch eine überaus rege, eine bisweilen fast überhitzte begriffspoetische und begriffspolitische Aktivität aus. Der Vormärz ist der große semantische Verschiebebahnhof, auf dem die politische und soziale Sprache der Moderne sich einspielt – wir werden das nicht zuletzt an Begriffen wie »Klasse« und »Proletariat« sehen.

Zugleich aber hat die begriffshistorische Aktivität des Vormärz eine lange Vorgeschichte, die bis in die Antike zurückreicht. So stammt der Begriff der Klasse aus dem römischen Steuer- und Abgabenrecht, die ursprüngliche Bedeutung von Klasse ist die Steuerklasse; der Begriff hebt also schon ursprünglich auf eine Klassifizierung, eine hierarchisierende Unterteilung des Sozialen ab. Von hier aus erlebt der Terminus in der Folge eine weitgehende soziale Neutralisierung, er wird zum Klassifikationsbegriff schlechthin, mit dem Taxonomien und Tabellen hergestellt und darstellbar gemacht werden. Damit aber verliert er seinen Bezug auf das Soziale überhaupt, er wird zu einem Begriff der Naturgeschichte und der Grammatik und nun fast ausschließlich auf Fauna, Flora und Sprache appliziert.[26] Ab Mitte des 17. Jahrhunderts findet der Begriff zurück in seinen ursprünglichen Anwendungsbereich. Dass nun wieder Menschen oder menschliche Kollektive klassifiziert werden sollen – und nicht etwa Blumen oder Wörter –, muss im Deutschen am Ende des 18. Jahrhunderts noch eigens sprachlich markiert werden: So ist denn vielfach von »Volksclassen« oder »Menschenklassen« die Rede.[27]

Wenn seit ungefähr 1800 und verstärkt dann ab 1820 im Deutschen der Begriff »Klasse« zum Einsatz gebracht wird, um die gegenwärtige Gesellschaft zu beschreiben und zu interpretieren, dann lässt sich dies auf eine Reihe von sozialhistorischen Veränderungen beziehen: Der Begriff der Klasse springt – oder besser: schleicht sich – zunächst überall dort ein, wo das alte Ordnungsschema der Stände sozioökonomisch langsam abgebaut und schließlich per politischem Beschluss abgeschafft wird. Dies wird spektakulär in der Französischen Revolution vollzogen, aber auch wesentliche Teile der sogenannten preußischen Reformen lassen sich als eine sozioökonomische und politische Entkernung des Ständewesens begreifen, auch und gerade wenn die alte Ordnung offiziell weiter besteht. In diesem Sinn müssen vor allem die Aufhebung der Leibeigenschaft und die Einführung der »Gewerbefreiheit« mit Abschaffung des Zunftzwangs und Gewährung eines freien Berufswahlrechts gewertet werden. Wenn »Stand« die juridische Kodifikation sozialer Hierarchien meint, dann wurde »Klasse« als Beschreibungsbegriff vielfach dort gewählt, wo die juridische Differenzmarkierung wegfiel, es aber trotzdem soziale Unterschiede zu konturieren galt. Für seine Verwendung als Verlegenheitslösung qualifizierte den Klassen-Begriff dabei gerade seine vermeintliche wissenschaftliche Neutralität.

Auch das »Proletariat« hat eine lange Geschichte. Die Bezeichnung kommt parallel zum Begriff »Klasse« auf, in der Wehrverfassung des Servius Tullius im 5. Jahrhundert v. Chr. Dort bezeichnet »proletarii« die »Angehörigen der 6. Klasse, d.h. die Besitzlosen und damit Unbewaffneten«, die »infolge ihrer Armut keinen (militärischen) Beitrag für das Gemeinwesen zu leisten imstande waren«.[28] Nach einer verbreiteten Etymologie hat der »proletarius« seinen Namen von den »proles«, den Nachkommen, die das Einzige sind, was er zum Erhalt der *Patria* (und deren Armee) beizutragen hat.[29] Der intrinsische Bezug zwischen dem Proletarier und seinem Nachwuchs bleibt erhalten und wird uns auch in der folgenden Untersuchung immer wieder begleiten – sei's als Vorwurf, die Proletarier vermehrten sich wie die Tiere, sei's als Lob, sie versorgten wenigstens die »industrielle Reservearmee« mit immer neuen Rekruten.

Anders als beim Begriff der Klasse, der in nachantiker Zeit ein Exil in den Klassifikationen der Naturgeschichte und klassischen Grammatik findet, wird der Begriff der *proletarii* schon in der späteren Antike ungebräuchlich und gerät dann ganz in Vergessenheit. Erst in der Renaissance erfahren auch die Proletarier eine Wiedergeburt, und zwar in England. Im 17. Jahrhundert, dem Jahrhundert des Bürgerkriegs und der damit einhergehenden Klassenkämpfe, wird auch der Begriff der *proletarii* wieder gebräuchlich und schließlich als »proletary« auch anglisiert.[30] Die begriffshistorische Frage, wann die »Proletarier« zum ersten Mal im Deutschen auftauchen und zur Beschreibung der Gegenwart benutzt wurden, ist schwer zu beantworten. Ein früher Beleg ist sicher ein Brief des Freiherrn vom Stein vom 21. September 1829, in dem der lange pensionierte Reformminister einen Freund vor der außenpolitischen Unzuverlässigkeit Englands warnt: »In England Uebergewicht der Proletarien, der Nationalschuld.«[31] Zuvor war der Einsatz des Begriffs durch die deutsche Altertumswissenschaft vorbereitet worden. Schon Niebuhrs *Römische Geschichte* von 1811 erörtert ausführlich den Status der – hier bereits eingedeutschten – Proletarier, und in den folgenden Jahren setzt man sich im Fach dann darüber auseinander, wie angesichts unklarer Quellenlage *proletarii* und *capite censi* zu unterscheiden wären. Denn auch die *capite censi* sind vermögenslos und zählen deshalb nur »nach ihren Köpfen«. Die Debatte um die Gegensätzlichkeit beider Gruppen fragt nach der Möglichkeit, noch im sozialen *Off* Unterscheidungen treffen zu können; dass die Proletarier ein wissenschaftliches Klassifikationsproblem darstellen (und vielleicht nicht nur ein solches!), war also von Anfang an klar.[32]

In der Mitte der 1830er Jahre entfacht sich dann in Deutschland eine breite Debatte um Proletarier und Proletariat, wobei die sprachliche Gestalt der Gruppe noch nicht standardisiert ist: Seine berühmt gewordene Denkschrift überschreibt der Münchner katholisch-romantische Sozialphilosoph Franz von Baader noch barock mit dem Titel *Über das dermalige Mißverhältnis der Vermögenslosen oder Proletairs zu den Vermögen besitzenden Klassen der Sozietät in betreff ihres Auskommens, sowohl in materieller Hinsicht, aus dem Standpunkte des Rechts betrachtet*.[33] Der »Proletair« kommt von weit her, er gehört – auch sprachlich – einer »heimatlosen Klasse« an.[34] Nach der Juli-Revolution von 1830 sorgen selbst ruhe- und heimatlose Exilierte, Revolutionstouristen, Dichter und Journalisten wie Ludwig Börne und Heinrich Heine dafür, dass neben dem revolutionären Gedankengut auch die weit entwickelte und ausdifferenzierte politisch-soziale Sprache der Franzosen als geistige »Contrebande« nach Deutschland importiert wird. Die sprachliche Importgeschichte lässt sich, analog den »Proletairs«, besonders prägnant an Nicht- oder Halb-Übersetzungen nachvollziehen, die sich gerade bei Heine überall finden: So ist etwa in seinen Korrespondenzartikeln, die er ab 1831 aus Paris regelmäßig an die Augsburger *Allgemeine Zeitung* schickt, von »Ouvrier-Emeuten« die Rede, wenn es um die Seidenweber-Aufstände in Lyon 1831 geht, oder von der »Crapüle«, wenn das Gassenvolk von Paris gemeint ist.[35] Der »peuple«, das einfache, niedere Volk erscheint bei Heine assonierend als »Pöbel«, wobei er versucht, im Eingedenken an die ruhmreiche Rolle des *peuple* in der Revolution den pejorativen Beiklang des deutschen Wortes zu neutralisieren. Es wird ihm nicht gelingen, und so unterscheidet auch Heine denn schnell wieder zwischen dem verworfenen »Pöbel«

und den ehrenhaften »Ouvriers« – ein frühes Vorspiel zur später konstitutiven Spaltung der Klasse in Arbeiter und Lumpenproletariat.[36]

Der noch lange fließende Charakter der sprachlichen Bestimmungsversuche trägt der fluiden Basis Rechnung, auf welche die Sprache sich bezieht. Das »Proletariat« war im Sprachgebrauch des Vormärz noch ein überaus heterogenes Konglomerat, ein »buntscheckige[r] Haufen«, wie Marx später schreiben wird,[37] eine »motley crew«, deren Genese sich globalhistorisch bis ins 15. Jahrhundert zurückverfolgen lässt, wie Peter Linebaugh und Marcus Rediker in ihrem bahnbrechenden Werk über *Die vielköpfige Hydra* gezeigt haben.[38] Ob dieses heterogene historische Kollektiv über eine einheitliche sozialhistorische Signatur identifizierbar ist, galt schon im Vormärz als fraglich. Heinrich Wilhelm Bensen subsumiert in seiner »historischen Denkschrift« *Die Proletarier* von 1847 additiv und explizit aufzählend:

> »1.) die eigentlichen Fabrikarbeiter; 2) die Gehülfen und Arbeiter in allen Geschäften und Gewerben, welche auf fabrikähnliche Weise betrieben werden; 3) die Landarbeiter, d.h. eben sowohl die eigentlichen Taglöhner, die sich ohne Besitz bloß durch ihrer Hände Werk ernähren, als die zahllosen Unterpächter letzten Rangs, denen nach Aufkündigung des Pachts nicht so viel Capital bleibt, daß sie eine Zeitlang selbständig mit ihren Familien existiren könnten; 4) die Armen, welche der öffentlichen Unterstützung heimfallen; 5) die gemeinen Soldaten; 6) die Gauner, Freudenmädchen, Banditen etc.; 7) die kleinen Bediensteten geistlicher und weltlicher Art«.[39]

Der Begriff der *Proletarisierung* erlaubt es, die sozialhistorische Identität all derer zu erfassen, die als »Proletarier« bezeichnet wurden. Der Begriff kommt im späten 19. Jahrhundert auf – beim alten Engels – und wird später zu einem wichtigen sozialwissenschaftlichen Instrument.[40] »Proletarisierung« macht aus dem »Proletariat« eine Prozesskategorie; im Zentrum der Aufmerksamkeit steht nicht länger das Ergebnis, sondern der Prozess der Herstellung eines sozialen Kollektivs. Der Begriff gehört damit ins Umfeld einer ganzen

Reihe von (nominalisierten) Verbalisierungen, die alle demselben Muster folgen: So wie Simmel aus der »Gesellschaft« auf Prozesse der »Vergesellschaftung« geschlossen hat, so Freud von der »Identität« auf solche der »Identifizierung«.[41] Vom Proletariat auf Prozesse der Proletarisierung zurückzugehen, tut den alten Hegel'schen Schritt, nach dem die Substanz immer auch als Subjekt verstanden werden muss, und geht noch einen posthegelianischen Schritt weiter vom *Subjekt* zur *Subjektivierung*: Das »Proletariat« ist demnach, in aller Kürze, das Ergebnis eines sozialhistorischen Prozesses der Proletarisierung *und* des politischen Akts einer Subjektivierung, einer politischen Identifizierung mit der eigenen Proletarisierung.

Proletarisierung einer Gesellschaft bedeutet zunächst nichts anderes, als dass der Anteil von Lohnarbeitern an der Bevölkerung wächst, dass etwa Bauern in Lohnarbeiter verwandelt werden. Das aber hat Voraussetzungen, die sich am adäquatesten in negativen Begriffen bestimmen lassen: Dass jemand Lohnarbeit verrichtet, deutet auf die Abwesenheit anderer, überkommener Möglichkeiten der materiellen Reproduktion hin. Historisch vollzieht sich Proletarisierung als »Zerstörung der jeweils ›bisherigen‹ Arbeits- und Subsistenzformen«.[42] Nun ist aber diese Zerstörung nicht automatisch gleichbedeutend mit der Einsetzung der Proletarisierten in geregelte Lohnarbeitsverhältnisse; um diese Differenz zu markieren, haben Gero Lenhardt und Claus Offe die Unterscheidung von »passiver Proletarisierung« und »aktiver Proletarisierung« vorgeschlagen. Erstere muss nicht unbedingt letztere nach sich ziehen; die Proletarisierten können sich auch um »Alternativen zur ›aktiven‹ Proletarisierung in der Lohnarbeiterexistenz« bemühen, und sie haben genau dies historisch massenhaft getan. Die »devianten« Formen proletarischer Existenz, die Bensen aufzählt, das seinerzeit aufgeregt diskutierte Wachstum der »classes dangereuses«, die Flucht in die »Auswanderung«: All dies zeigt, dass den frisch Proletarisierten meist alles andere plausibler war als der direkte Gang auf den Arbeitsmarkt.[43]

Im Vormärz treten nun die beiden *analytisch* isolierbaren Phasen der Proletarisierung auch *historisch* auseinander, die Trennung tritt uns in quasi real-analytischer Klarheit vor Augen. Genau dadurch aber eignet sich die Übergangsgesellschaft des Vormärz auch so gut, uns zur »zweiten Natur« (Hegel) gewordene Anschauungs- und Denkformen zu irritieren: Dass *wer nicht arbeitet* – wer keiner geregelten und regelmäßigen Erwerbs- oder Lohnarbeit nachgeht – *auch nicht essen soll*, genau diese Binsenweisheit erschien den Menschen im Vormärz noch als grausame Zumutung.[44]

Das Proletariat: ein nicht-identisches Subjekt

Seit den 1830er Jahren machen die proletarisierten Individuen ihre Lebensbedingungen und Erfahrungen zum Bezugspunkt einer kollektiven Identifizierung, aus der als politisches Subjekt schließlich das »Proletariat« (oder die »arbeitende Klasse«) hervorgeht. Die Entstehung der Arbeiterklasse, so könnte man zuspitzen, ist unter diesem Gesichtspunkt nicht von der Entstehung der Arbeiterbewegung zu trennen; ohne Arbeiterbewegung – und sei diese zu Anfang noch so rudimentär – keine Arbeiterklasse. Die Proletarierinnen und Proletarier erklären sich und anderen ihre *condition proletariénne* und erleben die Selbst-Interpretation ihrer Erfahrungen als Konstitution eines Wir, das alle Unterschiede im Einzelnen übergreift. Ohne Klassenbewusstsein – so lässt sich die Zuspitzung weitertreiben – keine Klasse. Die Kategorie des Klassenbewusstseins sollte allerdings nicht mentalistisch verkürzt verstanden werden: »Klassenbewußtsein ist die Art und Weise«, so definiert E. P. Thompson, »wie man diese Erfahrungen kulturell interpretiert und vermittelt: verkörpert in Traditionen, Wertsystemen, Ideen und institutionellen Formen«.[45] Klassenbewusstsein ist, mit anderen Worten, untrennbar mit jener Dimension sozialer Sinngebung verbunden, die in sozial- und kulturwissenschaftlichen Debatten der letzten Jahrzehnte über den Begriff des *Imaginären* angesprochen wurde. Imaginär wird das Klassenbewusstsein auch deshalb genannt, weil es sich in Bildern, Erzählungen und Mythen, in Sprechweisen, Vorstellungsmustern und Bildersprachen – bei Thompson: »imagery« – artikuliert.[46] Klassenbewusstsein ist weder handgreiflich-real, noch ist es einfach fiktiv; es bewegt sich im Bereich kultureller Erfindungen – vom Gedicht bis zur Institution –, und deshalb ist auch die proletarische Klassenidentität *imaginär*, so wie das Proletariat als klassenbewusstes *eine Erfindung* ist. Erfindung: Das ist, wie Mary Shelley in ihrem großen Maschinenstürmer-Roman *Frankenstein* zur gleichen Zeit festgestellt hat, keine »Schöpfung aus dem Nichts«, sondern die neue und unerwartete Kombination vorgefundener Materialien.[47] Und so konstituiert sich im Vormärz auch das proletarische Klassenbewusstsein durch die Kombination vorgefundener historisch-kultureller Versatzstücke, und es konstituiert sich nicht zuletzt durch die Erfindung einer eigenen Tradition: der Tradition der rebellischen Handwerksgesellen und der gerechtigkeitsliebenden Sozialrebellen. Diese Tradition ist imaginär: Sie ist erfunden und eingebildet, sie wird aber dennoch historisch ungeheuer wirkmächtig.[48]

Die Texte, die im Folgenden Gegenstand eingehender Lektüren werden, werden als Verkörperungen eines imaginären proletarischen Klassenbewusstseins in diesem Sinn gelesen: Manifestationen und Ausgestaltungen kollektiv geteilter Erfahrungen. Die Texte legen Zeugnis ab von den Erfahrungen, und sie machen nachvollziehbar, wie die Manifestationen, die Verkörperungen, ihren eigenen Bedingungen nicht nur folgen (wie einem Programm), sondern diese auch verändern (das Programm umschreiben). Man muss sich davor hüten, primäre und sekundäre Aspekte von Klassenbildung – kurz: Basis und Überbau – allzu eilfertig sortieren zu wollen und so deren Gewichtung immer schon vorauszusetzen. Dabei geht diese Untersuchung durchaus von einem »objektiven« Klassenbegriff aus, der von ökonomischen Prozessen und deren politischer und juridischer Moderation bestimmt wird. Aber die »subjektive« Dimension dieses Prozesses: die Art und Weise, wie die »objektiven« Bedingungen imaginär bearbeitet und damit kulturell lebbar, wie sie verstehbar und überhaupt erst vorstellbar gemacht werden, wird von den objektiven Bedingungen nicht determiniert. Proletarisierung ist zunächst einmal ein Prozess der »Zerstörung«, der »Enteignung«, der »Unterminierung«, der »Desorganisation«,[49] kurz: der umfassenden Desintegration. Der subjektive (und kollektive) Umgang mit dieser

Desintegration muss nicht notwendig in Richtung jenes Systems der produktiven Lohnarbeit verlaufen, das sich erst später als ein solches installieren und dann als alternativlos präsentieren wird; der Vormärz ist gerade die historische Epoche enormer Anlaufschwierigkeiten dieser Integrationsversuche. Ebenso wenig kommen hier automatisch subversive Subjektivierungen zustande. Jacques Rancière hat in seiner Studie zur Genese der frühen Arbeiterbewegung in Frankreich, *Die Nacht der Proletarier*, mit großer Akribie die Windungen der Schlange nachgezeichnet: den Kampf zwischen »subversiven« Aufbrüchen und »konformen« Rekuperationen, vor allem die Trift, die jeden Aufbruch zum Motor einer neuen Integration in jenes System der Lohnarbeit zu machen droht, dem man gerade entfliehen wollte. Auch diese Prozesse umschreiben eine Poesie der Klasse, und es ist – so zeigt Rancière eindringlich – oft genug die Poesie in einem engen Sinn: die Dichtung und die poetische Imaginationskraft, die sowohl die Ausbrüche wie deren Scheitern ermöglichen. Der Bruch mit den vorgegebenen Identitäten geht vom nächtlichen Lesen und Verfassen von Gedichten aus, von Diskussionen über Metaphysik, von Wanderungen in der Natur, von gemeinsam erlebten Sonnenaufgängen. Vor diesem Hintergrund erst enthüllt sich den Arbeitern die ganze Unerträglichkeit von Werkstatt und Fabrik. Die bei all dem erworbene Bildung aber, die neuen Kenntnisse, der weitere Horizont der lesenden Arbeiter prädestinieren diese auch dazu, die neuen Chefs im nächsten industriellen Innovationszyklus zu werden.[50]

Was Rancière über die individuellen Identitätspolitiken seiner Helden schreibt, kann in einem allgemeineren Sinn von der proletarischen Identität, der Identität des Proletariats überhaupt gesagt werden: Die Prozesse einer subjektiven Proletarisierung, die Konstitution eines kulturell vielfältig verkörperten Klassenbewusstseins führen nicht zu einer bruchlosen Identität, einer Identität des Proletariats mit sich selbst, die dann bloß affirmiert und stabilisiert werden müsste. Die proletarische Identität ist so prekär wie die Existenzweise, die sich in ihr zum Ausdruck bringt; so prekär wie ihre politisch-ökonomischen Voraussetzungen. Proletarische Klassenidentität besitzt von vornherein einen transitorischen Charakter: Ihr eignet ein Zug zur Selbstaufhebung. Alle Entwürfe proletarischer Identität im Vormärz zielen in letzter Instanz darauf, diese Identität wieder verschwinden zu lassen: sei es »socialpolitisch« durch eine Verbürgerlichung und »Einhausung« des Proletariats, sei es »communistisch« in der klassenlosen Gesellschaft.

Der prekäre Zug der proletarischen Identität kommt unübertroffen schon an der ersten Stelle zum Ausdruck, an der schließlich auch Karl Marx auf das Proletariat zu sprechen kommt. Auf die eigene Frage nach der »Möglichkeit der deutschen Emanzipation« antwortet Marx am Ende seiner »Einleitung« in die »Kritik der Hegelschen Rechtsphilosophie« mit einer langen Satzkaskade, die in der Verkündigung des Losungswortes kulminiert:

> »*Antwort:* In der Bildung einer Klasse mit *radikalen Ketten*, einer Klasse der bürgerlichen Gesellschaft, welche keine Klasse der bürgerlichen Gesellschaft ist, eines Standes, welcher die Auflösung aller Stände ist, einer Sphäre, welche einen universellen Charakter durch ihre universellen Leiden besitzt und kein *besondres Recht* in Anspruch nimmt, weil kein *besondres Unrecht*, sondern das *Unrecht schlechthin* an ihr verübt wird, welche nicht mehr auf einen *historischen*, sondern nur noch auf den *menschlichen* Titel provozieren kann, [...] einer Sphäre endlich, welche sich nicht emanzipieren kann, ohne sich von allen übrigen Sphären der Gesellschaft und damit alle übrigen Sphären der Gesellschaft zu emanzipieren, welche mit einem Wort der *völlige Verlust* des Menschen ist, also nur durch die *völlige Wiedergewinnung des Menschen* sich selbst gewinnen kann. Diese Auflösung der Gesellschaft als ein besonderer Stand ist das *Proletariat.*«[51]

Das Proletariat verkörpert für Marx die Tatsache, dass die gegenwärtige Weltordnung eine in Permanenz gesetzte Auflösung jeder möglichen Weltordnung mit sich bringt: basale, durchgreifende Desintegration, »produktive Zerstörung«, wie der Ökonom Schumpeter fast einhundert Jahre später aphoristisch pointieren wird. Gesellschaft ist demnach in der Gegenwart immer schon gleichbedeutend mit »Auflösung von Gesellschaft«, und sich mit diesem

Paradoxon zu identifizieren – dieses Paradoxon zu verkörpern –, ist Aufgabe und Auftrag des Proletariats.

Marx' negativistische Bestimmung des Proletariats mag philosophisch überartikuliert erscheinen; es bleibt aber festzuhalten, dass sich im Vormärz keine Affirmation, keine Feier einer positiven proletarischen Identität findet. Diese wird allenfalls als Durchgangsstadium akzeptiert; das Proletariat bleibt Übergangsfigur. Da aber eine proletarische Identität nicht auf Dauer gestellt werden soll, müssen die Umrisse dieser Identität auch nicht scharf gezogen, keine harten Ein- und Ausschlüsse vollzogen, keine bestimmenden Merkmalskataloge festgeschrieben werden. Die begriffshistorische Unschärfe, an der sich der Historiker die Zähne ausbeißen kann – *was genau hieß im Vormärz »Proletariat«, wer nannte sich selbst »Arbeiter«?* –, haben etwa Wilhelm Weitling und seine Genossen im »Bund der Gerechten« zur positiven Geschäftsgrundlage der eigenen politisch-organisatorischen Arbeit gemacht. Die Unbestimmbarkeit der proletarischen Identität wurde als Grenzenlosigkeit des eigenen politischen Auftrags ausgelegt: Der »Communist«, der klassenbewusste Proletarier, wendet sich letztlich immer »an Alle«: »Wir haben uns an alle Arbeiterklassen, ja an alle Stände der Gesellschaft gewendet; beweiset daß unsere Stimme von Allen gehört, und deren Nutzen erkannt wurde« – so heißt es programmatisch in der ersten Nummer von Weitlings Zeitschrift *Hülferuf der deutschen Jugend* von 1841.[52] *Poesie der Klasse*, das meint nicht zuletzt auch jenen »Enthusiasmus«, der in der Klasse immer nur den ersten Schritt zu ihrer Selbstüberschreitung erblicken kann.[53]

Romantischer Antikapitalismus

Das Überschreiten der Klassengesellschaft, das dem Begriff der Klasse von Anfang an eingeschrieben ist, wird im Vormärz zwar für die Zukunft avisiert, es artikuliert sich allerdings durchgängig im Abgleich mit vergangenen Epochen, in denen es – so die Vorstellung – noch keine Klassenspaltung gegeben habe. Diese Bezugnahme wird im Folgenden als »romantischer Antikapitalismus« gefasst.

Die Wendung stammt von Georg Lukács. In einem Essay über Eichendorff von 1940 nutzt Lukács die Formel vom »romantischen Antikapitalismus«, um zunächst einmal zu bergen, dass es bei Eichendorff eine solche gesellschaftskritische Dimension überhaupt gibt.[54] Lukács will einen Impuls in Eichendorffs Schreiben starkmachen, der sich gegen die »zwecklose und inhumane Geschäftigkeit des modernen Lebens, gegen die ›Tüchtigkeit‹, gegen den ›Fleiß‹ des alten und des neuen Philisters« wendet; einen Impuls, der die »kapitalistische Prosa« des Lebens scharf ablehnt. Stattdessen sieht Lukács bei Eichendorff einen »Kampf um ein sinnvolles, menschenwürdiges Leben im Kapitalismus« am Werk.[55] Die Rebellion gegen die »kapitalistische ›Religion der Arbeit‹«, wie Lukács mit Paul Lafargue formuliert, sei zugleich ein »Kampf um die Muße«; dieser letzte Punkt muss nach Lukács als wesentliches Element jedes romantischen Antikapitalismus betrachtet werden.[56]

An diesem Punkt aber, so mobilisiert Lukács schließlich eine kritische Implikation der Wendung, bleibe der romantische Antikapitalismus stehen: Dieser sei letztlich dadurch charakterisiert, dass er »die Widersprüche der kapitalistischen Gesellschaft« zwar deutlich spürt, »zuweilen scharfsinnig aufdeckt, mit echter Erbitterung und treffendem Spott bekämpft, jedoch nicht imstande ist, ihr Wesen zu begreifen«.[57] Dem romantischen Antikapitalismus fehlten schlicht die analytischen Werkzeuge und Kategorien, um seine Opposition auf den Begriff zu bringen; deshalb bleibe die Opposition vage, die Feindbestimmung unscharf. Im Zentrum von Lukács' Kritik am romantischen Antikapitalismus aber steht dessen Verhältnis zur Geschichte; hier komme seine ganze begriffliche Unbeholfenheit gewissermaßen zu sich selbst: »So schlägt die Aufdeckung der Widersprüche der kapitalistischen Arbeitsteilung um in eine unkritische Verherrlichung jener Gesellschaftszustände, die diese Arbeitsteilung noch nicht gekannt haben; hier ist die Quelle der Schwärmerei für das Mittelalter.«[58] Von der »unkritische[n] Verherrlichung« aber ist es nur ein kurzer Weg bis zum Wunsch, die vergangenen Zustände auch politisch wieder herzustellen: Damit aber würde der romantische Antikapitalismus schlankweg reaktionär.

Der romantische Antikapitalismus bleibt auch nach der Romantik virulent; ja, erst bei entfalteter kapitalistischer Produktionsweise beginnt der Begriff wirklich zu greifen. Um dies zu verstehen, müssen wir allerdings Lukács' kritisches Verständnis der Romantik und des romantischen Antikapitalismus neu justieren. Im französischen Kontext haben in den letzten Jahren und Jahrzehnten Michael Löwy und Jacques Rancière das Romantische als historischen Code der Kapitalismuskritik neu gewürdigt, und auch die Sozialhistoriker der britischen *New Left* – E.P. Thompson, Raymond Williams, Eric Hobsbawm, um nur die bekanntesten Vertreter zu nennen – haben sich durchweg positiv auf die Romantik als Ausgangspunkt antikapitalistischer Kritik bezogen und sich methodisch von ihr inspirieren lassen.[59]

Michael Löwy und Robert Sayre definieren das Romantische überhaupt als einen »Protest gegen die kapitalistische Zivilisation der Moderne im Namen der sozialen und kulturellen Werte der Vergangenheit«.[60] Die Vergangenheit als Ressource der Kritik führt Löwy und Sayre dazu, die romantische auch als »nostalgische« oder »melancholische« Kritik zu benennen.[61] Das Frappierende an diesem Ansatz ist nun – zumal für den deutschen Leser –, dass das festgestellte »nostalgische« Programm der romantischen Kritik Löwy und Sayre nun nicht etwa dazu führt, diese als »rückwärtsgewandt« abzulehnen. Sie stellen vielmehr heraus, dass erst ihr nostalgisches Programm die romantische Kritik in die Lage versetzt, die Folgen und Kosten der Moderne zu verzeichnen. Dass die Differenzfolie einer verlorenen Vergangenheit *auch* dazu führen kann, diese zu idealisieren, ist bei Löwy und Sayre eine mögliche (und selbst dann nicht notwendig verwerfliche) Folge der Kritik, aber keine logisch notwendige (wie dies in der deutschen kritischen Tradition nach Lukács zumeist unterstellt wird).[62]

In Anlehnung an Lucien Goldmann verstehen Löwy und Sayre den romantischen Antikapitalismus als eine »signifikative Struktur«,[63] die es erlaubt, eine Kritik zu artikulieren, die ohne diese Struktur nicht artikulierbar wäre; ein notwendiger Teil dieser Struktur aber ist die Unterstellung einer »besseren« Vergangenheit, die in der kapitalistischen Moderne verlorengegangen sei. Der historische Interpret muss sich nun nicht die Frage stellen, ob dieser Glaube substanziell gerechtfertigt ist oder nicht. Der Glaube bringt eine eigene Form der Kritik hervor, deren Gültigkeit allein es zu prüfen und historisch zu verorten gilt. Der Beweis aber, dass eine Vergangenheit doch »eigentlich« gar nicht so gewesen sei wie unterstellt, geht ganz an der Sache vorbei: Auch erfundene Vergangenheiten drücken ein reales Begehren nach Veränderung aus und können auf dieses hin dechiffriert werden.

Betrachtet man den Antikapitalismus im Vormärz als romantischen, dann kommen neue, bisher ungesehene Verbindungen in den Blick. In England war es immer schon selbstverständlich, die Romantiker als Zeitgenossen und als vehemente Kritiker der industriellen Revolution und der neuen kapitalistischen Verkehrsformen zu betrachten; Shelleys Gedicht »Queen Mab« etwa war, so schreibt Peter Linebaugh, zwei Generationen lang die »Bibel der Arbeiterklasse«, und auch die deutschen Protagonisten der frühen sozialistischen Bewegung waren begeisterte Shelley-Leser.[64] Shelley selbst hat vor seinem frühen Tod entschieden Partei ergriffen in den Kämpfen der frühen Bewegung.[65] Ähnliches lässt sich von keinem deutschen Autor der »romantischen Schule« sagen. Dessen ungeachtet zeigt die Suchformel »romantischer Antikapitalismus« Gemeinsamkeiten etwa zwischen der Modernekritik spätromantischer Texte von Ludwig Tieck und der Sozialkritik frühsozialistischer Autoren wie Georg Weerth oder Ernst Dronke. Und auch die frühsozialistische Theoriebildung von Wilhelm Weitling über Moses Heß bis hin zu Marx und Engels kann so auf ihre romantischen Motive hin untersucht werden, ohne dass dies als theoretische Denunziation aufgefasst werden muss. Gerade in der deutschen Literaturgeschichtsschreibung, in der Epocheneinteilungen immer auch durch politische Meinungsdifferenzen vorsortiert waren und sind, wurden solche Verbindungen oft nicht gesehen oder aber aktiv ausgeblendet.[66] Vielleicht muss es sogar als eine vergebene Chance der deutschen Literatur- und Sozialgeschichte gelten, dass es für die radikale Kritik am System der »Gewerbefreiheit«, so wie sie etwa

Tieck vorgelegt hat, und die frühe sozialistische Bewegung keine Orte und Medien einer Begegnung gegeben hat.[67]

Rettungshistoriografie

Die romantische Kritik »gründet in der Erfahrung eines Verlustes, in der schmerzhaften Überzeugung, dass in der modernen Realität etwas Wertvolles verloren gegangen sei«.[68] Der romantische Antikapitalismus ist daher untrennbar verbunden mit einem Programm der Rettung oder Restitution. Eine der wichtigsten Durchführungsformen dieses Programms aber ist von Anfang an die Historiografie gewesen. E. P. Thompson, darauf macht auch Löwy aufmerksam, kann als einer der prononciertesten Vertreter einer selbst romantisch-antikapitalistischen Geschichtsschreibung betrachtet werden; einer Geschichtsschreibung, die sich ihren Gegenstand dort wählt, wo die industrielle Revolution nicht nur alle »bisherigen« Arbeits- und Lebensformen zerstört, sondern auch alle Formen des Widerstands dagegen gnadenlos und mit sich »alternativlos« gebender Gewalt bricht. Es sind berühmt gewordene Sätze aus der Einleitung von Thompsons Klassiker *The making of the English working class*, die sein Programm einer romantisch-antikapitalistischen Rettungshistoriografie auf den Punkt bringen:

> »I am seeking to rescue the poor stockinger, the Luddite cropper, the ›obsolete‹ hand-loom weaver, the ›Utopian‹ artisan, and even the deluded follower of Joanna Southcott, from the enormous condescension of posterity. Their crafts and traditions may have been dying. Their hostility to the new industrialism may have been backward-looking. Their communitarian ideals may have been fantasies. Their insurrectionary conspiracies may have been foolhardy. But they lived through these times of acute social disturbance, and we did not. Their aspirations were valid in terms of their own experience; and, if they were casualties of history, they remain, condemned in their own lives, as casualties.«[69]

Die genannten Texilhandwerker, die Strumpfwirker, Tuchscherer und Handweber, mögen – so könnte man zusammenfassen – einen »romantischen Antikapitalismus« (im Lukács'schen, abwertenden Sinn) vertreten haben: Sie mögen von der Entwicklung längst überrollt worden sein, mögen verblendet und rückwärtsgewandt argumentiert und agiert, illusorische und dumme Ziele verfolgt haben. Thompson will sie *trotzdem* retten, weil sie nicht nur, wie er schreibt, Zeiten durchleben mussten, die wir uns kaum vorstellen können, sondern auch, weil sie diese Zeiten aktiv und widerständig mitzugestalten suchten. Denn die drei hochqualifizierten Handwerkszweige, die Thompson aufzählt, wurden im Zuge der industriellen Revolution nicht nur durch das Manufakturwesen und eine durchgreifende Maschinisierung der Arbeit verdrängt, ihre Vertreter deklassiert und pauperisiert.[70] Die Strumpfwirker, Tuchscherer und Handweber haben sich auch militant dagegen gewehrt, indem sie die Kerntruppen der »Ludditen«, der organisierten Maschinenstürmer, stellten. Die Kämpfe der Ludditen – die nach General Ludd, ihrem mythischen Anführer, benannt wurden – erlebten ihren Höhepunkt 1811/12 in Nordengland; der Aufstand konnte nur mit massiver militärischer Gewalt niedergeschlagen werden. Die Ludditen wurden vor langer Zeit besiegt, und doch müssen sie immer noch gerettet werden. Denn die »enormous condescension of posterity« hat einstweilen zu siegen nicht aufgehört; sie erneuert sich mit dem »Fortschritt«, mit dem sie sich im Bunde wähnt, und sie erhält sich nicht zuletzt auch in der »linken«, »marxistischen«, »fortschrittlichen« Verurteilung des romantischen Antikapitalismus. Wäre hier nicht historische Solidarität mit den Geschlagenen am Platz gewesen? – so fragt Thompson.

Thompsons melancholische (oder auch Hobsbawms pikareske) Sozialgeschichte kreist in ihrem Erkenntnisinteresse um »blind alleys«, »lost causes« und »losers«;[71] es geht ihr um die Offenlegung von »opportunities not taken«, um verpasste Gelegenheiten in der Geschichtsschreibung und in der Geschichte selbst.[72]

Mit dieser Ausrichtung aber wird Sozialgeschichte zu einer Geschichte von Latenzen. Es geht nicht länger nur darum, »wie es eigentlich gewesen ist«, sondern um das, was hätte geschehen können, was zufällig oder notwendig nicht geschehen ist, aber dadurch vielleicht doch Auswirkungen hatte, um Denkmöglichkeiten, Unterstellungen und imaginäre Überschüsse. Wenn der romantische Antikapitalismus immer mit imaginierten Vergangenheiten operiert, dann muss eine Geschichte des romantischen Antikapitalismus zugleich eine Geschichte (zumeist) kontrafaktischer, aber politisch wirksamer Imaginationen sein.[73] Was aussteht – und wozu im Folgenden der Versuch unternommen werden soll – ist eine *Sozialgeschichte mit Möglichkeitssinn*. Es gilt, mit Rancière, auch für »die Sozial- und die Arbeitergeschichte [...] eine Poetik zu finden«, mit deren Hilfe erst die »Vielfalt der Sprachen und Subjektivierungsweisen zur Kenntnis genommen werden« kann, die nicht zuletzt der Vormärz zu bieten hat, die in der Folge aber – nicht zuletzt von einer modernisierungsbegeisterten Sozialgeschichtsschreibung – vielfach vergessen und verdrängt wurde.[74]

Proletarische Identität: Offenheit und (Selbst-)Einschluss

Das Proletariat im Vormärz hat einen offenen, versammelnden, »multiversalen« Charakter. Die noch ungeordnete proletarische Klassenbewegung findet ihren adäquaten Ausdruck in den Texten, die im Folgenden untersucht werden und die selbst in vielerlei Hinsicht noch ungeordnet erscheinen: Wir haben es im Vormärz mit einer diskursiven Gemengelage zu tun, in der die uns geläufigen Grenzen der gesellschaftlichen Sphären und Teilsysteme, der Disziplinen und Gattungen erst gezogen – oder aber zuvor schon etablierte Grenzen absichtsvoll und experimentell wieder infrage gestellt – werden. Wer im Vormärz über gesellschaftliche Belange schreiben will, kann dies philosophisch oder literarisch tun, er kann sich der im Entstehen begriffenen und akademisch noch kaum institutionalisierten Soziologie oder Volkskunde anschließen, er kann als Wissenschaftler oder militanter Aktivist dann aber auch wieder eine Novelle oder ein »sociales Gedicht« verfassen, um seine Erkenntnisse und Absichten zu artikulieren. Und wenn er schließlich einen Ort zur Publikation des Geschaffenen sucht, kann unser Schreiber aus einer Vielzahl wissenschaftlicher und literarischer Periodika wählen, oder er gründet gleich selbst eine der zahlreichen und zumeist äußerst kurzlebigen Zeitschriften, um von vornherein jedem Ärger mit der Zensur aus dem Weg – dafür aber in den fast sicheren ökonomischen Bankerott – zu gehen. Schriftsteller im Vormärz, zumal die sozial engagierten, waren immer auch Projektemacher; die allgegenwärtige politische Repression und Zensur der Restaurationsepoche hat nicht nur eine ganz eigene, verstellt-ironische »Kunst des Schreibens« hervorgebracht, sondern auch einen höchst eigensinnigen Wildwuchs an publizistischer Projektemacherei.[75]

Dieser wilden Schreibszene begegne ich mit einer ausgewilderten, selbst undisziplinierten Lesehaltung: Ich lese Literatur wie Theorie und Theorie wie Literatur, keins von beidem soll dabei einen epistemologischen Vorrang genießen. Beide Textsorten gelten mir zunächst einmal als Medien, in denen sich die imaginäre Formierung von Klassenidentitäten und -bewusstseinsformen vollzieht und nachvollziehen lässt. Das – ästhetisch vielleicht mediokre – »sociale Gedicht« eines heute weithin vergessenen Poeten verspricht den gleichen Erkenntnisgewinn wie das sozialtheoretische Traktat eines später weltberühmten Philosophen, und jenes Traktat wiederum gibt nur dann seinen ganzen Gehalt frei, wenn es auch in seiner künstlerischen Durchformung betrachtet wird. Dass beides – sagen wir: Georg Herweghs Gedicht »Verrat!« und Karl Marx' *Kritik der Hegel'schen Rechts-Philosophie* – nebeneinander in derselben Zeitschrift (hier: den einmalig erschienenen *Deutsch-Französischen Jahrbüchern*) abgedruckt wurden, darf nicht als Zufall angesehen, sondern muss gerade umgekehrt zum Ansatzpunkt der Interpretation gemacht werden.

Jeder Vormärz indes geht irgendwann zu Ende. Ein kurzer Sommer, dann kommen Herbst und Winter; die Zeit der Öffnung und Offenheit ist vorbei, das Überleben muss gesichert werden. Auch im Hinblick auf die Klassenfigurationen – und das Proletariat zumal – lässt sich im Nachmärz: in der Zeit nach den revolutionären Ausbrüchen der Jahre 1848/49, ein solcher Prozess der Schließung und (Selbst-)Einschließung beobachten. Aus dem »buntscheckigen Haufen« des Vormärz-Proletariats formiert sich das immer fester gefügte Kollektiv einer national bestimmten, männlich-erwachsenen, weißen Arbeiterklasse, und auch dieser Prozess lässt sich in der Literatur nachvollziehen oder wird hier sogar vorbereitet – so in Georg Weerths nachgelassenem Romanfragment.[76]

Auf der Ebene der literarischen und theoretischen Texte geht mit der Klärung der Klassenfigurationen eine Klärung und Begradigung der Gattungsgrenzen einher; der sozialen Disziplinierung entspricht eine disziplinäre Einordnung und Festschreibung der (literarischen und nichtliterarischen) Texte, in denen sich Klasse und Klassenbewusstsein zum Ausdruck bringen. Die literarischen Experimente, die den Vormärz auszeichnen, enden spätestens Mitte der 1850er Jahre; irgendwann um 1855 herum steht das *realistische* Literaturprogramm fest, das dann für mindestens zwei Jahrzehnte bestimmend bleiben wird.[77] Theoretisch endet der Vormärz, so könnte man zuspitzen, erst 1859. In diesem Jahr veröffentlicht Marx die Schrift *Zur Kritik der politischen Ökonomie*; damit wiederum ist Methode und Programm dessen festgelegt, was später »Marxismus« heißen wird.[78] In den *Grundrissen*, die als unveröffentlichter »Rohentwurf« des *Kapitals* in den Jahren 1857/58 entstanden sind, probiert Marx noch einmal verschiedene Konzepte und Darstellungsformen durch, die er sich im Vormärz erarbeitet hat.[79] Danach ist die Phase der Experimente vorbei. Gattungsgrenzen und Disziplinen stehen nicht länger zur Disposition.

Inverse Aktualität des Vormärz

> »Die aktuellen Formen des Kapitalismus, das Auseinanderbrechen des Arbeitsmarktes, die Vernichtung der Systeme gesellschaftlicher Solidarität und die Prekarisierung der Beschäftigungsverhältnisse erzeugen Arbeitererfahrungen und Lebensformen, die möglicherweise jenen dieser Handwerker aus der Vergangenheit näher sind als dem Universum der immateriellen Arbeit und des frenetischen Konsums, das uns so selbstgefällig entworfen wird.«
>
> *Jacques Rancière*[80]

Die Homogenisierung und Uniformierung des Proletariats erweist sich als außerordentlich tiefgreifende und dauerhafte Angelegenheit: Das Wort »Proletariat« evoziert noch heute bei den meisten Lesern spontan das (Schreck-)Bild einer geschlossenen Masse grauer Männer, deren starker Arm die Welt schafft, am Laufen hält oder auch ins Chaos stürzt. Dies Bild war natürlich immer schon ein bürgerlich-ideologisches, in dem sich Angst und Abscheu vor den Unterschichten zum Ausdruck brachte. Das Bild macht aber doch – wenn auch in ideologisch-verstellter Form – den historischen Prozess der Formierung und Einhegung der Arbeiterklasse kenntlich; einer Formierung, an der auch die Arbeiterbewegung selbst ganz entscheidend mitgewirkt hat. Das (ideologische) Bild einer massiven, bruchlosen Arbeiterklassenidentität soll im Folgenden als historische Kontrastfolie dienen, vor der das vielförmige Vormärz-Proletariat Kontur gewinnen kann. Dass »Klasse« und »Proletariat« nicht immer schon die massiv-sichtbaren Identitäten bezeichnet haben, die wir seit dem Ende des 19. Jahrhunderts damit verbinden, das soll in der Untersuchung am Vormärz deutlich gemacht werden. Dass »Klasse« und »Proletariat« indes nicht jede Realität verlieren, wenn sich die massiven historischen Identitäten auflösen, die wir zunächst und zumeist mit diesen Namen immer noch verbinden, das verleiht unserer historischen Untersuchung eine vielleicht überraschende Aktualität. Wenn in unserer Gegenwart allenthalben von einer »Wiederkehr der Klassengesellschaft« die Rede ist, dann wäre das historische Modell für die Gegenwart sicher eher im Vormärz zu suchen als in der Zeit, die uns vom Vormärz trennt.[81]

Denn was heute unter Bezeichnungen wie »Prekariat« oder »neue Proletarität« wiederkehrt, hat mit jener formierten Arbeiterklasse, die spätestens in den 1970er Jahren verschwunden ist, nicht viel mehr gemein als den allergemeinsten Namen und einige sehr globale Bestimmungen.[82] Die »alte« Arbeiterklasse (der Metropolen) war politisch gehegt und mit sozialen Garantien ausgestattet, die das »proletarische Risiko« sehr weitgehend abgefedert haben. Was nach dem Ende dieser formierten Arbeiterklasse kommt, ist das Proletariat in einer wieder rohen, ausgewilderten, heterogen-buntscheckigen Form. Die stetige Erosion des »Normalarbeitsverhältnisses« treibt Klassenfigurationen hervor, die denen des Vormärz immer mehr ähneln. Es sind unreglementierte, »ungarantierte«, immer nur vorläufige Arbeitsverhältnisse; Arbeitsverhältnisse, die eine strukturelle Überqualifikation der Arbeitskraft – wie im Vormärz bei den Handwebern und Tuchscherern … – mit systematischer Überausbeutung verbinden. Wenn Marx in den *Grundrissen* 1857/58 schreibt, dass der Arbeiter immer »virtueller Pauper« bleibe, dann steht heute, wenigstens der Tendenz nach, auch in den Metropolen die Aktualisierung dieser Virtualität auf dem Programm.[83]

Die Aktualität des Vormärz ist allerdings eine *inverse Aktualität*: invers, weil wir im Vormärz historisch den Einschwingprozess jener modernen Konstellation beobachten können, deren langer Dekomposition wir seit den Krisen der 1970er beiwohnen. Im Prozess der Auflösung zeigen sich Bilder des Sozialen, die – gewissermaßen als historische *snapshots* und für sich genommen – denen aus der Formierungsphase zum Verwechseln ähnlich sehen, die aber einer gegenläufigen Sequenz entstammen. Eine Arbeit am Vormärz muss beide Momente erfassen: die Ähnlichkeit wie auch die Unterschiede. Die Moderne, die im Vormärz ihre Gestalt gewinnt, ist immer noch unsre, aber sie zerfällt in der Gegenwart und wird uns unwiderruflich fremd.

Die inverse Aktualität des Vormärz erlaubt schließlich auch historische Erkenntnisse über die Verfasstheit der Klassen, die in der Hochzeit der Klassengesellschaft – grob gesprochen: im Jahrhundert zwischen 1860 und 1960 – vielleicht gerade nicht möglich waren. Wenn heute wie im Vormärz Proletarisierung ohne klar definierte, eindeutige und »sichtbare« Identität auskommt – ohne Arbeiterklassenidentität –, dann wird man rückblickend festhalten müssen, dass die Realität von Klassenverhältnissen keineswegs notwendig an solcherart definierte eindeutige Klassenidentitäten gebunden sein muss. Die starke und starre, gleichsam verschweißte Einheit von politisch-imaginärer Klassenidentität und politisch-ökonomischer Proletarisierung, wie sie im Jahrhundert der Klassengesellschaft vorlag, erscheint im Rückblick dann als ein historischer Sonderfall, der nur durch seine besonders rigide Form als Normalität auftreten konnte. Der sprichwörtlich gewordene *Abschied vom Proletariat* galt diesem Sonderfall.[84]

Und umgekehrt wird man historisch als Regelfall begreifen müssen, was aus Sicht einer »starken«, normativ aufgeladenen Klassentheorie als Abweichung gelten muss: dass es nämlich Widersprüche und Unvereinbarkeiten zwischen soziokulturellem Klassenbewusstsein, politischem Klassenstandpunkt und ökonomisch bestimmtem Klasseninteresse geben kann. Unsere historische Studie zeigt, dass die Kategorie der Klasse immer schon und von Anfang an in sich widersprüchlich verfasst war. Wenn in der vorliegenden Studie von Klassen-*Figuren* die Rede ist, dann soll damit markiert werden, dass Klasse vielfältigen Geltungsansprüchen kultureller, politischer und theoretischer Art untersteht, die sich im Extremfall sogar ausschließen können; dass Klasse *als Figur* aber doch in der Lage bleibt, die verschiedenen Ansprüche im Spiel zu halten und narrativ abzugelten.[85] Deshalb kann von Klasse schon erzählt werden, bevor es eindeutige Definitionen gibt, und deshalb muss von Klasse weitererzählt werden, gerade wenn starke und starre Definitionen durchgesetzt werden. Erzählung hält flexibel und anpassungsfähig, was durch Definitionen sich zu verhärten droht. Das gilt in einem übergreifenden Sinn für das Verhältnis von Literatur und Sozialtheorie, das gilt aber auch für das erzählerische Element innerhalb der Theorien. Das, womit Theorie nicht fertig wird, muss narrativ »bewirtschaftet« werden, damit aber lässt auch das Erzählen der Theorie keine Ruhe.[86] Klasse als Figur operiert gewissermaßen als Partisan in den Begriffsgefügen der Klassentheorien; ironischerweise aber bleiben die Theorien nur durch diese »subversive« figurative Dimension ihrer Begriffe funktionsfähig: Ganze Generationen von *Kapital*-Lesekreisen können ein Lied davon singen, dass sich die metaphorische Darstellungsweise bei Marx eben nicht einfach »wegdefinieren« lässt.

Die kultur- und literaturwissenschaftlich fundierte Beschäftigung mit Klassen-Figuren hilft dabei, Klasse nicht zu leicht zu nehmen. Dass Klasse durch Individualisierung auf- und abgelöst werden soll, wie es die bundesdeutsche Soziologie der 1980er Jahre behauptet hat, lässt sich historisch infrage stellen durch den Verweis darauf, dass Individualisierung von Anfang an nur als die andere Seite von Klassenbildung angesehen wurde und nicht etwa als deren Gegenteil; so bei Thomas Carlyle oder bei Moses Heß. Mit nur wenig Übertreibung wird man aus dieser Perspektive sagen können, dass die Geste des Abschieds von der Klassengesellschaft wesentlich zur Geschichte der Klassengesellschaft selbst gehört; die Diagnose, die Klassenspaltung nun endlich hinter sich gelassen zu haben, wiederholt sich. So hat Patrick Joyce gezeigt, dass in der Mitte des 19. Jahrhunderts – also just in dem Moment, in dem die Klassengesellschaft vollständig und unangefochten installiert war – die englische Arbeiterklasse sich in ihrem Selbstverständnis vom Begriff der Klasse abgewandt und sich nun (wieder) als »Volk«, als »people« imaginiert hat.[87] Wenn wir Klasse als Figur und als historische Prozesskategorie verstehen (und eben nicht als einfache Bezeichnung gegebener Identitäten), dann ist Klasse immer etwas, das gerade entsteht oder vergangen ist; dann befinden wir uns, mit David Cannadine, immer im Spiel von »Beyond Class – Forward To Class«.[88] Wenn aber der Bezug auf Klasse niemals ein bloß handgreiflicher, sondern immer einer *der Erinnerung oder Erwartung* sein muss, wenn also jeder präsentistische Zugang zu Klasse uns immer schon versperrt ist, dann wird der romantische Weg zum einzig realistischen.[89] Romantischer Antikapitalismus wäre dann nicht Ausweis einer weltabgewandten Haltung, sondern Medium historischer Erkenntnis, einer Erkenntnis, die anders nicht zu haben ist.

Aus dieser Erkenntnis lassen sich wiederum auch Rückschlüsse auf unsere politische Aktualität ziehen. Denn was in der Gegenwart fehlt – was *fehlt* allerdings nur gemessen an den Ansprüchen der »alten« Klassengesellschaft vor ihrem Abschied –, ist jene imaginäre Formation, die den Klassen einmal ihre »sichtbare«, schlagkräftige Identität gegeben hat. In dieser Situation – »überall proletarisierte Individuen, nirgends das Proletariat, nicht als erkennbare Gruppe von Menschen und erst recht nicht als kollektiver Akteur«[90] – liegt es nahe, im Wunsch nach zeitgemäßer politischer Handlungsfähigkeit auf jene imaginären Zurüstungen zurückzugreifen, die einmal die alte Arbeiterklassenidentität ausgemacht haben. Aber auch hier, bei der Frage einer imaginären Ausgestaltung von Klassenidentität, sind wir gut beraten, dem diskreten Charme der Stahlbetonmoderne zu widerstehen. Auch bei der gerade neu sich ausbildenden Klassenkonfiguration der Gegenwart sollten wir versuchen, die »Vorzüge eines politischen Gebildes« schätzen zu lernen, »das ohne eine starke Selbsterzählung auskommen« will, kann oder muss.[91] Die historische Arbeit am Vormärz kann hier vielleicht Alternativen zu jener »starken« Selbsterzählung von Klasse vor Augen stellen, von der die Moderne im heroischen wie katastrophalen Jahrhundert zwischen 1860 und 1960 geprägt wurde; Alternativen, die historisch gerade von jener »starken« Selbsterzählung zerdrückt wurden, die sie selbst mit auf den Weg gebracht haben.

I Kleine Meister und Gesellen: Von der Zunft zur Bewegung

1 Romantischer Antikapitalismus: Ludwig Tiecks *Der junge Tischlermeister*

Die Romantik mag – so wurde in den letzten zweihundert Jahren immer wieder vorgebracht – rückwärtsgewandt, defensiv und nostalgisch sein; *bescheiden* ist sie deshalb noch lange nicht. Und so lässt es sich Ludwig Tieck, der längst alt gewordene »König der Romantik«, denn auch nicht nehmen, noch 1836 im Vorwort seiner späten Großnovelle *Der junge Tischlermeister* seinen aktuellen – progressiven, zeitkritischen und gegenwartsnahen – Gegnern vorzuhalten, seit langem schon viel aktueller (viel gegenwartsnäher und zeitkritischer) zu sein als diese selbst. Gemeint (wenn auch nicht benannt) sind zweifellos die Autoren des *Jungen Deutschland*, mit denen Tieck in den Jahren zuvor eine heftige Polemik ausgefochten hatte. Ihnen – wie auch Heinrich Heine – galt Tieck als prototypischer Vertreter einer alten, überlebten Literaturauffassung; als Dinosaurier einer klassisch-romantischen Autonomieästhetik, der die neue Zeit nicht mehr verstehen kann und der deshalb beinahe zwangsläufig zum Lakaien der alten Mächte werden muss.[1] Nach einem langen und heftigen Schlagabtausch tritt Tieck diesen Anwürfen und Diffamierungen schließlich mit »nachsichtige[r] Ironie« entgegen:[2]

> »Wenn die jüngere ungestüme Welt mich jetzt so oft aufruft und schilt, ich soll lernen, erfahren, mitgehen, verstehen und fassen, und ich werfe einmal Blicke in diese Produkte meiner neusten und frischsten Zeitgenossen, so kann ich mich eines Lächelns nicht erwehren, weil so viele dieser neuen großen Entdeckungen und Wahrheiten schon längst in meinen Schriften, zum Teil den frühesten, stehen.«[3]

Der junge Tischlermeister ist mehr als vierhundert Druckseiten stark – wohl eine der längsten Novellen der deutschen Literaturgeschichte – und hat eine verwickelte Entstehungsgeschichte, die Tieck in seinem Vorwort offenlegt. Gerade die langwierige Genese aber soll nun die besondere Aktualität der Novelle begründen. Denn vieles von dem, was Mitte der 1830er Jahre allenthalben krisenhaft ausbricht – und nun auch von Tiecks »neuesten und frischesten Zeitgenossen« wahrgenommen und für neu und frisch gehalten wird –, habe, so Tieck, einen ebenso langen Vorlauf wie sein nun endlich veröffentlichtes Werk. Erste Entwürfe zu diesem seien »schon im Frühjahr 1795« entstanden, und bereits hier sei es ihm darum gegangen, »klare und bestimmte Ausschnitte unsers echten deutschen Lebens, seiner Verhältnisse und Aussichten wahrhaft zu zeichnen« (JTM, S. 11). Der größte Teil der Ausarbeitung scheint ins Jahr 1811 zu fallen. Das Thema gewinnt mit der Zeit an Kontur, denn nun sind »Gedanke[n] über Zünfte, Bürgerlichkeit und dergleichen mehr an der Tagesordnung«; von dem aber, was Tieck dazu beizutragen hat, bleibt »vieles gewissermaßen neu und noch unbesprochen« (JTM, S. 11).

An der Tagesordnung waren die Zünfte 1811, weil sie in Preußen gerade entmachtet und ökonomisch entkernt worden waren durch das »Edict zur Einführung der Gewerbesteuer« vom 2. November 1810. Mit diesem war die in gelehrten Kreisen schon lange diskutierte Gewerbefreiheit eingeführt und damit ein zentrales Anliegen der Stein-Hardenberg'schen Reformen ins Werk gesetzt worden.[4] Zur – wie es in der Präambel des Edikts heißt – »Befreiung der Gewerbe von ihren drückendsten Fesseln« wird der Zunftzwang abgeschafft und das Recht auf freie Berufswahl eingeführt. Das bunte Flickwerk alter und regional differenzierter Privilegien und Konzessionen, durch das die Zünfte bisher Preise, Löhne und Marktzugang reguliert hatten, wird ersetzt durch ein einheitliches Gewerberecht; wer ein Gewerbe ausüben will, braucht nun einen staatlichen Gewerbeschein (und *nur* einen staatlichen Gewerbeschein) und zahlt an den Staat (und *nur* an den Staat) eine Gewerbesteuer. Die Verstaatlichung des Gewerbelebens liegt in ihrer Wendung gegen die altständischen Zünfte noch diesseits der später bestimmenden Opposition von Markt und Staat; sie lässt allererst, so fasst Reinhart Koselleck zusammen, einen »gesamtstaatlichen Markt« entstehen, zu dem »jedermann« Zugang hat, der über die »entsprechende Steuer [...] das Eintrittsbillett in die freie Wirtschaft« zu lösen bereit und in der Lage ist.[5]

Die Einführung der Gewerbefreiheit, die in Preußen so auf dem bemerkenswert prosaischen Weg des Steuerrechts umgesetzt wird, kann in ihrer Tragweite kaum überschätzt werden. Mit diesem Akt verändert sich der ganze Zuschnitt dessen, was Tieck mit »Bürgerlichkeit und dergleichen mehr« anspricht; die Gesellschaft wird strukturell transformiert. Was 1810 als *Gewerbefreiheit* diskutiert wurde, wird wenig später als *Kapitalismus* auf den Begriff gebracht werden. Die Auswirkungen dieser *Great Transformation* wiederum werden in vollem Umfang erst in die 1830er Jahren sichtbar, und hier zeigt sich denn auch die Aktualität, die Tieck seinem *Tischlermeister* zuspricht.

Tieck präsentiert seinen Titelhelden, den jungen Tischlermeister Leonhard, als hellsichtigen Beobachter seiner Gegenwart. Indem Tieck die Handlung seiner Novelle ins Jahr 1802 zurückverlegt, kann Leonhard schon früh gesellschaftliche Veränderungen beschreiben und prognostizieren, die erst 1811, im Jahr der Ausarbeitung der Novelle, mit der Gewerbefreiheit politisch-rechtlich sanktioniert werden und die erst in den 1830er Jahren, zur Zeit der Veröffentlichung, sich sozial voll zu entfalten beginnen.

Die Gegenwartsbeobachtung Leonhards (und Tiecks) ist auf drei Ebenen angesiedelt: Zunächst stellt Leonhard im neuen System der Gewerbefreiheit eine fundamentale soziale Spaltung fest, die für einen Teil der Menschen – den weitaus größeren – mit einer bisher ungesehenen Verelendung einhergeht; in den 1830er Jahren wird hierfür der Begriff des Pauperismus geprägt. Dann zeigt Leonhard, dass das Elend des großen »Haufens« zwar materiell, aber nicht *nur* materiell ist. Es ist nicht die Unsicherheit des nackten Überlebens, die für Leonhard so skandalös ist, sondern die Tatsache, dass das Leben der meisten Menschen sich heute schon im nackten Überleben erschöpft *und erschöpfen soll*; weitergehende Ansprüche, Bedürfnisse und Leidenschaften gelten als unstatthaft. Daran schließen sich die Beobachtungen der dritten Ebene an: Denn das Leben der meisten, der »gewöhnlichen« Menschen hat im neuen System der Gewerbefreiheit auch jede kollektive Sinndimension verloren. Die Zünfte hatten für Leonhard auch die Funktion, eine gesellschaftliche Repräsentationsordnung bereitzustellen, in der sich jeder – an seinem Ort – aufgehoben fühlen konnte. Geht diese verloren, bleiben nur Vereinzelung, Verzweiflung und Leere.

Der Tod des Hauses und das Leben der Fabrik

Der romantische Antikapitalismus Leonhards entfaltet seine ganze diagnostische Kraft und Weitsicht in langen Gesprächen, die dieser mit einem alten Freund, dem Baron Elsheim, führt. Die beiden Gesprächspartner gehen ihren Gegenstand, die gerade stattfindende Transformation der Gesellschaft, dabei von seiner institutionellen Seite her an: vom »Anschein, daß die Zünfte und alle Einrichtungen, die damit zusammenhängen, eingehen werden« (JTM, S. 74).[6] Den Ausgangspunkt von Leonhards Beobachtungen bildet dabei stets seine eigene Stellung als Handwerker; seine Reflexionen entfalten sich vom Kleinen zum Großen, vom Nahen zum Fernen.

Die »Einrichtung«, die mit den Zünften zusammenhängt und die Leonhard in seinem unmittelbaren Lebensumfeld am nächsten angeht, ist »sein Haus« (JTM, S. 16). Dieses besteht aus einer kleinen Tischlerei, die Leonhard gehört und die neben ihm selbst einen Altgesellen, drei weitere Gesellen und drei Lehrlinge beschäftigt. Da die Tischlerei expandiert und sich das »Gewerbe mit jeder Woche vergrößert[ ]« (JTM, S. 16), ist Leonhard dabei, immer neue Gesellen in seinen Betrieb aufzunehmen. Zum »ganzen Haus«, dem Leonhard zusammen mit seiner Frau Friederike vorsteht, gehören noch der kleine Pflegesohn Franz – »das Vermächtnis einer Nachbarin, die arm starb« (JTM, S. 29) – und einige Dienstbotinnen.[7] Man versammelt sich täglich zum gemeinsamen Mittag- und Abendessen an einem »runden Tisch«, an dem alle Hausangehörigen links und rechts des Hausvaters »in der Ordnung sitzen, in der sie früher oder später in sein Haus gekommen waren« (JTM, S. 16).[8]

An das Leben im Hause Leonhards tritt nun – womit die Narration überhaupt erst ausgelöst wird – der Baron Elsheim heran. Dieser ist ein »Schulkamerad[ ]« (JTM, S. 24) Leonhards, zusammen sind sie in der Jugend viel gereist. Nach einer längeren Zeit der Trennung taucht der Baron nun plötzlich wieder in der Stadt auf und macht Leonhard ein Angebot: Er soll mit Elsheim in einem seiner Schlösser ein Theater »einrichten« und zusammen mit dem Baron dort in einer Laientruppe »mitspielen« (JTM, S. 35). Nachdem Leonhard zunächst das Angebot ausschlagen will, um nicht seinen lieben Frieden in Haus, Betrieb und Ehe zu gefährden, willigt er schließlich begeistert ein, nachdem er erfährt, dass Elsheim das gemeinsame »Lieblingswerk[ ]« ihrer Jugend aufführen will: »›Götz! Berlichingen!‹ rief Leonhard aus, indem er hastig seinen Freund umarmte; ›ja, ich reise mit, alles kann liegenbleiben, es geht recht gut ohne mich, und die Frau muß sich darin finden‹« (JTM, S. 35).

Die Gespräche, um die es im Folgenden gehen soll, finden auf der Reise zum Schloss statt. Leonhard ist schon aus seinem alltäglichen Leben im Haus herausgetreten, er und Elsheim sind aber noch nicht in jene Schlossgesellschaft eingetaucht, die dann die zentralen drei der sieben Abschnitte der Novelle einnehmen wird. In der transitorischen Situation der Reise nun kann Leonhard bekennen, dass er mit seinem persönlichen und beruflichen Leben nicht mehr ganz zufrieden ist. Zu seinen Reflexionen angestoßen wird Leonhard durch eine neckische Bemerkung Elsheims, der vorgibt, nicht verstehen zu können, warum Leonhard seinen Betrieb nicht modernisiert:

> »Und wie lange wird es denn währen, so sehe ich Dich ein großes Magazin von Möbeln einrichten, Meister unter Dir arbeiten, denen Du nur Zeichnungen und Bestellungen gibst, und Commissionsrat, oder wie es sonst, heißen; Deinem Vermögen nach, und da es der Ton des Tages so mit sich bringt, könntest Du es auch gleich tun« (JTM, S. 74).

Leonhard reagiert »lebhaft«: »Das geschieht niemals«. Denn es ist genau der »Ton des Tages«, wie er auch in Elsheims Bemerkung zum Ausdruck kommt, der Leonhard seinen Beruf vergällt; in dem, was Elsheim ihm empfiehlt, kann Leonhard nur ein »totes und tötendes Fabrikleben« erblicken, welches das Handwerk allenthalben bedroht (JTM, S. 74).

Was zunächst durch das »Fabrikleben« »absterben« würde, wäre das Leben im »ganzen Haus«, und das beträfe sowohl die Sozialform wie auch den materiellen Arbeitsprozess. Wenn der Hausvorstand nicht mehr »als Vater und Lehrer für [seine] Mitarbeiter sorge und ihnen weiterhelfe«, so Leonhard, dann müsse er zwangsläufig zu deren Ausbeuter werden: Er könne dann nicht mehr anders als andere »Meister zu drücken, und von ihrer Geschicklichkeit und ihrem Schweiße zu prassen«. Bloß durch den Einsatz von Kapital – »durch die Auslage von Geld« – würde er das »Recht [...] erwerben [...], Andere despotisieren und quälen« und ihnen dadurch »Leben, Heiterkeit und Wohlstand zerstören« zu dürfen (JTM, S. 74).

Der Tod des Hauses aber ist verknüpft mit dem Eingehen der Zünfte als Institutionen sozialer Ordnung: Wenn wirklich »die ehrwürdige Zunft neuen Mode-Einrichtungen weichen« muss, dann treten die Hausvorstände – jeder vormals »Vater und Lehrer« seiner Hausangehörigen – nun »als herablassende Vornehme oder Geschäftsleute« auf, die so herabgewürdigten »jüngere[n] Handwerker« aber versuchen sich »durch Umtreiben auf Kaffehäusern und leichtfertiges Tavernengeschwätz im halbmodischen Frack« außerhalb des Hauses ein Ansehen zu gewinnen (JTM, S. 76). Mit dem Leben im Haus jedoch war noch »eine ganz andere bürgerliche Ehre verknüpft«, eine Ehre des Ganzen, das jetzt nichts mehr gelten soll (JTM, S. 76). Das »Fabrikleben« ist ein »totes und tötendes« auch deshalb, weil es ehrlos macht, so könnte man zuspitzen: Es ist der soziale Tod, der mit dem Eingehen der Zünfte bei Meister, Gesellen und Lehrlingen gleichermaßen Einzug hält.

Der Bürgerstand als Ganzes und als Teil

Es ist eine einheitliche soziale Ordnung, die Meister wie Gehülfen umfasst und die sich im Haus und in den Zünften institutionell verkörpert. Wenn Haus und Zünfte eingehen oder absterben, dann zerreißen alle sozialen Bande, die das Ganze der Gesellschaft bisher zusammengehalten haben. In einer fulminanten Suada beschreibt Leonhard diesen Prozess als eine ins Extrem getriebene soziale Polarisierung. *Ist es das wirklich wert?* – so lautet schließlich die Frage, in der Leonhard seine Bedenken zusammenschießen lässt:

> »[I]ch frage nur, ob man denn wirklich bei denen Gewerben, bei denen die fabrikmäßige Einrichtung schon lange hat statt finden können, oder in jenen Ländern, wo es Fabrikstädte gibt, das Glück finde, das uns reizen könne, alles umzustoßen, um dergleichen auch bei uns zu haben? Statt vieler wohlhabenden Menschen einige reiche Leute und einen Haufen armen, verkümmerten und lüderlichen Gesindels, immer in der peinigendsten Abhängigkeit von seinem Brotherrn und dessen quälenden und magern Vorschüssen, ohne Lebenslust, ohne Fähigkeit, Tugend und Liebe kränkliche Kinder zu erziehen, bei einem ganz mechanischen und seelenlosen Geschäfte verdummend, und dadurch angetrieben, Genuß, den der Mensch einmal nicht entbehren kann und will, bei schlechten, berauschenden Getränken zu suchen, früh absterbend, ohne gelebt zu haben, verzweifelnd und sich selbst verachtend zu allen niedrigen Streichen aufgelegt, und nicht fähig, Glück und Unglück zu erleben oder zu ertragen. So habe ich viele Hunderte, schlimmer als Sklaven, in berühmten Fabriken verschmachten sehen, und über die zunehmende Kultur wie anwachsende Barbarei die Schultern gezuckt, daß wir es in unsern Tabellen für Gewinn halten, Menschen, die höchsten Staatskräfte aufzuopfern, um die Ware wohlfeiler zu liefern« (JTM, S. 75).

Mit dem Eingehen der Zünfte zerfällt die Gruppe der »viele[n] wohlhabenden Menschen« in »einige reiche Leute« auf der einen und »einen Haufen armen, verkümmerten und lüderlichen Gesindels« auf der anderen Seite. An die Stelle des sozialen Pakts, der für Leonhard im Haus und den Zünften noch gültig war, ist die bloße

»Abhängigkeit« getreten, die als eine neue Form der Sklaverei angesprochen werden muss; als eine Form der Reproduktion, in der die Menschen selbst zu Waren geworden sind, deren Einsatz und Gebrauch auf Nutzen und Gewinn kalkuliert ist.[9]

Leonhard verurteilt das moderne »Fabrikleben«, weil dieses das über Tradition gewährleistete gesellschaftliche Kontinuum aufsprengt. Dieses soziale *Ganze* aber war, so hält Leonhard fest, »der wahre Bürgerstand, der Kern und das Mark aller Staaten«, das nun »verschwinden muß« (JTM, S. 74f.).[10]

Diese Bestimmung weist eine bemerkenswerte Implikation auf: Leonhard desidentifiziert den »wahren Bürgerstand«, der im »[V]erschwinden« begriffen ist, und das aufstrebende Bürgertum seiner Gegenwart; er spricht diesem Bürgertum, das sich im Laufe des 19. Jahrhunderts als semantische und soziale Entität stabilisieren wird, die Berechtigung ab, den »wahren Bürgerstand« zu vertreten. Letzterer ist als Repräsentation des Ganzen von vornherein nicht auf jene Operation angewiesen, die für das Bürgertum des 19. Jahrhunderts konstitutiv bleiben wird: die soziale Abgrenzung »von den ›unteren Klassen‹, dem Volk, dem Vierten Stand und dem Proletariat«.[11]

Ein Bürgertum, das sich nach unten abgrenzen muss, kann für Leonhard nur *eines* der Zerfallsprodukte jenes betrauerten Gesellschaftsstandes sein; das Proletariat, das vom »Brotherrn« abhängige »Gesindel«, ist das andere. Beide Teile sind nur Ausfällungen eines Ganzen, und wenn sich nun einer dieser Teile, das Bürgertum, im weiteren Verlauf des 19. Jahrhunderts als Ganzes oder doch als »Mitte« oder Zentrum dieses Ganzen, als »Mittelklasse«, ausgeben wird, um die anderen Teile an den Rand zu drängen und ihnen soziale Sichtbarkeit und Anerkennung zu versagen, dann wird man dies auch von Leonhards Position aus als eine ideologische Operation kennzeichnen müssen.[12] Auf das volle Ausmaß dieses Prozesses kann Leonhard freilich noch keinen Ausblick haben, aber man wird doch festhalten können, dass das gerade erst begonnene 19. Jahrhundert für den Tieck'schen Helden sicher nicht das viel beschworene »Jahrhundert des Bürgertums« werden wird, oder richtiger: eben allenfalls das Jahrhundert eines Bürgertums, das eben gerade nicht mehr der »wahre Bürgerstand« ist, für den es sich kulturell auszugeben pflegt.

Tieck zeigt uns eine Gesellschaft, die nicht mehr aus integren Teilen besteht und die deshalb auch in ihrer Totalität keine Integrität, keine Ganzheit, mehr ausbilden kann; Tieck gibt uns den Aufriss einer *zerfallenden Gesellschaft*, einer Gesellschaft, die sich schon aus Zerfallsprodukten zusammensetzt. Jede Integritätsbehauptung, sei's des Ganzen, sei's der Teile, ist damit Ideologie geworden; ästhetisch: Kitsch.[13]

Verpöbelung: vom Gesinde zum Gesindel

Spiegelbildlich zum neuen Bürgertum entsteht im Zerfallsprozess das Proletariat. Wenn Leonhard die Bewegung nach unten beschreibt, die den »Haufen« ergreift, dann bemüht er alle Topoi der zeitgenössischen Diskussion um den Pauperismus.[14] Ja, der »Haufen armen, verkümmerten und lüderlichen Gesindels« ist unschwer als Umschrift des »Pöbels« zu entziffern, der im ersten Drittel des 19. Jahrhunderts als Massenphänomen erkannt und dessen »Erzeugung« nicht zuletzt Hegel in seiner Rechtsphilosophie analysiert hat. Die Verpöbelung der abhängig Arbeitenden erfasst deren ganze »Bewegung des Lebens«: Die Lohnarbeit hält sie in der »peinigendsten Abhängigkeit«, die »mechanischen und seelenlosen Geschäfte« erfassen die Arbeitenden selbst – sie werden zum »mechanic part of mankind«, wie der Vater von Robinson Crusoe sagt[15] – und wirken auf diese »verdummend«. Bei den »quälenden und magern Vorschüssen« können sie nur »kränkliche Kinder« zur Welt bringen, die sie »ohne Lebenslust, ohne Fähigkeit, Tugend und Liebe« erziehen.[16] Die residuale Menschlichkeit, die auch diesem »Haufen« noch nicht ganz verloren gegangen ist, tut sich nur noch darin kund, dass auch er nach jenem »Genuß« sucht, »den der Mensch einmal nicht entbehren kann und will«. Nun verschärft aber der Genuss, der dem Pöbel allein noch offensteht, die Tendenz zur Verpöbelung in fataler Weise: die »schlechten, berauschenden Getränke[ ]« – die grassierende »Branntweinpest«, wie sie zeitgenössisch genannt wurde[17] –

rauben den Menschen ihre letzte Selbstachtung, »verzweifelnd und sich selbst verachtend« werden sie in die Kriminalität getrieben, die Leonhard zu »niedrigen Streichen« verniedlicht. Dass die Menschen allerdings »früh absterben[ ], ohne gelebt zu haben«, lässt sich nicht verharmlosen; ihnen ist die elementare Fähigkeit abhanden gekommen, überhaupt »Glück und Unglück zu erleben«.

Die »anwachsende Barbarei« indes hat Leonhard in gewisser Weise selbst ergriffen, wenn er über diese wie auch über die »zunehmende Kultur« – »Es ist niemals ein Dokument der Kultur, ohne zugleich ein solches der Barbarei zu sein«, wird Walter Benjamin hundert Jahre später schreiben[18] – nur noch »die Schultern [ ]zuckt«. Die soziale Polarisierung, die Leonhard angreift, hat ihn selbst schon erfasst, wenn er jene Geste notorischer Indifferenz wiederholt, mit der in moralischer Hinsicht auch die Bürger der Massenarmut begegnen. Von der fürsorglichen Haltung des Hausvaters, der »mit den Seinigen und den einheimischen und fremden Gehülfen wahrhaft patriarchalisch lebte« (JTM, S. 76), ist nichts mehr geblieben.

Vom Eingehen der Zünfte

Die Bemerkung Elsheims, dass die Zünfte »eingehen werden« (JTM, S. 74), ist nicht nur der Sache nach, sondern auch in der Formulierung sozialhistorisch präzise. Denn das »Alte Handwerk« und mit ihm das Zunftsystem hatte im Eingang des 19. Jahrhunderts schon einen langen »Herbst«, oder weniger elegisch: eine lange Erosions- und Transformationsgeschichte hinter sich, die durch die Einführung der Gewerbefreiheit nur offiziell besiegelt wurde.[19] Mit all dem war der Handwerkersohn Tieck aus nächster Nähe vertraut: Tiecks Vater, der angesehene Seilermeister Johann Ludwig Tieck, soll einer Delegation Berliner Handwerker angehört haben, die Friedrich dem Großen am Schlossfenster von Sanssouci eine Bittschrift zum Schutz der Zunftordnung überreicht und ihn um Intervention gebeten hat.[20]

Leonhard weiß, dass die »Fabriken und die vielgepriesene Verteilung der Arbeit schon eine alte Erfindung« sind; bei einfachen Gewerben habe sich schon »früh [das] Handwerk und die Kunst in eine Fabrikanstalt umgesetzt« (JTM, S. 76). Dieser Umsetzungsprozess aber macht nicht nur die Arbeit in den Anstalten zu einer »ganz mechanischen«, wie es schon zuvor hieß; er hat auch weitreichende Konsequenzen für die Gliederung der Gesellschaft. Denn die ehemaligen Handwerker fallen als Manufakturarbeiter aus der Ordnung von Haus und Zunft heraus, und immer mehr Angehörige der Unterschichten, die ohnehin nie dieser Ordnung angehört hatten, treten als ungelernte Arbeiter in die Manufakturen ein.[21] Das enorme Bevölkerungswachstum, das sich Ende des 18. Jahrhunderts in ganz Europa verzeichnen lässt, macht sich in der Herstellung freier Arbeiter geltend, die in die Manufakturen der spätmerkantilistischen Epoche eingepumpt werden. Die Massenproduktion, die es erlaubt, »die Ware immer wohlfeiler anzubieten«, führt auch zu einer Vermassung der Arbeitskraft, die selbst immer »wohlfeiler« wird, denn »das Angebot an Ungelernten« war, wie Jürgen Kocka lapidar bemerkt, »reichlich«.[22]

Im Medium einer Klage, die sich dem historisch Verhängten fügt, die es sich aber immerhin noch herausnimmt, nach den Kosten zu fragen, resümiert Leonhard ein letztes Mal die Wesenszüge des alten Zunftwesens: Die Zünfte gewährten ihren Mitgliedern »Privilegien«, die allerdings durch bestimmte »Auslagen« (JTM, S. 75), durch ein investiertes »Kapital von Zeit, Studien, Arbeit und Lehrjahren« (JTM, S. 77) zu »bezahlen« (JTM, S. 74 f.) waren. Die Mitgliedschaft in einer Zunft bedeutete Teilhabe an einer »allgemeinen Sicherheit«; als »Mitglied dieses geschlossenen Standes« war der Zunftgenosse »geschirmt« vor der Unbill ökonomischer Unsicherheit (JTM, S. 75): Nach einer zeitgenössischen Abhandlung des Nationalökonomen Karl David Heinrich Rau bot das Zunftwesen »[s]ichere Ernährung« durch »Schließung der Gewerbe«, geregelte »Vertheuerung der Erzeugnisse« und »Abhaltung äußerer Konkurrenz«.[23]

Ein zusätzlicher entscheidender Faktor ist schließlich die Kontrolle und Begrenzung der inneren Konkurrenz. Durch die Zünfte werden umfassend »regulierte Märkte« hergestellt, indem die schiere »Anzahl« (JTM, S. 77) der Bewerber auf der Angebotsseite eingehegt wird.[24] So lässt sich die Gefahr sozialer Verwerfungen minimieren. Rau nennt als erste »Wirkung der Gewerbefreiheit« die »ungleiche Besetzung« der verschiedenen Gewerbe.[25] Gefasst unter dem Stichwort der »Übersetzung« wird das gleiche Phänomen – die ruinöse Konkurrenz innerhalb bestimmter Handwerkszweige – im Vormärz als Kern der »Handwerkskrise« und hier besonders der Krise der »kleinen Meister« bestimmt werden; einer Krise, die schon vor dem eigentlichen *Take-off* des industriellen Fabrikkapitalismus den städtischen Pauperismus verursacht hatte.[26] Dieser Konnex kann als zentrale Gelenkstelle auch der massenhaften »Umsetzung« von Handwerkern in Vermögenslose betrachtet werden; die Gewerbefreiheit wird so zum Motor der Proletarisierung des ehemaligen »Bürgerstandes«.

Nun ist sich Leonhard durchaus darüber im Klaren, dass auch in der Vergangenheit nicht immer alles mit rechten Dingen zuging: »Die wahren Mißbräuche des Zunftwesens, die […] nicht zu leugnen sind«, hätten »abgeschafft werden [können], ohne die ehrwürdige Stiftung selbst […] zu Boden zu reißen« (JTM, S. 77). Ganz ähnlich wird sich Tieck später gegenüber Rudolf Köpke, seinem Eckermann, äußern: »Auch die *Gewerbefreiheit*, die man so gepriesen hat, gehört zu diesen modernen Erfindungen. Nicht die Zünfte hätte man aufheben sollen, aber den verkehrten Zwang, der in ihnen herrschte. Sie waren eine sehr gute Einrichtung, und konnten reformirt werden.«[27]

Eine wohlmeinende Reform hätten die Zünfte auch für Leonhard verdient, weil »wir« ihnen »Künste, Wohlstand und Freiheit […] zu verdanken haben«. Die »Künste«, die Kunstfertigkeiten des Handwerks, werden durch die Zünfte darin geschützt, dass diese einen ordentlichen Ausbildungsgang und damit die »*Aufrechterhaltung einer gründlichen Kenntnis des Gewerbebetriebes*« durch Lehrlinge und Gesellen gewährleisten, wie Rau schreibt.[28] Die Gewerbefreiheit und die Öffnung aller Gewerbe für Ausübende auch ohne Ausbildung führe aber unweigerlich zu »[s]chlechte[r] Arbeit«.[29]

Durch das »heutige Verfahren« der freien, unreglementierten Ausbildung würden »Pfuscher und Stümper begünstigt«.[30]

Die »Freiheit« indes, die Leonhard dem Zunftwesen gutschreibt, werden wir nicht in der bloßen Abwesenheit staatlich-zentralisierter Überwachung erblicken dürfen. Mit Rau wird man hier vielmehr das »Wandern« in Betracht ziehen müssen, das im Verlauf eines zünftig organisierten Lebens einen entscheidenden *rite de passage* markiert.[31] Denn das Wandern sorge erst, so Rau, für einen wahrhaft freien Kopf und sei deshalb nicht nur als Instanz der (technisch-kunstfertigen) *Ausbildung* zu betrachten, sondern vor allem als Instanz der »Bildung« in einem emphatischen Sinn:

> »Es sind nicht bloß die verschiedenen Eigenheiten im technischen Betriebe der Gewerbe, deren Kenntnis durch das Wandern erworben wird, obgleich schon dieses sehr hoch anzuschlagen ist; auch das Leben überhaupt lernt der Wandernde kennen in seinen mannichfaltigen Zweigen, die Vorzüge und Gebrechen, die hier und da in der bürgerlichen Gesellschaft hervorragen. Kein Wunder, daß die mit der Muttermilch eingesogenen Vorurtheile bei jedem Schritte in die Welt sich mehr und mehr verlieren, daß der Geselle an Kopf und Herz ausgebildeter in die Vaterstadt heimkehrt, daß er mit geübtem Blick seine Verhältnisse überschaut, mit Gewandtheit in ihnen sich zu bewegen weiß. Welchem anderen Umstande könnte ein größerer Antheil beigelegt werden an der höheren Bildung, die man in den Familien der Zunftglieder im Vergleich mit unzünftigen Gewerbsleuten oder Tagelöhnern antrifft? Auch ist diese wohlthätige Wirkung keineswegs bloß auf die Person des Wandernden eingeschränkt; sie wird durch Unterricht, Erzählung, und den stillen, aber mächtigen Einfluß des gereifteren auf die jüngeren Hausgenossen mitgetheilt, und pflanzt sich so, immer neu genährt, in dem ganzen Stande fort.«[32]

Der Wandernde gewinnt an Weltläufigkeit, er verliert alles Bornierte und Engstirnige und kann darum seine eigenen Angelegenheiten hinfort mit Umsicht und Weitblick umso souveräner regeln. Im Prozess der Bildung »an Kopf und Herz« verschränkt sich auf eine zunächst paradox erscheinende Weise die »wohltätige Wirkung« des Wanderns mit der in sich stehenden Beharrungskraft des

Hauses. Denn das Haus ist eine Institution des Erzählens – eine Einrichtung, die in ihrer Kohärenz und Kontinuität auf Erzählen und Erzähltwerden angewiesen ist, und ganz handfest: ein Ort, an dem erzählt wird.[33] Just dieser begrenzte, vertraute Raum gibt durch die ihm eigene Tradierungskraft das ideale Medium ab, die »jüngeren Hausgenossen« an der Welterfahrung der Älteren teilhaben zu lassen; schon im Haus lernen sie Welt und Leben kennen.

»Das *Wandern* hört auf« – mit dieser lapidaren, vor dem Hintergrund seiner emphatischen Schilderung der Vorzüge des Wanderns aber desaströsen Feststellung beschließt Rau seine Darstellung der Wirkungen der Gewerbefreiheit auf den Einzelnen. Da es »keine Verbindung mehr unter den Handwerkern« gebe, reiße auch der Austausch der Gesellen ab; wer selbst nicht gewandert sei, der verliere schnell auch dessen »wohltätige Wirkung[en]« aus dem Blick, werde borniert und selbstgenügsam.[34]

Die Abfolge von Lehr- und Wanderjahren kennzeichnet den Bildungsgang, den jeder Handwerker zu durchlaufen hat, will er denn ein vollwertiges, weil weit- und einsichtiges Mitglied der bürgerlichen Gesellschaft werden und nicht bloß ein Tagelöhner. Auch Leonhard ist – erneut – auf Wanderschaft. In der Zwischenzeit längst Ehemann und Hausvorstand geworden, begibt er sich auf »zweite Fahrt« (Rudolf Kassner), tritt heraus aus seinen gewohnten Lebensumständen und seiner Ehe, er wird sich »selbst fremd« (JTM, S. 81) – nicht zuletzt in jenen erotischen Verwicklungen, die auf dem Schloss des Barons auf ihn warten –, um dann zum zweiten Mal und nun endgültig in seinem Haus anzukommen.

Zünftige Repräsentation

Nicht nur das Wandern befähigt den zunftgebundenen Gesellen, aus dem gewohnten Gesichtskreis herauszutreten. Die gleiche Bewegung – eine Bewegung der Befreiung aus Vorurteilen und Unwissenheit durch stetige Erweiterung des Erfahrungsschatzes – gewähren die Zünfte auch ihren Mitgliedern am Ort. Die Freiheit des Wanderns wird konserviert und zyklisch erneuert in einer Repräsentationsordnung, die Leonhard schließlich Elsheim, sich und uns erklärt:

> »Volksfeste, Aufzüge, Prozessionen, Musik und Tanz öffentlich bei feierlichen Gelegenheiten, die Verwandlung des gemeinen Lebens in ein poetisches Schauspiel: all diese innigsten Bedürfnisse suchte sie [die »alte Welt«] zu befriedigen, ließ das Bestehende und Überlieferte, verbesserte, fügte hinzu, erhöhte den glänzenden Schein, und edle Greise, Väter des Volks, Geistliche und Fürsten hielten es nicht unter ihrer Würde, ganz mit vollem Herzen in den Jubel einzustimmen, und die gute Vernunft daheim unter alten Reflexionen kramen zu lassen« (JTM, S. 79).

Früher, in der »alten Welt«, war das Leben auch der einfachen Menschen, der Handwerker und Bauern, durch festliche Ereignisse strukturiert; ihr »gemeine[s] Leben« wurde einer rituellen Transformation unterzogen, einer »Verwandlung«, die den »innigsten Bedürfnisse[n]« entsprang und doch »öffentlich« vonstattengehen musste (JTM, S. 79). Die »Verwandlung« setzt am »gemeinen Leben«, am »Prosaischen und Alltäglichen«, wie es bei Hegel heißt, an und macht aus dieser »Prosa des gemeinen Lebens« (Hegel mit Tieck) ein »poetisches Schauspiel«: Aus alltäglichen Dingen, die selbstverständlich und automatisiert verrichtet werden, wird etwas Außergewöhnliches, das besonderer Pflege und Aufmerksamkeit bedarf und auch eine besondere Aufmerksamkeit durch andere erfährt.

Die gleichsam ethnologische Beobachtung der eigenen, jüngst vergangenen Volkskultur gründet bei Leonhard in einer weitgehenden anthropologischen Annahme über die Natur der menschlichen »Triebe«:

> »Denn nicht will der Mensch bloß Mensch sein (so oft dies auch vor einigen Jahren von Aufklärern ist geprediget worden), er will auch nicht bloß nützlich und erwerbend und Bürger sein, sondern zu Zeiten etwas anderes außer sich vorstellen. Dieser Trieb, uns außer uns versetzen, ist einer der gewaltigsten und unbezwinglichsten, weil er wohl gerade die tiefste Eigentümlichkeit in uns entbindet« (JTM, S. 80).

Später spricht Leonhard vom »Trieb, sich zu entfliehen, sich selbst fremd zu werden und als ein anderes Wesen wieder anzutreffen« (JTM, S. 81). Und so wurde denn früher, in der alten Ordnung, jedem Menschen zyklisch – einmal oder »öfter im Jahr oder im Monat« – die Möglichkeit gegeben, »etwas Fremdes vorzustellen« (JTM, S. 80).

Der Mensch ist für Leonhard schon gleichsam von Natur aus ein theatrales Wesen, und für den dritten Stand waren es besonders die Zünfte, die den institutionellen Rahmen dafür abgaben, dass die Menschen ihrem Trieb folgen, aus sich selbst heraustreten und anders werden konnten; – *ausgerechnet* die Zünfte, so könnte man mit Blick auf die historische Doxa ergänzen, der diese Institution immer als Kraft der Beharrung und des Ganz-in-und-bei-sich-selbst-Bleibens galt.

Die Zünfte veranstalteten »vielfach in Scherz und Ernst Aufzüge, Spiele, Repräsentationen aller Art, allegorisch oder komisch«, bei denen der »Meister [...] Vorsteher seiner Innung und Brüderschaft werden [konnte], der Gesell Vortänzer und Vorfechter, Sprecher und Schauspieler, ja bis zum lernenden Burschen hinunter gab es Gelegenheit, daß dieser sich wieder unter seinesgleichen geltend machen durfte« (JTM, S. 80). Mit ihren Repräsentationsritualen geben die Zünfte den Menschen die Gelegenheit, aus dem »gemeinen Leben« herauszutreten und etwas anderes zu werden, etwas »außer sich«, gar etwas »Fremdes vor[zu]stellen«. Dieses andere, Fremde ist aber nichts *ganz anders*, es ist keine Verkleidung, die dem Menschen einfach übergestülpt wird. Denn die Menschen schlüpfen zwar in eine Rolle, die jedoch durchaus ihrer Stellung im »gemeinen Leben« entspricht, nur wird diese in eine andere Ordnung transponiert: Es ist der Meister, der »Vorsteher seiner Innung und Brüderschaft« wird – und nicht etwa der Geselle –, und als solcher hat er dann ein bestimmtes Zeremoniell zu erfüllen. Und es steht zu vermuten, dass es auch nur der Geselle sein kann – und nicht der Meister oder der Lehrjunge –, dem die Rolle von »Vortänzer«, »Vorfechter«, »Sprecher« oder »Schauspieler« zur Verfügung steht. In diesen Rollen aber ist er dann tatsächlich etwas anderes, »Fremdes« geworden.[35]

Der Handwerker bleibt also nicht »bloß« Handwerker und als

solcher in bestimmte Hierarchien eingespannt, er *stellt* dies auch *vor* oder *dar*, kurz: Er repräsentiert. Den *Verlust* der Möglichkeit und Fähigkeit zu öffentlicher Repräsentation beklagen Elsheim und Leonhard denn auch gleich darauf. Elsheim bedauert, dass man »in neuern Zeit kaum noch einen Menschen finde[t], der repräsentieren kann; selbst die Diplomatiker, die es verstehen, werden immer seltener«. Überall mache sich »das linkische, verlegene, stotternde Benehmen unserer Großen« breit; allein noch in die »militärische Haltung in Uniform« habe sich zuletzt »alle übrige Repräsentation zurückgezogen« (JTM, S. 81).

Der intransitive Gebrauch des Verbs »repräsentieren« verweist darauf, dass in der »alten Welt« alle Tatsachen des Berufs- oder Erwerbslebens von vornherein immer schon gedoppelt, in zwei Sphären gleichzeitig da waren: einmal in der Sphäre des »gemeinen Lebens«, dann in einer Sphäre der Darstellung oder Repräsentation, wo das Gemeine »geltend« gemacht, also mit einer sozialen Bedeutung, einer Rechtfertigung und Wirksamkeit versehen wird, die der Tätigkeit und der Position, in der die Tätigkeit ausgeübt wird, nicht schon von selbst zukommt.

Denn die Notwendigkeit einer solchen Verdopplung des Erwerbslebens in einer Sphäre der Repräsentation ergibt sich nicht nur aus der theatralen Triebnatur des Menschen, sondern auch aus einer eher handfesten Tatsache, die Leonhard nur *en passant* streift: Durch die zünftigen »Aufzüge, Spiele, Repräsentationen« kehre der Mensch, so Leonhard, »[n]eu gestärkt, gesunder und lebensfroher [...] zu seinem gewöhnlichen Berufe zurück, ja getröstet über diesen und mit der nahen Aussicht, das Jungbrunnen-Bad bald wieder gebrauchen zu können«. Offenbar erhält die alltägliche Arbeit der Menschen erst durch die Sphäre der Repräsentation eine höhere Bestimmtheit, erst durch sie erfährt der Mensch, dass er trotz seines »gewöhnlichen Beruf[s]« selbst nicht gewöhnlich ist. In regelmäßigen Abständen der Sphäre des Alltäglichen entrissen, kann er das Gewohnte überhaupt nur »gesund[ ] und lebensfroh[ ]« weiterbetreiben (JTM, S. 80).

Mit dem hier geleisteten Bekenntnis erhält die einfache Verlusterzählung Leonhards eine neue Wendung: Offenbar ist der Schritt in die Gewerbefreiheit, den Leonhard beklagt, nicht einfach der Fall aus einer heilen, geordneten Welt der sinnerfüllten, unentfremdeten Arbeit in eine heillose Welt der »mechanischen und seelenlosen« Plackerei. Es scheint, als hätten schon in der »alten Welt« die Menschen an ihrer Arbeit gelitten, als sei diese schon früher gewöhnlich und gemein gewesen und der arbeitende Mensch deshalb trostbedürftig. Der Unterschied zwischen der »alten Welt« und der »neuern Zeit« besteht aber darin, dass es ehemals stabile und darum auch in das Leben der Menschen fest integrierte Ordnungen und Rituale der Kompensation gab.

Durch diese Wendung fällt Leonhards Kritik an den Zuständen der Gegenwart nur umso schärfer aus. Denn die Zumutung, die die Gewerbefreiheit für die Menschen bereithält, erscheint nun als eine doppelte: Nicht nur wird unter dem Diktat der Arbeitsteilung und der Profitorientierung die Arbeit selbst immer mechanischer, seelenloser und verdummender; auch die Kompensation, die in der alten Ordnung noch vorgesehen war, die zünftige Repräsentation, wird genau in diesem Augenblick weggeschlagen, in dem sie am Nötigsten gebraucht würde. Ohne sie wird das – ohnehin gesteigerte – Kompensationsbedürfnis der Menschen gewissermaßen freischwebend und formlos. Ungetröstet durch geregelte Repräsentation, ausgeliefert dem Suff, der Kriminalität und dem Sex,[36] wird sich der Mensch *in seiner rohesten Form* fremd, ohne Aussicht, sich »als ein anderes Wesen wieder anzutreffen«. Der Mensch verliert Halt und Orientierung.

Affektpolitik von oben

Es ist nicht nur der elementare Trieb zur Repräsentation, der in der »neuern Zeit« nicht mehr geregelt ausgelebt werden kann und daher entweder verkümmert oder verwildert. Es ist eine komplette Verkennung der menschlichen Leidenschaften und Triebe überhaupt, die für Leonhard den Geist und Ungeist der Gegenwart ausmacht. Die »Weisheit der alten Welt« wusste noch, »daß Leidenschaften,

Torheiten, Spiel, Scherz, Lust und Genuß die Elemente sind, die kämpfend und sich verbindend in der Menschheit ringen, und daß die Vernunft nur das Gleichgewicht sein kann«, das durch Auseinandersetzung im Prozess erst erlangt werden muss – und nicht bloß abstrakt gesetzt zu werden vermag.

Anstelle der höheren Vernunft oder »Weisheit« herrscht »heute«, so Leonhard, die bloße Vernunft, eine »hülflose Vernunft«, die »noch nie etwas in Wirkung und Wirklichkeit hat setzen können«. Statt der Vermehrung und Anreicherung, die von der alten »Weisheit« ausging, erwirkt diese hilflose, aber herrschende Vernunft bloß eine allgemeine Reduktion, eine *anthropologische Reduktion* gleichsam, die darauf zielt, »der Menschheit die Menschheit abzugewöhnen«. Statt Affirmation der heterogenen Affektnatur des Menschen findet man allenthalben nur noch »jenes neumodige Entwöhnen«, das letztlich »zum moralischen Tode und zur kalten Verzweiflung führt« (JTM, S. 79).[37]

Die Reduktion der menschlichen Natur auf die Vernunft – und die selbst schon reduktive Bestimmung dessen, was als Vernunft gilt – ergibt sich, so Leonhard, nicht von selbst. Sie wird durchgesetzt und enthüllt sich als Element einer bestimmten, staatlich betriebenen Politik, die sich bei näherem Hinsehen nicht so allgemein-menschlich darstellt, wie sie in ihrer Berufung auf die Vernunft zu sein vorgibt. Es zeigt sich, dass es die »neuern Gesetzgeber« sind, die »schon seit lange den Menschen als ein Vernunftwesen betrachten, und um so mehr, je mehr er im niedrigen Stande lebt«. Dass »der Mensch bloß Mensch« sei, wie das seit »einigen Jahren von Aufklärern geprediget« wird, erhebt einen Menschen zum Ideal, »der ohne Leidenschaften ist oder die man ihm aberziehen und ihn zu allen vernünftigen Tugenden, des Fleißes, des Gelderwerbes, der unermüdlichen Arbeitsamkeit, hinaufbilden soll«. Leonhard durchschaut nun, dass dieses Ideal und mit ihm die ganze aufklärerische Anthropologie und Bildungsemphase mit einem sozialen *Bias* versehen ist – oder, in der Sprache des späteren 19. Jahrhunderts: einen Klassencharakter aufweist. Nachdem die Menschen niederen Standes zunächst aus der ökonomischen Sicherheit und der tröstlichen Repräsentationsordnung der Zunft herausgerissen wurden, wird ihnen nun ein asketischer Tugendhimmel vorgehalten, der sie nur immer tiefer erniedrigen wird. Denn es ist nicht bloß der Mangel an Geld, der die Menschen hinabzieht; es ist die Abhängigkeit vom »Gelderwerb« überhaupt, die dem Menschen alle »unvernünftigen« Regungen verbietet und ihn schließlich zu dem macht, was er am allerwenigsten sein will: »bloß Mensch«.

Dass jene Tugenden, die den Leuten niederen Standes als »vernünftige« angepriesen werden und die somit eigentlich als gemein-menschlich gelten müssten, sozial alles andere als unschuldig sind, macht Leonhard in einer kleinen Volte deutlich: »Die Gesetzgeber behalten sich und ihresgleichen stillschweigend vielen Zeitvertreib und Zeitverderb vor, wovon sie das Anständigste unter die Rubrik ›Bildung‹ schieben, die der Gemeinere freilich entraten kann« (JTM, S. 78 f.). Mit wenigen Worten zeigt Leonhard das dichte Geflecht ideologischer Vertauschungen, das sich hinter dem aufklärerischen Appell an die Vernunft verbirgt: Die Maßgaben effizienter Zeitnutzung und der damit verbundenen »Tugenden« gelten nur für die, denen gepredigt wird, nicht den Predigern; »Bildung« ist nicht allgemein, sondern unterscheidet sich danach, ob sie als statusmarkierender »Zeitvertreib« oder als Leitbild einer Disziplinierung (»aberziehen«, »hinaufbilden«) verstanden wird; und schließlich sind die »Gesetzgeber« – und vielleicht auch die »Gesetzgeber der menschlichen Vernunft« (Kant), die Philosophen der Aufklärung – nicht so ausschließlich am Gemeinwohl orientiert, wie dies angenommen werden dürfte, sondern vom Eigeninteresse gesteuert. Sie machen die Gesetze für sich »und ihresgleichen«: für »Vornehme oder Geschäftsleute«, »Brotherrn« und »reiche Leute« (JTM, S. 75 f.).

Die Tugenden und Werte schließlich, deren »vernünftigen« Charakter Leonhard als ideologische Schliche dekuvriert, sind die gleichen, die zu Beginn des 19. Jahrhunderts als genuin »bürgerliche« schon gelten oder bald gelten werden: »Fleiß«, »Gelderwerb« und »unermüdliche Arbeitsamkeit«. Es sind Werte, die mit einer Neubewertung der Arbeit und mit dem Selbstverständnis einer neuen »bürgerlichen« Elite verbunden sind. Diese bezieht als erste und einzige Elite der Geschichte ihren identitätskonstitutiven Stolz nicht etwa daraus, dass sie *nicht* mehr arbeiten muss, sondern umgekehrt daraus, dass sie gerade unentwegt arbeitet; darauf hat Franco Moretti im Rekurs auf Robinson Crusoe und Norbert Elias aufmerksam gemacht.[38] Bei Tieck erscheint auch diese bürgerliche Ideologie noch als Trug: als Betrug einer letztlich müßigen Oberschicht an der arbeitenden Masse, die über die gepredigten Werte nur noch mehr an die Arbeit gefesselt und der über diese Werte der Antrieb quasi anthropologisch implantiert werden soll – *anerzogen* und *eingebildet*, wie man im Gefolge von Leonhards Kritik der aufklärerischen Bildungsideologie formulieren könnte.[39]

Leidenschaften und Interessen: Leonhard, Adam Smith und Albert O. Hirschman

In einer Seitenbemerkung stellt Leonhard seine Kritik an der Affektpolitik der »neuern Zeit« vor einen weiteren, auch theoriegeschichtlich interessanten Horizont. Im Vorbeigehen behauptet er, dass die neuerdings viel »gepriesene Verteilung der Arbeit« eigentlich schon eine »alte Erfindung« sei, durch die »gewisse unbedeutende Dinge, wie Nadeln, Nägel und dergleichen, […] schnell und wohlfeil genug geliefert werden« könnten (JTM, S. 76). Damit weist sich Leonhard (und mit ihm Tieck) als Leser Adam Smiths aus, oder zumindest doch als jemand, der die deutschen Debatten um Adam Smith seit etwa 1800 verfolgt hat; denn bekanntlich wird als Beispiel für die produktivitätssteigernde Wirkung der Arbeitsteilung im ersten Kapitel von Smiths *Untersuchung über die Natur und die Ursachen des Nationalreichthums* die Nagel- oder Nadelproduktion herangezogen, und dieses Beispiel taucht in den deutschen Debatten um Smith immer wieder auf: Es ist sehr schnell zu einem Topos geworden.[40]

In der zeitgenössischen deutschen Debatte wurden vielfach all die sozialen Missstände, die auch Leonhard als Folgen der Gewerbefreiheit kritisiert, Smith selbst als Konsequenzen seiner Theorie vorgeworfen. In diesem Fahrwasser würde Leonhards Seitenhieb auf Smith nur einen weiteren Beleg für ein auch sonst gängiges Rezeptions- und Kritikmuster abgeben. Im Zusammenhang der Ausführungen über die Reduktion der Leidenschaften aber kann der Smith-Verweis als eigenständiger Beitrag Tiecks zur Debatte gelesen werden. Denn auch Smiths nationalökonomische *Inquiry* basiert auf einer Theorie der Leidenschaften, die zugleich die Verbindung zu seiner moralphilosophischen *Theory of Moral Sentiment* darstellt und die für die Sozialwissenschaft des 20. Jahrhunderts zuerst wieder von Albert O. Hirschman mit seiner Studie *Leidenschaften und Interessen* in Erinnerung gerufen wurde.[41] Im Zentrum von Smiths ökonomischer Theorie steht bekanntlich die These von der »unsichtbaren Hand«, der »invisible hand«, nach der die Verfolgung der je eigenen Privatinteressen aller Marktteilnehmer quasi automatisch dazu führt, dass auch dem »öffentlichen Interesse« gedient wird.[42] Diese These aber, über deren Ursprung, Reichweite und Legitimität seit der Veröffentlichung der *Inquiry* viel geschrieben wurde,[43] setzt allerdings – so zeigt Hirschman – schon eine affektpolitische Operation voraus, die allererst definiert, was als »Interesse« gelten kann. Denn die Kategorie des Interesses war in der sozialphilosophischen und ökonomischen Theorie des 17. und 18. Jahrhunderts überaus schillernd – nicht zuletzt dadurch, dass sie immer als Gegenbegriff zu den ebenso schillernden »Leidenschaften« konstruiert wurde.[44] Während Montesquieu, James Steuart und John Millar die Theorie formulieren, dass die wirtschaftlichen Interessen zur Bändigung der »leidenschaftlichen Exzesse der Mächtigen« und darum zur »Verbesserung der politischen Ordnung« eingesetzt werden können,[45] setzt Smith Leidenschaften und Interessen in seiner *Inquiry* plötzlich gleich.[46] Wie konnte es dazu kommen? – so fragt Hirschman.

Bevor Smith die Gleichsetzung von Leidenschaften und Interessen vollziehen konnte, mussten die Leidenschaften und der Begriff der »menschlichen Natur« selbst verengt und homogenisiert werden. Während der Mensch zuvor gedacht wurde als »von verschiedenen Leidenschaften getrieben, oft sogar zwischen ihnen hin- und hergerissen«, erklärt Smith die ökonomische Habgier, die Gier nach Besitz, zur Wurzel aller anderen Leidenschaften. Hobbes oder Rousseau hatten der ökonomischen Habgier noch das politische »Streben nach Ehre, Würde, Achtung und Anerkennung« gegenübergestellt.[47] Smith deklariert nun die Habgier zum alleinigen Funktionsprizip auch des »Bedürfnisses nach Anerkennung« – alle wollen Anerkennung als höchstes Gut *besitzen* –, wodurch diese aber ihre Autonomie verliert und von einem hehren Ziel eigenen Rechts zur bloßen Folgeerscheinung des Eigennutzes degradiert wird: ein Beispiel, so Hirschman, für Smiths glänzende Ironie.[48]

Hirschmans Resümee der Smith'schen Reduktion klingt fast wie ein Echo der Klage des Tieck'schen Leonhard. Dass der Schritt in die Gewerbefreiheit eben auch und vor allem einen Eingriff in die menschliche Natur impliziert, in der früher »Leidenschaften, Torheiten, Spiel, Scherz, Lust und Genuß die Elemente [waren], die kämpfend und sich verbindend« miteinander gerungen haben, während heute nur noch die Dreieinigkeit »des Fleißes, des Gelderwerbs, der unermüdlichen Arbeitsamkeit« ihren Monolog hält (JTM, S. 79), das sieht auch Hirschman im Spiegel der Smith'schen Theorie. Auf die Frage nach den Gründen für Smiths Reduktion stellt Hirschman nun allerdings die These auf, dass Smith »sich viel früher als andere Autoren für die ›große Masse der Menschen‹ interessiert [habe], also für den Durchschnittsmenschen und sein Verhalten«, dieser aber, im Gegensatz zu den Fürsten und den Angehörigen der Aristokratie, weniger von »edlen oder auch gemeinen Leidenschaften beeinflußt« sei, sondern bloß von der Sorge um den »Lebensunterhalt« bewegt werde; mit Referenz auf Machiavelli und Hobbes vermutet Hirschman, diese hätten »gewöhnliche Sterbliche [...] für weniger kompliziert veranlagt gehalten« als die Adligen mit ihrem Geltungsdrang.[49]

Hier erhebt der Tieck'sche Leonhard Einspruch: Die »gewöhnlichen Menschen« mit ihren »gewöhnlichen Berufen« seien nicht einfach »gewöhnlich«, sie würden erst durch die anthropologische Reduktion aufs »bloß[e] Mensch«-Sein »gewöhnlich« *gemacht*; erst durch den Entzug ihrer angestammtem Weisen, außer sich zu treten und anders zu werden, bleibe diesen Menschen nichts als das Streben nach Erhaltung ihres »nackten Leben[s]« (JTM, S. 62) – und schon diese bloße Selbsterhaltung werde in der neuen Ordnung immer schwerer.

Es ist eine zutiefst aristokratische Ignoranz, die den »gewöhnlichen Menschen« eine affektive Natur jenseits der bloßen Selbsterhaltung abspricht, und es ist diese Arroganz, die historisch wirksam wird, wenn man die Benachteiligung der »gewöhnlichen« Menschen in der Gesellschaft wiederum mit ihrer reduzierten Triebnatur begründet. Dass sich die aristokratische Ignoranz schon in der Definition dessen offenbart, was überhaupt als »Leidenschaft« gilt, wird spätestens dann deutlich, wenn Leonhard seinen eigenen, alternativen Katalog an Leidenschaften offenlegt, der eben nicht bloß die aristokratisch-agonalen Affekte der Ehre, Ruhmsucht und Anerkennung beinhaltet, sondern vor allem einfache, plebejische, wie »Torheiten, Spiel, Scherz, Lust und Genuß« (JTM, S. 79), die aber, wie Leonhard betont, ehedem deshalb noch lange nicht als »gewöhnlich« gegolten hätten.

Das Recht auf diese Leidenschaften und ebenso das Recht auf »Ehre, Würde, Achtung und Anerkennung« jenseits aristokratischer Selbstbehauptung sollten die Kämpfe der »gemeinen Leute« im weiteren Verlauf des 19. Jahrhunderts prägen. Der Kampf um diese Rechte wird mindestens ebenso wichtig sein wie der um die Sicherung des Lebensunterhalts; beide Kämpfe erweisen sich in der konkreten Situation als untrennbar.[50] Dass die Leidenschaften – und, wie sich noch zeigen wird, der Geschmack und die Bildung – in den Kämpfen der »gemeinen Leute« dabei so stark betont werden, wird für die Gegenseite umso irritierender bleiben, je weniger diese, d.h. die neuen Gewerbe- und Geldaristokratie, sich vorstellen kann, dass den »einfachen Leuten« bei all ihrem Elend überhaupt noch irgendetwas anderes in den Kopf kommen mag als das bloße Fressen. Die von der alten Aristokratie ererbte Ignoranz wird sich auch bei der neuen so schnell nicht verziehen.

Politische Leidenschaften, ästhetischer Geschmack

Der Bruch und die anthropologische Reduktion, die in Adam Smiths Werk vorbereitet und mit der Gewerbefreiheit vollzogen wurden, fasst Tiecks Leonhard als irreversibel; der romantische Handwerker-Dichter hegt keinerlei Illusionen über die Möglichkeit einer einfachen Rückkehr in einen *status quo ante*. Gleichwohl aber stellt sich die Frage, wie mit einem Bruch umzugehen sei, der doch als Fehlentwicklung wahrgenommen und dargestellt wird.

Tieck begreift die Kunst als Mittel der Kompensation; eine Kunst allerdings, die sich an ihre alte Nähe zum Handwerk erinnert und die nach dem Ende des alten Handwerks neu programmiert werden muss. Im *Tischlermeister* findet diese Neueinstellung der Aufgabe der Kunst ihren Ausdruck in einem langen Gespräch zwischen Leonhard und Elsheim über den Verfall des Geschmacks, einem Gespräch, das *vor* dem oben zitierten über die sozialen Folgen der Gewerbefreiheit stattfindet, das aber erst durch jenes zweite in seiner ganzen Tragweite verstanden werden kann.

Gerade aufgebrochen zu ihrer Reise, entlockt Elsheim Leonhard das Geständnis, dass dieser »mit [s]einem Stande, ja fast mit dem ganzen Leben unzufrieden« geworden sei. Der Grund ist ein persönlicher und sozialer zugleich und führt zu Elsheims alter Frage zurück, warum Leonhard, der doch schon als junger Mann mit »offenen Sinnen und vielfältigen Kenntnissen« und einer »Lust an allem Gebildeten« durch die Welt gegangen sei, »nicht lieber den Stand eines Künstlers erwählt« habe; ob also Leonhards »Beruf nicht vielleicht auch ein verfehlter« sei (JTM, S. 55). Diese Provokation nimmt Leonhard zum Anlass, über die Ordnung von Kunst und Handwerk, Sinnlichkeit, Nutzen und Bildung zu räsonieren, so wie sie »in früheren Zeiten« bestanden und wie sie ihn zum Tischler bestimmt habe. Zwar an Bildung und Kunst interessiert, habe er, so Leonhard, nicht zum »Gelehrten« getaugt, weil »Sachen [ihn] mehr als Gedanken, Worte und Formen interessierten«, zum Künstler habe ihm immer der »Enthusiasmus [gefehlt], jener strebende, fliegende Geist, der alles neben sich vernachlässigen und vergessen kann und darf, der in fremden Welten, aber nicht in der hiesigen einheimisch ist«. Sich selbst charakterisiert Leonhard schließlich bewusst – und kokett? – als schlicht: »mein Gemüt im Gegenteil ist beschränkt und wahrhaft bürgerlich, mein Eifer für Arbeit, Nützlichkeit, meine Lust an Dingen, die brauchbar sind und fest stehen: alles dies überzeugte mich früh, daß ich zum Handwerker bestimmt sei« (JTM, S. 55).

Nun ist aber, und hier gibt Leonhard Elsheim in gewisser Weise recht, »der Tischler zwischen dem Künstler und Handwerker« (JTM, S. 55) angesiedelt; das Tischlern weise eine »Verwandtschaft zur Kunst« auf, »ohne doch Kunst sein zu wollen« (JTM, S. 58). Besonders das Tischlerhandwerk bringe deshalb einen »Trieb« zur Geltung, den Leonhard als »Schönheits- oder Kunsttrieb« und als »Bildungstrieb« (JTM, S. 56) bezeichnet und der, so viel ist hier schon klar, in einem engen Verhältnis zu jenem Trieb steht, den das spätere Gespräch als Trieb zur Repräsentation kennzeichnet. Der »Kunsttrieb« drängt den Menschen, »alles, was sein Bedürfnis fordert, neben dem Notwendigen noch mit einer gewissen Zugabe von Schönheit zu umhängen«; jeder »Hausrat« werde so »durch hinzugefügten Zierrat in etwas Höheres verwandelt« (JTM, S. 55 f.).

In immer neuen Formulierungen variiert Leonhard diesen Gedanken. So ist wenig später davon die Rede, dass »alles Leere verkleidet, alles, was das bloße Bedürfnis ausdrückt, verwandelt, und die bloße Notwendigkeit daran verschwiegen werden müsse« (JTM, S. 56 f.). Dass der Kern der Sache »verkleidet« oder, wie es noch später heißt, »umstellt[ ]« (JTM, S. 59) werden muss, weil er eigentlich *leer* ist; dass damit aber die »Notwendigkeit« vom Kern in den »Zierrat« wandert – das bringt Leonhard gegen Ende seiner Rede in nachgerade mustergültig romantischer, weil ironisch-paradoxer Form auf den Punkt: Es gehe darum, »dem nackten Leben zur schmückenden Umkleidung« einen »notwendigen Zierrat« zu geben. Wenn aber der »Zierrat«, die »Zugabe«, die »Umkleidung« als »notwendig« erkannt wird, dann zieht dies die ganze Unterscheidung in Zweifel, die Leonhard zuvor mit fast provozierender Schlichtheit exponiert und wiederholt hat.

Dabei ist die Unterscheidung von »Bedürfnis« und schmückender Hülle ja nicht umstandslos falsch: Auch für Leonhard bleibt das »Bedürfnis [...] die erste prosaische Grundbasis« des Lebens, zu dem die Hülle dekorierend hinzutritt (JTM, S. 57). Falsch ist allerdings die einseitige Entwicklung des neuesten Geschmacks: Erst der »Hussitensinn und die bilderstürmende Rohheit unserer Tage« spitzen die Unterscheidung so zu, dass schließlich die Hülle, der »Zierrat«, als »überflüssig und unvernünftig« (JTM, S. 62) zu gelten beginnt und damit als entbehrlich oder gar verwerflich – *Ornament ist Verbrechen* wird das Schlagwort später lauten. Der rationalistische Ikonoklasmus isoliert einen nackten Funktionskern, von dem er alles, was überflüssig ist, abstreifen und entsorgen will. Leonhard problematisiert die Unterscheidung von Notwendigem und Überfluss, wenn er zeigt, dass der Überfluss nötig ist und erst durch die Zugabe des Überflüssigen der Kern funktionstüchtig bleibt.[51] Dass das Verhältnis von Notwendigkeit und Überfluss so einfach nicht ist, wie der Rationalismus meint, begründet das »angenehme[ ] Rätsel« dieses Verhältnisses; dass nie endgültig zu klären sein wird, was »notwendig« und was »Überfluss« ist, das macht demnach einen wesentlichen Reiz des Lebens selbst aus.

Leonhards Kritik an der rationalistischen Geschmacksverflachung der Gegenwart weist voraus auf seine Kritik der mit der Gewerbefreiheit einhergehenden rationalistischen Affektpolitik, die er im nächsten langen Gespräch mit Elsheim kundtun wird: So wie früher der Handwerker-Künstler dafür zuständig war, der »strengen Notdurft« und dem »nackten Leben« eine »schmückende Umkleidung« zu geben, so waren die Zünfte dafür zuständig, das gemeine und »gewöhnliche Leben« mit einer poetischen Repräsentation zu versehen, die es den Menschen erlaubte, aus sich herauszugehen und gerade damit erst ganz bei sich zu bleiben (oder erst ganz zu sich zu kommen). Hier wie dort gibt es eine »prosaische Grundbasis«, die in ein »poetisches Schauspiel« oder Schaustück verwandelt werden soll. Die Verwandlung folgt hier wie dort einem »Trieb«, der in der Gegenwart unterdrückt oder verleugnet wird, dem nicht zu folgen oder stattzugeben aber offenbar enorme soziale und menschliche

Folgekosten verursacht, die Leonhard in seinen Reden in Rechnung stellt.

Die soziale Ursache für den herrschenden »Nicht- oder Ungeschmack« findet Elsheim in »einer gewissen Aufklärung und unbedingten Verfechtung des Bürgerstandes« (JTM, S. 58). Dass die Aufklärung mit den inkriminierten Prozessen zu tun haben könnte, überrascht nicht. Dass aber der »Bürgerstand« verantwortlich gemacht wird, erstaunt indes schon – immerhin wird doch wenig später »Bürgerstand« zum Sachwalter der alten, verlorenen Ordnung erklärt, deren Abschaffung ihm hier nun angekreidet wird.

Vielleicht aber liegt die Betonung in Elsheims Argument gar nicht so sehr auf dem »Bürgerstand«, und womöglich noch nicht einmal auf der »Verfechtung des Bürgerstands«, sondern auf deren »unbedingtem« Charakter: dass die Vertreter des Bürgerstands sich »unbedingt« wähnen; dass sie meinen, eine »bürgerliche« Kultur (mit unbedingt bürgerlich-nüchternen Werten) isolieren zu müssen und aus der Vermittlung mit einer als aristokratisch oder aber als plebejisch verschrienen Kultur der Verschwendung lösen zu können: *Das* vielleicht ist der wahre Grund dafür, dass die alte Kultur einer Durchdringung von Kunst und Handwerk, von Überfluss und Bedürfnis zerstört wurde.[52] Und ebenso, so könnte man den Gedanken weiterspinnen, ist die alte zünftige Kultur zerstört worden, weil ein bestimmter Teil des Bürgerstandes – derjenige, der sich später als Bürgertum konstituieren wird – sich aus diesem sozialen Vermittlungszusammenhang lösen und sich »unbedingt« setzen wollte: unabhängig von denen, die nun als Menschen niederen Standes nach »unten« abgesetzt werden, von Lehrbuben, Gesellen, Gesinde. Die »unbedingte Verfechtung des Bürgerstandes« wäre nach dieser Lesart verantwortlich für die menschlichen und sozialen Verheerungen der Gegenwart, weil sich die damit verbundene Abgrenzung nach unten wie nach oben aus der notwendigen Vermittlung mit diesen Extremlagen der Gesellschaft meint lösen zu können. Und so wäre es vielleicht kein Zufall, dass es gerade der »Edelmann« Elsheim ist, der die inhärente Aggressivität der Selbstsetzung des neuen Bürgertums als »Mittelstand« aufzeigt; eine Aggressivität der Selbstbehauptung qua Exklusion, die dem alten, »wahren Bürgerstand« ganz fremd war.

Hegung des Klassenkampfs: Tiecks Zünfte als *invention of tradition*

Bei aller Hellsicht, die Tiecks Leonhard in Hinsicht auf die tatsächlichen sozialhistorischen Prozesse beweist, die mit dem Ende der Zünfte verbunden sind, müssen seine Reden doch auch als Ausdruck einer ideologischen Verklärung der Zünfte gelesen werden. Leonhards Rekonstruktion der zünftig-gebundenen Vergangenheit ist dabei mindestens ebenso sehr eine projektive als auch eine nostalgische Konstruktion:[53] Die Zünfte in Leonhards Reden können als Element einer übergreifenden »invention of tradition« dechiffriert werden, als Erfindung einer idealisierten Vergangenheit, mit der gegenwärtige politische Strategien und Normsetzungen legitimiert werden sollen.[54]

So wird man etwa nicht länger übersehen dürfen, dass das »Genre-Bild«[55] vom Leben im Haus, das Leonhard zeichnet, einem Hausvorstand und Zunftmeister in den Mund gelegt wird. Als solcher hebt er die Schutz- und Schirmfunktion der Zünfte hervor, die auch den Lehrlingen und Gesellen zugutekommt; die Rede von der Geschlossenheit der häuslich-zünftigen Lebensform betont in diesem Zusammenhang die Einheit und Stabilität der Normen und Werthaltungen, an denen sich das Leben aller Hausangehörigen orientiert. Dagegen wird man einwenden müssen, dass Haus und Zunft auch Orte eines manifesten Interessenkonflikts sind; Karl Marx wird einige Jahre nach Tiecks *Tischlermeister* gar von einem Klassenkampf zwischen Gesellen und Zunftmeistern schreiben.[56] Selbst im Tischlergewerbe und sogar in Leonhards geliebtem »altbürgerlichen, germanischen, kunstvollen Nürnberg« – das Tieck schon im *Phantasus* gegen das betriebsame »Nord-Amerika von Fürth« stellt[57] – kam es 1788 zu einem großen Streik, in dem auch Meister und Gesellen aneinandergerieten, weil bei den Handwerkern Hunger herrschte und an den Türen der Häuser »die Pauverté mit aufgepflanzem Bajonet Schildwach« stand, wie es auf einem zeitgenössischen Flugblatt heißt.[58]

Leonhard gibt seiner Rede eine doppelte Stoßrichtung und argumentiert in seiner Verteidigung der Zünfte strategisch äußerst wendig: In Bezug auf Haus und Zunft – also gleichsam nach innen – kaschiert er bestehende Konflikte, um die *Stabilität* dieser Ordnung herauszustellen. Nach außen, gerichtet an den Staat und die »neuern Gesetzgeber«, betont er die *Wandlungsfähigkeit* der Zünfte. Gegen die von staatlicher Seite vertretene These von der starren Reformunfähigkeit der Zünfte stellt Leonhard diese als eine durchaus flexible und anpassungsfähige Institution dar. Die Zünfte waren wandlungsfähig, so Leonhard und es wäre besser gewesen, sie zu reformieren, so ließen sich seine Ausführungen in seinem Sinn weiterführen, denn gerade im Hinblick auf die anomischen Zustände, die erst durch die Aufhebung der Zünfte entstanden sind – Pauperismus und moralische Verwahrlosung – hätten die Zünfte wiederum ein durchaus attraktives Ordnungsangebot zu machen gehabt. Nicht nur für die »Verminderung sozialer Risiken« wurde hier gesorgt, auch die soziale »Befriedung der Stadtgesellschaft« überhaupt übernahmen die Zünfte in großen Teilen; mit »Unterstützungskassen für Kranke, Invalide und Arme« und einem System der Witwenversorgung schlossen sie »Lücken im öffentlichen System der Armenfürsorge« und leisteten so einen Beitrag, den staatliche Institutionen vielfach gern annahmen.[59]

Das Ende der Zünfte und die Anfänge der Arbeiterbewegung. »Traditionen« der Sozialgeschichte

Mit dem Konzept der »invented traditions« behauptet Eric Hobsbawm einen starken Gegensatz von »traditions« und »customs«: Wo Erstere sich durch Invarianz auszeichnen, da verbürgen Letztere Flexibilität und Adaptabilität: »Customary or common law still shows this combination of flexibility in substance and formal adherence to precedence.«[60] Dieser starken ideologiekritischen Asymmetrie folgend, wurden in der Forschung »invented traditions« immer wieder entlarvt, »customs« hingegen als Teil der sozialen Basis und als materielle Kohäsionskraft einer Gesellschaft gewürdigt. Betrachtet man die Debatten um Sinn und Unsinn der Zünfte im frühen 19. Jahrhundert, so muss allerdings diese Gegenüberstellung symmetrisiert werden. Denn die Verteidiger der Zünfte betonten in ihrer »invention of tradition« die Beharrlichkeit *und* die Flexibilität der Zünfte, und auch die Gegner, die wirtschaftsliberalen »neuern Gesetzgeber«, gehen mit der »erfundenen« Zunfttradition äußerst flexibel um: Die Zünfte – und das meint hier ganz entschieden die Zunftordnungen und -privilegien der Meister – werden auch nach ihrem offiziellen Ende von der »Obrigkeit« zur »Disziplinierung der abhängig Arbeitenden« und zur »Bindung der Gesellen an Regeln und Normen des Zusammenlebens« in neuer Form eingesetzt, um soziale Unruhen und Arbeitskämpfe abzuwehren. Sowenig der Staat die Zünfte als quasisouveräne Institutionen (mit eigenem Rechts- und Besteuerungssystem) *neben* sich dulden konnte, so wenig konnte er auf ihre soziale Ordnungsfunktion zunächst ganz verzichten. Die erst schwach augebildete Durchgriffsmöglichkeit des Staates zumal in der Fläche – zu berücksichtigen wäre hier ganz prosaisch der Mangel an Polizisten und die erst rudimentäre Verwaltungsbürokratie – musste durch die nun wieder geduldete und sogar geförderte eigene Gerichtsbarkeit der Zünfte ergänzt werden, etwa um die Anstellung unbotmäßiger Gesellen zu verhindern oder sie durch zunftrechtlich verhängte Strafgebühren auf Trab zu halten. Im Hinblick auf die gewünschte »ordnungspolitische Funktion[alität] der Zünfte« kamen deren Verteidiger wie Gegner also offenbar überein.[61]

Vielleicht ist es hier geboten, eine »Klassenlinie« (Jürgen Kocka) einzuziehen, die quer zum Für und Wider der Zünfte verläuft. Denn auch die Gesellen, die von den alten Meistern *und* der neuen Ordnung als Bedrohung angesehen und daher zum Angriffspunkt von staatlicher Repression *und* zünftiger Kontrolle durch die Meister werden,[62] betreiben in Bezug auf die Zünfte eine eigene »invention of tradition« – oder sie entwenden die »invention« der Meister und führen sie einer eigenen strategischen Nutzung zu. Kocka hat als

Erster auch für den deutschsprachigen Raum das aus der englischen und der französischen Sozialgeschichte bekannte Phänomen untersucht, dass Zünfte und andere Organisationsformen des alten Handwerks als Keimzellen der frühen Arbeiterbewegung aufgefasst werden müssen, und das, obwohl sich Letztere vielfach durch eine dezidiert gegen handwerkliche Traditionen gerichtete Theoriebildung und Rhetorik auszeichnete. Dem »Anspruch« der Arbeiterbewegung, eine »Klassenbewegung« für »alle lohnabhängigen Handarbeiter« zu sein, »einschließlich der großen Masse der ungelernten Tagelöhner und Handarbeiter, der landwirtschaftlichen Arbeiter und des Gesindes«, diesem Anspruch stellt Kocka gegenüber, dass die frühe Arbeiterbewegung »*[f]aktisch* [...] eine Bewegung *gewerblicher* Arbeiter« war, in der »Handwerksgesellen und andere handwerklich geprägte Arbeiter die große Mehrheit« stellten.[63] Dass die frühe Bewegung in ihrer Sozialstruktur stark von Gesellen geprägt war, habe sich organisatorisch in der Übernahme bestimmter zünftiger »Geselligkeitsformen« niedergeschlagen, einschließlich der Benutzung von »Fahnen und Zeichen der Gesellen«.[64] Darüber hinaus aber – und hier wendet sich Kocka gegen die Übertragung der »vornehmlich an westeuropäischen Erfahrungen orientierte[n] Protestforschung«[65] auf deutsche Verhältnisse – sei Vorsicht bei der Behauptung weitergehender Kontinuitäten angebracht: Die »Organisationen der neu entstehenden Arbeiterbewegung [hätten] überhaupt nicht auf Gesellenorganisationen aufbauen [können], weil es keine gab oder weil diese von der staatlichen Obrigkeit und den Zünften effektiv kontrolliert« worden seien.[66] Dies führt Kocka dann schließlich zu der Warnung, die These von einer Kontinuität der Handwerker- und der Arbeiterbewegung zu überspannen, und endlich zu einer begrifflichen Restitution der scharfen Trennung beider, die zuvor doch so überzeugend infrage gestellt wurde. Letztlich bleibt es für Kocka dabei, dass die Handwerkerbewegung eine »defensive« Bewegung gewesen sei, »antimodern«, traditionell und fortschrittsfeindlich – kurz: romantisch –, die Arbeiterbewegung aber eine »Bewegung der Emanzipation und des Kampfes für Fortschritt, [...] ein Produkt der Moderne, offensiv, anti-traditionalistisch und weit von zivilisationskritischer Verklärung der Vergangenheit entfernt«.[67]

Für den Leser bleibt am Ende die Frage, wie umzugehen sei mit dem unvermittelten Gegensatz zwischen Kockas deutlich promodernistischem Wertungsschema und seinen eigenen historischen Befunden, die sich dieser Wertung eigentlich nicht recht fügen wollen. Wenn Kocka festhält, dass »[r]ückwärts gewandte Traditionsbildungen [...] offenbar unter den besonderen Bedingungen einer dazu geeigneten Herausforderung geradezu radikale, in die Zukunft weisende Bewegungsenergien erzeugen« können, und dass gerade in den zünftigen Traditionen »Triebkräfte der frühen Arbeiterbewegung sichtbar [werden], die ihr selbst kaum bewußt waren [und] ihrem Selbstverständnis nicht entsprachen«,[68] dann muss in dieser einfach daherkommenden Feststellung erst wieder das historische Problem entdeckt werden: Denn wie genau kommt es zu diesem Energietransfer (»Bewegungsenergien«, »Triebkräfte«), wenn sich handfest-materielle, institutionell-organisatorische Kanäle kaum dingfest machen lassen? Offenbar müssen wir unser begriffliches Instrumentarium erweitern, um das von Kocka bloß konstatierte, nicht aber erklärte Übertragunggeschehen zwischen Handwerks- und Zunfttraditionen auf der einen und früher Arbeiterbewegung auf der anderen Seite zu begreifen.

Um diesen historischen Übertragungsprozess angemessen untersuchen zu können, müssen Sprache, Bilder und symbolische Praktiken, kurz: imaginäre Formationen in den Blick genommen werden, die als Muster und Medien sozialer Identifikation dienen können; eine »Bildersprache« (»imagery«), so kann mit E.P. Thompson pointiert werden[69] – oder mit Tieck: »Repräsentationen aller Art« –, die eine vorgegebene Identität nicht bloß bestätigen, sondern die es den Akteuren erlauben, aus sich herauszutreten und sich in neuer Identität wieder zu begegnen.

Will man die imaginäre Kontinuität verstehen, die sich in einer handwerklich geprägten Sprache und in zünftigen Bildern und Symbolen Ausdruck verleiht, dann darf man Sprache aber gerade nicht auf eine sekundär-mimetische Funktion reduzieren: Die soziale Sprache »spiegelt« nicht nur »Wahrnehmungsweisen und Deutungsmuster«, sie gibt nicht nur »Auskunft darüber, wie sich die soziale Welt in den Köpfen der Zeitgenossen abbildet[ ]«, wie Kocka dies postuliert. Sprache, die »Bildersprache« zumal, läuft vielmehr der Abbildung bereits gegebener Zustände vielfach voraus, indem sie neue »Wahrnehmungsweisen« vorschlägt, durchspielt und erprobt und damit alternative »Deutungsmuster« zur Disposition stellt. Wenn die »alten Begriffe nicht mehr auf die neuen Wirklichkeiten« passen, dann schlägt sich das nicht nur in »sprachliche[n] Unsicherheiten« nieder,[70] sondern kann auch zum Anlass einer gesteigerten sprachpoetischen und sprachpolitischen Kreativität und Produktivität werden. Gerade dies lässt sich im Vormärz besonders prägnant beobachten.

Kocka verkennt in seiner Untersuchung diese projektiv-konstruktive Dimension von Sprache – und wird damit schon der ebenfalls in Bielefeld entwickelten »Begriffsgeschichte« nicht gerecht, auf die er sich doch bezieht –, wenn er etwa von »›linken‹ Denk- und Sprechfiguren« schreibt, »hinter« denen sich bisweilen eine »rechte«, weil »wesentlich defensive Protesthaltung« »verstecken« könne.[71] »Bildersprache« im Sinne von Thompsons »imagery« meint demgegenüber

> »weit mehr als Sprachfiguren, in die tieferliegende Gedanken ›gekleidet‹ wurden. Die Bildersprache ist selbst der Beweis für starke subjektive Motivationen, die so ›wirklich‹ sind wie die objektiven und ebenso real in ihrer geschichtlichen Wirkung […]. Sie ist ein Zeichen dafür, wie die Menschen empfanden, hofften, liebten und haßten und wie sie gewisse Werte in der Textur ihrer Sprache bewahrten.«[72]

In der deutschen Sozialgeschichte ist die Gegenüberstellung von *Tradition* und *Fortschritt* strukturgebend: eine Gegenüberstellung, in der immer unterstellt bleibt, dass »Tradition« rein antiquarisch funktioniert und selbst eben nicht fortschreitet. Die englische Sozialgeschichte hingegen geht von einem Traditionsbegriff aus, der mit beständiger »Neuinterpretation« nachgerade gleichgesetzt wird. Schon im Vorwort von *Culture and Society* benennt Raymond Williams die Möglichkeit einer »Neuinterpretation« als Ziel jeder Beschäftigung mit »Tradition«.[73] Und Thompson will William Morris' romantischen Antikapitalismus dadurch historiografisch retten, dass er aus dessen »traditionalen, konservativen, regressiven, eskapistischen und utopischen Charakteristika« die Elemente einer »Transformation« gewinnt, die erst eine ganz eigene, von Marx und dem Marxismus ganz unabhängige »kommunistische Tradition« ermöglicht haben.[74] »Traditionsbindung und Klassenbildung«: Es kommt alles darauf an, die Begriffe aus Kockas einschlägigem Aufsatztitel aus ihrer dichotomischen Gegenüberstellung zu befreien und sie in ihrer Komplementarität zu begreifen.

Kocka indes schiebt Thompsons Forschungen (oder auch William Sewells ähnlich gelagerte Untersuchungen der französischen Tradition[75]) buchstäblich beiseite, wenn er sie im Hinblick auf die deutsche Geschichte für untauglich erklärt. In Deutschland habe es eben kein »revolutionäres Erbe« gegeben, das sich mit einer zünftigen Tradition habe konfundieren können; die deutschen Zünfte seien zudem von vornherein viel stärker »obrigkeitsstaatlich überformt« gewesen als etwa die französischen.[76]

Nun ist aber eine solche nationale Hegung der Sozialgeschichte, die immer schon weiß, dass sich »diesseits des Rheins« alles »anders abgespielt haben« wird als jenseits,[77] gerade der Situation im Vormärz vollkommen unangemessen. Dass sich »Fortschrittsüberzeugungen« in der frühen Arbeiterbewegung auch »auf Wanderungen und Reisen teilweise ins Ausland« verbreitet haben sollen,[78] stellt eine nachgerade drollige Verniedlichung der Situation dar: Die frühe deutsche Arbeiterbewegung war eine Bewegung deutscher Arbeiter *im Ausland*, eine Bewegung über alle europäischen Grenzen hinweg, und ist entsprechend von vornherein nur transnational zu erfassen; die – freilich erst später geprägte – Wendung von den »vaterlandslosen Gesellen« muss in allen ihren Teilen wörtlich genommen werden.[79] Dass es in den deutschen Gebieten keine revolutionäre Tradition gegeben hat, an die man anschließen konnte, war Aktivisten und Autoren der frühen Bewegung schmerzlich bewusst, es war ihnen aber kein Hindernis, sondern eher ein Ansporn, eine solche Tradition – auch über einen zum Teil bewusst betriebenen und propagierten Import französischer und englischer Ideen – allererst zu erschreiben. In einer desolaten, von politischer Repression und sozialer Depression geprägten Gegenwart (er)finden Autoren wie Wilhelm Weitling und Georg Weerth eine Gegentradition des rebellischen Gesellen, die vielfach gerade aus der spezifischen Idiomatik der deutschen Gesellensprache schöpft und die in zünftigen Strukturen staatsferner, gesellig-vereinsförmiger Selbstorganisation neu belebt werden soll. Über den fiktionalen Charakter dieser Konstruktionen sind sich die Autoren zum Teil durchaus bewusst; ihrer Wirksamkeit tut dies aber keinen Abbruch.

1836 erreicht der vagierende Schneidergeselle Wilhelm Weitling auf seinen Wanderungen Paris, das Zentrum einer riesigen deutschen Exil-Community von Handwerksgesellen und bürgerlichen Liberalen, die vor dem repressiven Restaurationsregime in den deutschen Ländern geflüchtet waren. Im unruhigen Paris jener Jahre – die französische Gesellschaft wurde nach der Juli-Revolution von 1830 von einer regelrechten »Manie der Revolte« erfasst[80] – radikalisierten sich auch die deutschen Exilanten. Die entschiedendsten unter ihnen, Handwerksgesellen wie bürgerliche Intellektuelle um Jacob Venedey und Georg Fein, gründen 1834 den Bund der Geächteten, dem sich 1836 auch Weitling anschließt.[81] Die Geächteten standen organisatorisch und programmatisch jenen französischen Bünden und Vereinen nahe, die sich nach dem Sieg der bürgerlichen Kräfte in der Juli-Revolution auf egalitär-sozialrevolutionäre Traditionen der Französischen Revolution besinnen, wie sie sich etwa in François Noël (genannt Gracchus) Babeuf und seiner Geheimgesellschaft der Conjuration des Égaux verkörpert hatten.[82] Filippo Buonarroti, ein Freund und Schüler Babeufs, hatte sich nach dessen Hinrichtung 1797 zunächst nach Italien gerettet, um die revolutionäre Botschaft in den 1830er Jahren zurück nach Paris zu bringen.[83] Die Neobabouvisten radikalisierten die Auseinandersetzung, sie fordern nun nicht mehr bloß politische Partizipationsrechte oder eine gerechte Verteilung von Boden und Reichtum, sondern gleich die Abschaffung allen Privateigentums: Der Communismus nimmt Gestalt an und infiziert sogleich auch die deutsche Opposition in Paris.

Weitling, 1808 als unehelicher Sohn eines Dienstmädchens und eines französischen Besatzungssoldaten geboren, hatte nie höhere Schulbildung genossen und war mit 14 Jahren in die Lehre gegeben worden.[84] Auf der Wanderschaft – Wandern bildet! – hatte er sich mit den Lehren und Theorien der oppositionellen Bewegung vertraut gemacht; als Autodidakt bewahrt er zeitlebens eine Abneigung gegen »künstliche inhaltslose Phrasen«, wie er sie allenthalben in den Elaboraten der Philosophen und Berufsintellektuellen erblickt; auch mit »dem Hegel« wird er nie warm.[85] Umgekehrt hält ihn das aber nicht von hypertrophen eigenen Projekten ab: So verfasst er eine Kosmologie und entwirft eine Universalsprache, die er Wilhelm von Humboldt zur Prüfung zuschickt.[86] Irritierte Genossen schildern den kommunistischen Schneider bisweilen als »hübschen[n]« gut gekleideten Dandy im »stutzerhaft geschnittenen Röckchen« und mit »kokett gestutztem Bärtchen«.[87]

Nach Weitlings Eintritt – und vielleicht auch durch ihn betrieben – spaltet sich der Bund der Geächteten entlang der ihn durchziehenden Klassenlinien; gegen die Vorherrschaft der bürgerlich-intellektuellen Führungsfiguren um Venedey konstituiert sich der proletarisch-sozialrevolutionäre Flügel der Gesellen-Arbeiter nun als Bund der Gerechten.[88] Im Auftrag des Bundes zieht Weitling 1841 aus Paris in die Schweiz, um die dortige politisch-soziale Subkultur der Wander- und autochthonen Handwerksgesellen zu agitieren und zu organisieren. Zu diesem Zweck publiziert er ab 1841 in Genf den *Hülferuf der deutschen Jugend*, eine Zeitschrift, die in den Jahren 1842/43 den Titel *Die junge Generation* tragen wird. In den Beiträgen, die Weitling weitgehend selbst verfasst, knüpft er an die Erfahrungswelt wandernder Handwerksburschen an, um die »gesellschaftliche Unordnung« der Gegenwart zu kritisieren und jene Grundsätze einer »gutorganisierten Gesellschaft« zu verbreiten, um deren Aufbau es dem Bund der Gerechten und anderen babouvistischen und communistischen Gruppen geht.[89] Schon die Namen der Zeitschriften können als Reminiszenz an die Gesellenbewegung gelesen werden, lässt sich doch zeigen, dass die »›Erfindung des Gesellen‹ parallel zum Gesellenwandern die Gesellenschaften als Institutionen der Jugendbewegung hervorbrachte«;[90] auch bei der Neu-Erfindung der politischen Gesellenkultur im Vormärz lässt sich mithin nachzeichnen, wie »Jugend« nun als Phase des Lebens verstanden wird, die immer auch politisch-revolutionär bestimmt ist.[91]

Der »proletarische Gedanke« bildet sich, so hat Jacques Rancière es formuliert, »im traditionellen Rahmen der Stände und zum Zweck der Verteidigung des Handwerks und der qualifizierten Arbeit gegenüber der bedrohlichen Ordnung der kapitalistischen Industrie und der zerteilten Arbeit«.[92] Die vorschreitende Artikulation und Differenzierung dieses Gedankens indes führt zu einer Aufzehrung seiner eigenen Entstehungsbedingungen; der »proletarische Gedanke« emanzipiert sich von seinen zünftigen Wurzeln und grenzt sich schließlich scharf von ihnen ab. Diesen Prozess hat Weitling am eigenen Leib erfahren müssen: Für den Bund der Gerechten hatte er ein Manifest geschrieben, das 1838/39 unter dem schönen Titel »Die Menschheit, wie sie ist und wie sie sein sollte« veröffentlicht wurde.[93] Das Manifest bleibt zehn Jahre gültig. Der Bund der Gerechten nennt sich 1847 in Bund der Kommunisten um, sein neues Manifest werden dann Karl Marx und Friedrich Engels schreiben. Nun wird Weitling zum Opfer jenes »Emanzipationsprozesses«, der die neue Bewegung mit ihrem sozialhistorisch-intellektuellen Entstehungskomplex brechen lässt. In dem Moment, in dem mit Marx und Engels scharfe Verächter jeder Handwerksromantik das Ruder im Bund übernehmen, wird Weitling selbst an den Rand der Bewegung gespült und von den neuen Chefs schließlich persönlich ausgeschlossen. Im Übergang zum organisierten Kommunismus wird der Geselle wieder zum Geächteten.[94]

Im folgenden Abschnitt soll Weitlings Poesie der Klasse – sein Beitrag zur imaginären Selbstfindung der Klasse – in dreierlei Ausformungen untersucht werden: einmal sein Beitrag zu einer Poesie der politischen Sprache, seine Neuschöpfung einer alternativen politischen Sprache aus dem Geist der alten Gesellensprache; dann sein Beitrag zur Neu- und Umschöpfung künstlerischer Ausdrucksformen der Klasse aus dem Geist des alten Gesellenliedes; schließlich Weitlings Beitrag zu einer institutionellen Selbsterschaffung der jungen Gesellenbewegung, seine Umschöpfung des Gesellenvereins durch eine veränderte Selbsterzählung. Auf allen drei Ebenen lässt sich nachvollziehen, wie sich Klassenbildung nicht als Bruch, sondern als Transformation jener Gesellentraditionen vollzieht, aus denen sie sich herschreibt.

Gesellensprache

Im Artikel »Bitten, Betteln und Fechten«, erschienen im zweiten Heft des *Hülferuf* im Oktober 1841, attackiert Weitling das herrschende System der Bettelverbote.[95] Jeder Handwerksbursche – jeder Geselle auf Wanderschaft[96] – komme früher oder später, so weiß Weitling wohl auch aus eigener Erfahrung, unweigerlich mit den »Bettelgesetze[n]« und den »Bettelvögte[n]« (BBF, S. 20 u. S. 22) der Städte oder Länder in Konflikt, die er durchwandert. Wer nur wenige Tage in einer Stadt weile, könne keine feste Arbeit aufnehmen, viele Gewerbe seien zudem jahreszeitenabhängig; um »auf der Reise ihr Leben zu fristen«, kämen die Handwerksburschen oft nicht umhin zu betteln. Nicht nur der »Schreiber dieses Aufsatzes kennt Beispiele von jungen kräftigen Handwerksburschen«, die sich zu diesem Schritt genötigt sahen, auch seine Leser würden diese Beispiele kennen oder selbst schon so gehandelt haben (BBF, S. 20). Betteln gehört zum Wandern, und wer seine Wirtschaft (auch) auf wandernde Gesellen baut, das Betteln aber verbietet, der handelt scheinheilig oder bösartig – so Weitlings Ausgangsüberlegung.

Der eigentlich originelle Zug von Weitlings Essay liegt nun darin, dass er die skizzierte, eigentlich offensichtliche »Unordnung« in der Einrichtung der Gesellschaft zum Anlass einer sprachpolitischen Erörterung macht. Denn was heißt überhaupt »betteln«? Und was unterscheidet »betteln« von »bitten«? Weitlings Essay hebt an mit einigen Selbstverständlichkeiten und fragt sich zu deren Implikationen durch: Sind wir nicht »alle Christen«, und ist nicht »das höchste und größte Gebot« Christi das der »Nächstenliebe«? Und muss nicht jeder Christ daher dem Satze folgen: »Bittet, so wird euch gegeben«? Müsste eine Gesellschaft, die sich als christlich versteht, nicht allen, die bitten, auch geben? Es gibt in der Gegenwart »in Lumpen eingehüllte hagere Gestalten«, von »Erschöpfung, Krankheit oder Altersschwäche [...] zur Arbeit untauglich gemacht«, welche »die Vorübergehenden mit aufgehobenen Händen um eine Gabe« – »bitten« (BBF, S. 18 f.). Und was tut die Gesellschaft? Sie ändert die Lage der *Dinge* durch eine Veränderung der *Wörter*:

»Aber die Gesellschaft, die das Gebot der Liebe predigen läßt, hat, um das lästige ekelhafte Erbitten und Verlangen der nothwendigen Bedürfnisse des Lebens aufhören zu machen, keine anderen Mittel gefunden, als den Ausdruck *bitten* in *betteln* zu verwandeln, um den Gegensatz der Liebe und Einheit des *christlichen*, und den Haß und die Vereinzelung des *politischen* Gesetzes nicht so in die Augen fallend zu machen« (BBF, S. 19).

Es kommt aber, so zeigt Weitling, nicht nur darauf an, *was* gesagt wird, sondern auch, *wer* etwas sagt. Der Charakter der Sprechhandlungen werde bestimmt durch die politisch-sozialen Rahmenbedingungen der Äußerung:

»Wenn vom *Verlangen* der Reichen und Mächtigen die Rede ist, so nennt man es, wenn dasselbe an die Aermeren gerichtet ist, nicht mehr *bitten*, sondern *fordern*, *befehlen*, *verordnen*, *begehren*. Der Arme aber in seinem Verhältnisse zu dem Reichen *bittet*, wenn er um eine kleine Gunsterweisung anhält, und *bettelt*, wenn es sich um die Fristung seiner Existenz handelt« (BBF, S. 19).

Die »Reichen und Mächtigen«, die »Gesetzesfabrikanten« (BBF, S. 18) – die Fabrikanten der Gesetze der Fabrikanten – wissen um die Macht der Wörter.[97] Mit ihren sprachpolitischen Manövern verschleiern sie Offensichtliches und schaffen (juristische) Tatsachen, die den Armen das Leben zur Hölle machen. Denn die Bettelgesetze beseitigen keine einzige der Ursachen, warum Menschen sich zum Bitten/Betteln genötigt sehen: »Wenn wir nun den Zweck dieser Bettelgesetze untersuchen, so finden wir überall daß er nicht erreicht wird: denn man entläßt diese Unglücklichen nach einiger Zeit wieder so nackt und hülflos, ja noch hülfloser als man sie aufgefangen hatte« (BBF, S. 19). Nur eine Besserung der sozialen Lage, eine Abschaffung der Not durch Schaffung ausreichend gut bezahlter Arbeit könne letztlich auch das Betteln aus der Welt schaffen. Die Besonderheit des Weitling'schen Zugangs liegt nun darin, dass er sich über die Durchsetzbarkeit dieser Forderung durch Konzessionen der »Reichen und Mächtigen« keine Illusionen macht – immerhin kämen die Maßnahmen einer Selbstabschaffung ihres »privilegierten Müßigganges und des Umsonsttretens« gleich. Stattdessen setzt Weitling auf Selbsthilfe der Unterprivilegierten in der renitent-rebellischen Tradition der Wanderburschen.

Durch eine nun gleichfalls sprachpolitische Finte, die aus dem Arsenal der Gesellen- oder Walzsprache stammt, versucht Weitling den »Reichen und Mächtigen« die Definitionsmacht zu entwenden. Am Beispiel eines »jungen Handwerksburschen«, der »im Winter 1830 [...] von der Polizei nach bestehenden nicht christlichen aber Polizeigesetzen gezwungen wurde, die Stadt zu verlassen, weil er ein Fremder war, und [...] bei keinem zunftmäßigen Meister« Arbeit hatte, führt Weitling nach dem »Bitten« und dem »Betteln« den dritten titelgebenden Begriff seines Essays ein: das »Fechten« (BBF, S. 21). Denn zu diesem »Fechten« habe der arme Handwerksbursche schließlich »seine Zuflucht« gesucht, und eine lange Fußnote klärt auf, was es damit auf sich hat:

> »Fechten! Wie gefällt ihnen der Ausdruck? Vergleichen sie ihn einmal mit Betteln und Bitten. Den ersteren haben die Handwerksburschen, den zweiten hat die Polizei, und den dritten die christliche Liebe erfunden. Fechten, sich durchfechten durch die Wiederwärtigkeiten des Lebens, das ist die Bedeutung des Wortes« (BBF, S. 21).

»Fechten« bedeutet in der Walzsprache, wie auch im Rotwelsch, schlicht »Betteln«, wenn die Etymologie auch umstritten ist.[98] Weitling aber kommt es nicht so sehr auf die rein denotativ-bezeichnende Funktion an, sondern auf den »Geschmack« des Wortes: auf seine Konnotationen und seinen sozial-affektiven Gehalt. Und genau um diesen sei es, so Weitling, den Gesellen auch bei ihrer Wortschöpfung gegangen:

> »Da das Bitten und Betteln die Würde eines Mannes verletzt, und in einer gut organisierten Gesellschaft weder das eine noch das andere vorkommt, weil es die Pflicht Aller ist, die Bedürfnisse eines Jeden zu sichern, und die Pflicht eines Jeden, die Bedürfnisse Aller bestreiten zu helfen, so haben die Handwerksburschen, da die eiserne Nothwendig-

keit ihnen manchmal keine andere Wahl läßt, um zu leben, die den Stolz und das Ehrgefühl beleidigenden Ausdrücke Bitten und Betteln in Fechten verwandelt« (BBF, S. 21).

Wo »keine andere Wahl« bleibt, da kann immer noch die Wahl der Worte einen Unterschied markieren, der dann wiederum einer ums Ganze werden kann: Schon das Wort »Fechten« gewährt einen Ausweg aus dem Gefängnis der Polizeisprache. Die Polizeisprache stellt für sich schon eine Gewalt dar, die sich Zugriff auf das Unverfügbare des Menschen verschafft: auf seine »Würde«, seinen »Stolz und das Ehrgefühl«. Dieser Gewalt ist auch die Sprache der »christliche[n] Liebe« schutzlos ausgeliefert, weil auch sie den armen Menschen von vornherein nur als passives Objekt fremder Hilfe sieht und seiner Umwandlung in ein Objekt fremder Disziplinierung darum nichts entgegenzusetzen vermag. Erst die Sprache der Handwerksburschen versetzt den Armen wieder in die Position eines handlungsmächtigen Subjekts, das seine Bedürfnisse gegen die Widrigkeiten der Umstände aktiv durchsetzen kann.

Bei dem »jungen Handwerksburschen«, der zu dem ganzen Exkurs den Anlass gegeben hat, hatte das »Fechten« einen zwar durchaus verzweifelt-aggressiven Geschmack: Nach ewiger Drangsalierung durch die Polizei eine »Gelegenheit« suchend, »der Menschheit ein warnendes blutiges Adieu zu sagen [...] steckte [er] ein Brodmesser zu sich in die Tasche, mit dem festen Entschluß es dem ersten Häscher, der ihn anhalten würde, in die Gurgel zu rennen«. Dieses aus der »rasenden Verzweiflung« geborene Beispiel soll sicherlich auch den »Reichen und Mächtigen« und ihren Bütteln als »warnendes blutiges« Zeichen dienen. Nur durch Zufall entgeht der Verzweifelte dem Schafott (BBF, S. 22).

Seinen Lesern, die aus dem Beispiel ihres Gesellenbruders lernen sollen, legt Weitling nahe:

»Sicher, wir stellen das Fechten nicht als eine moralische Handlung auf, sondern als ein Nothbehelf. Die Moral selbst gebietet dem Menschen es zu wählen, wenn er nur die Wahl zu sterben, zu stehlen, oder zu fechten

> hat. Wo die kräftige Stimme der Selbsterhaltung spricht, da schweigen alle anderen Gefühle, und der Schwächste wird tollkühn« (BBF, S. 23).

Die »Selbsterhaltung« steht über dem »politischen« oder dem »Polizeigesetz«; wo die Moral und das christliche Gesetz ohnehin nicht mehr gelten, da hilft nur ein *Notrecht*, das jeder Einzelne, auch und gerade der »Schwächste«, geltend machen kann und darf. Rechtsphilosophische Erwägungen dieser Art finden sich im Vormärz vielerorts, weil sich hier verschiedene Rechtsordnungen überlagern und Bereiche juristischer Unschärfe entstehen.[99] Bei Weitling erhält die Reflexion auf das Notrecht eine ganz eigene Geschmacksnote, die sich wiederum aus einer Anlehnung an die Gesellen-Tradition speist: Die in ihrer allgemein-gesellschaftlichen Relevanz durchaus erkannte Problemlage entwickelt Weitling strikt *ad personam*. Es ist der einzelne »Polizeidiener«, der jeweils dem einzelnen Handwerksburschen entgegentritt und gegen diesen die Bettelgesetze durchsetzt; es ist der einzelne »Polizeiknecht«, der sich seinen sinistren Dienst mit einem Exzess an »Brutalität«, »Schindereien und Bedrückungen« würzt, gegen den sich Weitlings Angriff richtet. Das abstrakt-gesellschaftliche Verhältnis gerät zu einer Szene, in der einzelne Menschen sich gegenüberstehen: Menschen, die immer auch anders wählen könnten, wenn sie denn wollten. Es sind starke Affekte, die in diesem sozialen Konflikt bewegt werden und die auch Weitling in seinem Essay mobilisiert: Wenn »das Herz der exekutirenden Beamten« bei der Arbeit notwendig »versteinert«, wie Weitling unterstellt, und der Beamte trotzdem bei seinem Geschäft bleibt, dann wird man nicht umhinkönnen, schließlich »Abneigung und Ekel« vor jedem einzelnen Polizisten zu empfinden (BBF, S. 20).

Gesellenlied

Im letzten Heft der *Jungen Generation* vom Mai 1843 findet sich ein »Sprechlied«, das formal an Wanderburschen- oder Walzlieder angelehnt ist.[100] Das Lied besteht aus zehn Strophen, in denen jeweils

»Einer« in fünf Zeilen in Vorlage geht, wobei jeder fünfte Vers eine Frage formuliert, denen jeweils die Wendung »Nicht wahr? He? Na?« folgt, worauf im sechsten Vers »Alle« mit »Ja!« antworten und im siebten Vers dann wieder »Einer« die Strophe mit einem Ausruf und der Kehrwendung »mit Heida, Huheida und Hopsasasa!« beschließt.

Der Wechselgesang im Call-and-response-Muster erinnert an Arbeitslieder, wobei gleich die erste Strophe klarmacht, dass die Singenden eigentlich froh sind, »[d]er Werkstatt und der schmalen Kost entsprungen« zu sein.[101] Das Lied beschreibt und begeht stattdessen »ein Fest«, in dessen Zentrum der Wein steht. Der ist gemeinhin ungerecht verteilt – »Gewöhnlich bekommen wir aber vom Allerschlechtsten? Nicht wahr? He? Na?« –, und das »Fest« besteht nun im Wesentlichen schon darin, dass sich die »Arbeiter« heute auch einmal ihr gerechtes Maß vom Guten sichern:

Einer: Ja, wir sind auch da, und wir wollen leben
So gut wie jeder Geldsack immerhin,
Den allerbesten Saft der deutschen Reben,
Wir lieben und wir prätendiren ihn;
Der Wein ist auch für die Arbeiter da? Nicht wahr? He? Na?
Alle: Ja!
Einer: Das mein' ich auch! Mit Heida, Juheida und Hopsasasa!

Auch in den traditionellen Gesellenliedern ist die Arbeit – wie bei Weitling – eher Abstoßungspunkt denn Gegenstand positiver Identifikation; was die Gesellen verbindet, ist die Ablehnung der Arbeit und der immer gleichen hierarchischen Verhältnisse, in denen die Arbeit geleistet wird. Geteilter Bezugspunkt der Gesellen ist das gemeinsame Trinken, das so auch in anderen Liedern der Zeit gleichsam als Akt des Widerstands erscheint:

Gesellen, stimmet mit mir ein
Und laßet doch die Arbeit sein!
Laßt doch die Arbeit sein!
Wir wollen trinken Rum und Wein,
Und dabei tapfer lustig sein,
Ja lustig sein, ja lustig sein.[102]

Oder:

Es wohnte ein Meister zu Frankfurt an dem Main,
Der hielt sich Gesellen zu zweien und zu dreien.
Der erste der sprach ›mir ist, mir ist nicht wol.‹
Der zweite war besoffen,
Der dritte der war voll.

»Gesellen, Gesellen! Es bleibt unter uns verschwiegen:
Wir wollen dem Meister die Arbeit lassen liegen,
Und wollen ein wenig spazieren gehen,
Zum rothen kühlen Weine,
Und die hübschen Mädchen sehn.«[103]

Weitling gibt seinem »Sprechlied« nicht nur eine Gestalt, die an die alten, überlieferten Formen erinnert; er nimmt auch die alten, der Tendenz nach rebellischen Inhalte und systematisiert diese im Hinblick auf die »gemeinschaftliche Sache«. Sein gleichsam communistisch entwendetes Gesellenlied nimmt den Wein zum Anlass, die ungerecht organisierte Produktion und die ungerechte Distribution offenzulegen und anzuklagen: »Dem Knecht, der mühsam, treu den Weinberg heget, / Dem steht der Wein von Rechtens wegen zu«, und doch eignen ihn sich die »reichen Hunde« an, die nichts zu seiner Aufzucht und Ernte beigetragen haben.

Schließlich aber macht Weitling klar, dass auch der Wein »ja nur Nebensache« sei – Allegorie des Auseinanderklaffens von Glücksversprechen und schlechter Einlösung. Nicht aber nach materiellem Wohlergehen hungern und dürsten »wir« – »zu viel« vom Wein immerhin »ist ungesund«! –, sondern nach »Gerechtigkeit«, nach »Erkenntnis« und »Weisheit«, nach *Bildung* und *Wissen.*

Die letzte (reguläre) Strophe führt denn auch die Form des Wechselgesangs und den egalitären Inhalt zusammen: Die Struktur der dialogischen Belehrung und Aufklärung ist in den ersten Strophen durchgängig an die interne, vom Senioritätsprinzip bestimmte Hierarchie der Gesellen angelehnt – so adressiert der Vorsänger die anderen als »litje Jungen«. In der letzten Strophe aber wird dieses Kollektiv der Jüngeren und Unerfahrenen vom Vorsänger in die Mündigkeit entlassen, wenn er sie nötigt, mit den Automatismen der eigenen Liedstruktur zu brechen:

Einer: Wir woll'n vom Baume der Erkenntnis pflücken
Und kosten seiner Früchte süß'sten Kern.
Und uns mit Blumen edler Weisheit schmücken,
Und so der Erd' entflieh'n von Stern zu Stern,
Dann sollen wir als Dummköpfe sterben?
He? Na?
Alle: Nein!
Einer: Dazu sag' ich Amen, mit Heida, Juheida und
Hopsasasa!

Dass hier aus dem Munde Aller ein »Ja!« allemal wahrscheinlicher ist als ein »Nein!«, das weiß auch der Dichter und schickt entsprechend, markiert als Nebenbemerkung (»NB.«), eine Alternativfassung des letzten Verses hinterher für den Fall, dass »Alle« gewohnheits- und reimgemäß mit »Ja!« geantwortet hätten: »Nein, ihr verwünschten Jaherren! Wenn ihr immer Ja singen wollt, dann werdet ihr's euer Lebtag nicht weiter bringen, als die Krähwinkler von ***. *Nein, nein*, müßt ihr sagen.«

Aufklärung, »Erkenntnis« und »Weisheit« heben mit einer klaren und unbeirrten Negation an; nur durch das wiederholte »Nein!« aber können die Arbeiter »der Erd' entflieh'n«, an die sie gefesselt scheinen, und eine andere Welt errichten. Am Ende wird der Prozess einer Selbstbefreiung durch Selbstaufklärung bei Weitling durch einen bewussten Bruch mit der künstlerisch aufgerufenen Form des traditionellen Gesellenliedes besiegelt; der Bruch aber kann für Weitling nur einer mit eben genau dieser Tradition sein. Wenn es, wie Heinrich Bosse schreibt, schon in Tiecks *Franz Sternbalds Wanderungen* um eine »Überwindung des Handwerkertums« durch Bildung geht,[104] dann kann man mit Wilhelm Weitling ergänzen, dass eine solche Überwindung nur durch eine Stilisierung der Institutionen des Handwerkertums selbst zu haben ist. Die Tradition bewahrt sich in ihrer Negation, die Negation bleibt auf die Tradition angewiesen. Ein Bruch, der tatsächlich die ganze Tradition des Handwerkertums abräumt und in der Arbeiterbewegung *tabula rasa* macht, wird schließlich Wilhelm Weitling selbst aus der Bewegung hinausschleudern.

Gesellenverein

Breiten Raum in Weitlings *Hülferuf* nehmen Berichte aus dem Leben des »Vereins der jungen Deutschen des Gewerbestandes« in Genf ein. Gleich im ersten Artikel des ersten Hefts – nach einem längeren Editorial – wird der Verein vorgestellt, das zweite Heft berichtet über dessen »monatliche allgemeine Versammlung«.[105] Sowohl der Vorsitzende Herr Mersch wie auch der »Säckelmeister« Herr Bonnet werden als Handwerker ausgewiesen: der erste ist Schreiner – ohne Statusangabe –, der zweite Schuhmachermeister. Der Verein besteht seit November 1839 und ist geprägt durch eine schwankende Mitgliederzahl – »je nach dem Verhältnis der Abgereisten und Angekommenen«; im Mittel sind es neunzig Mitglieder (HVG, S. 7). Auch die Tatsache, dass aus der Vereinskasse Reisegelder an abgehende Mitglieder gezahlt werden, macht deutlich, dass der Verein seine Mitgliedschaft nicht unwesentlich aus Handwerksburschen, aus Gesellen auf Wanderschaft, rekrutiert (vgl. HVG, S. 11 ff.).

Im Zentrum der Berichte steht die interne Organisationsform des Vereins, und hier ist es besonders die Frage der Finanzen, die ausführlich behandelt wird; der erste Artikel gleicht vor allem zu Anfang einem Rechenschaftsbericht. Seine Einnahmen bestreitet der Verein durch die Erhebung von »Einschreibegelder[n]« sowie durch »außerordentliche[ ] und monatliche[ ] Beiträge«. Die Gesamteinnahmen der ersten zwei Jahre, 3600 Franken, wurden im Wesentlichen zum Unterhalt eines angemieteten Vereinslokals (einschließlich »Heizung und Beleuchtung«) aufgewendet (HVG, S. 7).

Dass der Verein sich offenbar finanziell gerade so trägt, es aber nicht schafft, Überschüsse für weitere Investitionen zu erwirtschaften, nehmen nun einige seiner Mitglieder zum Anlass, eine weitgehende Reform der Finanzierungs- und Organisationsform vorzuschlagen; im Bericht von der Vollversammlung des Vereins ist gar von einer »alten« und einer »neue[n] Ordnung« die Rede. Die Annahme der neuen wird schließlich einstimmig beschlossen (HVG, S. 25 f.).

Im Zentrum der vorgeschlagenen »neuen Ordnung« steht die Idee der »Einrichtung einer Vereins-Wirthschaft«; das Vereinslokal soll aus privater Bewirtschaftung in eine »selbst verwaltete« überführt werden (HVG, S. 8). Bisher führt ein Wirt das Lokal zu überaus günstigen Bedingungen: Der Verein zahlt ihm die Hälfte der Miete, stellt Heiz- und Beleuchtungskosten und überlässt ihm die gesamten Einnahmen aus der Bewirtung der Gäste, die als Vereinsmitglieder eine feste Stammkundschaft bilden. Die selbstverwaltete »Vereins-Wirthschaft« soll damit Schluss machen: Endlich soll »der ganze Ueberschuß dem Vereine zu[fallen], anstatt wie jetzt einer Familie« (HVG, S. 8). Die »Vereins-Wirthschaft« ist, so wird schnell klar, mehr als bloß eine vereint betriebene Gastwirtschaft; sie wird bei Weitling vielmehr zum Symbol einer selbstverwalteten Kollektivwirtschaft überhaupt – Kommunismus als Kneipenprojekt.

Im Fortgang der Erörterung – bei Weitling paaren sich visionäre Weitsicht mit einem Hang zu minutiöser Detailversessenheit (»50 Centimes«) – werden nun die Überschüsse errechnet, die sich durch die Kollektivierung des Betriebs zwangsläufig ergeben müssen. Bei den Ideen dafür, was sich mit den 14 400 Franken anfangen ließe, die sich dabei jährlich läpperten, zeigt sich nun, dass die »neue Ordnung« im Wesentlichen eine alte, gut bekannte bleibt. Denn mit dem Geld sollen überwiegend jene sozialen und sozialpolitischen

Aufgaben erledigt werden, für die früher die Zünfte und die Gesellenschaften zuständig waren. Die Gesellen »waren, da meist ohne Familie, der schutzloseste Teil der Handwerkerschaft«;[106] im Krankheitsfall übernahmen die Zünfte und speziell die Gesellenschaften ihre Betreuung und Versorgung.[107] Bei Arbeitslosigkeit und auf der Wanderschaft fühlten sich die Zünfte nicht zuständig, ebenso war keine Versorgung im Alter vorgesehen. Hier sprangen, vor allem im späteren 18. Jahrhundert, als die Gesellenzeit zwar offiziell immer noch als rein transitorisches Stadium auf dem Weg zur Meisterschaft angesehen wurde, de facto aber immer mehr zum Endpunkt vieler Karrieren geworden war, allein die Gesellenschaften mit ihren »Laden« ein: Kassen aus regelmäßig erhobenen Beiträgen der Mitglieder, mit denen sich die Vereinigungen etwa an den Unkosten des Wanderns beteiligten oder Beihilfe im Alter leisteten. In vielen Fällen dienten die Gesellenladen auch als Streikkassen.[108]

Eine Streikkasse erwähnt Weitling nicht, obwohl er sie sicher auch im Sinn hat; explizit genannt – und bis auf den Centime berechnet – werden Reisegelder, Unterstützung in Fällen von Arbeitsunfähigkeit und Arbeitslosigkeit sowie ein Rentensystem, das auf die »Vereins-Wirthschaft« aufgesetzt werden könnte; durch geschickte »Berechnung und Verzinsung des auf diese Art zu erlangenden Kapitals« könnte gar eine Art Alters- und Pflegeheim, eine integrale »Versorgungs-Anstalt für Arbeiter« entstehen; deren gedankliche Ausgestaltung soll freilich erst »in einem anderen Blatte [ge]geben« werden (HVG, S. 11).

Mit der vorgeschlagenen Reform der »Vereins-Wirthschaft« betreibt Weitling eine auch institutionell-organisatorische Neu-Erfindung der Zunfttradition, und mit der Konzentration auf die Belange der Wanderburschen und »Gesellen-Arbeiter«, die Weitling explizit zu den »Arbeiterklassen« zählt (HVG, S. 10), schließt er direkt an die Tradition autonomer Selbstorganisation der Gesellen an. Er sucht diesen Anschluss allerdings unter ganz anderen, unter den sozialpolitisch sogar verschärften Bedingungen einer weitgehend durchgesetzten Marktwirtschaft. Dass Weitling schon im utopischen Entwurf seiner neuen vereinsgetragenen Sozialkasse deren marktwirtschaftliche Rentabilität beweisen muss, markiert scharf die sozialhistorische Distanz zwischen der alten, zünftigen Ordnung und deren Neu-Erfindung im Vormärz.[109]

Weitling zielt mit seinen Berechnungen zunächst zwar auf die Etablierung einer materiellen Grundsicherung der Vereinsmitglieder durch Sozial- und Rentenkassen. Dies ist allerding nur der erste Schritt; denn letztlich gehe es darum, »den physischen *und moralischen* Zustand der Arbeiterklassen auf einen Höhepunkt des Wohlstands zu bringen« (HVG, S. 10 [Herv. PEO]). Das physische Wohlergehen der Arbeiter ist für Weitling letztlich nur Symbol eines viel weitergehenden: Denn mit einer gut organisierten kollektivierten »Vereins-Wirthschaft« könne der Verein »der Welt ein Beispiel [...] geben von der Bildungsstufe des deutschen Arbeiters« (HVG, S. 10). Die Gelegenheit, ein solches Modell zu verwirklichen und damit auch der »politischen Emanzipation« der Arbeiter zuzuarbeiten, dürfe der Verein nicht verstreichen lassen:

> »Wollt ihr da noch zögern? Wollt ihr, daß die Mit- und Nachwelt sage: Der war auch einer von denen die nicht glaubten, die mit offenen Augen nicht sahen, mit offenen Ohren nicht hörten, denn er bekämpfte das System der Vereinigung zum Vortheile der Trennung« (HVG, S. 10).

Die Stufen der Bildung und Emanzipation, für die der Verein ein Beispiel geben soll, zeigen sich nicht erst in den Beschlüssen, sondern schon in der Art der Beschlussfindung: »Ein Antrag, der von manchem großen Herrn verlacht und bewitzelt worden wäre, wurde im deutschen Handwerkervereine mit einer Ruhe diskutiert, die jedem Parlamente Ehre gemacht hätte«. Die Arbeiter erweisen sich aber in ihrer Diskussionskultur nicht nur den etablierten Parlamentariern als ebenbürtig, sie übertreffen diese sogar noch an Weitblick. Denn die »heutigen Demokraten, die auf den Irrwisch der politischen Frage nur allein die Blicke richten, und den Stern der socialen nicht sehen wollen, hätten hier [im Lokal des deutschen Handwerkervereines] von ihrer kranken Ueberzeugung geheilt werden können« (HVG, S. 26). Schon seine Form der Selbstorganisation auf *so-*

zialer Basis erhebt den Handwerkerverein über alle Formen rein *politischer* Organisation; denn diese trenne sich selbst von der »socialen« Dimension ihres Wirkens und gerate so unvermeidlich in eine Schieflage. Die heutige Demokratie mit ihrer ausschließlichen Konzentration auf die »politische Frage« – die Frage der Demokratie und des Parlamentarismus selbst, so ist zu vermuten – bleibe damit bloßes Symptom eines Systems, das auf der »Trennung« verschiedener gesellschaftlicher Bereiche beruht.

Das umfassende Verständnis von Politik, das Weitling hier ansetzt und das die »politische« nicht mehr von der »socialen Frage« trennen mag, kommt auch in seinem holistischen Begriff von Bildung zum Ausdruck. Dieser umfasst selbstverständlich den Ankauf eines bisher nur »gemiethete[n] Pianoforte« und die stetige »Vergrößerung der kleinen Bibliothek« (HVG, S. 7). »Bildung« soll aber nicht nur ein Teilbereich sein, wie im bestehenden System der Trennung, sondern eine umfassende Lebensweise, eine soziale Daseinsform, die auf »Vereinigung« und »Verwebung« beruht – nicht zuletzt auf der von Körper und Geist, von Sein und Bewusstsein, oder mit Brecht: von Fressen und Moral. Auf den (vorweggenommenen) Anwurf, mit der selbstverwalteten Übernahme auch der Bewirtung werde aus dem eigentlich politischen Verein eine bloße »Kostgeberei oder ein Freßverein«, kontert Weitling:

> »Um zu leben, muß man essen. Und um gut und billig zu essen, muß man vereint essen. Nichts wirkt aber kräftiger auf die sittliche Bildung der Vereinsmitglieder als die gemeinschaftliche Bestreitung eines Theils der materiellen Bedürfnisse, die Verwebung der Interessen der Einzelnen in das Interesse Aller« (HVG, S. 15).

Selbst in alltäglichen – und, so will es scheinen: niederen – Dingen wie der Verköstigung bewährt sich so der communistische Leitspruch des *Hülferuf* und der *Jungen Generation*, der jeder Ausgabe vorangestellt ist: »Gegen das Interesse Einzelner, insofern es dem Interesse Aller schadet, und für das Interesse Aller, ohne einen Einzelnen auszuschließen.«

Der Bedeutung, die Weitling der »Bildung« zuweist, entspricht in der englischen Debatte der Zeit, so hat Raymond Williams gezeigt, die des Begriffs »culture«. Über die textile Metapher der »Verwebung« spielt Weitling schon das Motiv einer Verbindung der beiden Begriffe an, die erst im 20. Jahrhundert theoriefähig werden wird, wenn »Kultur als Text« oder als »Bedeutungsgewebe« ausgeschrieben wird.[110] Verabsolutiert und von jedem Begleiter befreit (»*culture* as such«, im Gegensatz zu »culture *of* something«), wird »culture« zum Inbegriff einer ganzen »Lebensweise«: »a whole way of life, material, intellectual and spiritual«.[111] Die Entstehung eines solcherart umfassenden Begriffs von Kultur aber ist nur verständlich, so zeigt Williams, wenn sie als Reaktionsbildung auf die Entwicklung der Industrie und des Marktsystems verstanden wird. Dadurch wird Kultur zur »Berufungsinstanz« einer Kritik an der Gegenwart und zur imaginativen Ressource für die Konstruktion von Alternativen.[112] Quelle des neuen, sozialkritischen Begriffs von Kultur ist nach Williams die englische romantische Bewegung; dass dies auch für die deutsche romantische Bewegung gelten kann – oder doch wenigstens für einen Teil dieser –, das sollte hier gezeigt werden.

Bei Weitling entfaltet der Begriff der Bildung noch einen universalistischen Sog, der die autonom-separatistischen Tendenzen der Gesellentradition konterkariert. Als übergreifende Größe (und als menschliche »Berufungsinstanz« im Sinne Williams') gibt es für Weitling noch eine »Welt« – und es gibt noch *eine* »Welt« –, die das Beispiel der Genfer Arbeiter wahrnehmen und schätzen soll.

Bei Georg Weerth (1822–1856) ist der übergreifend-universalistische Anspruch verschwunden. Er bewegt sich bereits in einer Welt, die in ihrem Sinnhorizont schon nicht mehr *eine* ist, sondern bereits von einer tiefen Spaltung in verschiedene Klassensphären durchzogen ist: auf der einen Seite die der Arbeiter, auf der anderen die der Bourgeoisie. Doch auch Weerth, »der erste und bedeutendste Dichter des deutschen Proletariats«, wie Friedrich Engels seinen früh verstorbenen Freund und Genossen später nennen wird, stellt sich explizit in die Tradition der Handwerksgesellen und Wanderburschen.[113] Dabei war er, anders als Weitling und die meisten anderen Protagonisten der frühen Bewegung, selbst kein Handwerker mehr. Er entstammte einem westfälischen Pfarrhaus und begann mit 16 Jahren eine kaufmännische Lehre in einer Textilhandlung in Elberfeld im südlichen Ruhrgebiet. Nach Stationen in Köln und Bonn zog er 1843 nach Bradford in Yorkshire, einem zentralen Knotenpunkt des weltweiten Wertschöpfungsnetzwerks der Wollindustrie. Weitere Stationen seiner Karriere waren Brüssel, Paris, abermals Köln, Spanien, Portugal, schließlich die Neue Welt, wo er im Auftrag verschiedener Textilhandelshäuser Reisen durch die USA, Mexiko und Brasilien unternahm. Er starb 1856, 34-jährig, an einer Malaria in Havanna auf Kuba, wo er auch begraben liegt. Was Weerth mit den wandernden Gesellen teilt, ist die Erfahrung der Heimat- und Ruhelosigkeit; auch er ist »vaterlandslos« im besten Sinn.[114] Vielleicht aus diesem Grund macht Weerth nun die Tradition der Gesellenpoesie und -lieder zu seinem Material und unterzieht sie zugleich einer radikalen Transformation.

In einer schon in der Einleitung erwähnten Anthologie »socialer

Gedichte«, die Weerths Freund Hermann Püttmann 1847 unter dem Titel *Album. Originalpoesien* herausgegeben hat, ist mit Friedrich Saß, Percy Shelley, Wilhelm Weitling, Ferdinand Freiligrath, Anastasius Grün, Heinrich Heine, Hermann Overbeck, Ludwig Seeger und einigen anderen alles vertreten, was in der socialistisch-poetischen Szene jener Jahre Rang und Namen hat. Weerth steht darin mit einem ganzen Zyklus von »Handwerksburschen-Liedern«; auch das Gedicht, das Engels seiner späten Würdigung Weerths voranstellt, ist diesem Zyklus entnommen.[115] Selbst Engels also, einem der Väter des »wissenschaftlichen Sozialismus«, der gerade in seiner Spätzeit viel zur Etablierung einer geradlinigen Geschichtserzählung der Arbeiterbewegung beigetragen hat, in der die theoretischen und praktischen Frühformen der Bewegung nur als Vorformen gewürdigt und damit zu bloßen »Vorbereitern« herabgestuft werden,[116] scheint 1883 der Zusammenhang von »Handwerksburschen-Liedern« und einer Poesie des Proletariats noch plausibel gewesen zu sein.

Die fünf Gedichte des Weerth'schen Zyklus[117], »Der Abschied«, »Auf hohem Berge«, »Im grünen Walde«, »Drei schöne Handwerksburschen« und »Um die Kirschenblüthe«, orientieren sich am Zyklus der Wanderschaft: der Dialektik von Kummer und Befreiungseuphorie, die mit dem Aufbruch verbunden ist (»Ade, du dumpfige Stadt! / Nun freue sich, wer ein freies, / Ein lustiges Leben hat!«; aus: »Der Abschied«; S. 5 f.); dem Rückblick auf die Kindheit und der Erwartung der Rückkehr (»O blühet fort, ihr Rosen, / Ohn Not und Ungemach; / Bis daß ich euch wiederschaue / Wohl über Jahr und Tag!«; aus: »Auf hohem Berge«; S. 7 f.); schließlich der Kameradschaft mit anderen Handwerksburschen auf der Walz (»So sangen sie wohl im Walde; / Es blitzte das grüne Gras. / Es klangen an Strom und Halde / Diskant, Tenor und Baß.«; aus: »Im grünen Walde«, S. 9 f.). Erst die letzten beiden Gedichte treten aus der populär-romantischen, von allen sozialen oder gar Klassenkämpfen freien Idylle heraus und gehen in einer uns schon bekannten Manier auf Konfrontationskurs mit einem Meister und einem Herbergsvater: Es geht zunächst um die Möglichkeit, Frau und Tochter des

Meisters zu verführen (»Der erste sprach mit dem Meister, / der zweite grüßte die Frau, / Der dritte küßte die Tochter, / Mit Augen so lieb und blau«; aus: »Drei schöne Handwerksburschen«, S. 11), um die schlechte Bewirtung und die überlange Arbeit (»Und schlugen wie Nachtigallen, / Und stachen mit Nadeln drein, / Und nähten die Hosenlätze / Bis gegen den Sternenschein«; S. 11). Das letzte Gedicht »Um die Kirschenblüthe«, das Engels seiner kurzen Hommage an Weerth voranstellt, radikalisiert diese Manier dann bis zu einem Punkt, der wohl jenseits der Grenzen jedes traditionellen Handwerkerlieds liegt:

Um die Kirschenblüthe

Wohl um die Kirschenblüthe
Da haben wir logirt,
Wohl um die Kirschenblüthe
In Frankfurt einst logirt.

Es sprach der Herbergsvater:
»Habt schlechte Röcke an!«
Du laus'ger Herbergsvater,
Das geht Dich gar Nichts an!

Gieb uns von Deinem Weine,
Gieb uns von Deinem Bier,
Gieb uns zu Bier und Weine
Auch ein gebraten Thier.

Da kräht der Hahn im Spunde –
Das ist ein guter Fluß!
Es schmeckt in unsrem Munde,
Als wie Urinius.

Da bracht' er einen Hasen
In Petersilienkraut:
Vor diesem todten Hasen
Hat es uns sehr gegraut.

Und als wir waren im Bette
Mit unserm Nachtgebet:
Da stachen uns im Bette
Die Wanzen früh und spät. –

Das ist geschehen zu Frankfurt,
Wohl in der schönen Stadt,
Das weiß, wer dort gelebet
Und dort gelitten hat. (S. 13 f.)

Nach der holprig-repetitiven Einleitung wird die Rede des Herbergsvaters, die schon keinen Austausch von Freundlichkeiten ankündigt, noch als Rede markiert und damit zugleich distanziert. Der folgende dritte Vers der zweiten Strophe antwortet darauf direkt mit einer Beschimpfung (»Du laus'ger Herbergsvater«) und dann im vierten Vers mit einem Kommunikationsabbruch: »Das geht dich gar Nichts an!« Das Gegenüber wird hier direkt angesprochen, der vollzogene Sprechakt nicht zitiert, aufgeführt oder erzählt, wie der des Herbergsvaters, sondern direkt ausgeführt, ohne Distanzmarkierung etwa durch Anführungszeichen. Der Affront wird nicht konstatiert, sondern vollstreckt, indem den Äußerungen des Herbergsvaters und des »Wir« die gemeinsame sprachliche Ebene entzogen wird; die Sprechakte weisen keine gemeinsame Rahmung mehr auf. Die dritte Strophe wechselt dann in die reine Performanz des Befehls; durch die insistierende Wiederholung des an sich schon unverfrorenen Imperativs »Gieb« (und die Wiederholung der geforderten »Bier« und »Wein«) stellt sich die Kommunikationssituation nun endgültig als unversöhnlich dar.

In Strophe 4, in der die aus der Befehlsreihung folgende Situation referiert wird – der Wechsel der Situation oder des Rahmens erfolgt wieder unmarkiert –, scheint das Kalkül der Fordernden aufgegangen zu sein: Bier und Wein geraten in » gute[n] Fluß«. Als der Herbergsvater dann in Strophe 5 das geforderte »gebraten Thier« bringt, schlägt die Situation allerdings um: Das Unheimliche selbst scheint in Gestalt des »todten Hasen« auf den Tisch zu kommen.[118]

Will man diesen symbolisch deuten, so könnte er – als Fruchtbarkeitssymbol – auch für die vagierende Sinnlichkeit und Sexualität der Handwerksburschen selber stehen; an diese hatte nicht zuletzt das vorangehende Gedicht erinnert. Engels wird Weerths Lyrik als »Ausdruck natürlicher, robuster Sinnlichkeit und Fleischeslust« loben[119] – ohne freilich zu erwägen, dass genau diese im von ihm selbst aufgeführten Gedicht in gewisser Weise Opfer ihrer selbst werden: Die Sinnlichkeit wird geschlachtet, die eigene Fleischeslust verzehrt. In der sechsten Strophe dann offenbart sich der Rückschlag: Im »Bette« finden sich nur noch »Wanzen« – und nicht etwa Frau oder Tochter des Herbergsvaters, die man sich dort in Fortführung früherer Abenteuer erhofft haben mag. Der Herbergsvater hat sich vielleicht vorübergehend von den Handwerksburschen herumkommandieren lassen, am sozialen Gefälle aber zwischen denen, die in der »schönen Stadt« Frankfurt gut »gelebet«, und denen, die »dort gelitten« haben, wird sich dadurch nichts geändert haben.[120]

Der pessimistische Schluss des Gedichts vermag allerdings den vollzogenen Bruch – »Das geht Dich gar Nichts an!« – nicht mehr zu relativieren. An der Notwendigkeit eines solchen Bruchs lässt Weerth denn auch in keinem seiner Texte einen Zweifel. In der Skizze »Das Blumenfest der englischen Arbeiter« wird der vollzogene Bruch mit der Welt der »Bourgeoisie« schließlich als Voraussetzung einer wirklichen Entwicklung und Emanzipation der Sinnlichkeit und der Leidenschaften der Arbeiter vorgeführt.[121]

Seinen Ausgang nimmt dieser Text davon, dass das erzählende »ich« (das im Folgenden der Kürze halber mit »Weerth« bezeichnet wird) zum Geläut der Abendglocke Besuch von seinem Freund Jackson erhält, der im letzten Absatz des Textes als militantes Mitglied der Chartisten, der ersten großen Massenbewegung der englischen Arbeiter, bezeichnet werden wird (BF, S. 274).[122] Jackson ist »ein stattlicher Mann, etwa vierzig oder fünfundvierzig Jahre alt«, und schon äußerlich von einer gewissen Exzentrik: Er trägt eine grüne Weste, einen schwarzen Frack mit roter Tulpe im Knopfloch, dazu braune Kniehosen mit weißen Strümpfen und klobige Nagelstiefel. Jacksons Erscheinung wird im Folgenden direkt kontrastiert mit dem Bild der »heimkehrenden Arbeiter«, die nach Schichtende durch die Gassen der »Fabrikstadt« ziehen: Die Kinder »schleichen stumm und traurig ihrer Freiheit entgegen, denn ein Tag der anstrengendsten Arbeit hat ihre Füße gelähmt, ihre Arme zerschlagen, ihren Sinn verwirrt, und wie ein Alp reitet die Müdigkeit auf ihren armen Seelen«; auch die »Männer und Frauen« haben die Köpfe gesenkt, »die Augen starren auf das Pflaster« (BF, S. 266 f.).

Der Kontrast zwischen Jacksons übersprudelnder Vitalität und der grauen Welt der Arbeit strukturiert die ganze Skizze. Jackson hat Weerth eingeladen, mit ihm die Stadt zu verlassen, um in der »Alten Hammelschulter«, einem Gasthaus unweit der Stadt, einzukehren.[123] Der kurze Fußmarsch wird als Exodus aus der Fabrikstadt, der Sphäre der Arbeit und der Bedrückung, geschildert:

> »Jackson machte ganz gewaltige Schritte. In der Zeit von zehn Minuten hatten wir schon die dumpfige Stadt hinter uns. Die dumpfige Stadt! Ewig eingehüllt in den dichtesten Kohlendampf. So daß man eine halbe Meile vor den ersten Häusern auch kein Dach bemerkt.
>
> Nur am Sonntag wird es plötzlich hell, oben über der Stadt; aber nicht in den hunderttausend Köpfen dort unten! –
>
> An jenem Abend aber, der kein Sonntagabend war, spien ein paar hundert schlanke Fabrikschornsteine ihren letzten Rauch gen Himmel. Wir konnten daher schon von der Hälfte des Hügels aus fast kein Haus unten im Tale unterscheiden. Unten totale Finsternis, oben auf dem Hügel aber der herrlichste Abend!« (BF, S. 267 f.)

Der Exodus aus der Finsternis ins Licht ist kein individueller. Er findet, wie sich zeigen wird, mit vielen gemeinsam statt, die sich erst auf dem Hügel außerhalb der Stadt zusammenfinden werden. Der Auszug erinnert nicht nur in seiner räumlichen Disposition an den *Secessio Plebis* im alten Rom; der erste und berühmteste dieser Auszüge führte die Plebejer auf den Mons Sacer, wo sie sich versammelten, um anschließend organisiert die Einsetzung eines Volkstribuns zu fordern. Auch die nächsten *Secessiones* zielten auf institutionelle Reformen zugunsten der Plebejer.[124]

Der Auszug der englischen Arbeiter lässt sich instruktiv mit dem der römischen Plebejer kontrastieren. Die englischen Arbeiter fordern keine gesellschaftliche Reform – ja, sie fliehen nicht nur »aus dem Schmutz der Städte, aus dem Rauch der Fabriken«, sondern »auch aus den Wogen einer Volksversammlung, aus der Wut einer Emeute« (BF, S. 268). Sie fliehen aber nicht aus der Kollektivität überhaupt in einen individuellen Eskapismus; sie veranstalten vielmehr jenseits der Welt der Arbeit (die eben auch die Versammlungen und Emeuten umfasst), gewissermaßen *extra muros*, ein Fest: ein »Blumenfest«. Was es damit auf sich hat, klärt der Erzähler dann fast lapidar – er ist sich dabei aber durchaus bewusst, dass schon das Wort »Blumenfest« im gegebenen Kontext überaus unwahrscheinlich ist, und er kostet das unterstellte Befremden des Lesers in der Umstandslosigkeit seiner Darstellung weidlich aus:

»Jeder Arbeiter, der aus dem Schmutz der Städte, aus dem Rauch der Fabriken, aus dem Dunst der Branntweinstuben – aber auch aus den Wogen einer Volksversammlung, aus der Wut einer Emeute den zarten Sinn, die Liebe zu einer Blume rettete, sucht entweder neben seiner Wohnung oder in dem Garten irgendeines Freundes einen kleinen Platz, den er sorgfältig mit Hacke und Spaten bearbeitet, den er noch sorgfältiger düngt, den er mit Latten und Stöcken gegen alles Ungemach zu schützen sucht und dem er seinen teuer erkauften Blumensamen, seine Tulpen- oder Hyazinthenzwiebeln anvertraut.

Kommt dann der Frühling heran, so verständigen sich diese blumenliebenden Arbeiter über einen Tag, an dem sie sich gegenseitig mit dem Resultat ihrer Gartenkunst bekannt machen wollen. Für die erste Zusammenkunft wird gewöhnlich die Tulpe bestimmt, für die zweite die Ranunkel, für die dritte und letzte die Aster und Georgine. Außerdem zahlt jeder einen Schilling in eine gemeinschaftliche Kasse, aus der die vorkommenden Kosten wie Miete des Saales, worin die Blumen ausgestellt werden, Honorar für die Blumenrichter und andere Sachen bestritten werden. Den Rest des Geldes verwendet man zum Ankauf eines Geschenkes für denjenigen, der die schönste Blume aufzuweisen hat. Diese Blumenausstellungen oder Blumenfeste werden in vielen Teilen Englands, namentlich aber in den nördlichen Provinzen jährlich dreimal von den Arbeitern gehalten« (BF, S. 268).

Nun mag die Organisation einer Blumenausstellung – auch durch Arbeiter – uns heute banal erscheinen, und vielleicht gab es diesen Eindruck auch schon im Vormärz; Weerth betont demgegenüber nun die durchaus nichttrivialen Implikationen des geschilderten Komplexes. Zum Ersten verlegt er den tragenden Kontrast des ganzen Textes, den von Finsternis und Licht, von Bedrückung und Erhebung, in die einzelnen Teilnehmer selbst hinein, die nun erst genauer in Augenschein genommen werden: »Aber welche Menschen! [...] Leute, an denen die Not lange Zeit still genagt hatte, die vielleicht eben erst gesenkten Hauptes aus den Fabriken schlichen, wo sie zwölf Stunden gearbeitet, wo ihnen zwölf Stunden lang eine rasselnde Maschine das Jubellied der Industrie gesungen, und den eignen Grabgesang.« Diese Leute, »eben nur Sklaven, arme Teufel, Gassenbuben und Lumpen«, werden nun zu »Blumengenossen«. Sie hegen ihre Liebe zu den Blumen und versammeln sich um einen grobschlächtigen Tisch in einer verrufenen Taverne, »auf dem in vielen kleinen Gläsern die herrlichsten Tulpen prangten« (BF, S. 268 f.).

Zum Zweiten betont Weerth, dass die kollektiv gepflegte Blumenliebe bei den Arbeitern autochthon entstanden und autonom organisiert ist. Die Ausstellungen, so Weerth, »stehen unter keiner höheren Protektion. Diese Blumenliebhaberei hat sich rein aus dem Volke entwickelt. Die Bourgeoisie weiß wie von so vielen anderen Dingen nichts, so auch nichts von dieser poetischen Leidenschaft der Arbeiter« (BF, S. 268). Gerade das, was man für allgemein menschlich halten und woran man – etwa im Sinne von »culture« oder »Bildung« – appellieren könnte, um eine gemeinsame Basis aller Menschen zu proklamieren, wird bei Weerth zum Anlass einer endgültigen Separation der Klassen. Und man wird gar bezweifeln dürfen, dass es bei der Bourgeoisie eine ähnlich leidenschaftliche »Blumenliebhaberei« überhaupt geben könnte. Die Blumenleidenschaft der Arbeiter ist keine harmlose; sie muss sich unter widrigen Umständen bewähren und durchgefochten werden; wo dieser Widerstand und dieses Kontrastmittel fehlen, da droht die »Blumenliebhaberei« blass und haltlos zu werden.

Die Autonomie der Organisation findet nun im Verlauf des

Wettbewerbs in den Besonderheiten der kollektiven Diskussion und Entscheidungsfindung ihre Fortsetzung. Die endgültige Entscheidung über den Gewinner des Wettbewerbs fällen allein die beiden bestellten und aus den Mitteln der »gemeinschaftliche[n] Kasse« bezahlten »Blumenrichter« (BF, S. 269). Diese beiden Käuze beschauen und beschnuppern die Tulpen in aller Ruhe, schließlich müssen sie »sich über die schönste Tulpe miteinander verständigen. Dies mußte in Gegenwart der ganzen Gesellschaft geschehen« (BF, S. 271). Die beiden Richter sind zwar unangefochtene »Blumenautoritäten« (BF, S. 269), ihre Entscheidungsfindung muss aber doch transparent und *coram populo*, wenn nicht gar kollektiv vonstattengehen. Darin kann man vielleicht sogar ein politisches Modell sehen. Jedenfalls erstarrt die anwesende Öffentlichkeit nicht in andächtigem Schweigen angesichts der beiden Koryphäen, sondern partizipiert lautstark am Deliberationsprozess (BF, S. 272). Nachdem die »Wahl des [einen] Richters aber gar keinen Anklang zu finden« scheint und das Publikum »murrte«, »einige lachten und andere spotteten«, entscheidet schließlich das Zarteste: Die Tulpe, die in ihrer optischen Erscheinung am allerwenigsten vorzuweisen hat, besitzt einen feinen, aber deutlichen »Veilchenduft«. Der allgemeine Ruf »Veilchenduft!«, der daraufhin die Taverne durchdröhnt, entscheidet schließlich den *Concours*. Prämierter Züchter ist – ausgerechnet – der militante Arbeiterführer Jackson.

Die Form autonomer Organisierung der Arbeiter, die Weerth beschreibt, weist keinen expliziten Bezug zur Tradition der Zünfte und Gesellenschaften auf – anders als Weitlings Genfer Verein und anders als Weerths eigene Gedichte. Einzig die reine Form der Selbstorganisation auf gewerblicher Basis könnte hier herangezogen werden. Die Organisation der »Blumengenossen« scheint mit größerem Recht als Vorzeichen des Arbeitervereinswesens gedeutet werden zu können, das im Fortgang des Jahrhunderts ein integraler Bestandteil jener proletarischen Gegengesellschaft werden wird, die sich mit der Etablierung der Arbeiterbewegung herausbildet.

Was es legitimiert, das »Blumenfest« in die Tradition der Zünfte zu rücken, ist einzig die kulturell-affektive Nachfrage, auf die hin die Zünfte – wie Tieck sie darstellt – und auch die Gesellenvereine – in Weitlings Version – ein Angebot formulierten. Das »Blumenfest der englischen Arbeiter«, wie Weerth es darstellt, steht in dieser Reihe, weil auch hier, in diesem Text und im Ereignis, von dem der Text Rechenschaft ablegt, exponiert wird, dass der Mensch nicht vom Brot allein lebt – auch und gerade wenn dieses oft schwer genug zu verschaffen ist. Es war die besondere Pointe von Tiecks *reinvention* der Zünfte, dass er sie nicht primär von ihrer ökonomischen oder sozialpolitischen Schutz- und Sicherungsfunktion her aufgeschlüsselt hat, sondern von ihrer Repräsentationsfunktion. In den »Repräsentationen aller Art«, die von den Zünften besorgt wurden, konnte der ganze Mensch sich zum Ausdruck bringen, und dies gerade auch mit den Leidenschaften und Trieben, die für die sozioökonomische Selbsterhaltung als dysfunktional gelten und deshalb abgeschnitten werden sollen. Der Trieb, aus sich herauszutreten und anders zu werden; der Schönheits- oder Bildungstrieb, der auch die Dinge des Gebrauchs über das Notwendige hinaus mit schönem Zierrat zu umgeben versucht und der sich einzig am Geschmack orientiert: All das sollte, so Leonhard, gerade für die Menschen niederen Standes seine Bedeutung behalten. Gerade ihnen sollte es – getröstet von Kunst und Repräsentationen – immer auch um mehr gehen dürfen als um die Reproduktion ihres »nackten Lebens«.

Mit diesem Gedanken lässt sich auch Weerths »Blumenfest« entschlüsseln. Es geht Weerth zuerst darum zu zeigen, dass auch in den geknechteten und gedrückten Arbeitern Nordenglands überhaupt noch eine »poetische Leidenschaft« steckt. Diese geben sich nicht etwa dem Alkohol einfach so hin, weil sie zu nichts anderem in der Lage wären (bösartige Version des Pauper-Hasses) oder weil sie ihr Elend vergessen wollen (philanthropische Version), sondern weil das Punschtrinken zum Feiern gehört, und die Feiern der englischen Arbeiter sind – »poetische Feste«. So ist denn auch das so »einfache[ ] Blumenfest von um so viel größerer Bedeutung, weil es ohne allen äußern Anlaß aus dem Volk entsprungen ist« (BF, S. 274): Es ist keine Abwehrreaktion, keine Kompensation, kein Protest, sondern Ausdruck eines poetischen Bedürfnisses, das es eben auch bei Arbeitern gibt.[125] *Das* ist die politisch brisante Botschaft, die das »Blumenfest« aussendet:

> »Darin liegt denn auch ein Beweis, daß der Arbeiter neben seiner politischen Entwicklung noch einen Schatz von warmer Liebe für die Natur in seinem Herzen bewahrt hat, eine Liebe, welche die Quelle aller Poesie ist und die ihn einst in den Stand setzen wird, eine frische Literatur, eine neue gewaltige Kunst durch die Welt zu führen.« (BF, S. 274)

Die Klassenbildung der Arbeiter vollzieht sich bei Weerth *nicht nur* als politischer Kampf; Weerth negiert oder vernachlässigt die gesellschaftlich-politischen Kämpfe seiner Zeit keineswegs, diese sind vielmehr in diesem und in anderen seiner Texte durchgängig präsent.[126] Die Rolle des politischen Kampfs und der politischen Organisation werden keineswegs geleugnet; sie werden allerdings relativiert und in Bezug gesetzt zu einer Ressource, die der Politik allein verschlossen bliebe, auf die sie aber doch angewiesen bleibt. Diese andere Ressource liegt für Weerth in der Fähigkeit der englischen Arbeiter, »trotz aller Tyrannei dennoch so herrliche poetische Feste zu feiern«. Diese Energiequelle proletarischer Politik speist sich nicht nur aus dem Hass auf die Lebensumstände und die, die dafür verantwortlich sind, sondern aus der Liebe, der »Liebe für die Natur«. Diese Liebe »in seinem Herzen« bewahrt den Arbeiter davor, auch in seinem Innern vergiftet zu werden von dem Leben, das er zu führen gezwungen ist.

Die »Liebe für die Natur« ist zugleich »Quelle aller Poesie« – und damit einer *Poesie der Klasse* im Doppelsinn: Zum einen hat Weerth eine ganz neue, »eine frische Literatur, eine neue gewaltige Kunst« vor Augen, die von den Arbeitern und für die Arbeiter geschaffen werden soll (BF, S. 274). Zum anderen aber, so lässt sich Weerths poetisches Argument fortspinnen, geht es auch um die poetische Entwicklung der Arbeiterklasse – ihre Hervorbringung und Selbstwerdung, ihre Bildung *als Klasse*.[127] Mit Weerth lässt sich zeigen, dass zur Selbstschöpfung der Klasse die politische Selbstorganisation allein nicht reicht. Die *Poesie der Klasse* – im Sinne ihrer Konstitution oder Bildung – kann nicht nur durch Kampf und Bewusstmachung bewerkstelligt werden, sondern immer auch und immer wieder (»jährlich dreimal«, heißt es bei Weerth) durch *Poesie*: durch Schönheit, Leidenschaft, Verschwendung – »exuberance is beauty«, sagt William Blake –, durch Geschmack, Bildung, Natur, *culture* … Das ist die geheime Botschaft, die entlang einer Linie von der Romantik bis zu den Gesellenvereinen des Vormärz und in die frühe Arbeiterbewegung weitergereicht wurde.[128] Diese lange verschollene Botschaft, die sich über weite Strecken in einem imaginären Rückbezug auf Zünfte und Handwerkertraditionen artikuliert, müssen wir aufnehmen und zu entziffern lernen, wenn wir uns heute daranmachen, die Entstehung der Arbeiterklasse und ihrer Organisationen neu zu denken.

II »Wir? Verwickelte Frage!« – Zur Identitätsfindung der Klasse in Zeitschriftenprojekten

»Ihre Taten waren Zeitschriften.«
Carl Schmitt[1]

Im Oktober 1848 interveniert Wilhelm Weitling in Berlin in den Gang der Revolution. Nachdem er sich 1846 im Bund der Gerechten mit Marx überworfen hatte und zusammen mit seinen Anhängern aus der Organisation ausgeschlossen worden war, ging Weitling nach New York, um dort eine Stelle als Redakteur des socialistischen *Volks-Tribuns* anzutreten; das Titelblatt der von Hermann Kriege, einem ehemaligen Burschenschafter und späteren Communisten, begründeten Wochenzeitung zierte der Wahlspruch »Die Arbeit hoch! Nieder mit dem Kapital!«[2]

Nach dem Ausbruch der Revolutionen in Europa eilt Weitling zurück auf den alten Kontinent und erreicht nach einer Zwischenstation in Köln, wo er abermals mit Marx aneinandergerät, im Herbst Berlin. Hier gibt er eine neue »Wochenschrift« heraus, den *Urwähler*. Der Untertitel des Blattes: »Organ des Befreiungs-Bundes« ist fiktiv – einen »Befreiungsbund« hatte Weitling in seiner New Yorker Zeit gegründet, in Berlin existierte er nicht; die vier Nummern bestreitet Weitling redaktionell und editorisch weitgehend im Alleingang. Weitling bleibt auch im Fortgang der Ereignisse völlig isoliert, der *Urwähler* findet nicht die »hunderttausend Abonnenten«, die er im ersten Artikel der ersten Nummer fordert,[3] sondern bloß hunderfünfzig. Nach dem konterrevolutionären Staatsstreich vom November 1848 wird Weitling am 21. November durch General Wrangel aus Berlin ausgewiesen. Weitling agitiert daraufhin einige Monate in Hamburg, bevor er im August 1849 enttäuscht in die USA zurückkehrt.

Weitlings Intervention tritt im *Urwähler* forsch an; schon die Überschrift des zweiten Artikels verspricht gewichtige Antworten, um sich dann allerdings sofort in immer mehr Fragen zu verzweigen:

> »Welche Reformen wollen wir?
>
> Wir? Verwickelte Frage! Was wir nicht Alles wollen! Wer sind wir? Doch wir Alle. Welche Alle? Alle in der Parthei? Alle in der Stadt, der Provinz, oder in Deutschland? Sind es alle Bürger oder nur alle arbeitenden Klassen? Sind es blos alle Schuhmacher, alle Schneider, Maschinenbauer, Buchdrucker, oder gehören sie alle dazu? Gehören alle Handel- und Gewerbetreibende auch dazu, oder sind es blos diese? Ist es der Adel, die Armee? Sind es die Gutsbesitzer oder die Fabrikanten, die Armen oder die Reichen, oder sind es beide zusammen?«[4]

Indem Weitling die Frage nach dem Ziel der Reformen umlenkt und als eine solche nach dem »wir« reformuliert, bringt er eine grundsätzliche Dimension des Politischen ans Licht, die im politischen Tagesgeschäft ansonsten zumeist im Dunkel der Voraussetzung bleibt: die Frage nach der politischen Subjektivierung. Bevor eine Gruppe gemeinsame Interessen und Forderungen überhaupt entdecken kann, um diese dann politisch vertreten zu können, muss sie sich als eine solche wenigstens voridentifizieren. Dass die Interessen und politischen »Wünsche« allein dies bewirken sollen, entlarvt Weitling als Mystifikation: Erst durch ein wenigstens im Vorverständnis gegebenes »wir« wird die Frage nach den Interessen und Forderungen so gerahmt, dass sie überhaupt identifizier- und vertretbar werden.

Im direkten Anschluss an die eben zitierte Passage heißt es:

> »Wo soll ich aufhören die Individuen zusammenzufassen, welche das Wir obiger Frage konstituieren? Ich will mich aus den Beispielen, welche uns die Gesellschaft liefert, nach Antwort auf diese Frage umsehen. Welche Menge verschieden sich durchkreuzender und bekämpfender Vereinigungen, die alle besondere Wünsche vertreten!«[5]

Welche »Menge« haben wir vor uns? In seinem Fragenkatalog fächert Weitling noch einmal die Gesellschaft des Vormärz auf und spielt dabei alle Prinzipien durch, auf denen im Vormärz verschiedene Modelle politischer Subjektivierung, verschiedene Modi möglicher Wir-Konstitutionen beruhen: Territorialität, Beruf, Klasse, Stand.

Den breitesten Raum in Weitlings Fragenkaskade nimmt dabei die soziale Binnendifferenzierung der »Bürger« ein: Sind »wir Alle« tatsächlich »alle Bürger«, oder sind es doch »nur alle arbeitenden Klassen«? Ist »Bürger« also ein Gegenbegriff zu den Arbeitern, oder werden diese von den Bürgern miteinbegriffen? Die offene Universalität des »wir Alle«, die zuvor festgestellt wurde (»Doch wir Alle«) erfordert offenbar doch Beschränkungen, durch die das »wir« erst bestätigt werden kann.

Die Fragen gehen also weiter: Wenn das »wir« sich auf die »arbeitenden Klassen« erstrecken solle, sind dann tatsächlich »alle arbeitenden Klassen« gemeint oder nur einige, die sich gemäß ihrer Gewerke und Gewerbe unterscheiden und herausheben? Die aufgezählten Berufe jedenfalls, die Schuhmacher, Schneider, Maschinenbauer und Buchdrucker, sind nicht irgendwelche, sie bilden vielmehr die aktivsten Teile der revolutionären Handwerker-Arbeiter des Vormärz: Schuhmacher und Schneider gehörten den traditionellen Handwerkszweigen an, sie wurden aber früh und rabiat proletarisiert und bildeten so den Glutkern der Handwerkerkrise und des urbanen Pauperismus.[6] Die Maschinenbauer wiederum gehörten zu den neuen, hochqualifizierten Arbeitern, die ihren Stolz aus der Bedeutung ihrer Produkte für den Prozess der Industrialisierung zogen; die Buchdrucker schließlich waren schon durch die Erfordernisse ihres Gewerbes die Intellektuellen unter den Arbeitern. Sowohl das Elend der einen wie die herausgehobene Position der anderen speiste den revolutionären Eifer, der diese Berufsgruppen schließlich an die vorderste Front der Revolution und auf die Barrikaden trieb.[7]

Die nächste Frage ruft mit den »Handel- und Gewerbetreibende[n]« die nachgerade paradigmatischen Kippfiguren auf, deren

Klassenzugehörigkeit im Vormärz immer strittig blieb: Gehören sie zu den »arbeitenden Klassen« oder doch eher zu den »Bürgern« (in einem abgrenzenden, ausschließenden Sinn)? Schon in der Pariser Juli-Revolution von 1830 waren die kleinen Ladenbesitzer als Handlanger der Konterrevolution verschrien, und dieses Szenario wiederholte sich in den Tumulten der Berliner März-Revolution.[8] Zugleich aber waren zahlreiche Protagonisten der frühen Arbeiterbewegung selbst Handlungsgehilfen und Kommisse, und nicht zuletzt die wuchernde Publizistik dieser Strömung wurde wesentlich von Projektemachern mit kaufmännischer Ausbildung betrieben: Friedrich Engels, Georg Weerth, Ferdinand Freiligrath.[9]

Mit dem »Adel« und der »Armee« ruft Weitling die Mächte der alten Ordnung in Erinnerung, die sich wenige Wochen nach der Veröffentlichung des Artikels wieder massiv in Stellung bringen werden. Mit der Ausrufung des Belagerungszustands über Berlin und viele andere Städte Preußens am 12. November 1848 sollte die Revolution fürs Erste beendet sein. Und mit den »Gutsbesitzer[n]« und den »Fabrikanten« schließlich kommen im nächsten Satz Figuren der neuen und wiederum der alten Macht zur Sprache, deren Reformwillen sicher ganz anders geartet war als jener der »arbeitenden Klassen«.

Weitling zeigt hier das potenziell Uferlose der Frage nach dem politischen »wir« an. Den für ihn selbst letztlich doch bestimmenden Gegensatz, so wird die Folge des Artikels zeigen, nennt Weitling dann am Ende seines Fragenkatalogs: Bilden »die Armen oder die Reichen« das »wir« der Reform – »oder sind es beide zusammen?« Selbst auf dem Höhepunkt der Zuspitzung darf die relativierende Nachfrage nicht fehlen.

Bevor wir die verschiedenen zeitgenössischen Antworten auf die Frage nach dem gesellschaftsverändernden »wir« in Augenschein nehmen, sollte noch einmal die Offenheit der Fragestellung gewürdigt werden, die Weitling exponiert. In seiner Unvoreingenommenheit resümiert er durchaus adäquat die Debatten des Vormärz, wie sie sich vor allem in jener Zeitschriften- und Jahrbuchkultur manifestieren, die im Folgenden untersucht werden soll. Die Frage nach der Konstitution eines politischen »wir« ist im Vormärz tatsächlich noch eine offene, weil wir es hier mit einer Gesellschaft in Bewegung, einer hochgradig fluiden Übergangsgesellschaft zu tun haben, die nur als Resultante »sich durchkreuzender und bekämpfender« Tendenzen gedacht werden kann.

In den Zeitschriften der Zeit wird nach Bedingungen und Möglichkeiten politischer Wir-Konstitution gefragt, verschiedene Vorschläge werden vorgebracht und durchgespielt. Dabei lässt sich in den Zeitschriften gleichsam Begriffsgeschichte *at work* beobachten,[10] und es ist von entscheidender Bedeutung, dass sich die sprachlich-begriffliche Arbeit am Politischen in aller Öffentlichkeit vollzogen hat: *Wer sind wir, und wer seid ihr?* – Die Frage nach den Adressaten des eigenen Sprechens und nach der eigenen Sprechposition ist von vornherein eine politische, und sie kann deshalb auch nicht anders denn öffentlich zum Austrag gebracht werden.

Verneinungen: »Bürgerliche« und »wissenschaftliche Prolatarier«

Wer also ist »wir«? Am Anfang steht die Verneinung: Nein, wir sind keine Proletarier! In den *Anekdota zur neuesten deutschen Philosophie und Publicistik*, einem Jahrbuchprojekt, mit dem die junghegelianische Schule den Schritt zur »Partei«, zum politischen Verein, zu gehen beabsichtigt, wird der Herausgeber Arnold Ruge 1843 auf dieser Feststellung beharren.[11] Wer behaupte, die Macher der *Anekdota* – mit Bruno Bauer, Ludwig Feuerbach, Friedrich Köppen, Karl Nauwerck und Ruge selbst immerhin die Crème der Hegel'schen Linken[12] – seien »nur wenige prolatäre Individuen«, der diene einem »Scheine«, der letztlich nur dabei helfe, die Entstehung einer wahrhaft freien Presse in Deutschland zu verhindern.[13] Warum?

Die *Anekdota* waren entstanden als Reaktion auf die fortwährende Zensur und das Verbot der *Halleschen Jahrbücher für deutsche Wissenschaft und Kunst* und der *Deutschen Jahrbücher für Wissenschaft und Kunst*; sie hatten es sich zur Aufgabe gemacht, der »Censurnoth« abzuhelfen und »einer ehrenvollen Preßfreiheit« zuzuarbeiten.[14]

Wie sein Mitstreiter Feuerbach war Ruge habilitierter Philosoph, wie diesem aber war ihm der Zugang zu einem universitären Lehramt aus politischen Gründen versagt. Nach der ebenfalls politisch begründeten Relegation Bruno Bauers vom Lehrstuhl für Evangelische Theologie an der Universität Bonn 1842 (und dem Entzug der *venia legendi* auf Lebenszeit!) – Friedrich Wilhelm IV. führte von Beginn seiner Amtszeit 1840 einen erbitterten Kampf gegen die »Drachensaat des Hegelschen Pantheismus«[15] – war den Köpfen der junghegelianischen Bewegung jeder Zugang zum Universitätsamt verbaut; die Relegation des Arabisten Nauwerck folgte 1844, der einige Jahre jüngere Bauer-Vertraute Karl Marx brach seinen Habilitationsversuch frühzeitig ab. In dieser Situation wird der politische Kampf der junghegelianischen Partei deutlich selbstbezogener als in den ersten Jahren der Bewegung: Die *Anekdota* handeln deshalb zunächst »Censur«, »Preßfreiheit«, »Lehrfreiheit« und »Politische Freiheit« ab, ehe sie sich Philosophie und Theologie zuwenden. Der Anspruch der Zeitschrift ist wissenschaftlich, die Macher und Beiträger verstehen sich gar als eigentliche Vertreter der Wissenschaft, nachdem diese an deutschen Universitäten nicht länger möglich sei.[16]

Erklärt man die Presse zum eigentlichen und einzigen Ort der Wissenschaft und der Kritik, dann wird der Begriff der Presse enorm aufgeladen. Für den Hegelianer Ruge ist die Presse nicht Tageswerk – Journalismus –, sondern privilegierte Manifestation des Geistes. Wenn dieser sich nicht mehr in der Wissenschaft begegnen und vergegenwärtigen kann, so wie Hegel dies vorgesehen hat, dann wird die Presse aus einer »Rede des Volkes an sich selbst« zu einem »Reden des allgemeinen Geistes mit sich selbst«. Die Presse als »Organ des Gesammtdenkens« muss frei und ungehindert agieren können, weil sonst die »öffentliche Vernunft« selbst behindert und eine »explicirte und sich selbst durchsichtige menschliche Gattung« insgesamt unmöglich wird.[17] Dazu aber führen der »Polizeistaat« und die »Censur«.[18]

Im Gefolge dieser immensen Aufladung der Presse und des Presse-Schriftstellers scheint es Ruge geboten, der persönlichen

Verunglimpfung, der sich die Proponenten der junghegelianischen Bewegung ausgesetzt sehen, scharf entgegenzutreten: Nein, es stimmt nicht, was über diese »*Neuerer* unter den Schriftstellern« gesagt wird. Sie sind *nicht* »nur wenige prolatäre Individuen, besitzlose, übelwollende Unruhstifter und verblendete Idealisten, deren die besonnene, auf ruhigen Erwerb und loyales Leben gerichtete Masse sich nimmermehr mit ihren Sympathien annehmen werde«.[19] Um dieser Verleumdung wirksam entgegenzutreten, »bedarf es eines historischen Umschwungs«, durch den »mit dem Begriff des *freien Staatsbürgers* [...] auch der Begriff des *freien Schriftstellers* geboren werden, und der Schein aufhören [wird], als seien die freien Schriftsteller nur darum so frei, weil sie *bürgerliche* Prolatarier wären.« Weiter spezifizierend, hält Ruge schließlich noch fest, dass er und seine Mitstreiter auch nicht als »*wissenschaftliche* Prolatarier« anzusehen seien.[20]

An diesen Ausführungen ist einiges bemerkenswert. So verweist der offenbar noch nicht standardisierte Sprachgebrauch – Prolatarier statt Proletarier – auf eine noch nicht standardisierte soziale Figuration: Das Wort »Prola/etarier« wird hier noch eher als Schimpfwort und herabwürdigende Zuschreibung denn als Umschreibung einer realen Klassenposition gebraucht. In der Assoziation mit den »übelwollende[n] Unruhstifer[n]« ist Ruges »Prolatariat« dem Hegel'schen »Pöbel« noch ziemlich ähnlich.

Versucht man indes, Ruges Charakterisierungen der »prolatäre[n] Individuen« halbwegs wertfrei zu lesen, so muss man zugeben, dass diese den Autor selbst und seine Mitstreiter – vor allem die, die er in derselben Zeit für sein neues Projekt, die *Deutsch-Französischen Jahrbücher*, gewinnt – durchaus präzise treffen: »besitzlos[ ]« sind sie allesamt, weshalb sie sich auch als »freie Schriftsteller« verdingen müssen; »übelwollende Unruhstifter« sind sie zudem, wenn man die herrschende Ruhe nicht mit einer vernünftigen Ordnung zu verwechseln gewillt ist; und »verblendete Idealisten« wird man die Junghegelianer mit einem gewissen Recht ebenfalls nennen können: Es ist ein Idealismus, der in seiner forcierten Überartikulation und mit seinen Kurzschlüssen zwischen der aktuellen politischen (und durchaus auch individuellen) Lage und der Geschichte des Weltgeistes bisweilen ins Lächerliche oder unfreiwillig Komische zu kippen droht – und auch zeitgenössisch schon so wahrgenommen wurde, wie die wenig später erscheinenden Polemiken von Max Stirner und Karl Marx belegen.[21] Und dass schließlich »die besonnene, auf ruhigen Erwerb und loyales Leben gerichtete Masse« sich von den philosophischen Überspanntheiten der Junghegelianer eher ferngehalten denn sich von ihnen hat anstecken lassen, ist ein historisches Faktum, das auch Ruge schon einsehen musste.

Man kann also Ruges Abwehr der Zuschreibung, bloß »prolatäre Individuen« zu vertreten, getrost als *Verneinung* im Freud'schen Sinn lesen: *Alles, was Du verneinst, trifft genau so zu*; und wie jede Verneinung beweist auch die von Ruge eine besondere Hellsicht, die positive Selbstbeschreibungen oft vermissen lassen. Dass »freie Schriftsteller« nur deshalb mit Recht »frei« genannt werden können, weil sie »bürgerliche Prolatarier« sind, nimmt schon die Ironie vorweg, mit der Marx im *Kapital* die »doppelte« Freiheit des Lohnarbeiters umschreiben wird: Der »freie Schriftsteller« ist nur denkbar als proletarisierter Schriftsteller, der zwar »los und ledig« leben kann, sich deshalb aber auch auf Gedeih und Verderb dem Markt zu überantworten hat.[22] Ruge selbst hat diese Existenzweise wie so viele seiner Generation zur Genüge kennengelernt. Gerade weil er als Wissenschaftler nicht in Amt und Würden, sprich: auf eine Lebenszeitstelle als Professor gelangen konnte (oder wollte), musste er »wissenschaftlicher Prolatarier« werden und als Publizist reüssieren, bis er schließlich im hohen Alter – ähnlich wie Bruno Bauer, der allerdings auch in dieser Hinsicht eilfertiger agierte – seinen intellektuellen Kotau vor dem neuen Hohenzollernreich machte und von Bismarck 1877 dafür mit einem jährlichen Ehrensold belohnt wurde.

In Form der Verneinung sieht Ruge erstaunlich klar in die Zukunft einer »proletaroiden Intelligenz« (Max Weber), die seit dem Vormärz (und bis in die Gegenwart) mit großer Beharrlichkeit die politisch-publizistischen Debatten prägt: nicht zuletzt die um Klassenfragen. Immer wieder werden sich diese Debatten darum drehen, ob die proletarisierten Intellektuellen ihre eigene Position als »Prolatarier« – das »a« mag als Markierung einer soziokulturellen *différance* stehen bleiben – unter anderen Proletarisierten verschiedener Herkunft verorten oder ob sie an einer harten (und das heißt hier vor allem: kulturellen) Differenz festhalten, die sie selbst vom »Pöbel« trennt.

Mit Blick auf die Intellektuellen seiner Zeit sieht Ruge sehr genau, dass mit der Proletarisierung auch Spaltungen drohen. So werde die Abkanzelung der »freien Schriftsteller« als »wissenschaftliche Prolatarier« von den einschlägig interessierten Kreisen »eifrig genährt [...], weil man dadurch die Welt der Schriftsteller und Gelehrten selbst in zwei feindliche Lager aus einander reißt«.[23] Die Bezeichnung »Prolatarier« stufe die einen herab und schüre in den anderen die Angst, selbst abzusteigen; hinter dieser Einsicht aber steht bei Ruge das von ihm selbst nicht eingestandene Wissen, dass die Schriftstellerei, ob wissenschaftlich oder nicht, in marktförmig organisierten Gesellschaften *immer* vor dem Hintergrund einer drohenden Verpöbelung vonstattengeht: Jeder »freie Schriftsteller«, jeder Wissenschaftler diesseits der Lebenszeitstelle ist und bleibt »virtueller Pauper«.[24] Auch Tieck kannte schon die Gefahr der Proletarisierung und Pauperisierung nicht nur als Sohn eines Handwerkers, der in der Kindheit schon die dunkle Rückseite der aufziehenden Gewerbefreiheit kennengelernt hatte; er kannte sie auch als »freier« proletarisierter Berufsschriftsteller, der immer wieder für Zeilenhonorar schreiben musste und der dieser prekären Existenzweise phasenweise nur dadurch entgehen konnte, dass er bei seinen Freunden aus den alten Adelseliten Unterschlupf fand. Seine eigene Zugehörigkeit zu jenen proletarischen Schichten, deren Entstehung er selbst so hellsichtig schriftstellerisch begleitet hat, konnte und wollte Tieck sich freilich nie ganz eingestehen.[25] Auch Tiecks Leben als »bürgerlicher Prolatarier« wurde in seinen letzten Jahren nach 1841 durch einen Ehrensold Friedrich Wilhelms IV. alimentiert.

Aufwertungswünsche: »Wir« wollen Bürger sein

Das »Vorwort« des von Hermann Püttmann herausgegebenen *Deutschen Bürgerbuchs für 1845* beginnt mit einer begriffspolitischen Reflexion über »[d]as Wort ›Bürger‹, welches auf dem Titel dieses Buches steht«.[26] Es scheint, so erfahren wir, nicht nur wichtig zu sein, wer »Bürger« genannt wird, sondern auch, wer die Bezeichnung verwendet. Das Wort

> »unterliegt mannichfachen Begriffsbestimmungen, oder vielmehr es gibt verschiedene Klassen oder Bruchtheile der Menschheit im Staatenleben, denen man das Prädikat ›Bürger‹ ertheilt hatte: Der Repräsentant des sogenannten Michelthums in Deutschland, der *Unterthan* oder unterthänig Gehorchende wird z. B. von den Behörden euphemistisch zuweilen so genannt, während die Studenten ihn Philister, das Militär Spießbürger, die Adligen Kanaille und Andre anders nennen. Er ist der *bourgeois* der Franzosen, das unbeholfene Mitglied des bestehenden Staats, dessen erste Pflicht und höchste Bestimmung die Ruhe ist.«[27]

Gegen den »bourgeois« wird Püttmann nun nicht etwa den »republikanischen *citoyen*« stark machen, wie noch Ruge, der den *»freien Staatsbürger[ ]*« als Modell des »freien Schriftstellers« eingesetzt hat.[28] Der »citoyen« erscheine zwar, so Püttmann, als »bessere Spezies«, sei aber letztlich auch in Frankreich schon historisch überholt: »In Deutschland kennen wir ihn kaum, und haben auch kein Verlangen nach ihm.« Die Unterscheidung von *bourgeois* und *citoyen* taugt für die Bedürfnisse des *Bürgerbuchs* nicht, so kann man vermuten, weil Püttmann die Komplementarität beider Seiten der Unterscheidung erkannt hat – wer den *citoyen* fordert, der wird den *bourgeois* nicht mehr los.[29]

Gegen die aufgefächerten begriffspolitischen Verwicklungen proklamiert das *Bürgerbuch* eine Setzung, die aus einer Analyse der politischen Lage der Gegenwart hervorgeht und die das Wort »Bürger« entschlossen für die eigene Sache in Anschlag bringt:

»Was uns Noth thut, was *wir* einstweilen Bürger nennen wollen, das ist der *gebildete Mensch*, welcher *thätiges Mitglied* eines *gesellschaftlichen Zustandes* werden möchte, in dem *freie Sittlichkeit* die Grundlage bildet, in einem Bunde Aller für Alle, in einem Schutz der Gesammtheit durch die Gesammtheit.«[30]

Was bescheiden als »Erklärung« ausgegeben wird, die »Mißdeutungen des Titels vorzubeugen« beabsichtige, ist letztlich ein socialistisch-communistisches Grundsatzprogramm *in nuce*. Etwas später wird sich das *Bürgerbuch* denn auch ohne Umschweife als »socialistische[s] Jahrbuch« zu erkennen geben.[31]

Offenbar wird hier in einem Akt bewusster Namensgebung – »was wir [...] Bürger nennen wollen« – ein politisches Subjekt ernannt, das quer zu den geläufigen Segmentierungen, zu den »verschiedene[n] Klassen oder Bruchteile[n] der Menschheit im Staatenleben« liegt. Das Wort »Bürger« scheint sich gerade durch seine Vieldeutigkeit für den Akt einer solchen Ernennung besonders anzubieten – weit mehr als das Wort »Prola/etarier« jedenfalls, das noch zu sehr Schimpfwort geblieben ist. Das Wort »Bürger« besitzt, bei allem Anklang von spießiger Borniertheit, doch noch genug gediegenes Nobilitierungspotenzial, um auch das neue socialistische Anliegen gleich mit aufzuwerten. Gleichzeitig aber soll dem Wort im Akt der Benennung auch eine neue Bedeutungsvalenz gegeben werden. Hinfort, so könnte man zuspitzen, soll das Wort »Bürger« für jeden Sprecher und Hörer die genannten Prinzipien einer socialistischen Gesellschaft evozieren; die Bedeutungen des »hörigen Untertans« und des »marktfreien Wirtschaftsbürgers« aber sollen mit dieser Umwertung gelöscht werden.

Der Wunsch nach einer Aufwertung der eigenen Position als Aussagesubjekt (»was *wir* einstweilen Bürger nennen wollen«) mag auch einem handfesten sozialhistorischen Wunsch nach Selbstaufwertung der publizistischen Akteure geschuldet sein. Im Gegensatz zu den Junghegelianern haben die im Durchschnitt zehn Jahre jüngeren Macher und Beiträger des *Bürgerbuchs* längst schon keine hochgespannten bildungsbürgerlichen Erwartungen mehr zu bewältigen. Hermann Püttmann, Moses Heß, Karl Heinzen, Wilhelm Wolff, Georg Weerth, Friedrich Engels oder Ferdinand Freiligrath sind allesamt Studienabbrecher, wurden aus politischen Gründen relegiert oder aber haben von vornherein gar keine Universität besucht: Weerth und Freiligrath etwa haben kaufmännische Ausbildungen absolviert. Einzelne, wie Karl Grün oder Ernst Dronke, wurden zwar promoviert, haben aber nie Anstalten zu einer universitären Laufbahn gemacht und sich stattdessen von Anfang an als Journalisten oder freie Schriftsteller verdingt. Die Proletarisierung – die Notwendigkeit, die eigene Existenz durch Lohnarbeit und Lohnschreiberei zu sichern – ist diesen Leuten immer schon gewärtig. So bleibt auf der einen Seite der Wunsch, sich wenigstens in der Selbstbenennung »nach oben«, ins Bürgertum, zu ziehen; auf der anderen Seite aber macht sich die Unabhängigkeit und Freiheit der »freien Lohnarbeiter« – und Lohnschreiber – geltend, diese nominelle Bewegung nach oben *nur zu eigenen Bedingungen* ausführen zu wollen. Man will sich nicht einfach unter das Allerweltswort »Bürger« subsumieren lassen, sondern dieses nach eigenen politischen Maßgaben allererst definieren: »was *wir* einstweilen Bürger nennen *wollen*« …

Der Kampf um die Benennungsmacht wird so als *Erfindung* einer eigenen Tradition des Bürgerlichen kenntlich, als Erfindung einer Gegentradition antibürgerlicher Bürgerlichkeit. Das latent auch selbstzerstörerische Potenzial dieser Konstellation wird die Arbeiterbewegung in den nächsten Jahrzehnten fortlaufend begleiten, etwa wenn in der Revolution die »respektablen« Teile des Proletariats sich den »Bürgerwehren« anschließen, die mit Waffengewalt gegen weniger botmäßige Klassenbrüder und -schwestern vorgehen.[32]

Beim *Bürgerbuch* indes wurde die begriffspolitisch-publizistische Operation, über eine Selbstbenennung als »Bürger« der vormärzlichen Opposition einen neuen, quer zu alten Fronten verlaufenden Zuschnitt zu geben, schon zeitgenössisch als Fehlschlag angesehen. Moses Heß, selbst einer der wichtigsten Beiträger und Strippenzieher im Hintergrund, regt sich in einem Brief an Marx über den

»dummen Mischmasch« auf, den das *Bürgerbuch* den Lesern vorsetze.[33] Die meisten Rezensionen vermissen bei dem »merkwürdigen Sammelsorium« eine einheitliche Linie; die bürgerlich-liberale Tendenz von Autoren wie Jacob Venedey oder Karl Heinzen passe nicht zur klar socialistischen Programmatik von Heß oder Weerth, wurde moniert, und so kann das *Bürgerbuch* rückblickend gar als »Abschiedsszene zwischen [diesen] zwei Richtungen« aufgefasst werden.[34]

Heß verspricht Marx, seinen Einfluss bei Püttmann geltend zu machen, damit dieser demnächst nur noch »*rein* sozialistische« Bücher produziere – was schon im selben Jahr geschieht.[35] Mit den *Rheinischen Jahrbüchern zur gesellschaftlichen Reform* bringt Püttmann noch 1845 und 1846 gewissermaßen ein direktes Konkurrenzangebot zu seinen eigenen *Bürgerbüchern für 1845* und *für 1846* auf den Markt. Die *Jahrbücher* treten allerdings kompromisslos und offen für die »Lehre des Communismus« ein, in dessen »endlich praktisch gewordene[r] Lebensweisheit« »alle Doctrinen der Vergangenheit aufgehen müssen«, wie das »Vorwort« fordert.[36]

Der gewiefte Taktiker Engels erspart sich indes jeden Ärger über den unentschiedenen Charakter des *Bürgerbuchs*; für ihn hat dieses seine Aufgabe erfüllt, wenn es den communistischen Agitatoren unter Bedingungen von Zensur und Repression zeigt, »wie weit man etwa gehen darf, ohne gefaßt oder geschaßt zu werden«.[37] Im selben Brief legt Engels Marx seine Pläne für ein eigenes publizistisches Projekt auseinander: den *Gesellschaftsspiegel*, den er bald mit Heß zusammen herauszugeben gedenkt. In dieser Zeitschrift wird der Anspruch auf Bürgerlichkeit nur mehr als Maske dienen, um das eigentliche Anliegen gewissermaßen unter der Hand an den Leser zu bringen.

Aktivierung: Was »wir« sein sollen

Die Zeitschrift *Gesellschaftsspiegel* wird zwischen Mai 1845 und Juli 1846 in zwölf Ausgaben von dem »kommunistischen Buchhändler [Julius] Baedeker«[38] in Elberfeld publiziert; als Redakteur zeichnet

Moses Heß verantwortlich.[39] Wenigstens an der Konzeption und an der Herausgabe der ersten Hefte war Friedrich Engels noch direkt beteiligt, der allerdings nirgends als Verantwortlicher auftritt, wohl aber als Autor; so etwa von den Artikeln »Ueber die Lage der arbeitenden Klasse in England« in Heft 3 und »Die moralische und geistige Lage der arbeitenden Klassen in England« in den Heften 4 und 5. Bei diesen Stücken handelt es sich um modifizierte Auszüge aus Engels' epochemachendem Buch *Die Lage der arbeitenden Klasse in England*, das ebenfalls 1845 veröffentlicht wurde.[40] Buchveröffentlichung und Zeitschriftenpublikation müssen als Parallelaktion betrachtet werden, die sich im Feldzug zur Popularisierung des Communismus in Deutschland gegenseitig ergänzen; hinzugenommen werden muss zudem die Vortragstätigkeit von Heß und Engels.[41] Die Zeitschrift war einerseits dazu bestimmt, Engels' Buch bekannt zu machen; andererseits sollten die Ergebnisse von Engels' Untersuchung in England durch gleichartig angelegte Untersuchungen in Deutschland ergänzt und vervollständigt werden. Für die Erforschung der Lebens- und Arbeitsumstände im Vormärz ist Engels' Buch von kaum zu überschätzender Bedeutung, darüber hinaus aber auch für die Entwicklung einer auf teilnehmender Beobachtung beruhenden empirischen Sozialforschung und für die Etablierung des literarischen Genres der empirisch gestützten Sozialreportage.[42] In all diesen Bereichen ließe sich der *Gesellschaftsspiegel* bloß ergänzend neben Engels' Werk stellen; in einer Hinsicht allerdings überschreitet die Zeitschrift konzeptionell und vom Ergebnis her Engels' andere Erzeugnisse, denn sie hat eine dezidiert aktivistisch-aktivierende Grundausrichtung; die empirische Beobachtung und die Berichterstattung sollen auf viele lokale Schultern verteilt werden. Aus der Zeitschrift soll ein kollektives Untersuchungsprojekt werden.

In der Planungsphase der Zeitschrift verschickten die Macher einen zweiseitigen Prospekt, der aus Heß' Feder stammte.[43] Heß erläutert die Intention der neuen Zeitschrift, macht vor allem aber auch deutlich, dass das ganze Projekt nicht nur auf Erforschung und Dokumentation der »Lage der arbeitenden Klassen« abgestellt sei, wie es im Prospekt heißt, sondern auch darauf, die festgestellte Situation zu politisieren und zu verändern. Der Untertitel annonciert bereits diese doppelte Zielstellung: *Organ zur Vertretung der besitzlosen Volksklassen und zur Beleuchtung der gesellschaftlichen Zustände der Gegenwart.* Die Zeitschrift wird indes – weniger in dem, was sie *predigt*, als in dem, was sie und wie sie es *tut* – zeigen, dass die beabsichtigte »Vertretung« immer schon eine bestimmte »Beleuchtung« der Gesellschaft voraussetzt und dass eine solcherart bestimmte »Beleuchtung« aus sich selbst heraus als eine Form von »Vertretung« angesehen werden muss. Verbindungsglied zwischen »Beleuchtung« (im Sinne von Erforschung, Aufklärung) und »Vertretung« ist eine bestimmte *Form der Darstellung*, oder eine besonders beschaffene *Repräsentation.* Nicht von ungefähr beschäftigt sich der Prospekt bemerkenswert ausführlich mit den Darstellungsformen und Schreibweisen, die in der neuen Zeitschrift erprobt werden sollen.

Das weit ausgreifende Programm einer Einheit von »Vertretung« und »Aufklärung« – oder, mit Heß' frühem Biografen Theodor Zlocisti gesprochen: von »Aufrüttelung und Organisierung«[44] – kündigt sich schon in der Überschrift des Prospekts an: »An die Leser und Mitarbeiter des Gesellschaftsspiegels«. Dass das »und« hier appellativ gemeint ist, nicht bloß additiv, das verdeutlicht schon der erste Absatz:

> »Das edle Streben, der leidenden Menschheit zu Hülfe zu eilen, welches sich zur Ehre des neunzehnten Jahrhunderts gegenwärtig überall kund giebt, hat in Deutschland noch kein Centralorgan, worin einestheils die Uebel, denen abgeholfen werden soll, anderentheils die zur Abhülfe vorgeschlagenen oder bereits in Ausführung gebrachten Mittel publiciert und in ihrer gedeihlichen oder verfehlten Wirksamkeit näher beleuchtet werden. Wir legen dem Publikum hiermit das erste Heft eines solchen Organs vor, und hoffen, daß jeder Menschenfreund sich selbst aufgefordert fühlen wird, den ›*Gesellschaftsspiegel*‹ durch geeignete Mittheilungen zu unterstützen.«[45]

Hinter der klassisch-humanistischen Maske des »edle[n] Streben[s]« wird das Anliegen durchaus konkret: Die »Uebelstände unseres socialen Lebens« sollen »publicirt« werden, damit der Leser sich damit vertraut und sich zugleich ein Bild von den Hilfsmaßnahmen machen kann, die schon in Stellung gebracht werden. Die Zeitschrift will explizit »den zur Abhülfe gesellschaftlicher Uebel sich bildenden *Vereinen* an die Hand gehen«; die besondere, eigens herausgehobene *zentrale* Funktion der Zeitschrift aber liegt in der Sammlung. Die »Uebel« werden »gegenwärtig überall« von solchen Vereinen und vielleicht auch einzelnen »Menschenfreund[en]« bekämpft, die nicht genug voneinander wissen. Die verschiedenen Bestrebungen benötigen ein »Centralorgan«, das die lokalen Initiativen zusammenführt – »vernetzt«, würde man heute sagen – und einen gemeinsamen Lernprozess anstößt. Die Öffentlichkeit wird nicht als passives »Publikum« angesprochen, sondern als Stab potenzieller Mitarbeiter. Ob die Zeitschrift und ihre Macher diesem selbst gesetzten hohen Maßstab wirklich gerecht werden, wird am Ende unserer Untersuchung des *Gesellschaftsspiegels* noch einmal gesondert zu fragen sein.

Im Fortgang des Prospekts wird deutlich, warum der *Gesellschaftsspiegel* auf eine solche Mitarbeit angewiesen ist: Wenn es darum gehen soll, die »Lage der arbeitenden Klassen« zu erforschen, dann ist dies durchaus in einem »mikrologischen und sozial-empirischen« Sinn gemeint.[46] Die *»großen Städte«* und *»›schlechten Viertel‹«* als Lebens-, die *»Industrie- und Fabrikbezirke«* als Arbeitsraum der »arbeitenden Klassen« sollen bis in die letzten Winkel ausgeleuchtet werden, die Aufmerksamkeit soll »jeden einzelnen Fall von Unterdrückung der Arbeiter« treffen.[17] Die »Correspondenten« werden »für die genauesten Mittheilungen über diesen Punkt mit Name, Ort und Datum« sorgen:

> »Wenn in Fabriken übermäßig lange oder gar Nächte durch gearbeitet wird, wenn die Arbeiter in Freistunden Maschinen putzen müssen, wenn Fabrikanten sich brutal oder tyrannisch gegen ihre Arbeiter betragen, tyrannische Arbeitsreglements erlassen, den Lohn statt in Geld

in Waaren ausbezahlen – die Verfolgung dieses infamen ›Truksystems‹ überall, wo es gehandhabt wird und unter allen Gestalten und Umhüllungen, werden wir besonders betreiben – wenn Arbeiter in ungesunden Räumen arbeiten oder schlechte, dem Fabrikanten gehörige Wohnungen beziehen müssen, kurz, wenn irgend ein ungerechter Act von Seiten der Kapitalisten gegen die Arbeiter ausgeübt wird, so bitten wir Jedermann, der in den Stand gesetzt wird uns darüber zu berichten, um möglichst baldige und genaue Mittheilung.«[48]

In den zwölf Nummern der Zeitschrift werden die hier genannten Punkte mit großer Akribie abgearbeitet. Jede Ausgabe ist zweigeteilt: Im ersten, redaktionellen Teil finden sich drei bis fünf längere Artikel, die im Block gedruckt und zum Teil namentlich gekennzeichnet sind. Hier sind politische Analysen, theoretische Erörterungen, Länder- und Regionalberichte, Rezensionen sowie Berichte über das Wirken der verschiedenen Arbeiter- und Hilfsvereine platziert. Der erste Artikel jeder Nummer ist jeweils mit »Die gesellschaftlichen Zustände der civilisirten Welt« überschrieben; der erste dieser Leitartikel stammt von Heß;[49] die Leitartikel der folgenden Hefte stammen von anderen Autoren und stellen teilweise zusammenfassende Übersetzungen fremdsprachlicher Standardtexte zur sozialen Situation der Gegenwart dar, etwa von Eugène Burets Standardwerk *De la misère des classes laborieuses en Angleterre et en France* von 1840.[50]

Der zweite Teil jeder Ausgabe ist in zwei Spalten in kleinerer Schriftgröße gedruckt und mit »Nachrichten und Notizen« überschrieben. Datiert und unter Angabe des Ortes, von dem berichtet wird, aber anonym – dies auch zum Schutz vor politischer Repression – werden hier kurze Texte abgedruckt, die von den Lesern eingeschickt wurden. In diesen Texten wird vom Zustand der arbeitenden Klassen *vor Ort* berichtet. Die Rubrik bietet in der ersten Nummer: eine Fallgeschichte über den in Not geratenen Weber Karl Klaus aus Barmen, Nachrichten über das »Trukystem« in Solingen, den »Wucher« in Köln und den »Handel mit Notarial-Versteigerungs-Urkunden« am Rhein, über die »Folgen älterlicher Härte«

in Trier, die »Revision des Armenwesens« in Düsseldorf, über die »Noth auf dem Hunsrücken« und den »Kohlebergbau« in Essen, die neuen Jagdgesetze in Schlesien, über die »Abschaffung der Prügelstrafe in Zuchthäusern«, über einen »Verein zur Beförderung der Bildung unter Handwerkern« in Hamburg und über »Arbeiter-Unruhen« in Böhmen.[51] Die hier angeschlagenen Themen werden in den nächsten Heften variiert und angereichert, Schwerpunkte bilden die Wohnungsfrage, Lohnkämpfe, das Justiz- und Gefängniswesen,[52] Organisationsfragen (Vereinsnachrichten, Streiks, Unruhen) sowie wirtschaftspolitische Fragen (Zölle und Freihandel, Absatzkrisen, Gesinde- und Handwerksordnungen). Dazu kommen Erörterungen zum Problem der Auswanderung.

Die »Nachrichten und Notizen« beschäftigen sich mit der ganzen Breite proletarischer Lebensformen; sie sind nach Ländern gruppiert, auf »Deutschland« folgen jeweils »Frankreich« und »England«, bisweilen noch die »Schweiz« und »Amerika«, wobei die auswärtigen Nachrichten oft Übersetzungen von Pressemeldungen sind. Offenbar ist im *Gesellschaftsspiegel* der Bereich dessen, was unter die Themenstellung »Lage der arbeitenden Klassen« passt, noch nicht besonders eng umgrenzt, und auch das Subjekt der »arbeitenden Klassen« (im Plural) ist noch weit gefasst. Zu diesen gehören neben den Lohnarbeitern der Fabriken und der Heimindustrie auch die Kleinbauern und Winzer, Dienstbotinnen, Hausangestellte, Prostituierte, Tagelöhner, Handwerker (Gesellen und kleine Meister) sowie Insassen von Zucht- und Armenhäusern. Die innere Pluralität der Klassenbestimmung addiert sich in den »Nachrichten und Notizen« eher auf, als dass sie theoretisch abgeleitet würde; dieser Offenheit der Gegenstandsbestimmung – die wir etwa auch bei Weitling finden – entspricht eine additive, sammelnde Offenheit der sprachlichen Bestimmung. Engels kündigt schon im Vorwort seines Buches über *Die Lage der arbeitenden Klasse in England* an, dass er »die Ausdrücke: Arbeiter (working men) und Proletarier, Arbeiterklasse, besitzlose Klasse und Proletariat fortwährend als gleichbedeutend gebraucht«; im Sprachgebrauch des *Gesellschaftsspiegels* herrscht die gleiche terminologische Elastizität.[53]

Selbst im Rückblick bleibt noch bemerkenswert, dass ein Autor wie Moses Heß, der bis dahin mit hochtrabend-philosophischen Entwürfen hervorgetreten ist,[54] sich hier mit großer Geduld und ohne dass ein theoretischer oder politischer Ertrag schon absehbar wäre in das Kleinklein der empirischen Alltagsbewältigung der arbeitenden Klassen vertieft.[55] Der *Gesellschaftsspiegel* formuliert gerade in seiner empirisch-lokalen Ausrichtung wie kein zweites Projekt jener Zeit das Versprechen einer »proletarischen Öffentlichkeit«, die in ihrer Vielstimmigkeit der realen Heterogenität des vormärzlichen Proletariats entspricht und die doch *eine* Öffentlichkeit bleiben soll.[56] Die Zeitschrift repräsentiert dieses Versprechen in besonderem Maß, weil ihre Macher es schaffen, sich ganz in die von ihnen selbst gesammelte Empirie zurückzunehmen, das Gesamtprojekt aber doch Kontur behält. Angesichts dieser Zurückhaltung ließe sich fast von einer gewissen Demut der theoretisch versierten, philosophisch hochgerüsteten Autoren gegenüber einer Wirklichkeit sprechen, die sie selbst noch gar nicht überblicken und die sie mit ihrem Projekt allererst kennenlernen wollen. Wolfgang Eßbach hat das Versprechen emphatisch zusammengefasst:

> »Für einen Moment, und vielleicht ist das Jahr 1845 dieser Moment, sieht es so aus, als ob sich Heß und Marx mit einer proletarischen Öffentlichkeit zufrieden geben könnten. Es sieht so aus, als ob die Theorie untergetaucht sei in einem großen Konzert proletarischer Stimmen, und als sei die Hoffnung in Erfüllung gegangen, daß es dieser proletarischen Öffentlichkeit gelänge, die politischen Begrenzungen bürgerlicher Öffentlichkeit und ihres Parteiwesens zugunsten einer noch umfassenderen Kommunikationsgemeinschaft aufzuheben.«[57]

Man sollte diesen Moment nicht zu gering veranschlagen; in der Geschichte proletarischer (Gegen-)Öffentlichkeiten in Deutschland muss ein Versuch wie der *Gesellschaftsspiegel* als bedeutende und lange vergessene »opportunity not taken« angesehen werden.[58] Gleichzeitig aber wird man nicht umhinkommen, den Versuch als gescheitert zu betrachten; nicht weil die Zeitschrift aus Geld- und Zensurnot nach einem Jahr eingestellt wurde – das passierte allen

Zeitschriftenprojekten der Zeit, meist nur viel schneller. Das Projekt in seiner spezifischen Ausrichtung stieß vielmehr an innere Grenzen, weil in der Zeitschrift bestimmte Zwänge und Beschränkungen weiterwirkten, die mit überkommenen Konzepten von Autorschaft und Adressierung verbunden waren.

Denn dem offenen und zugleich detailversessenen Feinblick auf den Gegenstand entspricht in der Zeitschrift eine seltsame Ratlosigkeit bei der Bestimmung des Adressaten: »Jedermann« soll durch »Mittheilung« zum Mitarbeiter werden, so heißt es. Fast hilflos und durchaus konventionell konkretisiert der letzte Absatz des Prospekts schließlich die Adressaten, indem »namentlich auch die Herren Pfarrer, Schullehrer, Aerzte und Beamten um freundliche Mitwirkung im Interesse der Sache« gebeten werden.[59] Symmetrisch zur Anrufung der alten Pastoraleliten droht auch die eigene, in der Zeitschrift aufgebaute Sprecherposition zu der eines *Fürsprechers* zu werden. Die »arbeitenden Klassen« jedenfalls werden nie selbst als mögliche Leser/Mitarbeiter angesprochen, sondern eher als ein Gegenstand der Sorge behandelt. Der Blick des *Gesellschaftsspiegels* bleibt demnach einer von außen: Es bleibt der Blick eines Arztes, der »die Krankheiten des gesellschaftlichen Körpers« analysiert und peinlich darauf bedacht ist, sich von seinem Gegenstand nicht anstecken zu lassen.

Eßbach stellt fest, dass sich »im Moment des Untertauchens […] schon die Wiederauferstehung der Theorie als einer besonderen Einrichtung« vollzieht, und beschreibt dann historisch, wie sich »in Brüssel ein Exilzentrum heraus[bildet], zu dem sich Marx, Heß und Engels zusammenschließen«. Dieses

> »kommunistische ›Korrespondenz-Komitee‹, das die drei Anfang 1846 in Brüssel gründen, es bedeutet nichts weniger als die Keimform einer politischen Partei neuen Typs. Die Form ist in dieser Zeit noch ganz geheimbündlerisch. Das ›Korrespondenz-Komitee‹ arbeitet Anweisungen aus, die jeder Kommunist zu befolgen hat, und er selbst hat die Aufgabe, Lageberichte zu erstatten und an die Zentrale zu senden. Ziel des Komitees ist die Gesinnungssteuerung in der internationalen kommunistischen Bewegung. Es geht jetzt nicht mehr nur um die Distribu-

tion des Geistes über die bloße *Teilnahme* an der proletarischen Öffentlichkeit, sondern um die Distribution des Geistes über eine *Machtstruktur hinter* der Öffentlichkeit.«[60]

Wir haben es bei dieser Darstellung Eßbachs zunächst natürlich mit einem offensichtlichen und offenbar gewollten Anachronismus zu tun: Denn es gibt 1846 noch nicht *die* kommunistische Weltbewegung, die derart zentral gesteuert wurde, wie das die Komintern (einschließlich der Lenin'schen »Partei neuen Typs«) in den Zwanzigerjahren des 20. Jahrhunderts tun wird und wie sich das die Neo-Leninisten in den K-Gruppen der 1970er Jahre in ihren Allmachtfantasien vorstellen werden. Richtig aber bleibt, dass sich schon in der Untersuchungsperspektive und der Sprecherposition des *Gesellschaftsspiegels* – und nicht erst in der Brüsseler Geheiminstitution – eine souveräne Reserviertheit aufbaut, die eine universell-inklusive »Wir«-Konstitution etwa im Sinne Weitlings verhindert. Die Macher und Autoren der Zeitschrift zählen sich selbst nie zu den »arbeitenden Klassen«, denen ihre Sorge gilt; es wird gar nicht erst der Versuch unternommen, ein »wir« zu konstruieren, welches das schreibende Aussagesubjekt mit den Beschriebenen zusammenfassen würde. Auch die neu rekrutierten Leser/Mitarbeiter, die *als Mitarbeiter* in das »wir« der Zeitschriftenmacher einbezogen werden, gehören vielleicht gerade darum nie selbst zum Gegenstand ihrer Berichte, den »arbeitenden Klassen«. Und es scheinen – dafür spricht jedenfalls der oft paternalistische Ton der Berichte – insgesamt tatsächlich eher die direkt adressierten Pastoraleliten gewesen zu sein, die sich von der Aufforderung zur Mitarbeit haben ansprechen lassen.

So wie der *Gesellschaftsspiegel* die Möglichkeit einer neutralen, unparteiischen Darstellung der gesellschaftlichen Zustände bestreitet, indem er die »Beleuchtung« an die »Vertretung« bindet, errichtet er im Gegenzug eine opake Oberfläche, hinter der sich die Kritiker der Zustände verbergen. Eine politische Subjektivierung der »arbeitenden Klassen«, um deren Leben es im *Gesellschaftsspiegel* doch ohne Unterlass geht, findet nicht statt. Das Proletariat bleibt stummes Objekt, weil die Macher der Zeitschrift sich nicht selbst als Proletarier zu begreifen willens oder in der Lage sind.

Affirmation: »Wir«, die wir unsere Stimme erheben

Am Ende dieser kurzen Zeitschriftenrevue, in der wir das revolutionäre »wir« des Vormärz bestimmen wollten, steht wieder der Anfang. Weitlings »[v]erwickelte Frage« aus der Revolutionszeit – die Frage nach dem eigentlichen »wir« der Revolution – lässt sich am konzisesten schon mit den ersten Artikeln aus Weitlings erstem Zeitschriftenprojekt, dem *Hülferuf der deutschen Jugend* von 1841, beantworten. In der reichen Zeitschriftenszene der 1840er Jahre zeichnet sich theoretisch und organisatorisch ein Prozess der Entmischung und Zuspitzung ab; so betitelt etwa Püttmann 1846 den Leitartikel des *Prometheus* – seines nächsten, mittlerweile dritten Zeitschriftenprojekts in zwei Jahren –, programmatisch mit »Freund und Feind«: Wir-Bestimmung scheint hier nur noch im Modus der Abgrenzung und Feinderklärung möglich.[61] Dieser Entmischungsprozess aber lässt retrospektiv erst die Radikalität hervortreten, durch die sich die universell-inklusive Programmatik und die transversal-buntscheckige Subjektkonstitution des *Hülferufs* ausgezeichnet hat. Diese sollen im Folgenden rekonstruiert werden.

Auf der Titelseite der ersten Nummer des *Hülferufs* findet sich ein kurzer, selbst unbetitelter Text, der die Aktivierungsgeste des *Gesellschaftsspiegels* vorwegnimmt:

> »Jeder deutsche Tagelöhner, Bauer, Arbeiter, Meister, Künstler und Gelehrte, der seinen guten Willen und praktische Erfahrung der unsrigen zugesellen will, wird ersucht, uns portofreie Nachrichten über den Stand der Bildung der Handwerker, die Verhältnisse der Arbeit und des Lohnes, mit den Preisen der Bedürfnisse, zukommen zu lassen, und diesen Bericht mit Rathschlägen zur Verbesserung der Lage des Arbeiters zu begleiten.«[62]

Die hier benannten Adressaten und möglichen Beiträger – im nächsten Artikel werden diese auch »als Mitarbeiter« angesprochen[63] – sind in der sozialen Hierarchie deutlich niedriger angesiedelt als die Intellektuellen, die der *Gesellschaftsspiegel* anruft, und es sind auch keine »Bürger« im geläufigen Sinn. Indem Weitling mit den Tagelöhnern beginnt, kann er zwar eine aufsteigende Reihe konstruieren, die aber doch an ihre Basis zurückgebunden bleibt. Der Tagelöhner als prototypisch proletarisiertes Subjekt ohne jede Absicherung durch Status oder Tradition gibt das Paradigma der Reihe ab; die Meister werden hier ebenso in das Kontinuum eingereiht wie die Künstler und Gelehrten, die in dieser Anordnung ganz selbstverständlich als »prolatarische Individuen« erscheinen. Wenn der kurze Text mit dem Aufruf endet, auch »Berichte von Aerzten [...] über die schädlichen Einwirkungen der verschiedenen Geschäfte auf die Gesundheit der Arbeiter« seien den Herausgebern »[s]ehr angenehm«, dann wird der Arzt hier als gleichsam lokaler Spezialist für eine bestimmte, nützliche Perspektive und nicht mehr als generell privilegierter Leser/Mitarbeiter verstanden.[64]

Der kurze Text operiert mit einer komplizierten Verschachtelung von ökonomischen und politischen Kollektivbezeichnungen, die auch die gesamte Programmatik des *Hülferufs* prägt: Das »wir«, das dazu auffordert, »uns portofreie Nachrichten« zukommen zu lassen, wird schon im Untertitel der Zeitschrift ausgewiesen und sozial markiert: *Der Hülferuf der deutschen Jugend. Herausgegeben und redigiert von einigen deutschen Arbeitern*. Die »Arbeiter« tauchen nun aber auch in der Liste der Adressaten auf, zwischen Bauern und Handwerkern/Meistern; »Arbeiter« bezeichnet damit einmal ein Segment der Klasse, um die es hier geht, und dann auch das Ganze dieser Klasse. Die Kategorie »Arbeiter« dient als Operator einer Universalisierung – mit ihr sind »Alle«, »wir Alle«, gemeint: »Wir haben uns an alle Arbeiterklassen, ja an alle Stände der Gesellschaft gewendet; beweiset daß unsere Stimme von Allen gehört, und deren Nutzen erkannt wurde.« Die Universalisierung artikuliert sich schließlich in einer biblischen Bildersprache: »Nun hatte auch Christus ein Handwerk gelernt, nemlich das des Zimmermanns, und seine Apostel waren Arbeiter.« In der Nachfolge Christi und seiner Apostel aber sind wir alle »fleißige Arbeiter im Weinberg des Herrn«.[65]

Der erste Artikel der ersten Nummer kann als Leitartikel des ganzen Unternehmens gelten: »Aufruf an Alle welche der deutschen Sprache angehören«.[66] Der Text, in dem sich auf bezeichnende Weise Weitlings egalitär-urchristlicher Millenarismus mit einem fast hemdsärmeligen Pragmatismus paart, lässt sich am besten vom Ende her aufschlüsseln. Zusammen mit einer klaren Selbst-Identifikation scheint hier zugleich eine Identifikationsmöglichkeit jenseits bestehender Klassen- und Standesschranken auf:

> »[D]ies ist das erste deutsche Arbeiterjournal welchem bald andere folgen werden, bis sich alle Individuen gleichzeitig den geistigen und körperlichen Arbeiten, der Handarbeit und den Wissenschaften widmen, und sich der Unterschied des Gelehrten-, Handwerker- und Bauernstandes immer mehr verwischt.«[67]

Im letzten Absatz des Textes schließlich lässt Weitling auch noch die »Grenzen der Nationen [...] zusammenstürzen«: Der »Sohn des Menschen« und »das Reich der in Gemeinschaft lebenden Heiligen« sind dann gekommen.[68]

Es zeichnet Weitling aus, dass er den Weg hin zur Endzeit in kleinen, aufeinander folgenden Etappen unmittelbar greifbarer Aufgaben voranzuschreiten gedenkt.[69] So scheint denn auch jene ersehnte Welt jenseits der basalen Trennung von Hand- und Kopfarbeit *heute* schon in Ansätzen erreichbar: »Künstler und Gelehrte« bilden die letzten Glieder jener Kette, die beim Tagelöhner anfängt und über den Arbeiter führt. Einzelne dieser Glieder kehren im »Aufruf« wieder als Adressaten einer Aufforderung zum Abonnieren der Zeitschrift – Aufforderungen, die jeder Gruppe noch einmal eigens erläutern, warum gerade sie sich als Adressatin der Zeitschrift verstehen soll:

> »Abonnire sich darum auf unser Blatt, wer die Beschwerden und Mühen der Arbeit mit uns theilt. Es ist die Sprache des Bruders zum Bru-

> der, der gegenseitige Austausch der Gedanken und Gefühle, der Beweis unsrer Mündigkeit und des Bewußtseins unsrer Würde.«[70]

Diejenigen, die mit »uns« die »Beschwerden und Mühen der Arbeit« teilen, das sind Arbeiter wie wir, unsere Mit-Arbeiter und Mit-Brüder. Die Bruderschaft organisiert sich durch eine Zirkulation von Worten, »Gedanken und Gefühle[n]« und beweist darin ihre »Mündigkeit«. Zuvor schon bringt der »Aufruf« eine große Szene der Wortergreifung zur Aufführung: »Auch wir wollen eine Stimme haben in den öffentlichen Berathungen über das Wohl und Wehe der Menschheit; denn wir, das Volk in Blusen, Jacken, Kitteln und Kappen, wir sind die zahlreichsten, nützlichsten und kräftigsten Menschen auf Gottes weiter Erde.« Das Thema wird variiert, weil sich erst in der Wiederholung das Neue und Unerhörte durchzusetzen vermag:

> »Auch wir wollen eine Stimme haben, denn wir sind im neunzehnten Jahrhundert, und wir haben noch nie eine gehabt.
>
> Auch wir wollen ein Stimme haben in der öffentlichen Meinung, damit man uns kennen lerne, denn man hat uns bis jetzt wahrhaftig immer verkannt.«[71]

Die Ergreifung des Worts beruft sich schließlich auf eine paradox formulierte naturrechtliche Basis, die das Widernatürliche des gegenwärtigen Gesellschaftszustandes unterstreicht: »Wir wollen eine Stimme haben, weil wir von der Natur schon eine haben, und der Mensch nicht allein vom Brode lebt, sondern von einem jeglichen Wort u.s.w.« Die Stimme muss öffentlich erhoben werden, weil sich so erst die *natürliche* Gegebenheit des Sprechen-Könnens auch *sozial* verwirklicht. Dass die Arbeiter selbst ihre Stimme erheben, entfernt sie von einem Zustand, in dem sie sich »[s]eit Menschengedenken« befinden: einem Zustand, in dem »immer Andere unsere, oder vielmehr ihre Interessen« »verfochten« haben. Nun gelte es, »mündig« zu werden und »dieser gehässigen langweiligen Vormundschaft« ein Ende zu bereiten. Der *eigene Mund* und die *eigene Mündigkeit* gegen die *fremde Vormundschaft* – das ist die sprachlich-politische Voraussetzung einer Politik der ersten Person, die Weitling proklamiert: »Wer die Lage der Arbeiter richtig beurtheilen will, muß selber Arbeiter sein, sonst kann er keinen Begriff haben von den Mühen, die damit verbunden sind.«[72]

Das Misstrauen und der Hass auf die »gehässige[ ] Vormundschaft« wird auch im Reigen der Aufforderungen zum Abonnement wieder aufgenommen, wenn die Intellektuellen an die Reihe kommen:

> »Abonniert euch auf unser Blatt ihr Dichter und Gelehrten, Doktoren, Professoren, u. dgl., denn was wir schreiben, habt ihr uns denken helfen. Ihr seid in geistiger Arbeit unsre Lehrmeister, wir eure Lehrlinge; aber ihr arbeitet nur immer für Andere. Ihr habt für uns nicht arbeiten wollen; oder habt ihr nicht können? Genug, wir sind genöthigt für uns zu arbeiten und unsere Abendstunden, die uns nach des Tages Mühen noch frei bleiben, den geistigen Arbeiten zu weihen. Aber damit hört auch eure Vormundschaft auf.«[73]

Zunächst ist die Adressierung sprechend: Während »Künstler und Gelehrte« auf dem Titelblatt noch den Ausklang einer Reihe bildeten, die mit dem Tagelöhner begann und diesem als Paradigma unterstand, nimmt die Reihe hier bei den »Dichter[n] und Gelehrten« ihren Anfang, um bei den »Professoren« zu enden. Hier steht das Paradigma am Ende: Es geht um den bestallten Intellektuellen im Staatsdienst, nicht um die »freie«, »prolatarisierte« Intelligenz. Das Verhältnis zur besoldeten Intelligenz – jener, die »nur immer für Andere« arbeitet – ist ambivalent: Im Sinne einer Arbeitsteilung von Kopf und Hand waren die Intellektuellen hilfreich; ihr Verdienst als »Lehrmeister« für die »Lehrlinge« kann gleichsam noch in der Sprache handwerklicher Ausbildung formuliert werden. Das »für Andere« signalisiert in der Matrix der Lagerbildung aber auch den Verrat, genau mit jenen Wissenskompetenzen zuvorderst den Herrschenden zu Diensten zu sein (»Ihr habt für uns nicht arbeiten wollen«).

Daher müssen die Arbeiter *nun aber* alles selbst machen, sie müssen den lieben langen Tag die Handarbeit leisten und in der Nacht dann auch noch die Kopfarbeit. Die »Nacht der Proletarier« ist zu kostbar zum Schlafen; seine Nächte nutzt der Arbeiter, um mehr und anderes zu werden, um nicht bloß Arbeiter zu bleiben. Er wird zu einem Arbeiter, der seine »Nachtwachen« daransetzt,[74] die Aufteilung zu überschreiten, die ihn selbst an die »Beschwerden und Mühen« der körperlichen Arbeit fesselt, dem »Dichter und Gelehrten« aber die »geistigen Arbeiten« überlässt. Dieser Arbeiter delegitimiert die gegebene Aufteilung der Gesellschaft, indem er sich nicht mehr an die vorgegebene Aufteilung der Zeit, an die »normale[ ] Abfolge von Arbeit und Erholung«,[75] von Tag und Nacht hält: »Der Umsturz der Welt beginnt zu der Stunde, in der normale Arbeiter den friedlichen Schlaf derer genießen müssten, deren Beruf sie nicht zwingt zu denken«, schreibt Jacques Rancière.[76] Damit werden die Intellektuellen bzw. ihre vom gemeinen Arbeiter abgehobene Stellung jedoch überflüssig. Der »Unterschied […] verwischt« sich, wie Weitling schreibt – und dies entspricht mehr und mehr der objektiven Entwicklung: Weitling reagiert auf die Tatsache, dass die öffentlichen Lehranstalten nach der »Bildungsrevolution« (Heinrich Bosse) immer zu viele Gebildete produzieren, Intellektuelle also selbst zu Arbeitern – »Prolatariern« – werden. Sie sind gezwungen, »für Andere« zu denken und zu schreiben, sie können aber wählen, *für wen*, wobei die eine Wahl in einsame Nachtstunden und damit vielleicht in die Brüderschaft der Arbeiter führt, die andere auf den Professorenstuhl.

Wie zur Unterstützung dieser Alternative wurde schon zuvor ein anderer Intellektuellentypus gezeigt und zum Abonnement aufgerufen:

> »Abonnire sich auf unser Blatt der tiefe Denker, der seine Tag- und Nachtwachen der lebenden Menschheit weiht. Wir können ihm nur eine einfach ungekünstelte Sprache bieten; aber die Sprache ist deutsch, nicht geschnörkelt, sie kommt vom Herzen und wieder zum Herzen.«[77]

Der »tiefe Denker« ist nicht der, der »nur immer für Andere« denkt und schreibt, sondern für die Sache der »Menschheit«; dies, und die Tatsache, dass auch er seine Nachtstunden darangibt – das Wort

»Nachtwachen« fällt zweimal in diesem Artikel –, verbindet ihn mit den Arbeitern, die ihm mit einem offenen, unverstellten Wort entgegenkommen. Der Denker wiederum wird von diesem Angebot der Arbeiter insofern profitieren, als er in ihrem Kreis endlich alles bildungsbürgerlich-prätentiöse Gehabe, alle Distinktionsambitionen fallen lassen und sich endlich als Mensch unter Menschen bewegen kann.[78]

In der Folge spricht Weitling noch die »Großen und Mächtigen« der Gesellschaft als mögliche Abonnenten und Unterstützer an, er ist aber von vornherein skeptisch, dass sich eine klassenübergreifende Versöhnung im Sinne einer urchristlich-universellen »Kommunion« noch bewerkstelligen lässt.[79] Weitlings militanter Egalitarismus folgt – so zeigt schon der erste Artikel des *Hülferufs* – dessen ungeachtet dem Programm der »durchkreuzten Differenzen«, so wie es Alain Badiou bei Paulus herausgearbeitet hat.[80] In den verschiedenen Aufforderungen, den *Hülferuf* zu abonnieren, werden zunächst alle bestehenden sozialen Differenzen aufgeführt: *Wir sind noch nicht gleich*, stellt er unerbittlich fest. Die Markierung der Differenzen dient aber am Ende nur dazu, sie in der Bewegung einer Universalisierung wieder zu durchkreuzen, die das Universelle, das Gemeinsame und Gleiche (»wir alle«) erst herstellen will, statt es als Gegebenheit einfach vorauszusetzen.

Die universalisierende Bewegung lässt sich schließlich an einem letzten Aufruf besonders prägnant nachvollziehen, der bemerkenswert bleibt, auch wenn er im Fortgang der Zeitschrift keine weiteren Konsequenzen zeitigt: »Abonnirt euch ihr Weiber und Mädchen, denn auch euch ist dieses Blatt gewidmet; auch ihr (oder doch die große Mehrzahl von euch) theilt unsere Lage; ja, die eurige ist öfters noch schlimmer als die unsere.«[81] Die »Frauenfrage« wird hier so gestellt, dass sie nicht unabhängig von der Klassenfrage beantwortet werden kann. Weitling markiert die Klassendifferenz, die auch die Gruppe der »Weiber und Mädchen« spaltet, und er markiert die geschlechtliche Differenz innerhalb des proletarischen Lagers. Im zweiten Fall aber stellt die Differenz nur eine Verschärfung im Erleben einer prinzipiell geteilten »Lage« dar, im ersten eine prinzipielle: Eine proletarische Frau und eine aus den »höher gestellten Klassen« teilen nichts, ein proletarischer Mann und eine proletarische Frau hingegen sehr viel, auch wenn es der Frau letztlich noch »schlimmer« geht als dem Mann. Was hier indes »schlimmer« heißt, und inwiefern »wir« (die proletarischen Männer) an dieser schlimmeren Lage der Frauen womöglich mit schuld sind, wird an dieser Stelle – und auch in den folgenden Heften des *Hülferufs* und der *Jungen Generation* – nicht beantwortet. Die Anrufung der »Weiber und Mädchen« aber öffnet zumindest die Lücke, in die eine proletarisch-feministische Bewegung wird einspringen können. In Frankreich hat etwa Flora Tristan im Jahr zuvor mit ihrem Reisebericht *Im Dickicht von London oder Die Aristokratie und die Proletarier Englands* den ersten Anlauf zu einer solchen Bewegung genommen;[82] 1843 wird sie den Zusammenhang von »Frauen-« und »socialer Frage« in ihrem Manifest *L'Union Ouvrière* deutlich machen:

> »Es ist eure Aufgabe, Arbeiter, die ihr *Opfer* der *realen Ungleichheit* und der Ungerechtigkeit seid, auf Erden endlich das Reich der Gerechtigkeit und *absoluten Gleichheit* zwischen Mann und Frau zu errichten.
>
> Gebt der Welt ein großes Beispiel, ein Beispiel, das euren Unterdrückern beweist, daß ihr mittels *des Rechtes* und nicht mittels brutaler Gewalt triumphieren wollt; ihr 7, 10, 15 Millionen Proletarier, die ihr doch diese brutale Gewalt einsetzen könntet.
>
> Wenn ihr für euch Gerechtigkeit fordert, dann beweist, daß ihr selbst gerecht und billig handelt; verkündet, daß ihr, die starken Männer, die *Männer mit nackten Armen*, die Frauen als *euch gleichgestellt* betrachtet und ihnen die gleichen Rechte bezüglich der Nutznießung der UNIVERSELLEN ARBEITER- UND ARBEITERINNENUNION einräumen werdet.«[83]

Eine solche »Union universelle des ouvriers et ouvrières« in Flora Tristans Sinn wird es in Deutschland lange nicht geben.[84] Dass Weitling indes schon das Problem offen zur Sprache bringt, ist bezeichnend. Denn bereits sein Klassenkonzept und seine Bestimmungsversuche proletarischer Identität – wer sind »wir«? – sind hochgradig durchlässig und inklusiv, ohne die Eingeschlossenen qua

Einschluss schon zu homogenisieren. Die versammelnde Geste, die Weitlings Konzept trägt, lässt Differenzen innerhalb des versammelten Kollektivs zu, ohne die Kollektivität infrage zu stellen. Wenig später schon werden theoretische und politische Klassenkonzepte zu greifen beginnen, die ein rigideres Differenzmanagement praktizieren. Diese exklusiven Klassenkonzepte, die genau wissen und bestimmen, wer zu »uns« gehört und *wer nicht*, werden auch auf das Geschlechterverhältnis zurückschlagen: *Wenn »du« – proletarische Frau und Schwester – nicht ganz mit »uns« – dem proletarischen Männer- und Brüderbund – einer Meinung bist, dann bist »du« gegen »uns«; dann bist »du« eine Verräterin im eigenen Haus, die in unseren Reihen keinen Platz mehr finden soll.* So oder so ähnlich lässt sich eine Position zuspitzen, wie sie wenig später formuliert werden und wie sie dann für viele Jahrzehnte die Arbeiter_innen_bewegung prägen wird.[85]

III Die Auszählung der Stimmen: Klassen-Statistiken

Die emphatische Offenheit der Klassenkonzepte, wie sie etwa in Zeitschriften wie dem *Gesellschaftsspiegel* oder dem *Hülferuf* artikuliert wird, ist indes nur die eine Seite der Medaille. Daneben – und bisweilen dagegen – steht bei den Theoretikern und Aktivisten der frühen proletarischen Bewegung das Begehren, eben doch genauer festzustellen, wer denn nun zur Klasse gehört – und wer nicht. Hier konvergieren die Bemühungen der Klassentheoretiker mit denen der Sozialstatistik, die als politisch-sozialtechnologische Wissenschaft und Praxis im Vormärz ebenfalls eine immer weitere Verbreitung findet.[1] Dass die Klassenverhältnisse in der Gesellschaft als Zahlenverhältnisse ermittelt und dargestellt werden können – dass Klassen sich *auszählen* lassen – und dass sich so auf mathematisch gesicherter Basis auch die revolutionäre Veränderung der Gesellschaft wird einleiten lassen: Das ist das große Versprechen der Klassenstatistiken, die in Flugschriften und Zeitschriften der 1830er und 1840er Jahre verbreitet werden.

Seit »Klasse« als gesellschaftliche Selbstbeschreibungskategorie im Umlauf ist, ist sie immer auch Element einer sozialen »Mengenlehre« (Eßbach) gewesen. Als Instrument von Klassifikation unterhält »Klasse« eine unauflösbare Beziehung zu abzählbaren Mengen und zum Prinzip der Abzählbarkeit überhaupt.[2] Die Saint-Simonisten etwa haben nach der Juli-Revolution den Klassenbegriff europaweit mit einer Formel verbreitet, der eine Quantifizierung offensichtlich schon eingeschrieben ist: »la classe la plus nombreuse et la plus pauvre«.[3] Heinrich Heine, der als Sympathisant der Saint-Simonisten deren politisch-soziales Vokabular in seinen Essays und Korrespondenzartikeln ins Deutsche übersetzt und damit vielfach erst für die deutsche Debatte verfügbar gemacht hat, benennt in seinem Essay *Die romantische Schule* 1836 »die größere und ärmere Klasse« als Gegenstand der neuesten Literatur;[4] näher am Original – und stärker die numerische Abzählbarkeit betonend – ist in deutschen Texten seit den frühen 1830er Jahren oft von der »zahlreichsten und ärmsten Klasse« zu lesen.[5]

Gleichzeitig aber wird den Aktivisten und Schreibern schnell auch klar, dass die Abzählbarkeit der Klassen sich nie selbst genügen kann: Die nackten Zahlen müssen sinnfällig aufbereitet und vorstellbar gemacht werden, um wirken zu können. Und so werden denn die Zahlen und Tabellen vielfach ergänzt durch Beschreibungen, durch Erzählungen und Gedichte. Auch dort also, wo die spezifisch moderne Prosa der Zahlen und Tabellen Eindeutigkeit und Klarheit verspricht, wird eine Poesie der Klasse abermals ihren Auftritt haben.

Statistik und soziale Verschärfung: *Der Hessische Landbote*

Schon 1834 wird im Großherzogtum Hessen anonym und unter abenteuerlichen Umständen eine subversive Flugschrift verbreitet, die nicht zuletzt durch eine explosive Mischung von Statistik und sozialrevolutionärer Agitation Geschichte schreiben wird. Verfasser des *Hessischen Landboten* ist Georg Büchner, der sich als Student der Medizin im Auslandssemester in Straßburg 1831/32 mit dem revolutionären Virus infiziert hatte, der Frankreich nach der Juli-Revolution 1830 in Atem hielt. Büchner lernt in Straßburg das neobabouvistische Geheimbundwesen kennen und schließt sich *vielleicht* – die Praktiken der Geheimhaltung greifen bis heute – der dortigen Sektion der Société des droits de l'homme an. Diese war die Nachfolgeorganisation der von Blanqui gegründeten Société des amis du peuple, die nach einem gescheiterten Aufstandsversuch verfolgt und aufgelöst wurde.[6] Ebenfalls in Straßburg trifft Büchner den jungen Saint-Simonisten A. Rousseau, der als Prophet der Revolution auf dem Weg in den unterentwickelten Osten ist. Spätestes von ihm wird er die Rede von der »zahlreichsten und ärmsten

Klasse« gehört haben.[7] Zurück in Gießen gründet Büchner 1834 seine eigene »Gesellschaft der Menschenrechte«, die wiederum für den *Hessischen Landboten* verantwortlich zeichnen wird; wichtigstes Mitglied des Bundes ist neben Büchner der Butzbacher Pfarrer Ludwig Weidig, der Büchners Entwurf zum *Landboten* stark überarbeiten wird.

Der Hessische Landbote gilt als eine der wichtigsten politischen Flugschriften des Vormärz.[8] Unter dem Schlachtruf »Friede den Hütten! Krieg den Palästen!« unterzieht die Flugschrift die politischen und sozialen Verhältnisse im Großherzogtum Hessen und darüber hinaus in ganz Deutschland einer vernichtenden Kritik; die Flugschrift stellt eine regelrechte (und wörtlich zu nehmende) »Abrechnung«[9] mit den »Vornehmen« und der Regierung dar; die Abrechnung erfolgt auf Basis statistisch-numerischer Daten, die der Text schon im zweiten Absatz in Form einer Tabelle liefert:

> »Im Großherzogtum Hessen sind 718,373 Einwohner, die geben an den Staat jährlich an 6,363,364 Gulden, als

1) Direkte Steuern	2,128,131 fl.
2) Indirecte Steuern	2,478,264 »
3) Domänen	1,547,394 »
4) Regalien	46,938 »
5) Geldstrafen	98,511 »
6) Verschiedene Quellen	64,198 »
	6,363,363 fl.«[10]

Die Quelle dieser Angaben hat Gerhard Schaub identifiziert und in einem grundlegenden Aufsatz[11] ausgeleuchtet: Es ist die *Statistisch-topographisch-historische Beschreibung des Großherzogthums Hessen* des – so informiert der Titel – »Großherzoglich Hessische[n] Geometers« Georg Wilhelm Justin Wagner, die in den Jahren 1829 bis 1831 bei Leske in Darmstadt erschienen ist; der vierte Band, betitelt »Statistik des Ganzen«, enthält die aufgeführten Zahlen.[12]

Es werden also nicht die statistischen Daten selbst gewesen sein, die dem *Hessischen Landboten* seine revolutionäre Kraft verliehen haben. Diese waren veröffentlicht und bekannt. Es ist vielmehr die ganz und gar eigentümliche Aufbereitung des statistischen Materials, die es zu untersuchen gilt. Dabei stößt man bald auf Büchners sprichwörtlich jedes Maß sprengende rhetorische Aufladung des Materials, die im Folgenden pointiert werden soll.

Die ersten Sätze nach der zitierten Tabelle lauten: »Dies Geld ist der Blutzehnte, der von dem Leib des Volkes genommen wird. An 700,000 Menschen schwitzen, stöhnen und hungern dafür. Im Namen des Staates wird es erpreßt, die Presser berufen sich auf die Regierung und die Regierung sagt, das sey nötig die Ordnung im Staat zu erhalten.« Und wenig später: »In Ordnung leben heißt hungern und geschunden werden« (MBA 2.1, S. 6).

Der *Landbote* führt nacheinander und, Wagner sei Dank, bis auf den Gulden genau auf, welchen Ministerien und Institutionen welche Ausgaben zugedacht sind: dem »Ministerium des Innern und der Gerechtigkeitspflege« 1,110,607 Gulden, dem »Ministerium der Finanzen« 1,551,502 Gulden, dem Militär 914,820 Gulden usw. Den Zahlenangaben folgen dann jeweils hochgradig erhitzte Darlegungen darüber, dass dieses Geld vom »Leib des Volkes« nur zu dessen weiterem Schaden und zugunsten der »Vornehmen« und ihrer Büttel verwendet werde (MBA 2.1, S. 6–9). Der kürzeste dieser Absätze ist aussagekräftig:

> »Für die Pensionen 480,000 Gulden.
>
> Dafür werden die Beamten aufs Polster gelegt, wenn sie eine gewisse Zeit dem Staat treu gedient haben, d.h. wenn sie eifrige Handlanger bei der regelmäßig eingerichteten Schinderei gewesen, die man Ordnung und Gesetz heißt« (MBA 2.1, S. 7).

Nun hat Schaub in seinem Aufsatz »Statistik und Agitation« nicht nur die *Beschreibung* Wagners zweifelsfrei als Quelle des statistischen Materials im *Landboten* aufgezeigt, er hat auch klar erwiesen, dass die Verwendung von Statistik zu Zwecken der politischen Agitation 1834 alles andere als neu war.[13] Neben französischen Vorläufern identifiziert Schaub vor allem zwei pfälzische Quellen, in denen Büchners statistisch-politische Argumentationsweise vorgezeichnet sei, nämlich die Reden der Liberalen Friedrich Schüler und Philipp

Jakob Siebenpfeiffer, die am 5. und 6. Mai 1832 in Zweibrücken gehalten und noch im selben Jahr zusammen als »Flugschrift. 5« unter dem ironischen Titel *Unser Glück* von Johann Georg August Wirths Deutschem Preßverein publiziert worden waren. In der Tat vergleichen Schüler und Siebenpfeiffer in ihren Reden in zum Teil gesalzener Diktion die Ausgaben, die von der Bevölkerung der damals zu Bayern gehörenden Pfalz »abgepresst« wurden, mit den Ausgaben, die größtenteils ins Militär und so gut wie ausschließlich ins bayrische Kernland flossen; besonders die Verschwendungssucht des Hofes zu München nehmen die beiden Pfälzer aufs Korn nebst der horrenden Ausgaben für »Tanzsäle, und Gemäldegalerien und Bibliotheken und Klöster und fürstliche[ ] Zwingburgen«.[14]

Bis in die Wortwahl hinein lässt sich eine bemerkenswerte Nähe zu Büchner feststellen; der Satz: »Was also hundert Tagelöhner, wenn sie stets Arbeit finden, in einem ganzen Jahre mühsam etwa verdienen, das verzehrt der Hof an einem Tag« könnte sich so auch im *Landboten* finden.[15] Allerdings erschöpft sich Büchners *Landbote* nicht in der Skandalisierung von Abgabenlast und Ausgabenverteilung. Als wesentliches hinzutretendes Element lässt sich im *Landboten* eine biblische Rhetorik identifizieren, die in ihrer bisweilen maßlosen Intensität jeden gutbürgerlichen Appell ans Maßhalten von vornherein sprengt. Das religiöse Register bringt im *Landboten* nicht einen »Seufzer der bedrängten Kreatur« hervor, wie es später bei Marx im Modus junghegelianischer Religionskritik heißen wird, sondern einen Wutschrei.[16] Die biblische Sprache des *Landboten* verbucht die in Rede stehenden Sachverhalte, etwa die Steuerlast der Armen und die Verschwendungssucht der Reichen, nicht mehr über die »weichen« liberalen Attribute »angemessen/unangemessen«, sondern über die harte, intransigente Differenz »gut/böse«. Die Empörung, die sich in dieser Sprache ausdrückt, lässt sich durch eine Steuerreform jedenfalls nicht mehr besänftigen.

Aber selbst die politisch-theologische Redeweise, die sich aus den beiden rhetorischen »Inventionsquellen« »Steuerstatistik und [...] Bibel«[17] speist, ist nicht ganz singulär: Auch die zeitgenössischen Pamphlete und Manifeste der frühkommunistischen französischen Bewegung oder die wenig später von Weitling organisierte Gesellenbewegung sind von einem vergleichbaren Sprach-Geist getragen. Die beunruhigende Wirkung, die vom *Hessischen Landboten* bis heute ausgeht, hängt noch mit etwas anderem zusammen, nämlich mit den sozialen und politischen »Mengenlehren«, die der *Landbote* ins Spiel bringt.

Es ist nicht (nur) der Kontrast von numerischer Statistik und biblischer Sprache, der den Leser irritiert, sondern die Tatsache, dass im *Hessischen Landboten* – gewissermaßen schon auf der mathematisch-statistischen Seite – die mengentheoretische Basis weggeschlagen wird, auf der eine numerisch-statistische Argumentation sich überhaupt erst gründen könnte. Eine solche statistische Argumentation, die weitgehend auch die Schülers und Siebenpfeiffers ist, funktioniert nur dann, wenn die sozialen Parameter feststehen, nach denen die Zahlenkolonnen mit Einnahmen und Ausgaben sortiert werden: »Bürger« und »Regierung«, »Steuerzahler« und »Verschwender«. Es muss also, in aller Kürze, eine kohärente und in sich aufgehende *Aufteilung des Sozialen* geben.

Genau eine solche aber fehlt im *Hessischen Landboten*.[18] Schon der erste Absatz, noch vor der bereits aufgeführten Tabelle, bietet ein heilloses Durcheinander an »Großgruppenbezeichnungen«,[19] denen die folgenden Zahlen zugeordnet werden sollen; diese Gruppenbezeichnungen suggerieren einen einfachen, der biblischen Wucht der Sprache folgenden sozialen Binarismus, der dann aber semantisch nicht durchgehalten wird:

> »Im Jahr 1834 sieht es aus, als würde die Bibel Lügen gestraft. Es sieht aus, als hätte Gott die Bauern und Handwerker am 5ten Tage, und die Fürsten und Vornehmen am 6ten gemacht, und als hätte der Herr zu diesen gesagt: Herrschet über alles Gethier, das auf Erden kriecht, und hätte die Bauern und Bürger zum Gewürm gezählt. Das Leben der Vornehmen ist ein langer Sonntag, sie wohnen in schönen Häusern, sie tragen zierliche Kleider, sie haben feiste Gesichter und reden eine eigne Sprache; das Volk aber liegt vor ihnen wie Dünger auf dem Acker. Der Bauer geht hinter dem Pflug, der Vornehme aber geht hinter ihm und treibt ihn mit den Ochsen am Pflug, er nimmt das Korn und läßt ihm

die Stoppeln. Das Leben des Bauern ist ein langer Werktag; Fremde verzehren seine Aecker vor seinen Augen, sein Leib ist eine Schwiele, sein Schweiß ist das Salz auf dem Tische des Vornehmen« (MBA 2.1, S. 5).

Zunächst scheinen die Gegenüberstellungen klar zu sein: »Bauern und Handwerker« auf der einen Seite stehen »Fürsten und Vornehmen« auf der anderen gegenüber; später werden die »Fürsten und Vornehmen« auf »die Vornehmen« reduziert. Die »Bauern und Handwerker« werden indes schon im nächsten Satz zu »Bauern und Bürger[n]«, wobei dann das Verhältnis der Handwerker zu den Bürgern fraglich bleibt: Sind sie identisch, oder müssen sie aufaddiert werden? Wenn man die »Vornehmen« als Bezeichnung des zweiten Standes nimmt, dann wären Bauern, Handwerker und Bürger zusammen der dritte Stand. In den folgenden Sätzen aber steht der Bauer allein für diese Seite der Unterscheidung; im Parallelismus der Konstruktion »Das Leben der Vornehmen ist ein langer Sonntag« und »Das Leben des Bauern ist ein langer Werktag« sind Handwerker und Bürger verschwunden. Dafür hat sich zwischen die parallel gestellten Terme ein dritter eingeschoben, der sich später als ein nachgerade »gleitender Signifikant« erweisen wird: »das Volk«. Das »Volk« wird ebenfalls den »Vornehmen« gegenübergestellt, ohne dass wiederum das Verhältnis des Volks zu den Bauern geklärt würde. Später werden auf der Seite der Nicht-»Vornehmen« – eine eigene Positivität weist diese Seite nicht auf – noch die »Armen« positioniert (MBA 2.1, S. 6).[20]

Quer zu den sozialen Einteilungen läuft schließlich noch eine basale Unterscheidung, die sich im Verlauf der Flugschrift immer stärker in den Vordergrund schieben wird: die Tier-Mensch-Unterscheidung. An der zitierten Stelle aus dem Anfang des *Landboten* dient die Tier-Mensch-Differenz über den Verweis auf den biblischen Schöpfungsmythos noch eindeutig der Metaphorisierung von Herrschaftsverhältnissen. Später wird es weniger eindeutig um die Zugehörigkeit zur Gattung Mensch überhaupt gehen.

Nach der bereits aufgeführten Tabelle werden »Volk« und »Menschen« enggeführt: »Dies Geld ist der Blutzehnte, der von dem Leib des Volkes genommen wird. An 700,000 Menschen schwitzen, stöhnen und hungern dafür« (MBA 2.1, S. 5). Mit der (annähernd) genauen Bezifferung der »Menschen«, welche die zuvor genau bezifferten Abgaben leisten, wird suggeriert, dass »das Volk« abzählbar sei, und das Prinzip der (Ab-)Zählbarkeit wird wenig später wieder herangezogen zur Definition des Staates: »Was ist denn das nun für ein gewaltiges Ding: der Staat? Wohnt eine Anzahl Menschen in einem Land und sind Verordnungen oder Gesetze vorhanden, nach denen jeder sich richten muß, so sagt man, sie bilden einen Staat.« Die Abzählbarkeit einer »Anzahl von Menschen«, die ein gewisses Gebiet bevölkern – die Quantifizierbarkeit einer *Bevölkerung* – dient rhetorisch dazu, das »gewaltig Ding« des Staates zu defetischisieren. Im nächsten Satz aber wird schon ein neuer Fetisch aufgebaut: »Der Staat also sind *Alle*, die Ordner im Staat sind die Gesetze, durch welche das Wohl *Aller* gesichert wird, und die aus dem Wohl *Aller* hervorgehen sollen« (MBA 2.1, S. 6).[21] Das Rousseau'sche Konzept eines »Willens« oder eines »Wohls Aller« tritt zunächst universell-inklusiv auf; indem aber »Alle« über die »700,000 Menschen« an das »Volk« zurückgebunden werden, das »Volk« aber wiederum mit den Bauern, Handwerkern und Bürgern des ersten Absatzes identifiziert wird, werden die »Vornehmen« hier aus dem »Wohl« und »Willen Aller« ausgenommen – eine Ausnahme, die seit Sieyès' Frage »Was ist der dritte Stand?« und seiner Antwort: »Alles!« fest zur revolutionären Tradition gehört.[22] Über die Reihe *Volk – Menschen – Alle* aber werden im *Landboten* die »Vornehmen« und der Fürst nicht nur aus den Reihen der Nation, sondern auch aus der Menschheit als solcher ausgegliedert. Wenn die »700,000 Menschen« genannt werden – und wir wissen: das sind wir »*Alle*« –, die der Fürst an seinen Pflug spannt, und der Fürst und seine Frauen und Kinder dann »übermenschlichen Geschlechtern« zugeordnet werden (MBA 2.1, S. 8, Herv. PEO), dann ist, bei aller Ironie, der Schritt vorbereitet, den Fürsten und die »Vornehmen« auch als *un*- und *unter*menschliche Geschlechter darstellen zu können:

»Der Fürst ist der Kopf des Blutigels, der über euch hinkriecht, die Minister sind seine Zähne und die Beamten sein Schwanz. Die hungrigen Mägen aller vornehmen Herrn, denen er die hohen Stellen vertheilt, sind Schröpfköpfe, die er dem Land setzt. Das L. was unter seinen Verordnungen steht, ist das Mahlzeichen des Thieres, das die Götzendiener unserer Zeit anbeten« (MBA 2.1, S. 8).

Man wird in dieser Passage – und es finden sich derer mehrere – keine »harte«, vollkommen ernst, d.h. wörtlich zu nehmende Entmenschung der »Vornehmen« erblicken dürfen. Es handelt sich wohl eher um eine strategische Umkehrung, die der realen Entmenschlichung des »Volks« durch die »Vornehmen« entgegentreten will; dass das Volk für die Vornehmen nur »Vieh« ist, hat der *Landbote* von seiner ersten Seite an immer wieder betont.[23] Wenn es den »Vornehmen« längst zur Gewohnheit geworden ist, den »Armen« alle elementaren »Menschen- und Bürgerrechte zu rauben«, dann droht der *Landbote* damit, nun umgekehrt die »Vornehmen« in ein Jenseits der Gattungsgrenzen zu verweisen. Die Zugehörigkeit zum Menschengeschlecht wird so wenigstens rhetorisch zu einer politischen Machtfrage. Büchner spielt, wie um dies zu demonstrieren, mit der ihm eigenen Rigidität durch, was es heißt, wenn *totale*, aufs Ganze zielende politische *Mengenbegriffe* eingesetzt (»Volk«, »Menschen«, »Alle«) und dann vermittels dieser »politische[n] Begriffe [...] Grenzen in den Begriff der Menschheit eingeführt werden«.[24] Die Folgen einer solchen Operation sind fatal, wie hundert Jahre später der jedes Humanismus sicher unverdächtige Carl Schmitt feststellen wird:

»Die Führung des Namens ›Menschheit‹, die Berufung auf die Menschheit, die Beschlagnahme dieses Wortes, alles das könnte, weil man nun einmal solche erhabenen Namen nicht ohne gewisse Konsequenzen führen kann, nur den schrecklichen Anspruch manifestieren, daß dem Feind die Qualität des Menschen abgesprochen, daß er *hors-la-loi* und *hors l'humanité* erklärt und dadurch der Krieg zur äußersten Unmenschlichkeit getrieben werden soll.«[25]

Man wird nun Büchner diese Konsequenz sicher nicht ohne Weiteres vorrechnen dürfen, zumal schon im *Landboten* das Spiel mit den »Grenzen des Menschseins«[26] nicht ohne Gegengewicht bleibt. Denn im zweiten Teil der Flugschrift wird der Begriff des Volkes einer entscheidenden Transformation unterworfen: Aus dem Volk als Inbegriff der Stummen, Armen, Entrechteten und »Namenlosen« (Maud Meyzaud) wird das Volk als Träger einer auch vom *Landboten* anerkannten Souveränität: zum *Volk als Souverän*. Über die romantische Konstruktion eines deutschen Volkskaisers, »der vormals vom Volk frei gewählt« worden sein soll, wird das Volk als wählende Körperschaft eingeführt, »die Wahl des Volkes« wird zur Legitimitätsquelle jeder »rechtmäßige[n] Obrigkeit« erklärt. Das wählende Volk als konstituierende Macht zersetzt aber auch das Volk als totalisierende Größe; der Wille und das »Wohl *Aller*« wird nun, im souveränitätstheoretischen Teil des *Landboten*, abzählbar: »Die höchste Gewalt ist in dem Willen Aller oder der Mehrzahl.« Der »Wille Aller« wird somit delegierbar auf »Vertreter des Volks«, die »von Allen gewählt« werden. Die Vertreter »sprechen den Willen ihrer Wähler aus, und so entspricht der Wille der Mehrzahl unter ihnen dem Willen der Mehrzahl unter dem Volke« (MBA 2.1, S. 9). An die Stelle der »großen« Metaphysik der politischen Ganzheiten tritt eine Utopie der Abzählbarkeit. Der Souverän sind viele – »eine Anzahl Menschen«, wie es zuvor hieß –, die über ein Mehrheitsprinzip entscheiden: der Begriff der »Mehrzahl« drückt dies unmissverständlich aus. Das Volk muss nun nicht mehr totalisiert werden (*Alle* oder keiner); erkauft aber (oder erschlichen) wird diese Loslösung von der »großen« Metaphysik der Totalitäten durch die Verstrickung in eine »kleine«, eine heimliche Metaphysik, nach der das *Sprechen-für* unausweichlich zu einer *Ent-sprechung* führt: Wenn die Vertreter für das Volk sprechen, dann soll der von ihnen ausgesprochene Wille dem Willen des Volkes entsprechen, das eben darum selbst nicht mehr sprechen muss.

Der Relativierung, die sich scheinbar beiläufig in der Wendung »Willen Aller oder der Mehrzahl« ausspricht, geht es buchstäblich ums Ganze. Das bleibt im *Landboten* nicht ohne Konsequenzen, und der Rückschlag folgt sofort: Denn schon wenige Absätze später wird das gerade erst teil- und abzählbar gewordene Volk dann doch wieder totalisiert im Namen einer anderen Ganzheit: Nun hat es »[d]as ganze deutsche Volk« zu sein, das »sich die Freiheit erringen« soll (MBA 2.1, S. 11). Als »deutsches« aber kann dieses Volk nur über seine Sprache definiert werden: Es ist ein Volk, das Gott »durch Eine Sprache zu Einem Leibe vereinigte« (MBA 2.1, S. 12). Hier schließt sich der Kreis: Aus dem »Leib des Volkes« vom Anfang der Flugschrift ist der »Eine[ ] Leib« des deutschen Volkes geworden. In diesem Kreis aber wurden alle Varianten dessen abgeschritten, was »Volk« heißen kann: Aus dem namenlosen, *niederen Volk* wurde zunächst das *Volk der Volkssouveränität*, um nun beim *Nationalvolk* zu enden. Abzählbar, in Zahlen repräsentierbar, ist nur eine dieser Varianten; wann immer diese eine – die demokratisch-souveräne – Variante ins Spiel gebracht wird, erfolgt mit offenbar unwiderstehlichem Zwang ein Gegenschlag, der gerade die Unzählbarkeit und Unteilbarkeit des *Einen, Ganzen Volkes* betont. Numerische Statistik kann immer nur die eine Seite erfassen, und sie kann dies auch nur, um ihre eigene Negation jeweils mit herbeizuführen; sie zielt ihrem Anspruch nach auf die Erfassung einer Totalität, die in Zahlen gleichwohl doch nie zu haben ist – und das wissen auch die Statistiker, oder besser vielleicht: Das wussten wenigstens die Statistiker des Vormärz noch, die mit der neuen Wissenspraktik der Statistik noch gerungen haben. Wie um die Zwangsläufigkeit der Alternanz von Teil- und Zählbarkeit auf der einen, Ganzheit und Unteilbarkeit auf der anderen Seite vorzuführen, schwingt das Pendel am Ende des *Hessischen Landboten* noch einmal zurück, die Abzählbarkeit des Volkes taucht in Gestalt des »arithmetischen Arguments«[27] noch einmal in Reinform auf: »Ihrer sind vielleicht 10,000 im Großherzogthum und Eurer sind es 700,000 und also verhält sich die Zahl des Volkes zu seinen Pressern auch im übrigen Deutschland« (MBA 2.1, S. 13). – »Ye are many – they are few«, so hieß es in Shelleys *Masque of Anarchy* 1819, »We are the 99 percent« bei Occupy Wall Street 2011.

Ob es eine »Zahl des Volkes« gibt und ob diese womöglich sogar auf statistischem Wege zu ermitteln wäre, ohne einen Rückschlag in Ganzheiten zu provozieren, das stellt der *Hessische Landbote* als in die Extreme getriebene Paradoxie zur Debatte. Eine Lösung bietet er nicht. Dass im *Hessischen Landboten* »vollkommene Anarchie gepredigt« werde, wie der gemäßigte Radikale Sylvester Jordan beklagt hat,[28] bezieht sich nicht nur auf den sozialrevolutionären Inhalt der Schrift, sondern vor allem auf die Heterogenität und Unverrechenbarkeit der Kategorien, über die dieser Inhalt formuliert wird. Diese Heterogenität und Inkonsistenz aber rührt mitnichten nur von Weidigs Eingriffen in den Entwurf Büchners her; auch wenn dort überall die »Reichen« stehen geblieben wären, wo Weidig dann die »Vornehmen« gesetzt hat, wäre das Verrechnungssystem nicht konsistenter geworden.[29] Ebenso wenig kann die Inkonsistenz der mengentheoretischen Grundlage des *Landboten* Büchner oder Weidig als Unzulänglichkeit ihres Textes vorgehalten werden. Ganz im Gegenteil: Indem der Text gar nicht erst versucht, die Brüche seiner Konstruktion zu kaschieren – oder: indem die konfliktreiche Zusammenarbeit der beiden Verfasser diese Brüche erst klar hervortreten lässt –, macht sich der *Hessische Landbote* durchlässig für die objektiv unklare sozialhistorische Lage, auf die er reagiert. Denn einerseits fördert er so das Problem der politischen Adressierung an die Oberfläche: An wen kann sich eine Schrift wie der *Hessische Landbote* eigentlich wenden? Und andererseits wird deutlich, dass schon das sozialhistorische Substrat, auf das sich Revolutionsbedürfnis und Revolutionswunsch beziehen, nicht ohne Weiteres und widerspruchsfrei bestimmbar ist. In beiden Fragen, die miteinander zusammenhängen, aber nicht identisch sind – *Klasse an sich* und *Klasse für sich selbst* –, bestanden zwischen Büchner und Weidig große Differenzen, und schon Büchner war sich darin mit sich selbst nicht einig.

Das äußerst heterogene Konglomerat verschiedener Klassenfraktionen und Klassenlagen, das 1834 in Hessen und in weiten Teilen Deutschlands anzutreffen ist, lässt sich auch im Rückblick noch immer nicht konsistent auf den Begriff bringen: städtisches Handels- und Bildungsbürgertum, Handwerker, wohlhabende Bauern, aber auch jene »eigentumsarme oder -lose Klasse von Kleinstbauern, Tagelöhnern und nomadisierenden Landarbeitern«, um die es Büchner besonders zu tun ist,[30] von den »Proletarier[n] der geistigen Arbeit«, zu denen der bedeutende Vormärz-Oppositionelle Wilhelm Schulz seinen Freund Büchner posthum gezählt hat,[31] ganz zu schweigen. All diese Gruppen haben wenig oder keine gemeinsamen materiellen Interessen; ohne diese aber kann, darauf hatte Büchner gegenüber Gutzkow beharrt, keine Revolution zustande kommen.[32] Nimmt man noch jene »Geringsten« hinzu, die Büchner später in seinem *Woyzeck* dramatisiert: »städtische Plebejer, deren Leben *Mord durch Arbeit* ist, nicht selten auf der Schwelle zum Alkoholismus oder zur Verrücktheit; zerlumpte Kleinbauern, Krämer, Handwerksburschen, Soldaten, Kutscher, Dienstboten, Wärter, Stiefelputzer, Schausteller, Scharfrichter, Prostituierte, Bettler, kleine Gauner«, dann wird die Lage vollends unübersichtlich.[33]

Die *Frage der Revolution* kann nach der Juli-Revolution nur noch in Gestalt der *sozialen Frage* formuliert werden, die wiederum als *Klassenfrage* gestellt werden muss – so hatte es Büchner in Straßburg gelernt. Nachdem er mit dem *Hessischen Landboten* Schiffbruch erlitten – oder wenigstens dieses Experiment als Schiffbruch erfahren – hat, sieht Büchner sich zum Attentismus, vielleicht gar zum »revolutionären Attentismus« (Dieter Groh) verdammt: »Eine genaue Bekanntschaft mit dem Treiben der deutschen Revolutionärs im Auslande hat mich überzeugt, daß auch von dieser Seite nicht das Geringste zu hoffen ist. Es herrscht unter ihnen eine babylonische Verwirrung, die nie gelöst werden wird. Hoffen wir auf die Zeit!«[34] Damit gibt er ein Motiv vor, das die Klagen deutscher Revolutionäre (mindestens) in den nächsten fünfzehn bis zwanzig (wenn nicht 150) Jahren durchziehen wird: *Die Zeit wird uns helfen*, weil sich mit der Zeit die Klassenverhältnisse und die revolutionären Frontlinien klären werden – so hoffte man. In der *Zwischenzeit* indes werden sich die Statistiker unter den Revolutionären weiterhin und immer wieder an der quantitativen Erkundung der unklaren Zwischenlagen und Mischungsverhältnisse versuchen.

Statistik im Dienst der Revolution: der *Gesellschaftsspiegel*

Es ist gerade das Problem des Pauperismus, das seit den späten 1830er Jahren wenigstens in den fortgeschrittenen Ländern eine sozialstatistische Erfassung des Elends auf den Plan ruft.[35] So übersetzt der *Gesellschaftsspiegel* nicht nur Passagen aus Burets *De la Misère des classes laborieuses en Angleterre et en France*, er bemüht sich auch in eigenen Artikeln um eine neue Verwendungsweise der Sozialstatistik zum Zwecke der Kritik. Dabei sind die Autoren des *Gesellschaftsspiegels* besonders bestrebt, adäquate Darstellungsweisen der Sozialstatistik zu liefern, durch welche diese erst als Gesellschaftskritik in Anspruch genommen werden kann.

Rhetorik der Fakten: Statistik und Schilderung

Schon im zweiten Abschnitt reflektiert der Prospekt zum *Gesellschaftsspiegel* das Darstellungsproblem der Kritik und die verschiedenen Lösungsansätze, die in der Zeitschrift erprobt werden sollen. Hier heißt es, dass »allgemeine Schilderungen, Monographien, statistische Notizen und einzelne charakteristische Fälle« veröffentlicht werden sollen, wenige Zeilen später werden »Schilderungen, statistische Angaben, einzelne schlagende Facta« angekündigt, dann »Schilderungen, statistische, medicinische und sonstige Nachrichten«. Schließlich wird das Spektrum der infrage kommenden Darstellungsweisen noch entscheidend erweitert, wenn es heißt, der *Gesellschaftsspiegel* werde sich

> »bei seiner Darstellung [des gesellschaftlichen Elends; PEO] nicht allein auf statistische Notizen und wirkliche Historien aus dem Leben beschränken, er wird auch Dichtungen in Prosa und in Versen, aber nur solchen, die das Leben *getreu* schildern, seine Spalten öffnen. Schilderungen *nach* dem Leben werden ihm nicht minder willkommen sein, als Schilderungen *aus* dem Leben.«[36]

Für die Macher des *Gesellschaftsspiegels* scheinen Schilderung und Dichtung durchaus vereinbar zu sein; ihr gemeinsames Element ist das »Leben« der Gesellschaft, dem sich wiederum alle im Journal angewendeten Darstellungsweisen verpflichtet fühlen sollen. Die »Dichtungen« – als »Schilderungen *nach* dem Leben« – stehen gleichwohl den »Schilderungen *aus* dem Leben« besonders nahe, und so wird man umgekehrt davon ausgehen können, dass mit »Schilderung« (*ohne* Zusatz) all jene Seiten der »Darstellung« gemeint sind, die sich affin zu Literatur und »Dichtung« verhalten: textuelle Verfahren, die eine Treue der Darstellung zum Leben verbürgen (»die das Leben *getreu* schildern«), welche »statistische Notizen« allein nicht gewährleisten können. Nimmt man die Benennung »Notiz« als Gegen- oder Komplementärbegriff ernst, dann verweist »Schilderung« auf eine gewisse Breite und Ausführlichkeit der Darstellung, auf einen der Darstellung gegebenen Raum, den die »Notiz« als kurzes, gedächtnisstützendes Notat, als Abbreviatur, gerade nicht beansprucht. Zudem lässt die Bezeichnung »Notiz« offen, in welchem Zeichensystem sie verfasst ist. Wenn im dritten Absatz des Prospekts »Nachrichten über das numerische Verhältnis der unterstützungsbedürftigen, überhaupt besitzlosen Klasse zur besitzenden«[37] als vorrangiges Thema angekündigt werden, dann legt dies numerisch-tabellarische Darstellungsweisen explizit nahe.

Die gesamte Frage der Darstellungsweise aber ist kein Selbstzweck, sondern wird im Prospekt von vornherein in den Dienst einer grundsätzlichen Faktenorientierung gestellt. Der *Gesellschaftsspiegel* werde sich, so annonciert der Prospekt, »durchaus auf den Boden der Thatsachen stellen, nur Thatsachen und das unmittelbar auf Thatsachen beruhende Raisonnement bringen – ein Raisonnement, dessen Schlußfolgerungen selbst wieder evidente Thatsachen sind«.[38]

Bei aller Faktenorientierung bleiben die Macher des *Gesellschaftsspiegels* sich offenbar darüber im Klaren, dass zwischen der »Thatsache« als *factum brutum* und deren gedanklicher Aufbereitung (»Raisonnement«) keine wesentliche Differenz besteht. »Thatsachen« sind Grundlage jeder Argumentation, als argumentativ verarbeitete aber bilden sie wiederum einen neuen »Boden der Thatsachen« aus. Bemerkenswert ist, dass hier nicht nur die Dichotomie von Faktum und Gedanke infrage gestellt wird, sondern auch die Gegenüberstellung von Sache (und sachhaltigem Räsonnement) auf der einen und sprachlich-rhetorischer Gestaltung auf der anderen Seite. Denn aus der gedanklich-argumentativen Bearbeitung sollen nicht nur mit logischer Notwendigkeit neue Tatsachen und Tatsachenverbindungen folgen, sondern »*evidente* Thatsachen« (Herv. PEO).[39] Es geht mithin um Tatsachen, die selbst Evidenz beanspruchen können: »unmittelbare Gewißheit des anschaulich Erscheinenden oder notwendig zu Denkenden«.[40] Über die Tradition der rhetorischen *evidentia* lässt sich so gerade in die ausgestellte und explizit betonte Faktenorientierung das ganze Spektrum dessen einlesen, was auch mit »Schilderung« angesprochen ist, fungiert doch *evidentia* in der antiken Rhetorik als Inbegriff sprachlichen »Vor-Augen-Stellens«, detailliert-beschreibender Vergegenwärtigung, kunstfertig gesteigerter Lebendigkeit. »Eine Tatsache legte sich an die andere; wie Steinchen zum Stein. Und die Steine fingen an zu reden« – so fasst Heß' Biograf Theodor Zlocisti die Darstellungspraxis des *Gesellschaftsspiegels* zusammen.[41]

Dass der Anspruch, die Tatsachen selbst sprechen zu lassen – »sprechen« in einem rhetorischen Sinn: als geformte Rede, die auf Wirkung bedacht ist –, keine Nebensächlichkeit darstellt, sondern von den Machern der Zeitschrift selbst als deren herausragende Eigenschaft betrachtet wurde, verdeutlicht die Artikelserie »Rapid Progress of Communism in Germany«, die Engels im Winter und Frühjahr 1844/45 unter dem Pseudonym »An old friend of yours in Germany« in der *New Moral World*, der Zeitung der englischen *Owenites*, veröffentlicht hat. Im zweiten Artikel vom 8. März 1845 kündigt der »old friend« eine neue Monatszeitschrift an, die die »Messrs. Hess of Cologne, and Engels of Barmen« verantworten würden. Über den Charakter der Zeitschrift heißt es: »[T]his periodical will contain *facts* only, showing the state of civilised society, and preaching the necessity of a radical reform by the eloquence of facts.«[42]

Die Rhetorik der Fakten ist im *Gesellschaftsspiegel* mit einer klaren Wirkungsabsicht verbunden: mit dem Beweis der Notwendigkeit einer radikalen Reform. Die Zeitschrift will Belastungsmaterial im großen Prozess gegen die Gegenwart sammeln und die Leser von der Notwendigkeit einer Überwindung der gegenwärtigen gesellschaftlichen Zustände überzeugen. Die Wirkung wiederum hängt von jener rhetorisch-literarischen Aufbereitung der Fakten ab, die im Prospekt mit dem auch in der Geschichte der Statistik bedeutenden Begriff der »Schilderung« bezeichnet ist. Über das aber, was »Schilderung« genau heißen soll, scheint unter den Autoren der Zeitschrift keine Einigkeit zu herrschen. Beachtlich ist die Spannbreite an Schreibweisen, die aufgeboten werden, um das statistisch-empirische Material sinnfällig zu machen. Grundsätzlich lässt sich die Tendenz ausmachen, dass die (mutmaßlich geübteren) Schreiber im redaktionellen Teil sich eher um einen »trockene[n] Ton« bemühen,[43] während die Amateurschreiber im zweiten Teil der Zeitschrift – also dort, wo die Leser Beiträge aus ihren Regionen und Städten veröffentlichen können – rhetorisch oft übers Ziel hinausschießen. Gerade hinsichtlich der stilistischen Heterogenität kann der *Gesellschaftsspiegel* als ein Laboratorium gelten, in dem mit verschiedenen Schreibweisen experimentiert wird, die dann in der Arbeiter- und in der sozialistischen Bewegung des ganzen 19. Jahrhunderts und darüber hinaus zum Einsatz kommen werden.

In den elaborierteren Beiträgen aus dem ersten Teil lässt sich beobachten, dass die Autoren in ihren Texten selbst vielfach über den Status der »Schilderung« reflektieren und dabei auch Grenzen dieses Konzepts eruieren. In seiner Artikelserie »Die Lage der Weber und Spinner im Ravensbergischen« bietet der Gütersloher Armenarzt und Publizist Otto Lüning reichhaltiges statistisches Material über die soziale Lage der ostwestfälischen Textilarbeiter.[44] Die Aufbereitung der Daten folgt einem Muster, das im *Gesellschaftsspiegel* immer dann eingesetzt wird, wenn dem Leser die soziale Lage in entlegeneren und zumal ländlichen Regionen vor Augen gestellt werden soll. Diese Artikel – zu denken wäre auch an Heß' Artikelserie über die Weinbauern an der Ahr[45] – eröffnen mit idyllischen Landschaftsbeschreibungen und dem Aufruf an den (urbanen) Leser, dem Autor bei einer »Wanderung« in die beschriebenen Gegenden zu folgen:

> »Bist du, geneigter Leser, ein Freund schöner Landschaften, historischer Erinnerungen und poetischer Genüsse, so begleite mich einmal an einem duftigen klaren Spätsommer- oder Herbsttage auf einer Wanderung über die Kuppen und den Kamm des Teutoburger Waldes, wo Hermann den Varus schlug. Wenn du den Blick nach Norden richtest, überschaust du eine weite, blühende, fruchtbare Ebene. Diese Ebene ist anzuschauen wie ein großer herrlicher Garten, wie ein Park im größten Styl.«[46]

Bald aber – nach anderthalb Druckseiten – wird die Idylle gebrochen:

> »So weit wird dir, geneigter Leser, unsere Gegend gewiß gefallen. Bist du daher weiter nichts, als ein zarter Naturfreund, so rathe ich dir, nicht weiter zu gehen als höchstens bis Bielefeld, welches malerisch, wohlhabend, nobel am Eingang einer Schlucht da liegt; hier kannst du dich von dem ›Segen‹ unserer ›blühenden Industrie‹ überzeugen. Vor allem aber hüte dich auf deinen Streifereien durchs Land zu weit vom Wege abzuschweifen und in die Hütten einzutreten, du würdest hier oft genug Scenen finden, die sich zwar in den *Mystères de Paris* ganz hübsch lesen lassen, in der Wirklichkeit aber ein fühlendes Herz gar zu unsanft berühren; unter manchem Dache, das dir gestern Abend so freundlich aus den Bäumen entgegen leuchtete, würdest du Bilder des Elends finden, die dir den schönen Eindruck, welchen die Landschaft gestern auf dich gemacht, wieder verderben müßten.«[47]

Lüning bringt ein Desillusionierungsnarrativ zum Einsatz, das (selbst im Abraten) dazu auffordert, dem Augenschein nicht zu trauen und hinter die Fassaden zu blicken. Wir haben es hier mit einer rudimentären Form von Ideologiekritik zu tun, die einer »Wirklichkeit« hinter dem Schein nachspürt. Die Wirklichkeit des ländlichen Pauperismus aber, der Lüning auf der Spur ist, lässt sich nur durch Abschweifungen jenseits der großen Hauptstraßen und durch beharrliche und geduldige Beschäftigung mit den Bewohnern der Hütten ermitteln – wandernd, wie es auch die zeitgenössisch auftretenden ersten Volkskundler tun.

In der durch den Kontrast von romantischer Fassade und elender Wirklichkeit dramatisierten Eröffnung seines Artikels nutzt Lüning nicht nur selbst ausgiebig Verfahren literarischer Schilderung; mit der Erwähnung von Eugène Sues *Mystères de Paris* markiert er auch die Grenze literarisierender Repräsentationen sozialen Elends. Nach einigen Absätzen, in denen Lüning das Elend der Hütten geschildert hat, benennt er diese Grenze dann explizit: »Dieses sind keine Übertreibungen, und die *Zahlen*, die ich weiter unten geben will, werden es besser beweisen, als die beredtesten Schilderungen.«[48] Beredte »Schilderungen« mögen nützlich sein, um hinzuführen zu dem, was es zu erkennen gilt; sie bilden aber nur einen Pol des Kontinuums möglicher Darstellungsweisen. Denn wenn es darum geht, das Gezeigte wirklich zu »beweisen«, dann müssen wir uns zum anderen Pol bewegen, dann müssen, so Lünig, eben doch »Zahlen« her. Nur Zahlen seien über den Verdacht erhaben, dem Leser »Übertreibungen« aufzutischen, womit umgekehrt wohl auch gesagt wird, dass »Schilderungen« durchaus einen Hang zur Übertreibung, zur bloß rhetorischen Überzeichnung der Wirklichkeit besitzen.[49]

Der Königsweg zu einer wirksamen und überzeugenden Kritik der bestehenden Gesellschaft kann nur über das Zusammenspiel von statistischen Daten und »Schilderungen« führen. Die Wirksamkeit dieses Zusammenspiels scheint an ein rechtes Maß gebunden zu sein, für das es keine festen Vorschriften geben kann: Es bleibt dem Stilgefühl des Schreibenden überlassen, ob er mit seinen »Schilderungen« das Leben der Gesellschaft trifft – und diese so zu verändern vermag – oder ob seine Kritik durch ein Zuviel an »Schilderung« in jene »idealisirende Sentimentalität« abstürzt, die schon der Prospekt geißelt und für die bei den Autoren des *Gesellschaftsspiegels* der Erfolgsautor Sue steht; eine Sentimentalität, die

»wohl heuchlerisch ihre Theilnahme an den Leiden der Menschheit zur Schau [trägt], wenn dieselben einmal zum *politischen Scandal* geworden sind – wie wir bei Gelegenheit der schlesischen Unruhen plötzlich alle Zeitungen und Zeitschriften von sogenanntem Socialismus überströmen sahen – sobald aber die *Unruhen* aufhören, läßt man die armen Leute wieder *ruhig* verhungern«.[50]

Um einen angemessenen Stil der Kritik geht es auch in dem Artikel »Peuchet: vom Selbstmord« von Karl Marx. Dieser Artikel im siebten Heft umfasst 13 Seiten, von denen nur zwei von Marx selbst stammen: eine Einleitung und ein kurzes Resümee. Der Rest gibt Marx' eigene, leicht modifizierende Übersetzung eines Abschnitts der 1838 posthum erschienenen Memoiren des 1830 verstorbenen französischen Politikers, Journalisten und Statistikers Jacques Peuchet wieder.[51] Dieser ist, so informiert Marx' Einleitung, wissenschaftlich mit zwei großen Werken hervorgetreten, einer *Geographie commerçante* in fünf Bänden von 1800 und einer »Statistik von Frankreich« von 1807. Marx führt nun Peuchets Einlassungen über den Selbstmord als Exempel für die *»französische* Kritik *der Gesellschaft«* und vor allem für deren überlegene Schreibweise an. Die Franzosen vermögen es, so Marx, »die Widersprüche und die Unnatur des modernen Lebens« zu kritisieren, und dies nicht nur in einzelnen Aspekten oder »an den Verhältnissen besonderer Klassen«; die Franzosen kritisieren vielmehr das moderne Leben in seiner Totalität: Ihre Kritik ist eine »Kritik der bestehenden Eigenthums-, Familien- und sonstigen Privat-Verhältnisse, mit einem Wort des *Privatlebens*«. In den diversen Revolutionen und Konterrevolutionen der vergangenen Jahrzehnte haben die Franzosen gelernt, dass die Totalität des Lebens politisch ist und deshalb auch einer politischen Kritik verfallen muss.[52] So erscheint denn der Selbstmord bei Peuchet nicht als bloß private oder gar intime Angelegenheit, sondern als »Symptom der mangelhaften Organisation unserer Gesellschaft«: »Die Klassifikation der verschiedenen Ursachen des Selbstmordes würde die Klassifikation der *Gebrechen selbst unserer Gesellschaft* sein«.[53] Obwohl Peuchet immer wieder betont, dass der Selbstmord mit Pauperisierung und Arbeitslosigkeit zu tun habe – »zur Zeit des Stillstandes der Industrie und ihrer Krisen, in Epochen theurer Lebensmittel und in harten Wintern ist dieses Symptom immer augenfälliger und nimmt einen epidemischen Charakter an«, im Paris der 1840er wie im Griechenland der 2010er Jahre –, liegt der Akzent seiner Beispiele doch auf anderen Erscheinungen, die allenfalls mittelbar mit den harten ökonomischen Fakten zu tun haben. Es sind die Opfer einer anderen »Tyrannei«, die Marx ins Zentrum seiner Auswahl stellt: die Opfer jener Tyrannei, die auch nach den großen Revolutionen *»in den Familien«* noch fortbesteht.[54] In drei von vier ausgewählten Fällen sind es Frauen, die Opfer der Verhältnisse werden und sich selbst töten: Die Tochter eines Schneiders tötet sich, weil ihr despotischer Vater sie aufgrund falscher Beschuldigungen sozial entehrt; eine junge Frau aus Martinique tötet sich, nachdem ihr vor Eifersucht rasender Ehemann sie in die Verzweiflung getrieben hat; die »junge Nichte eines Pariser *Banquier*« tötet sich, weil sie von ihrem Onkel schwanger wird und keinen Arzt finden kann, der eine Abtreibung vornimmt. Die Episode mit der jungen Frau aus Martinique ist kolonialhistorisch gerahmt: Die Despotie des Mannes, eines reichen »Creolen«, wird als Regiment eines Sklavenhalters dargestellt, die Sklaverei wiederum als besondere Form des Privateigentums. Im Privateigentum verschränken sich für Peuchet (und Marx) die ökonomischen Wesensmerkmale der kapitalistischen Geldwirtschaft, der kolonialen Sklaverei und der Entrechtung und Unterdrückung der Frau:

> »Das unglückliche Weib war zur unerträglichsten Sklaverei verurtheilt und diese Sklaverei übte Herr von M.... nur aus, gestützt auf den Code Civil und das Eigenthumsrecht, gestützt auf einen gesellschaftlichen Zustand, der die Liebe unabhängig macht von den freien Empfindungen der Liebenden und dem eifersüchtigen Ehemann gestattet, seine Frau mit Schlössern zu umgeben, wie dem Geizhals seinen Geldkoffer; denn sie bildet nur einen Theil seines Inventariums.«[55]

Dass die Franzosen gerade im Privaten das Politische zu entdecken und zu kritisieren vermögen, ist das eine, was Marx an Peuchet herausheben möchte. Das andere ist der Stil, in dem Peuchet seine Kritik formuliert. Die »Darstellungen« Peuchets (wie die der gesamten französischen Kritik) seien »von einer unmittelbaren Lebenswärme, reichhaltigen Anschauung weltmännischer Feinheit und geisteskühner Originalität, wie man sie bei jeder anderen Nation vergebens suchen wird«.[56] Für Marx scheint eine Sättigung mit eigenen, durch Autopsie gewonnenen – Peuchet ist »Praktiker«, wie Marx betont – »politischen Erfahrungen« wichtig zu sein, die mit einer gewissen Weltläufigkeit verbunden ist;[57] als Kontrast könnte man die von Marx immer wieder gerügte Studierstubenmuffigkeit der deutschen Kritik anführen. Neben der Erfahrungsnähe rühmt Marx aber auch eine gewisse Distanziertheit (»Feinheit«, Kühnheit), die sich jeder direkten moralischen Bewertung enthält.

Marx' Charakterisierung von Peuchets Schreibweise muss, wie so viele der polemischen (und auch die wenigen lobenden) Worte des jungen Marx über Dritte, vor allem als Selbstentwurf gelesen werden.[58] Auch Marx strebt für sich das Stilideal einer Distanziertheit an, die Anteilnahme am dargestellten Leid mehr signalisiert denn ausspricht. Ein solches Stilideal wird im lapidaren Schluss des Artikels über den Selbstmord ausgestellt. Hier führt Marx unkommentiert, gewissermaßen als Antiklimax, ausgerechnet eine *Tabelle* aus Peuchets Buch an. Am Ende sprechen bei Marx nur noch die Zahlen, und sie sollen in ihrer Kargheit offensichtlich *auch* etwas sagen, für das es keine angemessenen Worte mehr gibt, keine Worte jedenfalls, welche die Sache, um die es geht, nicht an die Übertreibung verrieten. Die letzte Rubrik der Tabelle verzeichnet die »Motive« der Selbsttötungen. Nach »Liebesleidenschaft, häuslicher Zank und Kummer – 71 [Fälle], Krankheiten, Lebensüberdruß, Geistesschwäche – 128, Schlechte Aufführung, Spiel, Lotterie, Furcht vor Vorwürfen und Strafen – 53« und schließlich »Elend, Noth, Verlust von Stellen, Arbeitseinstellung – 59« bleiben noch 60 Fälle offen. Für sie verzeichnet die Tabelle – und das ist zugleich das letzte Wort in Marx' Artikel –: »Unbekannte Motive«.

Marx' Ideal einer an sich haltenden Kritik, die Zahlen nicht nur als Belege empirischer Aussagen nimmt, sondern auch als Zeichen für das Unfassbare setzt, zielt darauf, den poetisch-literarischen Aspekt der »Schilderung« tendenziell zum Verschwinden zu bringen. Der Text über den Selbstmord muss in dieser Tendenz sicherlich als ein Extremfall der Maxime einer »Kritik durch Darstellung« gelesen werden, der Marx sich mit seinen großen systematischen Werken nach 1857 verpflichtet fühlen wird.[59] Marx bedient sich dann – und das erprobt er schon im Vormärz – einer *Poetik der Entpoetisierung*: einer Poetik, die all ihre Kunstmittel darauf verwendet, ihre Produkte gerade nicht als poetisch geformte Gebilde erscheinen zu lassen. Marx wollte, so kann man wohl zuspitzen, mit einer »Poesie der Klasse« nichts zu tun haben – und er gehört doch dazu.[60]

Im *Gesellschaftsspiegel* dominieren indes noch andere, mehr in die Breite gehende Formate. Wie verschiedene Darstellungsformen: numerisch-tabellarische Statistik, deren kritische Kontextualisierung und schließlich genuine Dichtungen – »Schilderungen *nach* dem Leben«, wie es im Prospekt heißt – zusammenspielen können, zeigt eine Folge von Beiträgen, die sich mit der Prostitution beschäftigen.

Die zweiteilige Artikelserie »Schicksale weiblicher Dienstboten«, für die wahrscheinlich Heß verantwortlich zeichnet, präsentiert in den Heften 9 und 10 einen fingierten Briefwechsel zwischen den Dienstbotinnen Gertrude und Maria; eine Fußnote am Titel entwirft eine Herausgeberfiktion: »Wir sind durch einen Freund in Stand gesetzt, obige Schilderung aus dem wirklichen Leben, welche sehr interessanten, für eine spätere Publikation bestimmten Memoiren entnommen sind, vorläufig schon hier zu veröffentlichen. D. Redakt.«.[61]

In den Briefen erfährt der Leser Details aus dem Arbeits- und Lebensalltag junger Dienstbotinnen; zudem wird der Blick auf andere Hausangestellte und Handwerker mit Hausanschluss erweitert.[62] Neben der wiederkehrenden Klage über die harte Arbeit, die überlangen Arbeitszeiten, die schlechte Unterbringung und Versorgung sowie über Schikane gerade durch die Hausherrinnen nimmt die Schilderung (drohender oder ausgeführter) sexueller Übergriffe durch die Dienstherren und andere Hausangestellte großen Raum ein. Inner- wie außerhalb des Dienstes – vor allem in Phasen ohne Anstellung, in denen sie auf der Straße oder in Asylen leben – sehen sich die jungen Frauen permanent als Prostituierte wahrgenommen: Arbeitsvermittlerinnen und Pensionsbetreiberinnen entpuppen sich als Kupplerinnen, zwielichtige Herrinnen als ehemalige Prostituierte mit aufrechterhaltenen Kontakten ins Milieu, Herren und Kollegen bieten Geld an:

> »Welche Niederträchtigkeit ist's aber vollends, einem Mädchen Geld für seine Liebe anzubieten! Und welche Albernheit! – Man glaubt es nicht, bis man's sieht. – Und dennoch scheint diese Infamie in der ganzen Welt zu herrschen. Priester, Ehemänner, Kellner, Wirthe und Gäste boten mir schon Geld dafür an, sie zu lieben.«[63]

Dass es sich bei der Nähe zur Prostitution um eine Zuschreibung und eine dauernde Unterstellung von oben handelt, wird spätestens dann deutlich, wenn die züchtigen, wohlanständigen Herrinnen ihre Dienstbotinnen permanent verdächtigen, ihre Söhne oder Ehemänner verführen zu wollen, und zudem die proletarischen Freunde und Liebhaber der Frauen als »Vagabunden«, »Diebe und Schurken« und, implizit, als deren Zuhälter beschimpfen.[64]

Der Briefwechsel schildert aber auch die Überlebensstrategien der Frauen, ihre Ehrbegriffe und Tricks, mit denen sie die widrigen Umstände zu ihren eigenen Gunsten zu nutzen suchen. Damit werden die beiden Frauen – wenigstens ansatzweise – aus der Opferrolle befreit und in eine eigenständige Subjektposition hineinversetzt. Beiden wird schließlich die (wenn auch vage) politische Hoffnung in die Feder diktiert, dass »doch bald alles anders aussehen« möge – wenn erst »tausende so wie wir gesinnt wären« und »alle Dienstmädchen [...] treu zusammenhielten«.[65]

Durch die fingierten Ego-Dokumente werden hochgradig verdichtet die Lebensumstände der Dienstbotinnen vor Augen geführt, ihre Lebenslagen werden typisiert und erhalten Fasslichkeit und Prägnanz. Mit der Typisierung sind mitunter auch karikaturhafte oder gar stereotype Züge verbunden: Gerade die Anklagen der sexuellen Angriffe lesen sich bisweilen wie ausgemalte Männerfantasien.[66] Wie zur Korrektur dieser inhärenten Tendenz der Fiktion zur Überzeichnung wird der Komplex der Prostitution im Heft 11 des *Gesellschaftsspiegels* dann wieder aufgenommen und nun statistisch behandelt. In dem Artikel »Die Prostitution in Berlin und ihre Opfer. Nach amtlichen Quellen und Erfahrungen« wird das gleichnamige Buch rezensiert, das 1846 anonym in Berlin erschienen war.[67] Später wurde der im Vormärz berüchtigte politische Ermittler der Berliner Polizei und spätere preußische Polizeidirektor Wilhelm Stieber als Autor identifiziert; dem Rezensenten ist dieser Zusammenhang noch unbekannt.[68] Für ihn ist »ein ungenannter preußischer Beamter, wie es scheint Polizeibeamter«, der Autor. Wenn auch, so moniert der selber anonyme Rezensent, das Werk, »wie begreiflich, weniger Werth« besitze als das französische Gegenstück »Parrent-Duchatelets«,[69] so fänden sich doch in Stiebers Buch »einige statistische Notizen«, die als »nicht ganz werthloser Beitrag zur Erkenntnis unsrer socialen Zustände« aufzufassen seien; wobei »seine statistischen Angaben« als der »einzige Gehalt des Buches von einigem Werthe« angesehen werden müssten: »[A]ber selbst diese sind nur mit Vorsicht zu gebrauchen«.[70]

Die Rezension gibt zunächst ausgiebig Stiebers statistisches Material wieder, sie kontextualisiert die Zahlen aber auch, befragt die Erhebungsgrundlage und bezieht die politischen Absichten des Verfassers in deren Bewertung mit ein. So stellt der Rezensent etwa die angegebene Zahl von nur 10 000 Prostituierten in Berlin durch den Umstand infrage, dass nur Frauen ab 17 Jahren überhaupt erfasst worden seien. Die Tatsache, dass der mutmaßliche Polizeibeamte die Auflösung offizieller Bordelle durch die Behörden als großen Erfolg feiert und einen Rückgang der Prostitution feststellen zu können meint, sieht der Rezensent darin begründet, dass die inoffizielle »Winkel«-Prostitution weniger sichtbar und für die Stadtoffiziellen so weniger ehrenrührig sei; das Elend der Prostituierten, die ruinöse Konkurrenz und die Abhängigkeit von Zuhältern habe sich durch die Illegalisierung aber eher noch verschärft.[71]

Hier wird noch ein anderer, entscheidender Punkt berührt, der die Aussagekraft der präsentierten Statistik in ihrem Kern erschüttert: Denn Prostitution, zumal die illegalisierte, inoffizielle, temporäre, wird überhaupt nur dann greif- und bezifferbar, wenn sie mit offiziellen Stellen in Kollision gerät. Stiebers Buch verhandelt diesen Umstand im Kapitel über die *»Dirne im Gefängnis und im Kampf mit der Polizei«*. »Leicht erklärlich ist es freilich«, so der Rezensent dazu, »weshalb der Verfasser über diesen an tragischen und empörenden Situationen und Handlungen so reichen ›Kampf‹ hinwegschlüpft«: Denn als Polizist ist er pateiisch und kann immer nur eine Seite des Kampfes darstellen – seine. Hier müssten notwendig, so folgert der Rezensent, andere Perspektiven und andere Darstellungsformen einspringen. Wenn die Voreingenommenheit des Polizeibeamten Stieber die dargestellte Situation so verzerrt, dass sie als Ganze unkenntlich wird, dann werden die Geschichten, so wie die Polizei sie selbst erzählt, unbrauchbar; dann müssen vielmehr »Polizei-Geschichten« her, »welche die Lücken des Verfassers ausfüllen«.[72] Diese »Polizei-Geschichten« sind die fiktionalen *Polizei-Geschichten* Ernst Dronkes, die Friedrich Schnake unmittelbar im Anschluss an die Stieber-Rezension im selben Heft des *Gesellschaftsspiegels* rezensiert.[73] Eine der *Polizei-Geschichten*, »Die Sünderin«, wird – gewissermaßen zur weiteren Korrektur und Ergänzung der voreingenommenen und notwendig lückenhaften Zahlen und Statistiken aus Stiebers Buch – dann im Anschluss an die Rezension selbst im *Gesellschaftsspiegel* abgedruckt.[74] Ob die »soziale Novelle« als Form das letzte Wort behalten wird, bleibt offen; die Vermutung, dass auch diese irgendwann wieder durch »hartes« empirisches Material supplementiert werden muss, steht aber von vornherein im Raum. So moniert dann auch Schnake schon in seiner Rezension, dass Dronkes Erzählungen durch ein allzu starkes Stilisierungsbegehren bisweilen überzeichnet wirkten.

Dass freilich die Anforderungen an die Darstellungsformen beim *Gesellschaftsspiegel* nicht allzu konsequent durchgehalten werden, zeigt sich etwa daran, dass sich just zum Thema der Prostitution auch arge Schmonzetten im Heft finden. Im Anschluss an den zweiten Teil der »Schicksale weiblicher Dienstboten«, in dem die beiden Dienstbotinnen immer auch als *Subjekte* ihres Schicksals auftreten, wird im Heft 10 des *Gesellschaftsspiegels* ein Gedicht von Püttmann abgedruckt, das Heß' Anspruch und den der gesamten Artikelreihe zur Prostitution nachgerade systematisch zuschanden reitet und selbst allenfalls mit unfreiwilliger Komik zu trumpfen vermag: »Am Sarge einer Unglücklichen. Elegie von Püttmann«: »Du bist todt, Mary schlaf wohl! / Lange her ist's, als du lieblich / Wuchsest auf im Nachbarhause, / Eine schimmernde Sylphide, / Eine lichtverkläret Rose«, so hebt das Gebilde an. Der Weg der Sylphide ist vorgezeichnet: Der verarmte Vater kommt in Schuldhaft, die Mutter stirbt, die »Reichen und Barmherz'gen« walten ihres Amtes und rauben der Waisen noch den »Rest des alten Staates: / Spitzchenhäubchen, Seidenkleidchen«. Das »*Waisenkind!*« geht in Dienst und wird »Magd«: »Eine Magd. O das ist schrecklich, / Ohne eignen fremden Willen, / Fremder Laune unterthänig, / Fremder Sündenlust sich fügend, Stumm und dumpf, du immer schweigend / Sich dem fremden Unrecht beugend.« So jedenfalls treten Marie und Gertrude, Heß' Protagonistinnen und Heldinnen, nie auf. Bei der willenlosen und stummen Mary kommt es, wie es kommen muss: Sie verliebt sich in ihren jungen Herrn, der nutzt sie bloß aus und dann: »Vor die Thür hinaus mit Lachen. – « Letzter Ausweg ist die Prostitution: »Endlich gabst du dich der Sünde, / Ein betrübtes Freudenmädchen.«[75] Die Anklage der »reichen Kannibalen« läuft bei Püttmann auf die vollkommene Entmündigung des armen weiblichen Opfers hinaus, das – so könnte man böswillig unterschieben – doch eigentlich zur untertänigen, elenden Hausfrau und Haussklavin des proletarischen Nachbarsjungen bestimmt war, aus dessen Perspektive im Gedicht gesprochen wird. – Auch dies, so wird man festhalten müssen, gehört zur *Poesie der Klasse* im Vormärz.

IV Miserabilismus und Kritik: Vom Elend der Literatur zum Elend der Theorie

»La classe la plus pauvre«, die ärmste Klasse, tritt im Vormärz vielfach in Form absoluter Verarmung in Erscheinung. Der Pauperismus wird die politisch-theoretische Vorstellungskraft bis in die 1850er Jahre hinein nicht mehr loslassen; Abhilfe zu schaffen gegen die Verelendung immer weiterer Kreise der Bevölkerung wird zum ersten Bewährungsfeld jeder Sozialpolitik.[1]

Die *poetische* Frage, wie die soziale Misere dargestellt werden kann, ohne dass die Darstellung sich an der Misere weidet und die Elenden in der Darstellung selbst noch einmal erniedrigt, diese Frage wird schon im Vormärz breit diskutiert. Was bei diesen Debatten immer auch verhandelt wird, ist die Möglichkeit einer politisch-theoretischen *Kritik* der sozialen Misere, die dem Miserabilismus – der bloßen Fortsetzung der Verelendung in deren poetischer oder theoretischer Darstellung – zu entgehen vermag.[2]

Ludwig Tieck und die Wölfe von London

Eine London-Reise im Jahr 1817, die ihn eigentlich bloß mit der aktuellen englischen Aufführungspraxis seines geliebten Shakespeare vertraut machen sollte, konfrontiert Ludwig Tieck mit der modernen Massenarmut; die erschütternde soziale Kluft thematisiert er später in seiner »Mährchen-Novelle« *Die Vogelscheuche*:

> »Wenn wir in London sind, wissen wir, daß viele Tausende aufwachen (falls sie geschlafen haben), die nicht wissen, wie und was sie frühstücken, oder gar zu Mittage essen sollen. Der wütende Hunger treibt sie herum, wir begegnen selbst diesen rasenden Wölfen, ohne sie zu ken-

nen, die fast im Begriff sind, den Menschen anzubeißen, und keiner von ihnen kann nur einen Bissen von dem anrühren, was an tausend Orten ausgelegt ist, weil ihm auch die kleinste Scheidemünze zum Einkaufen fehlt. Noch mehr: in den Straßen, wo Alles wandelt, sind die reichsten Silber- und Goldgeschirre, unschätzbare Edelsteine hinaus gestellt. Nicht Mauern Ehrenbreitsteins, Jericho's, oder des Dresdner grünen Gewölbes schützen diese Kostbarkeiten, eine dünne, zerbrechliche Glasscheibe trennt das Juwel vom Fuß des Vorbeigehenden. Die kleine Zehe könnte mit einem Stoß den fast luftdünnen Schirm zertrümmern, – oft ist die Straße leer, oft kein Bewohnender im reichen Laden. – Ein Tritt, Ein Griff gäbe dem Hungerwütigen das, wofür er Mahlzeit, Zimmer, Gastgeber und das Haus des Gastgebers kaufen könnte – und doch geschieht nichts der Art. – Muß hier ein Beduin der Wüste nicht Wunder sehn! Was ist denn die unsichtbare Geistermauer, welche diese Juwelen schützt? Ein zehnjähriger Londner Knabe wird sagen: Da ist nichts Unbegreifliches, das versteht sich ja von selbst. Einem Soldaten, der vor Kurzem bei der Plünderung verschiedener Städte zugegen gewesen, würde das, was ich Wunder nenne, nur als läppisches Vorurteil erscheinen, wenn das Wunderwort ›Subordination‹ nicht seinem Gelüst die geistige Mauer vorbaute.«[3]

Bei aller frappierenden Anschaulichkeit der umherziehenden hungernden »Wölfe« bleibt Tieck nicht bei der bloßen Darstellung des Elends stehen. Er greift auch – und *schon* – auf die strukturelle Bedingtheit des Elends durch. Es sind nicht allein äußerliche Mechanismen, welche die »Hungerwüthigen« daran hindern, ihren Hunger zu stillen. Im Szenario des Schaufensters macht Tieck deutlich, dass es die »Subordination« unter die vollends durchgesetzte Warenform *als allgemeine Verkehrs- und als Denkform* ist, die das »Wunder« bewirkt, dass Menschen lieber verhungern, als die »heiligen Gesetze des Eigentums« zu verletzen. Und so ist Tieck denn auch, wie er Köpke berichtet, abgestoßen vom »Handels- und Fabriktreiben der modernen Welt«, das er in London erst in voller Blüte erlebt.[4]

Zugleich aber spielt Tieck, wenn auch sehr implizit, auf einen möglichen Ausweg aus dem Dilemma von Hunger und Eigentumsrecht an; einen Ausweg, mit dessen prinzipieller Möglichkeit er wiederum spätestens in Großbritannien vertraut gemacht worden sein wird: Denn der »Soldat[ ], der vor Kurzem bei der Plünderung verschiedener Städte zugegen gewesen« war, könnte einer der 12 000 Soldaten gewesen sein, die in den Jahren 1811/12 in die Midlands und den Norden Englands abkommandiert worden waren, um dort die endemischen *food riots* und die breit organisierte Maschinenstürmerei zu unterbinden. Tieck wird wenigstens Nachwirkungen dieser faktischen Besetzung des Landes durch eigene Truppen – Hobsbawm macht darauf aufmerksam, dass die Zahl der Soldaten »bei weitem die Größe der Armee [überstieg], die Wellington 1808 mit auf die iberische Halbinsel nahm« – bei einem Abstecher nach Stratford-upon-Avon bemerkt haben. Die nordenglischen Aufständischen haben gezeigt, wie leicht die »heiligen Gesetz des Eigentums« *nicht* mehr beachtet werden können – und Glasscheiben sind noch das Geringste, was bei den *food riots* zu Bruch gegangen ist. Sie haben aber auch erfahren, wie rabiat sich die Mächte der Ordnung dafür rächen. Dass die Kraft der Aufstände indes auch die zu deren Unterdrückung eingesetzten Soldaten infizieren könnte, wurde schon zeitgenössisch besorgt debattiert.[5]

Auf all dies spielt Tieck, wie gesagt, nur implizit an. Und ebenso beiläufig – und typisch romantisch – verweist er auf den möglichen Begründungszusammenhang von Massenarmut und Hungerrevolten: Denn auf seiner Reise durch England zeigt sich Tieck bitter enttäuscht von einer Natur, die ihm als eine »gemachte, eine zugeschnittene Natur erscheint«, die jeden »Charakter der Ursprünglichkeit [...] verloren« hat: »Durch die Industrie war sie des dichterischen Duftes beraubt worden.«[6] Die »zugeschnittene« Natur ist eine durch Hecken und Zäune zerteilte, »eingehegte« Natur, entstanden durch jene umfangreichen *enclosures*, die das Parlament Ende des 18., Anfang des 19. Jahrhunderts in unzähligen *Inclosure Acts* beschlossen hat. Erst dadurch wurden die Landbewohner vertrieben, von ihrem Lebenserwerb abgeschnitten und damit proletarisiert und pauperisiert: »zugeschnittene Natur«, »Handels- und Fabriktreiben« und »wüthende[r] Hunger« sind drei Aspekte ein und derselben Sache, die der alte Romantiker Tieck instinktsicher aufspürt.[7]

Die Tieck'sche Darstellung dieses Zusammenhangs wurde, wohl auch wegen ihrer Randständigkeit schon im Werk des selbst immer randständigeren Autors, zur damaligen Zeit kaum mehr öffentlich wahrgenommen. Tiecks jüngere Zeitgenossen müssen sich an die verschiedenen Möglichkeiten einer adäquaten literarischen Darstellung von Armut und Verelendung erst langsam herantasten. Ob Literatur dabei vielleicht mehr kann, als das Elend bloß wiederzugeben – ob Literatur womöglich in besonderer Weise dazu prädestiniert sein könnte, auch die gesellschaftlichen Bedingungen der Erzeugung von Armut zu analysieren und darzustellen –, das war unter den Literaten und Literaturkritikern der Zeit hochumstritten.

Deutsche Misere, deutsche Verse: Engels als Erzähltheoretiker

So nimmt etwa Friedrich Engels die sozialkritische Gegenwartsliteratur seiner Zeit in der Polemik »Deutscher Sozialismus in Versen und in Prosa« aufs Korn. In der Artikelserie aus der *Deutschen-Brüsseler Zeitung* vom Herbst 1847 widmet sich Engels zunächst Karl Beck, dessen *Lieder vom armen Mann* er als »Poesie des wahren Sozialismus« verspottet.[8] Der »wahre Sozialismus« war für Engels und Marx der Scherzname für eine speziell deutsche, »kleinbürgerliche« Richtung des Frühsozialismus, welche die bestehenden Zustände aus rein moralischen Gründen ablehnte und sich – gerade deshalb, so Marx und Engels – nicht zu einer wirklichen Analyse der kapitalistischen Zustände aufschwingen konnte.

Was Engels der Sache nach dem »wahren Sozialismus« vorwirft, wird in seiner Polemik gegen Beck sehr deutlich: Der »arme Mann« aus dem Titel könne, so Engels, bei Beck gar nicht anders denn als »kleiner Mann« erscheinen. Durch die Darstellung der Macht der »großen Männer« aber – der Zyklus beginnt mit einer direkt adressierten Anklage »An das Haus Rothschild«[9] – würde der »kleine Mann« nur noch kleiner und ohnmächtiger gemacht. Die Fixierung auf die »Macht eines großen Kapitalisten« aber zeuge von nichts anderem als von der »Unkenntnis des Zusammenhangs dieser Macht mit den bestehenden Zuständen«.[10]

Statt eines »Zusammenhangs«, der die soziale Realität von Macht und Ohnmacht, von Reichtum und Armut als notwendige Relation oder noch schärfer gefasst: als Widerspruch begreift, würden Beck und die »wahren Sozialisten« nur das bloße Nebeneinander im Modus eines *einerseits – andererseits* darstellen können:

> »Die allergewöhnlichste Manier, sozialistisch-selbstgefällig zu reflektieren, besteht darin, zu sagen, es sei alles gut, wenn nur nicht auf der andern Seite die Armen wären. Bei jedem beliebigen Stoff kann diese Reflexion angestellt werden. Der eigentliche Gehalt dieser Reflexion ist die philanthropisch-heuchlerische Kleinbürgerlichkeit, die mit den *positiven* Seiten der bestehenden Gesellschaft vollkommen einverstanden ist und nur darüber jammert, daß auch die *negative* Seite der Armut daneben besteht, die über und über in der gegenwärtigen Gesellschaft befangen ist und nur wünscht, daß diese Gesellschaft *ohne ihre Existenzbedingungen* fortexistieren möge.«[11]

Engels' Spott über Becks »feige kleinbürgerliche Misère« trifft noch viel – das sei nebenbei vermerkt – von der seit der Finanzkrise 2008 ff. wiederauflebenden »Kapitalismuskritik« unserer Gegenwart: Statt zu den strukturellen Bedingungen der Krise durchzudringen, beschränkt sich die Kritik auf die »negativen Seiten«, die »Macht« und »Gier« der Banker, denen man – wie weiland Beck den Rothschilds – vorwirft, dass sie eben »keine sozialistischen Philanthropen sind, keine Schwärmer, keine Menschheitsbeglücker, sondern eben Bankiers«.[12] Der Vormärz-Dichter wie die gegenwärtigen Kritiker sehen nicht, dass alle »Vorwürfe gegen Rothschild [und seine heutigen Nachfolger] in die hündischsten Schmeicheleien umschlagen«, weil die »Macht Rothschilds [und seiner heutigen Nachfolger] auf eine Weise [ge]feiert [wird], wie sie der durchtriebenste Panegyriker nicht feiern könnte«.[13] Da man die Verhältnisse nicht thematisieren möchte, die das Gefälle von Macht und Ohnmacht, von Reichtum und Armut hervorbringen – weil man dann womöglich erklären müsste, warum man an diesen Verhältnissen eigentlich nichts zu ändern beabsichtigt –, wird das Fortbestehen all der schlechten, negativen Seiten der gegenwärtigen Gesellschaft nur der moralischen Verworfenheit und »Gier« der Mächtigen[14] zugeschrieben:

> »Nachdem unser Poet sich bisher die romanhaften und unwissenden Phantasien eines deutschen Kleinbürgers über die Macht eines großen Kapitalisten, wenn er nur guten Willen hatte, versifiziert hat, nachdem er die Phantasie dieser Macht aufs Höchste geschwindelt hat in seiner Sendung schwindelnder Größe, spricht er die moralische Entrüstung des Kleinbürgers über den Abstand zwischen Ideal und Wirklichkeit [...] aus«.[15]

Die politische und theoretische Ohnmacht des »wahren Sozialismus«, seine Unfähigkeit, einen übergreifenden Zusammenhang in der Gesellschaft zu begreifen, schlage nun, so folgert Engels weiter, notwendig um in, die »vollendete Ohnmacht[,] zu erzählen und darzustellen«; diese erzählerische Ohnmacht sei geradezu »charakteristisch für die Poesie des wahren Sozialismus. Der wahre Sozialismus bietet in seiner Unbestimmtheit keine Gelegenheit, einzelne zu erzählende Fakta an allgemeine Verhältnisse anzuknüpfen und ihnen dadurch die frappante, bedeutende Seite abzugewinnen.«[16] Engels, der später immer wieder als Poetologe des literarischen Realismus in Erscheinung treten wird und der schon früh das *Junge Deutschland* kritisiert hat,[17] präsentiert hier implizit und *en passant* eine eigene Erzähltheorie, an deren Maßgaben er die literarischen Erzeugnisse der »wahren Sozialisten« misst: Erzählt wird – so viel ist seit den antiken Poetiken klar – durch Ver- oder Anknüpfung; ohne Verknüpfung kein Erzählen. Nun fällt aber für Engels das Erzählen gerade nicht mit der sprichwörtlichen »Verknüpfung von Ereignissen« zusammen, nicht mit dem Verknüpfen von Dingen gleicher Größen- oder Bezugsordnung. Sondern: Erzählen findet nur dann statt, wenn *Einzelnes* – die »zu erzählende[n] Fakta« – an ein *Allgemeines*, »an allgemeine Verhältnisse« angeknüpft werden. Die Verknüpfung der einzelnen Fakta vollzieht sich dann *vermittelt* über die allgemeinen Verhältnisse, und nicht bloß untereinander. Nur durch diese Vermittlung in einem Allgemeinen wird es möglich, den einzelnen Fakta – und vielleicht auch den allgemeinen Verhältnissen: dies bleibt grammatisch bei Engels (womöglich absichtsvoll) offen – ihre »frappante, bedeutende Seite abzugewinnen«. *Bedeutung* wird hier als etwas Schlagendes, Überraschendes, nicht einfach als ein still Vorauszusetzendes bestimmt; und ebendiesen schlagenden Aspekt weist Engels als Wirkung des Erzählens aus. Nicht soll das Einzelne unters Allgemeine subsumiert noch das Allgemeine durch das Einzelne bloß illustriert werden, sondern ihr *Zusammenhang* soll schlagend, augenblickhaft einleuchtend gemacht werden: Dann erst wird in einem anspruchsvollen Sinn erzählt, und eben das vermag, so Engels, der »wahre Sozialismus« in seiner »Prosa und Poesie« nicht.

Voraussetzung für die erzählende Vermittlung von Einzelnem und Allgemeinem aber ist für Engels *Bestimmtheit* bzw. genauer: Die »Unbestimmtheit« des »wahren Sozialismus« bedingt dessen Unfähigkeit zu einer erzählerischen Darstellung der Welt. Die »Poesie des wahren Sozialismus« kann nicht nur deshalb nicht erzählen, weil sie es nicht zu Wege bringt, das Einzelne an ein Allgemeines zu knüpfen, sondern weil sie es schon nicht vermag, beides überhaupt zu unterscheiden. Erst das bestimmt Unterschiedene kann verknüpft werden; in der »Anschauungsweise« der »wahren Sozialisten« aber gehen alle Bezugsordnungen durcheinander. Deshalb ist die einzige Ordnung, die sie errichten können, ein »trockenes und langweiliges Register«, in das sie »einzelne Unglücksfälle und *soziale Casus*«, also die Einzelheiten *als Einzelheiten* einsortieren, ohne Bezug zu dem, was sie erst zu Einzelheiten, zu einzelnen Fällen eines übergreifenden Zusammenhangs macht.[18]

Engels überblendet in seiner Polemik virtuos die (misslungene) poetische Darstellung der sozialen »Misère«, an der die »wahren Sozialisten« sich versuchen, mit der intellektuellen: der dichterischen und theoretischen »deutschen Misère«, in der die »wahren Sozialisten« selbst stecken und deren Symptom sie für Engels sind. Beck selbst offenbart in seinen Gedichten »seine Befangenheit in der deutschen Kleinbürgermisère«, er ist »in der deutschen Misère befangen«, er »besingt die feige kleinbürgerliche Misère, den ›armen Mann‹, den pauvre honteux mit seinen armen, frommen und inkonsequenten Wünschen«.[19]

Einen *dichterischen* Ausweg für den armen kleinen Mann Beck sieht Engels nirgends.[20] Wenn die »deutsche Misère« so allumfassend ist, dann bleibt nur ein – nun wörtlich zu verstehender – Ausweg, den Engels dem armen Beck denn auch unumwunden nahelegt:

> »Beck hat unstreitig mehr Talent und ursprünglich auch mehr Energie als die Mehrzahl des deutschen Literatenpacks. Sein einziges Leiden ist die deutsche Misère, zu deren theoretischen Formen auch der pomphaft-weinerliche Sozialismus und die jungdeutschen Reminiszenzen Becks gehören. Ehe nicht in Deutschland die gesellschaftlichen Gegensätze eine schärfere Form erhalten haben durch eine bestimmtere Sonderung der Klassen und momentane Eroberung der politischen Herrschaft durch [die] Bourgeoisie, ist für einen deutschen Poeten in Deutschland selbst wenig zu hoffen. Einerseits ist es ihm in der deutschen Gesellschaft unmöglich, revolutionär aufzutreten, weil die revolutionären Elemente selbst noch zu unentwickelt sind, andererseits wirkt die ihn von allen Seiten umgebende chronische Misère zu erschlaffend, als daß er sich darüber erheben, sich frei zu ihr verhalten und sie verspotten könnte, ohne selbst wieder in sie zurückzufallen. Einstweilen kann man allen deutschen Poeten, die noch einiges Talent haben, nichts raten, als auszuwandern in zivilisierte Länder.«[21]

Frappante Stereotypen: Ernst Dronkes »Reich und Arm«

Der »wahre Sozialismus«, zumal in seiner literarischen Gestalt, hat Engels keine Ruhe gelassen. Schon in einem längeren Stück vom Frühjahr 1847 mit dem Titel »Die wahren Sozialisten«, das eigentlich zur Veröffentlichung im Rahmen der *Deutschen Ideologie* vorgesehen war, dann aber mit dieser für fast hundert Jahre der »nagenden Kritik der Mäuse« überantwortet blieb,[22] beschäftigt sich Engels nacheinander mit einigen uns schon bekannten Zeitschriftenmachern (Otto Lüning, Hermann Püttmann), um dann eine beißende

Polemik gegen eine Reihe von Literaten anzuschließen, die zum Teil wenig später (wieder) als Engels' Genossen auftreten sollten: Zu nennen wären Ferdinand Freiligrath und Ernst Dronke, die in der Revolutionszeit zu Marx' und Engels' Mitredakteuren bei der *Neuen Rheinischen Zeitung* avancieren werden.[23]

Der Spott und die Vorwürfe, die Engels über Dronke ausgießt, gleichen über weite Strecken denen, mit denen er auch auf Beck zielt. Wo er aber Beck an einzelnen misslungenen Versen und Stilblüten *en detail* vorführt, agiert Engels gegenüber Dronke eher summarisch: Dessen Novellen – 1846 erschienen in den beiden Sammlungen *Polizei-Geschichten* und *Aus dem Volk* – seien »rührend« und »aufs gutmütigste« geschrieben und stellten auf diese Weise »ergreifende Kollisionen« einfacher Leute mit dem Gesetz dar; es handele sich insgesamt aber doch bloß um »weinerliche Schilderungen aus der deutschen Spießbürgermisère«.[24]

Die moralinsaure Grundstimmung der Novellen resultiere, so Engels, aus einem »gänzlichen Mangel an Phantasie und ziemlicher Unkenntnis des wirklichen Lebens«. Wo aber weder Imaginationskraft noch Realitätssinn zur Stelle sind, da muss die Moral einspringen, und so »dienen [die Novellen] nur dazu, Herrn Dronkes sozialistische Gedanken gerade solchen Leuten in den Mund zu legen, bei denen sie am allerwenigsten angebracht sind«. Weil die Novellen aber ästhetisch so schlecht gemacht seien, verkehre sich schließlich auch ihre politische Stoßrichtung: Dronke »hat geglaubt, hier werde sozialistische Propaganda gemacht, er hat keinen Augenblick daran gedacht, daß dergleichen Jammerszenen [...] keine *sozialistische*, sondern *liberale* Propaganda« betrieben.[25]

Macht man sich nun daran, Engels' Vorhaltungen an Dronkes Prosa zu überprüfen, dann muss man ihm zunächst einmal sehr weitgehend recht geben. Bei »Reich und Arm« etwa, der ersten und längsten Novelle der Sammlung *Aus dem Volk*, zeigt sich das von Engels monierte bezugslose Nebeneinander gesellschaftlicher Sphären schon im Titel, wobei Dronke die »negative Seite« der Verelendung nicht einer »positiven Seite« intakter Bürgerlichkeit gegenüberstellt, wie Engels dies zumindest an Beck feststellt; bei Dronke überlagert sich die sozial »negative Seite« der Armut vielmehr mit der »positiven« einer intakt gebliebenen Moralität aufseiten der geschilderten Arbeiter.

In der Novelle begegnen wir Marie, einem 16-jährigen »Arbeitermädchen«, das nach dem Tod der Eltern allein und verarmt in der Dachkammer eines heruntergekommenen Hauses im schlechten Viertel hinter dem Berliner Schloss lebt. Sie näht Hemden für einen »großen Laden« in der Friedrichstraße, dessen Besitzerin der »kleinen Näherin« ständig den Stücklohn drückt.[26] Der Freund des Mädchens, Paul Hofacker, arbeitet als Kattundrucker in einer großen Fabrik der Stadt; er ist tüchtig und sittsam und geht mit Marie jeden Sonntag spazieren. Eine Freundin der Näherin, Alwine, hat einen anderen Weg gewählt: Sie ist eine »Grisette« und lässt sich von einem alternden adligen Lebemann, dem Baron Herzberg, aushalten. Ein Freund Herzbergs, der Freiherr Max von Rothenburg, hat ein Auge auf Marie geworfen; Alwine möchte nun ihre Freundin dem Freiherrn zuführen, um sie aus ihrem Elend zu retten. Nachdem der Hauswirt Marie wegen ausstehender Mieten aus ihrem Zimmer wirft, willigt diese nach anfänglichem Widerstand ein und wird Rothenburgs Geliebte. Paul erfährt davon, verurteilt die »Schwäche« seiner ehemaligen Freundin und bricht jeden Kontakt ab.[27]

Nach einiger Zeit wählt sich Paul ein »junges Mädchen« aus der Nachbarschaft zur Braut, es wird Hochzeit gefeiert und drei Kinder lassen nicht lange auf sich warten. Mit der Hochzeit und den Kindern beginnt indes der Abstieg der »Arbeiterfamilie« – so die Überschrift des vierten Abschnitts der Novelle, in dem eine wahrhafte Passionsgeschichte dieser Familie sich abspult: Wegen der Schwangerschaften und dann wegen der Kinder muss Josephe, die junge Frau, ihre »Aufwartestellen« aufgeben, mit denen sie zuvor zum Familieneinkommen beigetragen hat; als das Geld nicht reicht, nimmt sie wieder Stellen an und schließt die kleinen Kinder in der Wohnung ein. Bei einer solchen Gelegenheit verbrennt sich das zweijährige älteste Kind fatal am Ofen, die Mutter erleidet einen Schock und kann wieder nicht arbeiten. Paul bittet seinen »Fabrikherrn«, den Baron von Bernheim, um einen Vorschuss, um die Arztkosten für Josephe und sein Kind bezahlen zu können, und um ein paar freie Tage, um seinem unrettbar kranken Kind beim Sterben beistehen zu können. Der Fabrikherr lehnt ab. Das Kind stirbt, während Paul in der Fabrik arbeitet.

Nachdem Paul sich bei einem Wucherer Geld zu leihen versucht, was daran scheitert, dass er sich weigert, einen falschen Bürgen in den Schuldbrief einzutragen – der Abschnitt heißt »Ein ehrlicher Mann« –, beginnt der endgültige und steile Fall Paul Hofackers und seiner Familie, zu dessen Schilderung Dronke keine drei Seiten benötigt: Durch einen Blutsturz arbeitsunfähig geworden, versucht sich Paul als Tagelöhner zu verdingen. Er verlässt nun mit seiner Familie endgültig »die ehrliche Gesellschaft«: »Sie waren auf dem Gebiet des letzten, hilflosesten Elends und Unglücks, wo die Berechtigung *der Jagd der Polizei* beginnt.«[28] Als unterbeschäftigter Gelegenheitsarbeiter wird Paul wiederholt aufgegriffen und in die Spirale von Gefängnis und Arbeitshaus gezogen; nachdem ein Gericht ihn »als Landstreicher und Arbeitsscheuen« zu einer sechsmonatigen Strafarbeit mit anschließender »dreijähriger Einsperrung in das Korrektionshaus« verurteilt, ist Pauls Schicksal und das seiner Familie endgültig besiegelt: »Paul hörte dies Urteil mit stumpfer Fühllosigkeit an. Er fragte sich gar nicht, was er wohl begangen habe; es war ihm einerlei. Entging er doch durch die Einsperrung den Sorgen und dem Jammerbild der Seinen!«[29]

Ein letztes solches »Jammerbild« führt schließlich Marie und Paul in der Charité wieder zusammen: Paul war mit Fieber aus dem »Korrektionshaus« überstellt worden und erfährt hier, dass seine Frau und seine Kinder »längst im Elend gestorben seien«. Auch Maries Leben verlief auf einer abschüssigen Bahn: Von Rothenburg schnell verlassen, war sie nach mehreren weiteren reichen Liebhabern schließlich in ein »Haus der Sünde« geraten; »nicht mehr einträglich genug«, wird sie von der Kupplerin auf die Straße gesetzt und dort von der Polizei aufgegriffen: »Da sie krank war, kam sie zunächst in die Charité; nach ihrer Herstellung sollte sie ihre Strafe im Arbeitshaus antreten.« Marie bleibt die Hoffnung, nach dem Arbeitshaus ihr »Leben ändern« zu können, indem sie einen Geliebten heiratet. Paul verspottet sie und ihre unerschütterliche Hoffnungshaltung und stirbt in der folgenden Nacht.[30]

Dass diese Elends- und Abstiegsgeschichte in der Tat von einem gewissen »Mangel an Phantasie« und von einer »Unkenntnis des wirklichen Lebens« zeugt, wie Engels behauptet, lässt sich schon daran erhärten, dass wesentliche Elemente der Geschichte hochgradig stereotyp sind: Die »Jammerszenen« oder »Jammerbild[er]« – Engels und Dronke benutzen mit entgegengesetzter Stoßrichtung tatsächlich fast das gleiche Wort – tauchen so oder so ähnlich in einer ganzen Reihe von »sozialen Romanen« und »sozialen Novellen« der Zeit auf: So wurde etwa die kleine Näherin, die Grisette oder Putzmacherin, die immer mit einem Fuß in der Prostitution steht, schon als Stereotyp aus der französischen in die deutsche Literatur importiert;[31] zu ihrer Etablierung als »realistische« Sozialfigur hat – darauf weist Engels eigens hin – nicht zuletzt Dronke selbst mit seinem Buch *Berlin* von 1846 beigetragen.[32]

Der Familienroman der Proletarier

Das entscheidende Strukturprinzip von »Reich und Arm« aber, das zahlreiche soziale Romane und Novellen des Vormärz teilen, besteht in einer Familiarisierung des gesellschaftlichen Problems der Massenarmut: Das soziale Elend wird in Verwandtschaftsformen gegossen, die eine unmittelbare Anteilnahme und ein Mitleiden der Leser ermöglichen und verbürgen sollen, auch wenn die Leser sonst über keinen Erfahrungshintergrund verfügen, der sie mit dem Erzählten verbindet. Die verwandtschaftlichen Bande werden dann im Verlauf der Erzählung – im wörtlichen Sinn – nachgerade aufgezehrt. Wenn es »alimentäre Strukturen der Verwandtschaft« gibt, wie der Anthropologe Claude Meillassoux dargelegt hat,[33] dann erzeugt die miserabilistische Literatur ihre Schockmomente auch dadurch, dass die Versorger hier ihrer Funktion nicht mehr nachkommen können – weder die väterlichen Ernährer der Familie noch die nährenden Mütter. Und so werden denn das verhungernde Kind, der verzweifelte Vater sowie endlich die Pietà der ausgezehrten proletarischen *Mater dolorosa* zu den Ikonen dieser Art miserabilistischer »Jammerbild«-Malerei.[34]

»Spießbürgerlich« mag man diese Art von Literatur nennen, weil der Appell an die familial codierten Affekte von Empathie und Mitleid ebenjenen Code erstens als verbindlichen voraussetzt und zweitens der Appell den Code erst als Berufungsinstanz immer wieder neu bestätigt – ganz unabhängig davon, ob in den Erzählungen die Familienstrukturen kollabieren oder aber gerade über die Widrigkeiten triumphieren. Lebenspraktisch – in den von keinem Moralstandard gedeckten Beziehungen zu den irisch-proletarischen Schwestern Mary und Lizzie Burns[35] – und theoretisch, als anthropologisch versierter Historiker, der im Anschluss an Lewis H. Morgan den *Ursprung des Privateigentums, der Familie und des Staats* erforscht,[36] hat Engels zeit seines Lebens die patriarchalische Familie und die sich daran anschließende Bigotterie ihres Umfelds angegriffen; auf Engels jedenfalls muss die Berufung auf ebenjene bürgerlich-patriarchalen Werte, die in der miserabilistischen Literatur allgegenwärtig ist, nachgerade abstoßend gewirkt haben. Ebenjene Werte, deren Historizität Engels erweisen will, werden in dieser Literatur zu anthropologischen Konstanten und zum ewig menschlichen Gegenpol der schlechten Gesellschaft erklärt und damit als historische Formation gerade un(an)greifbar gemacht. Darin nun aber, so lässt sich Engels' Verdikt weiterspinnen, erweist sich die Gesellschaftskritik der miserabilistischen Literatur gegen ihre eigene Intention eben nicht als »sozialistisch«, sondern als »liberal«; *liberal* deswegen, weil die Kritik auf der Integrität des Privaten besteht und dieses von äußerlichen, politisch-ökonomischen Einwirkungen freihalten will. Wer das Private – die Familie, die Gefühle, das Natürliche – zu seiner Berufungsinstanz erwählt, der affirmiert *nolens volens* die Unterscheidung von Privatem und Nicht-Privatem und muss so schließlich auch die Funktionsweise des Nicht-Privaten: des Geschäfts, der Wirtschaft, der Politik, unangetastet lassen.

Anknüpfend an Tieck ließe sich sagen, dass »die Familie« ebenso ein Zerfallsprodukt des »ganzen Hauses« ist, wie das moderne Bürgertum ein solches des »wahren Bürgerstandes«. Das Haus repräsentiert noch eine übergreifende institutionelle Einheit von Produktions- und Reproduktionssphäre; im Haus werden verschiedene Klassen – Herrschaften und Gesinde, Meister und Gesellen – miteinander verspannt; dadurch erst kann das Haus zum Ort des Klassenkampfs werden (so bei Marx), es kann aber auch das Idealbild einer gelungenen Klassenversöhnung vorstellen (so bei Tieck). Die Familie hingegen ist ihrer hegemonialen Selbsterzählung nach – etwa in den Gesellschafts-Novellen und Romanen des Vormärz – sozial homogen und in sich harmonisch: Alle Familienmitglieder gehören zur gleichen Klasse, Geschlechter- und Generationendifferenzen können sich zwar konflikthaft gestalten, dies aber immer nur als Konsequenz der Einwirkung äußerer, (familien-)feindlicher Faktoren. Die Familie ist per definitionem nicht politisch; sie erscheint daher in den Erzählungen immer nur als Opfer der politisch-sozialen Verhältnisse, die in die Familie einbrechen und an denen das Familienglück zerbricht.

Einen Höhepunkt bürgerlich-familiaristischer Ideologie in der sozialen Literatur des Vormärz bildet das Weihnachtsfest, das schon in Engels' Beck-Verriss zu Ehren kommt. Die »philanthropisch-heuchlerische Kleinbürgerlichkeit« des »wahren Sozialismus« zeige sich besonders »trivial […] bei Gelegenheit des Christfests«, und Engels zitiert das entsprechende Gedicht Becks:

> O Zeit, die mild des Menschen Herz erbaut,
> Du wärest milder und doppelt traut –
> Wenn nicht in der Brust des *armen* Buben,
> Der elternlos in die festlichen Stuben
> Des reichen Spielgenossen schaut,
> Der Neid mit seiner ersten Sünde
> Bei wüster Gotteslästerung stünde!
> Ja […] süßer, klänge beim Weihnachtslicht
> Der Kinder Jubel in meinem Gehöre,
> Wenn nur in feuchten Höhlen nicht
> Auf schlechter Streu das Elend fröre.[37]

An Weihnachten lässt sich das ungerechte Nebeneinander von »Reich und Arm« sinnbildlich machen an den gleichsam unschuldigen und sozial noch ungeschiedenen Wünschen und Ansprüchen der Kinder, die für all das Elend, das sie bald sozial trennen wird und schon trennt, doch eigentlich nichts können. Die ins Nichts fallenden Wünsche der armen Kinder, deren Herz schon durch den »Neid« zerfressen zu werden beginnt, können auch im Schutzraum der Familie nicht mehr aufgefangen werden. Das Fest der Liebe und der Familie dient so als Kontrastfolie, vor der sich die Verwerfungen der »modernen Gesellschaft« umso schärfer abheben – nicht zuletzt dadurch, dass die Armen mit dem schönen Fest schon gar nichts mehr anzufangen wissen. In Louise Otto-Peters Roman *Schloss und Fabrik* beschließt die jugendliche Fabrikantentochter Pauline, nachdem sie auf Umwegen erfahren hat, dass die Arbeiter ihres Vaters in Not und Elend leben müssen, »am Christmorgen den armen Kindern [zu] bescheren«.[38] Gegen den Widerstand ihres Vaters setzt sie ihr philanthropisches Anliegen durch und lässt die Kinder schließlich am Weihnachtsmorgen im »glänzend geschmückten Saal des Fabrikgebäudes« antreten, um sie zu beschenken. Der gewünschte Effekt jedoch will sich nicht einstellen:

> »Aber dies waren bleiche, schmächtige, dürftig in unreinliche Lumpen gehüllte Kinder, welchen man es ansah, daß ihre kleinen Hände und halbverkrüppelten Glieder schon an schwere Arbeit gewöhnt waren, auf deren Gesichtern man es las, wie oft ihr kleiner Mund mit den blassen Lippen umsonst nach Brod verlangen mußte, wie in diesen trüben, niedergeschlagenen Augen ein Ausdruck thierischen, stummen Duldens lag. Diese kleinen, blassen Kinder hatten einander seltsam angestarrt, wie man sie zu den schimmernden Christbäumen geführt, und ihnen dann die warmen Röckchen und Schuh mit den rothen Aepfeln und klappernden Nüssen gegeben hatte. Sie hatten die Gaben hingenommen ohne Dank und Jubel, beinah ohne Freude – und nur einem groben Instinkt folgend das Obst zum Munde geführt – so sehr ohnmächtig jeder Gefühlsregung hatte sie das tägliche Elend und die stete Arbeit gemacht, Pauline hatte laut weinen müssen, als sie diese unglücklichen Kleinen um sich versammelt sah – aber sie weinte nicht aus stiller Rüh-

rung, wie sie sich es wohl ausgemalt hatte, sondern aus tiefem, unendlichem Jammer, bei dem sie meinte, er müsse ihr ganz das weiche Herz durchschneiden.«[39]

Die gewünschte Verständigung zum Fest der Liebe geht schief; der Klassengegensatz geht nicht nur durch den Magen, er hat sich schon eingegraben in die Herzen. Wenn erst einmal Liebe und Gefühl keine Annäherung mehr ermöglichen, dann stehen die Chancen für eine friedliche Verständigung der Klassen insgesamt schlecht – so lautet die warnende Botschaft der miserabilistischen Weihnachtsfeste.[40]

In »Reich und Arm« findet sich ein weiteres Element familiaristischer Imagination, das für die »socialen Novellen« und Romane strukturgebend und für ihre Ideologie prägend bleibt: dass nämlich die idealtypisch gegeneinander gestellten Protagonisten der antagonistischen Klassen, der reiche Kapitalist und der aufbegehrende Arbeiter, verwandt, oder forciert: dass sie Brüder sind. Ernst Willkomms umfangreicher Roman *Weisse Sclaven* hat nicht nur deshalb eine so »überaus verwickelte Handlung«,[41] weil auf Seiten der Kapitalisten gleich drei Brüder auftreten, von denen jeder einen eigenen Kapitalisten-Typus verkörpert (Adrian vom Stein den sadistischen Fabrikdespoten, Aurel den versatilen globalen Handelskapitalisten, Adalbert den desinteressierten Couponschneider), sondern weil mit Martell noch ein vierter, ein illegitimer (Halb-)Bruder hinzukommt, der als Arbeiterführer bei einem Streik in Adrians Textilfabrik die Interessen seiner Klassenbrüder gegen die seiner leiblichen Brüder vertritt. Dass Martell und die drei Herren vom Stein Brüder sind, stellt sich freilich erst im Lauf der Handlung heraus; keiner der vier weiß um die Verwandtschaft: Martell ist der Sohn der armen Marianne, die der noch altständisch-tyrannische Vater Magnus von Boberstein vergewaltigt und später ermordet hat; Martell wächst abgetrennt von seinem leiblichen Vater bei einer Amme in Armut auf und muss schließlich dem Sohn des Vergewaltigers seiner Mutter als Lohnarbeiter dienen.[42] Im Kapitel »Adrian und Martell« treffen die beiden Brüder zu einem *Showdown* aufeinander, einem finalen »Duell«, bei dem Adrian auf der Strecke bleiben wird.[43]

Die Doppelfigur der feindlichen Brüder strukturiert auch »Reich und Arm«, denn der Arbeiter Paul ist der Bruder des Freiherrn Max von Rothenburg; Paul ist der Erstgeborene, der vierjährig von der Dorfnärrin Betty Hofacker entführt und aufgezogen wird, Max hingegen bleibt »Erbe der freiherrlichen Majoratsgüter«. Ein Teil der notdürftig erzeugten Spannung der Novelle rührt daher, dass Paul und Max im Laufe der Handlung zueinandergeführt werden und der Leser eine Dynamik der Aufdeckung erwartet; diese bleibt aber aus. Paul und Max treffen bei Alwine kurz aufeinander, nachdem der arme Bruder von dieser erfahren musste, dass seine große Liebe Marie nun die ausgehaltene Geliebte von – ausgerechnet – Max geworden ist: »Diese Reichen nehmen uns alles, unsere Liebe, unseren ganzen Lebensgenuß. Im günstigsten Falle erlauben sie uns, durch endlose Arbeit ein elendes Dasein zu fristen, damit uns der Hunger nicht gegen sie treibe«.[44] Anders als in Willkomms *Weissen Sclaven* kommt es in »Reich und Arm« zu keiner Anagnorisis der Brüder: Am Ende nur kollidiert fast die Equipage, die Rothenburg mit seiner Braut (diese ist natürlich die Tochter des Barons von Bernheim, der als Fabrikherr zuvor Paul tyrannisiert hat) auf dem Weg in die Flitterwochen zum Anhalter Bahnhof befördert, mit dem Leichenwagen, der Pauls Leiche zum Armengrab bringt. An der Ecke Friedrichstraße/Kochstraße werden die beiden Wagen durch ein rücksichtsloses Überholmanöver von Max' Kutscher aneinandergedrängt, beide geraten ins Schwanken: »[D]ann aber schlug der silberbetreßte Kutscher mit zornigem Fluch auf seine Pferde, und die Equipage jagte davon. Der Leichenwagen schlug von der Heftigkeit des Stoßes um und wurde durch vorübergehende Arbeiter aufgerichtet.«[45]

»Der Triumph des Reichen sollte den Armen noch im Tod treffen.«[46] – Die feindlichen, klassenantagonistischen Brüder können als Variante des Modells der »verengten Räume« verstanden werden, das sich paradigmatisch (und freilich umgekehrt ausgerichtet) in den Liebeskonzepten des späteren Realismus zeigen wird.[47] Den offenen sozialen Raum der neuen, der Klassengesellschaft, der durch eine schwer zu durchschauende Kontingenz von Positionszuweisungen gekennzeichnet ist, müssen Dronke, Willkomm und andere narrativ limitieren; das (unverstandene) Nebeneinander von Reichtum und Armut, von Glück und Elend, von Leben und Tod muss plausibilisiert und anschaulich gemacht werden als Nebeneinander von eigentlich Gleichartigem, das erst durch ein unverständliches »Geschick« auseinandergetrieben und gegeneinander gestellt wird:

> »Dies war das Ende der Dinge.
>
> Die beiden Brüder, unter gleichen Verhältnissen geboren, aber durch ein seltsames Geschick, durch die unübersteigliche Kluft der Gesellschaft voneinander getrennt, nahm jeder ein Ende, wie es die Bedingungen der verschiedenen Verhältnisse mit sich bringen. Dem einen ward alles zuteil, während es dem andern ebenso fehlschlug. Jener raubte dem anderen seine Liebe; er fand die Rettung in der Gefahr, wo dieser sie verlor; und selbst in der Umfriedung seines häuslichen Herds [die ›liberale‹ Kritik!] fand jener die Stufe seines Glücks, während sie diesem zum Verderben wurde. Der Reiche [...], er triumphierte; der Arme [...] unterlag im Elend. In denselben Verhältnissen aufgewachsen, hätten vielleicht beide ein glücklicheres, gewiß aber gleichmäßiger verteiltes und gerechteres Los erfahren.«[48]

Wo Engels das Nebeneinanderstehende theoretisch in einem historisch-genetischen Konstitutionszusammenhang vermitteln und auseinander hervorgehen lassen will, da wird bei Dronke das blinde Schicksal zu jener Macht, die verknüpft und trennt; das Schicksal aber widerfährt vornehmlich Familien oder Geschlechtern. Auch »Reich und Arm« ist auf die Erzählung einer Generationenfolge angewiesen, und in der komplizierten Faktur von Willkomms Roman können wir das »vielverflochtene Gewirr längst begangener Verbrechen«, das alle Beteiligten »mit magischer Gewalt umstrickte«,[49] bis ins zweite und dritte Glied verfolgen. Die Geschichte der »ursprünglichen Akkumulation des Kapitals« in der Niederlausitz, und damit die Geschichte von Klassenbildung überhaupt, entrollt sich in Willkomms Roman als mythische Familiengeschichte von Vergewaltigung, Raub, Verstoßung, Widereroberung und Rache.[50] Die wesentliche Ungerechtigkeit aber und der blanke Zufall, mit welcher der Markt »gleich dem antiken Schicksal über der Erde schwebt und mit unsichtbarer Hand Glück und Unglück an die Menschen verteilt«,[51] diese tiefe und unpersönliche Ungerechtigkeit einer systemischen Kontingenz der kapitalistischen Ökonomie, wird durch die erzählerische Familiarisierung anschaulich und unsichtbar zugleich gemacht. Die narrative Einfügung ins Passepartout der Familie ist Ideologie und Ideologiekritik in einem.

Unerbittlichkeit

Ausgehend von dieser Ambivalenz lässt sich vielleicht der bescheidene Versuch einer Ehrenrettung der miserabilistischen Literatur und besonders des eigens von Engels vorgeführten Dronke unternehmen. Dazu wird man den zentralen Vorwürfen, die Engels erhebt, zunächst einmal zustimmen müssen, und Dronke selbst gibt Engels – gewissermaßen vorauseilend – recht: So nimmt Dronke Engels' Vorhaltung, seine Novellen seien letztlich *Tendenzpoesie*, weil sie bloß dazu »dienen« würden, »Dronkes sozialistische Gedanken« anderen »Leuten in den Mund zu legen«,[52] schon im »Vorwort« der Sammlung *Aus dem Volk* den Wind aus den Segeln, indem er das Programm einer Literatur entwirft, die sich offen und offensiv als poetisches »Mittel« zu einem politischen »Zweck« versteht:

> »Die *folgenden* Blätter haben keinen andern Zweck, als Episoden aus dem wirklichen Leben zu geben, und so hauptsächlich die Gegensätze und unzulänglichen Garantien der *menschlichen* Berechtigung der gegenwärtigen Gesellschaft darzutun. Diese Blätter haben eine ›Tendenz‹ zugrunde: es ist die Wahrheit. Ich habe diese Novellen nicht geschrieben, um ›Novellen zu schreiben‹; ich geize nicht nach der Ehre, ›Belletrist‹ zu sein. Ich habe vielmehr die ›Tendenz‹, die ohne Zweifel ebensowohl in einer Broschüre, einer Kritik oder Geschichte der heutigen Gesellschaft und dergleichen vor das Publikum zu bringen war, nur deshalb in das Gewand der Novelle gekleidet, weil in dieser *Form* der Nachzeichnung des wirklichen Lebens die Wahrheit jener Verhältnisse

> am deutlichsten und sprechendsten vor die Augen tritt und dadurch weiter als abstrakte Abhandlungen wirkt.«[53]

Dass der Vorwurf, »Tendenzpoesie« zu verfertigen, zeitgenössisch nicht sonderlich originell, sondern vielmehr erwartbar war, wird hier schon dadurch deutlich, dass Dronke die »Tendenz« durchweg in Anführungszeichen setzt, und tatsächlich gehört die Distanzierung von der »Tendenzpoesie« zu den obligatorischen Gesten schriftstellerischer Selbstvergewisserung im Vormärz (und darüber hinaus).[54] Wenn Dronke in seinem Vorwort gewissermaßen metarhetorisch die Rede von der Sprache als Einkleidung der Gedanken und weitergehend die von der poetischen Sprache als besonders kunstvollem Kleid aufnimmt *und affirmiert*, dann kann Engels' *kritisch* gemeinte Enthüllung, dass es sich bei Dronkes Literatur tatsächlich bloß um die mehr oder weniger kunstvolle Bemantelung der Gedanken des Autors handelt, nicht weiter verfangen. Dass der Gehalt der Novelle »ebensowohl in einer Broschüre, einer Kritik oder Geschichte der heutigen Gesellschaft« seinen Ort finden könnte, ist fast schon kokett formuliert; dass indes die literarische Einkleidung besonders geeignet sein soll, diesen Gehalt dem Leser auch »deutlich[ ] und sprechend[ ] vor die Augen« zu stellen, entspricht einer klassisch-rhetorischen Tradition: Nichts anderes meint die *evidentia*, die als Metatrope literarischen Sprechens überhaupt interpretiert werden kann.[55] Auf diese Tradition haben sich, wie gezeigt, zur gleichen Zeit auch die Macher des *Gesellschaftsspiegels* berufen – unter ihnen Engels … –, wenn sie verkünden, in ihrer Zeitschrift »Dichtungen« aufzunehmen, sofern diese »das Leben *getreu* schildern« und die sozialen Umstände als »evidente Thatsachen« darstellen.

Dronke fordert uns auf, seine Novellen nur nach seinem eigenen Programm zu beurteilen: »die ›Kunstform‹ nach den Regeln der Ästhetik mag man bei Werken zum Maßstab nehmen, bei denen diese [›Kunstform‹] der Zweck ist: hier war sie das Mittel«.[56] Nehmen wir nun also als »Maßstab« die »wahre, ungeschminkte Auffassung der heutigen Gegensätze des Lebens«, dann können wir hier vielleicht tatsächlich Ansätze einer ganz »neuen Dichtungsart« erblicken, wie

Engels spottet.[57] Wesentliches Merkmal dieser Literatur ist es, dass nicht das *Erzählen* im Vordergrund steht, sondern die *Beschreibung* sozialer Zustände und Verhältnisse. Auch dies hat Engels richtig erfasst, ohne doch dabei den entscheidenden Punkt zu treffen. Wenn Engels in Dronkes Novellen »weinerliche Schilderungen« moniert und statt echter Erzählkunst bloß »Gemälde von Konflikten aus der modernen Gesellschaft« bemerken kann,[58] dann muss dies ebenso wörtlich genommen werden wie Dronkes eigene Rede vom »Jammerbild«: Wir haben es hier mit einer Schreibweise zu tun, die sich immer wieder in literarischen Bildern, in Schilderungen und Tableaus verfestigt. Das bloße Nebeneinander, das für Engels »Erzählung« im vollgültigen Sinn verhindert, erzeugt eher eine Bilderreihe, die nicht nach erzählerischen Kriterien wie Spannung, Wahrscheinlichkeit oder Schlüssigkeit beurteilt werden sollte, sondern nach der Genauigkeit der Darstellung.[59] Dronkes Novellen präfigurieren damit – nicht allein, aber doch in einem erstaunlichen Maß – tatsächlich eine neue, eine realistische oder genauer: eine sozialrealistische Literatur, deren Neuheit sich sowohl in ihrem »Material«[60] wie in ihrer spezifischen Materialbehandlung abzeichnet. In den literaturpolitischen Debatten der 1850er Jahre wird zwar der »Realismus« als neues verbindliches Paradigma durchgefochten werden, allerdings wird die Siegerpartei um Julian Schmidt und Gustav Freytag wieder sehr stark die »Erzählung« als genuine Potenz der Literatur prämieren; das deskriptive *Nebeneinander* werden die »bürgerlichen« Propagandisten Schmidt und Freytag ebenso ablehnen und abwerten wie der Sozialist Engels.[61]

Ein Beispiel für die deskriptiv-realistische Kunstfertigkeit Dronkes bietet gleich die erste Seite des ersten Kapitels.[62] Die Beschreibung der sozialen Schichtung in einem Berliner Mietshaus mit der invers-gestuften Koppelung von Stockwerk und sozialem Status erfasst überaus präzise sämtliche Gruppen und Untergruppen des vormärzlichen Proletariats. Auch der kurze Abriss zur Handwerkskrise und speziell zur Krise der »kleinen Meister«, den Dronke in einen Rückblick auf die Verelendungsgeschichte von Maries Vater, einem armen Schneider, »kleidet«, ist an Prägnanz kaum zu übertreffen;

selbst Zahlen zur »Übersetzung« des Handwerks finden hier ihren Platz (»Berlin zählt an dreitausend selbstständige Schneider«).[63] Dazu kommen Fakten, die wenigstens heute nicht mehr bekannt sind und auch in zeitgenössischen Quellen kaum behandelt werden – dass etwa die Garnisonen »Arbeiterkompagnien« unterhielten, die bei mangelnder Beschäftigung immer wieder »auf längere Zeit [...] entlassen« wurden und dann als billige Arbeitskräfte die lokalen Arbeitsmärkte überschwemmten.[64]

Aus solchen detailrealistischen Darstellungen der sozialen Verhältnisse entspringen immer wieder Momente, die Engels' Kritik der Qualität der Novellen nicht infrage stellen kann. Bisweilen verdichten sich Dronkes Elendsszenen in einigen lapidaren Sätzen, nach denen es dem Autor offensichtlich schwerfällt, einen Gang der Erzählung auch nur notdürftig beizubehalten. Nachdem detailliert und in Zahlen das Entlohnungssystem für Maries Heimarbeit und die systematische Lohndrückerei der Textilhändlerin dargelegt worden ist, heißt es etwa im ersten Kapitel: »Und das war ihr Leben Tag für Tag, ohne Abwechslung, ohne Aussichten. Welcher Genuß wird dem Mädchen für seine Arbeit zuteil? Wenn sie stirbt – kann sie nicht mit Recht fragen, weshalb sie überhaupt gelebt hat?«[65] Die bittere Pointe, dass Marie natürlich überhaupt nichts mehr fragen kann, wenn sie gestorben sein wird, *und dass auch niemand anders mehr nach ihr fragen wird,* diese Pointe spielt Dronke aus, ohne sie auszuwälzen; »früh absterbend, ohne gelebt zu haben«, hatte der Tieck'sche Leonhard gesagt,[66] und diese Formel umschreibt präzise den *modus vivendi* (oder *moriendi*) der Figuren Dronkes.

Die Ideologie der bürgerlichen Familie dient in der Novelle, so wurde gezeigt, als Kontrastfolie für das Elend der Proletarier, damit aber auch zugleich als Berufungsinstanz. Dass das Wertesystem der Familie dadurch nicht zwangsläufig – wenn auch negativ – affirmiert werden muss, sondern umgekehrt bisweilen auch sprichwörtlich in den Orkus gejagt wird, das zeigt sich vor allem gegen Ende der Passionsgeschichte von Paul und seiner Familie immer wieder. Schon die Schilderung der ersten Zeit nach der Hochzeit ist an Trostlosigkeit kaum zu überbieten:

»So lebten sie in abwechselnden, schwankenden Verhältnissen hin, beide getrennt in mühseligem Ringen um ihre kümmerliche Existenz. Wo war ihr häusliches Glück? Sie sahen sich fast nur erschöpft von den Anstrengungen des Tages, froh, daß die Nacht da war, wo sie ihre Ruhe im Schlummer suchen konnten. Ihre anhaltende Arbeit, die ihnen den Genuß eines friedlichen Lebens raubte, half ihnen zu nichts; sie schützte sie kaum mehr vor dem letzten äußersten Mangel und erhielt sie höchstens zu einem zweifelhaften Dasein schwankenden, traurigen Elends.«[67]

Wenn hier noch ein »häusliches Glück« als (durchgestrichenes) Ideal im Hintergrund steht, so zieht sich dieses doch immer weiter zurück, bis es schließlich – wenigstens an den finstersten Stellen der Novelle – ganz verschwindet. Dass er geheiratet und Kinder in die Welt gesetzt hat, das wird Paul schließlich zum Inbegriff seines Elends: »Wenn ich euch nicht hätte!« Was vor dem Hintergrund eines patriarchalen Familienbilds nur als Ausdruck väterlicher Freude und väterlichen Stolzes aufgefasst werden kann, wird für Paul zum utopischen Irrealis einer einsamen, familienlosen Existenz, in der er sich allein irgendwie durchschlagen und vielleicht gar sein Glück finden könnte:

»›Wenn ich euch nicht hätte!‹ murmelte er finster, mit einem Blick auf die ärmlichen Lagerstätten der Seinen. ›Wenn ich mich eurer entledigte, euch verließe! Das könnte mich allein noch retten, und mir ein besseres Los schaffen! Euer Los ist doch entschieden, was wollt ihr noch vom Leben? Ich kann euch nicht helfen, nur mit euch gemeinsam verderben, ihr zieht mich mit euch, wenn ich bei euch bleibe! Aber allein – ich! – ich! Wenigstens ich kann vielleicht noch glücklich werden!‹«[68]

Natürlich verlässt Paul seine Familie nicht; Dronke schließt, vielleicht ironisch, mit der Feststellung, dass die »Macht der süßen Gewohnheit« Paul weiterhin an die Seinen »fesselte«. Die Familie taucht nur noch als Fluch auf; ob damit aber negativ (und unkritisch) nur doch wieder das Versprechen der bürgerlichen Familie aufrechterhalten wird, wie man mit Engels formulieren könnte, wird zunehmend fraglich.

Am Ende, kurz vor Pauls Tod in der Armenstation der Charité, verdunkelt sich der »Wertehimmel der Familie«[69] schließlich ganz in einem Bild vollendeter Transzendenzlosigkeit. Nachdem Paul Marie erzählt hat, dass seine Frau und Kinder gestorben sind, möchte sie, die notorische Optimistin, ihn aufmuntern mit der durchaus konventionellen Aussicht auf ein himmlisches Wiedersehen: »Gott wird euch im ewigen Leben wieder vereinigen.« Pauls Antwort ist kurz und unerbittlich: »›Ich mag von keinem Leben mehr wissen‹, sagte der Kranke mürrisch. ›Ich habe es satt, mich schinden zu lassen.‹«[70]

»Wir arme Leut […] ich glaub', wenn wir in Himmel kämen, so müßten wir donnern helfen.«[71] Wo Woyzeck das Spiel der Imagination noch mitmacht – *wie wäre es dort oben wohl?* –, gerät für Paul schon das bloße Angebot eines solchen Spiels zur Zumutung. Er will sich nicht nur im Himmel nicht »schinden« lassen, er will es auch hier und jetzt schon nicht durch eine Aussicht, die über sein bloßes und unmittelbar bevorstehendes Ende hinausginge. Dronke entkommt dem Kitsch, den Klischees und Geschmacklosigkeiten des Miserabilismus immer dann, wenn seine Sprache lakonisch wird; wenn der Anspruch, das Elend vor Augen zu stellen, sich der Ausschmückung dieses Elends entschlägt; wenn die familiaristisch-patriarchalen Werte als Berufungsinstanz abgelöst werden von den einfachen Dingen des Lebens, der Fortpflanzung, des Todes. Dass daraus kein Funke der Hoffnung mehr zu schlagen ist, dass es Dronke – in den besten Momenten, wohlgemerkt – vielmehr gelingt, das Elend von jeder Aussicht auf eine tröstende (oder rächende) Jenseitigkeit zu entblößen – das macht die Größe dieser Literatur aus.

Damit gelangt Dronke dann aber auch über Engels hinaus; denn so differenziert und treffend dessen Kritik über weite Strecken verfährt, so grobschlächtig geraten seine positiven Gegenvorschläge. Denn dass die »stolzen, drohenden und revolutionären Proletarier«,[72] von denen Engels gerne lesen will, genauso kitschig oder noch kitschiger geraten müssten als der »arme Mann« Becks oder gar die trostlosen Gestalten Dronkes, das hätte man auch in den 1840er Jahren schon ahnen können. Auch Engels' revolutionäre Gewaltfantasien, in denen eine Horde wütender Proletarier »vermittels der Laterne«[73] jene miserabilistischen Schriftsteller bestraft, die aus ihrem sozialen Elend zuvor literarisches Kapital geschlagen hatten, wirken nicht minder unfreiwillig komisch als die poetischen Ergießungen der »wahren Sozialisten«, die Engels verspottet.[74] Noch in diesen Fantasien wird das Elend der Gegenwart durch eine Rache in der Zukunft legitimiert, diese erscheint als Belohnung für jenes. Die transzendenzlose Unerbittlichkeit Dronkes war hier schon einmal weiter.

Mystères – Misère

Die Quintessenz von Engels' Kritik an Dronke und den übrigen »wahren Sozialisten«: dass sie die Welt, die sie realistisch zu schildern beabsichtigen, nicht wirklich *verstanden* hätten und sie darum nur als bloßes Nebeneinander unverbundener Fakten darstellen könnten, was schließlich keine *kritische Durchdringung*, sondern allenfalls eine *moralische Skandalisierung* der Weltzustände nach sich zöge, diese Kritik bleibt nicht auf deutsche Poeten aus der zweiten oder dritten Reihe beschränkt. Engels und Marx wenden sie ebenso auf die zeitgenössisch prominentesten und meistgelesenen Vertreter der französischen sozialen Literatur und Sozialtheorie an: auf Eugène Sue und Pierre-Joseph Proudhon.

Sues *Les Mystères de Paris* wurden zunächst, zwischen Juni 1842 und Oktober 1843, in neunzig Folgen im liberalen *Journal des débats* veröffentlicht, bevor der Roman Ende 1843 in Buchform erschien. Er wurde sofort zu einem internationalen Bestseller und zu einem Genrebegründer. In Deutschland erschien noch 1843 eine erste Übersetzung; bis 1848 kamen dann mindestens zehn Nachahmungen auf den Markt, die jeweils die *Geheimnisse von Berlin* [dreimal!], *Königsberg*, *Wien*, *Hamburg*, *Amsterdam* und *Brüssel* zu erforschen vorgaben. In Sues vielhundertseitigem Werk taucht der Großherzog Rudolph von Gerolstein inkognito in der Pariser Unterwelt unter; gemeinsam mit seinem treuen Diener Murph rettet er gefallene

Mädchen aus den Fängen ihrer Zuhälter und führt selbst hartgesottene Gewaltverbrecher durch zum Teil rabiate Mittel – der »Schulmeister« etwa wird von Rudolph geblendet, auf dass er durch Blindheit zur Reue finde – auf den rechten Weg zurück. Im Kontrast dazu kann Rudolph als Adliger aber auch die große Gesellschaft von Paris kennenlernen – und Sues Roman somit beides, Spelunke wie Ballsaal, dem neugierigen Auge der Leser darbieten.

Marx setzt sich mit Sue schon in seinem ersten (gemeinsam mit Engels verfassten) Buch *Die Heilige Familie* auseinander, zunächst allerdings nur gleichsam von der Seite, vermittelt über eine Polemik gegen einen (wiederum höchstens drittklassigen) deutschen Adepten Sues, den »kritischen Kritiker« und Junghegelianer Szeliga-Wischnu.[75] Dieser hatte sich in einem Artikel auf Sue berufen und den Titel von Sues Roman zum »kritischen« Begriff erhoben: »Herr Szeliga faßt alle jetzigen Weltzustände als Geheimnisse. Wenn aber *Feuerbach wirkliche Geheimnisse* enthüllt hat, so verwandelt Herr *Szeliga* wirkliche *Trivialitäten in Geheimnisse*. Seine Kunst besteht nicht darin, das Verborgene zu enthüllen, sondern das Enthüllte zu verbergen.«[76] Marx wendet sich in seiner ausführlich sezierenden (und darum wenigstens für den heutigen Leser oft quälenden) Polemik zunächst nur gegen die Vermischung der Sphären von Literatur und Theorie, die Szeliga offensiv propagiert, wenn er etwa postuliert, dass »›der Kritiker, wenn er wolle, auch Dichter sein könne‹«.[77] Sue selbst wird hier von Marx noch nicht aufs Korn genommen; er würdigt sogar, dass all das, was dem tumben Deutschen Szeliga als echtes metaphysisches *Geheimnis* erscheine, bei Sue eher als ästhetisches Raffinement aufzufassen sei. Die Konfrontation von Pöbel und »haute volée«, von Gosse und Boudoir, müsse bei Sue nicht als ein unverstandenes und darum wirklich mysteriöses Nebeneinander, sondern als effektvoller Kontrast aufgefasst werden, der beim Leser einen ästhetischen Kitzel hervorruft: »Herr Eugen Sue hat in allen seinen Romanen auf die ängstliche Neugierde der Leser gerechnet«,[78] so Marx, und er habe sie auch nach Kräften angestachelt und bedient. Wo Marx Szeliga schon der Lächerlichkeit überantwortet, da schont er Sue (zunächst noch), weil er dem Literaten als ästhetisches Kalkül gutschreibt, was dem (Möchtegern-)Theoretiker bloß als Kategorienfehler, als peinliche Verwechslung von Kunst und Wissenschaft, angerechnet werden muss.

Dass nun aber Sue in der beschriebenen Weise ästhetisches – und als Bestsellerautor: auch ökonomisches – Kapital aus dem Elend und besonders aus der krassen Differenz von Elend und Reichtum zu schlagen versteht, muss Marx früher oder später auch zu einer Kritik an Sue selbst reizen.[79] Da die soziale Welt bei Sue in all ihrer Verworren- und Verworfenheit doch durch die einfache Gegenüberstellung von Gut und Böse strukturiert werde, könne Sues Überheld Rudolph auch bloß die Aufgabe wahrnehmen, »die Guten in seiner Weise zu belohnen und die Bösen in seiner Weise zu bestrafen«.[80] Die von Rudolf »initiierten moralischen Zwangsbeglückungen«[81] hätten dabei für die Beglückten durchweg verheerende Folgen: Der Kraftmensch Chournier werde zu einem Exemplar »moralischen Bulldoggentums« erzogen, das sich für seinen Herrn abstechen lässt;[82] die ehemalige Prostituierte Marie, die doch zuvor immer »heiter und unbefangen« geblieben sei, werde durch Rudolphs Erziehung zu einer »*Leibeigenen des Sündenbewußtseins*«, der die »stete hypochondrische Selbstquälerei [...] zum Selbstzweck ihres Daseins« avanciere.[83]

Die von Sue in seinem Roman integrierten sozial- und justizreformerischen Projekte enthüllt Marx als Collage aus dem »traurigste[n] Abhub der sozialistischen Literatur«, vor allem Fourier'scher Provenienz.[84] Mit besonderer Hingabe zerlegt Marx schließlich zwei Projekte, die bei Sue eine herausgehobene Rolle spielen: eine »Armenbank« und die landwirtschaftliche »Musterwirtschaft zu Bouqueval«. Hier rechnet Marx schlicht durch, das diese Projekte ökonomisch nicht funktionieren können: »Die kritische Armenbank unterscheidet sich also dadurch von den massenhaften Sparkassen, daß der Arbeiter hier seine Zinsen und die Bank ihr Kapital verliert«, heißt es etwa, und später: »Die Musterwirtschaft von Bouqueval ist ein bloßer phantastischer Schein; ihr *verborgener Fonds* ist nicht der *natürliche* Grund und Boden von Bouqueval, sondern der märchenhafte Fortunatussäckel Rudolphs!«[85] Dass Marx die Projekte Sues nicht literarisch, sondern ökonomisch attackiert, hat damit zu tun, dass es sich bei ihnen erkennbar nicht um literarische Fantasien handelt, sondern um Versatzstücke zeitgenössischer sozialistischer Theorien, um die es Marx eigentlich zu tun ist: Wenn Marx Sue angreift, dann will er Proudhon treffen.

Seit seiner Schrift *Qu'est ce que la propriété?* von 1840 gehörte Proudhon zu den führenden Figuren der französischen sozialistischen Bewegung. Der Fanfarenstoß »La propriété, c'est le vol!«, »Eigentum ist Diebstahl«, der sich schon auf der ersten Seite des kleinen Buches findet, ist auch in der deutschen sozialistischen Literatur der 1840er Jahre allgegenwärtig.[86] Nachdem Marx Proudhons Auffassungen zunächst für einige Monate nahestand – gerade die Schrift über das Eigentum stellte für Marx eine Brücke von der deutschen Philosophie zur modernen politischen Ökonomie dar –, kommt es schon im Verlauf des Jahres 1846 zu einer Entfremdung, die schließlich 1847 in Marx' zweitem Buch kulminiert: *Misère de la philosophie. Réponse à la philosophie de la misère de M. Proudhon – Das Elend der Philosophie. Antwort auf Proudhons »Philosophie des Elends«*.[87] Proudhon hatte 1846 mit dem *Système des contradictions économiques ou Philosophie de la misère* sein zweites Hauptwerk vorgelegt, in dem er seine philosophisch-ökonomischen Thesen nun im Gewand einer hegelianisierenden Dialektik vortrug.[88] Diese ambitionierte Darstellungsform bildet den Ausgangspunkt für Marx' Polemik; Marx kann zeigen, dass Proudhon mit Hegels Gedanken eigentlich gar nicht vertraut ist und dass die Proudhon'sche Dialektik allenfalls eine Verballhornung ihres Originals darstellt. In der Sache nutzt Marx die Auseinandersetzung mit Proudhons Ideen zur politischen Ökonomie vor allem dazu, seine eigenen Überlegungen auf diesem Feld zum ersten Mal systematisch zu entwickeln. Marx trägt seine Kritik an Proudhon dabei über weite Strecken als Sprachkritik vor. Damit aber verhandelt Marx in seiner Polemik nicht nur die Sache selbst – die »Kritik der politischen Ökonomie«, wie es später heißen wird –, sondern auch das Problem möglicher Darstellungsweisen von Kritik. Im *Elend der Philosophie* will Marx den Miserabilismus auch in der Theorie überwinden; implizit arbeitet er dabei sein eigenes, später erst so benanntes Ideal einer »Kritik durch Darstellung« aus.[89]

Wie dem »kritischen Kritiker« Szeliga wirft Marx auch Proudhon vor, dass er Sachverhalte, die entweder klar zutage liegen oder aber aufgeklärt werden müssten, stattdessen zu »Mysterien« verklärt. Schon in einer kurzen Vorbemerkung mokiert sich Marx über Proudhons hohen Ton: Das *Système* Proudhons präsentiere sich nicht als eine »einfache Abhandlung über politische Ökonomie, ein gewöhnliches Buch«, sondern als »eine Bibel: ›Mysterien‹, ›Geheimnisse, dem Busen Gottes entrissen‹, ›Offenbarungen‹, nichts davon fehlt«.[90] So wie Szeliga überall nur »Mysterien« sehen konnte, weil er Sues ästhetischem Kalkül auf den Leim gegangen sei, so müsse Proudhon überall Mysterien sehen, weil er weder die ökonomischen Autoren verstanden habe (die er peinlicherweise doch überall kritisiert), noch Hegel durchdrungen habe, dessen Terminologie er sich überall bedient. Gegen »das tiefe Mysterium vom Gegensatz und Widerspruch«,[91] das Proudhon schon in der Unterscheidung von Tauschwert und Gebrauchswert ausmacht, hält Marx die strenge und karge Logik David Ricardos hoch, der diese Unterscheidung in aller wünschenswerten Klarheit analysiert habe – analysiert bis zu dem Punkt, an dem sie nicht mehr als logisches Problem, sondern als *gesellschaftlicher Widerspruch* sich zu erkennen gebe. Auch unter dem Gesichtspunkt der Sprachkritik bleibt Ricardo im Bereich der politischen Ökonomie für Marx das Maß aller Dinge:

> »Gewiß, die Sprache Ricardos ist so zynisch wie nur etwas. Die Fabrikationskosten von Hüten und die Unterhaltskosten des Menschen in ein und dieselbe Reihe stellen, heißt die Menschen in Hüte verwandeln.[92] Aber man schreie nicht zu sehr über den Zynismus. Der Zynismus liegt in der Sache und nicht in den Worten, welche die Sache bezeichnen. Französische Schriftsteller, wie die Herren Droz, Blanqui, Rossi und andere, machen sich das unschuldige Vergnügen, ihre Erhabenheit über die englischen Ökonomen dadurch zu dokumentieren, daß sie den Anstand einer ›humanitären‹ Sprache zu beobachten suchen; wenn sie Ricardo und seiner Schule ihre zynische Sprache vorwerfen, so nur, weil es sie verletzt, die ökonomischen Beziehungen in

ihrer ganzen Nacktheit aufgedeckt, die Mysterien der Bourgeoisie verraten zu sehen.«[93]

Die Kritik der Sprache ist keine Geschmackssache, sondern stellt eine der Kernfunktionen von Kritik überhaupt dar: Jede Ideologiekritik hebt als Sprachkritik an.[94] Wer vor der »zynische[n] Sprache« der englischen politischen Ökonomen zurückschreckt und sich stattdessen in die »›humanitäre[ ]‹ Sprache« der »[f]ranzösischen Schriftsteller« flüchtet, der verzichtet auch darauf, die »Sache« selbst aufzudecken, und verschanzt sich stattdessen hinter »Worten«. Es ist die Aufgabe der Kritik, einen *Verrat* zu begehen. Sie muss falsche Loyalitäten zur Macht der »Bourgeoisie« aufkündigen und deren Betriebsgeheimnis ausplaudern: dass der Kaiser nackt ist, dass es keine »Mysterien« gibt. An die Stelle der »Mysterien der Bourgeoisie« soll ohne falsche Scham die nackte proletarische Wahrheit treten. Alle sittlich-moralischen Wertungen werden so umgewertet: Da die Sache selbst zynisch ist, ist es Pflicht, sie genauso zynisch zu benennen. Wer meint, »humanitär« – in Anführungszeichen! – sprechen zu müssen, macht sich nur zum Komplizen des realen Zynismus der Verhältnisse.

In dieser Kritik an der französischen Schule der Nationalökonomie wiederholt sich Marx' und Engels' Kritik an der miserabilistischen Literatur. Auch diese benutze eine »humanitäre[ ]« Sprache, gerade um sich vor den wirklichen Einsichten in Herkunft und Natur des beklagten Elends abzuschirmen. Was der miserabilistischen Literatur demnach fehlt, ist der Mut zu einer »zynische[n] Sprache«, die sich auf die Höhe des herrschenden Realzynismus aufschwingt.

Noch eine weitere Argumentationsfigur aus Engels' Literaturkritik findet sich in Marx' Polemik gegen Proudhon: Wo die Dichter des »wahren Sozialismus« nur isolierte Elemente des sozialen Lebens darstellen und diese dann bloß nach einem moralischen Sortiersystem ablegen können, da kann auch Proudhon nur immer »zwei Seiten« jeder Sache isolieren, »eine gute und eine schlechte«,[95] ohne beide als *Momente* eines prozessierenden Widerspruchs fassen zu können. Wo die »wahren Sozialisten« der Literatur nicht erzählen können, da versagen die »wahren Sozialisten« der Theorie im Fach Dialektik.

Dass Proudhon kein großer Dialektiker ist, wird für Marx erst zum Ärgernis, weil er allenthalben das Gegenteil behauptet. Die Applikation der Dialektik auf Fragen der politischen Ökonomie, die Proudhon schon geleistet zu haben beansprucht, wird für Marx zur Lebensaufgabe. Einstweilen bleibt schon einmal der Spott:

> »Sehen wir nunmehr, welchen Änderungen Herr Proudhon die Dialektik Hegels unterwirft, sobald er sie auf die politische Ökonomie anwendet.
>
> Für Herrn Proudhon hat jede ökonomische Kategorie zwei Seiten, eine gute und eine schlechte. Er betrachtet die Kategorien, wie der Spießbürger die großen Männer der Geschichte betrachtet: *Napoleon* ist ein großer Mann, er hat viel Gutes getan, er hat auch viel Schlechtes getan.
>
> Die *gute Seite* und die *schlechte Seite,* der *Vorteil* und der *Nachteil* zusammengenommen bilden für Herrn Proudhon den *Widerspruch* in jeder ökonomischen Kategorie.
>
> Zu lösendes Problem: Die gute Seite bewahren und die schlechte beseitigen.«[96]

Mit Tabellen, in denen er dann Proudhons Argumente nach »guten« und »schlechten Seiten« einsortiert, treibt Marx seinen Spott auf die Spitze: Denn die »dialektische Bewegung«,[97] auf deren Rekonstruktion es ankäme, wird sich in Tabellenform ganz sicher nicht fassen lassen – so viel ist für Marx klar. Mit der Tabelle will Marx vor Augen stellen, dass Proudhons Theorie nur einzelne Fakten isolieren kann, wo es um den begrifflichen Nachvollzug eines *lebendigen Prozesses* und um die Rekonstruktion von notwendig sich bedingenden Verhältnissen zu gehen hätte.[98] Wo die Dialektik das Denken überhaupt verflüssige, indem sie »das Nebeneinanderbestehen der beiden entgegengesetzten Seiten, ihr[en] Widerstreit und ihr Aufgehen in eine neue Kategorie« zur Darstellung bringe,[99] da führe das kleinbürgerlich rubrizierende Denken Proudhons zu einer Verewigung der nun statisch gewordenen, erstarrten Momente. Alle Kategorien der politischen Ökonomie, um deren Historisierung es nach Marx gehen sollte: Wert, Geld, Arbeitsteilung, Konkurrenz, erscheinen bei Proudhon als »ewiges Gesetz« oder »ewige Notwendigkeit«[100]: »Die Aufeinanderfolge der Kategorien hat sich verwandelt in ein bloßes *Gerüst.* Die Dialektik ist nicht mehr die Bewegung der absoluten Vernunft. Es gibt keine Dialektik mehr, es gibt höchstens nur noch pure Moral.«[101]

Wieder springt das Moralisieren der herrschenden Zustände dort ein, wo es um deren Begreifen gehen müsste. Wo aber kein Begreifen statthat, da fehlen auch die Begriffe; und »wo Begriffe fehlen«, so weiß schon Goethes Mephisto, »da stellt ein Wort zur rechten Zeit sich ein«: Am Ende steht bei Proudhon immer nur das »bloße Wort« und die »rhetorische Form«; die gesamte Dialektik verkommt zur bloßen »Redeweise«.[102]

Das Elend im Verhältnis: Produktion, Weltmarkt, Bedürfnisse

Will Marx wirklich über Proudhon hinausgehen, dann muss er all die Kategorien, die Proudhon isoliert und stillstellt, wieder in »Bewegung« setzen und als Verhältnisse darstellen. Marx relationiert das Elend nun in dreifacher Hinsicht:

a) Zunächst stellt Marx heraus, dass das Elend nur sinnvoll zu bestimmen ist in Relation zum Reichtum, und präziser: dass beides, Elend wie Reichtum, als Resultate eines gesellschaftlichen Produktionsverhältnisses begriffen werden müssen. Gesellschaftliches Elend und gesellschaftlicher Reichtum werden produziert, und damit reproduziert sich zugleich auch das Klassenverhältnis. Die Produktionsverhältnisse aber zeigen ihren »zwieschlächtigen« Charakter darin,

> »daß in denselben Verhältnissen, in denen der Reichtum produziert wird, auch das Elend produziert wird; [...] daß diese Verhältnisse den *bürgerlichen Reichtum*, d.h. den Reichtum der Bourgeoisklasse, nur er-

zeugen unter fortgesetzter Vernichtung des Reichtums einzelner Glieder dieser Klasse und unter Schaffung eines stets wachsenden Proletariats«.[103]

Elend und Reichtum aber sollen nicht deshalb in einem reziproken Verhältnis stehen, weil es etwa nur begrenzte Mittel gäbe. Auch bei sich stetig erweiternder gesellschaftlicher Produktion wird der Gegensatz ebenso erweitert produziert und reproduziert: Die Produktion von Elend *und* von Reichtum geht aus einem Ausbeutungsverhältnis hervor, das direkt an der gesellschaftlichen Form der Lohnarbeit hängt (und nicht etwa an einem bloß zu geringen Lohn).[104] Dass verschärfte Ausbeutung keinen Gegensatz zu erweiterter Produktion darstellt, sondern beides sich vielmehr bedingt, macht Marx an Zahlen deutlich, welche die Produktivitätssteigerung der gesellschaftlichen Arbeit in Großbritannien zwischen 1770 und 1840 belegen. Ihnen zufolge wurde 1840 an einem Arbeitstag 27-mal mehr produziert als siebzig Jahre zuvor:

»Nach Herrn Proudhon müßte man die Frage folgendermaßen stellen: Warum war der englische Arbeiter von 1840 nicht siebenundzwanzigmal reicher als der von 1770? Um eine solche Frage zu stellen, muß man natürlich voraussetzen, daß die Engländer diesen Reichtum ohne die historischen Bedingungen hätten produzieren können, unter denen er produziert wurde, wie: Anhäufung von Privatkapitalien, moderne Arbeitsteilung, Maschinenbetrieb, anarchische Konkurrenz, Lohnsystem, mit einem Wort lauter Dinge, die auf dem Klassengegensatz beruhen. Das waren nämlich gerade die Existenzbedingungen für die Entwicklung der Produktivkräfte und des Arbeitsüberschusses. Es war somit, um diese Entwicklung der Produktivkräfte und diesen Arbeitsüberschuß zu erlangen, notwendig, daß es Klassen gab, die profitierten, und andere, die am Verkommen waren.«[105]

b) Dass Elend (und Reichtum) sich nicht individuell, sondern nur in gesellschaftlichen Verhältnissen bestimmen lassen, impliziert für Marx zudem, dass bei dieser Aufgabe kein national-individueller Standpunkt eingenommen werden kann. Eine Bestimmung des gesellschaftlichen Elends könne in der Gegenwart, so Marx 1847, sinnvoll nur vor dem Hintergrund des Weltmarkts und der globalen Arbeitsteilung erfolgen: Selbst wenn das materielle Elend in England phasenweise abnehme, dann müssten wir auch »von den Millionen Arbeitern sprechen [...], die in Ostindien umkommen mußten, damit den eineinhalb Millionen in der gleichen Industrie in England beschäftigter Arbeiter drei Jahre Prosperität [...] verschafft« wurden.[106] Wenn der Kapitalismus ein Produktionsverhältnis ist, dessen Reichtumsproduktion »vom Welthandel, vom internationalen Austausch, von einer internationalen Arbeitsteilung abhängt«, dann müssen wir auch eine globale Produktion von Elend, einen Weltmarkt des Elends annehmen.[107]

Die Untersuchung des globalen Zusammenhangs stellt das Verhältnis von Reichtum und Elend auch als *Intra*-Klassenverhältnis, als Verhältnis und potenziellen Interessengegensatz innerhalb der »Welt-Arbeiterklasse« (Marcel van der Linden) dar.[108] Aufgrund der Konkurrenz, die von Arbeitsteilung und Markt nicht zu trennen ist, geht Prosperität für eine Fraktion des weltweiten Proletariats immer mit dem Elend einer anderen Fraktion einher. Dass sich die Verhältnisse zwischen Nord und Süd seit Marx' Zeiten flexibilisiert haben und nicht mehr von vornherein klar ist, wer in der globalen Konkurrenz siegt und wer verliert, ändert nichts am strukturellen Zusammenhang. Dass der Weltmarkt und die internationale Konkurrenz der Arbeiter schon im Vormärz auch als Herausforderung der Literatur wahr- und angenommen wurde, wird uns weiter unten bei Willkomms *Weißen Sclaven* wieder begegnen.[109]

c) Das soziale Elend muss schließlich in Beziehung gesetzt werden zu den Bedürfnissen: Von Elend oder Armut kann demnach nur dann gesprochen werden, wenn Bedürfnisse dauerhaft nicht erfüllt werden. Was aber sind Bedürfnisse? Proudhon setze, so Marx, die menschlichen Bedürfnisse abstrakt und ahistorisch einfach voraus, ohne sich um die »genealogischen Einzelheiten« ihrer Entstehung zu kümmern.[110] Stattdessen aber müssten schon die Bedürfnisse als gesellschaftlich produziert und damit historisch variabel interpretiert werden. Aus der Tatsache, dass die Menschen in modernen Gesellschaften unweigerlich Bedürfnisse haben, die Arbeitsteilung und Austausch voraussetzen, müsse Proudhon auch den Austausch und die Arbeitsteilung als Gegebenheiten betrachten, die nicht weiter infrage gestellt werden könnten.[111] In seiner Werttheorie, die auf der Gegenüberstellung von Gebrauchswert und Tauschwert beruht, supponiere Proudhon einen »Kampf zwischen zwei sozusagen inkommensurablen Mächten«: Der Gebrauchswert beruhe auf dem Bedürfnis, der Tauschwert (oder einfach »der Wert«) hingegen auf »Meinung« oder Konvention. Damit aber befördere Proudhon eine falsche Ontologisierung schon der Gebrauchswertseite und damit des Bedürfnisses:

> »Die meisten Dinge haben nur Wert, weil sie die durch die Meinung geschaffenen Bedürfnisse befriedigen. Die Meinung über unsere Bedürfnisse kann wechseln, und so auch die Nützlichkeit der Dinge, die nur die Beziehung dieser Dinge zu unseren Bedürfnissen ausdrückt. Selbst die natürlichen Bedürfnisse wechseln beständig. In der Tat, welche Verschiedenheit besteht nicht z. B. zwischen den Gegenständen, die bei den verschiedenen Völkern als Hauptnahrung dienen!«[112]

Es gibt keine natürlichen Bedürfnisse, betont Marx, die nicht immer schon auch gesellschaftlich und damit historisch bestimmt sind; »die ganze Geschichte«, heißt es wenig später im Text, sei »nur eine fortgesetzte Umwandlung der menschlichen Natur«.[113] Bedürfnisse werden produziert innerhalb eines Systems, in dem sie nur als Nachfrage und als Konsumtion vorkommen können. Nachfrage und Konsum aber sind selbst produktiv, sie sind Teil eines gesellschaftlichen Produktionsverhältnisses.

Damit aber ist der Konsum als Teil eines Klassenverhältnisses zu betrachten, und auch was als »natürliches Bedürfnis« auftritt, ist von Grund auf geprägt durch die Klassenverhältnisse. Die Klassengesellschaft »diktiert dem Konsum ihre Befehle«, indem sie schon die qualitative Beschaffenheit der Produkte den klassenbedingten Bedürfnissen anpasst:

»Die Baumwolle, die Kartoffel und der Branntwein sind Gegenstände des allgemeinsten Gebrauches. Die Kartoffeln haben die Skrofeln erzeugt; die Baumwolle hat zum großen Teil die Schafwolle und das Leinen verdrängt, obwohl Leinen und Schafwolle in vielen Fällen von viel größerem Nutzen sind, sei es auch nur in hygienischer Beziehung. Endlich hat der Branntwein über Bier und Wein gesiegt, obwohl der Branntwein als Genußmittel allgemein als Gift anerkannt ist. [...] Warum aber sind Baumwolle, Kartoffeln und Branntwein die Angelpunkte der bürgerlichen Gesellschaft? Weil zu ihrer Herstellung am wenigsten Arbeit erforderlich ist und sie infolgedessen am niedrigsten im Preise stehen.«[114]

Weit entfernt also, in irgendeiner Weise auf eine vorgesellschaftliche Natur zu rekurrieren, stellt unter kapitalistischen Bedingungen schon die Art der Bedürfnisse – und nicht erst deren bloße Nichterfüllung – ein Elend dar; »in einer auf das *Elend* begründeten Gesellschaft [haben] die *elendesten* Produkte das naturnotwendige Vorrecht [...], dem Gebrauch der großen Masse zu dienen«.[115]

Nun ließe sich entgegnen, dass Kartoffeln immer noch besser als *keine* Kartoffeln sind; genau diese Art von Rechnung aber überhaupt aufzumachen, wirft Marx Proudhon vor. So zu denken, hieße, den »gegenwärtigen Stand der Dinge akzeptieren; heißt endlich, [...] eine Gesellschaft verherrlichen, ohne sie zu verstehen«.[116] Denn durch das Festsetzen »natürlicher Bedürfnisse«, durch die Festlegung eines Existenzminimums, werde in der gegenwärtigen Gesellschaft immer auch festgesetzt, wie viel ein Mensch wenigstens zu verdienen habe, um seine Existenz zu reproduzieren. Damit aber diene die (Voraus)Setzung von natürlichen Bedürfnissen der Lohndrückerei; denn der Lohn bemesse sich daran, was der Arbeiter zur Wiederherstellung seiner Arbeitskraft benötigt: Je niedriger aber diese Marke angesetzt wird, desto größer wird der Profit des Kapitalisten, desto größer wird aber auch das Elend der Arbeiter.[117]

Armut und Lebensqualität: *disposable time*

Ob sich die Lage der »arbeitenden Klassen« durch die industriell-kapitalistische Entwicklung insgesamt »verbessert« oder eher verschlechtert habe, war schon für Marx eine »sehr bestrittene Frage«.[118] Der Streit darüber bestimmt nicht nur die Debatten der Zeit selbst, sondern auch die historiografische Debatte über diese Zeit. In seinen Artikeln »The British Standard of Living, 1790–1850« und »The Standard of Living Debate: a Postscript« von 1957 bzw. 1964 blickt Eric Hobsbawm auf eine schon dreißig Jahre andauernde Diskussion zurück.[119] Nachdem seit Marx eine »pessimistische« Schule die Auseinandersetzung dominiert hatte, wonach die industrielle Revolution eher desaströse Folgen für den Lebensstandard der *labouring poor* gehabt habe, trat seit den 1920er Jahren mit John H. Clapham und T. S. Ashton eine »optimistische« Schule von Wirtschaftshistorikern auf den Plan, die genau das Gegenteil behauptet und mit statistischem Material über die Reallohnentwicklung belegt hat. Der Einsatz der Historikergeneration von Hobsbawm und E.P. Thompson bestand nun nicht einfach darin, die Vorherrschaft der »pessimistischen« Schule wieder herzustellen, sondern vielmehr die ganze Fragestellung zu verschieben: Reichen »ökonomische« – »economic (in the narrowly quantitative and material sense)« – Kerndaten wirklich aus, um den Lebensstandard einer Bevölkerungsgruppe angemessen zu erfassen, oder müssen nicht vielmehr »soziale« oder »kulturelle« Aspekte mit einbezogen werden?[120] Und wenn nun Zweites der Fall ist, wie lassen sich diese »weichen«, soziokulturellen Faktoren bestimmen?

Ludwig Tieck nimmt an einer Stelle seines *Tischlermeisters* Bezug auf die englische »Standard of living«-Debatte, die schon im frühen 19. Jahrhundert geführt wurde.[121] Leonhard hatte festgestellt, so wurde bereits zitiert, dass »Fabriken und die gepriesene Verteilung der Arbeit schon eine alte Erfindung« und für die Herstellung »gewisse[r] unbedeutender[r] Dinge wie Nadeln, Nägel und dergleichen« wohl auch sinnvoll seien, weil diese nur so »schnell und wohlfeil genug geliefert« werden könnten. Worüber sich Leonhard indes aufregt, ist, dass das Fabrikwesen auch auf Bereiche übergreife, wo die Teilung der Arbeit nicht angemessen sei. Sein Beispiel ist historisch signifikant: »und ob selbst dabei der Nutzen so groß ist, daß jedermann eine schlechte, unbrauchbare Uhr in der Tasche tragen kann, lasse ich dahingestellt sein, da die wahrhaft guten Werke in London und Paris auch jetzt teurer verkauft werden, als nur immer in den ersten Zeiten der Erfindung.«[122]

Dass plötzlich »jedermann« eine Uhr meint besitzen zu müssen, eine Wand- oder Taschenuhr, kann einerseits als Beispiel für eine »Revolution der Ansprüche« genommen werden.[123] Wo der Besitz einer Uhr lange Zeit als »Privileg des Landadels, der Meister, Bauern und Händler« galt, so schreibt E.P. Thompson in seinem bahnbrechenden Aufsatz über »Zeit, Arbeitsdisziplin und Industriekapitalismus«, da setzte ab 1790 eine Vermassung dieses Gebrauchs- und Schmuckgegenstands ein; nun wurde immer üblicher, dass auch einfache Landarbeiter, Handweber und Manufakturarbeiter eine Uhr erwarben.[124] Der Zeitpunkt ist womöglich kein Zufall, denn »Wand- und Taschenuhren finden [...] allgemeine Verbreitung [...] erwartungsgemäß genau in dem Moment, in dem die industrielle Revolution eine größere Synchronisierung der Arbeit verlangt.«[125]

Die Arbeitsteilung, aber auch das Lohnsystem, haben im Zuge der industriellen Revolution eine Normierung und standardisierte Taktung der Zeit erforderlich gemacht. Die »neue Zeitdisziplin« wurde schließlich »internalisiert«, was Thompson dazu führt, von einer »radikalen Umbildung der gesellschaftlichen Natur des Menschen und seiner Arbeitsgewohnheiten« zu sprechen.[126] Nun korrespondiert diese anthropologische Transformation aber mit der anthropologischen Reduktion, die Tiecks Leonhard beklagt: Denn die Durchsetzung der neuen Industrie- oder Fabrikzeit findet nicht in einem luftleeren Raum statt, sondern muss als Angriff auf andere, traditionelle Zeiteinteilungen und -vorstellungen verstanden werden. Die »Attacke auf volkstümliche Bräuche, Spiele und Feiertage«, die Thompson beschreibt, die Neustrukturierung des zuvor »unregelmäßigen Arbeitsjahres mit seinen traditionellen Festtagen und Jahrmärkten« sowie der Kampf gegen den »blauen Montag« beschreiben ebenjenen Umbau des gesellschaftlichen Zeitregimes, den auch Leonhard beklagt.[127] Mit dem Rhythmus der Feste verschwindet die zyklisch-zünftige Repräsentationsordnung des Lebens, die, so Leonhard, dem Dasein in der alten Zeit erst seine Würde und Bedeutung gegeben hatte. Wo die »neuern Gesetzgeber« die »alte[n] überkommene[n] Spiele, Lieder, Scherz und Trunk«, die »Volksfeste, Aufzüge, Prozessionen, Musik und Tanz« ins Visier nehmen, da bleibt, so Leonhard, vom Leben bald nichts als das »nackte[ ] Leben«.[128]

Für Thompson ist die Verbreitung von Uhren ein einfaches Beispiel für kapitalistische Bedürfnisproduktion: Der Drang nach dem Besitz einer eigenen Uhr ist eines jener »Bedürfnisse[ ], die der Industriekapitalismus zur Förderung der eigenen Entwicklung weckte«.[129] Durch die Verbreitung von Uhren stabilisiert sich das neue Zeitregime als alltägliches Zeitbewusstsein, was wiederum die Arbeitszeitdisziplin erhöht. Nebenher wird durch die erforderliche Massenproduktion neuer Uhren die Uhrmacherei als hochspezialisiertes Handwerk entwertet und zu einem weitgehend mechanisierbaren Industriezweig umgebaut.[130]

Genau dieser Zusammenhang: dass den Menschen ihre eigene Disziplinierung zum äußerlichen Bedürfnis wird, das sie durch den Erwerb einer Uhr zu befriedigen können meinen, empört Tiecks Leonhard. Die »schlechte[n]«, industriell gefertigten Uhren, mit denen neuerdings »jedermann« meint renommieren zu müssen, sind für Leonhard materiell verdichtete Symbole einer schlechten Zeit und Zeitordnung; einer Zeit, die den Menschen keinen Halt mehr gibt und die gewissermaßen selbst zu einer Ware geworden ist. Die Menschen verkaufen ihre Arbeitskraft auf Zeit, um sich einem »verdummend[en]«, »ganz mechanischen und seelenlosen Geschäfte« hinzugeben, und in der – vom Lohn gekauften! – Uhr schauen sie dann die Entäußerung ihrer Lebenszeit in dinglicher Gestalt an. Mit einer schlechten Uhr trägt der Mensch, so könnte man zuspitzen, seine eigene Entfremdung »in der Tasche«; das Dingsymbol der Uhr zeigt schon bei Tieck viele Züge jenes Komplexes, den Marx später als »Fetischcharakter der Ware« analysieren wird.[131]

Während die Verbreitung von Uhren – positiv – als Zeichen eines entwickelten Bedürfnisreichtums bei den Unterschichten und als Symptom einer Demokratisierung des Luxus angesehen werden könnte, bemerkt Leonhard wieder die Spannung, die sich unter der sozialen Oberfläche geltend macht. Denn Uhr ist nicht gleich Uhr, und die »wahrhaft guten Werke« – *und die wahrhaft gute Zeit*, so kann man ergänzen – behalten die Reichen für sich, so wie sie sich ja auch »stillschweigend vielen Zeitvertreib und Zeitverderb« zum Zwecke der »Bildung« vorbehalten, was sie den Menschen der »niederen Stände« gerade nicht mehr zugestehen wollen.[132]

Aus der historischen Erörterung der Einsetzung des industriekapitalistischen Zeitregimes heraus versucht Thompson am Ende des Aufsatzes die Frage zu stellen, was heute, in einer Phase des Rückbaus des Industriekapitalismus, ein Index für wahre Lebensqualität sein könnte – jenseits der Maßgaben und Werthaltungen des Industriekapitalismus selbst. Ein solcher Index könnte *wahrhaft* freie Zeit sein: Zeit, die vom »puritanischen Zeitverständnis, der Wertung der Zeit als Ware« freigestellt wäre.[133] Thompson träumt schließlich von einer neuen »Lebenskunst«, die nötig wäre, um Zeit anders werten zu können und um die neu gewertete Zeit doch in Einklang zu bringen mit den Erfordernissen einer »hochsynchronisierten und automatisierten Industrie«, die wiederum für die fortgesetzte Produktion »freier Zeit« unerlässlich bleibt. Der Mensch müsse folglich

> »Elemente der alten wie der neuen Kultur in einer neuen Synthese vereinigen und eine Bildersprache finden, die sich weder an den Jahreszeiten noch am Markt orientiert, sondern auf menschlichen Bedürfnissen beruht. Pünktlichkeit bei der Arbeit wäre dann Höflichkeit gegenüber den Kollegen – und ein nicht zweckgebundener Zeitvertreib ein von der Umwelt gebilligtes Verhalten.«[134]

Auf leisen Sohlen kommt bei Thompson hier eine Utopie daher, die ähnlich schon Marx im Rohentwurf zum *Kapital* umrissen – und dann wohl nicht zufällig in die Endfassung *nicht* übernommen hat. Wenn sich Sozialität nicht mehr indirekt und unbewusst über den

Vergleich und Austausch der im Wert bemessenen »gesellschaftlich notwendigen Arbeitszeit« herstellen würde, sondern direkt und bewusst, dann löste sich, so Marx, die gesamte Ökonomie auf in eine »Ökonomie der Zeit«. Die Bereitstellung von »disposable time« würde dann zum Ziel gesellschaftlicher Produktion: »Denn der wirkliche Reichtum ist die entwickelte Produktivkraft aller Individuen. Es ist dann keineswegs mehr die Arbeitszeit, sondern die disposable time das Maß des Reichtums.«[135]

Vielleicht habe wir es hier mit einer Aktualisierung des schon »antiken Traumes vom müßigen Menschen« zu tun;[136] ganz sicher greifen Marx und Thompson auf Elemente eines »romantischen Antikapitalismus« zurück, der immer auch gegen die »Religion der Arbeit« – so Georg Lukács mit Paul Lafargue – rebelliert und einen »Kampf um die Muße« geführt hat. Die »Bildersprache« der Romantik (ihr *imagery*[137]) kann dabei helfen, die Frage nach Reichtum und Armut nicht nur in solchen Begriffen zu stellen, die von vornherein schon von den gerade herrschenden Wertbestimmungen geprägt sind; gerade im »Eskapismus« der Romantik liegt deren gesteigerte gesellschaftskritische Potenz. Denn selbst wenn die retrospektive Imagination einer zünftig-repräsentativen Zeitordnung, in der Tiecks Leonhard sich ergeht, hochgradig ideologisch überformt ist, so lässt sich an ihr doch sehen, dass »freie Zeit«, die vom Individuum ausgeht, nicht unbedingt eine individualistische Zeit sein muss, sondern auch *geteilte Zeit* sein kann: kollektiv geteilt wie die Zeit der Feste und Aufzüge oder intim geteilt unter Freunden, wie in den schier endlosen Gesprächen, an denen uns Tieck im *Tischlermeister* und in zahllosen anderen Novellen seiner Spätzeit teilhaben lässt.

Zeit als freie Zeit, als *disposable time*, ist die Hohl-Form, in der all das Gestalt gewinnen kann, in dessen Namen sich individuelle und kollektive Subjektivität bildet: Geschmack, Bildung, Verschwendung, Natur, *culture* … – ohne *disposable time* keine Poesie, und keine Poesie der Klasse zumal. Aber ohne Poesie der Klasse auch keine *disposable time.* Die Herausbildung einer kampfkräftigen und bewussten Klasse ist die vorauslaufende Ermöglichungsbedingung ihrer Selbstabschaffung in einem Reich freier Zeit. Die Klasse muss erst um das kämpfen, was sie als Klasse möglich macht, und zugleich kämpft sie darin um das, was sie als Klasse, als arbeitende Klasse, auch wieder überflüssig machen wird.[138] Die komplexe Fügung von Transzendentalien der Selbstabschaffung – die Bedingung der Möglichkeit von Klasse ist zugleich Bedingung ihrer Überflüssigkeit: *disposable time* – ist nur *im* und *als Kampf* zu haben. Der Klassenkampf, als Prozess der Konstitution und Destitution von Klassen überhaupt, ist immer auch ein *Kampf um die Zeit*; es ist ein Kampf darum, dass »gewisse Personen oder soziale Klassen mehr Zeit haben als andere, und das ist es« – so weiß noch Jacques Derrida –, »worum es in der politischen Ökonomie ernstlich geht«.[139] Der Kampf der Klassen *um* die Zeit aber ist für die arbeitende Klasse immer auch ein Kampf *gegen* die Zeit. Und das haben denn auch schon die Kämpfer der Juli-Revolution 1830 gespürt und symbolisch exekutiert: Am Ende des ersten Kampftages wurde, so erzählt Walter Benjamin, »an mehreren Stellen von Paris unabhängig von einander und gleichzeitig nach den Turmuhren geschossen«.[140]

V Lohnarbeit und Sklaverei: Uneingelöste Freiheitsversprechen

»Sklaverei, Hörigkeit, Lohnarbeit stellen historisch und sozial unterschiedliche Lösungen eines im wesentlichen gleichbleibenden allgemeinen Problems dar.«

Fernand Braudel[1]

Dass mit dem Siegeszug des Kapitalismus das Leben immer größerer Teile der Bevölkerung von der Lohnarbeit abhängig wird, wurde im Vormärz noch vielerorts als Skandal empfunden; der verbreitete Begriff der *labouring poor* legt davon Rechenschaft ab.[2] Zeitgenössische Beobachter sehen sehr klar, dass mit dem Regime der Lohnarbeit nicht nur Verelendung einhergeht, sondern das Wesen des Sozialen selbst sich verändert: Der Einzelne und die Gesellschaft sollen nun nur noch über den berühmt-berüchtigten »cash nexus« (Thomas Carlyle) miteinander verbunden sein, jede andere Form der Bindung gerät in den Verdacht der Antiquiertheit und Rückständigkeit. Verteidiger der alten Formen gelten nun plötzlich als realitätsblinde Romantiker.[3]

Die völlige Neuartigkeit dieser Situation führte die zeitgenössischen Beobachter nun paradoxerweise dazu, gerade alte, bekannte Begriffe und Topoi – eine alte *Bildersprache* – zu verwenden, um das Neue überhaupt erst verstehbar machen zu können. Mit der Lohnarbeit wurde so vielerorts auch die Sklaverei wieder zum Thema; die »freien« Lohnarbeiter firmieren in Literatur und Publizistik plötzlich überall als »weiße Sklaven«.

Klassen-Allegorien: »Steam King« und »White slaves«

Es war Engels, der die Rede von den »white slaves«, den »weißen Sklaven«, aus England nach Deutschland importiert hat. In seiner Schrift *Die Lage der arbeitenden Klasse in England* von 1845 gibt er den »humanen Tories« recht, die »den Fabrikarbeitern den Namen: white Slaves, weiße Sklaven, gaben«, und er untermauert die Berechtigung dieser Bezeichnung, indem er ein Gedicht von Edward P. Mead zitiert, einem Dichter, der den Chartisten nahestand:

Ein König lebt, ein zorniger Fürst,
Nicht des Dichters geträumtes Königsbild,
Ein Tyrann, den der weiße Sklave kennt,
Und der Dampf ist der König wild.

Er hat einen Arm, einen eisernen Arm,
Und obgleich er nur einen trägt;
In dem Arme schafft eine Zauberkraft,
Die Millionen schlägt.

Wie der Moloch grimm, sein Ahn, der einst
Im Tale Himmon saß,
Ist Feuersglut sein Eingeweid',
Und Kinder sind sein Fraß.

Seine Priesterschar, der Menschheit bar,
Voll Blutdurst, Stolz und Wut,
Sie lenken – O Schand'! – seine Riesenhand
Und zaubern Gold aus Blut.

Sie treten in Staub das Menschenrecht
Für das schnöde Gold, ihren Gott,
Des Weibes Schmerz ist ihnen Scherz,
Des Mannes Trän' ihr Spott.

Musik ist ihrem Ohr das Schrei'n
Des Armen im Todeskampf;
Skelette von Jungfrau'n und Knaben füll'n
Die Hüllen des König Dampf.

Die Höll'n auf Erd'! sie verbreiten Tod,
Seit der Dampf herrscht, rings im Reich,
Denn des Menschen Leib und Seele wird
Gemordet d'rin zugleich.

Drum nieder den Dampf, den Moloch wild,
Arbeitende Tausende, all',
Bind't ihm die Hand, oder unser Land
Bringt er über Nacht zu Fall!

Und seine Vögte grimm, die Mill-Lords stolz,
Goldstrotzend und blutigrot,
Stürzen muß sie des Volkes Zorn,
Wie das Scheusal, ihren Gott![4]

Die physische und die politisch-soziale Macht der Industrie fassen Mead und Engels in einer monströsen Allegorie: »König Dampf« erscheint als alttestamentarisch-kannibalischer »monster God«,[5] der die Welt und die Menschen mittels einer »Priesterschar« beherrscht, die wiederum die Macht ihres Götzen rücksichtslos zur eigenen Bereicherung nutzt – »Und zaubern Gold aus Blut«.[6] Die biblische Bildersprache, aus der sich Meads »Chartist imaginary« speist,[7] setzt den Götzen und seine Priester gegen das »Volk«, dessen »Zorn« schließlich den Sturz des falschen und die Wiedereinsetzung des wahren Gottes herbeiführen wird; insofern hat auch Meads Gedicht Teil an jenem Messianismus, der als bestimmendes Merkmal chartistischer Dichtung gelten kann.[8] Das Gedicht selbst wird so zu einem »call for action«.[9]

Punkt der Vergleichbarkeit: Weitlings »Politik der Sklaverei«[10]

Wilhelm Weitlings *Garantien der Harmonie und Freiheit* von 1842 – der wohl elaborierteste Systementwurf des deutschsprachigen Frühsozialismus – umreißt im zweiten Teil einen groß angelegten Plan zu einer communistischen »Reorganisation der Gesellschaft«, zur Errichtung einer Gesellschaft der Gleichen. Dem stellt Weitling im ersten Teil seiner Programmschrift eine große geschichtsphilosophische Erzählung voran, welche die »Entstehung der gesellschaftlichen Übel« klären soll.[11] Von einem »Urzustand der Gesellschaft« ausgehend, rekonstruiert er die Genese einer Welt der Ungleichheit: der ungleich verteilten Arbeit, der ungleich verteilten Reichtümer und der ungleich verteilten Macht.[12]

Weitlings Rekonstruktion der herrschenden Ungleichheit kreist systematisch um den Begriff des Eigentums. Nach der »Entstehung des beweglichen« und des »unbeweglichen Eigentums« fällt der wahre Sündenfall des Menschen in Weitlings Erzählung mit der »Entstehung der Sklaverei« zusammen: »Bis auf den Menschen selbst« habe sich in der Sklaverei »der Begriff des Eigentums ausgedehnt«, die Ungleichheit der Menschen werde damit institutionell zementiert. Weitling dramatisiert die Einführung der Sklaverei als gleichsam anthropologisch-zivilisatorischen Einschnitt: Mit ihr habe der Mensch aufgehört, ein »Ebenbild Gottes« zu sein; es gebe nun nicht mehr den *einen* Menschen, sondern »zweierlei Menschen, Menschen die arbeiten, und Menschen, die nicht arbeiten. Herren und Knechte.«[13]

Weitling betont die Bedeutung der Sklaverei aus zwei entgegengesetzten, aber komplementären Gründen: Zum einen gehe mit ihr die letzte Erinnerung an jenen »Urzustand« verloren, in dem das Glück des einen nicht ohne das Glück des anderen zu denken war – das Glück war das Glück der Gleichheit.[14] Zum anderen aber dient die begriffliche Präparierung der Sklaverei Weitling dazu, den gegenwärtigen Zustand der Gesellschaft als einen solchen zu skandalisieren, der noch unter dem der Sklaverei steht. Denn »[k]onnte der

Mensch wohl tiefer sinken?«, – so fragt Weitling, und er antwortet: ja. Denn der Mensch könne sich noch dem Geld unterwerfen, dessen »Erfindung« zu einer endgültigen Korruption des Gesellschaftskörpers führe.[15] Das Geld erscheint in Weitlings Erzählung nicht primär als Medium sozialen Austauschs, sondern als Generator und Stabilisator sozialer Ungleichheit, als Instrument des Kommandos über die gesellschaftliche Arbeit: Durch das Geld erst trete schließlich – Inbegriff aller »gesellschaftlichen Übel« – der »empörende Unterschied der Klassen in der Gesellschaft« zutage.[16]

Die moderne, geldvermittelte Ausbeutung der Arbeit konturiert Weitling durchgängig in Abgrenzung von der Sklaverei im Schema eines »früher« und »jetzt«: Wo der Sklave »durch den Begriff des Eigentums ein erbeutetes, getauschtes oder geerbtes Gut« und als solches auf den Stand des Viehs gebracht worden sei, da habe der Mensch heute »gar keinen Wert mehr, nicht einmal mehr den des Viehs«; wo früher der Sklavenhalter sein Gut immerhin so pfleglich habe behandeln müssen, dass es im Gebrauch nicht vollkommen ruiniert werde, da

> »schindet man sie [die modernen Arbeiter; PEO] bis aufs Blut, um von ihren Kräften Vorteil zu ziehen; und wenn sie dann krank, alt und schwächlich werden, so jagt man sie zur Werkstatt, zur Fabrik und zum Haus hinaus, um sie nicht mehr nähren zu müssen, und draußen stehen sie schon zu Haufen und drängen sich hinein in die Marterhöhlen, aus welchen ein Opfer nach dem anderen wankt, sowie ihre Kräfte verbraucht sind«.[17]

Weitling lehnt die Arbeit in den modernen Werkstätten und Fabriken gleich aus doppeltem Grund ab: einmal wegen ihres materiellen Gehalts – die Arbeit ist ihm bloße Schinderei, ihre Orte erscheinen wie bei William Blake als »dark Satanic Mills«[18] –, dann wegen ihrer gesellschaftlichen Form. Ersteres bleibt als Erfahrungshintergrund durchgängig vorausgesetzt und wird gar nicht weiter erläutert; so findet man bei Weitling denn auch nirgendwo eine Apologie oder gar Apotheose der Arbeit, wie die spätere Arbeiterbewegung sie hervorgebracht hat.[19] Die Analyse der gesellschaftlichen Form der Arbeit aber, wie sie sich durch die »Erfindung des Geldes« verändert hat, treibt Weitling weiter um.

Mit dem Geld gehe, so zeigt er, eine Sublimierung und Verinnerlichung jenes Zwangs einher, ohne den die Organisation der gesellschaftlichen Arbeit sich einstweilen nicht bewerkstelligen lasse: »Früher machte man den Menschen mit Gewalt zum Sklaven; jetzt verkauft er sich selbst«.[20] Letztlich aber bleibt auch der moderne Arbeiter für Weitling ein Sklave, weil er sich und seine Arbeit an andere verkauft und sich so zum Sklaven des Geldes macht.

Mit dieser Kernaussage folgt Weitlings Erzählung einem politischen Darstellungsschema, das ich in Anlehnung an Quentin Skinner als »Politik der Sklaverei« bezeichnen möchte. Dass auch die Menschen der Gegenwart unter der Herrschaft des Geldes noch immer im »Zustand der Sklaverei« leben, lässt die Abschaffung der Geldherrschaft als »Akt der Selbstbefreiung« einer versklavten Menschheit erscheinen, die bloß ihr »angeborenes Freiheitsrecht zurückerobern« will.[21] Weitling nutzt die Tatsache, dass die Sklaverei weithin als Unrecht anerkannt ist, um die moderne Geldherrschaft einerseits der Sklaverei gleichzuordnen – *wir haben auf diesem Gebiet noch keinen Fortschritt gesehen,* so lautet die Behauptung – und andererseits herauszustellen, dass die moderne Geldherrschaft sozial noch viel verderblicher wirke als die Sklaverei. Denn »das äußerlich Gehässige« der Sklaverei verbirgt sich heute zwar im »Schatten von Verträgen und Gesetzen«, der Zustand der Sklaverei »besteht jedoch in vieler Beziehung in noch schlimmern Grade fort«. Mit »dieser bunten Maskerade des Betrugs, der Ungerechtigkeit und der Täuschung« aber gehe immer auch die Möglichkeit einer Selbsttäuschung einher.[22] Die Arbeiter müssten daher immer wieder über den Zwangscharakter der gesellschaftlichen Form aufgeklärt werden, und dazu dient nicht zuletzt die rhetorische Aktualisierung des historischen Phänomens. Indem er den Arbeitern eine Sklavenmoral vorwirft, will Weitling eine selbstbewusste und kämpferische Haltung bei seinen Adressaten befördern. Solange »der Mensch zur Befriedigung seiner Bedürfnisse« – und hier dürfen wir die geistigen Bedürfnisse ruhig mitdenken – »nicht hat, was Andere haben können, *kann* und *darf* er nicht zufrieden sein; denn das wäre die Zufriedenheit eines Sklaven, die Zufriedenheit eines geprügelten Hundes«. Das Geld untergräbt schließlich jedes Gefühl der »Ehre«: »Die natürliche männliche Seele verwandelt[ ] sich in eine Hundeseele!«[23]

Mit seiner rhetorischen »Politik der Sklaverei« hält Weitling den modernen Arbeitern einen Spiegel vor, in dem diese sich mit Sicherheit *nicht* erkennen *wollen*. Am Negativbild des Sklaven sollen sie sich aufrichten, und so ruft Weitling schließlich dem Leser provokativ zu: »Und du auch! Sklave! zu Staube gekrochen! Was! den Blick, den du schüchtern und furchtsam vor deinem Herrn niederschlägst, getraust du dich frech gen Himmel zu richten? Soll sich der Himmel in deiner Schande spiegeln?«[24]

»Schein der Freiheit« und reale Sklaverei: Engels

Die Ambivalenz, die Weitlings Auseinandersetzung mit der Sklaverei auszeichnet: einerseits die analytische Abgrenzung von Lohnarbeit und Sklaverei, andererseits eine polemisch-agitatorische Gleichsetzung, spitzt Engels in seinen verschiedenen *Lage*-Berichten aus England Mitte der 1840er Jahre noch weiter zu.[25]

Bei Engels findet sich eine glasklare begriffliche Abgrenzung von Sklaverei, Leibeigenschaft und »freier« Lohnarbeit. Er setzt, wie schon Weitling, beim »Geldsystem« an und stellt dabei – deutlich stärker als Weitling – systematisch die Versachlichungspotenz des Geldes in Rechnung; Carlyles *cash nexus* wird hier zum Geburtshelfer der begrifflichen Differenzierung:

> »Die Auflösung der feudalen Knechtschaft hat ›bare Zahlung zum einzigen Bande der Menschheit‹ gemacht. Das Eigentum, das dem menschlichen, geistigen gegenüberstehende, natürliche, geistlose Element, wird dadurch auf den Thron erhoben, und in letzter Instanz, um diese Veräußerung zu vollenden, das Geld, die veräußerte, leere Abstraktion des Eigentums, zum Herrn der Welt gemacht. Der Mensch hat aufgehört, Sklave des Menschen zu sein und ist Sklave der *Sache* geworden; die Verkehrung der menschlichen Verhältnisse ist vollendet; die Knechtschaft der modernen Schacherwelt, die ausgebildete, voll-

> kommne, universelle Verkäuflichkeit ist unmenschlicher und allumfassender als die Leibeigenschaft der Feudalzeit; die Prostitution ist unsittlicher, bestialischer als das jus primae noctis.«[26]

Die in der Formulierung auf ein Wort reduzierte Differenz Sklave des Menschen/Sklave der Sache bleibt ein Unterschied ums Ganze. Über diese Differenz – der von persönlichen Abhängigkeitsverhältnissen einerseits und versachlichten Strukturen andererseits – wird sich in der Folge eine ganze Tradition soziologischer Modernisierungstheorien konstituieren; nicht zuletzt Engels selbst und Marx werden in ihrem späteren Werk diese Differenz zur *differentia specifica* der kapitalistischen Gesellschafsformation erheben. In der Artikelserie »Lohnarbeit und Kapital«, die Marx im April 1849 in der *Neuen Rheinischen Zeitung* veröffentlichen wird und die als Summe seiner vormärzlichen Ökonomiekritik gelesen werden kann,[27] präpariert Marx das Vorhandensein »freier Arbeit« als Wesensmerkmal der kapitalistischen Wirtschaftsweise heraus. Über dieses Merkmal erst lässt sich der Kapitalismus denn auch präzise historisieren:

> »Die Arbeit war nicht immer eine *Ware*. Die Arbeit war nicht immer Lohnarbeit, d.h. *freie Arbeit*. Der *Sklave* verkaufte seine Arbeit nicht an die Sklavenbesitzer, sowenig wie ein Ochse seine Leistungen an den Bauer verkauft. Der Sklave mitsamt seiner Arbeit ist ein für allemal an seinen Eigentümer verkauft. Er ist eine Ware, die von der Hand des einen Eigentümers in die des anderen übergehen kann. Er *selbst* ist eine Ware, aber die Arbeit ist nicht *seine* Ware.«[28]

Der Sklave ist Ware, der Lohnarbeiter besitzt eine Ware, die er verkaufen kann: seine Arbeit bzw. seine Arbeitskraft. Ware *haben* oder Ware *sein*, das ist der entscheidende Unterschied. Der Leibeigene hingegen – die andere zentrale Figur unfreier Arbeit – ist keine Ware, die von einer Hand in die andere wechseln könnte; er ist vielmehr wesentlich immobil, »gehört zum Grund und Boden und wirft dem Herrn des Grund und Bodens Früchte ab«. Deshalb erhält er auch keinen »Lohn vom Eigentümer des Grund und Bodens«, sondern leistet diesem umgekehrt »einen Tribut«. »Der *freie Arbeiter* dagegen«, so fährt Marx fort, »verkauft sich selbst«, aber nicht »ein für alle mal«, wie der Sklave, sondern »stückweis«: für gewisse Zeitabschnitte. Der Lohnarbeiter schließlich »gehört weder einem Eigentümer noch dem Grund und Boden an, aber 8, 10, 12, 15 Stunden seines täglichen Lebens gehören dem, der sie kauft«.[29]

Marx' scharfe Differenzierungen sind, wie gesagt, späteren Datums. 1845, in Engels' Buch über *Die Lage der arbeitenden Klasse in England*, sind die späteren terminologischen Unterscheidungen von Sklaverei, Leibeigenschaft und »freier« Lohnarbeit zwar alle schon da, allerdings spielt Engels rhetorisch noch eher die Nähe der verschiedenen Arbeitsregime durch, um einen Skandalisierungseffekt zu erzeugen, der sich aus der Diskrepanz von fast gleichlautender *Beschreibung* der sozialen Verhältnisse und deren entgegengesetztem sozialen *Gehalt* ergibt. Eine lange Reihe von Antithesen führt ihn dann allerdings gerade wieder zur Feststellung einer *Gleichheit* (oder doch Ähnlichkeit) der untersuchten Sozialformen:

> »Vergleichen wir doch einmal die Lage des freien Engländers von 1845 mit der des leibeignen Sachsen unter der Geißel des normännischen Barons von 1145. Der Leibeigne [...] schuldete dem Brotherrn das jus primae noctis, das Recht der ersten Nacht – der freie Arbeiter schuldet seinem Herrn nicht nur das, sondern sogar das Recht *jeder* Nacht. Der Leibeigne konnte kein Eigentum erwerben, alles, was er erwarb, durfte ihm der Grundherr nehmen – der freie Arbeiter hat ebenfalls kein Eigentum, kann keins erwerben durch den Druck der Konkurrenz [...]. Der Grundherr konnte den Leibeignen nicht von der Scholle losreißen, ihn nicht ohne sie, und da fast alles Majorat und nirgends Kapital war, ihn überhaupt nicht verkaufen; die moderne Bourgeoisie zwingt den Arbeiter, sich selbst zu verkaufen. Der Leibeigne war Sklave des Grundstücks, auf dem er geboren war; der Arbeiter ist Sklave der notwendigsten Lebensbedürfnisse und des Geldes, mit dem er sie zu kaufen hat – beide sind Sklaven der *Sache*. Der Leibeigne hat eine Garantie für seine Existenz an der feudalen Gesellschaftsordnung, in der jeder seine Stelle hat; der freie Arbeiter hat gar keine Garantie, weil er nur dann eine Stelle in der Gesellschaft hat, wenn die Bourgeoisie ihn braucht [...]. Der Leibeigne opfert sich seinem Herrn im Kriege – der Fabrikarbeiter

im Frieden. Der Herr des Leibeignen war ein Barbar, er betrachtete seinen Knecht wie ein Stück Vieh; der Herr des Arbeiters ist zivilisiert, er betrachtet diesen wie eine Maschine.«[30]

Der rhetorische Effekt dieser Reihung liegt in der fortgesetzten Umkehrung eingespielter Erwartungen: Wo das bürgerliche Selbstverständnis selbstverständlich einen Fortschritt ansetzen zu können meint – einen Fortschritt von der Sklaverei über die Leibeigenschaft zur freien (Lohn-)Arbeit etwa und damit einen Fortschritt von der Barbarei zur Zivilisation –, da konstatiert Engels in spielerisch-leichtfüßigen Revokationen allenfalls Stillstand, wenn nicht Rückschritt. Am Ende resümiert er die ganze Entwicklung kurz und bündig als Fortschritts*ideologie* – als Fortschritt einer Vertuschung:

»Kurz, die beiden [Leibeigener und freier Arbeiter; PEO] stehen sich in allem so ziemlich gleich, und wenn auf einer Seite Nachteil ist, so ist es auf der des freien Arbeiters. Sklaven sind sie beide, nur daß die Knechtschaft des einen ungeheuchelt, offen, ehrlich ist und die des andern heuchlerisch, hinterlistig verheimlicht vor ihm selbst und allen andern, eine theologische Leibeigenschaft, die schlimmer ist als die alte.«[31]

Durch die rhetorische Gegenüberstellung von Sklaven, Leibeigenen und freien Arbeitern wird die Freiheit der Letzteren als »Schein der Freiheit« erkennbar und durchsichtig.[32] Es ist allerdings, so betont Engels, ein durchaus *notwendiger* Schein; ein Schein, der aus der Funktionsweise des Fabriksystems notwendig hervorgeht und der für dessen Funktionalität notwendig bleibt: Nur durch den »Schein der Freiheit« kann das Fabriksystem sich mit billiger Arbeitskraft versorgen, ohne Zusatzgarantien für die Arbeiter übernehmen zu müssen, falls diese etwa krankheitshalber einmal nicht arbeiten können oder sich um kranke Familienmitglieder kümmern müssen.[33]

Hinter dem Schein allerdings legt Engels eine Realitätsschicht frei, in der die Fabrikherren despotisch über ihre Arbeiter herrschen. Engels schreibt hier ohne Umschweife von einer »Sklaverei, in der die Bourgeoisie das Proletariat gefesselt hält«; der ganze Unterabschnitt ist bündig mit »Sklaverei« überschrieben. Engels begibt sich hier in den unmittelbaren Produktionsprozess, wo »alle Freiheit rechtlich und faktisch auf[hört]«.[34] Diese direkte, »schändliche Tyrannei« der Fabrikanten stellt Engels seinen Lesern 1845 als einer der Ersten in großer Eindringlichkeit vor Augen: Der »Fabrikant als absoluter Gesetzgeber« diktiert den gesamten Lebensrhythmus seiner Arbeiter, die »auf Kommando essen, trinken und schlafen« müssen; den Arbeitern wird in einem rigiden Strafsystem der halbe Tageslohn geraubt, wenn sie zehn Minuten zu spät zur Arbeit erscheinen; sie können jederzeit entlassen werden, wohingegen sie selbst eine Kündigungsfrist von einer Woche einhalten müssen; die Arbeit selbst, zumal die »Beaufsichtigung der Maschinen«, ist »eigentlich keine Arbeit, sondern die reine Langeweile, das ertötendste, abmattendste, was es gibt«. Das »Leben« des Fabrikarbeiters sei »die Verdammung zum Lebendigbegrabenwerden in der Fabrik«; die Arbeiter selbst werden beständig, so wiederholt Engels, »zu Maschinen herabgewürdigt«.[35]

Was Engels besonders hervorhebt, ist die enge Verzahnung von Lohnarbeit und Zeitdisziplin. Dass der von Marx proklamierte Kampf um echte Freiheit schließlich als Kampf um freie Zeit, um *disposable time* definiert werden wird, scheint in Engels' skandalisierender Beschreibung des Kommandos durch die »despotische Glocke« und die – nur allzu oft auch noch manipulierten – Fabrikuhren, denen das gesamte Leben der Arbeiter »vom neunten Jahre an bis zu ihrem Tode« unterworfen ist,[36] bereits vorgeprägt. Der Kampf um echte Freiheit – und der Kampf gegen den bloßen »Schein der Freiheit« – kann in diesem Zusammenhang nicht anders denn als Kampf gegen die Uhr und gegen die Zeit aufgefasst werden.

Klassen-Sklaverei

Engels schreibt zu Beginn des Kapitels über die »Konkurrenz«, dass der »Proletarier [...] also rechtlich und tatsächlich der Sklave der Bourgeoisie« sei.[37] In diesem einfachen Satz ist eine soziale »Mengenlehre« impliziert, die Engels erst wenige Seiten später ausführen wird. Es sind zwei Singulare, die von ihm korreliert werden, die jedoch verschiedener Natur sind: Der einzelne »Proletarier« – und man könnte ergänzen: *jeder* einzelne »Proletarier« – ist Sklave nicht eines einzelnen Bourgeois, sondern der »Bourgeoisie« als Klasse. Der einzelne »Arbeiter«, so heißt es wenig später, sei »rechtlich und faktisch Sklave der besitzenden Klasse«. In diesem Umstand der Versklavung *an eine Klasse* liege »der ganze Unterschied gegen die alte, offenherzige Sklaverei«.[38]

Engels' polemische Zuspitzung wird in »Lohnarbeit und Kapital« von Marx theoretisch-begrifflich ausgemünzt. Marx arbeitet hier heraus, dass das Lohnarbeitsverhältnis nicht robinsonadisch und individuell, das heißt nicht als Verhältnis einzelner Individuen konzipiert werden könne, die miteinander einen Vertrag über den Verkauf der Ware Arbeitskraft von einem Individuum an ein anderes abschließen. Stattdessen müsse das Lohnarbeitsverhältnis als *gesellschaftliches Verhältnis*, und das heißt: als ein Verhältnis von *Klassen* gefasst werden. Dass immer schon ein Klassenverhältnis vorausgesetzt werden muss, sobald ein einzelner Arbeiter sich auf den Arbeitsmarkt begibt, trete für den Arbeiter als Zwang in Erscheinung: Zwar könne er als »freier Arbeiter« »den Kapitalisten, dem er sich vermietet, so oft er will« verlassen, ebenso wie umgekehrt der Kapitalist den Arbeiter entlassen könne, »sooft er es für gut findet«. Der elementare Zwang indes, sein Leben zu verdienen, bleibt bestehen: »Aber der Arbeiter, dessen einzige Erwerbsquelle der Verkauf der Arbeit ist, kann nicht die *ganze Klasse der Käufer*, d.h. die *Kapitalistenklasse* verlassen, ohne auf seine Existenz zu verzichten. *Er gehört nicht diesem oder jenem Bourgeois, aber der Bourgeoisie, der Bourgeoisklasse.*«[39] Dass der einzelne Arbeiter für die »Bourgeoisklasse« wiederum auch nur als Teil einer Klasse in Betracht kommt, und nicht als Einzelner, zeige sich daran, dass sein Lohn nicht im Zuschnitt auf seine individuellen Existenzbedürfnisse bemessen werde, sondern bloß im Hinblick auf die Sicherung der Existenz seiner Klasse als ganzer. Der zu zahlende Minimallohn müsse zwar die »*Produktionskosten der Arbeit selbst*« ersetzen, aber:

»Dieses Minimum des Arbeitslohns gilt, wie die Preisbestimmung der Waren durch die Produktionskosten überhaupt, nicht für das *einzelne Individuum*, sondern für die *Gattung*. Einzelne Arbeiter, Millionen von Arbeitern, erhalten nicht genug, um existieren und sich fortpflanzen zu können; *aber der Arbeitslohn der ganzen Arbeiterklasse* gleicht sich innerhalb seiner Schwankungen zu diesem Minimum aus.«[40]

Wird das Lohnarbeitsverhältnis nicht mehr als individuelles, sondern als Klassenverhältnis aufgefasst, so tritt der einzelne Kapitalist zwar noch als Despot der Fabrikdisziplin in Erscheinung, er wird aber auch hier bloß noch als Exekutor und schließlich – so wird es im *Kapital* heißen – als »personifiziertes Kapital« oder als »Personifikation des Kapitals« aufgefasst.[41] Das hat zur Konsequenz, dass der letzte Adressat der Krtik an den Zuständen nicht mehr der einzelne Kapitalist sein kann, der es doch immerhin in seiner Fabrik irgendwie besser machen könnte – darauf zu hoffen, wirft Marx Proudhon vor –, sondern *das System* als solches. Wenn die Proletarier »Sklaven der Erwerbsarbeit« sind,[42] wie es in einer kühnen Formulierung schon in der *Heiligen Familie* heißt, dann muss die Kritik dem gesamten System der Erwerbsarbeit den Kampf ansagen. Der Kritiker des Systems muss sich, so könnte man Marx' Anspruch resümieren, auf die Höhe jener Versachlichung und Verdinglichung persönlicher Verhältnisse erheben, die er am System selbst diagnostiziert. Dieser Anspruch indes, den Marx erst in seiner späteren Ökonomiekritik, im *Kapital* etwa, einholen wird, muss in Konflikt geraten mit allen Formen des romantischen Antikapitalismus, von denen sich Marx schon im Vormärz immer stärker distanziert. Dieser basiere – so wiederholen Marx und Engels immer wieder – bloß auf *Entrüstung* und beharre auf der Möglichkeit, das System noch *von außen* – vom Standpunkt einer heilen Vergangenheit oder eines proletarischen Naturrechts etwa – kritisieren zu können. Marx hingegen muss auf einem *immanenten* Standpunkt der Kritik bestehen. Konsequenterweise wird Marx den romantischen Antikapitalismus – den seiner frühen Weggefährten und wie den seiner eigenen frühen Versuche – nicht nur aus stilistischen (wie wir etwa an seinem Beitrag zum Selbstmord gesehen haben), sondern auch aus theoretisch-systematischen Gründen zu überwinden trachten. Es wird ihm nicht völlig gelingen; das revolutionäre Pneuma einer letztlich moralischen Empörung durchweht auch das systematische Werk des »reifen« Marx und verleiht diesem erst seine letzte Konsequenz.

Warum »*weiße* Sklaven«?

Wenn im Vormärz das neue gesellschaftliche Regime der »freien« Lohnarbeit auf die Sklaverei bezogen wird und man daraus folgend die »freien« Lohnarbeiter als »weiße Sklaven« bezeichnet, dann akzentuieren die zeitgenössischen Erörterungen vor allem den Aspekt der Sklaverei als unfreier Arbeitsform. Zugleich aber wird, wenn auch meist nur implizit, die auch im Vormärz im globalen Maßstab noch allgegenwärtige koloniale und postkoloniale Sklaverei mit in den Blick genommen. Die Skandalisierungspotenz der Rede von den »weißen Sklaven« speist sich sogar nicht unwesentlich aus dem verbreiteten Wissen um die »schwarze« Sklaverei und die Versklavung und Verschleppung von »schwarzen« Afrikanerinnen und Afrikanern.

Wenn in den britischen Debatten, aus denen Engels und andere die Formel importieren, von »white slaves« die Rede ist, dann ist dort der Zusammenhang mit der (post-)kolonialen Sklaverei noch evident: Seit Ende des 18. Jahrhunderts gab es in England eine starke abolitionistische Bewegung, die über Aufstände, Streiks, Unterschriftensammlungen und Petitionen schließlich bis ins Parlament getragen wurde.[43] Nach einem ersten Vorspiel im Unterhaus 1792 und dem weltweiten Schock, den der Sklavenaufstand in Haiti hervorgerufen hatte, wurde der internationale Sklavenhandel 1807 in beiden Häusern des britischen Parlaments verboten. Durch den »Slavery Abolition Act« von 1833 schließlich wurden alle Sklaven im British Empire für frei erklärt, die ehemaligen Eigentümer – nicht aber die ehemaligen Sklaven! – großzügig entschädigt.[44]

Wenn in den späten 1830er und frühen 1840er Jahren in England Debatten über die Arbeitsbedingungen in den Fabriken – etwa über die Kinderarbeit – entfacht werden und die »humanen Tories« und andere Gegner des reinen Laissez-faire die Fabrikarbeiter als »white slaves« bezeichnen, so versuchen sie, am noch nicht ganz verschwundenen Erregungspotenzial der Debatten um die (schwarze) Sklaverei zu partizipieren. Im deutschen Kontext, wo es keine vergleichbare Debatte gegeben hat, wirkt die Rede von den »weißen Sklaven« in bezeichnender Weise anders. Während in England der Skandal darin erblickt wurde, dass freie, weiße Engländer, dass »free born Englishmen« genau jenen Arbeits- und Existenzbedingungen unterworfen werden, die man zuvor schon für schwarze Sklaven als unerträglich erkannt hatte, da führt der Verweis auf die (koloniale und postkoloniale) Sklaverei im deutschen Kontext paradoxerweise oft zu einer Verharmlosung der letzteren. Auch Engels, selbst zwischen den englischen und den deutschen Bezügen stehend, schreibt in seiner *Lage der arbeitenden Klasse in England*, dass die englischen Fabrikarbeiter »ärgere Sklaven als die Schwarzen in Amerika [seien], weil sie schärfer beaufsichtigt werden«[45] – was die Realität der Sklaverei wohl eher nicht traf. Forschungen über das rigide Arbeitsregime auf den Plantagen des US-amerikanischen Südens etwa oder in der Karibik legen das Gegenteil nahe.[46]

Weitling geht noch einen Schritt weiter und ridikülisiert schon die englische abolitionistische Debatte, indem er sie auf eine Ebene mit Kampagnen zur »Verhütung der Tierquälerei« stellt. Die »Abschaffung der Sklaverei« durch die »menschenfreundlichen Engländer« ist für ihn bloß eine »Komödie« und Heuchelei, die den Skandal der modernen Lohnsklaverei nur noch schärfer hervortreten lässt: »In entfernten Ländern verbieten sie den Sklavenhandel, und im eignen wimmelt es von unglücklichen Sklaven, die zu Tausenden Hungers sterben!«[47] In Gegensatz zum beständig vom Hungertod bedrohten Proletarier – »Die Sorge kannte früher niemand, selbst der Sklave nicht« – sei doch der Sklave wenigstens »versichert [gewesen], von seinem harten Herrn immer Obdach und Nahrung zu erhalten«.[48] Dass die Besitzer mit ihren Sklaven irgendwie hegend und pflegend umgegangen wären, nur weil diese als Eigentum galten, muss wiederum historisch bezweifelt werden. Die Behauptung scheint eher gegenwärtig-propagandistischen Erfordernissen denn einem Wissen von oder auch nur einem echten Interesse an der realen Sklaverei entsprungen zu sein.

Der Vergleich der modernen Lohnarbeit mit der zeitgenössischen (post-)kolonialen Sklaverei führte im Vormärz bisweilen aber auch dazu, dass beide Arbeitsregime tatsächlich in eine valide theoretische Verbindung gebracht wurden. So etwa in Weitlings Rede von der »*teilweisen* Befreiung der Schwarzen«, die als *totale* »Abschaffung der Sklaverei« zu bezeichnen für ihn nichts weiter als ein »beißender Spott« ist.[49] Denn die ehemaligen Sklaven, so weiß oder ahnt Weitling, blieben vielfach in völliger Abhängigkeit an die gleichen Herrn und an die gleiche materielle Form der Arbeit gebunden wie zuvor, bloß dass sie nun formal als freie Lohnarbeiter firmierten.[50] Diese Einsichten in den Zusammenhang von Lohnarbeit und Sklaverei, die die metaphorische Rede von der Sklaverei der Lohnarbeit stiftet, bleiben im Vormärz allerdings randständig. Vorherrschend ist eine Marginalisierung der realen, (post-)kolonialen Sklaverei durch ihre Verwendung als Metapher.

Theorie als Mystifikation: Industriearbeiterkult und globale Kritik

Die gleiche Ambivalenz, die durch die *Metaphorisierung* der Lohnarbeit als Sklaverei bewirkt wird, zeigt sich paradoxerweise auch dort, wo die Sklaverei *begrifflich* besonders rigide von der Lohnarbeit abgegrenzt wird. Auch und gerade die genaue begriffliche Differenzierung scheint Eigenlogiken hervorzubringen, die schließlich eher zu einer Mystifikation der strukturellen Verhältnisse beitragen, als dass sie diese durchsichtig zu machen helfen. An Marx, der die schärfste begriffliche Abgrenzung von Lohnarbeit und Sklaverei vollzogen hat, lässt sich diese Problem besonders prägnant zeigen.

In seiner Theoriebildung verfährt Marx – gewissermaßen *avant la lettre* – idealtypisch. In einer methodologischen Selbstvergewisserung am Ende des dritten Bandes des *Kapitals* wird er schreiben, dass er »nur die innere Organisation der kapitalistischen Produktionsweise, sozusagen in ihrem idealen Durchschnitt, darzustellen«

beabsichtigt habe.[51] Schon im Zuge der begrifflichen Unterscheidung von Leibeigenschaft, Sklaverei und Lohnarbeit aber geht Marx nun immer mehr dazu über, die gewonnene *idealtypische Gegenüberstellung* als valide *empirische Beschreibung* auszugeben: In der Empirie aber tauchen die drei Formen abhängiger Arbeit so gut wie nie in Reinform auf; darüber informieren nicht zuletzt die Erkundungen, die in vormärzlichen Zeitschriftenprojekten wie dem *Gesellschaftsspiegel* auf den noch unbekannten Kontinent der neuen Arbeitsformen unternommen wurden.

Die Verwechslung von idealtypischer Konstruktion und empirischer Beschreibung wird noch verschärft, wenn die begriffliche Gegenüberstellung verzeitlicht und als historischer Entwicklungsgang dargestellt wird. Der berühmte Anfang des »Manifests der kommunistischen Partei« ordnet Sklaverei und Leibeigenschaft »früheren Epochen der Geschichte« zu und hebt diese scharf von der Gegenwart ab.[52] Damit verbunden wird die These, dass sich der Klassengegensatz in der Gegenwart vereinfache und auf den klaren Gegensatz von »Bourgeois und Proletarier« zulaufe, wobei Letztere beiläufig als »moderne Arbeiter«[53] identifiziert werden, die vorzugsweise in der »großen Industrie« tätig seien: »Von allen Klassen, welche heutzutage der Bourgeoisie gegenüber stehen, ist nur das Proletariat eine wirklich revolutionäre Klasse. Die übrigen Klassen verkommen und gehen unter mit der großen Industrie, das Proletariat ist ihr eigenstes Produkt.«[54]

Marx denkt in Idealtypen, er denkt historisierend, und er denkt – beides verbindend – in historischen *Tendenzen*: Es geht ihm immer darum, Geschichte als Entwicklung zu denken, deren Sinn nur von der Spitze, vom Punkt der am weitesten fortgeschrittenen Formation her entschlüsselbar ist.[55] Alle drei Punkte sind Facetten einer Heuristik, die bei Marx allerdings – ob bewusst oder unter der Hand, muss dahingestellt bleiben – zugleich zu Grundpfeilern einer Politik werden, die historischen Fortschritt mit einer gewissen Notwendigkeit als Avantgardeprojekt denken muss. Alle Momente, die zur präzisen begrifflichen Bestimmung der Lohnarbeit als gesellschaftlicher Form beitragen, lassen sich empirisch am ehesten im

Industriearbeiter wiederfinden. Dass dieser dadurch aber automatisch zur Speerspitze auch des *politischen* Kampfes um die Befreiung von der Lohnarbeit werden muss, lässt sich theoretisch nicht weiter ableiten – diese Folgerung entspringt anderen, wahrscheinlich *klassenpolitischen* Voraussetzungen.

Werden (Lohn-)Arbeiter metaphorisch als Sklaven bezeichnet, so wird deren Abhängigkeit und Unselbständigkeit ins Zentrum der Aufmerksamkeit gerückt. Dieser Status ist allemal unattraktiver und politisch womöglich weniger leicht aktivierbar als der Produzentenstolz einer Arbeiterklasse, die mit der modernen Industriearbeit identifiziert wird und die insofern auch als Verkörperung des technischen Fortschritts auftreten kann: Die Exekutoren der industriellen Revolution werden schließlich auch die soziale Revolution vollenden – so lautet das Versprechen, das Marx immer wieder formuliert.

Die Rückseite dieses Emanzipationsversprechens bildet ein »Exklusionsdenken«,[56] das all jene Teile des Proletariats, die nicht in der fortgeschrittenen »großen Industrie« eingespannt sind, nur noch als Atavismen wahrnehmen kann; als Verunreinigungen des Idealtypus, denen – wenigstens der historischen »Tendenz« nach – allenfalls noch das baldige Zerriebenwerden zwischen den beiden »reinen« Klassenblöcken der Bourgeoise und der Industrie-Lohnarbeiterschaft in Aussicht gestellt werden kann. Die Vorhut der Industriearbeiter wird so abgesetzt von einem Nachtrab formal unfrei oder unstet Beschäftigter, die sich angesichts der schieren Notwendigkeit des Überlebens irgendwie durchschlagen müssen, aber eben nicht im fortschrittlichen Segment der »großen Industrie«. Wer sich aus diesem Konglomerat nach »oben« bewegt (und etwa freiberuflich oder als kleiner Unabhängiger sein Leben verdient), sieht sich dem Verdacht ausgesetzt, ein »Kleinbürger« geworden zu sein; »unten« aber wartet das »Lumpenproletariat«: Wer immer den Schritt in geordnete Lohnarbeitsverhältnisse nicht vollziehen konnte (oder wollte), wurde Ziel dieses Vorwurfs, Inbegriff begrifflicher und sozialpolitischer Säuberung.[57] Die Intellektuellen – die »geistigen Prolatarier« – waren mit *beiden* Vorwürfen stets bestens vertraut.

Die theoretische Prämierung der Industriearbeit und die klassenpolitische Privilegierung der Industriearbeiter sind historisch erklärbar: Beide Entscheidungen konnten sich auf die ungeheure Evidenz einer bis dahin ungesehenen Produktivkraftentwicklung stützen, die sich in der ersten Hälfte des 19. Jahrhunderts und dann noch für viele weitere Jahrzehnte nachgerade überschlägt. Dass der Begriff der »Beschleunigung« zum zentralen Terminus auch der Selbstbeschreibungen der Epoche avanciert, ist alles andere als ein Zufall.[58] Der beschleunigten Produktivkraftentwicklung korrespondiert die Produktionsmacht einer Industriearbeiterklasse, die allein in der Lage ist, die ungeheuren Maschinenaggregate in Bewegung zu setzen – oder aber zum Stehen zu bringen, wenn ihr »starker Arm es will«, wie der Vormärzdichter Georg Herwegh dies im Nachmärz im Parteilied der Sozialdemokraten formulieren wird.[59]

In dem Maß, in dem Marx' theoretisch-politische Entscheidung für die Industriearbeiterklasse als Subjekt der revolutionären Veränderung historisch erklärbar ist, in dem Maß muss sie auch der historischen Kritik verfallen. Die kritische Gegenrechnung wurde Marx in den letzten Jahren vonseiten einer nunmehr global orientierten Sozialgeschichte der Arbeit, der Global Labor History, aufgemacht.[60] In globaler Perspektive erscheint »Freiheit« (freie Verfügungsgewalt über die eigene Arbeitskraft, Freiwilligkeit des Vertragsabschlusses, Freizügigkeit) als Paradigma moderner Arbeitsverhältnisse hochgradig zweifelhaft; die »freie Lohnarbeit« müsse auch in der Moderne »eher als Ausnahme denn als Regelfall« angesehen werden.[61] Parallel zur Durchsetzung der freien Lohnarbeit in den Metropolen war, so argumentiert die Global Labor History, die zunehmend marktförmig organisierte Weltwirtschaft des 19. Jahrhunderts immer auch von unfreien Arbeitsverhältnissen aller möglichen Schattierungen geprägt: Hier ist zuvörderst an die atlantische Sklaverei zu denken. Parallel zur Versklavung von Millionen Afrikanerinnen und Afrikanern wurden Hunderttausende Europäer in die Kolonien verbracht, die in Schuld- oder Vertragsknechtschaft standen oder als verurteilte Delinquenten arbeiten mussten: Der atlantische Weltmarkt vom 16. bis zum Beginn des 20. Jahrhunderts kann mit vollem Recht als ein integrierter »Weltmarkt der Zwangsarbeit« bezeichnet werden.[62]

Die Universalität der Proletarisierung

> »Bei der verallgemeinerten Trennung des Arbeiters von seinem Produkt geht jeder einheitliche Überblick über die ausgeführte Tätigkeit, jede persönliche, direkte Mitteilung zwischen den Produzenten verloren. Im Laufe des Fortschritts der Akkumulation der getrennten Produkte und der Konzentration des Produktionsprozesses werden die Einheit und die Mitteilung zum ausschließenden Attribut der Systemleitung. Das Gelingen des wirtschaftlichen Systems der Trennung ist die *Proletarisierung* der Welt.«
>
> *Guy Debord*[63]

Im Vormärz hatte die »freie« Lohnarbeit – und zumal deren »Reinform« in der Industriearbeit – noch nicht die Hegemonie gegenüber anderen Formen abhängiger Arbeit errungen. Stattdessen muss von einer Koexistenz heterogener Formen abhängiger Arbeit ausgegangen werden; deren Vielförmigkeit stellt Ahlrich Meyer in einem summarischen Abriss vor Augen:

> »Diese Klasse der *labouring poor* bestand aus Bettlern und Vagabunden auf der Suche nach Arbeit, Tagelöhnern auf dem Land, verarmten Bauern und Halbpächtern, Webern der protoindustriellen Hausindustrie, Gesinde und städtischen Handlangern, saisonalen Wanderarbeitern, Arbeitern auf den Eisenbahnbaustellen, proletarisierten Handwerker-Arbeitern, dem Manufaktur- und Fabrikproletariat und nicht zuletzt aus denen, die Marx das ›Lumpenproletariat‹ genannt hat, aus den *classes dangereuses* – Männer, Frauen und Kinder, insgesamt eine weitgehend mobilisierte Klasse auf einem Arbeitsmarkt, der durch Migrationsprozesse erstmals auch eine europäische Dimension annahm.«[64]

Einen weiterreichenden Versuch, eine Konvergenz der verschiedenartigen Formen abhängiger – freier wie unfreier – Arbeit zu rekonstruieren, unternimmt Moses Heß, wenn er zeigt, dass unter den gegebenen gesellschaftlichen Zuständen jede Tätigkeit zur »Erwerbsthätigkeit«, jede Arbeit zur »Lohnarbeit« werden müsse. In seinem wegweisenden Aufsatz »Ueber die Noth in unserer Gesellschaft und deren Abhülfe« aus dem *Deutschen Bürgerbuch für 1845* beschreibt Heß eine Gesellschaft, die – paradox – nur noch in einem universellen »Egoismus« und durch eine allseitige »Concurrenz« überhaupt eine Einheit zu finden vermag.[65] In einer solchen Gesellschaft werden »Erwerbsthätigkeit« und »Lohnarbeit« zur verallgemeinerten Form des sozialen Überlebens, denn die gegenwärtige Wirtschaftsweise hält die »Menschen und ihre Produkte [...] von einander getrennt – und beide verderben«.[66] Nur der (Arbeits-) Markt und mit ihm das Geld (in Lohnform) können die Menschen und ihre Produkte wieder zusammenbringen; der Markt – bei Heß: das »Krämerwesen« – wird zum universellen Vermittler, durch den sich überhaupt erst gesellschaftliche Universalität herstellt: »Die Lohnarbeit oder Erwerbsthätigkeit ist daher nicht mehr auf bestimmte Kreise beschränkt; der dritte Stand, der Erwerbs- oder Krämerstand, wird der *allgemeine* Stand und auch innerhalb seiner selbst fallen alle Schranken.«[67]

In einer bemerkenswerten Passage diagnostiziert Heß nun, dass der bloße Zwang zur Erwerbsarbeit noch in keiner Weise determiniere, wie genau die Einzelnen den überlebensnotwendigen Gelderwerb bewerkstelligten. Der Zwang zum Gelderwerb ist vielmehr eine gesellschaftliche Hohlform, in der jede theoretisch-historische Teleologie hin zu einer spezifischen Norm (wie Marx sie suggeriert) stillgestellt ist – solange jedenfalls die allgemeine Geschäftsgrundlage von »Egoismus« und »Concurrenz« nicht infrage gestellt wird:

> »Der Widerspruch des menschlichen Wesens, der menschlichen Gattung mit sich selber ist hier ein universeller, und in dieser universellen Gestalt sind alle die frühern, einseitigen Formen enthalten. Hier ist der Mensch Raubmörder, Sklave, Leibeigner, Betrüger, Wucherer, Lohnarbeiter und Bettler zugleich. In unsrer Krämerwelt, von Nordamerika an bis nach Rußland hin, gedeihen alle die politischen und socialen Formen der Herrschaft und Knechtschaft, welche uns die Geschichte der Reihe nach aufführt, von der thierähnlichen der afrikanischen Sklaverei bis zu den gottähnlichen der Theokratie.«[68]

Mit dem Begriff der »Krämer*welt*« (Herv. PEO) hat Heß offenbar ein tatsächlich *global* gedachtes System, ein »modernes Welt-System« vor Augen, in dem verschiedene Regime der Nutzung und Ausbeutung von Arbeitskraft koexistieren und »gedeihen«. Die verschiedenen »politischen und socialen Formen der Herrschaft und Knechtschaft« bilden bei Heß zwar eine historische »Reihe«, nur spannt sich diese nicht als Entwicklungsbewegung von einem zurückgebliebenen hin zu einem fortschrittlicheren Pol: Die »afrikanische[ ] Sklaverei« wie die »Theokratie« bilden beide allenfalls Ausgangs-, keinesfalls aber Endpunkte einer Fortschrittsgeschichte. Und die »thierähnliche[ ] afrikanische[ ] Sklaverei« feiert in der Gegenwart nun ausgerechnet in »Nordamerika« ihre Auferstehung: Dass sich an diesem Ort des avancierten Fortschritts auch dessen Rückseite besonders prägnant abzeichnet – gerade in Bezug auf die Sklaverei –, wird den Tocqueville-Leser Heß nicht überrascht haben; als Irritation eines einfachen Fortschrittsnarrativs wird die Beobachtung aber trotzdem gelten können.[69]

Im System der »Krämerwelt« muss jeder »Geld erwerben«, um zu überleben; in der modernen Welt ist jeder – so schreibt Heß mit einem inklusiv-identifizierenden »oder« – zu einer »Lohnarbeit oder Erwerbstätigkeit« gezwungen.[70] Diese Gleichsetzung dementiert Heß aber wieder, wenn er in der soeben zitierten Passage in einer fast beliebig erscheinenden Reihe aller möglichen Formen von Erwerbstätigkeit *unter anderen* und nahezu beiläufig *auch* die Lohnarbeit aufführt. Alle Menschen müssen »Geld erwerben«; zum »Lohnarbeiter« aber werden nur einige. Man kann alternativ auch zum »Sklave[n]«, zum »Leibeigene[n]«, zum »Raubmörder«, »Wucherer« oder »Bettler« werden, und es zeichnet diese Formen aus, dass sie sich alternierend in einem einzigen Leben ablösen können. Nicht zuletzt davon erzählen viele der sozialen Novellen und Romane des Vormärz.

Um die Differenz, die sich bei Heß an der zitierten Stelle nahezu unmerklich öffnet, begrifflich dingfest zu machen, bietet sich die in der Einleitung schon erwähnte Unterscheidung von »passiver« und »aktiver« Proletarisierung an, wie sie Gero Lenhardt und Claus

Offe eingeführt haben: »Passiv« proletarisiert sind demnach alle, die von jeder Möglichkeit einer gesicherten, erwerbs- und d.h. marktfernen Subsistenz entblößt sind. »Passive« Proletarisierung bedeutet die »Zerstörung der jeweils ›bisherigen‹ Arbeits- und Subsistenzformen«, die Auflösung aller nichtkapitalistischen Formen materieller Reproduktion.[71] »Proletarier« müssen demnach all diejenigen genannt werden, die auf Gedeih und Verderb dem Markt (der »Krämerwelt«) ausgeliefert sind und sich auf diesem verdingen müssen. »Aktive Proletarisierung« hingegen meint die Umwandlung der »passiv« Proletarisierten in Lohnarbeiter, ihre Einsetzung in Verhältnisse »freier« Lohnarbeit. Bei Heß wird an besagter Stelle deutlich, dass auf dem gegebenen Stand der wirtschaftlichen und industriellen Entwicklung im deutschen Vormärz von einem automatischen Fortschreiten von »passiver« zu »aktiver« Proletarisierung und damit von einer exklusiven Rolle der »freien« Lohnarbeit noch keine Rede sein kann: Die Existenzformen der Sklaven, der Leibeigenen, der Raubmörder, Wucherer oder Bettler erscheinen hier noch als gleichermaßen plausible »Alternativen zur ›aktiven‹ Proletarisierung in der Lohnarbeiterexistenz«.[72]

Die Unterscheidung zwischen »passiver« und »aktiver« Proletarisierung – oder, in Klassenbegriffen: zwischen Proletariat und Lohnarbeiterklasse[73] – kann in zwei Stufen gedacht werden, die nicht notwendig aufeinander folgen, die aber auch nicht ohne einander auskommen. In den Debatten des Vormärz werden beide Stufen immer wieder zusammengeworfen. Als ein möglicher Grund für diese Entdifferenzierung wurde bereits die klassenpolitische Attraktivität einer Position benannt, die es erlaubt, ihr Klassensubjekt – die Lohnarbeiterklasse – mit dem Produktivkraftfortschritt selbst zu identifizieren. In Anlehnung an die eingeführte Unterscheidung könnte man von der höheren Attraktivität einer *aktiven* Klassenposition gegenüber einer bloß *passiven* sprechen. Die Prämierung einer aktiv den Fortschritt gestaltenden Position kann sich unter anderem auf Marx berufen, und die gesamte Arbeiterbewegung des späteren 19. Jahrhunderts hat, wenigstens in ihrem Mainstream, dieses Identifizierungsangebot gern angenommen. Einem Teil des Proletariats, der aktiv-produktivistischen Industriearbeiterschaft, wurde mit der materiellen Gestaltungskraft dann gleich auch noch die »Freiheit« als positiv-gegebene Eigenschaft zugeschrieben. Die Unterwerfung unter die Lohnarbeit und die Erfahrung einer totalen Heteronomie wurde so ideologisch in ihr Gegenteil verkehrt. Zugespitzt: *Ausgerechnet* die Arbeit sollte plötzlich frei machen.

In den Entwürfen zum *Kapital* werden die sozialhistorischen Bedingungen »passiver« Proletarisierung in Begriffen gefasst, welche die Erfahrung solcher Proletarisierung noch drastischer und lebensnäher in Szene setzen. »Das von Arbeitsmitteln und Lebensmitteln entblößte Arbeitsvermögen«, so heißt es hier,

> »ist also die absolute Armut als solche, und der Arbeiter, als die bloße Personifikation desselben, besitzt wirklich seine Bedürfnisse, während er die Tätigkeit, sie zu befriedigen, nur als gegenstandslose, nur in seiner eignen Subjektivität eingeschloßne Anlage (Möglichkeit) besitzt. Er ist als solcher, seinem Begriff nach, Pauper, als die Personifikation und der Träger dieses für sich, von seiner Gegenständlichkeit isolierten Vermögens.«[74]

Die Freiheit der Lohnarbeit bietet hier noch keinerlei positive Identifikationsmöglichkeit; sie wird vielmehr kenntlich als bloße Freiheit zur »absolute[n] Armut«: »free to quit, free to starve«.[75]

Schon Eduard Gans hatte dies 1830 in Paris beobachtet: »Heißt das nicht Sklaverey, wenn man den Menschen wie ein Thier exploitirt, auch selbst, wenn er frei wäre sonst vor Hunger zu sterben?«[76] Der unerbittliche Zwang, der zu dieser Freiheit nötigt, wurde im Vormärz durchgängig als Sklaverei beschrieben – bei Willkomm pointiert als »Sclaverei der Freiheit«. Fasst man die Rede von der Sklaverei als Umschreibung »passiver Proletarisierung«, dann stellt diese ein wesentliches und global-universalisiertes Strukturmerkmal aller modernen Gesellschaften dar. Um den unhintergehbaren Zwang zur Lohnarbeit zu beschreiben, konnte denn auch Marx nicht vollkommen auf die eigentümliche Suggestivkraft des Wortes »Sklaverei« verzichten. In »Lohnarbeit und Kapital« schreibt er daher von der »Sklaverei der Arbeiter«;[77] später wird er vereinzelt den Begriff »Lohnsklaverei« verwenden, der die »Schwierigkeiten beim Festlegen einer Trennlinie zwischen freier und erzwungener Arbeit« offen eingesteht.[78] Die Verwendung des Worts »Sklaverei« erweist sich letztlich als unerlässlich, wenn sprachlich der Zwangscharakter der Proletarisierung sichtbar gehalten werden soll, und zwar genau dort, wo dieser Zwang hinter der ideologischen Rhetorik der »Freiheit« – *Vertragsfreiheit*, *Gewerbefreiheit*, *freie Lohnarbeit* – sonst allenthalben unsichtbar zu werden droht.

VI Darstellungsprobleme der »arbeitenden Armut«

Die Möglichkeiten der Literatur: Ernst Willkomms *Weisse Sclaven oder die Leiden des Volkes*

Die neuere Arbeitsgeschichte schlägt vor, »freie« und unfreie Arbeit nicht mehr starr gegenüberzustellen, sondern eher von einem »Labyrinth aus verschiedenen Arbeitsverhältnissen« auszugehen; von einem Kontinuum, das sich »zwischen den beiden Polen der Sklaverei und der freien Lohnarbeit« aufspanne.[1] Ein solches Kontinuum konnte im Vormärz die Literatur vielleicht besser darstellen als eine Theoriebildung, die sich zunächst einmal in Frontstellungen bewegen muss, um überhaupt trennscharfe Begriffe bereitstellen zu können. In Ernst Willkomms Roman *Weisse Sclaven oder die Leiden des Volkes* wird die Rede von den »weißen Sklaven« dazu genutzt, gleich zwei Kontinuen zu entfalten: ein diachrones, das die moderne »freie« Lohnarbeit mit untergegangenen Formen unfreier Arbeit wie Leibeigenschaft und Sklaverei verbindet, und ein synchrones Kontinuum, das die »freie« Lohnarbeit in Zentraleuropa an Formen unfreier Arbeit in anderen Erdteilen bindet, etwa an die Plantagensklaverei in Amerika.

Historisch stellt der Roman eine weite Zeitspanne vor Augen: Die Haupthandlung spielt sich im Jahr 1832 ab, eine lange Binnenerzählung blendet in die Zeit der Französischen Revolution zurück.[2] In einem abgelegenen Winkel der Niederlausitzer Heide findet sich am Ende des 18. Jahrhunderts das Schloss des Grafen Boberstein; 1832 steht an der Stelle des Schlosses eine industriell betriebene »Baumwollenspinnerei«.[3] Die »weißen Sklaven« des Titels verortet der Roman auf beiden Zeitebenen: auf der ersten werden damit die leibeigenen Bauern des Grafen bezeichnet,[4] auf der zweiten die Lohnarbeiter der Fabrik; der historische Schritt von der Leibeigenschaft in den Status »freier« Lohnarbeiter folgt für die Dorfbewohner dem Fortgang der Generationenfolge. Gleichzeitig sind die »Herren« familiär identisch: Die Fabrik wird von den Söhnen des Grafen Magnus von Boberstein betrieben, dessen Verbrechen am Ende des langen Rückblicks zu einer Katastrophe geführt hatten: Nachdem der Graf Rose, eine junge leibeigene Frau aus dem Dorf, in ihrer Hochzeitsnacht vergewaltigt hatte, erheben sich die Leibeigenen und brennen das Schloss nieder. Die Söhne des verbrecherischen Magnus, die sich nun nur noch »Herren vom Stein« nennen: Adrian, Aurel und Adalbert, gründen Jahre später ein Unternehmen und bauen das Schloss als Fabrik wieder auf; die Söhne und Töchter der aufständischen Leibeigenen werden, nun formal frei, als Arbeiter in der Fabrik angestellt.

Die »weißen Sklaven« der ersten Zeitebene sind ihrem Herrn direkt und körperlich ausgeliefert: Zum Zeichen ihrer Leibeigenschaft tragen sie einen »ledernen Riemen« um die Stirn, einen »Sclavenring«, den einer der Protagonisten, der noch leibeigen geborene alte Sloboda, im Rückblick mit dem Brandzeichen der Schafe vergleicht.[5] Der Grundherr übt die Gerichtsbarkeit aus und exekutiert Körperstrafen. Schließlich maßt sich der Graf noch das *ius primae noctis* an, wobei dieses schon umstritten ist, was sich an der Empörung nach Roses Vergewaltigung zeigt.[6] Die Bauern leisten regelmäßig »Frohn- und Hofdienste«. Darüber hinaus wird jährlich unter ihnen Gesinde ausgehoben, das im Schloss Dienst tun muss. Junge Frauen sind hier ständig Übergriffen vonseiten der Herren und älteren Dienstboten ausgesetzt.[7]

Die historische Kontinuität der Versklavung spricht der alte Leberecht aus, der ebenfalls noch leibeigen geboren wurde:

> »[I]ch hasse den selbstsüchtigen Grafen vom Grund des Herzens, weil er vielleicht mit mehr Bewußtsein und süßerem Behagen noch als sein Vater uns arme Freigelassenen wieder zu elenden Sclaven macht, die blindlings, willenlos seinem Wink gehorchen müssen, wenn sie nicht in namenloses Elend versinken sollen!«[8]

In der Mitte des Romans kehrt der Titel »Weiße Sklaven« als Überschrift eines Kapitels wieder, das die Versklavung durch »namenloses Elend« drastisch – und mit den gewohnten Mitteln miserabilistischer Literatur – vor Augen führt.[9] Nach einer »großen Lohnverkürzung« herrscht im »Fabrikdorf « Hunger. Es kommt zu Unruhen und einer Arbeitsniederlegung, die Arbeiter fordern mehr Lohn. Adrian, der Fabrikant, erteilt den Forderungen seiner Arbeiter eine Abfuhr.[10] In seiner Antwort bringt er die neuartige Form der Sklaverei auf den Punkt: »Wer sich bei mir zurückgesetzt glaubt, kann gehen! Ich halte ja Niemand, zwinge Niemand, mir zu dienen! Lieber Gott, was will man denn noch? Freier bewegt sich auf Gottes weiter Erde kein König und kein Kaiser, wie meine Arbeiter!« Die behauptete Freiheit nehmen die Arbeiter selbst bloß als »Scherz« wahr, der ihnen selbst allerdings »sehr bitter« vorkommt.[11] Die bittere Ironie der Freiheit bezeichnet Leberecht wenig später pointiert als »Sclaverei der Freiheit«, als »verabscheuungswürdigste[ ] Sclaverei« von allen.[12]

Die Not der Arbeiter resultiert indes nicht nur aus der bloßen Struktur des Lohnarbeitsverhältnisses. Adrian hat vielmehr die Situation »passiver Proletarisierung« nach Aufhebung der Leibeigenschaft planvoll dazu genutzt, die Dorfbewohner in ein System der Verschuldung zu verstricken. Dies bekennt er gegenüber den protestierenden Arbeitern freimütig ein:

> »Ich nahm Jedermann freundlich auf und warb so viele, als ich beschäftigen konnte. Nur bedang ich mir aus, daß, wer bei mir Arbeit finden und behalten wollte, sich auf meinem eigenen Grund und Boden ansässig machen müsse. Anfangs stutzte Mancher bei diesem Verlangen, als ich ihnen aber vorschlug, unentgeltlich ein Stück Land zu geben und für Bau eines kleinen Hauses Geld zu niedrigem Zins vorzuschießen, schlug Jeder ein. Ich fing die Freiheitshelden wie genäschige Mäuschen. Schaarenweise sprangen sie in meine Falle, und so entstand das Spinnerdorf drüben am See. Als meine Schuldner waren diese Thoren von Anfang an in meiner Gewalt.«[13]

Die »freie« Lohnarbeit entpuppt sich als verdeckte Schuldknechtschaft: »Wir hatten gegen Sie keine Waffen«, so der Arbeiterführer Martell zu Adrian, »denn wir waren arm, hingen von Ihnen ab, standen in Ihren Schuldbüchern, waren mit einem Wort Ihre leib- und seeleneigenen Knechte, Ihre weißen Sclaven!«[14]

Adrian weiß, dass seine Arbeiter ihm ausgeliefert sind, und verlangt absolute Unterwerfung: »Gehorsam will und befehle ich! Dem blind Gehorchenden werd' ich ein gütiger Herr sein!«[15] Mit der Betonung der totalen Abhängigkeit der Arbeiter von ihrem Brotherrn stellt der Roman die Situation der Lohnarbeiter in eine historische Kontinuität zu jener der Leibeigenen; der formal-juristische Statusunterschied wird vernachlässigt. Mit der systematischen Verschuldung der Arbeiter, die anschließend abgearbeitet werden muss, benennt der Roman zudem eine in der Frühindustrialisierung gängige Praktik, die ein wesentliches Element des formal-rechtlichen freien Status der Lohnarbeiter, die Freizügigkeit und die freie Berufswahl, auch in einem juristisch problematischen Sinn aushöhlt. Diese und andere Praktiken der faktischen Bindung der Arbeiter an einen Lohnherrn wurden zeitgenössisch auch im *Gesellschaftsspiegel* immer wieder skandalisiert. Über die anekdotische und konkret-historische Bedeutung im deutschen Vormärz hinaus hat schließlich David Graeber gezeigt, dass eine systematische Verschuldung der Arbeiter und der Kapitalisten das uneingestandene Zentrum jeder Kapitalakkumulation bildet: ohne Verschuldung keine ursprüngliche Akkumulation von freiem Kapital und keine ursprüngliche Akkumulation von freier Arbeit.[16] »Freiheit« ist eine abgeleitete Kategorie, die sich in fortgesetzter Metalepse als Ursache jener gesellschaftlichen Verhältnisse darstellt, deren Funktionsweise sie zugleich verschleiert.

Auch in synchroner Hinsicht zeigt der Roman ein soziales Kontinuum auf, in dem weitere Formen abhängiger und unfreier Arbeit aufgereiht werden. Über Aurel, der als Hamburger Hochseekapitän eingeführt wird, kommen Seeleute und Matrosen in den Blick. Nun hat nicht nur die Arbeitsgeschichte mit der »Presse«, der gewaltsamen Rekrutierung von Matrosen für die Kriegs- und Handelsflotten der Frühen Neuzeit, eine der Wurzeln moderner abhängiger Arbeit freigelegt und im grausam reglementierten Alltag der Seeleute einen der Entstehungsherde der modernen Arbeitsdisziplin entdeckt;[17] auch in den Roman wird – idyllisch-verstellt – die grausame Geschichte der modernen Seefahrerei über die Figur des Gilbert eingespielt: Dieser junge »Sohn eines Engländers und einer Kreolin« aus New Orleans ist Aurels Diener. Nach dem frühen Tod beider Eltern vollkommen »mittellos«, wird der Junge »aus reiner Gutmütigkeit« vom Kapitän aufgenommen, dem er im Gegenzug vollkommen ausgeliefert ist. Mit der »Gutmütigkeit« des grausamerfahrenen Hochseekapitäns nimmt Aurel sich auch der Erziehung des Jungen an, dessen Herkunft sich dabei fortwährend störend bemerkbar macht:

> »Obwohl Aurel den Knaben wie ein Kind liebte, hatte er doch im Dienst durchaus keine Nachsicht mit ihm. Verstöße gegen die Disciplin, die sich Gilbert im Anfange häufig zu Schulden kommen ließ, bald aus Nachlässigkeit bald aus Eigensinn und Widerspänstigkeit, bestrafte Aurel mit derselben Härte, wie bei dem gemeinsten Matrosen. Mehrmals sah der verzogene Knabe der müßiggehnden Kreolin sein Blut fließen, bis sein Eigensinn vor der Unerbittlichkeit des strengen Kapitäns sich beugte.«[18]

Die globale Dimension der transatlantischen Sklaverei, auf die schon Gilberts Mutter anspielt, wird noch weiter mit der Handlung verknüpft: Der Kapitän Aurel schließt die entlegene Baumwollspinnerei Adrians an die »transatlantische[ ] Welt« und damit den Weltmarkt an.[19] Die Brüder gründen in Hamburg ein Handelshaus, über das der Baumwollhandel abgewickelt und der Vertrieb der gesponnenen Baumwolle an die entsprechenden »Manufactoreien« organisiert wird. Die Rohbaumwolle wird zunächst aus Louisiana bezogen, bevor die Brüder vom Stein zum Betrieb einer »eigenen Pflanzung [...] am *Red River* in Arkansas« fortschreiten. Damit aber kooperieren die Brüder nicht nur mit Sklavenhaltern, sie sind als Plantagenbesitzer selbst welche geworden; »weiße« und »schwarze« Sklaven unterstehen den gleichen Herrn.[20]

Mit dem Verweis auf die verschleppten afrikanischen Sklaven der Baumwollplantagen erhält nun auch das erste Wort des Romantitels seinen Gegenhalt. Es geht mit der Rede von den »weißen Sklaven« nicht nur darum, die »Freiheit« der modernen Lohnarbeit als schlecht verhohlene Sklaverei zu entlarven; es geht auch darum, diese Sklaverei auf ein Wissen um jene *schwarzen* Sklaven zu beziehen, die im Roman nie direkt benannt werden. Der Titel *Weisse Sclaven* setzt ein solches Wissen voraus und skandalisiert das Schicksal der Titelhelden vor dem Hintergrund dieses Wissens. Zugleich aber zeigt der Roman – wenn auch nur am Rande –, dass die Schicksale der weißen und der schwarzen Sklaven funktional zusammenhängen: Sie sind nicht bloß dem gleichen Herrn Untertan, sie sind auch Teil der gleichen globalen Produktionskette, Elemente des gleichen Welt-Systems.[21]

Marx resümiert diesen Zusammenhang im *Elend der Philosophie*, an einer der wenigen Stellen, an denen er im Vormärz auf die transatlantische Sklaverei, die »direkte Sklaverei [...] der Schwarzen in Surinam, in Brasilien, in den Südstaaten Nordamerikas« zu sprechen kommt:

> »Die direkte Sklaverei ist der Angelpunkt der bürgerlichen Industrie, ebenso wie die Maschinen etc. Ohne Sklaverei keine Baumwolle; ohne Baumwolle keine moderne Industrie. Nur die Sklaverei hat den Kolonien ihren Wert gegeben; die Kolonien haben den Welthandel geschaffen; und der Welthandel ist die Bedingung der Großindustrie. So ist die Sklaverei eine ökonomische Kategorie von höchster Wichtigkeit.«[22]

Die Frage bleibt, wie man solch ökonomische Kategorien und deren globale Bedeutung literarisch darstellen kann. Wenn sich »Strukturen als solche [...] gar nicht oder nur auf blasse Weise erzählen lassen«, wie Albrecht Koschorke lapidar bemerkt,[23] dann macht Willkomm die Super-Struktur des kapitalistischen Welt-Systems zunächst einmal dadurch sinnfällig, dass er sie in einem kleinen Dorf in einer abgelegenen – um nicht zu sagen: gottverlassenen – Gegend lokalisiert. Von dort aus entspinnt er die globalen Netze der Wertschöpfung; er rekonstruiert den Weltmarktzusammenhang somit »von unten«, vom Lokalen zum Globalen. Den sozioökonomischen Transformationsprozess wiederum, der die auf Leibeigenschaft beruhende, agrarisch geprägte Wirtschaftsform in eine warenproduzierende verwandelt, familiarisiert Willkomm und bindet ihn damit an den Lebenszyklus der Dorfbewohner und ihrer Herren. Historische Veränderung wird anschaulich im natürlichen Prozess von Geburt, Wachstum und Vergehen; Zäsuren und radikale Wechsel – wie etwa der Aufstand der Leibeigenen und das Niederbrennen des Schlosses – werden sinnfällig als gewaltsame Einbrüche in diesen Prozess.

Literatur findet ihre Funktion darin, abstrakte, systemische Zusammenhänge an den Erfahrungshintergrund der Leserinnen und Leser zu binden, indem sie diese Zusammenhänge *figuriert*, das heißt: als Figuren auftreten und mit anderen Figuren aneinandergeraten lässt. Literatur zeigt, wie die großen, globalen Zusammenhänge den Einzelnen betreffen und seine Erfahrungen prägen; sie zeigt, wie dem Einzelnen abstrakte Größen wie »die Konkurrenz«, »der Weltmarkt« oder »die Wirtschaftskrise« im realen Leben widerfahren. Die Figurationsleistung wird erleichtert, wenn sie auf Figurenkonstellationen zurückgreifen kann, die ihrerseits nicht mehr erläuterungsbedürftig sind und deren Affektladung vorausgesetzt werden kann. Dies ist bei der Figurenkonstellation der Familie zweifellos gegeben. Willkomm zeigt zudem, wie sich eingefahrene Darstellungskonventionen dazu nutzen lassen, bisher Ungesehenes und Unerahntes – ein kapitalistisches Weltsystem etwa – anschaulich zu machen.[24] Dass die Entstehung der ökonomischen Macht des Kapitals sich nicht aus dem Nichts vollzogen hat, dass mithin die »ursprüngliche Akkumulation des Kapitals« immer nur eine »sogenannte« sein kann, wie Marx schreiben wird, weil sie sich vielerorts auf alte Machtstrukturen stützt, das plausibilisiert Willkomm, indem er mit den Gebrüdern vom Stein drei junge Kapitalisten zeigt, die ihre angestammte Macht gewinnbringend zu transformieren verstehen. Auch sozialhistorisch war die Industrialisierung nicht unbedingt mit einer Auswechslung der herrschenden Eliten – etwa im Sinne einer Ablösung des Adels durch das »aufstrebende Bürgertum« – verbunden, wie dies die historische Doxa annimmt. Es war vielfach der Adel selbst, der die Industrialisierung betrieben und von ihr profitiert hat. Das kommt schon in Meads »Mill-Lords« zum Ausdruck, die nicht (nur) allegorisch zu verstehen sind,[25] und das zeigt auch Willkomm, wenn er die Generationenkette der (Bober) Steins zu seinen Protagonisten macht.

Aber das familiaristische Narrativ, dessen Möglichkeiten Willkomm durchaus innovativ zu nutzen versteht, hält ihn dann – wie gesehen – doch auch in Bahnen, die allenfalls als stereotyp zu bezeichnen sind. Die Konstellation der drei Kapitalistenbrüder etwa muss, so scheint eine Eigenlogik des Narrativs zu gebieten, noch übersteigert werden durch die geheime Brüderbeziehung zum Arbeiterführer Martell, und diese eine, schon unwahrscheinliche Verwandtschaftsbeziehung wird dann immer weiter überboten durch wuchernde weitere (Familien-)Beziehungen, die schließlich kaum noch zu durchschauen sind. Es regiert schließlich der reine Wille zur Intrige.[26]

Wenn sich nach Engels die Qualität der »socialen« Literatur daran bemisst, wie sehr sie es vermag, »einzelne zu erzählende Fakta an allgemeine Verhältnisse anzuknüpfen und ihnen dadurch die frappante, bedeutende Seite abzugewinnen«, dann wird man nicht umhinkönnen, Willkomms Roman als gelungen zu bezeichnen. Und gleichzeitig wird der Roman durch genau die Mittel, die seine Qualität verbürgen, auch wieder ruiniert: Wo der narrative Familiarismus seine Verknüpfungen spinnt, da sind Kitsch und Kolportage nie fern.[27]

Engels und die Erfindung der Sozialreportage

Engels hatte der zeitgenössischen »socialen« Literatur eine allgemeine Erzählschwäche attestiert. Dass die »allgemeine[n] Verhältnisse« der Klassengesellschaft sich nicht mehr *erzählen* lassen, könnte seinen Grund nun darin finden, dass diese Verhältnisse *als allgemeine* vom Einzelnen auch nicht mehr *erfahren* werden können; das System hat sich von der Erfahrung und Erfahrbarkeit entkoppelt. Darin bestand nicht zuletzt doch Marx' zentrale Pointe in seiner Auseinandersetzung mit Proudhon und in seiner theoretischen Konstruktion des Widerspruchs von »Lohnarbeit und Kapital«: In der Erfahrung des Einzelnen stellen sich die »allgemeinen Verhältnisse« notwendig verkehrt da. Weil nicht Einzelne sich im Kapitalverhältnis gegenüberstehen, sondern Klassen, kann auch das Ganze dieses Verhältnisses nur von Klassen wahrgenommen werden, nicht aber vom Einzelnen; »Klassenerfahrung« ist also nie die des Einzelnen, sondern konstituiert sich im Bruch mit dieser. Die Rede von einer »Klassenerfahrung« wird sich nie ganz freimachen können von einer metaphorischen oder vielleicht sogar ideologischen Beimischung: Wer im Modus eines »wir« die Erfahrung der Klasse auszusprechen beansprucht, muss sich diese Position erst angeeignet haben, und diese Aneignung bleibt jedenfalls legitimationsbedürftig. In der historischen Folge wird die Aporie von der unmöglichen Erfahrbarkeit der Klassengesellschaft durch den Einzelnen dazu führen, dass Instanzen eingesetzt werden, die als legitime Subjekte der Klassenerfahrung fungieren sollen. Eine zentrale Instanz wird die Partei sein, die sich schließlich – so wird Georg Lukács formulieren – die Erfahrung der Klasse *als Klasse* und das sich daraus entwickelnde Klassenbewusstsein *zurechnen* wird.[28]

Man wird die hier enthaltene Aporie nicht scharf genug fassen können: In dem Moment, in dem der Einzelne als Einzelner freigesetzt und nur noch in der Kollektivfigur der Klasse eine übergeordnete Einheit finden kann, verliert er zugleich den Zugang zur Erfahrung und zur prinzipiellen Erfahrbarkeit seiner gesellschaftlichen Verhältnisse und Bedingungen. Die *condition prolétarienne* muss – nicht zufällig, sondern strukturell notwendig – für den einzelnen Proletarier ohne Erfahrung auskommen.

Und damit muss sie auch ohne Erzählung auskommen: »Wo ist das alles hin? Wer trifft noch auf Leute, die rechtschaffen etwas erzählen können?«, fragt Walter Benjamin 1933 in seinem trefflich betitelten Aufsatz »Erfahrung und Armut«.[29] Im Vormärz zeigt sich, dass Armut die Erfahrung – und die Erfahrungsarmut ihre Erzählbarkeit – aufzehrt. Eine Lösung ist der *Verzicht aufs Erzählen.*

Nun ist die »viel beklagte Erfahrungsarmut der Moderne« und das aus dieser Diagnose abgeleitete Ende der Erzählung aus der Perspektive einer »allgemeinen Erzähltheorie« mit guten Argumenten infrage gestellt worden.[30] Und tatsächlich wird man nicht bestreiten können, dass auch in solchen Texten, die sich selbst als postnarrativ verstehen, trotzdem erzählt wird im Sinn einer allgemeinen kultursemiotischen und anthropologischen Basisoperation.[31] Wollen wir aber trotzdem Engels' Diagnose einer »vollendete[n] Ohnmacht zu erzählen« in der kapitalistischen Moderne ernst nehmen,[32] dann wird man spezifizieren müssen, was bei Engels mit »erzählen« gemeint ist (und was nicht). Hilfreich mag dabei die Suche nach Gegenbegriffen sein: So werde ich im nächsten Abschnitt (»Der Reporter im Feld: ›Die großen Städte‹«) das Erzählen als Gegenbegriff zum Beschreiben, *narratio* als Gegenbegriff zu *descriptio* verstehen;[33] Engels beschreibt eher, als dass er erzählt, und er organisiert seine Beschreibungen nicht in Geschichten, sondern in Tableaus und kleinen Szenen. Dabei deckt sich meine heuristische Gegenüberstellung von »Beschreibung« und »Erzählung« hier nicht umstandslos mit der von »Schilderung« und »Dichtung«, die im *Gesellschaftsspiegel* ja gerade als kontinuierlich ineinander übergehend aufgefasst werden: Dort ging es um den Fiktionalistätsstatus der Texte, hier um deren Organisatonsweise. (Fiktionale) Dichtungen können ebenso schildernd wie erzählend verfahren, und Gleiches gilt für (faktuale) Schilderungen. Gleichwohl gibt es – schon begriffs- und rhetorikgeschichtlich – eine enge Wahlverwandtschaft, wenn nicht Identität von »Schilderung« und »Beschreibung«, etwa im Hinblick auf die Wurzel beider in der antiken Bildbeschreibung, der *ekphrasis*. Die heuristische Gegenüberstellung von Erzählen und Beschreiben dient im Folgenden einzig der Verdeutlichung von poetologischen Tendenzen.

In diesem Kapitel soll aber zunächst einmal eine Modifikation in der Position des sprechend-schreibenden »ich« erfasst werden. Dieses »ich« verzichtet auf narrative Allgemeinheit, es lässt jede distanziert-souveräne Haltung fallen, womit auch der Anspruch auf die Errichtung eines kohärenten Raums der Fiktion aufgegeben wird.[34]

Das »ich« der Texte tritt nur noch als beschränktes auf den Plan und wird zum *Beobachter*, der einzig seine Beobachtungen mitteilt; der schreibend-berichtende Beobachter markiert sich dabei als bloßer Zuträger, als Bote und Medium: Er wird zum *Reporter*.[35]

Für die Erfindung der Sozialreportage spielt Engels eine entscheidende Rolle. Schon vor seinem bahnbrechenden Werk über *Die Lage der arbeitenden Klasse in England* hatte er mit seinen »Briefen aus dem Wuppertal« für Aufsehen gesorgt, die 1839 in Gutzkows *Telegraph für Deutschland* erschienen waren.[36] Auf einen wichtigen Vorläufer verweist Berthold Auerbach 1846 in *Schrift und Volk*, wenn er die »Darstellungen von Boz« als Beispiele für eine Literatur nennt, welche »die Zustände des niedern Volkes« wieder in den Zuständigkeitsbereich der Poesie hebe.[37]

Unter dem Titel *Sketches by Boz. Illustrative of Every-Day Life and Every-Day People* war 1836 eine Sammlung von zuvor schon in Zeitschriften publizierten kleinen Prosastücken des noch unbekannten und nicht namentlich als Autor angegebenen Charles Dickens erschienen. Als Absicht und Gegenstand – »object« – der *Sketches* benennt das Vorwort »to present little pictures of life and manners as they really are«.[38] Das bildliche Element, das schon im Titel der Sammlung angesprochen ist, drückt sich in den einzelnen Prosastücken in einer detailversessenen Kunst der Beschreibung aus, deren explizites Ziel es ist, dem Leser den Gegenstand der Beschreibung möglichst lebendig vor Augen zu stellen. Vom »beadle«, dem Kirchendiener des beschriebenen »parish«, heißt es:

> »See him again on Sunday in his state-coat and cocked-hat, with a large-headed staff for show in his left hand, and a small cane for use in his right. How pompously he marshals the children into their places! and how demurely the little urchins look at him askance as he surveys them when they are all seated, with a glare of the eye peculiar to beadles! The churchwardens and overseers being duly installed in their curtained pews, he seats himself on a mahogany bracket, erected expressly for him at the top of the aisle, and divides his attention between his prayer-book and the boys. Suddenly, just at the commencement of the communion service, when the whole congregation is hushed into a profound silence,

broken only by the voice of the officiating clergyman, a penny is heard to ring on the stone floor of the aisle with astounding clearness. Observe the generalship of the beadle. His involuntary look of horror is instantly changed into one of perfect indifference, as if he were the only person present who had not heard the noise. The artifice succeeds. After putting forth his right leg now and then, as a feeler, the victim who dropped the money ventures to make one or two distinct dives after it; and the beadle, gliding softly round, salutes his little round head, when it again appears above the seat, with divers double knocks, administered with the cane before noticed, to the intense delight of three young men in an adjacent pew, who cough violently at intervals until the conclusion of the sermon.«[39]

Die Aufforderungen »see« und »observe« verdeutlichen den Anspruch dieser Prosa: Sie gibt zu sehen und macht beobachtbar; das dramatisierende »suddenly« erzeugt dabei den Eindruck einer Gleichzeitigkeit der Beobachtung. Die für diesen Anspruch notwendige Vertrautheit mit dem *Objekt der Beobachtung* soll, so wird im Text selbst behauptet, dadurch gegeben sein, dass das *Subjekt der Beobachtung* Teil der beschriebenen Welt ist. Das erste Kapitel der Sammlung heißt »Seven sketches from our parish«, der Beobachter ist Teil der Nachbarschaft, um die es geht. Die genaue Stellung des beobachtenden Subjekts bleibt allerdings unmarkiert; nur seine – zumeist ironisch artikulierte – Solidarität mit den armen Leuten des Viertels gegenüber der aufgeplusterten Willkür der kleinen und großen Machthaber und Würdenträger wird nie in Zweifel gezogen.[40]

Eine ähnliche Sprech- und Schreibposition nimmt auch Engels in seinen »Briefen aus dem Wuppertal« ein. Die Berichte aus Barmen und Elberfeld haben die desolate Lage der Armen und Pauperisierten ebenso im Blick wie die »obskurantistische« Doppelmoral der gebildeten und besitzenden Schichten, die zeitgenössisch (und wohl bis heute) stark in freikirchlichen und reformierten Sekten organisiert waren (und sind).[41] Das Wissen, das hier ins Bewusstsein der aufgeklärten, auswärtigen Leserschaft gehoben werden soll, ist das eines *Insiders*, der sich aber doch weit genug distanzieren kann, um die Lächerlichkeit des Ganzen wahrnehmen und betonen zu können. In seinen späteren *Lage*-Berichten aus England wechselt Engels dann die Sprech- und Schreibposition, was diese Texte erst zu Sozialreportagen im vollen Sinn macht: In der *Lage der arbeitenden Klasse* gibt sich Engels als ein *Outsider* zu erkennen, der sich ins Innere der Verhältnisse begeben hat, um den Lesern draußen ein Wissen über das Drinnen zu bringen.

Der Anspruch auf Autopsie steht bei Engels schon im Untertitel des Buches: »Nach eigener Anschauung und authentischen Quellen«. Zu den Finessen seiner Schreibhaltung gehört, dass er diesen Anspruch, der seine Glaubwürdigkeit ja vor allem bei den lesenden *Outsidern* bekräftigen soll, zunächst in einer Adresse an die *Insider* ausstellt. Dem Buch vorangestellt ist eine zweiseitige, in englischer Sprache verfasste und auch in der deutschen Erstausgabe auf Englisch abgedruckte Widmung »To the Working Classes of Great-Britain«, die mit dem Aus- und Aufruf »Working Men!« beginnt.

In dieser Widmung fasst Engels alle Punkte zusammen, die seinen Text zu einer Reportage machen und die damit dessen innovative Stellung verdeutlichen:

> »Arbeiter!
>
> Euch widme ich ein Werk, in dem ich den Versuch gemacht habe, meinen deutschen Landsleuten ein treues Bild eurer Lebensbedingungen, eurer Leiden und Kämpfe, eurer Hoffnungen und Perspektiven zu zeichnen. Ich habe lange genug unter euch gelebt, um einiges von euren Lebensumständen zu wissen; ich habe ihrer Kenntnis meine ernsteste Aufmerksamkeit gewidmet; ich habe die verschiedenen offiziellen und nichtoffiziellen Dokumente studiert, soweit ich die Möglichkeit hatte, sie mir zu beschaffen – ich habe mich damit nicht begnügt, mir war es um mehr zu tun als um die nur *abstrakte* Kenntnis meines Gegenstandes, ich wollte euch in euren Behausungen sehen, euch in eurem täglichen Leben beobachten, mit euch plaudern über eure Lebensbedingungen und Schmerzen, Zeuge sein eurer Kämpfe gegen die soziale und politische Macht eurer Unterdrücker.«[42]

Der Anspruch, ein »treues Bild [...] zu zeichnen«, beruht auf Autopsie und Teilnahme. Der Beobachter kommt in die »Behausungen«, lebt und unterhält sich mit den Arbeitern, nimmt Teil an ihren »Leiden und Kämpfen« und erfährt von ihren »Hoffnungen und Perspektiven«. Dies führt dazu – und wird zugleich erst ermöglicht dadurch –, dass der Beobachter jede Prätention auf Neutralität fahren lässt und sich parteiisch im Feld der Beobachtung verortet: Er will, so schreibt er den Arbeitern, »Zeuge sein eurer Kämpfe gegen die soziale und politische Macht eurer Unterdrücker«. Er bezeugt in seiner Person, dass alles so war, wie er es berichtet – er beglaubigt es –, und er tritt zugleich als Zeuge der Anklage in jenem großen (Gerichts-)Prozess auf, als den Hegel, Marx und Engels die Weltgeschichte fassen.[43] Als »Zeuge« der Anklage hat er »genügendes Beweismaterial« gesammelt, mit dem er die Ideologie der »Mittelklasse« in sich zusammenbrechen lassen kann. Es gehe darum, so heißt es schließlich, »einer unterdrückten und verleumdeten Klasse Gerechtigkeit widerfahren zu lassen«.

Engels' Verfahren kann als das einer *teilnehmenden Beobachtung* aufgefasst werden. Anachronistisch ist diese Bezeichnung nur insofern, als das methodologische Konzept der teilnehmenden Beobachtung erst später systematisch ausgearbeitet und diese dann auch als solche benannt werden wird; die »Ethnos-Wissenschaften« aber, in denen dieses Verfahren zur Anwendung kommt: Volkskunde, Völkerkunde, Ethnologie, sind durchaus zeitgenössische Erfindungen.[44] Wenn Engels schreibt, dass er die Arbeiter in ihren »Behausungen« aufgesucht habe, um ihre »Lebensbedingungen« kennenzulernen, dann bespielt er zudem einen bereits etablierten *literarischen* Topos, der auf das ethnologische Feld zurückverweist. Im Vorwort seiner *Mystères de Paris* vergleicht Eugène Sue sich mit James Fenimore Cooper und erhebt für sich und sein Werk einen ähnlichen Erkundungsanspruch:

> »Alle Welt hat die bewundernswerten Bücher gelesen, in denen J.F. Cooper, der amerikanische Walter Scott, die grausamen Sitten der Wilden, ihre malerische, poetische Sprache und die tausend Listen beschrieben hat, mit deren Hilfe sie ihren Feinden entkommen oder sie

> verfolgen. […] Wir wollen versuchen, dem Leser einige Episoden aus dem Leben anderer Barbaren darzustellen, die ebenso außerhalb der Zivilisation stehen wie die von Cooper so hervorragend geschilderten wilden Völker. Nur leben diese Barbaren, von denen wir sprechen, mitten unter uns; wir können ihnen begegnen, wenn wir uns in ihre Schlupfwinkel wagen, in den sie hausen und wo sie sich versammeln, um über Raub und Mord zu beraten, um schließlich die Hinterlassenschaft ihrer Opfer unter sich zu teilen.«[45]

Den Topos einer Forschungsreise auf jenen Kontinent der Armut und Verwahrlosung, den es in den »schlechten Vierteln« der Städte zu entdecken gilt,[46] nutzt auch Engels; allerdings versucht dieser – im Gegensatz zu und vielleicht auch als Kritik an Sue –, jede Exotisierung der »Barbaren« zu vermeiden. Die englischen Arbeiter sind für Engels keine »Fremden« oder »Wilden«, sondern Statthalter und Vorreiter eines Universalismus der *»›einen und unteilbaren‹ Menschheit*«, der sich ansonsten noch nirgendwo verwirklicht hat – auch und vor allem nicht bei den gebildeten, »zivilisierten« Klassen. In der Widmung markiert Engels einen bezeichnenden Unterschied zwischen den direkt adressierten Arbeitern und der englischen Mittelklasse:

> »Ein Ausländer für sie, ich hoffe, nicht für *euch*. Mag auch mein Englisch nicht rein sein, so werdet ihr doch hoffentlich finden, daß es *deutliches* Englisch ist. Kein Arbeiter in England – nebenbei gesagt, auch in Frankreich nicht – hat mich je als Ausländer behandelt. Mit dem größten Vergnügen sah ich euer Freisein von dem verderblichen Fluch der nationalen Beschränktheit und der nationalen Überheblichkeit […] ich fand, daß ihr mehr seid als nur *Engländer*, Angehörige einer einzelnen, isolierten Nation; ich fand, daß ihr *Menschen* seid, Angehörige der großen und internationalen Familie der *Menschheit*, die erkannt haben, daß ihre Interessen und die der ganzen menschlichen Rasse die gleichen sind, und als solche als Glieder dieser Familie der *›einen und unteilbaren‹ Menschheit*, als *menschliche Wesen* in der nachdrücklichsten Bedeutung des Wortes, als solche begrüßen ich und viele andere auf dem Festland eure Fortschritte in jeder Richtung und wünschen euch schnellen Erfolg. Vorwärts denn auf dem beschrittenen Wege. Vieles steht euch

noch bevor; seid standhaft, laßt euch nicht entmutigen – euer Erfolg ist gewiß, und jeder einzelne Schritt vorwärts auf dem Wege, den Ihr zu gehen habt, wird unserer gemeinsamen Sache dienen, der Sache der *Menschheit*!«[47]

Sein Wissen um das Leben der englischen Arbeiter bezieht Engels allerdings nicht nur aus »eigner Anschauung« und aus dem vertrauten Umgang mit ihnen. Er hat sich als »teilnehmender Beobachter« auch gewissenhaft vorbereitet, indem er alle »authentischen Quellen«, alle »offiziellen und nichtoffiziellen Dokumente studiert« und auch all die »umfangreiche[n] Berichte« der »Untersuchungskommissionen« gelesen hat, die ansonsten bloß »auf den Regalen des Home Office« verstauben.[48] Dass er Zugang zu all diesen Dokumenten und dass er die Zeit hat, all diese Quellen zu studieren, rührt daher, dass Engels selbst *kein* Arbeiter ist, auch wenn er sich mit diesen solidarisiert; Engels, der Beobachter, bewegt sich mit großer Selbstverständlichkeit in beiden Welten – in der der Arbeiter und in der der »Mittelklasse« – und genau die Möglichkeit des Wechsels eröffnet ihm seine privilegierte Beobachterposition:

»Dank meiner gleichzeitigen umfassenden Gelegenheit zur Beobachtung der Mittelklasse, eures Gegners, bin ich sehr schnell zu dem Schluß gelangt, daß ihr im Recht, völlig im Recht seid, wenn ihr von ihnen keinerlei Hilfe erwartet. Ihre Interessen sind den euren diametral entgegengesetzt, obgleich sie immer versuchen werden, das Gegenteil zu behaupten und in euch den Glauben zu wecken an ihr herzlichstes Mitgefühl mit eurem Schicksal. Ihre Taten strafen sie Lügen.«[49]

Die Position des Reporters ist die einer eigentümlichen Positionslosigkeit. Der Reporter ist ein Weltenwechsler, der an keinen Ort gebunden und in keine soziale Welt eingebunden ist, sondern die *eine* Welt immer aus der Perspektive einer je anderen betrachten und damit beide relativieren kann. Was für die Klassen gilt, gilt auch für die Nationen: Nach der Widmung an die englischen Arbeiter adressiert das »Vorwort« die deutschen Leser; Engels tritt als Mittler zwischen England und Deutschland auf und entlarvt auch hier wieder bornierte, einseitige Lebenslügen, indem er sie im Spiegel der jeweils anderen bricht: »Einstweilen wird aber das konstatierte *englische* Elend uns einen Anlaß bieten, auch unser *deutsches* Elend zu konstatieren«. Umgekehrt hilft Engels seine deutsche philosophische Bildung dabei, das englische Elend erst in seiner *Totalität* zu erfassen, sodass er stolz behaupten kann, dass »selbst in England noch kein einziges Werk existiert, das wie das meinige *alle* Arbeiter behandelt«.[50]

Die ortlose Position des Reporters erlaubt eine Form der Kritik, die ihren Standpunkt nicht weiter theoretisch ausweisen muss, die aber doch entschieden und begründet auftreten kann. Gleichzeitig verbürgt nichts die Zuverlässigkeit der Urteile des Reporters, außer seiner eigenen Zusicherung, *dabei* und *wirklich dort* gewesen zu sein. Seine selbstbegründete Autorität und die zwielichtige Position machen es plausibel, ihn als eine Art *Trickster* aufzufassen.[51] Der Trickster, der als Schwellenfigur verschiedene Welten, Kulturen oder Gesellschaften nicht zuletzt dadurch in Kontakt bringt, dass er beide Seiten betrügt, taucht Mitte des 19. Jahrhunderts sowohl im ethnologischen wie im politischen Diskurs auf.[52] Es soll ausgerechnet der spätere Tory-Premierminister Benjamin Disraeli gewesen sein – nebenbei jener Autor, der sich mit seinem Roman *Sybil* 1845 selbst als literarischer Schwellenkundler zwischen den *Two Nations* und den zwei Klassen erwiesen hatte –, der im britischen Parlament seine Whig-Gegner als Trickster beschimpft hat.[53] Der Rückschlag hat nicht lange auf sich warten lassen: Der Vorwurf, selbst ein Trickster zu sein, hat Disraeli in den folgenden Jahren immer wieder getroffen, und die antisemitische Färbung dieses Vorwurfs ist nicht zu verkennen.[54]

Ohne diese Zuspitzung verallgemeinern zu wollen, kann doch festgehalten werden, dass der Reporter sich strukturell in eine Position begibt, in der er beständig und mit einer gewissen Notwendigkeit dem Verdacht ausgesetzt bleibt, ein Betrüger oder Fälscher zu sein – und dies gerade dort, wo er Betrug, Fälschung und Lüge entlarven will.[55] Der Verdacht gehört zum Berufsethos *und* zum Berufsrisiko des Reporters.

Der Reporter im Feld: »Die großen Städte«

> »Es ist eine Pflicht, solche Orte hin und wieder zu sehen und zu riechen, besonders zu riechen, damit man nicht vergißt, daß es sie gibt; obwohl es vielleicht besser ist, nicht zu lange dort zu verweilen.«
>
> *George Orwell*[56]

Wie nun stellt die Sozialreportage das Leben der *labouring poor* dar, ohne in die Falle miserabilistischer Sozialromantik zu tappen? Engels' Kapitel über »Die großen Städte«, das nach Tristram Hunt das »philosophische und journalistische Rückgrat des ganzen Buches« darstellt, kann hier als Probefall dienen.[57]

»Die großen Städte« kommen in Engels' Fokus, weil das »industrielle Proletariat« hier seine Heimat hat. Und deshalb lassen sich, so Engels, in den »großen Städten« denn auch die Charakteristika der modernen Gesellschaftsordnung »auf ihre höchste Spitze getrieben« beobachten.[58] An Engels' Darstellung der »großen Städte« fällt zunächst einmal der Anspruch auf Vollständigkeit auf, der auf irritierende Weise mit der ausgestellten Partialität der Beobachterposition kontrastiert. Dies lässt sich schon im Eingang des Kapitels demonstrieren, wo der Leser von einem erfahrungsgesättigten »ich« eingeladen wird, sich London auf dem Schiff zu nähern: »Ich kenne nichts Imposanteres als den Anblick, den die Themse darbietet, wenn man von der See nach London Bridge hinauffährt.«[59] Diese markierte Perspektivität weicht dann schnell zunächst einer kurzen, zivilisationskritischen Verallgemeinerung, die sich über die Atomisierung der Menschen in der modernen Stadt empört, um dann einem langen, enzyklopädischen Überblick Platz zu geben, einem regelrechten Katalog der »schlechten Viertel« Londons, und schließlich aller größeren Städte des Vereinigten Königreichs (Dublin, Edinburgh, Liverpool, Nottingham, Glasgow …), bevor schließlich als Höhepunkt die Untersuchung Manchesters in Angriff genommen wird. Aber auch dabei stellt Engels zunächst die verschiedenen Vorstädte ausführlich vor, bevor schließlich die »Zentralstadt« in den Blick kommt. Bei den verschiedenen Städteübersichten wird jeweils die urbanistische Anlage der Straßen, die Verteilung der Fabriken und der verschiedenen Viertel erläutert, wobei besonderes Augenmerk auf den hygienischen Verhältnissen der Arbeiterquartiere liegt. An Manchester werden dann zusätzlich und sehr genau die vorherrschenden Formen der Blockbebauung sowie schließlich die Bauart der einzelnen Häuser untersucht; zur Veranschaulichung des Hinterhofsystems fügt Engels selbstangefertigte Grundrisse und Karten ein, und auch die skandalöse Praxis, die üblichen Ziegelsteine nicht mehr »mit der langen Seite« aneinanderzusetzen, sondern »mit der schmalen Seite«, wodurch Material eingespart, die Wände aber dünner und winddurchlässiger werden, illustriert Engels durch kleine Skizzen. Von der gebauten Substanz der Städte geht es schließlich weiter zur Kleidung und dann zur Nahrung der Stadtbewohner: Die städtische Lebensform der »arbeitenden Klasse« wird so nachgerade systematisch erfasst. Das Kapitel hat insgesamt eine aufzählende und damit beiordnende Struktur. Wie schafft es Engels nun, die »zu erzählende[n] Fakta« sinnfällig zu machen?

Zunächst einmal muss feststellt werden, dass keine *Geschichten* erzählt werden: Es gibt kein die Narration auslösendes Ereignis, kein zu erzählendes Geschehen, keine Spannung, keine narrative Zeitgestaltung. Selbst der episodische Charakter, den Dickens'/Boz' *Sketches* noch bisweilen aufweisen (»suddenly«), fehlt weitgehend. Einmal wird erzählt, dass der Chartistenführer Feargus O'Connor bei seinem Besuch in Manchester anlässlich der Insurrektion von 1842 einen »baumwollsamtnen Anzug[ ]« – die »sprichwörtlich [gewordene] Tracht der Arbeiter« – getragen und dafür den rasendsten Beifall der Arbeiter« geerntet habe.[60] Diese Kleinsterzählung umfasst bei Engels nur einen Satz, der seine narrative oder wenigstens anekdotische Qualität wiederum nur daraus zieht, dass er die zuvor gegebene ausführliche Beschreibung der typischen Arbeiterkleidung resümiert.

Ein zentrales Mittel der sinnfälligen Verdichtung ist bei Engels die Darstellung herausgehobener, klar abgegrenzter Tableaus. So werden gleich zu Beginn des Kapitels, im London-Abschnitt, drei

Wohnsituationen geschildert, die den schlimmstmöglichen Grad an Verelendung veranschaulichen sollen. Dem Leser werden kleinste Wohnungen und Kellerlöcher ohne Möbel oder sonstige Ausstattung vor Augen gestellt, in denen ganze Familien auf fauligem Stroh vegetieren und sterben, ohne dass irgendwer davon Notiz nimmt.[61] Aussagekräftiger als der Inhalt ist für die Organisationsweise der Darstellung die Art, wie die drei Schilderungen anmoderiert werden. Nach einer vorangehenden längeren Beschreibung eines »schlechten Viertels« heißt es: »Wir sehen schon aus der obigen Beschreibung, wie es in diesen Wohnungen selbst auszusehen pflegt. Zum Überfluß wollen wir den englischen Behörden, die zuweilen dahin geraten, noch in einige Proletarierwohnungen folgen.«[62] Leitende und strukturierende Fiktion ist der geteilte Spaziergang, die einzelnen »Fakta« werden verknüpft in der Bewegung des Gehens: Der Erzähler/Beschreiber zieht durch die Stadt und notiert sorgfältig, was er sieht. Wendungen, die eine solche ambulatorische Beobachtungs- und Erzählsituation suggerieren, finden sich im ganzen Kapitel immer wieder. Vom Flaneur, der wenig später zur privilegierten Erzählerfigur der urbanen Moderne werden wird,[63] unterscheidet sich Engels' Spaziergänger allerdings in einer wesentlichen Hinsicht: Bei Engels ist der Spaziergänger ein Forscher, er lässt sich nicht treiben, er ist vielmehr von Anfang an motiviert durch den dringenden Wunsch, hinter die Fassade zu blicken. Immer wieder wird zunächst ein womöglich sogar anziehendes Äußeres beschrieben, hinter dem sich dann Abgründe von Elend und Gewalt auftun. Schon der Eingang des Kapitels gibt diese *kritische* Bewegung des Blicks und Gedankens vor: Nach dem imposanten Anblick Londons von der Themse her beginnt der zweite Abschnitt mit dem alles entscheidenden »Aber«:

> »Aber die Opfer, die alles das gekostet hat, entdeckt man erst später. Wenn man sich ein paar Tage lang auf dem Pflaster der Hauptstraßen herumgetrieben, sich mit Mühe und Not durch das Menschengewühl, die endlosen Reihen von Wagen und Karren durchgeschlagen, wenn man die ›schlechten Viertel‹ der Weltstadt besucht hat, dann merkt man erst, daß diese Londoner das beste Teil ihrer Menschheit aufopfern

> mußten, um alle die Wunder der Zivilisation zu vollbringen, von denen ihre Stadt wimmelt, daß hundert Kräfte, die in ihnen schlummerten, untätig blieben und unterdrückt wurden, damit einige wenige sich voller entwickeln und durch die Vereinigung mit denen anderer multipliziert werden konnten.«[64]

Die ganze City von Manchester, so ein weiteres Beispiel, sei sozialräumlich und stadtarchitektonisch so organisiert, »daß man jahrelang in ihr wohnen und täglich hinein- und herausgehen kann, ohne je in ein Arbeiterviertel oder nur mit Arbeitern in Berührung zu kommen – solange man nämlich eben nur seinen Geschäften nach- oder spazierengeht«.[65] Sobald man aber von den gewohnten Wegen abweicht, findet man unweigerlich »das Elend und den Schmutz«.[66] Engels will das eine unter dem anderen aufdecken, und er behauptet zugleich, dass die Operation der Verbergung zur gegenwärtigen Gesellschaftsordnung dazugehört: Ohne die »systematische Absperrung der Arbeiterklasse«, ohne die »schamhafte[ ]« und »heuchlerische Bauart« der großen Städte könne der Kapitalismus nicht funktionieren. Die Unterscheidung von Fassade und Kern trifft Engels nicht bloß oberflächlich: Sie umschreibt den Kern der Sache selbst. Die Konsequenzen dieser Denk- und Schreibart erstrecken sich noch bis in die Ideologie- und Fetischismuskritik des reifen Marx.

Das Aufdeckungsbegehren des Erzählers verlässt sich, und auch das markiert einen Unterscheid zum Flaneur, nicht auf die Kontingenz der eigenen Anschauung. Er zieht systematisch andere Berichte heran, er ergänzt und unterfüttert seine eigenen Beobachtungen durch Kommissions-, Polizei- und Presseberichte, die angesichts der kaum mehr zu verhehlenden katastrophalen Lebenssituation der »arbeitenden Klassen« in den 1830er und 1840er Jahren allenthalben angefertigt werden, und prüft diese Berichte wiederum an der eigenen Anschauung. Dadurch wird Engels' Text vielstimmig, und er zieht zudem neben den bereits erwähnten Zeichnungen und Karten in großem Umfang auch Tabellen heran, in denen statistisches Material etwa aus parlamentarischen Enqueteberichten aufbereitet wird.[67] Der Text erscheint so, näher besehen, als Montage äußerst heterogener Materialien, deren Kohärenz erst hergestellt werden muss und nirgendwo schon unterstellt werden kann.

Es ist das Reporter-Subjekt, das diese Kohärenz herstellt, und es ist eine Kohärenz, die durchgängig *als hergestellte* markiert wird. Der Reporter lässt die Leser daran teilhaben, wie er selbst sich einen Reim auf die beobachteten und vielfach in ihrem Elend zunächst kaum vorstellbaren Zustände zu machen versucht. Es gibt hier keine vorausgesetzte Souveränität des schreibenden Subjekts, sondern ein aufgezeichnetes Bemühen um Souveränität.[68] Kleine Erzählungen, Szenen und Tableaus sind Hilfsmittel, derer sich das Reporter-Subjekt bedient, um Ordnung zu schaffen und sich zurechtzufinden; sie sind Teile seiner Montagen. Den übergeordneten, vorgeordneten Raum einer Erzählung (im starken Singular), der allein durch ein Erzähler-Subjekt (wie unzuverlässig und gebrochen auch immer) und dessen Perspektive, Stimme oder Mehr-Wissen strukturiert wäre, gibt es nicht.[69] Das beobachtende Reporter-Subjekt überlässt sich der beobachteten Situation, es ersetzt aber gewissermaßen die Souveränität des Erzählers durch eine klare – und als solche immer erkennbare – politisch-moralische Positionierung.

Das Darstellungsproblem, das Engels angesichts der miserabilistischen Literatur als Erzählproblem präpariert hatte, löst er selbst, indem er die Organisationsweise seines Textes flexibilisiert, heterogene Materialien integriert, mögliche Erweiterungs- und Fortsetzungsansätze offenlegt und Beschreibungen als Selbstzweck erlaubt. Eine gewisse ermüdende Redundanz, die selbst Engels' gefeiertes Buch bisweilen nicht zu verhindern weiß, ist der Preis dieses Verfahrens.

VII Klasse im Kampf

»Fort mit dir! Ich gehöre dir nicht zu. Zwischen uns kann es keine Gemeinschaft geben. Wir sind Feinde. Hinfort, oder laß uns unsre Kraft in einem Kampf auf Leben und Tod erproben.«

Mary Shelley[1]

»Was von den traditionellen Verausgabungsformen übriggeblieben ist, ist verkümmert, und der prächtige lebendige Tumult hat sich in die beispiellose Entfesselung des Klassenkampfs aufgelöst. [...] Dagegen wird der Klassenkampf vielmehr zur grandiosesten Form sozialer Verausgabung, wenn er, und zwar diesmal von den Arbeitern, mit einer Radikalität weitergeführt und entfaltet wird, die die Existenz der Herren selbst bedroht.«

Georges Bataille[2]

Engels lässt sein Buch über *Die Lage der arbeitenden Klasse in England* mit einem Kampfruf enden, den der heutige Leser nicht *nicht* mit Büchners Kampfschrift *Der hessische Landbote* verbinden kann: »Krieg den Palästen, Friede den Hütten!«:

> »Der Krieg der Armen gegen die Reichen, der jetzt schon im einzelnen und indirekt geführt wird, wird auch im allgemeinen, im ganzen und direkt in England geführt werden. Es ist zu spät zur friedlichen Lösung. Die Klassen sondern sich schroffer und schroffer, der Geist des Widerstandes durchdringt die Arbeiter mehr und mehr, die Erbitterung steigt, die einzelnen Guerillascharmützel konzentrieren sich zu bedeutenderen Gefechten und Demonstrationen, und ein kleiner Anstoß wird bald hinreichen, um die Lawine in Bewegung zu setzen. Dann wird allerdings der Schlachtruf durch das Land schallen: ›Krieg den Palästen, Friede den Hütten!‹ – dann wird es aber zu spät sein, als daß sich die Reichen noch in acht nehmen könnten.«[3]

Die Parole war schon bei Büchner ein Zitat, das historisch auf die soziale und militärische Verschärfung der Französischen Revolution verweist: *Guerre aux châteaux, paix aux chaumières* – mit diesem Schlachtruf, dessen Urheberschaft Nicolas Chamfort zugeschrieben wird, waren 1792 die französischen Revolutionsarmeen über den Rhein gekommen, um die Botschaft der Revolution zu verbreiten.[4]

Den neuesten Sprengsatz der Revolution, der aus Frankreich nach Deutschland geschleudert wird – nun der Sprengsatz einer von Anfang an explizit *sozialen* Revolution –, zitiert Engels schon am Beginn seines letzten Absatzes: Es ist die Parole vom »Krieg der Armen gegen die Reichen«. Die Formulierung war im Vormärz bekannt geworden durch Ludwig Börne, der sie in seinem sechzigsten »Brief aus Paris« vom 30. November 1831 verwendet. Börne schreibt im Kontext der verschärften Klassenkämpfe nach der Juli-Revolution und bezieht sich direkt und denkbar aktuell auf den Aufstand der Seidenweber in Lyon vom November 1831.[5]

Mit dem Börne-Zitat stimmt Engels die Schlussfanfare seines Buches auf den Grundton proletarischer Unruhen und Insurrektionen ein; im Laufe seines Schlussabsatzes zeichnet er den Entwicklungsgang vor, dem die Radikalisierung und interne Klärung des Klassenkampfs folgen soll. Engels' kurzem Abriss kann eine ganze Typologie möglicher Formen des Klassenkampfs abgewonnen werden, die der im Futur vorhergesagten Entwicklung entspricht: Ein zuerst noch diffuser »Geist des Widerstandes«, eine noch ungreifbare »Erbitterung« wird sich zunächst in »Guerillascharmützeln« materialisieren, bevor schließlich das Stadium des kleinen Kriegs verlassen und die Arena der großen Schlachten, der »bedeutenderen Gefechte[ ]«, betreten wird. Dort wird dann jener Endkampf vorbereitet, den Marx wiederum in *seiner* Schlussfanfare zum *Elend der Philosophie* als »totale Revolution« bezeichnet.[6]

Die folgende Typologie von Formen des Klassenkampfs folgt der Hypothese, dass Klassen nicht schon als fertige in den Kampf eintreten, sondern erst durch den Kampf konstituiert werden. »Klasse« ist ein durch und durch polemisches Konzept: Es ist sinnlos, nur von einer Klasse zu sprechen, wenn man nicht zugleich eine Gegen-

Klasse, eine antagonistische Klasse setzt, und es ist sinnlos, Klassen anzunehmen, die ohne Kampf auskommen: »Die Klassen sondern sich schroffer und schroffer«, schreibt Engels, und so erzeugen sie erst im Kampf ihre endgültige Unterscheidbarkeit und Wahrnehmbarkeit.

Mit dieser Radikalisierung aber werden Kosten verbunden sein, die abschließend zu erörtern sind – Kosten nicht nur im Sinne der Opfer, die jede Revolution fordert, sondern auch im Sinne von Ausschlüssen und Verengungen, die schon die Konstitution des revolutionären Subjekts, die Konstitution der revolutionären Klasse selbst betreffen.

Frühneuzeitlicher Klassenkampf als Hexensabbat: Tieck

Der erste bewaffnete Arbeiteraufstand der deutschen Literaturgeschichte findet bei Ludwig Tieck statt. Die Handlung der Novelle *Der Hexensabbat* von 1832 ist in den letzten Jahren der Regierung Philipps des Guten im burgundischen Arras angesiedelt. In der aufgeklärt-frühkapitalistischen Atmosphäre einer großen Stadt voller »Gewerbe« – in der Mitte des 15. Jahrhunderts war Burgund Zentrum einer globalen Textilindustrie – bricht plötzlich und für die meisten Beteiligten völlig unvorhersehbar ein Hexenwahn aus: Unter Führung einer alten Bettlerin, die scheinbar wahllos Verdächtigungen ausspricht, und mit tatkräftiger Unterstützung des von allen zunächst für einfältig gehaltenen neuen Bischofs kommt es zu pogromartigen Szenen in der Stadt; Hauptakteur sind marodierende »Volkshaufen«[7] und der »Pöbel«.[8]

Die reiche und gebildete »Bürgerschaft« glaubt zunächst an ein vorübergehendes Phänomen, da sie kein Kalkül hinter dem Wahn erblicken kann;[9] »die Überweisen«, wie Tieck sie süffisant bezeichnet, können sich keinen Reim auf die Ereignisse machen.[10] Als immer mehr Bürger selbst angeklagt und ins Gefängnis geworfen werden, hat Peter Carrieux, »einer der reichsten Männer des Landes«, die Idee, die »vielen Arbeiter seiner Fabriken zu bewaffnen und der Bürgerschaft zu Hülfe zu senden«. Die Vertreter der Bürgerschaft lehnen entsetzt ab, weil sie einen »Bürgerkrieg« und damit den »Untergang ihrer Stadt« befürchten.[11]

Die Arbeiter aber – »Tapetenwirker«, wie es heißt[12], und allesamt »gute[ ] Gesellen« – haben sich schon mit Waffen versorgt und stehen unter Führung des aufstandserfahrenen Altgesellen Guntram zum Losschlagen bereit. Carrieux beruhigt sie und befiehlt ihnen, »wieder an ihre Arbeit zu gehen«. Guntram gegenüber begründet Carrieux die Demobilisierung mit der sozialen Lage und den möglichen Klassenallianzen in der Stadt: »Die Bürger würden nicht zu uns stehen, die Schöffen sind unentschlossen und voll Angst, der Adel zöge vielleicht gegen uns.«[13] Guntram aber, »der eigentliche Held des aktiven Widerstandes«,[14] ist zuversichtlich, dass mit dem nötigen Maß an Entschlossenheit diese Widerstände überwunden werden könnten:

> »Wie ihr wollt, sagte Guntram; aber ihr seid in diesen Dingen nicht so erfahren wie ich. Ich habe den großen Aufstand in Gent mitgemacht, früher war ich Soldat; wo es Lärmen und Scharmützel gab, da wurde ich von meinem Gemüte hingezogen. Es liegt oft nur an einer Kleinigkeit, daß eine ganze Stadt und Landschaft in den hellen Aufruhr hinausbricht.«[15]

Der Fortgang der Geschichte wird zeigen, dass beide – Carrieux und Guntram – recht haben und dass dies beiden nicht guttut. Carrieux wird bald selbst verhaftet, Guntram mobilisiert die Arbeiter. Letzterer muss nun einsehen, dass er mit seiner Theorie richtiglag, dass die andere Seite aber längst kompromisslos ihre Vorstellung von Ordnung durchgebracht hat. Die revoltierenden Arbeiter, die doch meinen, fürs Gemeinwohl zu kämpfen – »Wir wollen Eure Stadt verteidigen«, hatte Guntram gesagt[16] –, sehen sich schließlich genau jener Allianz gegenüber, die Carrieux vorausgesagt hatte:

> »Sie [die Arbeiter; PEO] stürmten mit Geschrei hinaus und rannten vor den Palast des Bischofs hin. Aber kein Bürger erhob sich, in der Nähe des Getümmels verschloß man die Läden, das Haus des Bischofs und die Inquisition waren fest verrammelt. Die Gesellen tobten, und zer-

schlugen, was sie erreichen konnten; da aber Reisige, welche der Graf Etampes, unter Anführung eines Ritters, schickte, sich zeigten, schlichen viele der Aufrührer davon. Die Mutigen, welche blieben, hatten mit den bewaffneten Reitern einen ungleichen Kampf zu bestehen; erst als verschiedene getötet und schwer verwundet waren, nahmen die übrigen die Flucht und wurden in den Gassen verfolgt.«[17]

Die abwartende Indifferenz der Bürger wandelt sich nach der Niederlage der Arbeiter sofort in harsche Ablehnung: Vom Gesandten des Fürsten zur Rede gestellt, behauptet ein Vertreter der Bürgerschaft, nichts mit den Aufrührern zu schaffen zu haben. Es sei, so behauptet er, »keineswegs die Bürgerschaft [gewesen], die sich empörte, sondern es war nur eine Rotte von Arbeitern«.[18]

Tiecks historische Novelle bringt zwei Ebenen ins Spiel und setzt sie zueinander ins Verhältnis: einmal die Handlungszeit des 15. Jahrhunderts, dann Tiecks Gegenwart. Aus einer Zeit heraus, in der sich die allseitige gesellschaftliche Mobilisierung in Unruhen und Revolutionen geltend macht, greift Tieck narrativ auf eine Zeit zurück, die – historisch durchaus zutreffend – als ein Entstehungsherd jenes neuen Gesellschaftstypus aufgefasst werden kann, der sich im Vormärz dann endgültig durchsetzt. Die französische Sozialgeschichtsschreibung des 20. Jahrhunderts hat eine lange Geschichte des Kapitalismus erzählt, der nun nicht mehr mit dem industriellen Kapitalismus in eins gesetzt werden darf; bei Fernand Braudel (und in seinem Gefolge bei Immanuel Wallerstein und der *Weltsystemtheorie*) liegen die Ursprünge des Kapitalismus vielmehr in den oberitalienischen und flandrisch-burgundischen Handels- und Manufakturzentren des 15. und 16. Jahrhunderts.[19] Mit der Kapitalisierung der Stadtgesellschaften Oberitaliens und Flanderns aber sind auch Prozesse von Klassenbildung verbunden.

Tieck verzeichnet die soziale Dynamik, die entsteht, wenn Geld und Kapital als gesellschaftlich formbestimmender Machtfaktor auftauchen, sehr genau. Es zeigt sich, dass die Spannungen, die an der Frage des Hexenwahns zwischen Adel, Bürgern und Arbeitern offen ausbrechen, zuvor schon latent im gesellschaftlichen Gewebe vorhanden waren und so womöglich – Tieck wird nirgendwo thesenhaft – den Ausbruch des Wahns befördern; das Ende der Erzählung legt jedenfalls nahe, dass der ganze Hexenwahn *auch* als Symptom vorhandener Klassenspannungen interpretiert werden kann.

Schon auf den ersten Seiten der Novelle wird klar, dass die Stadtgesellschaft tief uneins und dass »Mißtrauen« die allgemeine Verkehrsform geworden ist.[20] Die wichtigste Spannung ist die zwischen Adligen und Bürgern; Erstere verfügen zwar über Privilegien, Ländereien und Schlösser, aber nicht über Barschaften; Letztere haben gelernt, ihr Geld (und über ihr Geld: Lohnabhängige) für sich arbeiten zu lassen, und sind daher nicht länger bereit, die Adligen nur aus sozialem Gewissen oder Patriotismus durchzubringen.[21] Die »Krisis«, in der sich »unsere Zeit befindet«, so ein Bürger, sei umgekehrt aber auch darin begründet, dass der Adel seine ökonomische Ohnmacht nicht mit einem Rücktritt auch von der politischen Macht besiegeln will: »Ein Kampf gegen den Adel wird in Zukunft ebenso notwendig sein, als er es bis jetzt gegen die Mißbräuche der Kirche war.«[22]

Auf die uns schon bekannte konzise Weise fasst Tieck die neue gesellschaftliche Lage in einem Gespräch zusammen, das der alte Ritter Beaufort, selbst hoch verschuldet, mit einem Grafen führen muss, der ihn um Geld angeht:

> »Nur diesmal, antwortete Beaufort, werde ich Euch nicht mit der geforderten Summe, die allzugroß ist, dienen können. Sie übersteigt meinen Kredit; ich habe neuerdings Kapitale verloren, meine Güter haben nur wenig Ertrag geliefert, und alles, was ich draußen habe bauen müssen, hat schon die Einkünfte von manchem Jahr im voraus verzehrt. Selbst wenn ich das Äußerste und meinen eignen Ruin wagen wollte, so würden mir doch die bürgerlichen Kaufleute oder die großen Fabrikherren für Euch nichts vorschießen können oder wollen. […] Sie sind freilich wohl reich […], aber wie viele bare Auslagen muß ein solcher Teppichwirker machen, wie große Summen muß er täglich seinen Arbeitern und Untergebenen auszahlen. Hier darf er niemals im Rückstande sein, und eine einzige versäumte Woche würde ihn verderben. So ist es mit dem Holzhändler und Tuchwirker ebenfalls. Wagten sie es, ein solches

großes Kapital auf einmal ihrem Geschäfte zu entziehen, so würden sie plötzlich allen Kredit verlieren, wenn die andern Bürger es erführen. Darum ist ihr Reichtum nur scheinbar so groß, da immerdar große Summen ausströmen, und sie auch für den Fall sorgen müssen, wenn auswärtige Zahlungen nicht eintreffen, oder Kaufleute, von denen sie zu fordern haben, bankrott machen.«[23]

In dieser Situation, die sich noch grob über die alte Ständeordnung erfassen lässt, in der es aber allenthalben schon knirscht, werden die lohnabhängigen Arbeiter zum entscheidenden Faktor. Die drei Stände und der Unterstand – »Pöbel wie Bürger, Adel wie Geistlichkeit« – treten zur sozialen Ordnung der Stadt zusammen.[24] Aber wo sollen die Arbeiter einsortiert werden?

Einerseits gehören sie klar zu den Bürgern; sie sind das notwendige Gegenstück zu den »bürgerlichen Kaufleuten« und »großen Fabrikherrn«; im »Kampf gegen den Adel« sind die Bürger auf die Arbeiter angewiesen. Andererseits aber beginnen die bürgerlichen Kapitalisten schon, sich vor der Macht der Arbeiter zu fürchten.

Auch für die Arbeiter selbst wird ihr Ort im Sozialgefüge fraglich. Einerseits sind sie bereit, ihre Stadt und die ihrer bürgerlichen Brotherren zu verteidigen; ihr bewaffneter Kampf ist, seiner initialen Motivation nach, noch kein Klassenkampf *gegen* die Bürger. Andererseits wissen sie, dass ihre soziale Position an der Seite der Bürger vollkommen von diesen und deren Lohnzahlungen abhängig ist. Als Carrieux abgeführt ist, versammelt »der zornige Guntram alle Gesellen, Diener und Handlanger« – eine in sich überaus heterogene Mischung – »und stellte ihnen vor, wie sie alle Bettler werden müßten, nun ihr Herr verhaftet sei«.[25] Schon der (Handwerker)Arbeiter ist, mit anderen Worten, immer davon bedroht, in den Pöbel abzufallen.

Der Arbeiter bewegt sich zwischen Bürgern und Pöbel, aber dieser Unterschied ist keiner, der bloß zwischen verschiedenen Ständen bestünde. Es ist vielmehr der Unterschied zwischen Stand und Un-Stand, es ist der Unterschied zwischen einer Partizipation an der offiziellen Ordnung und dem Ausschluss aus dieser. Dass dieser Ausschluss so leicht wird – er hängt bloß von der Fortzahlung der

Löhne ab, die durch allerlei Umstände auch ausbleiben kann –, das macht die ganze Ordnung der Stände letztlich unhaltbar.

Guntram sieht diese Unhaltbarkeit, wenn er seine und die Existenz seiner Klassenbrüder von der Verpöbelung bedroht sieht. Er unterliegt aber auch einer folgenschweren Fehleinschätzung der Lage, und das vielleicht gerade aus seiner Erfahrenheit heraus. Wenn er sich darauf beruft, schon am »großen Aufstand in Gent mitgemacht« zu haben,[26] dann verweist er auf die großen Auseinandersetzungen zwischen den Befürwortern einer städtisch-bürgerlichen Selbstverwaltung und denen einer königlichen oder herzoglichen Territorialherrschaft. Nach langen Auseinandersetzungen musste die Genter Miliz sich 1453 Philipp dem Guten geschlagen geben.[27] In Auseinandersetzungen dieser Art waren Gesellen wie Guntram selbstverständlich integraler Bestandteil der zünftig organisierten Bürgerschaft. *Nun aber* – nur wenige Jahre später, und Tiecks Novelle dramatisiert hier eine sozialhistorische Epochenschwelle – ist dieser Teil der Gesellschaft dem anderen unheimlich geworden und muss abgestoßen werden. Die Bürger lassen sich nun lieber auf Verhandlungen mit ihren alten, adlig-fürstlichen Gegnern ein, als von der Macht ihrer alten Bundesgenossen abhängig zu werden. Zugespitzt heißt das: Der Kampf der Arbeiter – für die Freiheit der Stadt, für die Aufklärung, gegen Adel und Klerus – wird erst durch die Reaktion der Bürger zu einem Kampf der Klassen, zu einem Kampf zwischen Arbeitern und Bürgern; genau in diesem Moment aber werden die kämpfenden Arbeiter außerhalb der Gesellschaft gestellt, zu der zu gehören sie in ihrem Kampf doch ursprünglich bestätigen wollten. Wenn das moderne Proletariat sich aus zwei Quellen speist: aus den urbanen Unterschichten des »Pöbels« einerseits und den Handwerkern, vor allem den Gesellen, andererseits, dann zeigt Tieck, wie diese beiden Quellen seit den Anfängen des Kapitalismus immer schon ineinandergeflossen sind. Im Proletariat werden beide ununterscheidbar geworden sein.

Tiecks Gesellschaftsanalyse aus dem *Hexensabbat*, die erkennbar an die im *Tischlermeister* entfalteten Thesen zur Aufspaltung des alten Bürgerstandes und zur Deklassierung der Handwerksgesellen anschließt, erhält ihre schlagende Evidenz erst vor dem Hintergrund der klassenpolitischen Situation in der Entstehungszeit der Novelle, und zwar wiederum besonders jener in Frankreich nach der Juli-Revolution. Um die gegenwartsdiagnostische Kraft von Tiecks Novelle zu präparieren, lohnt ein Abgleich seiner Analyse mit den zeitgleich entstehenden Texten von Börne und Heine.[28]

In seinem bereits angeführten sechzigsten Brief aus Paris stellt Börne die Stellung des Bürgertums als selbstverschuldetes Dilemma eines Mittelstandes dar, der seine politische Orientierung verloren hat. In den relativ »freien« Ländern wie Frankreich und England verstecke, so Börne, keine offizielle Ungleichheit der Privilegien mehr die Ungleichheit der Lebensbedingungen; daher seien gerade die freien Länder besonders anfällig für soziale Unruhen: »Da aber, wo der Mittelstand sich die Gleichheit erworben, sieht das untere Volk die Ungleichheit neben sich, es lernt seinen elenden Zustand kennen, und da muß früher oder später der Krieg der Armen gegen die Reichen ausbrechen.«[29] Dieser Krieg aber werde verschuldet vom Bürgertum, und er gehe letztlich auch zu dessen Lasten. Denn anstatt für einen sozialen Ausgleich und für eine angemessene politische Repräsentation auch der Armen zu kämpfen – die Juli-Revolution hatte das Zensuswahlrecht nur ausgeweitet, nicht aber abgeschafft –, verlegten sich die Bürger darauf, die Armen weiter von Recht und Eigentum abzuschneiden. Damit aber spielten sie nur dem alten Feind, dem gerade besiegten Adel, in die Karten:

> »Die heillose Verblendung des Bürgerstandes zieht das Verderben schneller und fürchterlicher herbei. Seit er frei geworden, blickt er, halb aus Furcht, halb aus Hochmut, beständig hinter sich und vergißt darüber, vor sich zu sehen, wo ein besiegter, aber noch lebendiger Feind nur darauf wartet, daß er den Blick wegwende. Diese Furcht und diesen Hochmut wissen die Aristokraten in Frankreich und England sehr gut

> zu benutzen. Den Pöbel hetzen sie im stillen gegen die Bürger auf und diesen rufen sie zu: Ihr seid verloren, wenn ihr euch nicht an uns anschließt. Der dumme Bürger glaubt das und begreift nicht, daß seine eigene Freiheit, sein eigener Wohlstand schwankt, solange das arme Volk nicht mit ihm in gleiche Freiheit und gleichen Wohlstand eintrete; er begreift nicht, daß, solange es einen Pöbel gibt, es auch einen Adel gibt und daß, solange es einen Adel gibt, seine Ruhe und sein Glück gefährdet bleibt.«[30]

Anstatt zu verhindern, dass die Armen überhaupt erst zu einem leicht manipulierbaren »Pöbel« gemacht werden, richten die neureichen Bürger ihr Begehren darauf, so zu werden wie der alte Adel. Und so wie sie selbst, die »reichen Ladenherrn von Paris, diese Bankiers und Fabrikanten«, sich noch vor Kurzem von den Adligen als »*Canaille*« beschimpfen lassen mussten, reden sie nun selbst, »wie es sich gehört, den ganzen Tag von der Canaille, wozu sie jeden rechnen, der keinen feinen Rock trägt und keine Renten hat, als die ihm jeden Tag die Arbeit seiner Hände einbringt«.[31] Im Blick der Bürger ist der Arbeiter längst zum Pöbel geworden.

Sozialer Krieg am Zürisee: Weitling

Sowohl Tiecks historische Novelle wie auch Börnes Pariser Korrespondenzartikel konzentrieren sich auf die revolutionären Paroxysmen, an denen sich Narration und Bericht festmachen können. Der »soziale Krieg« aber, den Engels als »Krieg Aller gegen Alle« in den »großen Städten« »offen erklärt« sieht, schwelt eher, als dass er in großen Schlachten offen ausbrechen würde.[32] In der Typologie möglicher Formen des Klassenkampfs verkörpert sich die steigende »Erbitterung« der Arbeiter zunächst in »einzelnen Guerillascharmützel[n]«. In zwei Heften der *Jungen Generation* vom März und Mai 1843 versammelt Weitling »Scenen vom Kriegsschauplatz«, in denen er umlaufende sozialrevolutionäre Erschütterungen in der Schweiz, in Frankreich, England, in Deutschland, Irland, Norwegen und Spanien nachgerade seismografisch aufzeichnet.[33]

Der »Krieg der Armen gegen die Reichen«, den auch Weitling in seiner europäischen Revue präsentiert, ist klar als Reaktion auf den grassierenden Pauperismus zu erkennen. Wo das Elend gerade in der miserabilistischen Literatur oft als schleichend und zersetzend dargestellt wird, geht Weitling dramatisierend und zuspitzend vor; seine Darstellung folgt einer Logik und Rhetorik der »Aufladung«.[34] Aus »Arau« in der Schweiz etwa heißt es im ersten Stück der ersten Folge: »Das Elend nimmt hier steigend überhand«.[35] Diese Verelendungsdynamik, mit der jeweils die ersten Stücke der beiden Folgen eröffnet werden, kontert Weitling in seinen »Scenen« mit einer eskalierenden Gegendynamik von »Armutsdelinquenz«:[36] In Lyon seien »weder Leben noch Eigentum mehr sicher«, in Paris nehme »die Unordnung eine immer entschiedenere gefährliche Richtung an«.[37] Aus Berlin schließlich heißt es: »Armut und Verbrechen nehmen hier so reißend überhand, daß man nur mit Grauen an die Zukunft denken kann.«[38]

Wo in der ersten Folge die berichteten Verbrechen tatsächlich bloß grauenerregend und destruktiv sind – immer wieder wird etwa von grausamer Gewalt gegen Frauen berichtet –, schlägt der Kriegsberichterstatter in der zweiten Folge einen Bogen und versucht in der Delinquenz Ansatzpunkte einer anhebenden sozialen Protestbewegung zu finden; die geschilderten »Verbrechen« sind nun ausschließlich solche gegen das Eigentum. Die erste »Scene« lautet *in toto*: »Zürich. Hier in den Ortschaften am See fletscht das Elend gewaltig die Zähne. Man hört hie und da sagen: Das dauert keine zwei Jahre mehr so. Wenn die Leute mit dem Kommunismus bekannt gemacht würden, könnte es vielleicht in einigen Monaten anders werden.«[39] Und aus Paris heißt es in der folgenden »Scene«: »Hier fängt man an, vor dem Elende mehr Respekt zu haben als vor dem Eigenthum. […] Die Kinder legen sich schaarenweise auf's Stehlen«.[40]

Die Eigentumsdelikte stellt Weitling als soziale Notwehr dar, die allerdings nur Vorbereitung auf den erhofften revolutionären Umschwung sein kann. Wenn erst die Gefängnisse »vollgepfropft« und »überfüllt« seien, dann werde auch den Vertretern der Ordnung klar, dass diese in der gegebenen Form nicht weiter aufrechterhalten werden könne.[41] Noch bewegt vom schönen Traum einer Selbstabschaffung der herrschenden Ordnung – »die Verhöhner und Bekämpfer des Kommunismus müßten dann selber zum Kommunismus greifen, wenn sie in Ruhe leben und genießen wollten«[42] –, ist Weitling sich doch schon darüber klar, dass ein entscheidender Schritt noch aussteht. In Irland, so weiß er zu berichten, ist das »Volk« dazu übergegangen, den schwelenden Kriegszustand in einen offenen zu überführen:

> »Das Volk hält Versammlungen, zu denen es sich bewaffnet begibt, um Aufstandspläne zu beschließen. Am 11. März zogen sämmtliche Bauernschaften mit Knitteln bewaffnet in Waterford ein[,] um das Armenhaus zu stürmen, zu denen sich noch viele Bauern aus den Grafschaften Werford und Kilkeney angeschlossen hatten. Man beorderte Militär, um wie gewöhnlich die Ruhe herzustellen.«[43]

Die Entwicklung der Klassenkämpfe im Vormärz aber folgt von nun an einer Bahn der Eskalation und Militarisierung, die schließlich zu einem regelrechten »Guerillakrieg« gegen das Eigentum führt.[44]

Primitive Rebels in der Niederlausitz: Willkomm

Ernst Willkomms Roman *Weisse Sclaven* erzählt nicht nur die Genese der »freien« Arbeiterklasse als Geschichte der Transformation von Leibeigenen in Lohnsklaven, er erzählt auch die Entwicklung der mit den jeweiligen Sozialformen zusammenhängenden Formen des Klassenkampfs; oder genauer: Er erzählt von der Herausbildung des modernen Klassenkampfs aus anderen, vormodernen Formen sozialer Auseinandersetzung. Der klassenbewusste, streikende Lohnarbeiter erscheint bei Willkomm als Nachfolger und Erbe »archaischer« Sozialrebellen. Und wieder – wie schon bei seiner Transformationsgeschichte der gesellschaftlichen Arbeit – gelingt es Willkomm durch die interne historische Konstruktion seines Romans, sozialgeschichtliche Übergangsphänomene als solche in den Blick zu bekommen.

Die »weissen Sclaven« des Titels waren, so wurde gezeigt, auf beiden historischen Ebenen des Romans angesiedelt: als Leibeigene des Grafen Boberstein in der langen Binnenerzählung, in der die Vorgeschichte des Romangeschehens erzählt wird, und als »freie« Lohnarbeiter in der Fabrik der Söhne des Grafen.

Auf beiden Zeitebenen werden aber auch spezifische Kampfformen der unfrei oder abhängig Arbeitenden gezeigt. Auf der zweiten Ebene ist es der Streik der Textilarbeiter unter Führung Martells, des verstoßenen Halbbruders der Fabrikantenbrüder vom Stein. Auf der ersten Ebene, Ende des 18. Jahrhunderts, aber ist es eine Gruppe von *Primitive Rebels*, wie man sie mit dem Titel von Eric Hobsbawms erster Monografie nennen könnte;[45] eine Bande von »Sozialrebellen« unter Führung eines mythisierten Räuberhauptmanns, den die Bauern der Umgebung ehrfürchtig den »Fürsten der Haide« nennen.

Johannes Lips, so dessen bürgerliche Name, versammelt um sich »eine Schaar von wenigstens hundert der verwegensten Männer, tollkühn, beutegierig, lechzend nach Brand und Plünderung – das gefürchtete wilde Heer der Haide, das ungeahnt, ungesehn in trüber Nacht die Mauern der Edelhöfe überstieg, in die Schlösser eindrang und die kostbarsten Kleinodien entführte«.[46] Die Bande lebt in einem entlegenen Winkel der Niederlausitzer Heide, der selbst für Ortskundige »fast unzugänglich« ist und für Fremde ganz und gar.[47] Sie lebt vom Raub, steht aber auch mit den Bauern der Umgebung auf gutem Fuß, da diese wissen, dass sie von der Bande nichts zu fürchten haben.[48]

Nun sind diese Räuber aber vor allem *Rächer*, die »Herrenwillkür« und Gier der Reichen und Mächtigen sühnen.[49] Bei ihrem Rachewerk halten sich die »Waldbrüder«[50] an feste Regeln: Sie begehen keinen Mord – außer aus Notwehr – und zielen eher darauf ab, »die Überfallenen, wenn sie als harte Gebieter verschrien waren«, durch körperliche Züchtigungen und eben durch Raub ihres Eigentums zu demütigen und zur Raison zu bringen; letztes Ziel ist »Reue«.[51] Der strenge Ehrenkodex der Bande entspricht der Charakterisierung ihres »Fürsten«: Er ist »ein Mann von vornehmem Anstand und feinen Manieren«[52] und immer darauf bedacht, seine

Männer von unnötigen Grausamkeiten abzuhalten. Vor der großen Strafaktion gegen den Grafen Boberstein hält er eine Rede:

> »›Waldbrüder‹, redete er sie an. ›Heut bei Sonnenuntergang erfuhrt Ihr von mir, welche Verbrechen der Graf Magnus von Boberstein an der wehrlosen Unschuld verübt hat. Ihr wißt, wen zu rächen ich Euch versammelt habe, weshalb diese Schaar rechtlos unterdrückter Männer zu uns gestoßen ist! Es soll heut Nacht ein Anfang gemacht werden mit der Bestrafung herrischer Bosheit, und schützt uns der Vater der Nacht und der Geist gerechter Vergeltung, dessen Stimme an mich ergangen ist, so wird unsere Rache eine segenreiche sein. Nur keine Frevelthat! Keinen Mord! An unsern Händen darf kein Tropfen Menschenblut kleben. Wir sind die Schergen der Nemesis, die unsichtbar über uns waltet. Wo wir in ihrem Namen auftreten, da geschieht es zur Herbeiführung eines besseren Zustandes auf Erden. Schwört, daß sich Keiner frevelnd vergehen, Keiner etwas Anderes thun will, als was ich ihm befehle!‹ Die Räuber schworen ohne Zaudern.«[53]

Die Darstellung des Räuberfürsten und seiner Bande stimmt in den meisten Punkten mit dem Merkmalskatalog überein, den Hobsbawm für das Phänomen des »Sozialbanditentums« aufgestellt hat.[54] Das Sozialbanditentum ist ein »endemischer Protest der Bauern gegen Unterdrückung und Armut: ein Racheschrei gegen die Reichen und Unterdrücker, ein vager Traum, ihnen Schranken zu setzen, eine Wiedergutmachung persönlichen Unrechts«.[55] Auch der Lebensweg des Johannes Lips entspricht sehr weitgehend dem von Hobsbawm beschriebenen Idealtypus: Vor mehr als zwanzig Jahren zunächst als Hofmeister für den noch jungen, aber schon wilden Grafensohn Magnus eingestellt, gerät der bürgerliche Johannes mit der ständischen Ordnung in Konflikt. Er verliebt sich in die Schwester des Grafen und beginnt mit ihr ein heimliches Liebesverhältnis. Der Graf erfährt davon und lässt – so Johannes zwei Jahrzehnte später – »seine Tyrannei, seine Lieblosigkeit, seine verballhornte Ansicht von der Menschheit und ihrer Gliederung in verschiedene Stände«[56] an Johannes aus: Dieser wird an den Pranger gestellt und ausgepeitscht – Strafen, die Johannes als besonders demütigend erfährt, weil sie eigentlich nur für Leibeigene, nicht aber für Freie vorgesehen sind.[57] Johannes hat etwas getan, das von den einfachen Leuten, so könnte man mit Hobsbawm resümieren, »nicht als verbrecherisch angesehen wird, wohl aber vom Staat oder den Lokalherren«.[58] Damit stellt er sich außerhalb der offiziellen Ordnung, verlässt aber nicht den Rahmen dessen, was volkstümlich als »ehrenhaft« gilt; ja, der Konflikt mit der offiziellen Ordnung hebt sogar das Ansehen des Delinquenten und qualifiziert ihn erst für die herausgehobene Position eines Sozialrebellen.[59]

Der Sozialbandit gilt als »rechtlicher Mann«,[60] gerade weil er ein »*Outlaw*« ist:[61] Es ist nicht zuletzt diese Paradoxie, die zu einer notwendigen Mythisierung dieser Figur führt. Das reale Banditentum wird durch einen Mythos verdoppelt, der unvermeidlich zum Phänomen selbst gehört – ohne diesen Mythos kein Sozialrebellentum. Der Mythos suggeriert, dass man die Normübertretungen des Rebellen fein säuberlich sortieren kann, so wie dies im »Robin-Hoodismus« kodifiziert ist: Der Sozialrebell nimmt den Reichen (und nur den Reichen!) und gibt den Armen (und behält nichts für sich); er ist so nie und nimmer bloß ein »professioneller Verbrecher«.[62]

Die mythische Verdopplung entspricht einer Konstruktion zweier Welten, in der die in Unordnung geratene »offizielle« Welt durch ein »Parallel- oder Hilfssystem« supplementiert wird, für das der Rebell steht und das die offizielle Welt wieder in Ordnung bringt.[63] Diesen Punkt malt Willkomm besonders eindrücklich aus: Er beschreibt ein geradezu standardisiertes Verfahren, nach dem die Bauern den Sozialrebellen anrufen, um Normverletzungen durch die Reichen und Mächtigen zu ahnden. Es gibt Losungsworte für Abgesandte, die in solch einer Angelegenheit zu Johannes kommen,[64] und dieser hilft selbsternannten »Richtern beim Aufsetzen der Verordnungen«, die durch das Parallelsystem in Kraft gesetzt werden sollen.[65] Dass eine solche Machtfülle, die selbst von keiner anderen Instanz mehr wirksam kontrolliert werden kann, auch zu einer hypertrophen Selbstmythisierung führen kann, zeigt eine Botschaft, die Johannes den hilfesuchenden Bauern übermitteln lässt:

»›Geht‹, fuhr er lebhafter fort, ›geht zurück in die verfallenden Hütten des geknechteten Volkes und sagt ihm, der Johannes der Halde, ihr Fürst und Herr, käme aus der Einöde zurück, um eine neue Religion zu predigen. Sie brächte Friede den Armen und Gepeinigten, Krieg und unerbittliches Gericht den rechtlosen Unterdrückern! Ich wolle die Leibeigenschaft vernichten oder unter ihnen kämpfend sterben!‹«[66]

Die messianische Selbststilisierung bleibt seltsam bezuglos: Sie passt nicht zur sonstigen Zeichnung der Figur des Johannes und zeitigt im Fortgang der Handlung auch keine Konsequenzen; selbst das Wortspiel mit dem Heiden und der Heide bleibt singulär. Womöglich geht Willkomm hier dem Mythos des Sozialrebellen auf den Leim, indem er diesem bis in Konsequenzen folgt, die mit seinem Roman ansonsten nichts mehr zu tun haben. Oder, und dies wirkt wahrscheinlicher, er will aufzeigen, wie seine Figur ihrem eigenen Mythos erliegt. Denn die Hybris, die aus Johannes' Selbstmessianisierung spricht, wird im Fortgang der Handlung eher blamiert denn unterfüttert. Keine der Interventionen des Parallelweltenrichters führt auf lange Sicht zum erwünschten Ziel, sie verstärken eher umgekehrt die Tendenzen, denen sie sich in den Weg stellen wollen.

Die erste Aktion, mit welcher der Räuber-Fürst – schon früh – in den Gang der Handlung eingreift, ist ein anonymer »Drohbrief«, den Magnus erhält. Im Wortlaut des »in verstellter Hand geschrieben[en]« Briefs heißt es:

»Vier Wochen nach Empfang dieses wird Röschen Sloboda, bekannt unter dem Namen Haideröschen, den Bauer Clemens Ehrhold heirathen. Sie werden, Herr Graf, ohne Säumen genannten Clemens Ehrhold die Erlaubniß dazu ertheilen und Röschen Sloboda als Ihre Unterthanin annehmen. Ferner wollen Sie nicht anstehen, obgenanntem Röschen ein Heirathsgut von dreihundert Reichsthalern zu überantworten und am Tage der Hochzeit, zu deren Feier Sie hiermit eingeladen werden, den Neuvermählten einen Freibrief als außerordentliches Hochzeitsgeschenk zu überreichen. Binnen zweimal vier und zwanzig Stunden werden Sie gnädigst Antwort geben, wozu das Abfeuern Ihrer Jagdflinte aus demselben Fenster, durch welches die kleine Wendin Ihrer Verfolgung sich entzog, für genügend erachtet wird. Sollten Sie

> anstehen, die oben genannten Bedingungen eingehn zu wollen und das verlangte Zeichen nicht geben, so werden eine Stunde später alle Fenster Ihres Schlosses von hundert Schüssen zugleich zertrümmert werden und die gerechte Strafe des Himmels wird Sie erreichen mitten im Triumph Ihrer nichtswürdigen Verbrechen!«[67]

Die »herrische Forderung«, die im Brief formuliert wird, soll Magnus davon abbringen, Röschen weiter nachzustellen. Nach ersten Übergriffen war Johannes zu Hilfe gerufen worden, um Schlimmeres zu verhindern. Der Drohbrief, auf den Magnus zum Schein eingeht, bringt diesen aber erst auf die »teuflische« Idee, Röschen Sloboda in ihrer Hochzeitsnacht zu entführen und zu vergewaltigen; der Freibrief, den er den Eheleuten tatsächlich zur Hochzeit schenkt, ist erst auf den folgenden Tag ausgestellt – in der Nacht zuvor exekutiert der junge Graf noch sein *ius primae noctis*.[68]

Der Maulwurfsfänger Heinrich, der später als Emissär der Bauern mit einer neuen Bitte um Unterstützung bei Johannes auftaucht, hält ihm den fatalen Misserfolg des Drohbriefs vor, legitimiert diesen aber zugleich mit der höheren Weisheit Gottes. Das Vertrauen in die Macht des Rebellen lässt sich, so will es scheinen, nicht so schnell erschüttern:

> »Es scheint, Ihr seid trotz Eurer Allseitigkeit nicht gut unterrichtet von den Verhältnissen und wißt namentlich nicht, welche außerordentlichen Fortschritte Euer ehemaliger Zögling in der Energie gemacht hat. – Vergebt, Herr Johannes, wenn ich mein Erstaunen darüber nicht bergen kann! Als Ihr vor mehreren Monaten eine an Euch ergangene Bitte, die von mir herrührte, so bereitwillig erhörtet und durch dieselbe den unbändigen Grafen Magnus nöthigtet, einem unterdrückten armen Mädchen Gerechtigkeit wiederfahren zu lassen; da glaubte ich, Ihr durchschautet die geheimsten Pläne dieses gewissenlosen Mannes. Wer konnte ahnen, daß jene Drohung so schreckliche Folgen haben würde! – Nun es geschah, was geschehen mußte nach dem Rathschlusse Gottes, und es wird nicht umsonst geschehen sein. Die entsetzliche Hochzeitsnacht Röschen Sloboda's hat Drachenzähne gesät, die bald aufgehen werden, um blutige Wiedervergeltung zu üben.«[69]

Die zweite Intervention, mit der Johannes in den Gang der Geschichte eingreift, hat noch gravierendere Folgen. Nach dem Tod des alten Grafen sind die Leibeigenen entschlossen, sich zu erheben; sie wollen nicht ohne Weiteres in den Besitz des frevelhaften jungen Grafen Magnus übergehen. Johannes willigt ein, mit den Bauern »gemeinschaftliche Sache« zu machen.[70] In einer gespenstischen und mit allen Mitteln der Schauerromantik ausgeschmückten Szene treffen die leibeigenen Bauern und Johannes' Bande eines Nachts auf einer abgelegenen nebligen Lichtung in der Heide zusammen:

> »Von allen Seiten der ringsum schließenden Haide wankten schwarze Gestalten und grauweiße Schatten, die in unklarer Ferne zu riesiger Größe anwuchsen, gegen die Mitte der Lichtung. Hier drängte sich ein schwarzer Knäuel verworrener Menschen, umgeben von einem Halbkreise weißer Statuen, die auf Blöcken, vermoderten Wurzelstöcken und halb zerbrochenen Stämmen regungslos dasaßen, von dem rothen Schein eines knisternden Feuers, das pechschwarze Rauchwolken gen Himmel wirbelte, grell beleuchtet. Diese Gestalten waren die wendischen Frauen und Töchter der Leibeigenen in ihren schimmernden Regenmänteln. Ein monotones Gesurr vieler Stimmen trug der Lufthauch unsern Wanderern entgegen. Weithin über die Lichtung glühten zahllose dunkle Flammen, als ob unterirdische Erdgeister riesige Leuchten aus ihren Höhlen emporhielten. Hie und da wälzte sich auch in gleich düsterer Brandfarbe eine endlose Schlange am Boden, deren Kopf in vielen gleichfalls leuchtenden Hörnern endigte. Diesen Spuk verursachten die vielen verfaulten Baumstümpfe und vermoderten Bäume mit ihren Wurzeln, deren feuchtes Holz jetzt in der Finsterniß phosphorescirte.
>
> Nach und nach wuchs die Schaar der Wenden auf einige tausend an, die sie begleitenden Frauen mitgerechnet. In der Mitte dieses Menschenhaufens saß der Fürst des Waldes«.[71]

Bauern und Räuber schwören feierlich, die Frevler zu bestrafen. Nach sorgsamen Vorbereitungen setzen die Verschwörer die Heide in Brand; das Feuer erreicht am Tag der Beerdigung des alten Grafen Schloss Boberstein, die adlige Trauergemeinde kann in letzter Minute fliehen. Aus dem Feuerinferno vernimmt der flüchtende

Magnus zunächst undeutlich, dann immer klarer »ein brüllendes Geschrei [...], als ob Tausende auf einmal zu gemeinsamen Rufen sich vereinigten«. Es war der »Jubelruf« der Bauern, die schließlich den Grafen stellen. Johannes hält Magnus zunächst eine Strafpredigt: »Dies arme gemißhandelte und verachtete Volk ist aber mild auch in seinem Richteramt. Es will Sie nicht vernichten, nicht langsam zu Tode quälen, sondern blos an Ihr eingeschläfertes Gewissen klopfen und in die dunkeln Falten Ihrer Seele mit der entflammten Fackel der Vergeltung hineinleuchten!«[72] Dann darf der Graf, unter Flüchen und Verwünschungen der Bauern, von dannen ziehen. Das Rachewerk ist vollbracht: »Magnus war bestraft, vertrieben, die Burg seiner Väter sank in Staub und Asche«.[73]

Die maximale kurzfristige Effizienz der Strafaktion – viel durchschlagender kann der Erfolg einer Bauernrebellion wohl kaum ausfallen – wird im Fortgang von Willkomms Roman nun ganz entschieden dadurch relativiert, dass ihre langfristigen Folgen erzählt werden. Magnus kehrt zwar einige Jahre nicht in die Lausitz zurück, sorgt jedoch aus der Ferne für die »Verwaltung seiner unverwüstlichen Besitzungen«. Er verheiratet sich »im Ausland mit einer reichen Erbin«, die ihm die drei uns schon bekannten Söhne gebiert, denen schließlich all »das, was von der großen Herrschaft Boberstein übrig geblieben war, als Erbe zu gleichen Theilen zufiel«.[74] Adrian, Aurel und Adalbert aber bauen Boberstein nicht als Schloss, sondern als Fabrik wieder auf. Die rebellischen Bauern erreichen ihr Ziel und werden tatsächlich aus der Leibeigenschaft befreit – doch ihre neue Freiheit treibt sie nur in die Arme der Söhne ihres alten Schinders und schlägt sie dort mit einer neuen Form von Sklaverei: der »Sklaverei der Freiheit«, der Lohnsklaverei. Davon erzählt der Roman *Weisse Sclaven*, und dies annonciert schon sein Titel.

Eine bittere Pointe der Geschichte liegt nun darin, dass die Transformation der alten in die neue Sklaverei in gewisser Hinsicht von den Sklaven selbst vorangetrieben und durch ihre Rebellion erst möglich wird. Mit dem Niederbrennen des Schlosses machen sie *tabula rasa*, sie bereiten den Boden für die Innovation des politisch-ökonomischen Regimes, die durch die drei Söhne des Grafen Magnus bewerkstelligt wird. Die aufständischen Bauern werden selbst, so könnte man aphoristisch zuspitzen, zu Akteuren jener »schöpferischen Zerstörung«, die nach Joseph Schumpeter, dem Theoretiker des schöpferischen Kapitalismus, mit jeder kapitalistischen Innovation verbunden ist.[75] Karl Marx nennt den Prozess der Einsetzung kapitalistischer Wirtschaftsweise ironisch die »sogenannte ursprüngliche Akkumulation des Kapitals« – ironisch deshalb, weil er überall dort, wo Adam Smith und andere bürgerliche Theoretiker des Kapitalismus »eine fleißige, intelligente und vor allem sparsame Elite« am Werk sahen,[76] etwas ganz anderes entdeckte, nämlich »Eroberung, Unterjochung, Raubmord, kurz Gewalt«.[77] Marx' lapidares Resümee ist bekannt: »So wurde das von Grund und Boden gewaltsam expropriierte, verjagte und zum Vagabunden gemachte Landvolk durch grotesk-terroristische Gesetze in eine dem System der Lohnarbeit notwendige Disziplin hineingepeitscht, -gebrandmarkt, -gefoltert.«[78] Bei Willkomm geht die »Gewalt« in roher Form *auch* von den Unterjochten selbst aus, und diese bereiten damit den Boden für die Herausbildung jener subtileren Gewalt, die fortan der »stumme Zwang der ökonomischen Verhältnisse« ausüben wird.[79]

Das langfristige Scheitern der Revolte der Bauern bei Willkomm kann als Illustration jener »Tragödie des Sozialrebellen« gelesen werden, auf die Hobsbawms Interpretation des Phänomens zuläuft. Der »revolutionäre[ ] Traditionalismus« der Sozialrebellen wende sich, so Hobsbawm, allenfalls gegen die Erschütterungen, denen traditionelle Sozialsysteme ausgesetzt sind, sobald sie von der »Wucht der dynamischen modernen Welt« getroffen werden.[80] Die moderne Welt selbst zu verstehen und deren Dynamik zu seinen eigenen Gunsten zu wenden, dies überschreite aber den Horizont des Sozialrebellen: »Der Bandit ist den Kräften der neuen Gesellschaft gegenüber hilflos, denn er kann sie nicht verstehen. Er kann nur kämpfen und versuchen, sie zu zerstören«.[81] Dieser Versuch aber ist von vornherein zum Scheitern verurteilt, der Sozialrebell steht immer schon auf verlorenem Posten. Deshalb aber gibt er, so Hobsbawm, ein so hervorragendes Sujet für die »romantischen Dichter« ab, die sich eher für die »Ideale« der Sozialrebellen interessieren als für deren materielle Existenzbedingungen und die sich von jenen »Lieder[n]« faszinieren lassen, die immer dann über die Sozialrebellen gesungen werden, wenn »abends am Feuer […] die Vision einer gerechten Gesellschaft auf[taucht], deren Vorkämpfer tapfer und edel sind wie Adler und schnellfüßig wie Hirsche, die Söhne der Berge und einsamen Wälder«.[82]

Die Rettung der Rebellen

Hobsbawm wollte mit seinem Buch die Sozialrebellen vor dem Vergessen und vor jenen »rationalistischen und ›modernistischen‹ Vorurteilen« einer Geschichtsschreibung retten, die in ihnen bloße »Randerscheinungen« des Fortschritts sehen konnte.[83] Am Ende würdigt Hobsbawm die Sozialrebellen als Träger eines Mythos, der über sie hinausweist; ihre realhistorische Rolle aber sieht er letztlich ganz ähnlich wie jene Geschichtsschreibung, gegen die er antritt. Das zeigt sich nicht zuletzt darin, dass er eine scharfe Opposition zwischen archaischen Sozialrebellen und modernen Sozialbewegungen aufbaut, die vor allem beweisen soll, inwieweit Erstere gegenüber Letzteren zurückbleiben (müssen).

Vielleicht aber müsste man den Erkenntnisgehalt des Mythos noch schärfer herausarbeiten, um die Rettung der Rebellen, die Hobsbawm in Angriff nimmt, zu Ende zu führen. So nimmt Willkomm den (uniformen und stereotypen) Mythos des Sozialrebellen auf und wiederholt alle seine wesentlichen Merkmale. Er transformiert den Mythos aber auch und führt ihn über sich hinaus, indem er ihn in seine literarische Konstruktion integriert.

Im Hinblick auf ihre internen Organisationsstrukturen schreibt Willkomm seinen Sozialrebellen ein nachgerade frühkommunistisches Programm zu:

> »Deshalb ward nach jeder glücklich vollführten Beraubung eines Reichen der zehnte Theil des geraubten Gutes in irgend einem Gotteskasten niedergelegt, wo es der Armuth wenigstens zu Gute kommen konnte. Der Rest ward unter sämmtliche Räuber gleich vertheilt. Johannes selbst duldete nicht einmal, daß ihm ein Mehr von der Beute

> zufiel. Dagegen gestattete er den Vorschlag eines willkürlichen Geschenkes von Seiten der Bande, das ihm zu Anfange jeden Vierteljahres überreicht ward. So bestand unter dieser Gesellschaft eine Verfassung, die in freilich sehr roher Gestaltung und vielleicht ohne daß irgend einer derselben darüber nachgedacht hatte, die Idee einer möglich gleichen Vertheilung des Vermögens wie der Arbeit zu verwirklichen suchte.«[84]

Dass es sich hierbei keineswegs um eine bewusstlos anachronistische Projektion handelt, markiert schon der letzte Satz des Zitats, in dem der Erzähler als historisch situierende Instanz kurz aus den Kulissen tritt und sozialhistorisch-ideologische Latenzen expliziert. Der Erzähler konstruiert ein politisches Unbewusstes – »vielleicht ohne daß irgend einer derselben darüber nachgedacht hatte« –, das er im erzählten Geschehen am Werk sieht und über das er die erzählte Geschichte in ein Verhältnis zu seiner eigenen Jetztzeit des Erzählens bringt. Denn das Programm einer »möglich gleichen Vertheilung des Vermögens wie der Arbeit« wurde im deutschen Sprachraum erst in den 1840er Jahren formuliert, mithin in Willkomms Zeit. Dass aber dieses Programm in »sehr roher Gestaltung« schon in den beiden erzählten Handlungszeiten des Romans als »Idee« vorhanden gewesen sein soll, wie der Erzähler an der zitierten Stelle durch seinen kurzen Einschub nahelegt, ist historisch durchaus plausibel: Um 1832 herum, zu der Zeit der Haupthandlung, wurde das frühkommunistische Programm in Frankreich in neobabouvistischen Kreisen zum ersten Mal kohärent ausformuliert, etwa bei der Deutung des Lyoner Aufstands; inauguriert aber wurde es schon in den 1790er Jahren – in der Handlungszeit der Binnenerzählung –, etwa in der »Verschwörung der Gleichen« von Gracchus Babeuf, auf den wiederum sich die Neobabouvisten um Filippo Buonarroti in den 1830er Jahren bezogen haben. Mit seiner frühkommunistischen Räuberpistole um den Sozialrebellen Johannes Lips erzählt Willkomm also nicht bloß einen politischen »Mythos« – im Sinne eines Irrtums, so wie dies sogar bei Hobsbawm bisweilen anklingt[85] –, sondern er konstruiert die Herkunftsgeschichte einer Theorie, des Communismus, durch die erst die eigene Jetztzeit dechiffrierbar wird.

Indem er die Ideologie der Sozialrebellen als Keimform einer sehr aktuellen politischen Theorie präsentiert, hält Willkomm dazu an, auch die archaisch anmutenden Praktiken der Aufständischen in ein Verhältnis zur Gegenwart zu setzen. Dabei macht sich zunächst ein gewisser Primitivismus bemerkbar: Die Bauern und Räuber werden als Überbleibsel inszeniert, die unweigerlich von einer neuen Zeit überrollt werden müssen, die sich allenthalben schon bemerkbar macht. Die Rituale und »alten Werte« der Bauern- und Rebellengemeinschaft werden, so könnte man zuspitzen, bei Willkomm romantisch überhöht und nostalgisch idealisiert – und damit werden sie auch, so müsste man folgerichtig kritisieren, ideologisch verzerrt und historisch verkannt. Es geht Willkomm aber vielleicht gar nicht so sehr darum, wie Niederlausitzer Bauern am Ende des 18. Jahrhunderts tatsächlich gehandelt, gedacht oder gefühlt haben; er erzählt vielmehr einen »Mythos«, dessen wesentliche Funktion in einer Kontrastbildung besteht. Durch den Kontrast, den Willkomm zwischen den Werten und Ehrvorstellungen der einfachen Bauern einerseits und der Verderbtheit der adligen und der bürgerlichen Welt andererseits erzählerisch hervortreibt, wird erst kenntlich, was genau an der modernen Welt eigentlich verwerflich ist. Wenn Willkomm eine bäuerlich-renitente Kultur der Solidarität schildert, dann ist dies, mit E. P. Thompson, nicht nur und vielleicht nicht einmal vor allem eine »Solidarität *mit*, sie [ist] auch eine Solidarität *gegen*«.[86] Die Kultur der Solidarität ist nicht vorrangig lesbar als positiver Ausdruck bestimmter Werthaltungen, sondern als Ausdruck einer Opposition gegen andere. Die schauerromantisch geschilderten nächtlichen Treffen und die feierlichen Schwüre,[87] die über Jahrzehnte aufrechterhaltenen geheimen Lieben und die ebenso lange gehegten Feindschaften und hartnäckig verfolgten Rachepläne, überhaupt das Festhalten an einzelnen Erfahrungen von Leid und Erniedrigung und die trotzige Weigerung, über diese hinwegzugehen, weil es eine höhere Logik der Geschichte befiehlt, all dies verweist auf eine Welt jenseits des *cash nexus*; auf eine Welt, die von mehr zusammengehalten wird als von Geld, Konkurrenz und Rentabilität. Durch den Mythos der verschworenen Bauern wird erst sinnfällig, dass in der modernen Welt mehr fehlt als nur das Brot für die Armen. Indem die Armen um ausreichende Überlebensmittel kämpfen, zeigen sie schon in ihren praktischen Kampfformen, dass das bloße Überleben nicht genug ist. Der Kommunismus, der hier gezeigt wird, hebt mit der »Idee einer möglich gleichen Vertheilung des Vermögens wie der Arbeit« an, aber er geht darin nicht auf. Eine Gesellschaft, in der diese Idee praktisch verwirklicht werden könnte – so legt Willkomms Darstellung des Bauernaufstands nahe –, müsste von mehr zusammengehalten werden als von der Überzeugung, dass ebendiese Form der gesamtgesellschaftlichen Organisation von Produktion, Distribution und Konsumption die vernünftigste ist. Es müssten vielmehr sehr starke politische und kommunitäre Affekte ins Spiel gebracht werden; Affekte, wie sie – so Willkomm – nicht zuletzt in den Ritualen der Niederlausitzer Bauern und Sozialrebellen zum Ausdruck kommen.

Rache und Klasse

> »Das Subjekt historischer Erkenntnis ist die kämpfende, unterdrückte Klasse selbst. Bei Marx tritt sie als die letzte geknechtete, als die rächende Klasse auf, die das Werk der Befreiung im Namen von Generationen Geschlagener zu Ende führt. Dieses Bewußtsein, das für kurze Zeit im ›Spartacus‹ noch einmal zur Geltung gekommen ist, war der Sozialdemokratie von jeher anstößig. Im Lauf von drei Jahrzehnten gelang es ihr, den Namen eines Blanqui fast auszulöschen, dessen Erzklang das vorige Jahrhundert erschüttert hat. Sie gefiel sich darin, der Arbeiterklasse die Rolle einer Erlöserin *künftiger* Generationen zuzuspielen. Sie durchschnitt ihr damit die Sehne der besten Kraft. Die Klasse verlernte in dieser Schule gleich sehr den Haß wie den Opferwillen. Denn beide nähren sich an dem Bild der geknechteten Vorfahren, nicht am Ideal der befreiten Enkel.«
>
> *Walter Benjamin*[88]

In »revolutionären Zeiten«, so schreibt Hobsbawm in seinem Buch *Sozialrebellen*, höre die »Rache« auf, »eine Privatangelegenheit zu sein, und [werde] zur Sache der Klasse«.[89] Dieser Umschlagpunkt lässt sich exemplarisch an Willkomms *Weisse Sclaven* beobachten, wo sich näher besehen auch zeigt, wie »Klasse« als politisch handelndes Kollektivsubjekt sich erst aus dem Affekt der Rache konstituiert: »Klasse« findet sich zusammen aus dem Gefühl, eine Schande oder ein Verbrechen rächen zu müssen; eine Verletzung, die zwar an Einzelnen verübt wurde, die aber alle hätte treffen können: Im Zeichen der Rache findet eine kollektive Subjektivierung statt.

In *Weisse Sclaven* stehen die Vergewaltigungen im Zentrum, denen die Frauen in Dorf und Schloss durch den Grafen Magnus ausgesetzt sind. Der direkte, gewalttätige Zugriff des Grafen auf die körperliche und seelische Integrität seiner Untertaninnen, der zum Teil sogar noch durch das alte »Herrenrecht« gedeckt wird,[90] bleibt aber im Roman auf die erste Ebene der Handlungszeit, auf die Zeit der Vorgeschichte beschränkt. Auf der zweiten Zeitebene kommen derlei Übergriffe nicht mehr vor. Auf der ersten Ebene wollen die Bauern – es sind vor allem die Männer – ihre gequälten und entehrten Frauen und Töchter rächen. Die daran anschließenden sozialen und politischen Forderungen: der Ruf nach »Befreiung des Volkes vom Druck der Herrschaft, welchen Namen sie auch führen mag«; der gemeinsame Schwur, nicht zu ruhen, »[s]o lange es noch Herren gibt, die ihre Macht mißbrauchen zum Nachtheile ihrer Untergebenen; so lange noch ein Volk auf Erden lebt[,] das in Armuth, Elend und Druck jammert und rechtlos umherirren muß«,[91] diese revolutionären Überschüsse ergeben sich erst sekundär aus der Solidarität mit Röschen. Sie sind Nebeneffekte des noch stark persönlich gefärbten Rachegefühls, aber gleichwohl sind diese weit in die Zukunft weisenden Forderungen – wie unbewusst auch immer – schon gegenwärtig. Das gedemütigte Gerechtigkeitsverlangen der Bauern löst sich von seinem unmittelbaren Anlass und erfährt eine Universalisierung, die jenseits ihres bisherigen kleinräumlichen Horizonts liegt. In dieser Universalisierung aber – es geht um alles »Volk auf Erden« – können die neuen politisch-sozialen Forderungen der Bauern an die ebenfalls noch unbewusst-latente frühkommunistische Gesinnung der Sozialrebellenbande angeschlossen werden. Der initiale Racheaffekt wird kollektiviert, der Weg zur Klassenaktion gebahnt.

Auch auf der zweiten Zeitebene führt der Weg über die Familie:

Nun sind es die kleinen Kinder, die Opfer einer Verletzung werden, welche dann zur Konstitution des Klassensubjekts als Rachekollektiv führt. Es sind kleine Kinder, die in den Fabriken arbeiten müssen und dort von Maschinen erfasst und verstümmelt werden. So geschieht es etwa dem kleinen Hans, dem zehnjährigen Sohn des Spinners Martell. Während er in der Fabrik Wollflocken unter der Spinnmaschine einsammelt, wird ihm der linke Fuß »halb abgerissen« und »glatt abgequetscht«, erzählt sein Vater. Der Skandal wird noch verdoppelt durch die Reaktion Adrians. Martells Bericht versammelt noch einmal alle Topoi miserabilistischer Literatur:

»›Der Fuß ist fort, mein armer Junge ein Krüppel! Nun das kann vorkommen, das ist ein Unglück, wie es jede Beschäftigung mit sich bringt! Der Junge hätte nicht Wollleser unter der Maschine werden sollen, wollte er gesunde Glieder behalten! – Nicht wahr, ich räsonnire ziemlich vernünftig und nehme durchaus keine Partei? – […] – Also ich beklage mich gar nicht, ich nehme blos meinen zerquetschten Knaben auf diese meine Arme, schließe mit zitternden Lippen seinen schreienden Mund und trage ihn nach Hause, um ihn hier, hier in dieser elenden, dunstigen Hütte seiner schluchzenden Mutter in den Schoos zu legen und einen Blick des Jammers mit ihr auszutauschen. – Das that ich, wie es, denk' ich, meine Pflicht war, ich that's mit brechendem Herzen. Eh' ich den Wundarzt herbeischaffte und für meine paar Groschen Arzenei, Salben und Kräuter kaufte, vergingen freilich ein paar Stunden, die ich bei der Arbeit versäumte. Endlich, todmüde, gehe ich wieder in die Fabrik, wo inzwischen meine Nachbarn, gute gefällige Menschen, meine Stelle so versehen hatten, daß der Maschine und dem Gespinnst kein Nachtheil erwachsen konnte. Dennoch, könnt Ihr's glauben, ließ mich der Herr am Stein hart an, zog mir den halben Arbeitstag am Lohne ab, strich den kleinen Verdienst des armen Jungen ganz und drohte, mich zu entlassen! – Aber Herr, mein Kind, sag' ich, mein Bube, mein Herzblatt ist zum Krüppel gequetscht worden – Gott weiß, ob er je wieder genest, und ob ich die Kosten seiner Heilung werde bestreiten können! Sein Sie billig und barmherzig, Herr!‹

›Billig!‹ fuhr er mich an. ›Was nennt Ihr billig? Wenn ich mich ruinire eines verkrüppelten Kindes wegen? Gott hättet Ihr bitten sollen, er möge den Fresser je eher, je lieber sterben lassen, so hättet Ihr seinetwegen keine Sorge mehr! Die Maschine verbessert zuweilen, was die Menschen schlecht machen in ihrem Unverstande! Es war ein Wink vom Himmel, warum achtetet Ihr nicht darauf? Und genug, ungethane Arbeit kann ich nicht bezahlen.‹

›Das hat Herr am Stein gesagt und er lebt noch?‹ sprach Eduard, während Paul vor Entsetzen die Hände faltete.«[92]

In *Weisse Sclaven* wird das »Entsetzen« über die Unmenschlichkeit des Systems schließlich gegen den menschlichen Vertreter jenes Systems kanalisiert; das Rachebegehren der organisierten Arbeiter richtet sich gegen Adrian als Besitzer der Fabrik. Mit Benjamin: Die »durchschnittenen Sehnen« der eigenen Kinder erst spenden den Arbeitern ihre »beste Kraft« und lassen sie gegen denjenigen aufstehen, der sie bisher selbst wie unmündige Kinder behandelt hat. Auf dem Höhepunkt des Arbeitskampfs fordert der »rachsüchtige« Arbeiterführer Martell »Genugthuung« von seinem Halbbruder.[93] In einem theatralisch-überspitzten *Showdown* versetzt er Adrian in eine »Schule« – die harte Schule der Fabrik – und zwingt ihn, selbst an einer seiner Spinnmaschinen zu arbeiten.[94] Dabei möge Adrian, so wünscht es Martell, »dieselben Qualen empfinden«, die er seinen Arbeitern und besonders deren Kindern zugefügt hat.[95] Martell befiehlt:

»›Sie werden mit mir allein eine ganze Arbeitsfrist in diesem Saale zubringen!‹

›Zehn Stunden?‹ rief Adrian entsetzt. ›Ich bitte –‹

›Sie irren, Herr am Stein‹, unterbrach ihn Martell. ›Nicht zehn, sondern zwölf Stunden dauert nach Ihren letzten Verordnungen die Arbeit bei den Feinspinnern. Sie werden also zwölf Stunden mit mir hier bleiben und, damit Sie aus eigener Erfahrung das Leben Ihrer Fabrikarbeiter kennen lernen, damit Sie fühlen, wie süß, wie erheiternd, wie stärkend für Geist und Körper dies Dasein, diese irdische Bestimmung ist, sollen Sie während dieser Zeit mit mir arbeiten!‹

›Um Gottes Willen, Martell!‹«[96]

Neben der körperlichen Anstrengung des schieren Aufenthalts in der Fabrikhalle ist es der Horror der langwerdenden Zeit – mit Rancière: der »Schmerz der gestohlenen Zeit«[97] –, den Adrian nun zu spüren bekommt. Martell hatte zuvor schon Adrians Befehl zur Verlängerung des Normalarbeitstages als eine »Art Folter« bezeichnet,[98] und diese erleidet Adrian nun am eigenen Leib: »›Noch eilf Stunden!‹ sagte Martell zu Adrian. ›Für einen, der blos zur Bereicherung seiner Kenntnisse spinnt, ein wahres Kinderspiel!‹ ›Eilf Stunden!‹ wiederholte Adrian und ließ verzweiflungsvoll den Wagen wieder rollen.«[99]

Die eigentliche Qual der Arbeiter in den »Marterhöhlen« (Weitling) der Fabrik aber liegt darin, dass sie vollständig den Höllenmaschinen ausgeliefert sind, die dort bedient werden wollen und nach deren Rhythmus die Arbeiter funktionieren müssen: »Adrian würde einer Batterie geladener Kanonen mit geringerer Furcht entgegen gegangen sein, als der dämonischen Kraft der Maschinen, die ihre glänzenden Stahlhände grimmig nach ihm ausstreckten!«[100] Wie diese Dämonen bei Laune zu halten sind, erfährt Adrian – und die Leser – schließlich durch eine Lektion in Maschinenbedienung, die Martell seinem Bruder erteilt:

»›Ich verstehe … die Behandlung … nicht‹, stotterte der Entsetzte.

›Die Behandlung ist leicht und gefahrlos‹, entgegnete Martell. ›Sie dürfen nur Ihre ganze Aufmerksamkeit auf die Arbeit richten. – Belieben Sie mir zu folgen, Herr am Stein, und sich wohl einzuprägen, was ich Ihnen sage! Sobald Sie diesen Bügel hier heben und diesen Schraubenflügel links drehen, setzt sich die Maschine mit der gemeinsamen Dampfwelle in Verbindung und die Arbeit beginnt. Der Spindelwagen läuft gegen anderthalb Ellen vorwärts auf Sie zu, dann bleibt er eine Secunde lang stehen. Diese Secunde benutzen Sie, um den Haken hier oberhalb der Würtel aufzuheben, wodurch das Aufrollen des gesponnenen Garnes bewirkt wird. […] Sie sehen, es ist so einfach, daß jedes Kind diese Arbeit verrichten kann, weshalb Sie ja auch so viele Kinder angestellt haben, denen Sie nur halb so viel Lohn geben, als uns Erwachsenen! – Sind Sie bereit?‹«[101]

In seiner Maschineneinführung verweist Martell seinen Bruder wieder auf die verstümmelten und getöteten Kinder, an denen sich ursprünglich Martells Rachebegehren festgemacht hatte. Die grimmig-ironische Note eines grausamen Spiels, die der ganzen Szene unterliegt, wird im Text schließlich offenbar, wenn sich die Maschinen für Adrian – wie für ein Kind – vollends in wilde Monster verwandeln, die ihn verfolgen: »[E]r vernahm das Knarren und Knirschen ihrer Stahlzähne, das Rollen und Klappern der langgestreckten Wagen! [...] Sein Flehen verwandelte sich in ein schreiendes Rufen, das in dem Rauschen der Maschine erstarb ...«[102]

Während Aurel, der andere Bruder, der sich schon lange auf die Seite der Arbeiter geschlagen hat, in Adrians »Behandlung« noch eine »eigenthümliche, originelle und in gewissem Sinne großartige Rache« erblickt,[103] läuft das Verfahren doch endlich aus dem Ruder. Adrian gibt auf, er stürzt sich in die Maschine, die schließlich ihren Besitzer und langjährigen Profiteur zerfetzt:

»›Ich will aber nicht leben!‹ rief Adrian noch aufgeregter, indem sich sein Gesicht in convulsivischem Krampfe verzog. [...] Und Adrian drängte sich hochaufrichtend dem rückwärtsrollenden Spindelwagen nach, streckte die Arme aus, streifte mit dem Haupthaar die metallenen Schaufeln der eisernen Welle, die unmittelbar von der Dampfmaschine in Bewegung gesetzt ward, und war im nächsten Augenblicke – skalpirt! Ein entsetzlicher, alle Mauern durchdringender Schmerzensschrei entschlüpfte ihm – seine Hände erfaßten die blitzende, schwingende Welle, und zerrissen, eine blutige Guirlande, hing der Unglückliche an dem dampfenden Eisenschaft!

Die Maschine stand – auch in den übrigen Sälen, wo man den Schrei gehört hatte, wurden die Maschinen gehemmt. Die Zuschauer an der Thür stürzten athemlos herein – da vernahm man von unten herauf einen zweiten, dem ersten ähnlichen Schrei, und Alles ward still.

Martell aber neigte sein Haupt und sagte düster: ›Gott hat ihn gerichtet!‹«[104]

Maschinen-Sturm

Auch in Louise Otto-Peters Roman *Schloss und Fabrik* führt der Wunsch nach Rache und Vergeltung zu einer kollektiven Klassenaktion.[105] Hier ist es ein noch ungeborenes Kind, das zusammen mit seiner Mutter der Tyrannei des Fabrikherrn Felchner zum Opfer fällt. Der Fabrikarbeiter Berthold berichtet im Wirtshaus von seiner schwangeren Frau:

> »›Das war's‹, sagte Berthold und schrie in schmerzlicher Wut: ›Sie hatte heute noch eine Arbeit in der Fabrik, wobei sie Schweres heben mußte, sie hat gesagt, das konne sie nicht – aber ein Aufseher meint, es sei Ziererei und sie muß – sie hat aber Recht gehabt – bis zum Feierabend schleppt sie sich noch so hin – wie sie zu Hause kommt, legt sie sich – und da ist sie nicht wieder aufgestanden – das Kind ist tot, weil's zu früh kam und es hat auch ein gräßliches Ende gehabt –‹ er stürzte den Branntwein hinunter und trank seine bittern Tränen mit hinab, die in das Glas fielen.
> ›Das ist Jammer!‹
> ›Es ist schändlich!‹
> ›Das ist doppelter Mord.‹«[106]

Die Arbeiter beschließen, das Recht in die eigenen Hände zu nehmen und den »Mördern [zu] zeigen, wie wir bestrafen können, wir wollen einmal selbst über sie Gericht halten.« Doch statt nach dem Leben des Fabrikherrn zu trachten, wollen sie diesen nur »verfluchen« und ihm dann »mit der Zerstörung aller Maschinen und der ganzen Fabrik [...] drohen«.[107]

Beim Ausbruch des Aufstands wird die enge Kopplung von Rache und Maschinenzerstörung wiederholt.[108] Die »lange Lise«, die – so wird nahegelegt – selbst Kinder verloren hat und es vielleicht deshalb bei der Verwüstung der »Maschinen mit Äxten, Stangen und Stämmen [...] [a]m ärgsten trieb«, schreit hier:

> »Für jedes Kind eine Maschine! [...] Da langen die Maschinen nicht zu, jede hat mehr als einen Kindermord auf dem Gewissen, unsre Vergel-

tung ist noch viel zu gnädig! Ein Kind ist mehr wert als eine Maschine, das hat doch eine Seele und Leben, die Maschinen aber sind tot und lügen sich nur lebendig und sind schändlich genug, um morden zu können!«[109]

Rache bleibt auch bei Otto-Peters ein entscheidender Beweggrund des Kampfes: »Darin waren sich alle einig, daß sie alle *etwas zu rächen* hatten an dem Fabrikherrn: Hunger, Frost, Blöße, Krankheit, verstümmelte Glieder, Tod oder Elend ihrer Kinder, harte Behandlung und all die Not und Sorge von einem jammervollen Tag zum anderen«.[110] Dennoch lässt der hier nun explizit distanziert sprechende Erzähler keinen Zweifel daran, dass die Rache, bei aller Nachvollziehbarkeit, womöglich nicht der beste Ratgeber für kollektiv-politisches Handeln ist:

»Aber ein unklarer *Instinkt* drängte sie in gleicher Weise zur Rache, jener Instinkt, welcher sie hieß, sich auch für alles, was ihren und ihrer Kinder Seelen Gutes und Edles und Bildungsfähiges erstickt und totgeschlagen worden war, durch all ihr äußeres Elend zu rächen und eben dadurch, daß sie ihre Entsittlichung und Verwilderung in ihrer schlimmsten Art und ohne Zügel verderbensvoll walten ließen.«[111]

Das hervorgehobene Wort »Instinkt« gibt die Richtung vor, in der die aufständischen Arbeiter im Roman im Weiteren charakterisiert werden, denn ihre »Entsittlichung und Verwilderung« ist letztlich eine Vertierung: Ihr »hundertstimmiges Geheul«,[112] ihre »rohen, abscheulichen Töne«, ihr »tierisches Geheul«[113] lässt vor allem eines vermissen: eine artikulierte *menschliche* Stimme. Als »wilde[ ]« und »tobende Rotte« weisen die Aufständischen wenigstens eine Nähe zum Rudel auf, der »rottierende Pöbel« ist schon seit Kant zu einer stehenden Wendung geworden.[114]

Die Nähe zum Instinkthaft-Tierischen begründet, so will es scheinen, auch die (negative) Affinität der aufständischen Arbeiter zu den Maschinen: Beide sind nicht menschlich; sie sind ohne Bewusstsein, ohne Moral; zwischen Tieren und Maschinen besteht eine beunruhigende Symmetrie. Wenn die Kinder, im Gegensatz zu den Maschinen, nach Bestimmung der »langen Lise«, »doch eine

Seele und Leben« haben, dann kassiert sie in ihrem nächsten Satz schon wieder den starren Gegensatz, der hier der Logik nach folgen müsste: dass nämlich die Maschinen ohne Seele und tot sind. Stattdessen bekundet Lise, dass die Maschinen zwar »tot« seien, wie erwartet, sich aber »lebendig« »lügen« könnten – und damit unheimliches Halb-Leben genug hätten, um »morden« zu können. Wenn die geschundenen Proletarier im Vormärz immer wieder als Schein- oder als lebende Tote dargestellt werden,[115] dann sehen sie in den Maschinen ihr unheimliches Spiegelbild. Die spiegelbildliche Ähnlichkeit von Arbeiter und Maschine findet sich schon in der antiken Ökonomik, wo der Sklave als »beseeltes Werkzeug« bestimmt wird, das über keinen *logos* verfüge und damit auch nicht zu vernünftiger menschlicher Rede befähigt sei.[116] Bei Otto-Peters kehrt der Topos der Ähnlichkeit in moderner Form wieder in einer rudimentären Rechtfertigung der Maschinenzerstörung, die in einer Diskussion unter den aufrührerischen Arbeitern auftaucht:

> »Ein anderer sagte: ›Und ihr wißt auch, wie die verfluchten Maschinen daran schuld sind, daß wir jetzt schlechtern Verdienst haben, sie machen unsere Hände entbehrlich, nun, so wollen wir auch hier das Ding umkehren und die Maschinen vernichten, sie sind unsre schlimmsten Feinde!‹
>
> ›Weg mit den Maschinen, wir wollen sie alle zerstören!‹ schrie die Menge.«[117]

Arbeiter und Maschinen weisen jene Ähnlichkeit auf, von der »schlimmste[ ] Feinde« immer ereilt werden: Feindschaft führt zu Verähnlichung. Die Maschinen können die »Hände« der Arbeiter »entbehrlich« machen, weil beide über keine Köpfe verfügen, welche die »Hände« lenken; Arbeiter und Maschinen sind bloß ausführende Organe. Das ahnen die Arbeiter, und darum streben sie auch eine *Umkehrung* der Verhältnisse an – aber eben *bloß* eine Umkehrung, wie der Roman deutlich macht, und nicht etwa eine völlige Neugestaltung. Letztlich bleibt die ganze Zerstörung der Maschinen im »Vandalismus« hängen.[118]

In ihrem Roman spricht Louise Otto-Peters letztlich eine Verdammung der Maschinenstürmer aus, die noch dadurch verstärkt wird, dass die philanthropische Fabrikantentochter Pauline – eine, wenn auch naive, so doch uneingeschränkte Sympathieträgerin – sich zwar durchaus verständnisvoll zeigt, gerade darin aber die angebliche Tierähnlichkeit der Arbeiter wieder nur bestätigt: Im Aufstand der Arbeiter hört sie bloß einen »Aufschrei der beleidigten menschlichen Natur, welche zum tierischen Stumpfsinn herabgestoßen und entwürdigt war«.[119] Für Pauline wie für Otto-Peters ist der Aufstand eine bloß unbewusst-reflexhafte, eine spasmodische Reaktion ohne rationale Kontrolle oder vernünftiges Ziel.

Is It O.K. To Be A Luddite?

Die kollektiv organisierte Zerstörung von (proto-)industriellen und landwirtschaftlichen Maschinen findet im späten 18. und frühen 19. Jahrhundert überall in Europa sowie auf den Plantagen Amerikas statt.[120] Einen historischen Höhepunkt erlebte die Maschinenstürmerei in England in den Jahren 1811/12 mit der Bewegung der *Luddites*; der Luddismus ist vielfach zum Synonym für Maschinenstürmerei überhaupt geworden. Die Beurteilung der Maschinenstürmer hat sich dabei seit dem frühen 19. Jahrhundert stabil als *Ver*urteilung erhalten, und Otto-Peters' Einschätzung kann hier als repräsentative Zusammenfassung gelten: Dass »die frühe Arbeiterbewegung nicht wußte, was sie tat, sondern einfach blind und unsicher auf den Druck des Elends reagierte, so wie Versuchstiere im Labor auf elektrischen Strom reagieren« – diese Auffassung hätten, so Eric Hobsbawm, die Historiker des 20. Jahrhunderts von den »Apologeten der mittelständischen Wirtschaft des 19. Jahrhunderts« übernommen.[121] Ironischerweise war der entscheidende Transmissionsriemen dieser Verurteilung die Geschichtsschreibung der Arbeiterbewegung selbst, einer produktivistischen, sich selbst als fortschrittlich wahrnehmenden, parlamentarisch-reformistisch gezügelten Arbeiterbewegung des späten 19. und frühen 20. Jahrhunderts allerdings, die in den wilden Aufständischen des frühen 19. Jahrhunderts gerade *nicht* ihre eigenen Vorläufer sehen wollte.[122] Demgegenüber hat die Historiografie der *New Left* seit den 1950er Jahren sich um eine Ehrenrettung und Neubewertung der Maschinenstürmer bemüht, und die Dialektik von Verurteilung und Rettung erneuert sich bis in unsere Gegenwart hinein: Mit jedem neuen Technologieschub tauchen Oppositionsbewegungen auf, die sich selbst als neo-ludditisch verstehen oder als solche diffamiert werden. Thomas Pynchons Frage von 1984: »Is it O.K. to be a Luddite?« wird mit der Entwicklung von Computertechnologie, Hirnforschung und Bionik immer wieder neu gestellt und neu beantwortet.[123] Wir werden darauf zurückkommen.

Hobsbawms und Thompsons historiografische Rettung der Maschinenstürmer folgt zwei Argumentationssträngen. Erstens stellen sie heraus, dass die Maschinenstürmer keineswegs bloß blind und bewusstlos vorgegangen seien, sondern aufgrund von impliziten und zum Teil auch expliziten Theorien und Strategien, die ihre Aktionen sinnvoller erscheinen lassen, als ihre Kritiker dies anzuerkennen bereit sind. Zweitens aber hätte gerade der Luddismus solidarische Organisationsformen hervorgebracht, die auf der Höhe der Zeit gewesen und damit durchaus zukunftsweisend geworden seien. Diese beiden Stränge ergänzt Thompson um ein drittes Argument, das auch in den Debatten seither, über Pynchon bis zu Peter Linebaugh, immer wieder auftaucht und vielleicht sogar ein immer größeres Gewicht erhält: Die Ludditen hätten, so zeigt Thompson, als eine der ersten politischen Bewegungen der Moderne den *Mythos* bzw. genauer: ihre eigene *Selbstmythisierung* als Waffe in den politischen Kampf eingebracht. Dass von den Ludditen – außer den konkreten Zerstörungen und ihren mysteriösen Droh- und Bekennerschreiben – nur Mythen, Gerüchte und Verdächtigungen überliefert sind, kaum aber belastbares Quellenmaterial, habe sich gerade in Zeiten einer Medien- und Kommunikationsrevolution, wie sie in der ersten Hälfte des 19. Jahrhunderts *auch* sich vollzogen hat, als äußerst effektives Mittel der Propaganda und Agitation erwiesen. Entlang dieser drei Stränge lässt sich nun genauer aufschlüsseln, wie Louise Otto-Peters und Ernst Willkomm das Phänomen der Maschinenstürmerei abhandeln – und missverstehen.

Einerseits, so wird man zusammenfassen können, sind die Aktionen, die beide schildern, nicht so irrational, wie sie in den Texten zunächst erscheinen; andererseits geben beide Texte vorwiegend gängige Vorurteile über die Aktionen wieder. So ist die Tatsache, dass die wütenden Arbeiter zunächst unterschiedslos alle Maschinen zerstören und dann mit der Plünderung der Fabrikantenvilla fortfahren, kein Beweis dafür, dass diese Aktionen blindwütig sein müssen, wie Otto-Peters' Roman – nicht zuletzt durch den Mund des besonnenen Arbeiters Franz – urteilt. Die Aktionsform legt eher nahe, dass die Arbeiter gar »keine spezielle Feindseligkeit gegen Maschinen an sich« hegen, sondern durch die unterschiedslose Zerstörung seines Eigentums den Fabrikherrn Felchner insgesamt unter »Druck« setzen wollen. Solche Aktionen waren, so Hobsbawm, »traditioneller und fester Bestandteil der Auseinandersetzung zwischen Arbeitgebern und Arbeitern«, wenn es darum ging, Lohnsenkungen oder Entlassungen zu verhindern. Hobsbawm rubriziert diese und ähnliche Aktionsformen daher ironisch als »Tarifverhandlungen durch Ausschreitungen«, als »collective bargaining by riot«.[124] Ob solche Aktionen erfolgreich werden oder in einer Katastrophe enden, wie in *Schloss und Fabrik*, ist von den Machtverhältnissen und der Einsicht der Beteiligten abhängig. Dass selbst im Szenario, das Otto-Peters entwirft, ein Erfolg nicht ausgeschlossen und das Vorgehen des Fabrikanten – er ruft Soldaten der nahegelegenen Garnison zu Hilfe, die unter den Aufständischen ein Blutbad anrichten – nicht alternativlos war, zeigt ein Gespräch zwischen dem Fabrikanten Felchner und seiner Tochter Pauline. Diese schlägt ein sozialpartnerschaftliches Modell zur Beilegung des Konflikts vor, das mithin zeitgenössisch auch durchaus realistisch gewesen wäre:

> »Komm, Vater, wir wollen zusammen hinausgehen, wir wollen es wagen – und dann will ich sie fragen: was wollt Ihr? Geht wieder heim in Eure Wohnungen und an Eure Arbeit, wir wollen Euch bessern Lohn dafür geben und Euere Kinder sollen Schule bekommen und nur vier Stunden des Tages arbeiten – aber wer von Euch nicht zu Hause geht, den wollen wir bestrafen lassen, wie es recht ist. Komm, Vater, komm, folge nur dies Mal Deinem Kinde!«[125]

Der »vernünftige« Vermittlungsversuch Paulines scheitert an Felchner; bei der militärischen Niederschlagung des Aufstands wird dessen Intransigenz allerdings bestraft: Ein Querschläger tötet Pauline, mit ihr bleiben »zwanzig Leichen« auf dem Schlachtfeld des sozialen Kriegs zurück. Felchner selbst stirbt verbittert wenig später.[126]

Der besonnene Arbeiter Franz hat während des Aufstands dauernd Skrupel und weigert sich, an der »blinden Zerstörung« von »wehrlosen Dingen« mitzuwirken.[127] Dieses Argument wurde und wird immer wieder gegen Maschinenstürmer in Stellung gebracht: Demnach seien nicht die »wehrlosen«: die unschuldigen, politisch-sozial neutralen Maschinen an der sozialen Misere schuld, sondern die Besitzer und Nutznießer der Maschinen, die sie zur Ausbeutung ihrer Arbeiter einsetzen. Der offensichtlich etwas wohlfeile Vorwurf, dass die Maschinenstürmer »Dinge« bekämpfen, wo soziale Verhältnisse in den Blick genommen werden sollten, geht – so zeigt Thompson – ins Leere. Wie die wenigen Zeugnisse – vor allem die teils ausführlichen Droh- und Bekennerschreiben – zeigen, hatten die Ludditen durchaus eine systemische Kritik, die in den Maschinen das Herzstück einer Transformationsstrategie für die ganze Gesellschaft erblickt hat. Wenn in großem Maßstab Maschinen eingesetzt werden, so müssen in ausreichendem Maß Arbeiter bereitgestellt werden, die diese Maschinen *zu deren Konditionen* bedienen: Arbeiter, die bereit sind, ohne Pause monotone, verdummende, gesundheitsschädliche und gerade zu Beginn der technischen Entwicklung oft noch lebensgefährliche Arbeiten zu verrichten. Die Maschinen deklassieren die ehemaligen Handwerker, sie drücken die Löhne, machen arbeitslos, zerstören eine »ganze Lebensweise«[128] – kurz: Die Maschinen sind nicht einfach »Dinge«, sondern integrale Bestandteile eines *Systems*, des »Fabriksystems«, und genau deshalb werden sie von den Ludditen zerstört.[129]

Die Maschinenstürmer sind nicht so dumm, gegen »Dinge« zu kämpfen, sie sind vielmehr so weise, gegen ihre eigene *Verdinglichung* zu kämpfen: »Als ob deine lebendigen Tuchmacher Maschinen wären wie deine Schermaschinen und -rahmen!«, ruft Caroline dem erbosten Textilfabrikanten Robert Moore in Charlotte Brontës

Roman *Shirley* zu, nachdem dessen neue Maschinen von Ludditen zerstört worden sind. Moore selbst kann an den Maschinen *(as such)* natürlich nichts Problematisches erkennen …[130]

Das Argument, nach dem die Maschinenstürmer zu kurz greifen und die Falschen treffen, findet sich auch in Willkomms *Weisse Sclaven*. Nach Adrians Tod wird die Leitung der Fabrik in Martells Hände gelegt. Bei der Stabübergabe hält Aurel, als philanthropischer Eigentümer, eine Rede, in der er sein sozialreformerisches Programm entfaltet. Darin spielen die Maschinen eine entscheidende Rolle:

> »Es gibt eine sehr große Anzahl Menschen, welche der Überzeugung leben[,] die Erfindung der Maschinen und deren Verwendung in den verschiedenartigen Fabriken sei ein unerhörtes Unglück für das gesammte Menschengeschlecht. Seit man sich ihrer bediene, nehme Armuth, Elend, Hunger, Kummer und Verbrechen unter den niedern Ständen des Volkes auf eine wahrhaft entsetzenerregende und staatsgefährliche Weise überhand! Es sei daher Pflicht jedes wahren Menschen- und Volksfreundes, mit aller Kraft auf Abschaffung der Maschinen zu dringen, den Armen neue Arbeit und hinreichenden Verdienst zu verschaffen und ihnen somit wieder zu geben den alleinigen Besitz, der ihnen geworden ist, das Kapital des Fleißes ihrer Hände! – Diese Leute, diese wohlmeinenden, aber kurzsichtigen Eiferer irren!
>
> Nein, liebe Geschwister und Freunde, die Maschinen sind ein Segen Gottes, eine Wohlthat für die Menschheit! Ihre Beibehaltung, ihre Vermehrung und Verbesserung muß der Wunsch jedes Biedermannes sein; allein man muß sich ihrer nur bedienen zur Befreiung, nicht zur Unterjochung der arbeitenden Klassen! […] Der Maschinenbesitzer muß – gebe Gott, daß wir bald diese Zeit erleben – durch ein Staatsgesetz gezwungen werden, diese Hebel der Kraft zur Erleichterung der Arbeit zu benutzen und diejenigen, welche mittelst der Maschinen ein ungleich größeres Mehr von Arbeit liefern, auch ein Theilhaben zu gönnen an den Vortheilen dieses Mehr! Der Maschinenbesitzer, der Fabrikant, darf nicht allein den Gewinn einstreichen, es muß eine verhältnißmäßige, vernünftige Theilung zwischen ihm und seinen Arbeitern stattfinden! Geschieht dies, dann wird die Noth, die Armuth, die Unzufrieden-

heit, das Laster sich mindern im Volke! Dann wird der Arbeiter die Erfindung der Maschinen segnen, seinen Arbeitsherrn lieben und verehren, ihm treu und ergeben bleiben mit inniger Liebe, mit und für ihn dulden ohne Murren!«[131]

Zunächst muss festgehalten werden, dass Willkomms Aurel hier gegen die Maschinenstürmer ein Sozialmodell setzt, das historisch zuvor erst durch den Druck der Maschinenstürmer selbst durchgesetzt werden konnte. Schon 1802 setzten sich Maschinenstürmer im West Riding für eine sozialstaatlich-fiskalische Moderation des Maschineneinsatzes ein; sie unterbreiteten »Vorschläge zur schrittweisen Einführung der Maschinen bei gleichzeitiger Schaffung anderer Arbeitsplätze für die verdrängten Arbeiter oder bei gleichzeitiger Besteuerung des maschinell fertiggestellten Tuchs (6 d. pro Elle). Das Geld sollte den Arbeitslosen, die eine neue Beschäftigung suchten, zur Verfügung gestellt werden.«[132]

Auch bei Willkomm gibt es ein Finanzierungsmodell für die sozialverträgliche Modernisierung der Produktion:

»›Ich schlage vor‹, fuhr der Kapitän [Aurel; PEO] fort, ›und mache es meinem Bruder Martell zur unerläßlichen Bedingung, daß er seinen Arbeitern den Arbeitslohn verdoppele, daß er ihnen außerdem einen Antheil am Gesammtgewinn sichere, diesen Antheil aber nicht in baarem Gelde auszahle, sondern blos verzinse, damit zu größerem Nutzen das Betriebskapital nicht allein ungeschmälert bleibe, sondern auch von Jahr zu Jahr sich mehre! Dadurch werden dem Fabrikherrn nicht die unerläßlichen großen Geldmittel, dem Arbeiter nicht der kleine Vortheil, den er beanspruchen darf, entzogen. Auf Verlangen wird den Arbeitern am Schlusse des Jahres, Rechenschaft abgelegt über den Stand der Sachen, und je nachdem die Geschäfte sich verbessert oder verschlechtert haben, die Theilnahme der Arbeiter am Gewinn geregelt. Der Arbeitslohn aber darf den Arbeitenden nie und unter keiner Bedingung verkürzt werden, damit sie stets ein menschliches Leben führen können und nie erniedrigt werden zu willenlosen Sclaven! – Bist Du bereit, Martell, unter diesen Bedingungen die fernere oberste Leitung der Fabrik zu übernehmen?‹

›Ohne Bedenken!‹ sagte Martell. ›Ich will ein Mensch sein unter Menschen, nicht ein Despot unter Sclaven. Lieber will ich verhungern!‹«[133]

Das Modell klingt ökonomisch plausibel, und es trägt zudem einen hehren sozialethischen Anspruch vor sich her: eine klassische *Win-win*-Situation für Kapital und Arbeit. Allerdings bleibt ein Faktor unberücksichtigt, obwohl er im Pathos der sozialpartnerschaftlichen Rhetorik – wenn auch im Modus der schon analysierten Metaphorik – sogar noch benannt wird. Denn während die Fabrik unter der Leitung Martells floriert, fährt Aurel wieder zur See, um die »überseeischen Verbindungen und Besitzungen« zu inspizieren.[134] Die Sklaverei auf den betriebseigenen Plantagen an der Peripherie bleibt, so zeigt sich hier, Geschäftsgrundlage auch der neu erreichten Klassenversöhnung in der Metropole. Der (buchstäbliche) *Arbeiter-Aristokrat* Martell nimmt in fast gespenstischer Weise die Lenin'sche Imperialismustheorie vorweg und verwaltet in protokorporatistischem Komanagement für seinen Bruder die Produktion. Der Handelskapitalist Aurel bleibt Betreiber der Baumwollplantage, und beide zusammen befestigen ihr gehegtes Klassenbündnis auf den Rücken der transatlantischen Sklavinnen und Sklaven. Die protosozialstaatlichen »Errungenschaften« der Arbeiter in den Metropolen schließlich werden querfinanziert aus den Extraprofiten der (post-)kolonialen Sklavenwirtschaft.[135]

Die große Maschinerie aber, die durch Martells moderierenden Einfluss jetzt ohne großen Widerstand im Stammwerk weiter ausgebaut werden kann, bleibt auch im produktionslogischen Sinn Voraussetzung der Plantagensklaverei. Denn nur eine industriell betriebene und auf einen Weltmarkt hin ausgerichtete Produktion von Textilien benötigt jene riesigen Mengen an Rohbaumwolle, die wiederum nur durch Plantagenwirtschaft erzeugt werden können; und Plantagen lassen sich, solange man den »freien« Arbeitern auch nur einen Ausweg lässt, nur mit Sklaven bewirtschaften.[136] Ausgehend vom Widerstand der Plantagensklaven in den USA, die ebenfalls im großen Maßstab Werkzeuge und Maschinen zerstört haben, gibt

Peter Linebaugh zu bedenken: »They grew the cotton that was spun and woven in Lancashire. The story of the plantation slaves has been separated from the story of the Luddites. Whether separation was owing to misleading distinctions between wage and slave labor or to artificial or racial differences is unclear.«[137]

Dass genau dort, wo die »weissen Sclaven« in einem Klassenkompromiss ihre »Versöhnung« mit dem (Fabrik-)System feiern können, die »schwarzen« Sklaven wieder vergessen werden, ist bei Willkomm vielleicht eine historische Blindheit;[138] vielleicht artikuliert sich darin aber auch die wie immer unbewusste Einsicht, dass das eine Bedingung des anderen ist und dass man vielleicht das eine nur genießen und propagieren kann, wenn man das andere vergisst *und zu vergessen bereit ist.*

Auf dem Weg zum reinen Streik: Georg Weerths Romanfragment

Sozialrebellen und Maschinenstürmer sind Übergangsfiguren, Akteure eines »*transitorischen* Kampfes«,[139] und als solche setzen Willkomm und Otto-Peters sie präzise ein. Wenn Thompson ironisch schreibt, der Luddismus sei am ehesten als »›Bauernaufstand‹ von Arbeitern« zu beschreiben, die, »statt Schlösser zu plündern« nun Maschinen angreifen,[140] dann schließt er damit auch die historische Konstruktion der hier untersuchten Romane mit ein: »Schloss und Fabrik« sind bei Otto-Peters Symbole verschiedener Unterdrückungssysteme, die gleichwohl ineinandergreifen und die, so sehen wir bei Willkomm, in einer Kontinuitätslinie stehen. In England – und vielleicht auch in Deutschland, so legt Otto-Peters nahe – hat der Angriff der Ludditen zudem zu einer Klassenallianz von altem landbesitzendem Adel und neuer industrieller Bourgeoisie geführt, zu einer Koalition von Schloss und Fabrik. Mit Willkomm (und Linebaugh) wird man die (post-)kolonialen Plantagenbesitzer zu dieser neuen Allianz der besitzenden Klassen getrost hinzurechnen dürfen.

Als Übergangsfiguren sind Sozialrebellen wie Maschinenstürmer janusgesichtig und eignen sich damit besonders gut als Figurationen einer Gesellschaft auf der Schwelle: Sie blicken zurück in die Zeit der alten, vielfach noch paternalistisch geprägten Gewerbe- und Zunftordnungen: Die Ludditen waren »die letzten Zunftleute«,[141] und ihre politischen Aktionsformen entstammen noch einer »Welt der Hilfskassen, Geheimzeremonien und Schwüre, [...] der Handwerkertreffen in der Herberge«.[142] Willkomm gestaltet diesen Blick zurück erstaunlich a-nostalgisch: Zwar reden die Fabrikarbeiter des Jahres 1832 davon, dass die direkte Unterdrückung durch den Grafen Magnus noch offener und daher erträglicher gewesen sei als die Lohnsklaverei bei seinem Sohn Adrian, und die aufständischen Bauern der 1790er Jahre hassen besonders den jungen Grafen Magnus, während sie die Ehrenhaftigkeit des alten Grafen Erasmus hochhalten. Johannes Lips aber, der Anführer der »Waldbrüder«, ist schon von diesem »guten« Erasmus gedemütigt und gequält worden, weshalb der alte Räuber auch die Ehrfurcht nicht nachvollziehen kann, die seine bäuerlichen Unterstützer dem alten Tyrannen entgegenbringen. Und so wird denn auch beim Schlossbrand die zur Beerdigung aufgebahrte Leiche des alten Grafen einfach so, wie sie ist: unbestattet und ohne Segen, den Flammen überlassen. Die Kämpfe der Vergangenheit bleiben unversöhnt, und als solche werden sie in die Gegenwart getragen.

Die Sozialrebellen und Maschinenstürmer blicken aber auch voraus in eine Welt der gewerkschaftlich organisierten Agitation und der parlamentarischen Repräsentation der Arbeiterklasse. Sie blicken in eine Welt, in der sich Kapital und Arbeit ohne Reserve, ohne Rückhalt in alten Werten gegenüberstehen. In dieser Welt kämpft die Arbeiterklasse um höhere Löhne und eine adäquate Arbeitsschutz- und Arbeitszeitgesetzgebung. Die bessere Kampfform aber, von der diese Welt geprägt sein wird, ist der Streik.

Der Streik ist die reine Kampfform einer industriellen Lohnarbeiterklasse, die Kampfform einer Welt *nach* jener Transformation, die in den sozialen Romanen von den Sozialrebellen und Maschinenstürmern figuriert wird. In den Klassenkämpfen, die in diesen Romanen dargestellt werden, ist der Streik schon überall enthalten, aber noch unrein, noch vermischt mit alten, wilden und zügellosen Werten und Ehrvorstellungen. In Georg Weerths unbetitelt gebliebenem Romanfragment von 1846 lässt sich nun die Reinigung der Kampfform »Streik« beobachten – und damit verbunden die Reinigung der Klassenfiguration der Arbeiter, die sich durch den Kampf konstituiert.[143]

In Weerths Text werden, gleichsam wie in einer Versuchsanordnung, die drei dominanten gesellschaftlichen Gruppen der Gegenwart miteinander konfrontiert und ihre Verhältnisse beleuchtet: Der Baron d'Eyncourt, der auf einem kleinen Schloss in einem Seitental des Rheins sitzt, ist ob seines aufwendigen Lebenswandels hochverschuldet und musste seinen Landbesitz an den erfolgreichen Textilfabrikanten Preiss verkaufen, der schon durch seinen Namen als Verkörperung des *cash nexus* markiert ist. Preiss lässt unter widrigen Bedingungen minderwertige Billigtextilien herstellen, mit denen er den Markt überschwemmt. In seiner Fabrik schließlich arbeitet die ganze Familie Martin: die nach dem Tod ihres Mannes früh gealterte Witwe, ihre achtzehnjährige Tochter Marie und das zehnjährige Gretchen. Hinzu tritt nun der Sohn Eduard, der zwei Jahre in Manchester als »Mechanikus«[144] gelernt hat und nun an den Rhein zurückkehrt, um wieder bei Preiss in die Fabrik einzutreten – und hier die Verhältnisse zu revolutionieren: »[I]ch habe mir fest vorgenommen, alle Arbeiter weit und breit gegen den alten Schurken aufzuwiegeln«.[145]

Der Handlungsstrang um die Verschuldung des Barons – der nach Wilhelm Heinrich Riehls etwas später eingeführter Terminologie als typischer Vertreter des »aristokratischen Proletariats« gelten kann[146] – und die »Hilfe«, die Preiss ihm angedeihen lässt, hat narrativ auch die Funktion, den alten »paternalistischen Code« vorzustellen, der das Verhältnis von Herrschenden und Beherrschten in vorindustriellen Zeiten geregelt hat.[147] Diesen Code präsentiert Weerth als einen verschwindenden, der wiederum erst im Verschwinden zu seiner vollen Kenntlichkeit gerät. Als der Baron mit seiner Tochter darüber spricht, alles aufzugeben und in die Fremde zu gehen, »wo uns niemand kennt« – de facto denkt der Baron wohl über eine Flucht vor seinen Gläubigern nach –, widerspricht ihm Bertha vehement, indem sie die gewachsenen affektiven Beziehungen zu den Untergebenen ins Spiel bringt: »Und [wo] findest du Menschen, die dich lieber haben könnten als die, welche uns hier umgeben, die du alle bei Namen kennst von Jugend auf, in deren Hütten du gesessen, die du unterstützt in der Not, denen du jederzeit mit Rat und Tat zur Seite stehst und die dich alle verehren wie ihren Herrn und Vater?«[148]

Ein Rat, mit dem der Baron seinen »viele[n] arme[n] Freunde[n]« beisteht,[149] ist der, sich nicht proletarisieren zu lassen. Als einige Fischer aus dem Dorf »ihre zwei prächtigen Knaben, der eine kaum zwölf, der andere erst vierzehn Jahre alt, nach der Stadt in den Dienst schicken [wollen], weil man den Kindern einen guten Lohn versprochen hat«, da schreitet der Baron ein und rät den Eltern davon ab: Die Kinder würden dort »mit aller Arbeit zugrunde [ge]richtet«.[150] Und später beschwert sich Preiss' devoter Buchhalter Weber darüber, dass der Baron immer wieder »den Landleuten auseinandersetzt, daß ihre Kinder in der Fabriken verdorben werden«, wodurch Preiss »manchmal die besten Arbeiter abwendig [ge]macht« würden.[151] Dass die *aktive* Proletarisierung – die Einsetzung in »freie« Lohnarbeitsverhältnisse – nur dann zur Option wird, wenn zuvor eine *passive* Proletarisierung schon stattgefunden hat, wenn also die bisherigen Mittel zur Subsistenzsicherung vernichtet worden sind; und dass an dieser Vernichtung nicht zuletzt der Baron selbst ganz wesentlich beteiligt ist, wenn er seine Verschuldung nur durch Verkauf jener Ländereien auslösen kann, auf denen die Bauern und Fischer bisher ihre Subsistenz gefunden haben – das alles kommt dem Baron nicht in den Sinn.[152]

Der »paternalistische Code«, den der Baron d'Eyncourt nur noch als rein moralische Aspiration ohne jede ökonomische Basis aufrechterhält, lebt auch bei den Untergebenen fort, die mittlerweile längst zu Preiss' Lohnarbeitern geworden sind. Das zeigt sich etwa, als der in England zum klassenbewussten Arbeiter gereifte Eduard schon wenige Minuten nach seiner Rückkehr in die mütterliche Hütte damit beginnt, gegen den üblen Fabrikanten Preiss zu wettern. Dieser sei ein »wahrer Teufel«, der »den Schweiß und das Blut zahlloser Unglücklicher« schlürfe und ihnen »das Mark aus den Knochen« sauge. Dagegen protestieren die Mutter und Marie: Preiss sei zwar kein Engel, aber immerhin könnten sich alle, so Marie, »freuen, daß der Herr Preiss fortwährend mit seiner Fabrik im Gange bleibt, daß er uns Arbeit gibt, daß wir dadurch Brot verdienen«.[153] Und von August, dem geschäftsführenden (und heimlich zum Sozialismus konvertierten) Sohn von Preiss, wird gesagt, er hege »ein warmes Interesse am Wohlergehen seiner Untergebenen, eine Teilnahme, die ebenso fest und aufrichtig war wie alles, was diesen sonst so linkischen Menschen bewegte«.[154]

Im weiteren Gang der Handlung wird die Geltung des »paternalistischen Codes« durch das Auftreten Eduards in der Fabrik immer weiter abgebaut; das Klassenverhältnis wird von allen überkommenen moralisch-affektiven Restbeständen gereinigt. Der Reinigungsprozess vollzieht sich im Wesentlichen in einer langen Rede, die Eduard einigen Arbeitern in der Mittagspause hält, kurz nachdem er wieder in die Preiss'sche Fabrik eingetreten ist. Sie beginnt mit einer Grußadresse: »Ich soll euch grüßen von den englischen Arbeitern! Es geht ihnen nicht viel besser wie euch, und sie sind daher eure Freunde.«[155] Der internationalistische Bezug auf die Klassenbrüder und -schwestern »jenseits der See«[156] nimmt einerseits der chauvinistischen Propaganda der Fabrikherren den Wind aus den Segeln, die jede Lohnkürzung mit der Konkurrenz auf dem Weltmarkt begründen;[157] und andererseits macht er den globalen Bezugsrahmen deutlich, in dem sich Eduards Lern- und Bewusstwerdungsprozess vollzogen hat:

> »Vor seiner Reise nach England wäre es ihm unmöglich gewesen, auch nur drei, vier Sätze in richtiger Folge auszusprechen. – Jetzt war seine Zunge gelöst, und die Erfahrungen zweier Jahre ließen ihn nicht davor zurückschrecken, den Arbeitern seiner Heimat in entschiedener Weise gegenüberzutreten. Er hatte die Meetings der Arbeiter in England fleißig besucht – Manchester war der rechte Ort für ihn, und schon nach kurzer Zeit konnte er die Reden seiner Genossen verstehen, seine Mei-

nungen in fremder Sprache ausdrücken und an allen Bewegungen jenes gewaltigen Volkes teilnehmen.«[158]

Dass das Wandern bildet, das wussten schon (oder noch) die Apologeten der alten Zünfte,[159] und auf den *Meetings* der englischen Arbeiter hat Eduard eine wahrhaft revolutionäre Lehre erhalten. Er hat von und mit den englischen Arbeitern gelernt, dass »die Sache zu ändern« nur dann möglich ist, wenn »man sich untereinander verbindet, um den Herrn zu widerstehen«. Auf die naheliegende Frage, ob dies bedeute, »einen kleinen Krieg« anzufangen – einen »Guerillakrieg«, wie Engels und Weitling formulieren –, spielt Eduard seine Trumpfkarte aus: »Allerdings einen Krieg ohne Gewehr und Säbel, einen Widerstand, der einzig und allein darin besteht, daß man nicht mehr arbeitet.«[160]

Das ist nun in der Tat erläuterungsbedürftig – »Das ist aber noch nicht ganz deutlich«, wendet ein kritischer Arbeiter ein –, und so kann Eduard wieder auf sein neues Wissen zurückgreifen, das er auf den Versammlungen der englischen Arbeiter erworben hat:

> »Spielend hatte er gelernt, was unsere Zeit bewegt; Industrie, Handel, Politik – alles war ihm gegenwärtig, er wußte besser, wie es mit dem freien Kommerz, mit der freien Konkurrenz, mit dem Überproduzieren, mit dem Proletariat und ähnlichen Punkten aussah wie mancher Professor seiner Vaterstadt, denn das Leben, die unmittelbare Anschauung bildete ihn heran, ein natürliches Interesse hatte seine freien Sinne empfänglicher für jeden richtigen Eindruck gemacht, als es jenen durch das eifrigste Studieren aller Quellenschriftsteller der Welt vielleicht möglich war.«[161]

Zusammen mit den zuhörenden Arbeitern lässt Eduard nun auch die Leser einen Crashkurs in Sachen politischer Ökonomie durchlaufen. Wie kann das Unterlassen einer Handlung – der Arbeit – ein wirkungsvollerer »Widerstand« sein als der Krieg mit »Gewehr und Säbel«? Wir lernen: wie die englischen »Wollkämmer« – vielleicht nicht zufällig gehörte besonders diese Berufsgruppe zu den Kerntruppen der Ludditen – zunächst vom Aufschwung in Industrie und

Handel profitiert haben, wie sie in dieser Prosperitätsphase »Familienväter« wurden, weil sie nun »für Weib und Kinder ehrlich zu sorgen« in der Lage waren – und wie sie dies von nun aber auch *mussten*, da sie dadurch für die Fabrikanten erpressbar wurden, die ihrerseits die »Produktionskosten auf jede Weise zu verringern suchten« und dies auch und vor allem über die Senkung der Lohnkosten erreichen wollten. Vom Verweis auf Handelskrisen ließen sich die Arbeiter »betören« und sahen von Widerstand ab; einmal auf der abschüssigen Bahn, akzeptierten sie immer weitere Kürzungen, bis die Löhne schließlich »zu einem solchen Minimum herabsanken, daß ein armer Kämmer unmöglich dabei bestehen konnte«. Der Entschluss vieler Kämmer, die »undankbare Beschäftigung ganz aufzugeben und sich auf einen anderen Erwerbszweig zu legen« – der Entschluss, von jener Wahlfreiheit Gebrauch zu machen, die zur Basis der »freien« Arbeit gehört –, stößt auf Widerstand, denn auch in anderen Industriezweigen sieht es nicht besser aus: »Überall hatte ein anfangs erträglicher Lohn die Menschen dazu verleitet, sich zu verheiraten und die Population zu vergrößern. Es gab genug Menschen für alle Beschäftigung«.[162]

Denselben Zusammenhang wird Marx später im berühmten 23. Kapitel des *Kapitals* als »allgemeines Gesetz der kapitalistischen Akkumulation« umschreiben:

> »Wenn aber eine Surplusarbeiterpopulation notwendiges Produkt der Akkumulation oder der Entwicklung des Reichtums auf kapitalistischer Grundlage ist, wird diese Übervölkerung umgekehrt zum Hebel der kapitalistischen Akkumulation, ja zu einer Existenzbedingung der kapitalistischen Produktionsweise. Sie bildet eine disponible industrielle Reservearmee, die dem Kapital ganz so absolut gehört, als ob es sie auf seine eignen Kosten großgezüchtet hätte. Sie schafft für seine wechselnden Verwertungsbedürfnisse das stets bereite exploitable Menschenmaterial, unabhängig von den Schranken der wirklichen Bevölkerungszunahme.«[163]

Unter diesen Bedingungen sind, so weiß Weerths Eduard schon 1846, »alle freundlichen Verhandlungen mit den Fabrikanten […] nutzlos«. Will eine »Surplusarbeiterpopulation« aufhören, bloß »exploitable[s] Menschenmaterial« zu sein, dann müssen die Arbeiter aufhören, sich gegeneinander ausspielen zu lassen; an die Stelle der Konkurrenz muss Solidarität treten. Und so wiederholen die Wollkämmer die alte, wohlbekannte Szene des *Secessio Plebis*: Sie ziehen aus der Stadt und treffen sich »an einem Sonntagmorgen auf dem nächsten Hügel unter freiem Himmel«. Diese offene, ganz und gar nicht konspirativ gefasste Szene zeigt schon an ihren äußeren Bedingungen, dass die Arbeiter – im Gegensatz zu Ludditen und Sozialrebellen, die sich nachts an geheimen Orten treffen – nichts zu verbergen haben: Und so sehen sie auch »nach kurzem Besprechen« gemeinsam ein, dass von »entschiedenen Gewaltschritten« keine Änderung der Lage zu erwarten ist.[164] Die Lösung des Problems wird nun in Eduards Rede als kollektiver Einfall inszeniert:

> »›Wie wäre es indes‹, hieß es mit einem Male, ›wenn wir, statt uns wild zu erheben, plötzlich alle 30 000 Mann [so wurde zuvor die Zahl der Kämmer an dem betreffenden Ort beziffert; PEO] unsre Arme in den Schoß legten und, statt ungemein viel zu tun, in der nächsten Zeit gar nichts mehr täten? Wenn wir weder Waffen schliffen noch Wolle kämmten, wenn wir, mit einem Worte, die Edelleute spielten und einmal mehrere Wochen lang spazierengingen? Sollte das unsre Herren nicht ebensogut zu Verstande bringen wie der blutigste Angriff?‹«[165]

Die Idee, die »mit einem Male« in die Welt kommt, bezieht ihre Überzeugungskraft gerade daraus, dass sie auf kontraintuitiven Antithesen aufbaut: Nicht sich »wild zu erheben«, sondern, gleichsam in Gegenrichtung, das Sinkenlassen des Arms, nicht »viel«, sondern »gar nichts« zu tun, nicht die Bearbeitung der Dinge, sondern das Seinlassen: Das verspricht Erfolg. Nicht wie die »Herren« sich aufführen – wie die Fabrikanten, die immer umtriebig zu sein vorschützen –, sondern wie die »Edelleute«, die sich eher die Zeit vertreiben müssen, als sie zu Geld zu machen.

Die hier aufgerufene Bilderwelt eines *Dolcefarniente* bleibt indes im Weiteren folgenlos – leider, ist man versucht zu sagen. Stattdessen werden umso präziser die materiell-ökonomischen Konsequenzen der umrissenen Kampfform des Nichtstuns beschrieben. Eduard schildert in einem kühn gefassten Gedankengang, wie das Nichtstun der Wollkämmer einen Vermassungs- und einen Solidarisierungseffekt zeitigt, der nicht auf dem idealistischen Goodwill der Beteiligten beruht, sondern in der Sache begründet liegt:

> »Wenn wir jetzt die Arbeit niederlegen, da steht ihnen plötzlich die ganze Geschichte still – wir Kämmer kämmen keine Wolle mehr, der Spinner hat keine Wolle mehr zum Spinnen, der Weber hat kein Garn mehr zu verweben, der Färber keine Stücke mehr zu färben, der Drucker nichts mehr zu drucken, der Krämer nichts mehr zu verschachern, und so geht dies bis ins unendliche fort – die ganze Wollenindustrie kommt ins Stocken. Durch das Einstellen unsrer Arbeit zwingen wir alle übrigen Arbeiter der Wollenmanufaktur dazu, ebenfalls ihre Arme sinken zu lassen, und da sie meist ebenso unglücklich sind wie wir und nur wünschen können, daß sich ihr Verhältnis zu den Fabrikherren in irgendeiner Weise ändert, so werden sie auch keine Schwierigkeit machen und halb freiwillig, halb gezwungen auf unsere Seite treten und unsere Partei vergrößern.«[166]

Auch auf der Gegenseite ergeben sich Konsequenzen, die Eduard fast genüsslich ausbreitet: Ohne Arbeiter können die Fabrikanten »ihre Fabriken nicht mehr betreiben, alles steht ihnen still. Ihr Kapital bringt keine Zinsen mehr«, die Kunden schließlich werden abspenstig gemacht, weil auch deren Geschäfte durch einen Warenausfall gefährdet werden: Nicht nur die Produktion, sondern auch der Verkauf und Vertrieb kommen durch den Streik schließlich zum Stillstand.

Die Maschinen spielen bei der Arbeitsniederlegung wieder eine besondere, und sie spielen wiederum eine *ambivalente* Rolle: Zum einen lässt sich der Einsatz großer Maschinerie bei einem Streik gegen die Fabrikanten selbst wenden. Denn diese »haben ihr Vermögen in große, gewaltige Etablissements gesteckt« – in ausgedehnte Maschinenaggregate –, »welche stets beschäftigt sein wollen, wenn ihre Besitzer nicht enorm dabei verlieren sollen«.[167] Das »konstante Kapital« der Maschinerie muss durch »variables Kapital«, durch entlohnte lebendige Arbeitskraft, ständig bewegt und belebt werden, sonst können die gewaltigen Investitionen sich nicht amortisieren. Zum anderen aber können neue Maschinen auch menschliche Arbeitskraft ersetzen, und sie tun dies bevorzugt dort, wo die menschliche Arbeitskraft dazu neigt, sich in Streiks zu entziehen. Im schlimmsten Fall kann es dazu kommen, dass in der Zeit eines Streiks »irgendeine neue Erfindung in der Maschinerie« gemacht und eingesetzt wird, »welche die Beschäftigung der Hände ersetzt, so daß die Arbeiter, wenn sie wirklich zu früheren oder sogar zu noch niedrigeren Löhnen als bisher arbeiten wollen« – im Falle einer Niederlage also –, »gänzlich zurückgewiesen werden und im tiefsten Elende« umkommen müssen.[168] Auch diese Erkenntnis Eduards wird Marx später in theoretisch geschliffener Form reformulieren. Im *Elend der Philosophie* geht er sogar vom gleichen Entstehungskontext, den Arbeitskämpfen der englischen Textilarbeiter, aus:

> »In England sind die Strikes regelmäßig Veranlassung zur Erfindung und Anwendung neuer Maschinen gewesen. Die Maschinen waren, man darf es behaupten, die Waffe, welche die Kapitalisten anwendeten, um die Revolte der Geschick erfordernden Arbeit niederzuschlagen. Die *self-acting mule*, die größte Erfindung der modernen Industrie, schlug die rebellischen Spinner aus dem Felde.«[169]

Und im *Kapital* schließlich wird Marx die große Maschinerie bündig fassen als »das machtvollste Kriegsmittel zur Niederschlagung der periodischen Arbeiteraufstände, strikes usw. wider die Autokratie des Kapitals«.[170]

Weerths Eduard weiß schon, dass das Wundermittel des Streiks die Arbeiter zumeist in bittere Niederlagen führt; denn zwar braucht der Fabrikant die Arbeiter, um seine Fabrik am Laufen zu halten, aber die Arbeiter brauchen einstweilen auch den Lohn, um überleben zu können, und so liegt es »also auf der Hand, daß die Fabrikanten einen solchen Kampf immer besser als ihre Arbeiter aushalten können«[171] Aber die Niederlagen der Arbeiter sind keine totalen, denn jeder Kampf ist schon dadurch ein Sieg, dass er überhaupt vom Zaun gebrochen und damit das »friedliche« und »freie« *business as usual* unterbrochen wurde. Die Arbeitskämpfe bauen aufeinander auf, so Eduard, bis sich »nach und nach alle Arbeiterklassen [...] an diese Art des Kriegsführens gewöhnen, bis schließlich, in einer verschärften Krise der »Überproduktion«, »eine so allgemeine Umwälzung beginnt, daß von den Institutionen der Gegenwart auch kein Stein mehr auf dem anderen bleibt und unter neuen Gesetzen und Einrichtungen eine ganze Bevölkerung den ersten Schritt zu ihrer Glückseligkeit tun wird«.[172]

Der hier umrissene Fahrplan zur Revolution bleibt für die nächsten mindestens hundert Jahre in der radikalen Arbeiterbewegung gültig; jede *revolutionäre* Erhebung hatte demnach mit dem Streik als zentraler Kampfform anzuheben. Der Streik war umgekehrt aber auch zentrales operatives Element aller großen Pläne zur *Reform* der Gesellschaft durch die Integration der Arbeiterklasse: Nur durch den Streik konnten die Arbeiter klarmachen, dass ohne sie die Gesellschaft nicht funktioniert, dass die Arbeiter letztlich also integraler Bestandteil der Gesellschaft sind – und darum auch als solcher anerkannt und behandelt werden sollten. Noch diesseits der großen Spaltung der Arbeiterbewegung in Revolutionäre oder Reformisten avanciert der Streik somit zur bevorzugten Kampfform der »freien« Lohnarbeit überhaupt. Und beide strategischen Varianten, Reform und Revolution, arbeiten auf Grundlage der gleichen Entdifferenzierungsutopie, die sich schon klar in Eduards Rede ausspricht: Die zunächst noch getrennten »Arbeiterklassen« sollen durch die verallgemeinerte Kampfform des Streiks zur Einigkeit geführt werden und schließlich als »ganze Bevölkerung« auftreten. Diese ist hier nicht vorausgesetzte Elementargröße (wie etwa bei den zeitgenössischen Sozialstatistikern), sondern zu erreichendes, erst noch zu verwirklichendes Ziel: Die »ganze« – wir lesen: integrale, ungeteilte, heile – »Bevölkerung« entsteht erst; sie wird hervorgebracht durch jene »neuen Gesetze[ ] und Einrichtungen«, die erst noch erkämpft werden müssen.

Die Kopplung von »freier« Lohnarbeit, vertraglich garantiertem Normalarbeitsverhältnis und der Kampfform »Streik« gerät im Laufe des 19. Jahrhunderts schließlich zu einer fast unhinterfragbaren Selbstverständlichkeit. Damit geht begriffsgeschichtlich eine Stabilisierung des Sprachgebrauchs einher: Schon im Vormärz wurde mit dem Wissen um das Phänomen selbst der englische Begriff *strike* »importiert« – und dass ein, so lässt sich ergänzen, ungebundener und hochmobiler Handelsgehilfe wie Weerth bei diesem Importgeschäft eine nicht zu unterschätzende Rolle spielt, ist vielleicht mehr als ein Aperçu. In den 1870er Jahren schließlich – nach vorausgegangenen »Verballhornungen wie ›strick‹, ›stricke‹ o.ä.« in den 1850er und 1860er Jahren – wird »die Eindeutschung ›Streik‹ sowohl im wissenschaftlichen Schrifttum als auch im Sprachgebrauch von Arbeitern und Unternehmern geläufig; wenig später erscheint sie bereits in Wortkomposita wie ›Streikkämpfe‹, ›Streikreglement‹, ›Streikposten‹«.[173]

Eine globalhistorische Pointe zur Begriffsgeschichte des Streiks fügen Peter Linebaugh und Marcus Rediker an, wenn sie festhalten, dass schon das Wort »Strike« aus einem Kontext stammt, der mitnichten von »freier« Lohnarbeit, sondern von vielfältigen Mischformen von »freier« und Zwangsarbeit (»coerced labor«) geprägt war, nämlich der atlantischen Seeschifffahrt des 17. und 18. Jahrhunderts: »The sailors of London, the world's largest port, played leading roles in both movements and in 1768 struck (i.e., took down) the sails of their vessels, crippling the commerce of the empire's leading city and adding the strike to the armory of restistance.«[174] Dass die »freie« Lohnarbeit schon allein deshalb nicht exklusiv an die Kampfform Streik gebunden ist, weil diese Kampfform aus anderen Arbeitsverhältnissen stammt, dass also mithin der Streik auch im Regime der freien Lohnarbeit nur *eine* Waffe unter anderen im »Arsenal [der] Kampfmittel« sein sollte, dies wurde im Vormärz noch vielfach bedacht (und seitdem zunehmend vergessen), und dies wird auch – in diesem Buch wie in der sozialen Wirklichkeit – weiter zu bedenken sein.

Der Kampf um den Familienlohn, die Feminisierung der Fabrikarbeit und die Maskulinisierung der Arbeiterbewegung

Wenn im letzten Abschnitt die These aufgestellt wurde, dass der Streik seit dem Vormärz als privilegierte Kampfform der »freien« Lohnarbeiter aufgefasst wird, dann sind dabei die weiblichen Angehörigen der Arbeiterklasse explizit *nicht* mitgemeint: Erhard Lucas hat in seiner Studie *Vom Scheitern der deutschen Arbeiterbewegung* die »Arbeiterbewegung als Männerbewegung« charakterisiert,[175] und auch bei der Maskulinisierung der Bewegung spielt der Streik als Kampfform eine entscheidende Rolle. Wenn sie organisiert die Arbeit niederlegen, setzen die Arbeiter ihr bloßes Leben aufs Spiel, denn wenn der Lohn ausbleibt, wird das Überleben prekär. Das sehen schon Eduards Gesprächspartner, als er ihnen den Streik als Kampfform der englischen Arbeiter vorstellt: »Aber wovon leben sie denn, wenn sie außer Arbeit sind und nichts mehr verdienen?«[176] Die Streikenden setzen aber auch das Leben ihrer gesamten Familie aufs Spiel. Mit den Kindern aber, die bald zu hungern beginnen, wenn der Lohn ausbleibt, haben auch in den proletarischen Familien zuvörderst die Frauen zu tun – unabhängig davon, ob sie selbst Lohnarbeit leisten oder nicht. Lucas zeigt, wie die Frauen, gewissermaßen als Fürsprecherinnen und Repräsentantinnen der ganzen Familie, schließlich in der Wahrnehmung der klassenbewussten männlichen Familienvorstände in die Rolle häuslicher Streikbrecher gedrängt wurden: »Was schert mich dein proletarisches Klassenbewußtsein, ich will Brot für die Kinder, verstehst du!« – so fährt eine exemplarische Proletarierin ihren aufrecht streikenden Ehemann während der großen Arbeitskämpfe im Ruhrgebiet in den 1920er Jahren an.[177]

Nun war aber die Arbeiterbewegung nicht von Anfang an (und auch später nie ungebrochen und durchgängig, so muss betont werden) eine reine Männerbewegung. Wenn Lucas schreibt, dass »die Fabrikarbeit von Frauen die Ausnahme« gewesen sei, als sich »um 1860 in Deutschland die Arbeiterbewegung neu konstituierte«,[178] dann beruht dieser Ausnahmecharakter schon auf den Kämpfen der 1840er Jahre, als sich die Arbeiterbewegung in Deutschland zum ersten Mal – und unabgeschlossen – konstituiert hatte. Denn die frühen Kämpfe der Bewegung waren oft Kämpfe um einen Familienlohn, der es überhaupt erst erlaubte, dass die Proletarierinnen die Fabriken wieder verlassen konnten, in die erst kurz zuvor genauso hineingetrieben worden waren wie ihre männlichen Klassenbrüder. Erst nach Durchsetzung des Familienlohns konnten die Frauen schließlich in die Privatsphäre der zunehmend sich verbürgerlichenden proletarischen Familien eingeschlossen werden.[179] Der Prozess der *Befreiung und Ausschließung* von der Fabrik- und schließlich von der Lohnarbeit überhaupt lässt sich in seiner ganzen Doppelbödigkeit besonders gut an Weerths Zeichnung der Figur des Eduard ablesen.

Als Eduard aus England zurückkehrt und in die Hütte der drei Mädchen und Frauen tritt, die nach dem Tod des Vaters allein seine Familie bilden, verheißt er diesen zuallererst, dass nun »ein anderes Leben losgehen« werde: »Du sollst die Hände jetzt in den Schoß legen«, verspricht er der Mutter, »und Marie soll nicht mehr in der Fabrik arbeiten, und Gretchen soll mir in die Schule gehen, und ich will für euch alle tätig sein, und ich will schon genug verdienen!«[180] Besonders dass schon das zehnjährige Gretchen »seit zwei Jahren in der Baumwollspinnerei« arbeiten muss, erbost Eduard. Die Bedingungen und Auswirkungen der Frauen- und Kinderarbeit schildert der Roman wenig später. Am Tag der Lohnauszahlung tritt ganz zum Schluss, nach den erwachsenen männlichen Arbeitern und auf der niedrigsten Stufe auch der fabrikinternen Hierarchie, »die Bevölkerung der Spinnerei« zum Empfang des Lohns an den Zahltisch:

> »Frauen, im neunten Monate der Schwangerschaft, im dreißigsten Jahre mit grauen, ja mit weißen Haaren, wenn die Hand des armen Weibes den Staub der Baumwolle nicht vorher aus einem Rest von Eitelkeit vom Kopfe hinuntergestrichen hatte. Mütter, denen die Brüste zu springen drohten, weil daheim ein kleines Kind in den Windeln lag, was seit der Mittagszeit vergebens die Händchen der sehnlich Erwarteten entgegenstreckte. Alte Megären, die der Zauberstab der Industrie schon vor dem Tode in Skelette verwandelte. Mädchen, bleich und verkom-

men, die gelben Schultern, die toten Brüste kaum bedeckt von zerrissenen Kleidern, die gelösten Haare in schmutzigen Zöpfen im Rücken, die gelenken Finger verborgen unter der zerrissenen Schürze, die Augen stier und gläsern, die Wimpern voll Staub, einen Gassenhauer auf den Lippen, die Venerie in den Knochen. Und nun die Kinder: Knaben mit verrenkten Beinen, mit Buckeln und skrofulös zum Entsetzen, kleine Mädchen, zur Arbeit abgerichtet wie Wiesel und Pudel, an die schnurrende Spindel, an die rasselnde Maschine geschmiedet, ehe noch die Knospe ihrer Jugend sich erschlossen, ehe noch das erste Rot in dämmernder Pracht ihre Wangen überflogen, ehe sie noch wußten, daß sie Kinder, daß sie Menschen waren, ehe sie den ersten Fluch vergessen und das erste Gebet gelernt, ehe sie sich dreimal gefreut, ehe sie dreimal geküßt, ehe sie einmal ihr Leben genossen hatten. Entnervt schon und zerfoltert von der Arbeit, ohne Fleisch auf den Lippen, ohne Blut in den Adern, ohne Gehirn im Kopfe – wie Gespenster, eben dem Grabe entstiegen, oder wie welke Blumen, die morgen sterben müssen.«[181]

Dass die industrielle »Ausbeutung von kleinen Kindern, in diesem Ausmaß und mit dieser Intensität« betrieben, eine Grausamkeit darstellt – E. P. Thompson hält dies für eines »der beschämendsten Ereignisse unserer Geschichte«[182] –, erscheint schon im Roman für Eduard nicht weiter erklärungsbedürftig; und ebenso wenig muss erörtert werden, dass junge Mütter und alte Frauen nicht in der beschriebenen Weise in die industrielle Produktion eingebunden werden sollten. Dass also Gretchen und die Mutter Eduards Anspruch auf die Rolle des Familienernährers nicht zurückweisen werden, scheint ausgemacht. Dass und warum aber Marie – eine zwanzigjährige junge Frau, die immerhin während der vergangenen beiden Jahre, in denen Eduard in England ausgebildet wurde, den Großteil des Familienunterhalts gesichert hat – »nicht mehr in der Fabrik arbeiten« soll, wie Eduard ungefragt verfügt, versteht sich indes noch nicht von selbst, und so erfährt er denn auch von Marie scharfen Widerspruch. Zwar wehrt sich Marie nicht direkt gegen ihren verordneten Rückzug aus der Fabrik, sie widerspricht aber Eduards wütenden Tiraden gegen den »Schurken« und »Teufel« Preiss; statt vom Klassenhass wird Marie noch vom alten paternalistischen Code geleitet.[183] Eduard wiederum kann in Maries Widerrede nur »Dummheiten, nichts als Dummheiten« und »albernes Zeug« erblicken, worauf Marie zutreffend feststellt, dass die beiden Geschwister sich »nicht verständigen können«.[184] Warum?

Die Ablehnung der Lohn- und Fabrikarbeit junger Frauen speist sich bei Eduard und beim Erzähler offenbar aus zwei Quellen: Zum einen leiden auch die jungen erwachsenen Arbeiterinnen – »Mädchen« genannt, im Gegensatz zu den »Müttern« und »Megären« auf der einen und den »Kindern« auf der anderen Seite – zweifellos unter den Arbeitsbedingungen in der Fabrik: Sie sind »bleich«, »die Augen stier und gläsern«.[185] Die schlechten Arbeitsbedingungen aber betreffen Arbeiterinnen und Arbeiter gleichermaßen, wenn auch in jeweils verschiedener Form. Deshalb muss, zum anderen, ein Faktor ins Spiel kommen, der geschlechtsspezifisch wirkt und deshalb besonders gegen die Fabrikarbeit junger Frauen spricht. Dieser Faktor ist sittlicher Natur, die Fabrikarbeit scheint die jungen Frauen moralisch anzufechten – so jedenfalls lassen sich die Beschreibungen der Lohnempfängerinnen lesen: Denn diese sind nicht nur »bleich«, sondern »bleich und verdorben«, sie halten »die toten Brüste kaum bedeckt« und haben zu allem Überfluss noch »einen Gassenhauer auf den Lippen [und] die Venerie in den Knochen«. Wer »Gassenhauer« singt – »der Gesang der Kinder« in der Fabrik, so heißt es im Gegensatz dazu später, »klang wie das Lied von Gefangenen«[186] –, der kann das über ihn verhängte Unrecht und Leid offenbar nicht ernst nehmen, der ist leichtlebig und fängt sich so schnell auch allerhand Geschlechtskrankheiten wie »die Venerie« ein.

Dazu passt, dass Eduard die Schwester schon in ihrem ersten Gespräch nach seiner Rückkehr mit einem subtilen Prostitutionsverdacht konfrontiert, den diese sofort erkennt und zurückweist: Als Marie den Fabrikantensohn August in Schutz nimmt, weil dieser »immer so gut gegen« sie sei, heißt es: »Scharf blickte Eduard seine Schwester an; – sie errötete und schlug die Augen nieder. – ›Ich werde nie etwas tun, was ich nicht vor meinem Bruder verantworten könnte‹, erwiderte Marie endlich«.[187]

Eduard führt sich, kaum hat er sich in die Rolle des Familienernährers hineinimaginiert, schon als Familiendespot auf. Bereits als Marie ihm zum ersten Mal widersprochen hatte, »schlug [er] mit geballter Faust auf den Tisch und sah seine Schwester mit zornigen Augen an. Marie wagte nicht aufzuschaun.«[188] Die latente Gewalttätigkeit ist die andere Seite der Schutzfunktion, die Eduard zu übernehmen beansprucht; dafür wird Maries Meinung systematisch abgewertet und ridikülisiert (»Albernheiten«, »Du verstehst das nicht besser«[189]), ihre Denkfähigkeit überhaupt soll schließlich der Eduards unterstellt werden: »komm und vergib mir«, bittet er sie, »versprich mir aber auch, daß du künftig so denken willst wie ich«.[190]

Ob Marie sich diesem Diktat unterwirft, bleibt einstweilen ungeklärt. Welche soziale Konstellation sich aber ergibt, wenn alle anderen sich der Anmaßung Eduards unterwerfen, das zeigt sich beim großen kollektiven Gespräch auf dem Fabrikhof in der Mittagspause, als Eduard das Kampfprinzip des Streiks erläutert. Die Formel von der »Arbeiterbewegung als Männerbewegung« findet hier ihre vorauslaufende, wenn auch unfreiwillig komische Zuspitzung. Die Sphärentrennung, die gesamtgesellschaftlich erst Wirklichkeit werden wird, wenn die Forderung nach einem subsistenzsichernden Familienlohn durchgesetzt ist, wird auf dem Fabrikhof schon vorweggenommen; »die Frauen und Mädchen« stehen auf der einen Seite zusammen und flüstern sich Bedeutsames über Eduards Äußeres zu:

> »›Wie ordentlich er gekleidet ist!‹
> ›Und wie schön und stark er geworden ist!‹
> ›Welch einen fürchterlichen Bart trägt er!‹
> ›Und sieh nur seine verwegenen Augen!‹«[191]

Derweil lauschen die Männer auf der anderen Seite des Hofes dem, was Eduard in England gelernt hat, und beteiligen sich an seiner Unterrichtung über die Grundlagen der politischen Ökonomie und die Möglichkeiten einer proletarischen Intervention. Davon kriegen die Frauen gar nichts mit. In den Augen der Frauen wie der Männer indes wird Eduard schon durch seine äußere Erscheinung zu einem beinahe übermenschlichen Wesen:

»Eduards Auge leuchtete vor Begeisterung, während er sprach. Es schien, als wenn er im Laufe seiner Rede immer größer und schöner geworden wäre, seine riesigen Glieder überragten seine ganze Umgebung, und mit stummem Erstaunen hing die Versammlung an seinen beredten Lippen.«[192]

Es sind zuerst die Frauen, die sich, nach der Feststellung, dass man in der Fremde wohl »schöner« und »gescheiter« wird, in ihrer Unterwürfigkeit schier überbieten: »›Ich tue alles, was Eduard will!‹ ›Ich noch viel mehr!‹« Dann aber wiederholen die Männer die gleiche Geste der Unterordnung, wenn auch auf anderer Grundlage, denn immerhin haben sie zuvor lange mit ihm diskutiert: Sie bestätigen sich gegenseitig ihre Bereitschaft, in den Arbeitskampf einzutreten, »[u]nd da Eduard die Sache am besten kennt, so werde ich tun, was er befielt«, stellt ein Arbeiter stellvertretend für alle anderen klar.[193]

Sicherlich kann Weerths Eduard als vorzeitige Karikatur jenes klassenbewussten Arbeiters gelesen werden, der als Figur seit dem späteren 19. Jahrhundert die proletarischen und sozialistisch-realistischen Literaturen aller Länder und Sprachen bevölkern wird; die ausgebuffte Ironie indes, die Weerths Schreiben sonst ausmacht, fehlt hier völlig: Die Karikatur ist eindeutig unbeabsichtigt. Zu fragen bleibt nach dem sozialhistorischen Hintergrund dieses so unweerthschen literarischen Gewaltakts.

Die Geschichte der Durchsetzung der Lohnarbeit und noch genauer: die Geschichte des Dominantwerdens der Industriearbeit kann und muss immer auch als Geschlechtergeschichte der Arbeit erzählt werden. Diese ist ebenso verwickelt wie die Auflehnung der Arbeiterbewegung gegen diese Prozesse in ihrer geschlechterpolitischen Dimension mehrdeutig: Der Kampf gegen schlechte Arbeitsbedingungen ist hierbei vielfach nicht zu trennen von einer Verdrängung der Frauen aus der Erwerbsarbeit.

Schon Engels hat in seiner *Lage der arbeitenden Klasse in England* anhand von offiziellem statistischem Material zeigen können, dass die Durchsetzung der Fabrikarbeit nicht nur mit einer Dequalifizierung und Entwertung der einzelnen Tätigkeiten etwa in der Textilproduktion verbunden war, sondern auch mit einer umfassenden Feminisierung der Arbeit. Beide Prozesse wiederum sind untrennbar mit dem vermehrten Einsatz großer Maschinerie verbunden; im Kapitel über die »Fabrikarbeiter im eigentlichen Sinn« wird die »Tatsache, daß die Maschinerie die Arbeit des erwachsenen männlichen Arbeiters mehr und mehr verdrängt« habe, durch eindrucksvolle Zahlen belegt:

> »Von den 419590 Fabrikarbeitern des britischen Reichs (1839) waren 192887, also beinahe die Hälfte, unter 18 Jahren, und 242296 weiblichen Geschlechts, von denen 112192 unter 18 Jahren waren. Sonach bleiben 80695 männliche Arbeiter unter 18 Jahren und 96599 männliche erwachsene Arbeiter oder 23 Prozent, also *kein volles Viertel* der ganzen Zahl.«[194]

Der Kampf der frühen Arbeiterbewegung war zunächst und vor allem ein Kampf gegen die Verschlechterung der Arbeitsbedingungen in den Fabriken; denn der Einsatz der Maschinen hatte die Arbeit nicht etwa leichter gemacht, sondern umgekehrt sogar gefährlicher und gesundheitsschädlicher. Vom verbreiteten Wissen um diesen Umstand legen nicht zuletzt die zahlreichen kranken, verkümmerten, verstümmelten und sterbenden Kinder in der sozialen Literatur des Vormärz beredt Zeugnis ab. Die Arbeit wurde nur insofern leichter, als keine berufs- und tätigkeitsspezifische Ausbildung mehr nötig war, weshalb man für ihre Durchführung Frauen und Kinder einsetzte, bei denen es offenbar als selbstverständlich galt, dass sie geringer entlohnt werden konnten.

Gleichzeitig war der Kampf der Arbeiterbewegung damit aber auch ein solcher um die Erhöhung der Quote erwachsener Männer in der Erwerbs- und vor allem in der industriellen Arbeit. Zunächst sind hier die Abwehrkämpfe von männlichen Arbeitern zu nennen, die sich vielfach noch als Handwerker verstanden und diesen Status mit allen Kräften verteidigten. Wir befinden uns wieder im Zentrum der Kämpfe der Textilarbeiter und somit im Zentrum des Luddismus. Der Maschinenstürmerei konnte die neuere Forschung dabei einen *gender bias* nachweisen, wurden doch »Maschinen, die die bisherige Arbeit von Frauen, z.B. das Spinnen und alle vorgelagerten Arbeiten, Kratzen, Krempeln, Strecken etc., übernahmen, von den Maschinenstürmern nicht oder verhältnismäßig wenig bekämpft. Hatte also eine Tätigkeit schon zuvor eine weibliche Konnotation, dann wurde auch die Maschine verschont.«[195] Die Maschinenstürmer hatten also, so kann man zuspitzen, nichts dagegen, wenn die Arbeit von Frauen durch Maschinen ersetzt wurde. Wurden hingegen solche Arbeiten und Fertigungsschritte von Maschinen übernommen, die zuvor von hochqualifizierten männlichen Arbeitern ausgeführt worden waren, dann setzten die Fabrikanten nun Frauen an diesen Maschinen ein, weil eine Maschine und eine niedrig entlohnte Frau die Kapitalseite immer noch billiger kamen als ein hochbezahlter und zudem statusbewusster und so womöglich störrischer Handwerker-Arbeiter. Genau gegen *diese* Maschinen aber, die zuvor »männlich« bestimmte Arbeiten durch Maschinen und Frauen ersetzten, richtete sich dann auch der Widerstand der Maschinenstürmer. Wenn in der frühen Arbeiterbewegung und besonders im späteren 19. Jahrhundert »Forderungen zur Abschaffung der Frauenarbeit« aufkamen,[196] so kann das als Maschinensturm mit anderen Mitteln gewertet werden: Ziel beider Strategien ist die Restitution eines Hochlohnsektors für qualifizierte männliche Arbeiter.

Nun hat es dies zuvor – vor der Industrialisierung – bisweilen sicher gegeben: »gut bezahlte [männliche; PEO] Arbeitskräfte, deren Einkommen in der Regel ausreichte, eine Familie zu ernähren«.[197] Gerade im Hinblick auf die sozialen und geschlechterpolitischen Umbrüche aber, die mit der Industrialisierung verbunden waren – Umwälzungen, die den Blick auf das »davor« vielfach zu verstellen drohen –, sollte man aber vielleicht die Familienform historisch nicht immer schon voraussetzen. Die familien- und geschlechterpolitischen Forderungen der frühen Arbeiterbewegung – wie die nach einem Familienlohn in Weerths Romanfragment – sind strukturell nostalgisch konstruiert; sie erfinden die Tradition einer guten alten Zeit, in der die Männer für gute Arbeit noch so gut bezahlt wurden, dass sie ihre Frauen und Kinder ernähren konnten, die derweil zuhause blieben und sich um den Haushalt kümmerten. Diese Konstruktion aber ist in einem strengen Sinn anachronistisch; sie kann insofern als »invented tradition« bezeichnet werden, als sie weniger einen Rückblick auf die tatsächlichen (Geschlechter-)Verhältnisse in den arbeitenden Klassen *vor* der Industrialisierung darstellt als eine Projektion, eine Vorschau in Verhältnisse, welche die Arbeiterbewegung im weiteren Verlauf des 19. Jahrhunderts erst erkämpfen wird. Aphoristisch verkürzt ließe sich sagen, dass der Kampf um den Familienlohn gar nicht so sehr der Kampf um einen höheren Lohn war, sondern vor allem und zunächst ein Kampf für das Recht auf Familie; ein Kampf zur gesamtgesellschaftlichen, klassenübergreifenden Durchsetzung der Kleinfamilienform.[198]

Joan Wallach Scott hat die skizzierte »invention of tradition« als eine »Geschichte« (in Anführungszeichen!) aufgefasst, die schon im frühen 19. Jahrhundert über die Entwicklung der Industrialisierung und die »Verlagerung der Produktion vom Haushalt in die Fabrik« erzählt wurde – mit dem Ziel, die neue gesellschaftliche Konstellation im Allgemeinen und den Arbeitsmarkt im Besonderen in geschlechtlich bestimmte und hierarchisierte Sphären aufzuteilen. Die »Geschichte« behauptet, in »vorindustrieller Zeit [...] hätten Frauen produktive Arbeit und Kinderaufzucht, Arbeit und Häuslichkeit erfolgreich kombinieren können«. Durch die Einführung eines eigens markierten Bereichs der Lohnarbeit und schließlich durch die Trennung von häuslicher und produktiver Sphäre im »Fabriksystem«, so die Erzählung, sei diese Vereinbarkeit aufgehoben worden; Frauenerwerbsarbeit als nun ausschließlich außerhäusliche Arbeit sei damit als hochproblematisch und letztlich als »Anomalie« angesehen worden.[199] Diese »Geschichte« aber stimme, so Scott, in ihren wesentlichen Punkten nicht oder sei doch »allzu einfach«:

> »Auch in der Zeit vor der Industrialisierung arbeiteten Frauen bereits regelmäßig außerhalb des Hauses. Verheiratete und alleinstehende Frauen verkauften Waren auf den Märkten, verdienten Geld, indem sie ein wenig Handel trieben und hausieren gingen, sich gelegentlich als

> Kindermädchen oder Wäscherin verdingten, Töpferwaren, Seide, Bänder, Kleidung, Metallwaren, Haushaltswaren und Webstoffe herstellten sowie in Werkstätten Kattun bedruckten.«[200]

Die Form der Liste ist für Scotts Argument zentral: Vor der Industrialisierung waren die Arbeiten, die Frauen realiter ausgeführt haben, bunt und divers, und die Arbeitsstellen wurden oft und den Erfordernissen des Marktes gemäß gewechselt: Die Bewegung führte nicht generell »von der Erwerbsarbeit im Haushalt zur Erwerbsarbeit außerhalb des Haushalts, sondern vielmehr von einem Arbeitsplatz zum nächsten«.[201]

Die Heterogenität der Arbeiten schlägt auch auf die zentrale Bezugskategorie zurück. So ist es nach Scott eigentlich anachronistisch, von »Frauen«-Arbeit zu sprechen, weil die Unterschiede zwischen verschiedenen Frauen auch innerhalb der arbeitenden Klassen größer waren als die zwischen Männern und Frauen. »Frau«, *als Kategorie des Arbeitsmarkts*, ist für Scott vielmehr erst sinnvoll, wenn sie billige und unqualifizierte Arbeitskraft bezeichnet, wodurch nicht zuletzt die »lange Tradition qualifizierter weiblicher Handwerksarbeit (zum Beispiel auf dem Gebiet der Bekleidung oder der Putzwaren)« unsichtbar gemacht wurde.[202] Und umgekehrt wird mit der strengen geschlechtlichen Segregation der Arbeitskraft der männliche »exemplarische[ ] ›Arbeiter‹« zunehmend mit dem »qualifizierten Handwerker« identifiziert.[203] Der »myth of the artisan«, der nach Rancière die Selbstwahrnehmung der frühen Arbeiterbewegung bestimmt wie deren spätere Historiografie verhext hatte, dominiert auch die Geschichte der geschlechtlichen Arbeitsteilung.

Die traditionelle, heterogene Praxis weiblicher Erwerbsarbeit wird in der Industrialisierung und durch die massenhafte Einstellung weiblicher Arbeitskräfte in den Fabriken nun plötzlich zu einem gesamtgesellschaftlichen Problem erklärt – und das zunächst von der frühen Arbeiterbewegung.[204] Die skandalösen Bedingungen in den Fabriken lenken den Blick auf die dort arbeitenden Frauen. Das soziale und humanitäre Problem aber wird vor allem in deren Familienlosigkeit oder ihrer Entfernung von der Familie identifiziert.[205] Weerths Bild der jungen Frau, die durch die Arbeit unattraktiv geworden sei und daher keinen Mann finden werde, wie sein »Jammerbild« der Mutter, der bei der Fabrikarbeit die Brüste schmerzen, während der Säugling zuhause nach der Muttermilch schreit, können hier als Embleme dienen. Dass es diese Probleme auch realiter gab, soll nicht infrage gestellt werden. Ideologisch aber ist es, die Probleme auf »die arbeitende Frau« schlechthin zu übertragen und damit alternative Lebensentwürfe unsichtbar zu machen. Sowohl vor wie während der Industrialisierung waren die meisten Arbeiterinnen »jung und unverheiratet«;[206] für diese stellte die Lohnarbeit ohnehin nur eine kurze Lebensphase dar, die keine Qualifikation voraussetzte und daher von vornherein schlecht bezahlt wurde. Darüber hinaus aber blieben vor und während der Industrialisierung viele verheiratete Frauen, und auch Mütter, erwerbstätig, ohne dass sich zwangsläufig die Probleme ergaben, die dann der Fabrikarbeiterin zugeschrieben wurden. Das alte Modell der häufig wechselnden Arbeitsplätze erwies sich für die Fragen der Vereinbarkeit von Familie und Beruf als durchaus flexibel, ohne dass dies mit einer dauerhaften Einschließung der Frauen ins Haus einhergehen musste. Die britische Historikerin Bridget Hill hat an der Figur der »spinster«, der unverheirateten (zumeist älteren) Frau, für die Zeit zwischen 1660 und 1850 eine Fülle von möglichen afamilialen weiblichen Lebensformen entdeckt, die zwar kulturell oft als mehr oder weniger problematisch galten oder gar geächtet wurden, die aber ökonomisch durchaus lebbar waren.[207] Überdies muss, so legt Hill nahe, auch die vorausgesetzte Verbindung von Ehe und Familie gedanklich gelockert werden: Der Anteil von Familien mit alleinerziehendem Elternteil – und hier wird von einer überwiegenden Zahl alleinerziehender Mütter auszugehen sein – lag 1551 bis 1851 bei durchschnittlich 19 Prozent; für die Gegenwart nennt Hill einen Anteil von 16 Prozent.[208] Ehelosigkeit war verrufen, aber nicht unmöglich.[209]

Vor diesem Hintergrund vielfältiger ökonomischer und (a)familiarer Lebensformen – die nicht nostalgisch verklärt werden sollten, bloß weil sie vielfältig waren; die Vielfalt ist zumeist bloß aus der

Notwendigkeit entstanden, sich irgendwie durchlavieren zu müssen – stellt sich der Prozess weiblicher Proletarisierung im Vormärz wie folgt dar: Frauen aus den armen und arbeitenden Klassen waren vor der Industrialisierung mitnichten ganz in häuslich-familiär zentrierte Wirtschaftskreisläufe eingebunden, sondern in sehr verschiedenen und sich vor allem nach Lebensphasen unterscheidenden Formen von Erwerbsarbeit tätig.[210] Diese Formen können durchaus als Lohnarbeit rubriziert werden, sie entsprechen aber noch nicht dem Idealtypus der »freien« Lohnarbeit, die dann in der industriellen Fabrikarbeit ihre adäquateste Verwirklichung findet. Im Zuge der Industrialisierung werden nun einerseits die Möglichkeiten einer »gemischten«, nicht rein auf »freier« Lohnarbeit basierenden Reproduktion eingeschränkt; dies gilt für Männer wie für Frauen – wir haben diesen Prozess »passive Proletarisierung« genannt –, aber er wirkt sich auf die Lebensbedingungen von Männern und Frauen verschieden aus. Und so werden denn andererseits die ökonomischen und kulturellen Lebensmöglichkeiten und Akzeptanzbedingungen alleinstehender Frauen wie alle Möglichkeiten eines Lebens ohne Ehemann und Familie immer weiter eingeschränkt. Das Ideal der verheirateten Frau, die nicht in die Fabrik gehen muss und sich stattdessen mit Heimarbeit und Kinderpflege beschäftigt, wird auch im Proletariat dominant. Maßgeblichen Anteil an diesem Prozess hat, wie schon angedeutet, die Arbeiterbewegung; das Ideal der Kleinfamilie, die ökonomisch vom Familienvater mit einem Familienlohn getragen wird, ersteht als Kampfziel in den arbeitenden Klassen selbst. An der Ausformulierung und Popularisierung dieses Kampfziels haben nicht zuletzt Literaten wie Georg Weerth ihren Anteil.

Die Forderungen der Arbeiterbewegung stellen sich als eine Kette rhetorischer Ersetzungen dar, in der immer ein Skandal explizit benannt und angegriffen wird, um einen anderen, ungenannten und größeren Zusammenhang mitzumeinen und zu treffen: Ausgehend von den unmenschlichen Bedingungen, unter denen Kinder und Frauen – aber eben durchaus auch Männer – in den frühindustriellen Fabriken arbeiten, wird besonders die Kinderarbeit in den

Fabriken angegriffen und deren Verbot gefordert. Mit der Kinderarbeit soll aber auch gleich die Fabrikarbeit von Frauen verboten werden, weil diese wider die weibliche Natur sei und die Reproduktionsfähigkeit der Fabrikarbeiterinnen beeinträchtige.[211] Mit der Fabrikarbeit von Frauen aber gerät die Frauenarbeit als solche ins Visier: Proletarische Frauen sollen wie die bürgerlichen nicht mehr arbeiten müssen, nicht zuletzt um zu zeigen, dass proletarische Männer genauso zum Familienernährer taugen wie bürgerliche Männer.[212] In diesem Anspruch zeigt sich in gewisser Weise die Fortführung der altpatriarchalen Vorstellung des Hausvorstands, die im kulturellen Quellcode der Arbeiterbewegung als verlängerter (wenn auch durchaus transformierter) Handwerkerbewegung eingeschrieben ist. Gerade mit diesem Anspruch, den »wahren Bürgerstand« zu beerben, hat die Arbeiterbewegung das patriarchalische Ideal des Hausvorstands in das des bürgerlichen Kleinfamilienernährers transformiert. Das Ideal der proletarischen Familie, die ökonomisch ganz an der Arbeit des Familienvorstands hängt, mag so imaginär vom Haus des Handwerksmeisters abgezogen sein, realiter lehnt es sich indes eher an das Vorbild des preußischen Beamtenhaushalts an, wie Karin Hausen gezeigt hat. Vieles von dem, wofür die Arbeiterbewegung familien- und sozialpolitisch gekämpft hat, wurde zunächst vom preußischen Staat an seiner Beamtenschaft erprobt, etwa die »Durchsetzung regelmäßiger, zunehmend ausschließlich in Geld ausgezahlter Einkommen« (ohne die sich nicht vernünftig und vorausschauend haushalten lässt) »und der Pensionsanspruch« (ohne den dem Ausstieg der Frau aus der Erwerbsarbeit keine Zukunftssicherheit geboten würde).[213]

Die Phase der frühen Industrialisierung, in der in den technisch am weitesten fortgeschrittenen Bereichen der gesellschaftlichen Produktion, in den großen Fabriken, tatsächlich mehr Frauen als Männer arbeiteten, kann als »Flaschenhals« gelten, durch den die Proletarisierungsgeschichte der Frauen hindurch musste:[214] von der gemischten Reproduktion der vorindustriellen Phase, die zwar auch um Leitbilder von Ehe und Familie kreiste, aber noch afamiliale und ökonomisch wie soziokulturell »autonome« Lebensformen kannte, bis hin zur proletarischen Hausfrau, die am Familienlohn ihres Mannes hängt und somit ökonomisch und soziokulturell vollkommen abhängig geworden ist. Paradoxerweise wurde so durch die massenhafte und öffentlich sichtbare Arbeit von Frauen an einem Ort *außerhalb* des Hauses (in der Fabrik) der Ausschluss der Frauen von der Lohnarbeit überhaupt und ihr Einschluss in die häusliche Sphäre eingefädelt.[215] Dieser Prozess, der sich mindestens über hundert Jahre hingezogen hat und naturgemäß von Gegenbewegungen, Hemmungen und Abzweigungen geprägt ist, lässt sich als der einer Uniformierung und Disziplinierung der Lebensmöglichkeiten proletarischer Frauen entziffern; dessen Spiegelbild stellt die Uniformierung und (Selbst-)Disziplinierung des Proletariats als Klasse dar.[216]

An der Herstellung eines geschlossenen und sich selbst begründenden Systems geschlechtlicher Arbeitsteilung – zugespitzt auf das »Begriffspaar ›Alleinverdiener‹ und ›Hausfrau‹«[217] – lässt sich besonders gut nachvollziehen, wie die Taktiken und Strategien verschiedener Akteure sich ergänzen und einem gemeinsamen Ziel zuarbeiten, obwohl sich die Beteiligten selbst als unversöhnliche Feinde gegenüberstehen. Scott hat dies an der Interaktion von wissenschaftlicher Nationalökonomie, Arbeitsorganisation, Gewerkschaften und staatlicher Arbeitsschutzgesetzgebung bei der Bearbeitung des »›Problem[s]‹ der Arbeiterin« gezeigt.[218] Man muss hier nicht eine Verschwörung der Männer, ein kapitallogisches Verhängnis oder eine liberalpaternalistische Heilsgeschichte am Werk sehen; es reicht wohl, *post festum* (und nur *post festum*) festzustellen, dass sich die Strategie der geschlechtlichen Arbeitsteilung in der Akkumulationsgeschichte des Kapitals für einige Jahrzehnte als besonders funktional erwiesen und sich deshalb durchgesetzt hat. Später wurde dieses System wieder aufgelockert und hat sich größtenteils fragmentiert, wie dies in vielen Bereichen in der Gegenwart zu beobachten ist: weitgehende Auflösung des Alleinernährermodells; Erhöhung der Frauenerwerbsquote in Berufsfeldern, die entweder vorher schon überwiegend von Frauen besetzt wurden oder aber nun als »weibliche« auch in der Entlohnung abgewertet werden; Schaffung eines ausgedehnten Niedriglohnsektors, in dem Frauen überproportional vertreten sind. Die Tatsache, dass sich in der Dekomposition des Systems der geschlechtlichen Arbeitsteilung Phänomene zeigen, die jenen vor und aus seiner Formierungsphase ähneln, ist bemerkenswert und muss im historischen Prozess verortet werden; eine vorschnelle Euphorie darüber, dass mit der Transformation des kapitalistischen Akkumulationsregimes das System der geschlechtlichen Arbeitsteilung überhaupt brüchig werde – oder umgekehrt: dass eine Flexibilisierung des Geschlechterregimes den Kapitalismus als solchen angreife –, sollte sich durch die historische Verortung aber auch wieder verbieten.[219]

Schluss: Die Rückkehr des romantischen Antikapitalismus

In Georg Weerths Romanfragment wird der Streik als reife Kampfform einer ihrer selbst bewussten Industriearbeiterklasse präsentiert. Der Streik ist die »reine« Form des Klassenkampfs, die der »reinen«, »freien« Lohnarbeit am meisten entspricht. So wie das Regime der Lohnarbeit idealiter ohne Zwang und Gewalt auskommt und auf der reinen Rechtsform des Arbeitskraftverkaufs beruht – freilich mit dem stummen Zwang der nackten Überlebensnotwendigkeit im Hintergrund –, so ist der Streik eine gewaltlose Kampfform, die bloß auf Unterlassung, auf der Nichtverausgabung der eigenen Arbeitskraft gründet. Der Streik kommt ohne jeden leidenschaftlich-gewalttätigen Exzess aus – der affektive Exzess hingegen zeichnet gerade das Sozialrebellentum in Willkomms *Weisse Sclaven* wie die Maschinenstürmerei in Otto-Peters' *Schloss und Fabrik* aus. Das freilich schließt für Weerth einen kühl kalkulierten Einsatz von Gewalt auch in Streiksituationen durchaus nicht aus: In England etwa gebe es, so berichtet Weerths Eduard, wenn der »ruhige Kampf« nicht weiterführe, mitunter nachts »Zusammenrottungen vor den Palästen der Übermütigen«, wo den Forderungen der Streikenden durch »wildes Geschrei« Nachdruck verliehen würde, und auch »Steine fliegen […] bisweilen in die Zimmer«. Streikbrecher würden durch die Drohung zur Klassen-Raison gebracht, dass man sie nötigenfalls »durchprügeln, ihre Häuser demolieren oder ihnen sonst ein Leid antun werde«.[1] Gerade das instrumentell-strategische – und nicht etwa moralische oder leidenschaftliche – Verhältnis zur Gewalt macht für Weerth den überlegenen, weil disziplinierten Charakter des Streiks als Kampfform der Arbeiterklasse aus; die streikenden Arbeiter treten so erst auf das Rationalitätsniveau ihres Gegners.

Die Typologie der Kampfformen, die sich aus den sozialen Romanen des Vormärz gewinnen lässt, impliziert über die in den Romanen vertretenen Wertungen auch eine Fortschrittsgeschichte vom noch vormodernen (undiszipliniert-archaischen) Sozialrebellentum über die sich in ihrer Modernität selbst noch nicht ganz durchsichtigen Maschinenstürmer bis zur modern-selbstbewussten streikenden Arbeiterklasse.[2] Mit diesem (mutmaßlichen) Fortschritt der Kampfformen aber geht auch eine Veränderung der sie tragenden Klassenfiguration einher: eine Uniformierung und Normierung des Proletariats, das ab der Mitte des 19. Jahrhunderts immer ausschließlicher in der Figur des erwachsenen, männlichen und weißen Industriearbeiters vorgestellt wird.

Nun gab es quer zu dieser idealtypischen Fortschrittsgeschichte immer auch Gegentendenzen, und diese sind schon am Anfang der konstruierten Abfolge zu beobachten. Hobsbawm bemerkt, dass Arbeiter in England schon in der Frühzeit der Industrialisierung die Zerstörung von Maschinen vielfach dort als Waffe einsetzten, wo die »simple Arbeitsniederlegung« des Streiks nicht griff: etwa wenn ein stetiger Nachfluss von frisch Proletarisierten eine vereint-solidarische Aktion verhinderte, oder – wie im »Heimindustriesystem« der Textilbranche – die Produktion so »verstreut« betrieben wurde, dass eine synchrone Arbeitsniederlegung kaum zu organisieren war. Hier konnten nur die charakteristischen nächtlichen Züge der Maschinenstürmer »einen wirksamen Produktionsstillstand garantieren«.[3] Die Maschinenstürmerei macht es möglich, dass ein inklusiv-heterogenes Proletariat – ein buntscheckiges Vormärzproletariat – kollektiv in Aktion treten konnte, und nicht nur ein exklusives Industriearbeiterproletariat: »Maschinen konnten«, so schreibt Hobsbawm nonchalant, »alle möglichen Leute *[all sorts of people]* stürmen, von unabhängigen Kleinproduzenten über die typischen Zwischenformen des Heimindustriesystems bis hin zu mehr oder weniger richtigen Lohnarbeitern«.[4]

Nicht nur in der Übergangszeit des Vormärz, in der das »Fabriksystem« des industriellen Kapitalismus gerade erst durchgesetzt wurde, konnte die Kampfform »Streik« noch an Grenzen stoßen –

Grenzen, an denen *andere* Kampfformen eines *anderen*, weiter und inklusiver gefassten Proletariats auf den Plan gerufen werden mussten. In der gesamten Zeit seines Bestehens – und gerade auch in der gegenwärtigen Phase einer fortschreitenden Deindustrialisierung des Kapitalismus – bleiben andere Formen direkter Aktion virulent, auch wenn diese über die lange Zeit der Vorherrschaft des Industriesystems und der Industriearbeiterschaft eher am Rande oder untergründig bemerkbar waren. Die beschriebenen, »unreifen« Formen des Klassenkampfs, die seit dem Vormärz zurückgedrängt wurden, Sozialrebellentum und Maschinenstürmerei, kehren beständig wieder, weil es den im Vormärz erfundenen und von Autoren wie Weerth orchestrierten Fortschritt »vom Pöbel zu Proletariat« (Conze) und weiter »vom Proleten zum Industriearbeiter« (Florian Tennstedt) als einsinnigen und ausschließlichen so nicht gegeben hat und weiterhin nicht gibt:[5] Auch der Industriearbeiter bleibt »virtueller Pauper« (Marx), und damit wenigstens virtuell auf die Kampfformen der Pauper verwiesen.

Lässt man sich erst auf die virtuelle, die verdeckte, die Geheim- oder Gegengeschichte der Sozialbanditen und Ludditen ein, so verlässt man die »harte« Sozialgeschichte und wechselt ins Register des Imaginären. Zugleich aber gerät durch diesen Schritt ein irreduzibles Moment des Imaginären zur Kenntlichkeit, das schon den zugrunde liegenden sozialhistorischen Phänomenen selbst eignet und diesen erst ihre volle historische Konsistenz verliehen hat; ein Moment des Imaginären, das nicht auf bloße Ideologie reduziert werden kann.

In seinem Aufsatz über den Zusammenhang von »Ned Ludd and Queen Mab«, von Maschinenstürmerei und Romantik, hält Peter Linebaugh die politische Dimension des Imaginären fest: »The imaginative faculty can be political. There was a poiesis of the Luddites«.[6] Der Luddismus, die Maschinenstürmerei – und das Sozialrebellentum sowieso – waren zutiefst romantische Bewegungen; ihre Protagonisten waren bewegt vom Glauben an ein besseres Gestern, das zurückgewonnen und nun erst recht verwirklicht werden soll. Dieses bessere Gestern: der paternalistische Code, der gerechte

Lohn, die sinnerfüllte Arbeit, ist durch und durch Konstruktion; die Tradition, die sich darauf beruft, ist eine erfundene, wie alle romantischen Traditionen. Die Maschinenstürmerei als politische Bewegung ist aber romantisch in einem noch spezifischeren Sinn. Die Maschinenstürmer sind romantisch, weil sie sich wie die Autoren und politischen Propagandisten der Romantik von Anfang an und willentlich der Macht selbstfabrizierter Mythen überlassen und diese als Waffe im politischen Kampf einsetzen.[7] Die nächtlichen Versammlungen unter freiem Himmel; die geheimen Rituale und Schwüre, deren Protokoll und Wortlaut bis heute nicht bekannt sind; die in Umlauf gebrachten Gerüchte über versteckte Waffen und weitreichende untergründige Verbindungen,[8] all das inszeniert eine Archaik, die romantisch und eminent modern zugleich ist. Die mythischen Praktiken stellen in gewisser Weise eine Umkehrung des Öffentlichkeits- und Transparenzideals dar, das im Zuge der bürgerlichen Revolutionen des ausgehenden 18. und beginnenden 19. Jahrhunderts verbreitet wird.[9] Die Ludditen praktizieren einen Exodus aus der Öffentlichkeit, der zugleich auf moderne Kommunikationsmittel angewiesen bleibt, weil er diese zur Verbreitung seiner geheimen Botschaft nutzt. Modern – und eben nicht archaisch oder rückwärtsgewandt – ist der ludditische Mythos in zweierlei Hinsicht: Zunächst üben die Maschinenstürmer und ihr Umfeld konspirative Solidaritätsformen ein, die gerade angesichts jener Polizei- und Spitzelapparate überlebenswichtig werden, die mit jener Verstaatlichung und Bürokratisierung der politischen Herrschaft immer mehr anwachsen, wie sie für die Moderne kennzeichnend sind. In *Schloss und Fabrik* wird das Spitzelwesen, das den sozialen Körper korrumpiert, handlungsleitend; die Figur des Polizeirats Schumacher ist von der realen Figur des Polizeirats und -agenten Stieber inspiriert, der im Vormärz (und darüber hinaus) selbst zu einer nachgerade mythischen Figur wurde.[10] Nicht zuletzt aus den Praktiken und Mythen der Ludditen entstehen die Umrisse jener »undurchlässigen Arbeiterkultur«, ohne die auch die legale, die offizielle Gewerkschaftsbewegung sich nicht hätte etablieren können.[11]

Aus der Geheimhaltung ersteht der zweite genuin moderne Aspekt der ludditischen Mythopoiesis: Weil niemand Genaueres weiß, weil aber alle davon sprechen wollen, werden über die Ludditen Geschichten in Umlauf gebracht, deren Protagonisten von vornherein jedes gemein-menschliche Maß überschreiten. Hier ist zuvörderst der namengebende *Ned* (oder *General* oder *Captain*) *Ludd* selbst zu nennen. Die Ludditen haben sich in ihrer Hochzeit selbst auf diesen »mythological name«[12] bezogen, über dessen Ursprung wiederum bloß Geschichten in Umlauf waren. Angeblich, so zitiert Pynchon das *Oxford English Dictionary*, war Ned Ludd ein Junge, der 1779 »in a fit of insane rage« einen Webrahmen zertrümmert hat; wenig später wurde sein Name sprichwörtlich: Wo immer eine Maschine sabotiert wurde, hieß es »Ludd must have been here«. Um 1812, als die Ludditenbewegung zu einer Massenbewegung wurde, war der historische Ned Ludd bereits »von dem mehr oder weniger sarkastischen Namen ›King (oder Captain) Ludd‹ absorbiert«; er war, wie Pynchon festhält, zu etwas wesentlich anderem geworden: »all mystery, resonance and dark fun«.[13]

Im Kampf gegen die übermenschliche Kraft der Maschinen und gegen die noch größere und undurchsichtigere Kraft des »Fabriksystems« wurde Ned Ludd selbst zu einer Figuration übermenschlicher Kraft. Auch im Kampf der Ludditen geht es um »Grenzen des Menschseins«: Die Maschinenstürmerei ist eine militante Form des Kampfes dagegen, dass der Arbeiter auf den Status einer Maschine reduziert wird. Auch die Ludditen bringen so die Mensch-Maschine-Grenze zum Schwingen, die seit den rationalistischen Fantasien der Aufklärung umkämpft blieb: Wer gegen den *L'homme machine* kämpft, muss selbst eine Art Kampfmaschine werden, jedenfalls mehr sein als ein »bloßer Mensch«, dessen »nacktes Leben« – so hatte schon Tieck festgehalten – sich gerade in seinem maschinellen Funktionieren erschöpfen soll.

Ned Ludd gehört in die lange Reihe übermenschlich-mythischer Figuren, in denen sich die Moderne – teils im Rückgriff auf archaische Arsenale – in ihren eigenen Gegenbildern und -figuren versinnbildlicht hat: vom Golem über Frankenstein bis hin zu Superman. Der Kapitalismus schafft sich seine eigenen Monster.[14] Der mythische Ruhm Ned Ludds rührt daher, dass er sich mit übermenschlichen Akteuren anlegt; deshalb kann er auch selbst kein normaler Sterblicher sein. Dabei war natürlich allen Beteiligten klar, dass durchaus »einfache Menschen« hinter den Aktionen steckten; nicht zuletzt die vehemente Repression hob darauf ab, möglichst deutlich zu zeigen, dass Ludditen bloß Sterbliche waren, die man deshalb auch öffentlich töten konnte. Die 1812 erlassene *Frame Breaking Bill*, in der die Zerstörung von Maschinen zum Kapitalverbrechen erklärt wurde, auf das die Todesstrafe stehen sollte, bestätigte allerdings den übermenschlichen Charakter der Ludditen nur: Fortan als Staatsfeinde behandelt und *hors-la-loi* gesetzt, musste sogar die Armee anrücken und ganz Nordengland besetzen, um mit ihnen fertigzuwerden. Der Ruhm General Ludds als *echter* General wurde damit erst recht unsterblich.[15]

Als Allegorie populärer Gegen-Macht setzt General Ludd eine historische Reihe fort, die wenigstens bis auf Robin Hood zurückreicht.[16] Vor allem aber weist der Luddismus von Anfang an eine große Nähe zur Literatur auf: Zentrale Protagonisten der englischen Romantik haben sich unterstützend oder verklärend auf den Luddismus bezogen, von Mary und Percy Shelley über Lord Byron bis hin zu Thomas Carlyle.[17] Und noch in Charlotte Brontës *Shirley* werden die aktuellen Klassenkämpfe der 1840er Jahre, etwa das letzte Aufflackern des Chartismus 1848, zurückdatiert ins Jahr 1812: Über die Ludditenaufstände konnte eine sichere Brücke zurück in eine noch weiter zurückliegende, mythisch verklärte Vergangenheit geschlagen werden, in der das Verhältnis der Klassen (angeblich) noch nicht so desaströs zerrüttet war wie Ende der 1840er Jahre, als Disraeli das vollkommene Zerbrechen der *einen* englischen Nation in *Two Nations* diagnostizieren musste.[18] *Shirley* nimmt somit den romantischen Antikapitalismus der Ludditen ernst, auch wenn der Roman sich in seinen zentralen politischen Aussagen gegen die Ludditen ausspricht.

Wenn es seit dem Vormärz eine Uniformierung und Normierung des Proletariats gegeben hat, dann wird diese Klassenfiguration von ihrem Ursprung her heimgesucht vom Gespenst des »virtuellen Pauper«, der durch keine sozialstaatliche Absicherung und durch keine Verbürgerlichung des sozialen Imaginären zu bannen ist. Parallel zur Einhegung des Klassenkampfs in den entwickelten kapitalistischen Gesellschaften und zur Integration der »offiziellen« Arbeiterbewegung in die Gesellschaft gibt es eine andere Geschichte, die Geschichte einer »anderen« Arbeiterbewegung;[19] die Geschichte all jener sozialen Gestalten, in denen das Gespenst des »virtuellen Pauper« sich im Laufe des 19. und 20. Jahrhunderts verkörpert und die gehegte soziale Ordnung bespukt hat. Es ist die Geschichte von Gruppen und Individuen, deren Zugehörigkeit zur (Lohn-)Arbeiterklasse immer fraglich blieb, über deren rückhaltlose Proletarisierung aber kein Zweifel bestehen kann. Es ist die Geschichte von Unqualifizierten und Dequalifizierten, von Wandernden, von »Asozialen«, von zu Jungen und zu Alten, von Unwilligen, Gezwungenen und Überflüssigen, die als Gestalten einer obskuren Gegen-Geschichte aber stets für mehr stehen, als ihre Identifizierung und Katalogisierung zu erfassen vermag: In ihnen blickt sich, so könnte man zuspitzen, die Klassengesellschaft in jenes hässliche Gesicht, das sie zu Beginn ihrer Geschichte offen zeigte und das sie seitdem vergessen zu machen sucht.

Die Geschichte der anderen, der dissidenten Arbeiterbewegung ist die Geschichte eines Spuks; schon deshalb ist es unmöglich, in dieser Geschichte »reale« von »imaginären« Aspekten sauber zu trennen. Und doch ist es eine handfeste »Geschichte von Klassenkämpfen«. Sie erzählt von der anhaltenden Virulenz anderer, wilder Kampfformen, die sich nicht auf die gehegte Form des »reinen« Streiks beschränken und in denen das alte Sozialrebellentum und die alte Maschinenstürmerei bis in die Gegenwart fortbestehen. Parallel zur Entwicklung der Sozialdemokratie als staatstragender Kraft seit dem Beginn des 20. Jahrhunderts und parallel zum Aufstieg und Fall des real existierenden Staatssozialismus gibt es somit eine Geschichte der Arbeitsscheuen und Vaganten, die sich der herrschenden und über alle sonstigen ideologischen Trenngräben geteilten Vergottung der Arbeit entzogen haben. Diese Figuren, die politisch-theoretisch eher im Anarchismus und später in den ästhetisch-politischen Avantgarden als in den klassischen Arbeiterparteien eine Heimat gefunden haben, bleiben uns heute kaum anders denn in ihren poetischen Manifestationen greifbar: In der deutschsprachigen Literatur wären etwa Erich Mühsam oder Ernst Toller zu nennen, dessen Drama *Die Maschinenstürmer* 1922 im Ausklang der deutschen Revolution erschien.[20] Ein weiteres literarisches Denkmal setzte dieser Tradition der Pump- und Schnorrkünstler Hugo Ball mit seinem Roman *Flametti oder Vom Dandysmus der Armen*.[21]

In den sozialen Kämpfen der 1960er Jahre traten wieder »Gammler« und Arbeitsverweigerer auf den Plan: *Ne travaillez jamais!* etwa forderten die Situationisten mitten im wilden Generalstreik des Pariser Mai 1968.[22] In der Bewegung der italienischen *Autonomia operaia*, der »Arbeiterautonomie« der 1960er und 1970er Jahre, deren bis heute bekanntester Theoretiker Antonio Negri war, kamen unter dem Motto einer »Verweigerung der Arbeit« intellektuelle Dissidenten der alten Arbeiterparteien und eine junge Generation frisch proletarisierter, meist ungelernter (»Massen«-)Arbeiter zusammen, um der »Fabrikgesellschaft« den Kampf anzusagen.[23] Entsprechend lautet eine berühmt-berüchtigte Klassen-Definition der *Autonomia*: »Die Arbeiterklasse ist die Klasse, die die Arbeit verweigert«.[24] In diesem Umfeld tauchen Elemente von Sozialrebellentum und Maschinensturm wieder auf und gehen neue – womöglich eher in die Zukunft denn in die Vergangenheit weisende – Verbindungen ein: Eine der Grundpositionen der *Autonomia* etwa war die Ablehnung der These von der Neutralität der Maschinerie und der Technik. Die Maschinerie könne nicht beliebige soziale Bedeutungen annehmen, auch wenn sie für anderes und von anderen eingesetzt werde, behauptet Raniero Panzieri. Sie sei vielmehr materiell geronnene Herrschaft, die materialisierte Form des Kommandos der toten über die lebendige Arbeit. Deshalb müsse eine revolutionäre Arbeiterklasse auch Abstand nehmen von der Vorstellung, man könne das gesellschaftliche Maschinenaggregat in einer Revolution einfach übernehmen: *Es kann keinen freien Einsatz des Fließbands, es kann keinen Einsatz des Fließbands in einer befreiten Gesellschaft geben* – behaupten die Operaisten.[25] Die Erforschung der materiell-organisatorischen Arbeitsabläufe in der Gegenwart müsse deshalb immer auch die Erforschung möglichst präzise zu bestimmender Sabotagemöglichkeiten in diesen Abläufen sein.[26]

Gegen die aktive Proletarisierung in den Fabriken wurde in den Arbeiterquartieren Turins, Bolognas und Venedigs zudem mit alternativen Optionen der materiellen Reproduktion experimentiert, die die Effekte der passiven Proletarisierung abfedern sollten und die allesamt Weitlings Vorstellungen eines »Guerillakriegs gegen das Eigenthum« entsprochen haben: Bei »proletarischen Einkäufen« wurden kollektiv organisierte Ladendiebstähle durchgeführt, nach dem Prinzip der »autoriduzione« wurde für öffentliche Güter wie Nahverkehr, Strom und Wasser nur noch ein zuvor ausdiskutierter »moralischer Preis« gezahlt.[27]

Neben dem praktischen Engagement in den sozialen Kämpfen in den Fabriken und den Stadteilen hat die italienische *Autonomia operaia* von Anfang an, zumal aber in ihrer zweiten Welle in den 1970er Jahren, immer auch eine starke Politik des Ausdrucks praktiziert; sie war interessiert an der Produktion von intensiven Bildern und griffigen Slogans, die sich mit zeitgleichen Phänomenen der Popkultur von Hippie bis Punk verbanden: von den auch in der Hochkultur anerkannten Filmen Elio Petris (wie *La classe operaia va in Paradiso*[28]) und den Romanen und Gedichten des Neoavantgardisten Nanni Balestrini[29] über einfache Parolen wie den *rifiuto del lavoro* bis hin zu komplexen theoretischen Neologismen wie dem einer »autonomen Selbstverwertung« *(autovalorizzazione)*, mit der das Proletariat das Wertgesetz des Kapitals ausgesetzt haben soll.[30] Der politisch-philosophische Theorie-Künstler Toni Negri zehrt bis heute vom begriffs- und bildpoetischen Erbe des Operaismus und führt es fort: die Schlagworte *Empire* und *Multitude* haben es tatsächlich geschafft, zuvor marginale Debatten in einen breiteren öffentlichen Diskurs einzuspeisen.

In der Gegenwart, nachdem die dritte industrielle Revolution und die Computerisierung Leben und Arbeit vollständig umgewandelt haben, können als letzte Ausläufer einer verdeckten Tradition der Sozialrebellen und Maschinenstürmer die *Neo-Luddites* genannt werden, die auf dem gegebenen Stand der Produktivkräfte einen neuen Kampf *des Menschen* gegen *die Technik* toben sehen.[31] Gerade unter den Neo-Luddites finden sich nicht nur Verächter der Technik als solcher, sondern eine Reihe von Kippfiguren, die die technologisch-wissenschaftliche Entwicklung von deren Speerspitze aus infrage stellen; zu denken wäre etwa an den Technologiehistoriker David Noble, der sich »im Herzen der Bestie«, im MIT, schließlich zu einer »Defense of Luddism« durchringt – und dafür vom MIT gefeuert wird;[32] oder an den »Unabomber« Ted Kaczynski, der nach einem Studium in Harvard als Mathematiker in Berkeley gelehrt hat, bevor er sich in eine Hütte in Montana zurückzog, von wo aus er die Welt der akademischen Naturwissenschaftler und der internationalen Fluglinienmanager mit Briefbomben beschickte. Die Unsichtbarkeit und Ungreifbarkeit Kaczynskis steht emblematisch für eine Szene, die sich der massenmedialen Bildproduktion entziehen will und doch nur durch ihre ebenfalls massenmedial verbreiteten Gegen-Bilder politisch wirksam werden kann. Der Unabomber ist damit der getreuste Wiedergänger der nächtlichen Verschwörer aus den nordenglischen Mooren der 1810er Jahren. Es gibt keine Bilder und keine Nachrichten von ihm zwischen seinem Exodus in die Wälder und seiner Verhaftung, letztlich greifbar wird er erst im *Netz* (in all seinen Bedeutungen, bis hin zu Lutz Dammbecks gleichnamigem Film über Kaszynski). Und so wie Thompson in politisch-theoretischer Hinsicht die Validität der ludditischen Drohbriefe und Pamphlete erwiesen hat, so kann auch Kaszynskis Manifest »Die industrielle Gesellschaft und ihre Zukunft« als adäquater politisch-theoretischer Ausdruck der gegenwärtigen Lage gelesen werden (wenn auch nur als *ein* adäquater Ausdruck).[33] Es würde sich lohnen, das Unabomber-Manifest neben Bruno Latours neueste Verlautbarungen über die Notwendigkeit eines neuen »Kriegs der Welten«, eines *Gaia-War* zu legen:[34] Eine Nähe zwischen Kaszynskis *cabin* in Montana und der Pariser Sciences Po würde sich nicht ohne Weiteres von der Hand weisen lassen.

Auch wenn sich die kontinuierliche Gegen-Geschichte einer »anderen« proletarischen Bewegung vom frühneuzeitlichen Pöbel über die Ludditen bis zu den Situationisten und der *Autonomia Operaia* konstruieren, auch wenn sich ein kohärentes (neo)ludditisches Imaginäres von Mary Shelley und Lord Byron über Ernst Toller bis zu Thomas Pynchon nachzeichnen lässt, so bleiben diese Bewegungen und ihr Imaginäres doch marginal: Es sind Randfiguren am Ufer des großen Stroms der Geschichte, die eine weiterreichende Attraktivität und Bedeutung allenfalls daraus ziehen, dass es ihnen gelingt, sich als *Avantgarde* zu behaupten. In der Gegenwart scheinen diese Figuren sich zu vermassen – die Ränder werden zum neuen Zentrum –, und es ist wiederum die Geschichte der technischen Entwicklung, die dabei eine wesentliche Rolle spielt. Wo die Ludditen schon gegen die Ersetzung menschlicher Arbeitskraft durch Maschinen antraten, da ist dieser Ersetzungsprozess heute in einem bis vor wenigen Jahren unvorstellbaren Maße vorangeschritten. Die Automation, die Produktivkraftentwicklung überhaupt ist so weit gediehen, dass wenigstens in den alten Zentren der kapitalistischen Produktionsweise die lebendige Arbeit immer weiter aus der gesellschaftlichen Produktion hinausgedrängt wird (und in den neuen Zentren etwa in China und Indien sieht es mittelfristig wohl nicht anders aus; für Indien lässt sich schon seit Jahren ein *jobless growth* feststellen). Hypermarxistisch formuliert: Das konstante Kapital frisst das variable auf. Das hat Konsequenzen für beide Seiten des Arbeit-Kapital-Verhältnisses: Auf Seiten des Kapitals machen sich zunehmend all jene Phänomene geltend, die Marx unter dem Stichwort eines »tendenziellen Falls der Profitrate« verzeichnet hat; dies hier auszuführen würde zu weit führen.[35] Auf der Seite der Arbeit bleibt immer mehr Arbeitskraft unvernutzt, aus Arbeitskraftverkäufern werden Überflüssige. In der Gegenwart wird historisch so eingeholt, was Hegel in seinen *Grundlinien zur Philosophie des Rechts* in logischer Hinsicht schon vorweggenommen und was in bevölkerungspolitischer Hinsicht Marx im *Kapital* als »allgemeines Gesetz der kapitalistischen Akkumulation« zugespitzt hat: »Die Abstraktion des Produzierens macht das Arbeiten ferner immer mehr *me-*

chanisch und damit am Ende fähig, daß der Mensch davon wegtreten und an seine Stelle die *Maschine* eintreten lassen kann.«[36]

Dass in absehbarer Zeit die andere Seite der Marx'schen Vorhersage, dass die Freisetzung menschlicher Arbeitskraft aus dem Produktionsprozess zu einer Zunahme von »disposable time« führt, dafür spricht zurzeit wenig. Und so wird stattdessen eine vermasste Prekarität zur Signatur unserer Epoche: Überflüssige, die teils hemmungslos ausgebeutet, teils mit offensichtlich sinnlosen Jobs stillgestellt sind, werden zur dominanten Figur gegenwärtiger Vergesellschaftung. Wie immer diese Form gesellschaftlicher (Des-)Integration im Einzelnen auch aussehen mag: *Freie Zeit hat hier niemand.* Die Prekären stehen stattdessen unter einem verschärften »time stress«, wie Guy Standing dies formuliert hat.[37] Die ökonomische Entblößung einer wieder rein zutage tretenden »passiven Proletarisierung« treibt die Betroffenen in eine immer rast- und heillosere Hyperaktivität.

Was große Teile des metropolitanen Prekariats und, in globalem Maßstab, des »informellen Proletariats« der südlichen Peripherie[38] mit jenen proletarischen Randfiguren gemeinsam haben, deren Geschichte hier erzählt wurde, ist die Tatsache, dass der Streik für sie keine adäquate Kampfform (mehr) darstellt. Für all diejenigen, die zur Sicherung ihres Lebens darauf angewiesen sind, ihre Arbeitskraft zu verkaufen, die aber keinerlei ernsthafter Nachfrage danach mehr begegnen, ist die »Arbeitsniederlegung« keine Option mehr, mit der man einem sozialen Gegenüber den Angstschweiß auf die Stirn treiben könnte; was einmal »Produktionsmacht« geheißen hat, ist ihnen vollständig abhandengekommen.

Was dem Prekariat und dem globalen Surplus-Proletariat bleibt, könnte man als *nuisance value* bezeichnen, der irgendwie anders denn durch gehegte Kampfformen wie den Streik zur Geltung gebracht werden muss.[39] In politischen und sozialwissenschaftlichen Debatten der letzten Jahre wurden äußerlich äußerst diverse soziale Artikulationen wie die Riots und Plünderungen in den französischen Banlieues und in London, Aufstände in Nordafrika, Platzbesetzungen in den Krisenverliererstaaten Südeuropas und die nahezu unüberschaubaren Migrationsströme als Ausdrucksformen oder doch Symptome ein und desselben Grundphänomens: der Überflüssigmachung von Arbeitskraft (an der ja immer auch die Überflüssigmachung von Leben und das Abschneiden von Lebensmöglichkeiten hängt) gedeutet.[40]

Zur Synthese dieser äußerst diversen Formen haben die intellektuellen und wissenschaftlichen Fürsprecher des Prekariats in den letzten Jahren immer wieder einen zutiefst bürgerlichen Mythos aus dem Vormärz ins Spiel gebracht; einen Mythos, der es zudem immerhin erlaubt, die neue soziale Formation – »a new group in the world, a class-in-the-making«[41] – an eine alte Horrifizierungsressource anzuschließen: Für Standing ist das Prekariat »die neue gefährliche Klasse«, und auch der unvermeidliche Negri schreibt im Verbund mit Michael Hardt von einer Wiederkehr der »gefährlichen Klassen«.[42] Das Konzept der »gefährlichen Klassen« hat im Vormärz Honoré Antoine Frégier mit seinem Werk *Des classes dangereuses de la population dans les grandes villes, et des moyens de les rendre meilleures* von 1840 bekannt gemacht, seines Zeichens »Bureau-Chef an der Seine-Präfectur«, wie das Titelblatt der schon im selben Jahr veröffentlichten deutschen Übersetzung bekannt gibt, und somit Polizeifunktionär wie der uns wohlbekannte Stieber.[43] Ob Frégiers Konzept tatsächlich dienlich und in der Lage ist, das aktuelle Phänomen als Ganzes zu fassen, ist sicher fraglich. Dass es überhaupt wieder in Umlauf gebracht wird, muss dafür aber umso mehr als Symptom angesehen werden. Denn was eigentlich wiederkehrt, ist das *Bedürfnis* nach dem *Mythos*, hier dem Mythos der gefährlichen Klassen: Es ist das Bedürfnis nach einem Mythos, der den herrschenden Verhältnissen gefährlich zu werden droht oder verspricht.[44] Was in der Gegenwart – jenseits von Konzepten und Programmen, diese offerieren Standing und andere in Hülle und Fülle[45] – offenbar auch und vielleicht am meisten fehlt, ist eine Bildersprache, ein *imagery*, in der sich die Gegenwart mit sich und über sich selbst verständigen könnte; ein Repertoire von Bildern, Figuren und Vorstellungsmustern, denen in der Gegenwart die gleiche Kohärenz und

Verbindlichkeit zuwachsen könnte, wie sie sich – bei aller Buntheit und Multiversalität – für das vormärzliche Proletariat rekonstruieren lässt.

Wenn von einer »Wiederkehr der gefährlichen Klassen« die Rede ist, dann wird man in der Gegenwart dabei in kultureller Hinsicht schwerlich *nicht* an Gangster-Hip-Hop denken können: an die Bedrohung der offiziellen Eigentumsordnung durch die obszöne Zurschaustellung eines exzessiven Begehrens nach Reichtum bei gleichzeitigem konspirativen Gestus einer Mafia-Gang aufseiten der Zukurzgekommenen, an die »archaischen« Werteordnungen und Rollenbilder, die gerade in der devianten Übertreibung nur das kapitalistische *business as usual* abspiegeln. Und diese Assoziation wird noch dadurch verstärkt, dass schon die »gefährlichen Klassen« des Vormärz sich wesentlich aus migrantischen und postmigrantischen Teilen der Bevölkerung rekrutierten. Aber vielleicht ist die Parallele auch zu offensichtlich; vielleicht wäre es interessanter, das neoproletarische Imaginäre der Gegenwart auch und gerade in solchen sozialen und kulturellen Erfahrungen und Erfindungen zu suchen, die sich zunächst einmal noch an den angestrebten oder bedrohten Status der eigenen (Bildungs-)Bürgerlichkeit klammern, aber schon vom Wissen um die anstehende (oder längst eingetretene) Deklassierung durchdrungen sind: offensichtlich in den Romanen von Iain Levison oder Thomas Melle.[46] Oder in weiten Teilen der »Pop-Literatur« seit den 1990er Jahren, wo die zynisch oder melancholisch erlebte »transzendentale Obdachlosigkeit« (Lukács) der Protagonisten immer wieder abgehoben wird von der zwar langweiligen, aber angeblich noch heilen (Sozialstaats-)Welt der Elterngeneration. Dass die ostentative Orientierungslosigkeit nicht nur generationell oder metaphysisch, sondern womöglich auch von all den »ausgedachten Jobs« (so die Hamburger Punk-Band Schneller Autos Organisation) bedingt ist, mit denen sich die Protagonisten herumschlagen – und ob hierbei wiederum vor allem das Jobhafte der Jobs überhaupt problematisch ist, oder vielmehr gerade deren offensichtliches Ausgedacht- und Überflüssigsein: Das wurde und wird nur selten zur Diskussion gestellt.[47] Schließlich wäre etwa an einen Roman wie *Gehen, ging, gegangen* von Jenny Erpenbeck zu denken, der eine Welt (*unsere* Welt) vor Augen steht, in der Sinn und soziale Partizipation nur durch Erwerbsarbeit verfügbar gemacht, genau diese aber immer größeren Teilen der Bevölkerung vorenthalten wird: den Jungen und den Alten, den Armen und den Abgehängten, schließlich und nicht zuletzt den Geflüchteten dieser Welt, die allenfalls noch in die unsichtbaren Bereiche der informellen Arbeit eingesaugt und bei schwindendem Bedarf wieder ausgespuckt werden.[48] Zuletzt sei an das libertär-kommunistische Manifest *Der Kommende Aufstand* erinnert, das Ende der Nullerjahre in Feuilletons und Hinterzimmern für Furore gesorgt hat. Die Autoren des »Unsichtbaren Komitees« beklagen, dass es in dem »vage[n] Konglomerat von Milieus, Institutionen und individuellen Blasen, das man ironisch ›Gesellschaft‹ nennt, [...] keine Sprache mehr für die gemeinsame Erfahrung gibt«. Ohne eine solche aber sei auch jede Revolution ohne Sinn: »man teilt keine Reichtümer, wenn man keine Sprache teilt«.[49] Die Autoren vertrauen darauf, dass »die Kämpfe« diese gesuchte neue Sprache schon schaffen werden – und zugleich schafft das »Unsichtbare Komitee« – und das ist das wirklich Besondere an seinem Text – selbst eine solche Sprache. Wenn dem *Kommenden Aufstand* immer wieder (und zu Recht) eine besondere »poetische« Qualität zugesprochen wurde, so heißt das nicht bloß, dass das Manifest »schön geschrieben« ist. Es heißt vor allem, dass hier schaffend und kreativ an einer Bildersprache gearbeitet wird, mit der erst Erfahrungen artikuliert werden und kämpferische Kollektive sich zusammenfinden könnten. In dieser Spur wären Kohärenzlinien einer aktuellen Poesie der Klasse zu suchen, die eben auch weit auseinanderliegende – und allzu oft auch bloß geschmäcklerisch auseinandergehaltene – kulturelle Erfindungen umfassen und so die Kontur eines neuen, eines anderen Proletariats der Gegenwart erahnen lassen könnte.

Die Klasse – die »Klasse für sich selbst« – »konstituiert« sich im Kampf, hat Marx geschrieben, im »Kampf von Klasse gegen Klasse«. Das Paradox, dass das Ziel des Prozesses immer schon auch vorausgesetzt werden muss, wird gelöst damit, dass der Kampf der Klassen immer auch als Produktionsprozess von *Mythen* der Klasse zu verstehen ist. Der dialektische Umschlag von der »Klasse an sich« zur »Klasse für sich selbst« ist einer, der im Kampf vonstattengeht. Jetzt, am Ende unserer Untersuchung, zeigt sich zum wiederholten Mal und in neuer Deutlichkeit, dass dieser Umschlag nur zu haben ist, wenn die Klasse sich in einem Mythos ihrer selbst repräsentiert – und sich in den verschiedenen Mythen immer auch zu verlieren droht. Der Kampf der Klassen, auch und gerade in seiner mythopoetischen Dimension, ist so Lösung *in praxi* für Probleme, die sich theoretisch und repräsentationslogisch nicht lösen lassen.

Die mythische Hervorbringung und Verdopplung der Klassen und ihres Kampfes betrifft nicht nur die »romantischen« Frühformen, nicht nur die Randfiguren und Abweichler, die oben im Hilfsbegriff eines »anderen«, multiversal-heterogenen Proletariats zusammengefasst wurden, sondern auch die »offizielle«, die hegemoniale Arbeiterklasse und deren Bewegung: Das konnte an Weerths Eduard gezeigt werden, der als veritable Allegorie einer bereinigten, uniformierten und homogen-gestählten Arbeiterklasse, vielleicht gar als Präfiguration des »sozialistischen Übermenschen« gelesen werden kann.[50] Die heterodoxe »andere« Tradition hat vielleicht den Vorteil, dass ihre Mythen – die Maschinenstürmer und Sozialrebellen etwa – uns heute weniger selbstverständlich sind, sie erscheinen uns reizvoller, fremder: – *poetischer* (durchaus im Sinne Eduard Gans'). Aber auch der klassenbewusste streikende Arbeiter, der sich irgendwann in die geschlossenen Reihen der Sozialdemokratie und der kommunistischen Parteien einordnen wird – und dessen Untergang in diesen Reihen schon seine vormärzlichen Frühformen erahnen lassen –, besitzt eine eigene Poesie.[51] Der Arbeitskampf, der Streik ist poetisch, weil er hervorbringend ist: Die Klasse ist Hervorbringung ihres Kampfes, der Kampf *Poiesis* der Klasse, und je gehegter der Kampf, desto reiner die daraus hervorgehende Klassenformation.

Aber der Arbeitskampf, *jeder* Arbeitskampf, trägt auch Spuren der Poesie in sich, weil er eine Unterbrechung der herrschenden

»Prosa der Verhältnisse« erwirkt. Der Arbeitskampf ist und bleibt poetisch, weil er als Unterbrechung ein Moment der Unvorhersehbarkeit in sich birgt – egal, wie rigide die Bürokraten der Revolution in den etablierten Arbeiterparteien und Gewerschaften ihm dieses Moment auszutreiben trachten. In letzter Instanz ist der Streik, wenigstens für den Arbeiter, ein Kampf auf Leben und Tod, denn: *Wer nicht arbeitet, soll auch nicht essen.*[52] Wenn auch dieser Kampf in der Geschichte immer weiter »sozialpartnerschaftlich« reglementiert wird, so bleibt doch ein virtuell exzessives Moment in jedem Streik beschlossen, das immer freigesetzt werden kann: Es kann zu Gewaltausbrüchen auf beiden Seiten kommen; auf der Seite der Streikenden können Spaltungen auftreten zwischen denen, die sich an die Regeln halten, und denen, die plötzlich die Regeln selbst als Teil des Problems erkennen; der Streik kann sich schließlich ausweiten und universalisieren: bis hin zum *unbedingten proletarischen Generalstreik*, der in letzter Instanz zum Tod des Gegners, des Kapitals, führen wird, weil Kapital nichts anderes ist als akkumulierte tote Arbeit, darauf angewiesen, von lebendiger Arbeit immer wieder neu reanimiert zu werden.[53] Die Unvorhersehbarkeit, das wesentlich unkalkulierbare Moment des Streiks wird auch bei Weerth schon reflektiert, wenn Eduard zugeben muss, dass jeder Streik auch in der »bittersten« Niederlage der Arbeiter enden kann;[54] das Moment wird aber sofort wieder eingeholt im unerschütterlichen Optimismus der langen Voraussicht: *Die Kämpfe werden sich akkumulieren, jeder neue Kampf baut auf den Erfahrungen der vorangegangenen auf, letzten Endes werden wir siegen müssen.* Diese Zuversicht geht bei Weerths Eduard noch mit Zuständen offener »Begeisterung« einher.[55] Selbst der Optimismus der Arbeiterbewegung also: ihr Blick in eine befreite Zukunft, ihre Erwartung einer kommenden klassenlosen Gesellschaft ist nicht nur Ausdruck einer sich selbst zudem noch als »Wissenschaft« missverstehenden Fortschrittsideologie, sondern wird – wie geheim auch immer – vom »Enthusiasmus«[56] des romantischen Antikapitalismus getragen.

Epilog: Romantischer »Antikapitalismus« von oben

Ludwig Tieck war nicht der einzige der Romantiker, der auf einer Englandreise plötzlich und unvorbereitet mit den sozialen Verwerfungen der kapitalistischen Moderne konfrontiert wurde. Der Blick in »Fabrikstädte«, in denen der große »Haufen armen, verkümmerten und lüderlichen Gesindels [...] in der peinigendsten Abhängigkeit von seinem Brotherrn« buchstäblich dahinvegetiert, wirft nicht nur Tiecks Leonhard – dem sein Autor die eigenen englischen Erfahrungen in den Mund legt, wie wir gesehen haben – aus der Bahn. Karl Friedrich Schinkel schreibt am 19. Juli 1826 aus Liverpool über eine uns inzwischen wohlbekannte Metropole der Zeit an seine Frau Susanne:

> »England ist seit 50 Jahren, als solange die Maschinen ihr eigentliches Wesen treiben, um das Doppelte u an vielen Orten ums 3 u 4 fache in sich vergrößert u verschönert worden. Dies ist eine außerordentliche Erscheinung die jedem aufmerksamen Reisenden auffallen muss. Der Gipfel ist aber auch gekommen u die Speculation hat sich übertrieben, in Manchester wo wir gestern waren, sind seit dem Kriege 400 neue Fabriken für Baumwollspinnerei entstanden, unter denen mehrere Gebäude-Anlagen in der Größe des Königlichen Schlosses zu Berlin stehn, Tausende von rauchenden Obelisken der Dampfmaschinen ringsum, deren Höhe von 80 bis 180 Fuß allen Eindruck der Kirchthürme zerstört, Alle diese Anlagen haben so enorme Massen von Waren produziert, daß die Welt davon überfüllt ist, jetzt 12 000 Arbeiter auf den Straßen zusammenrottirt stehn weil sie keine Arbeit haben, nachdem die Stadt schon 6000 Irländer auf eigene Kosten in ihr Vaterland zurückgesendet hat. Andere Arbeiter für 16 stündige Arbeit des Tags doch nur 2 Schilling, etwa 15 Groschen wöchentlich verdienen

> können. – Man ist sehr im Zweifel, was aus diesem furchtbaren Zustande der Dinge werden soll. – Mündlich mehr hiervon. Du siehst, daß hierzulande viel Interessantes zu beobachten ist.«[1]

Im Tagebuch ergänzt er noch, dass die 12 000 aufs Pflaster geworfenen arbeitslosen Arbeiter »jetzt zusammen[kommen] um zu revolutioniren«, wogegen »viel englisches Militär [...] zur Sicherheit zusammengezogen« würde: »Schöne Leute Gemeine u Officiere, prächtige Pferde auf denen sie reiten«.[2]

Schinkel besuchte England zusammen mit seinem Freund – seinem »vielleicht engsten Freund« – Peter Beuth.[3] Die beiden waren in staatlichem Auftrag unterwegs, und die Funktion der Reise erhellt sich durch Amt und Funktion Beuths. Zunächst Mitglied des Staatsrats ist Beuth seit 1819 Direktor der Technischen Deputation für Gewerbe und ab 1821 des nach seinen Plänen eingerichteten Königlich Technischen Instituts, das 1827 in Königliches Gewerbe-Institut umbenannt wird; dieses sollte später zu einer der Keimzellen der Technischen Universität Berlin werden. Beuth gehörte schon als junger Mann zu jenem »jungpreußische[n] Netzwerk«, das hinter den großen Figuren der Freiherrn Stein und Hardenberg die Durchführung der preußischen Reformen organisierte. Im »engsten Beraterkreis um Hardenberg« war er 1809/10 besonders an der Ausarbeitung der Gewerbefreiheit beteiligt.[4] In diesem Kreis arbeitete er intensiv mit seinem Freund, dem Juristen und Historiker Friedrich (»Fritz«) von Raumer zusammen, der wiederum ein enger Vertrauter Ludwig Tiecks war. Schon von Berliner Schul- und Hallenser Studienzeiten her war Beuth zudem mit dem Philosophen Karl Wilhelm Ferdinand Solger befreundet, einem anderen Tieck-Intimus. In Solgers Berliner »Freitagsgesellschaft« hatte Beuth auch Schinkel kennengelernt und diesen dann 1809 bei Hardenberg eingeführt.

Wie viele aus der jungpreußischen Elite beruft sich Beuth schon als Student auf den »göttlichen Smith«;[5] mit Adam Smith im Gepäck soll Preußens Wirtschaft und Gesellschaft reformiert, aber *staatlich gelenkt* reformiert werden. Mit vielen seiner Generationsgenossen ist Beuth davon überzeugt, dass der wirtschaftliche Liberalismus Smith'schen Gepräges keineswegs notwendig mit Demokratie verbunden sein muss – so wie dies heute noch die Funktionäre des chinesischen Wirtschaftswunders wissen oder doch wenigstens praktizieren: *Adam Smith in Beijing*, so hat Giovanni Arrighi diesen Zusammenhang bündig auf den Punkt gebracht.[6] Mit Smith wissen Beuth und seine Kollegen aber auch, dass man »lange geschützte Verhältnisse nicht zu plötzlich der freien Luft aussetzen« darf: Schon die Organisatoren und Propagandisten der Gewerbefreiheit – und nicht erst ihre Kritiker – waren sich also über die Notwendigkeit im Klaren, das »freie Gewerbe« erst zu schützen, um es dann langsam ausbauen zu können. *Gewerbefreiheit braucht Gewerbeförderung* – so könnte man Beuths Credo zusammenfassen, und so wurde Beuth ebenso zum »Ausbilder einer werktätigen Nation« wie Schinkel zu deren Architekt.[7]

Gewerbeförderung, das bedeutet für Beuth zunächst einmal *Bildung*: Es geht um gewerbliche Ausbildung, um die Sammlung, Organisation und Verbesserung von Produktions- und Gestaltungswissen, um die Entwicklung von Maschinen, um Import und Synthese verstreuter Kenntnisse. Beuths Institut stellt den wenigen Schülern, die streng nur nach Qualifikation, nicht etwa nach Herkommen ausgewählt werden, »Laboratorien, Werkstätten und vor allem Kontakt mit in- und ausländischen Meistern des Fachs« zu Verfügung.[8] Aus den Schülern rekrutiert sich die Funktionselite der bald expandierenden preußischen Wirtschaft. Der spätere »Eisenbahnkönig« August Borsig, Absolvent des Gewerbe-Instituts und Pionier des preußischen Maschinenbaus, tauft 1844 die erste vollständig in Preußen entworfene und gebaute Lokomotive »Beuth«.[9]

Die Ausbildung am Institut wurde flankiert von sozialorganisatorischer Arbeit: Aus losen, informellen Zusammenkünften regt Beuth die Institutionalisierung eines »Vereins zur Beförderung des Gewerbefleißes« an, in dem sich »Fabrikanten, Handwerksmeister, Apotheker, [...] Privatiers, Gutsbesitzer, Bankiers, Kunsthändler, Künstler, Minister, Geheim- und Staatsräte« zusammenfinden;[10] die heterogene Zusammensetzung des Vereins unterstreicht, dass hier nur das Ziel, nicht vorausgesetzte soziokulturelle Identitäten ausschlaggebend sind. Der Gewerbeverein will nur den Gewerbefleiß befördern und kann bei dieser zirkulären Bestimmung seiner selbst auf politische Vorurteile oder ständische Dünkel keine Rücksicht nehmen. Ausgerechnet der Gewerbeverein macht so Ernst mit den romantischen Idealen freier Gesellung und stellt sie vom Kopf auf die ökonomischen Füße.[11] Im Verein war Schinkel »Vorsteher der Abteilung III für die Baukunst und die schönen Künste«.[12]

Wo die Kontakte zu ausländischen Spezialisten sich nicht von selbst herstellen wollen, muss Beuth selbst oder seine Schüler aktiv zur Informationsbeschaffung, zur »Akquise von know-how« schreiten. Auf regelmäßigen »technologischen Reisen« nach Frankreich und vor allem Großbritannien, die als eine Art Auslandspraktikum fest im Kurrikulum institutionalisiert sind, informieren sie sich über den Stand der Produktivkraftentwicklung, sie lassen sich Werkstätten, Fabrikanlagen und Maschinen, Warenhäuser und Markthallen, aber auch Infrastrukturprojekte wie Brücken und Kanäle zeigen, sie protokollieren eifrig und zeichnen ab – wenn nicht direkt vor Ort, so dann abends in ihren Zimmern. Zurück nach Berlin geht das Ganze in Diplomatenpost oder -gepäck. Darüber hinaus erwirbt Beuth direkt Maschinen und Fertigungsanlagen, die er in Einzelteile zerlegt nach Preußen schickt, um Ausfuhrverbote und Zölle zu umgehen. Dass darüber hinaus einiges an Bestechungsgeldern geflossen sein wird, liegt auf der Hand.[13] Man greift sicher zu kurz, würde man die gesamte Reisetätigkeit des Instituts »unter den Generalverdacht der Industriespionage« stellen; ganz frei davon ist indes auch Schinkels und Beuths Tour nach Frankreich und Großbritannien 1826 nicht.[14]

Schinkel begleitet seinen Freund nicht bloß als versierter Zeichner, auch wenn diese Fertigkeit nicht ganz unwichtig ist.[15] Dass man in England auch und gerade als zeitgenössischer und um Zeitgemäßheit bemühter Architekt und Gestalter wichtige und notwendige Erfahrungen machen kann, das hatte Beuth schon bei seiner Englandreise 1823 aus Manchester an Schinkel geschrieben. Er berichtet über die »Wunder der neuen Zeit«, besonders die

> »Maschine[n] und die Gebäude dafür, Factoreien genannt. So ein Kasten ist acht auch neun Stock hoch, hat mitunter vierzig Fenster Länge und gemeinhin vier Fenster Tiefe. Jeder Stock ist zwölf Fuß hoch; alle sind gewölbt, nämlich mit neun Fuß Spannung der ganzen Länge nach. Die Säulen sind von Eisen. Der Balken, der darauf liegt, auch; dabei Seitenwände und Umfassungsmauern wie Kartenblätter, im zweiten Stock nicht zweiundeinenhalben Fuß dick.«[16]

Schinkel wird bei seiner Englandreise nun von der Frage umgetrieben, wie man die neuen »Faktoreien«, die nicht zuletzt durch Beuths Initiative ja demnächst auch massenhaft in Preußen entstehen sollen, so bauen kann, dass nicht bloß »Kasten« dabei herauskommen, oder genauer: wie man diese »Kasten« – wenn sie denn nun einmal historisch notwendig geworden sind – so bauen kann, dass sie eine eigene, eine zeitgemäße Poesie entwickeln können. Dann »das Historische und das Poetische« zu vermitteln, das ist für Schinkel letzte Aufgabe aller Architektur – auch der moderner Zweckbauten.[17] Die Bauwerke, in denen sich Schinkels englische Erfahrungen am deutlichsten manifestieren, so viel kann vorweggenommen werden, sind die Bauakademie am Werderschen Markt – selbst ein »Kasten«, allerdings mit sorgfältig gestalteter rhythmisierter Fassade – und der Anbau an Beuths Gewerbe-Institut in der Klosterstraße: das erste Gebäude in Berlin in »Skelettbauweise mit gusseisernen Stützen aus preußischer Produktion« und Vorhang-Fassade.[18]

Neben diesen Anregungen bringt Schninkel aus den englischen Fabrikstädten jedoch auch einen künstlerischen Horror mit, dessen Schilderungen deutlich mit den sozialästhetischen Klagen von Tiecks Leonhard resonieren: »Es macht einen schrecklich unheimlichen Eindruck: ungeheure Baumassen von nur Werkmeistern ohne Archhitectur und fürs nackteste Bedürfnis allein und aus rothem Backstein ausgeführt«, so notiert er in Manchester in sein Tagebuch.[19] Eine Poesie des Bauens, die den Zwecken und Bedürfnissen der neuen Zeit gerecht wird, ohne sich dabei aller künstlerischen Ansprüche zu entkleiden: Erst wenn eine solche gefunden würde, so könnte man mit Leonhard ergänzen, würde auch das Leben der

Menschen, die in den neuen Gebäuden und mit den neuen Gebrauchsgegenständen leben und arbeiten müssen, nicht auf das »nackte Leben« reduziert.[20]

Die Suche nach einer Poesie der industriellen Moderne verdichtet sich in einem Aquarell, das Schinkel seinem Freund Beuth 1837 schenkt und das infolge einer vielleicht falschen, jedenfalls voreiligen Bildbeschreibung des Beschenkten selbst unter dem Titel *Beuth, auf dem Pegasus reitend* überliefert ist; voreilig, weil die nackte Figur in Rückansicht, die Beuth als Darstellung seiner selbst reklamiert (»Ich schwebe über einer von mir gegründeten Fabrikstadt auf dem Pegasus«), sich bei genauerer Betrachtung als geschlechtlich wenigstens ambivalente Figur herausstellt. Das hochgesteckte blonde Haar, der Ohrschmuck und der Brustansatz deuten jedenfalls auf eine Ablösung der Allegorie von ihrem personalen Vorbild hin.[21]

Wie dem auch sei – die geschlechtliche Identität der Figur ist nicht das Einzige, was auf dem Bild uneindeutig bleibt. Denn die Figur, die durch den Pegasus, auf dem sie reitet, als Allegorie poetischer Einbildungskraft und dichterischer Inspiration gelesen werden muss,[22] bläst auch Seifenblasen: Attribut einer ins Kraut schießenden, bloß bunten Schein produzierenden Fantasie, die – so lässt sich die rätselhafte, zur intimen Kommunikation unter Freunden gedachte Beschriftung wenigstens teilweise dechiffrieren – eben immer auch Seifenblasen hervorbringt, die zerplatzen müssen; auf »Ischia« – so die zweite Seifenblase von links – plante sich Beuth eine Villa zu errichten, aus der indes nie etwas geworden ist.[23] Darüber hinaus schwebt die Allegorie nicht nur über einer »Fabrikstadt« und einer »Industrielandschaft«, sondern auch und vor allem über dem Arbeitszimmer von Beuth selbst, das als »fiktive Einblendung« am unteren Bildrand in einen Rauchkranz gehüllt dargestellt ist.[24] In diesem Arbeitszimmer, das noch grauer als die verrauchte Fabrikstadt selbst erscheint, sind Akten aufeinandergestapelt und auch als solche beschriftet: »Acta Gewerbeverein«, so kann entziffert werden. Der Traum einer geplanten Industrialisierung – so stellt uns Schinkels Allegorie vor Augen –, in der wirtschaftliches Wachstum (alle Schlote rauchen, ein Kanal ist dicht befahren) sich mit großzügiger Raumgestaltung verbinden lässt (die gesamte Stadt ist unter den Rauchschwaden dicht begrünt; die Fabrikanlage im rechten Vordergrund gleicht einer Villa oder einem Palast mit rechtwinklig umstandenem Hof) – der große Traum einer geplanten, sozial geordneten und ästhetisch gestalteten Modernisierung entspringt zunächst einmal vor allem harter bürokratischer Arbeit; der Traum könnte sich aber immer auch als Luftnummer, als bloße Seifenblase erweisen.

Die allegorische Verrätselung des Bildprogramms – die noch verstärkt wird, nimmt man andere Bildgaben Schinkels an Beuth hinzu – ist einerseits sicher einer freundschaftlichen Ironie geschuldet, die dem anderen die eigene Wertschätzung gerade dadurch versichert, dass man ihn und seine Pläne nicht zu ernst nimmt. Andererseits aber erkennt Schinkel auch an, dass das gemeinsame politisch-ästhetische Projekt sich historisch in einem noch offenen, vielleicht sogar grundlosen Raum bewegt, in dem die Entscheidung über sein Gelingen oder Scheitern noch längst nicht gefallen ist. England – die erträumte Szenerie ist landschaftlich an Nordengland angelehnt[25] – dient in diesem Zusammenhang nicht nur zur Orientierung: Die revoltierenden englischen Arbeiter, die nur noch mit massiver Militärgewalt im Zaum gehalten werden können, stehen für Schinkel als Drohung hinter allen hochtrabenden Plänen, auch wenn sie nur selten so offen genannt werden wie in dem zitierten Brief an seine Frau.

Das Duo Beuth/Schinkel sucht und findet – nicht zuletzt in Auseinandersetzung mit den englischen Erfahrungen – Lösungen für all die Probleme, die für den Romantiker Leonhard/Tieck mit der Gewerbefreiheit verbunden waren. Ja, das Zusammenspiel von Gewerbe-Institut und Gewerbeverein deckt sehr weitgehend die Aufgaben ab, die realistische Nostalgiker wie Tieck oder Rau den Zünften zugesprochen hatten, nicht zuletzt bei der Ausbildung der jungen Handwerker und Gewerbetreibenden: altes Wissen wird gesammelt, geprüft und transferiert, neue Kenntnisse akquiriert und Innovationen befördert. Projekte, welche den einzelbetrieblichen Horizont überschreiten, werden im Verein gesellig-gesellschaftlich, im Zusammenspiel der verschiedenen politischen, wirtschaftlichen und kulturellen Akteure verankert und orchestriert. Das alles nun aber ohne den Ruch von Kungelei und Pfründesicherung – für Beuth waren »Qualität und Transparenz« die zentralen Forderungen.[26] Das zeigt sich schon daran, dass eines der zentralen Projekte des neuen Vereins die Herausgabe einer Vereinszeitschrift ist, in der Vorträge und Diskussionen dokumentiert und weitergeführt werden: die *Verhandlungen des Vereins zur Beförderung des Gewerbefleißes in Preußen*. In der ersten Nummer der Zeitschrift ist Beuths Gründungsrede des Vereins vom 15. Januar 1821 wiedergegeben. Hier verleiht Beuth der Forderung nach Transparenz Nachdruck, indem er offensiv die alten Vorurteile gegen das Zunftwesen wieder aufruft und so seine neuen Vereinsbrüder aus der *Komfortzone* scheucht, wie man heute sagen würde: »*Die Zeit der Bequemlichkeit*, wo man Preise und Güte nach Gefallen machen konnte, ist dahin; die Zeit der Noth ist eingetreten, und zwingt, jene verlornen Vortheile sich auf natur- und zeitgemäße Weise zu ersetzen. *Es lebt sich nicht mehr so leicht, aber gleich sicher*; es ist die Zeit der *Anstrengung*.«[27]

Die neue Zeit ist noch eine »Zeit der Noth« – darin sind sich Beuth und Leonhard einig; aber die Not ist notwendig, so würde Beuth betonen, um endlich »natur- und zeitgemäß« »sicher« leben zu können; und das heißt: *immer* zeitgemäß, mit der Zeit voranschreitend.

Schinkels Beitrag zur Überwindung jener Not, die selbst Beuth wenigstens vorübergehend mit der Gewerbefreiheit heraufziehen sieht, liegt weitgehend in jenem geschmacks- und affektpolitischen Bereich, den Leonhard so minutiös ausleuchtet. Leonhard hatte – gerade bei der Gestaltung von Zweck- und Alltagsgegenständen – einen »Nicht- oder Ungeschmack« am Werk gesehen, der gerade »von England« her sich ausbreite, »eine Art von Puritanismus, die geradezu alle Zier, alles, was nicht strenge Notdurft ist, als Ketzerei ansieht« (JTM, S. 60). Dagegen hatte Leonhard seine Theorie vom »notwendigen Zierrat« aufgestellt, der »dem nackten Leben zu schmückenden Umkleidung« gegeben werden müsse, um erst das Leben wahrhaft menschlich und lebenswert zu machen.[28] Schinkel würde der kulturkritischen Problemdiagnose ebenso zustimmen, wie er die grundsätzliche Richtung der Lösung unterstützt; in beiden Auffassungen steht für den »notwenigen Zierrat«, der eben durch seine Notwendigkeit immer mehr und anderes ist als bloßer Zierrat, das Losungswort »Poesie«. Wo Tiecks Leonhard allerdings eben gerade als Tischlermeister auf der Individualität der kunsthandwerklichen Lösung beharren muss und sich in letzter Instanz auch immer auf seine zutiefst individuellen Idiosynkrasien beruft, geht Schinkel als Architekt wie als kulturpolitisch verantwortlicher Planer einen anderen Weg. Selbst bei individuellen *signature buildings* wie der Friedrichswerderschen Kirche oder der Bauakademie optiert er für den Einsatz vorgefertigter Elemente; letztlich sind Schinkels Lösungen stets auf Serialität angelegt.[29]

Deutlicher wird der Kontrast noch, wenn sich Schinkel – zusammen mit Beuth – in Leonhards ureigene Domäne bewegt: das Entwerfen von Mobiliar. Leonhard echauffiert sich besonders über die »vierkantigen, schroffen« Möbel, die er als Tischler nun im englischen Zeitgeschmack herstellen muss und die ihm als »vollendete Barbarei« erscheinen: das »traurig-monotone und dunkle Mahagonyholz«, alles »hart, herbe und kunstlos«. Besonders erzürnen Leonhard die »höchst unbequemen Ruhebetten, die ich jetzt fertigen muß, und die immer unfertig aussehen, noch mehr die Secretaire, wie man sie nennt, oder Schreib-Büreaus« (JTM, S. 60).[30] Dass alle Dinge des täglichen Umgangs – von der Architektur bis hin zum Möbelstück – immer dann »trübselig« wirken, wenn auf Gestaltung überhaupt verzichtet wird, das würde auch Schinkel unterschreiben. Nun steht aber, bei aller Nähe der Kritik, Leonhards Beschreibung der verabscheuten englischen »Mobilien« (JTM, S. 59) den konkreten Möbelentwürfen Schinkels gar nicht so fern; der Grafiktisch etwa, den er für Beuths Dienstwohnung in der Klosterstraße entworfen hat und der auf einem Bildnis zu sehen ist, das Schinkel 1838 von

Beuth in seiner Wohnung angefertigt hat, wirkt genau so: streng, »hart, herbe«, womöglich gar »kunstlos«.[31]

Entscheidender für eine Gegenüberstellung von Tiecks Leonhard und Schinkel ist aber nun, dass für Letzteren Möbel (wie alle Gebrauchsgegenstände) zwar gestaltet werden sollen, diese Gestaltung aber keineswegs mehr als individuelle in der Hand von Künstler-Handwerkern liegen soll, sondern von Spezialisten übernommen und vorgegeben werden kann. Oder anders: Die Poesie eines Gegenstands soll zwar individuell aus seiner Funktion heraus entwickelt werden, aber nicht mehr von individuellen Künstlern, sondern aus der arbeitsteiligen Kombination von Gestaltungsspezialist und ausführenden Arbeitern. Diese neue, überaus zeitgemäße Auffassung vom Entwurfs- und Herstellungsprozess schlägt sich in einem Buchprojekt nieder, das Schinkel zusammen mit Beuth im Namen der Königlich-technischen Deputation für Gewerbe in zwei Lieferungen 1830 und 1837 herausgegeben hat: den *Vorbildern für Fabrikanten und Handwerker*. In diesen Musterbüchern weihen Schinkel und Beuth die Adressaten in die Grundbegriffe der Gestaltung zwar kurz ein, um dann mit ausführlichen Beschreibungen und zahlreichen äußerst hochwertigen Kupfertafeln konkrete Vorlagen für die Gestaltung von Bauwerken, Möbeln, Textilien, Nutzgegenständen und sogar Maschinen zu geben. Über das Ziel des Unternehmens lässt Beuth seine Leser nicht im Unklaren, und er holt diese gewissermaßen dort ab, wo sie qua Beruf und Funktion stehen – beim Gewerbeinteresse:

> »So wie die höhere Vollkommenheit der Waare überhaupt, bei gleichen Preisen, den Absatz sichert, so bewirkt ihn derjenige Theil derselben, der aus der Form entspringt und der Waare den höheren Reiz giebt, in einem höheren Maaße. Wer die tüchtigste und zugleich die schönste Waare fertigt, darf auf sichern bleibenden Absatz rechnen, wie auch Unkunde, Mode und Rohheit der Käufer ihren Einfluß auf die Wahl beim Kauf üben mögen.«[32]

Das in den *Vorbildern* angeregte Programm einer allgemeinen Geschmacksverbesserung im Geist der Gewerbeförderung blieb nun keineswegs eine jener Seifenblasen, mit denen Schinkel Beuth in der Pegasusallegorie sanft aufzog. Die *Vorbilder*, die ihrerseits immer wieder auf englische Vorbilder rekurrieren, wurden ein voller Erfolg; sie »prägten jahrzehntelang die Produkte der preußischen Manufakturen und Fabriken, ganz im Sinne des Beuthschen Anspruchs, Zweckmäßigkeit und Schönheit zu verbinden«.[33] Damit aber: mit der serienmäßigen Produktion von Schönheit – und nicht etwa mit der völligen Kunstlosigkeit von Zweckgegenständen, bei denen sich niemand um Gestaltung Gedanken gemacht hat – wird dem individuellen Kunst-Handwerkertum Leonhards endlich der Garaus gemacht. Denn wenn Serienware genauso gut und genauso schön – dabei aber bloß billiger – ist als das, was Leonhard und seinesgleichen vorlegen können, dann werden Markt und Konsument immer schon entschieden haben. Und wenn die Herausgeber klarstellen, dass die *Vorbilder* nur zur »getreuen Nachahmung und zum Kopieren« dienen, keineswegs aber selbständig »weiterentwickelt« werden sollen,[34] dann drückt sich darin nachgerade ein enormes Misstrauen gegen die Geschmackssicherheit von Handwerkern wie Leonhard aus:

»Die angemessene Anwendung auf unsere Bedürfnisse, so wie die aller Verzierungen, kann nur das Resultat des Studiums, der Kritik und des eigenen Talents seyn; sie gehöret in das Gebiet der Kunst, eben so wie das Entstehen derjenigen Vorbilder dahin gehört, die aus dem inneren Leben des Künstlers frei hervorgegangen sind. Darauf soll der Fabrikant, der Handwerker als solcher keine Ansprüche machen, sondern sich lediglich darauf beschränken, diejenige Bildung und Fertigkeit zu erwerben, die erforderlich ist, den Geist der Vorbilder, die ihm gegeben werden, aufzufassen und sie in diesem Geiste aufs Beste nachzuahmen und auszuführen.

Wenn die Handwerker diese Bahn häufig verlassen haben, wenn diejenigen, die sich in den Handwerksschulen einige Kenntnisse und Fertigkeiten erwarben, sich dazu berufen glaubten, sie auf eigene Kompositionen anzuwenden: so hat dies nichts Erfreuliches geliefert, aber zuverlässig mehr Abgeschmacktes und Abentheuerliches, als wenn ihnen jenes Wissen fremd geblieben wäre.«[35]

Die bei Tieck und Schinkel/Beuth zunächst so gleichklingende Kritik am »Ungeschmack« der Zeit und die gleichen Vorstellungen von der Notwendigkeit einer poetischen Umkleidung gerade der Dinge des alltäglichen Gebrauchs führen in sozialpolitischer Hinsicht – in Hinsicht auf Stellung der Handwerker etwa – zu völlig entgegengesetzten Konsequenzen. Wo Tiecks Leonhard das Ideal einer einheitlichen Lebensform des Handwerks hochhält, da setzt Beuths und Schinkels Projekt dieses Ideal geradezu programmatisch aus: Aus Handwerkern werden »Hände«, ausführende Organe. Mit der universalistischen Bildungsemphase von Handwerkern wie Weitling und Konsorten und deren Anspruch auf allseitige Entwicklung ihrer Individualität können Beuth und Schinkel schon gar nichts mehr anfangen. Die beiden preußischen Beamten-Künstler treten – so könnte man zuspitzen – der radikalen *Poesie der Klasse*, so wie sie die zeitgleich entstehende Gesellen-Arbeiterbewegung entfaltet (und wie sie Tieck wenigstens begleitet und vorbereitet), sogar radikal entgegen, indem sie den Handwerkern jeden irgendwie gearteten weitergehenden Anspruch auf Bildung und Selbstentfaltung von vornherein und überhaupt absprechen. Poesie und Klasse, das sollen fortan getrennte Dinge bleiben, und diese Trennung wird vom preußischen Staat umso vehementer vertreten, je stärker man den Ansprüchen der Klasse auf anderem Gebiet entgegenkommt.

Denn die »Zeit der Noth«, von der Beuth in seiner Gründungsrede des Gewerbevereins spricht, stellt sich für Meister und Fabrikanten auf der einen, Gesellen und Arbeiter auf der anderen Seite naturgemäß äußerst verschieden dar. Der Pauperismus, der spätestens nach der Einführung der Gewerbefreiheit große Teile des alten Handwerks und die Beschäftigten im bisher staatlich gehegten Manufakturwesen Preußens heimsuchte, taucht bei Beuth und Schinkel, wenn überhaupt, dann nur am Rande auf. Gleichwohl blieb der Staat, blieben der König und seine Beamten hier nicht untätig. Um der geistigen und moralischen Verwahrlosung in den neu entstehenden Armuts- und Elendsquartieren im Berliner Norden, in den Gebieten vor dem Hamburger, dem Oranienburger und dem Rosenthaler Tor, entgegenzutreten, befahl König Friedrich Wilhelm III. schon in den 1820er Jahren den Bau zweier riesiger Armenkirchen. Den Zuschlag erhält Schinkel, der den König zunächst einmal davon überzeugt, dass vier kleinere Kirchen ihren Zweck besser erfüllen. Gebaut wurden schließlich in den 1830er Jahren – unterbrochen durch die große Choleraepidemie von 1832, die gerade diese Elendsquartiere besonders verheerend heimgesucht hat – die »Vorstadtkirchen« St. Elisabeth (Invalidenstraße), Nazareth (Wedding), St. Johannis (Moabit) und St. Paul (Gesundbrunnen).

Den Elendsquartieren Neu-Voigtland (zeitgenössisch so genannt wegen der zahlreichen Armutsmigranten aus dem mitteldeutschen Vogtland) und Feuerland (wegen der auch in der Nacht nie erlöschenden Hochöfen der neuen Borsig-Werke) widmeten sich in den 1830er und 1840er Jahren zahlreiche philanthropische Initiativen; literaturhistorisch bedeutsam ist etwa Bettina von Arnims *Armenbuch*, in dem statistische Erhebungen und poetische Erzählungen kombiniert werden sollten.[36] Von Arnims erstes sozialkritisches Buch von 1843: *Dies Buch gehört dem König* bekennt schon in der Dedikationsformel des Titels (wenngleich nicht in seiner komplizierten literarischen Faktur) den eigentlichen Adressaten ihres sozialen Engagements; der letzte Teil des »Königsbuchs« versammelt unter dem Titel »Erfahrungen eines jungen Schweizers im Vogtlande« Berichte des Schweizer Lehrers Heinrich Grunholzer aus ebendiesem Berliner Elendsquartier.[37] Von Arnims romantische Armenfürsorge, die sich nicht nur um die materiellen, sondern auch und vor allem um die geistigen und moralischen Belange der Armen kümmert, steht darin zeitgleichen Initiativen etwa eines Wilhelm Weitling gar nicht so fern. Im Gegensatz zu Weitling und Genossen aber, die rein auf die Selbsttätigkeit der arbeitenden Klassen setzen, wendet sich die Romantikerin von Arnim direkt an den Staat, bzw. romantisch präziser: an den König als Hirten und Vater seines Volks.[38] Ähnlich verfährt Lorenz von Stein, der nach seinen Erfahrungen mit dem *Socialismus und Communismus des heutigen Frankreich* in seinen vielgelesenen Schriften der 1840er und 1850er Jahre ein »Königtum der sozialen Reform« empfiehlt, um die Ausbreitung eben von Socialismus und Communismus in Deutschland zu verhindern,[39] oder auch Franz von Baader, dessen Denkschrift *Über das dermalige Mißverhältnis der Vermögenslosen oder Proletairs zu den Vermögen besitzenden Klassen der Sozietät* von 1835 vor allem die Einrichtung eines sozialen »Diakonats« empfiehlt, das den »Proletairs« durch Armenpriester Stimme und Vertretung verleiht.[40] Die Quintessenz der romantischen Sozialfürsorge liegt in der Affektpolitik: Es geht um die Wiederherstellung und Austiefung einer emotionalen Bindung des »Volks« an »seinen« König und damit an »seinen« Staat.

Schinkel hat in vielfacher Hinsicht Teil an dieser romantisch-affektiven Sozialpolitik: als Stadtplaner, der in England die katastrophalen Folgen der Abwesenheit jeder Planung in Zeiten wilder Urbanisierung beobachten konnte; als Architekt von Pastoralarchitektur, wie sie die Vorstadtkirchen darstellen; als Architekt aber auch von königlichen Renommierbauten wie Schloss Stolzenfels bei Koblenz; oder mit seinen Gutachten zur Fertigstellung des Kölner Doms: so sollte gerade bei der vornehmlich katholischen Bevölkerung des jüngst annektierten Rheinlands eine »Bindung zwischen Volk und Monarchie« gestiftet und gefestigt werden.[41]

Das sozialreformerische Projekt einer romantischen Affektpolitik wurde schon im Vormärz vielfach verlacht: in Moses Heß' Rezension zu Lorenz von Stein in Herweghs *Einundzwanzig Bogen aus der Schweiz*, in Otto Lünings ironischer Arnim-Kontrafaktur *Dieß Buch gehört dem Volke*, in Engels' Sottisen gegen die »somnambüle Mystik und Unphilosophie« Franz von Baaders oder in Ferdinand Freiligraths Gedicht »Von unten auf!«, wo ein »Proletarier-Machinist« aus dem Maschinenraum eines Rheindampfschiffes heraus den König und die Königin verflucht, die er selbst gerade nach Stolzenfels schippert.[42] Vielleicht hat es sich dieser Spott aber zu leicht gemacht. Gerade die romantische Affektpolitik hat sich als erstaunlich langlebig und stark erwiesen; ohne diese affektive Seite hätte es vielleicht nie das Erfolgsmodell des preußischen Sozialstaats gegeben, dessen Grundlagen im Vormärz und der Revolution gelegt wurden.

Der inklusive Universalismus des *subversiven* romantischen Antikapitalismus hatte sich – wie wir gesehen haben – in letzter Instanz immer »an Alle« gewandt. Das *offizielle* romantische Doppel von Gewerbeförderung und Sozialfürsorge wendet sich von Anfang an den König, an die Obrigkeit, an den Staat. Den Sozialstaat, so wie er sich im Fortgang des Jahrhunderts entwickelt, wäre ohne diese preußisch-obrigkeitsstaatliche Fundierung undenkbar gewesen. Mit der Adressierung des Staats aber wird auch die versprochene materielle und kulturelle Sicherung des »Volks« auf die *Untertanen* beschränkt: Die in den 1840er Jahren entstehenden Programme von »Socialpolitik« zielen allesamt auf eine nationale Einhausung des Proletariats – im übertragenen wie im wohnungsbaupolitisch-wörtlichen Sinn.[43] Ab jetzt soll es keine »vaterlandslosen Gesellen«, keine »heimatlose Klasse« mehr geben, sondern nur noch »deutsche Arbeiter«; die »vaterlandslosen Gesellen«, die es natürlich weiterhin gibt, werden marginalisiert und ausgeschlossen: ideologisch wie materiell, wenn sie aus der staatlichen Fürsorge herausfallen.[44] Der Prozess der nationalen Hegung wird vorbereitet und begleitet durch den metropolitanen Klassenkompromiss, so wie er am Ende von Ernst Willkomms Roman *Weisse Sclaven* entworfen wird: Die Entsolidarisierung mit den nun Ausgeschlossenen – den Sklaven der Plantagen des Globalen Südens, aber auch den Frauen, den Umherziehenden und Unsteten – wird der nun gehegten (nationalen, »freien«, männlichen) Arbeiterklasse vergütet mit einem größeren Stück des wachsenden Wohlstandskuchens. Der Wohlstandsnationalismus der Arbeiterklasse ist der Sargnagel jenes buntscheckigen Proletariats, dessen Geschichte in diesem Buch erzählt wurde.[45] Und bei der »Reinigung« dieser Klasse kommen dann auch all die reaktionären und regressiven Spielarten des romantischen Antikapitalismus zum Zuge, die ich in meiner Studie bewusst zurückgestellt habe, gerade weil dieser in ideologiekritischer Absicht nur allzu oft mit jenen überhaupt in eins gesetzt wird. Wo die Arbeiterklasse schon als »das Volk« adressiert wird, da versteht jenes sich bald nicht mehr als »niederes Volk« – als »Volk in Blusen, Jacken, Kitteln und Kappen« (Weitling) –, sondern vor allem als »Nationalvolk« und bald dann auch nur allzu oft als »Volksrasse«. Moses Heß, einer der Helden unserer Geschichte, hat aus dem grassierenden Antisemitismus auch in der Arbeiterbewegung der 1850er und 1860er Jahre Konsequenzen gezogen und sich (vorübergehend) aus der Bewegung verabschiedet, um mit *Rom und Jerusalem* eines der Gründungsdokumente des Zionismus vorzulegen.[46]

Mit dem Ausschluss heterogener, unbotmäßiger Elemente und der Uniformierung der Arbeiterklasse gewinnt die nun nationale Arbeiterbewegung an politischer Schlagkraft und erkämpft im Fortgang des 19. und 20. Jahrhunderts (wenigstens in den Zentren des Weltkapitals: in Europa und Nordamerika) eine bis dahin unvorstellbare Verbesserung der realen Lebensbedingungen. Mit Étienne Balibar kann man feststellen, dass »die Arbeiterbewegung einerseits, der bürgerliche Staat andererseits fast ein Jahrhundert lang die nationale Bourgeoisie und das nationale Proletariat zu relativen Einheiten zusammengeschweißt haben«, und diese beiden in sich homogenen Blöcke sind wiederum eine langlebige strategische Partnerschaft, einen nationalen Klassenkompromiss, eingegangen.[47]

Nun ist aber auch dieser Klassenkompromiss selbst für die inkludierte nationale Arbeiterklasse nie ein Zuckerschlecken gewesen. Die Gesellschaft, die vom nationalen Sozialstaat überwölbt wird, bleibt eine Klassengesellschaft. Der Zwang – der verallgemeinerte (allerdings immer noch klassenspezifische) Zwang zum Verkauf der eigenen Arbeitskraft wie die immer vorauslaufende »*zwangs*förmige Absicherung der Fiktion, die Arbeitskraft *sei* eine Ware«[48] – bleibt Kern jeder Sozialpolitik (und auch jeder Gewerbeförderung).[49] Dies indes abzufedern und überhaupt erst akzeptabel oder erträglich zu machen, das ist Ziel und Funktion jenes affektiven *surplus*, auf dessen Bereitstellung alle romantische Sozialpolitik abzielte und abzielt.

Ausgehend hiervon wäre schließlich nach einer *Poesie des Sozialstaats* zu fragen, die unsere *Poesie der Klasse* beerbt und fortsetzt: Wie gestaltet sich das politisch-soziale Imaginäre einer Gesellschaftsformation, die eine umfassende Integration aller Klassen und eine harmonische, »sozialpartnerschaftliche« Hegung des Klassenkampfs immer schon voraussetzen muss, diese Integration und Hegung aber nie vollkommen bewerkstelligen kann und darf, weil sie sich selbst sonst ihre eigene Geschäftsgrundlage entzöge?[50] Und im Hinblick auf die Poesie jener Arbeiterklasse, deren Integration im nationalen Sozialstaat überall behauptet wird: Mit welchen Selbsterzählungen »bewirtschaftet« diese die »kognitive Dissonanz«,[51] dass sie im Hinblick auf das gesellschaftliche große Ganze einerseits immer schon *drin* ist und andererseits *draußen* bleiben muss – so weit drin, dass eine Identifikation der eigenen Interessen mit dem nationalen Interesse immer vorausgesetzt und gegen jeden (vermeintlichen) Andrang von außen verteidigt wird; so weit draußen aber, dass die eigene (individuelle wie kollektive) Erfahrung der anhaltenden »Lohnsklaverei« kaum je thematisiert werden kann: die Erfahrung der geraubten Lebenszeit, die für eine Arbeit drangegeben wird, welche bisweilen vielleicht körperlich weniger hart sein mag als zu Weitlings Zeiten (und auch das sicher nicht immer und vielleicht sogar nicht einmal meistens: Akkord, Verdichtung, Flexibilisierung), aber beileibe nicht weniger stumpf und demütigend geworden ist.[52]

Aber das wäre eine andere Geschichte. Oder jedenfalls eben ein anderer Schluss und eine andere Fortsetzung unserer Geschichte – mit dieser ebenso verknüpft und verschlungen, wie die *andere*, die dissidente Arbeiterbewegung, deren Windungen und Wiederkehr ich im Schlusskapitel dieser Studie erzählt habe, mit der *offiziellen* Arbeiterbewegung des nationalen Klassenkompromisses verknüpft und verschlungen ist. Dessen Geschichte, die uns so lange als eine des endgültigen, unumkehrbaren Triumphs erzählt wurde, ist historisch gerade eben, gewissermaßen unter unseren Händen, völlig zerfasert und zu Ende gegangen. *Es kömmt darauf an*, die Fäden neu zu verknüpfen – oder aber sie endlich beherzt zu kappen. Das wäre dann aber eine ganz andere Arbeit, die sich nicht darin erschöpfte, dass weiterhin *nur verschieden interpretirt* würde.

Anmerkungen

Einleitung

1 Den Klassencharakter der Juli-Revolution haben zeitgenössisch Ludwig Börne und Heinrich Heine dem deutschen Publikum mit ihren Pariser Korrespondentenartikeln nahegebracht. Vgl. Ludwig Börne, *Briefe aus Paris*, Frankfurt a. M. 1986 [1832–1834], und Heinrich Heine, *Französische Zustände*, in: ders., *Sämtliche Schriften in zwölf Bänden*, Bd. 5: 1831–1837, hg. v. Klaus Briegleb, München/Wien 1976, S. 89–279.

2 Eine Einordnung der Saint-Simonisten in ihre Zeit findet sich bei David Harvey, *Paris, Capital of Modernity*, New York/London 2006, besonders S. 59–89.

3 Eduard Gans, *Rückblicke auf Personen und Zustände*, Neudruck. Hg., komment. und mit einer Einl. versehen von Norbert Waszek, Stuttgart-Bad Cannstatt 1995 [1836], S. 98 f. Zum Verhältnis der Hegel'schen Schule zum Saint-Simonismus vgl. Hans-Christoph Schmidt am Busch, *Religiöse Hingabe oder soziale Freiheit. Die saint-simonistische Theorie und die Hegelsche Sozialphilosophie*, Hamburg 2007.

4 Gans, *Rückblicke*, S. 100 f.

5 Vgl. Gans, *Rückblicke*, S. 100, wo von einer »Kruste der bürgerlichen Gesellschaft« die Rede ist, »die man gewöhnlich Pöbel nennt«. Zum Pöbel bei Hegel vgl. Georg Wilhelm Friedrich Hegel, *Grundlinien der Philosophie des Rechts oder Naturrecht und Staatswissenschaft im Grundrisse*, mit Hegels eigenhändigen Notizen und den mündlichen Zusätzen, in: ders., *Werke*, hg. v. Eva Moldenhauer u. Karl Markus Michel, Bd. 7, Frankfurt a. M. 1986, § 244, S. 389.

6 Georg Wilhelm Friedrich Hegel, *Vorlesungen über die Ästhetik*, in: ders., *Werke*, hg. v. Eva Moldenhauer und Karl Markus Michel, Bd. 13–15, Frankfurt a. M. 1986, hier Bd. 15, S. 392 f.

7 Friedrich Theodor Vischer, »Theorie des Romans«, in: Gerhard Plumpe (Hg.), *Theorie des bürgerlichen Realismus*, Stuttgart 1986, S. 240–247, hier S. 240 f. (aus: Fr. Th. Vischer, *Die Dichtkunst*, Stuttgart/Reutlingen 1857, S. 1317–1321).

8 Jacob Grimm, *Deutsche Grammatik*, Göttingen 1819, S. XXVII. Bei Grimm ist die Diagnose zivilisationskritisch gemünzt, sie wird eingeschrieben in eine Dialektik der Aufklärung: »Man kann die innere Stärke der alten Sprache mit dem scharfen Gesicht, Gehör, Geruch der Wilden, ja unserer Hirten und Jäger, die einfach in der Natur leben, vergleichen. Dafür werden die Verstandesbegriffe der neuen Sprache zunehmend klärer und deutlicher. Die Poesie vergeht und die Prosa (nicht die gemeine, sondern die geistige) wird uns angemessener.«

9 Theodor Mundt, *Die Kunst der deutschen Prosa. Aesthetisch, literargeschichtlich, gesellschaftlich*, Berlin 1837, S. 20 sowie S. 131 und S. 359; Berthold Auerbach, *Schrift und Volk. Grundzüge der volksthümlichen Literatur, angeschlossen an eine Charakteristik J. P. Hebel's* [1846], in: ders., *Schriften zur Literatur*, hg. v. Marcus Twellmann, Göttingen 2014, S. 7–173, hier S. 67. Darüber hinaus: Johann Christian August Heyse, *Theoretisch-praktische deutsche Grammatik oder Lehrbuch der deutschen Sprache, nebst einer kurzen Geschichte derselben*, Bd. 1, 5., von Karl Wilhelm Ludwig Heyse bearbeitete Auflage, Hannover 1838 [1814]. S. 94. Hier wird Grimm als Beleg für die These zitiert, dass in der Moderne »die sinnliche Seite der Sprache mehr und mehr zurücktritt«. Bei Heinrich Küntzel, *Drei Bücher deutscher Prosa, in Sprach- und Stylproben: Von Ulphilas bis auf die Gegenwart*, Bd. 3, Frankfurt [a. M.] 1838, S. 339, wird Grimm mit seiner Sentenz als einer der »Sprachreiniger« des 18. Jahrhunderts zitiert. Ich danke Marcus Twellmann für unzählige Vormärz-Gespräche: Die Wette gilt, dass meine Erzählung vom Proletariat eben doch mehr und anderes ist als »Covert Pastoral« (Empson).

10 Vischer, »Theorie des Romans«, S. 240 f.

11 Zur Verortung von Gans im Milieu der entstehenden Hegel'schen Linken vgl. Norbert Waszek, »War Eduard Gans (1797–1839) der erste Links- oder Junghegelianer?«, in: Michael Quante und Amir Mohseni (Hg.): *Die linken Hegelianer. Studien zum Verhältnis von Religion und Politik im Vormärz*, Paderborn 2015, S. 29–51.

12 Hier wäre an das berühmte, von Julian Schmidt übernommene Motto von Gustav Freytags *Soll und Haben* zu denken: »Der Roman soll das deutsche Volk da suchen, wo es in seiner Tüchtigkeit zu finden ist, nämlich bei seiner Arbeit« (Gustav Freytag, *Soll und Haben*, München/Wien 1977 [1855], o. Seitenzahl [S. 6]). Im dritten Buch des Romans ruft der Held Anton Wohlfahrt inmitten des Schreckens der Revolution am Schreibpult aus: »Das ist Poesie, die Poesie des Geschäftes, solche springende Tatkraft empfinden wir nur, wenn wir gegen den Strom arbeiten« (S. 326). Auf Freytags schnell berühmt werdendes Motto erwiderte der alternde Franz Grillparzer knarzig: »Daß die Poesie Arbeit, / Ist leider eine Wahrheit. / Doch daß die Arbeit Poesie, / Glaub ich nun und nie« (zit. nach Martin Gubser, *Literarischer Antisemitismus. Untersuchungen zu Gustav Freytag und anderen bürgerlichen Schriftstellern des 19. Jahrhunderts*, Göttingen 1998, S. 187).

13 Meine Arbeit baut auf jene Debatten um eine »Poetologie des Wissens« auf, wie sie in den vergangenen Jahrzehnten in den deutschen Kulturwissenschaften geführt wurden, auch wenn ich im Einzelnen nur selten Bezug darauf nehme; vgl. Joseph Vogl, *Kalkül und Leidenschaft. Poetik des ökonomischen Menschen*, Zürich/Berlin 2002. Dass der Erfinder der Formel »Poetik des Wissens«, Jacques Rancière, diese aus einer ausgreifenden sozialhistorischen Beschäftigung mit der frühen französischen Arbeiterbewegung gewonnen hat, ist für meine Studie indes von zentraler Bedeutung; vgl. Jacques Rancière, *Die Namen der Geschichte. Versuch einer Poetik des Wissens*, Frankfurt a. M. 1994, sowie ders., *Die Nacht der Proletarier. Archive des Arbeitertraums*, Wien/Berlin 2013 [1981]. Ein kurze Einordnung Rancières in die Geschichte und Methodendiskussion der Sozialgeschichtsschreibung versuche ich in »Der Schmerz der gestohlenen Zeit«, in: *Jungle World* vom 14. November 2013, Kulturbeilage, S. 12–13.

14 Auerbach, *Schrift und Volk*, S. 67.

15 Auerbach, *Schrift und Volk*, S. 76.

16 Zu Boz/Dickens vgl. den Abschnitt »Engels und die Erfindung der Sozialreportage« im sechsten Kapitel der vorliegenden Studie.

17 Zu Ebenezer Elliott, dem Verfasser der *Corn Law Rhymes*, vgl. Angela M. Leonard, *Political Poetry as Discourse. Rereading John Greenleaf Whittier, Ebenezer Elliott, and Hip-Hop-Ology*, Lanham u.a. 2010, S. 59–106. Zum Chartismus vgl. die klassischen Studien von Dorothy Thompson, »Chartism and the Historians« und »The Early Chartists«, in: dies., *Outsiders. Class, Gender and Nation*, London/New York 1993, S. 19–44 und S. 44–76, sowie Gareth Stedman Jones, »Sprache und Politik des Chartismus«, in: ders., *Klassen, Politik, Sprache. Für eine theorieorientierte Sozialgeschichte*, hg. v. Peter Schöttler, Münster 1988, S. 133–229.

18 Vgl. Auerbach, *Schrift und Volk*, S. 164–172.

19 Wilhelm Weitling, *Kerkerpoesien*, Hamburg 1844. Zu den biografischen Hintergründen vgl. umfassend und erschöpfend: Waltraud Seidel-Höppner, *Wilhelm Weitling (1808–1871). Eine politische Biografie*, 2 Bde., Frankfurt a. M. u.a. 2014, besonders die Kapitel »Ein Jahr Einzelhaft«, »Deportation nach Preußen« und »Weitling und Heine«, S. 627–676. Um die frühe, noch undisziplinierte Bewegung von ihren späteren parteiförmigen Einhegungen zu unterscheiden, benutze ich im Folgenden im Bezug auf den Vormärz zumeist die zeitgenössische Schreibweise »communistisch« und »socialistisch«.

20 Hermann Püttmann (Hg.), *Album. Originalpoesien*, Borna 1847, S. 1. Im *Album* ist auch »Edward P. Mead in Birmingham« vertreten, dessen Gedicht »König Dampf« in der Übersetzung von Friedrich Engels in der Sammlung erscheint. Zu Mead und dem *King Steam* vgl. Abschnitt »Klassen-Allegorien: ›Steam King‹ und ›White slaves‹« im fünften Kapitel der vorliegenden Studie.

21 Georges Bataille, »Der Begriff der Verausgabung«, in: ders., *Die Aufhebung der Ökonomie*, 2., erw. Aufl., München 1985, S. 7–31, hier S. 15. Batailles An-Ökonomie, die von der »Unzulänglichkeit des klassischen Nützlichkeitsprinzips« ausgeht und zu einer »Insubordination der materiellen Tatsachen« fortschreitet, bildet bei den folgenden Ausführungen in vielerlei Hinsicht den Hintergrund. Die Grundlage dieser Anlehnung findet sich in Batailles Ausgang von einer spezifischen Form des »romantischen Antikapitalismus« – William Blakes »Exuberance is Beauty« dient als Motto für Batailles ökonomisches Hauptwerk *Der verfemte Teil* –, der den im Folgenden untersuchten Autoren wie Ludwig Tieck und anderen womöglich nähersteht, als dies für gewöhnlich angenommen wird (Bataille, *Der verfemte Teil*, in: ders., *Aufhebung*, S. 33–234, hier S. 34).

22 Zu Friedrich Engels' Polemik »Deutscher Sozialismus in Versen und in Prosa« vgl. den Abschnitt »Deutsche Misere, deutsche Verse: Engels als Erzähltheoretiker« im vierten Kapitel der vorliegenden Studie.

23 Für die Beschäftigung mit Begriffsgeschichte unverzichtbar ist Ernst Müller und Falko Schmieder, *Begriffsgeschichte und historische Semantik. Ein kritisches Kompendium*, Berlin 2016. Vgl. weiterhin den Klassiker von Reinhart Koselleck, »Begriffsgeschichte und Sozialgeschichte«, in: ders., *Vergangene Zukunft. Zur Semantik geschichtlicher Zeiten*, Frankfurt a. M. 1989, S. 107–129.

24 Raymond Williams, *Gesellschaftstheorie als Begriffsgeschichte. Studien zur histo-*

rischen Semantik von »Kultur«, München 1972. Zur Frage der (Un-)Übersetzbarkeit von Begriffen (und ihrer Geschichte) vgl. Eva Geulen, »Begriffsgeschichten go global (or try to)«, in: *Merkur* 788, 1 (2015), S. 38–48.

25 »Begriffspolitik« referiert nicht nur auf die historische Ebene des Untersuchungsgegenstands, sondern auch auf die Ebene der gegenwärtigen wissenschaftlichen Beschäftigung: Es ist *auch* eine politische Frage, wann welche begriffshistorischen Untersuchungen unternommen werden (oder eben gerade nicht); vgl. dazu Ernst/Schmieder, *Begriffsgeschichte*, S. 23 f. Zum aktuellen (begriffs-)politischen Einsatz meiner Studie vgl. das Ende der Einleitung.

26 Die Begriffs- wie die Sozialgeschichte von Klasse ist – um das Mindeste zu sagen – gut erforscht. Wenn die (west-)deutsche Geschichtswissenschaft der 1960er bis -80er Jahre von diesen beiden Zugängen dominiert wurde, dann spielte wiederum die Erforschung von Klassenbildungsprozessen innerhalb dieser dominanten Richtungen eine zentrale Rolle, und hier war es der Vormärz, der ganz besondere Zuwendung erfahren hat. In Hans-Ulrich Wehlers fünfbändiger *Deutscher Gesellschaftsgeschichte* etwa ist es der zweite Band, der Vormärz-Band, der den kürzesten Zeitraum umfasst: 1815–1845/49; er ist indes von allen Bänden nicht der kürzeste geworden (Hans-Ulrich Wehler, *Deutsche Gesellschaftsgeschichte. Zweiter Band: Von der Reformära bis zur industriellen und politischen »Deutschen Doppelrevolution« 1815–1845/49*, München 1987). In den *Geschichtlichen Grundbegriffen* finden sich umfassende und zum Teil sehr lange Darlegungen zur Begriffsgeschichte meines Gegenstands; der Eintrag zu »Stand, Klasse« umfasst allein 129 Seiten, hinzu kommen lange Beiträge zu »Arbeiter« oder »Proletariat. Pöbel, Pauperismus« (Otto Gerhard Oexle/Werner Conze/Rudolf Walther, »Stand, Klasse«, in: Otto Brunner, Werner Conze und Reinhart Koselleck (Hg.), *Geschichtliche Grundbegriffe. Historisches Lexikon zur politisch-sozialen Sprache in Deutschland*, Stuttgart 1972 ff., hier: Bd. 6 [1990], S. 155–284; Werner Conze, »Arbeiter«, in: *Geschichtliche Grundbegriffe*, Bd. 1 [1972], S. 216–242; Werner Conze, »Proletariat. Pöbel, Pauperismus«, in: *Geschichtliche Grundbegriffe*, Bd. 4 [1984], S. 27–68).

27 Zur Wissenschaftsgeschichte des Klassenbegriffs vgl. Mary Poovey, »The Social Constitution of ›Class‹«, in: Wai Chee Dimock und Michael T. Gilmore (Hg.), *Rethinking Class. Literary Studies and Social Formations*, New York 1994, S. 15–56. Ausgeführt hat Poovey ihr Programm in dem Buch *A History of the Modern Fact. Problems of Knowledge in the Sciences of Wealth and Society*, Chicago/London 1998. Zum wissensgeschichtlich-politischen Rahmen vgl. Caroline Arni und Mischa Suter, »A Science of the Specific. An Interview with Mary Poovey«, in: *Historische Anthropologie* 24/3 (2016), S. 432–444.

28 Conze, »Proletariat«, S. 27.

29 Vgl. den Eintrag zu »Proletarii« im *Neuen Pauly*: »Das lat. Wort *p.*, abgeleitet von *proles* (›Nachkomme‹), bezeichnete Besitzlose, die nur durch ihre Nachkommenschaft zählten (Cic. rep. 2, 40), d. h. weder wehr-, noch steuerpflichtig waren« (Jürgen Ungern-Sternberg, »Proletarii«, in: Hubert Cancik, Helmuth Schneider und Manfred Landfester (Hg.), *Der Neue Pauly*, Bd. 10, Stuttgart 2003, Sp. 397 f.).

30 So etwa in der bedeutendsten Globalutopie der Zeit, in James Harringtons *The Commonwealth of Oceana*, Cambridge u. a. 1992 [1656], S. 207. Zu den klassenkonstitutiven Aspekten des Englischen Bürgerkriegs vgl. die klassischen Arbeiten von Christopher Hill, etwa *Die englische Revolution von 1640. Vier Aufsätze*, Berlin 1952.

31 [Heinrich Friedrich Karl vom und zum Stein,] *Die Briefe des Freiherrn von Stein an den Freiherrn von Gagern, von 1813–1831*, Stuttgart/Tübingen 1833, S. 269.

32 Barthold Georg Niebuhr, *Römische Geschichte*, Bd. 1, Berlin 1811.

33 Wieder abgedruckt in: Franz von Baader, *Gesellschaftslehre*, München 1957, S. 235–250.

34 So der Freiherr vom Stein, zit. nach Wehler, *Gesellschaftsgeschichte*, S. 282.

35 Vgl. Heinrich Heine, »Französische Maler«, in: ders., *Sämtliche Schriften in zwölf Bänden*, Bd. 5: 1831–1837, hg. v. Klaus Briegleb, München/Wien 1976, S. 27–87, besonders die Delacroix-Besprechung S. 39–42.

36 Vgl. Heine, *Zustände*, S. 220: »Es ist ein Irrtum, wenn man etwa glaubt, daß die Helden der Rue Saint-Martin zu den unteren Volksklassen gehören, oder gar zum *Pöbel*, wie man sich ausdrückt; nein, es waren meistens Studenten, schöne Jünglinge, von der École d'Alfort, Künstler, Journalisten, überhaupt Strebende, darunter auch einige Ouvriers, die unter der groben Jacke sehr feine Herzen trugen.« – In England lässt sich eine ähnliche Bewegung beobachten: Nur ungefähr zwanzig Jahre, nachdem »class« sich als Begriff proletarischer Selbstbeschreibung eingespielt hat, wird daraus »a rather naughty word with unpleasant associations«; statt »class«, das nach Spaltung klingt, avanciert »balance« nun zu einem der »key words of the period«; Asa Briggs, »The Language of ›Class‹ in early 19th Century England« [1960], in: ders., *Collected Essays, Vol. I: Word, Numbers, Places, People*, Brighton 1985, S. 3–33, hier S. 21.

37 Karl Marx, *Das Kapital. Kritik der politischen Ökonomie. Erster Band. Buch I: Der Produktionsprozeß des Kapitals* [1867], in: ders./Friedrich Engels, *Werke*, Bd. 23, Berlin 1962 ff., S. 267. Die *Werke* von Marx und Engels werden im Folgenden mit dem Sigel MEW, der Bandnummer und Seitenzahlen zitiert (hier: MEW 23, S. 267).

38 Peter Linebaugh und Marcus Rediker, *The Many-Headed Hydra. Sailors, Slaves, Commoners, and the Hidden History of the Revolutionary Atlantic*, London 2000 (deutsch: *Die vielköpfige Hydra. Die verborgene Geschichte des revolutionären Atlantik*, Berlin/Hamburg 2008).

39 Heinrich Wilhelm Bensen, *Die Proletarier. Eine historische Denkschrift*, Stuttgart 1847, S. 344. Die Schrift des Gymnasiallehrers und historischen Schriftstellers Bensen beginnt mit den Proletariern im alten Orient und hangelt sich über Athen und Rom zu einer entscheidenden Zwischenstation: »Das communistische Zwischenspiel zu Münster« (S. 193–210). Spätestens hier wird klar, dass die ganze Denkschrift vor allem vor den »neuen Propheten der Proletarier« (S. 404) warnen soll; abgehandelt werden Saint-Simon, Fourier, Owen, dann Proudhon, Louis Blanc, Lamennais, schließlich Babeuf und Cabet. Als deutscher Vertreter des Communismus nennt der zwar vom Ressentiment geleitete, aber äußerst sachkundige Bensen schließlich Wilhelm Weitling (S. 450 ff.).

40 Vgl. etwa Engels' späte Einleitung von 1891 zu Marx' Vormärz-Schrift »Lohnarbeit und Kapital«, MEW 6, S. 593–599, hier S. 599, wo Engels schreibt, dass »die große Masse der Gesellschaft proletarisiert, in Lohnarbeiter verwandelt und eben dadurch unfähig gemacht [wird], jenen Überfluß von Produkten sich anzueignen«. Einen frühen sozialwissenschaftlichen Beleg liefert der katholische Sozial-

theoretiker Goetz Briefs, »Das gewerbliche Proletariat«, in: Gerhard Albrecht (Hg.), *Die gesellschaftliche Schichtung im Kapitalismus. Grundriss der Sozialökonomik, IX. Abteilung: Das soziale System des Kapitalismus, I. Teil: Die gesellschaftliche Schichtung im Kapitalismus*, Tübingen 1926, S. 142–240, der den Begriff durchgängig und selbstverständlich verwendet. Bei Max Weber, »Politik als Beruf« [1919], in: ders., *Gesammelte Politische Schriften*, hg. v. Johannes Winckelmann, Tübingen 1988, S. 505–560, wird schon metaphorisch die »geistige Proletarisierung« der »Gefolgschaft« in modernen Massenparteien beklagt, gleichsam ihre Verpöbelung (S. 544). Den Hinweis auf Briefs verdanke ich, wie vieles weitere, dem unverbesserlichen *Rhineland Radical* Christian Frings.

41 Vgl. etwa das berühmte Kapitel »Exkurs über das Problem: Wie ist Gesellschaft möglich?«, in: Georg Simmel, *Soziologie. Untersuchungen über die Formen der Vergesellschaftung*, Leipzig 1908, S. 27–45, sowie das siebte Kapitel »Die Identifizierung« in: Sigmund Freud, *Massenpsychologie und Ich-Analyse*, Wien 1921, S. 66–77.

42 Gero Lenhardt und Claus Offe, »Staatstheorie und Sozialpolitik. Politisch-soziologische Erklärungsansätze für Funktionen und Innovationsprozesse der Sozialpolitik«, in: Christian von Ferber und Franz-Xaver Kaufmann (Hg.), *Soziologie und Sozialpolitik*, Sonderheft 19/1977 der *Kölner Zeitschrift für Soziologie und Sozialpsychologie*, S. 98–127, hier S. 101. Ein interessanter Beitrag zur Transformation ethnologischer Forschungsprogrammatik im Zeichen globaler Proletarisierung wurde schon 1983 unterbreitet von William Roseberry, »From peasant studies to proletarianization studies«, in: *Studies in Comparative International Development*, Vol. 18, 1/2 (1983), S. 69–89.

43 Bei Lenhardt/Offe, »Staatstheorie«, S. 102, findet sich ein ganzer Katalog von alternativen, aber »*funktional* äquivalenten ›*Auswegen*‹ aus dem Zustand passiver Proletarisierung«.

44 Die radikalste Kritik der Gesellschaft entzündete sich daher auch nicht immer nur und vielleicht nicht einmal vor allem an der ungerechten Verteilung des Arbeitsprodukts, sondern am stets vorausgesetzten Arbeitszwang überhaupt, der historisch aus der passiven Proletarisierung folgt; diese Tradition spinnt sich von Marx' Schwiegersohn Paul Lafargue und dessen Manifest *Das Recht auf Faulheit* von 1880 bis hin zu den Glücklichen Arbeitslosen.

45 E. P. Thompson, *Die Entstehung der englischen Arbeiterklasse*, Frankfurt a. M. 1987 [1963], S. 8. »Klassenbewusstsein« sollte des Weiteren nicht in einen ausschließenden Gegensatz zu einem etwaigen Unbewussten gebracht werden: Gerade in den kulturellen Verkörperungen von Klassenbewusstsein drückt sich das jeweilige politisch-ökonomische Unbewusste besonders prägnant aus. Zur methodologischen Selbstverständigung einer »Social History of Art« im Zeichen des Unbewussten vgl. T. J. Clark, *The Image of the People. Gustave Courbet and the 1848 Revolution*, London 1982, besonders S. 9–20.

46 Vgl. dazu im souveränen Überblick Gerhart von Graevenitz, *Theodor Fontane: ängstliche Moderne. Über das Imaginäre*, Konstanz 2014. Zum methodischen Einsatz des Imaginären in meiner Studie vgl. den Abschnitt »Das Ende der Zünfte und die Anfänge der Arbeiterbewegung. ›Traditionen‹ der Sozialgeschichte«.

47 Vgl. Mary Shelley, »Introduction to the 1831 Edition of *Frankenstein*«, in: Mary Shelley (mit Percy Shelley), *The Original Frankenstein. Two New Versions,*

Mary Shelley's Earliest Drafts and Percy Shelley's Revised Text, hg. v. Charles E. Robinson, New York 2009, S. 437–443, hier: S. 440: »Invention, it must be humbly admitted, does not consist in creating out of void, but out of chaos; the materials must, in the first place, be afforded: it can give form to dark, shapeless substances, but cannot bring into being the substance itself.« Zu Mary Shelley und den Maschinenstürmern vgl. das Kapitel »Die Rückkehr des romantischen Antikapitalismus«.

48 Vgl. dazu Eric Hobsbawm und Terence Ranger, *The Invention of Tradition*, Cambridge u.a. 2012 [1983] sowie den Abschnitt »Hegung des Klassenkampfs: Tiecks Zünfte als *invention of tradition*« im ersten Kapitel der vorliegenden Studie.

49 Lenhard/Offe, »Staatstheorie«, S. 102 f.

50 Vgl. Rancière, *Nacht*, S. 15 f.

51 Marx, »Zur Kritik der Hegelschen Rechtsphilosophie. Einleitung« [1844], MEW 1, S. 378–391, hier S. 390. Der Text erschien zuerst in den *Deutsch-Französischen Jahrbüchern*.

52 *Der Hülferuf der deutschen Jugend. Herausgegeben und redigirt von einigen deutschen Arbeitern*, Genf 1841, zusammen mit: *Die junge Generation*, [Genf] 1842/43; hier: *Hülferuf*, H. 1, S. 6.

53 Zur exzessiven Logik politischer Universalisierung vgl. Marx, »Kritik«, MEW 1, S. 388: »Keine Klasse der bürgerlichen Gesellschaft kann diese Rolle spielen, ohne ein Moment des Enthusiasmus in sich und in der Masse hervorzurufen, ein Moment, worin sie mit der Gesellschaft im Allgemeinen fraternisiert und zusammenfließt, mit ihr verwechselt und als deren *allgemeiner Repräsentant* empfunden und anerkannt wird.«

54 Georg Lukács, »Eichendorff« [1940], in: ders., *Werke*, Bd. 7, *Deutsche Literatur in zwei Jahrhunderten*, Neuwied/Berlin 1964, S. 232–248, hier S. 234. In einer alternativen Formulierung ist von einer »romantischen Opposition gegen den heranwachsenden Kapitalismus« die Rede (S. 243).

55 Lukács, »Eichendorff«, S. 233 und S. 242.

56 Lukács, »Eichendorff«, S. 242 und S. 245. Die Formulierung von der »Religion der Arbeit« zitiert Lukács aus der »geistvolle[n] Schrift« Paul Lafargues: *Das Recht auf Faulheit. Widerlegung des ›Rechts auf Arbeit‹ von 1848*, mit einem Essay v. Guillaume Paoli, Berlin 2013 [1880], S. 16 f.: »Und die Kinder der Helden der Französischen Revolution haben sich durch die Religion der Arbeit so weit herabwürdigen lassen, dass sie nach 1848 das Gesetz, das die Arbeit in den Fabriken auf zwölf Stunden täglich beschränkte, als eine revolutionäre Errungenschaft anerkannten; sie proklamierten das *Recht auf Arbeit* als ein revolutionäres Prinzip«.

57 Lukács, »Eichendorff«, S. 243.

58 Lukács, »Eichendorff«, S. 243.

59 Vgl. Michael Löwy und Robert Sayre, *Romanticism Against the Tide of Modernity*, Durham/London 2001; vgl. auch Michael Löwy, *Fire Alarm. Reading Walter Benjamin's ›On the Concept of History‹*, London/New York 2006; E.P. Thompson, *The Romantics. England in a Revolutionary Age*, Woodbridge 1997; ders., *William Morris. Romantic to Revolutionary*, London 1955 (Neuauflage mit einem Vorwort von Peter Linebaugh: Oakland 2011). Der Untertitel der Morris-Monografie ist fast identisch mit dem englischen Titel von Michael Löwys großer Studie über den jungen Lukács, womit sich – gut romantisch – ein weiterer Verweisungszirkel

schließt: Michael Löwy, *Georg Lukács. From Romanticism to Bolshevism*, London/New York 1979.

60 Robert Sayre und Michael Löwy, »Die (antikapitalistische) Romantik in der *Theorie des Romans*«, in: Rüdiger Dannemann (Hg.), *Lukács 2016. Jahrbuch der Internationalen Georg-Lukács-Gesellschaft*, Bielefeld 2016, S. 145–162, hier S. 145. Weiter heißt es hier: »Das Spezifische an der romantischen Kritik liegt darin, dass sie sich aus Werten und Idealen einer vorkapitalistisch-prämodernen Vergangenheit schöpft, unterdessen andere Kritiken im Namen des ›Fortschritts‹ operieren« (S. 145).

61 Vgl. Löwy/Sayre, *Romanticism*, S. 22 f.

62 Zur möglichen, aber nicht notwendigen Wendung in einen »reactionary modernism« vgl. Löwy/Sayre, *Romanticism*, S. 29. Dass man die Romantik womöglich unterschätzt (oder ihr auf den Leim geht), wenn man ihre scheinbar einfachen, auf radikale Komplexitätsreduktion setzenden politischen *Lösungs*vorschläge als Indiz für ein mangelndes *Problembewusstsein* oder als Anzeichen einer unterkomplexen Modernediagnose nimmt, ist auch Gegenstand aktueller deutscher Forschungen zur (v. a. Politischen) Romantik; vgl. dazu schon früh Uwe Hebekus, Ethel Matala de Mazza und Albrecht Koschorke (Hg.), *Das Politische. Figurenlehren des sozialen Körpers nach der Romantik*, München 2003. Alle wesentlichen Einsichten in die Modernität der Romantik verdanke ich dem überaus diskreten Konstanzer Romantik-Forscher Alexander Schmitz.

63 Sayre/Löwy, »Antikapitalistische Romantik«, S. 149.

64 Peter Linebaugh, »Ned Ludd and Queen Mab. Machine-Breaking, Romanticism, and the Several Commons of 1811–12«, in: ders., *Stop, Thief! The Commons, Enclosures, and Resistance*, Oakland 2104, S. 77–107, hier S. 96. Zur deutschen Rezeption vgl. etwa Moses Heß, »Ueber das Geldwesen«, in: *Rheinische Jahrbücher zur gesellschaftlichen Reform*, hg. unter d. Mitwirkung Mehrerer v. Hermann Püttmann, Erster Band, Darmstadt 1845, S. 1–34. Heß hat seiner Abhandlung, deren Bedeutung für die Entwicklung einer theoretischen Ökonomiekritik im Vormärz gar nicht überschätzt werden kann, ein anderthalb Seiten langes Motto aus Shelleys *Queen Mab* vorangestellt. Auf die lebenslange Begeisterung ihres Vater und Schwiegervaters für Shelley haben hingewiesen: Edward Aveling und Eleanor Aveling-Marx, »Shelley and Socialism«, in: *To-Day*, April 1888, S. 103–116. Der kommunistische Literaturhistoriker Walter Haenisch schrieb 1938 im Moskauer Exil: »Wenn man die im Laufe eines Jahrhunderts vergilbten, oft nur in einem einzigen lückenhaften Exemplar erhaltenen Zeitungen und Zeitschriften der englischen und deutschen Arbeiter der dreißiger und vierziger Jahre durchliest, so begegnet man in den schier endlosen, mit winzigsten Lettern gedruckten Kolumnen häufig dem Namen, und noch häufiger den Versen eines früh verstorbenen englischen Dichters; *Percy Bysshe Shelley*« (Walter Haenisch, »Percy Bysshe Shelley«, in: *Das Wort. Literarische Monatsschrift*, 1 [1938], S. 96–110, hier S. 96). Shelley avancierte im 20. Jahrhundert so wieder zum Medium poetisch-politischer Selbstverständigung ortlos gewordener deutscher Revolutionäre; Walter Benjamin und Bertolt Brecht etwa haben in Svendborg zu genau der Zeit über Haenischs Aufsatz diskutiert, als der Autor in Moskau angeklagt, exekutiert und verscharrt wurde.

65 Shelleys Engagement zeigt sich etwa in seinem Gedicht »The Mask of Anarchy«, mit dem er direkt auf das Peterloo Massacre reagiert hat, bei dem fünfzehn

Arbeiter getötet und mehrere hundert verletzt wurden, als eine riesige proletarische Massendemonstration mit schätzungsweise 60 000 bis 80 000 Demonstrierenden von der Kavallerie angegriffen wurde. Die letzte Strophe lautet: »Rise like lions after slumber / In unvanquishable number – / Shake your chains to earth like dew / Which in sleep had fallen on you – / Ye are many – they are few.« (Percy Bysshe Shelley, »The Mask of Anarchy. Written on the Occasion of the Massacre at Manchester«, in: ders., *The Selected Poetry and Prose*, London 1987, S. 387–401, hier S. 401). Eine aktualisierende Perspektive auf Peterloo bietet Mark Krantz, *Rise Like Lions. The History and Lessons of the Peterloo Massacre of 1819*, Manchester 2011.

66 Vgl. dazu etwa Joseph Vogls Statement über das monumentale *Biedermeierzeit*-Buch von Friedrich Sengle: »Mir scheint es bei dieser Geschichte des Biedermeier überaus überraschend oder bemerkenswert zu sein, welche Geschichte sie gerade nicht erzählen will, welche Geschichte sie regelrecht als Geschichte verhindern will. Und mir scheint, das steht wie ein Wasserzeichen in dieser ganzen Literaturgeschichte, dass sie nämlich gegen Heine geschrieben ist und dass drei Bände geschrieben werden, um Heinrich Heine als historischen Gegenstand zu verhindern, auszulöschen« (Achim Geisenhanslüke, Ernst Osterkamp und Joseph Vogl, »Statements und Diskussion« zum Beitrag »Literaturgeschichte nach dem Ende der Theorie?« , in: *Internationales Archiv für Sozialgeschichte der deutschen Literatur* 36, 2 (2011), S. 415–444, hier S. 429.

67 Die Tragik und intellektuelle Obdachlosigkeit gerade des späten Tieck ist herausgearbeitet bei Ulrich Wergin, »›Einer der letzten Gäste auf dem Maskenball der Poesie‹. Ludwig Tieck, die Romantik und die Folgen. Nachwort«, in: Ludwig Tieck, *Die Vogelscheuche. Das alte Buch und die Reise ins Blaue hinein*, Frankfurt a. M. 1979, S. 627–692.

68 Sayre/Löwy, Antikapitalistische Romantik, S. 146.

69 E.P. Thompson, *The Making of the English Working Class*, New York 1966, S. 12 f. Die selbst ikonisch gewordenen Formulierungen aus der Einleitung – Löwy bezeichnet diese Sätze als »emblem and shibboleth for a new school of social history« (Löwy, *Fire Alarm*, S. 116) – zitiere ich hier und im Folgenden darum im Original. An anderen Stellen, an denen es nicht so sehr auf die Formulierung selbst ankommt, greife ich auf die Übersetzung zurück. Perry Anderson schreibt: »Readers of the *Making of the English Working Class*, or indeed *Whigs and Hunters* [eine Arbeit Thompsons von 1975], will always remember these as major works of literature« (Perry Anderson, *Arguments within English Marxism*, London/New York 1980, S. 1).

70 Historische Details zu den drei Berufszweigen finden sich bei Rudi Palla, *Verschwundene Arbeit. Das Buch der untergegangenen Berufe*, Wien 2014, S. 237 f. u. S. 242 f.

71 »Only the successful (in the sense of those whose aspirations anticipated subsequent evolution) are remembered. The blind alleys, the lost causes, and the losers themselves are forgotten« (Thompson, *Making*, S. 13). Spätestens hier zeigt sich eine Verwandtschaft von Thompsons Geschichtskonzept zu dem Walter Benjamins; vgl. Walter Benjamin, »Über den Begriff der Geschichte« [1940], in: ders., *Kritische Gesamtausgabe*, Bd. 19: *Werke und Nachlaß*, hg. v. Gérard Raulet, Berlin 2010. Löwy zitiert denn auch die oben aufgeführten Passagen Thompsons am Ende seines Benjamin-Buches als anderes Beispiel eines historiografischen »reopening of the past«;

Fire Alarm, S. 115 f. Auch Rancière handelt Thompson und Benjamin gemeinsam ab; Rancière, *Namen*, S. 131–150.

72 So Patrick Joyce, »What is the Social in Social History?«, in: *Past and Present*, 206 (Feb. 2010), S. 213–248, besonders S. 213 f.

73 Die Geschichte, die ich in diesem Buch erzähle, steht damit dem nahe, was die französischen Philosophen Philippe Lacoue-Labarthe und Jean-Luc Nancy einmal als »Geschichte der Fiktionierungen« projektiert haben, als eine Geschichte »zwischen Mentalitätsgeschichte, Kunst- und Denkgeschichte und politischer Geschichte«. Dieses Projekt soll in der folgenden Studie nicht länger durch einen theoretisch-methodologischen Grand Canyon von der Sozialgeschichte getrennt bleiben, sondern selbst sozialhistorisch handhabbar gemacht werden. Phillippe Lacoue-Labarthe und Jean-Luc Nancy, »Der Nazi-Mythos«, in: Elisabeth Weber und Georg Christoph Tholen (Hg.), *Das Vergessen(e). Anamnesen des Undarstellbaren*, Wien 1997, S. 158–190, hier S. 173. Zum Programm einer durch die Dekonstruktion hindurch figurationstheoretisch belehrten Sozialgeschichte vgl. Jürgen Fohrmann, »Das Versprechen der Sozialgeschichte (der Literatur)«, in: Martin Huber und Gerhard Lauer (Hg.), *Nach der Sozialgeschichte. Konzepte für eine Literaturwissenschaft zwischen Historischer Anthropologie, Kulturgeschichte und Medientheorie*, Tübingen 2000, S. 105–112.

74 Rancière, *Namen*, S. 146.

75 Vgl. Leo Strauss, »Verfolgung und die Kunst des Schreibens«, in: Leo Strauss, Alexandre Kojève und Friedrich Kittler, *Kunst des Schreibens*, Berlin 2009, S. 23–50.

76 Vgl. dazu ausführlich den Abschnitt »Der Kampf um den Familienlohn, die Feminisierung der Fabrikarbeit und die Maskulinisierung der Arbeiterbewegung« im siebten Kapitel der vorliegenden Studie.

77 Die literaturprogrammatischen Debatten, die in der Zeitschrift *Die Grenzboten* etwa von Julian Schmidt und Gustav Freytag geführt wurden, finden sich in populärer Zusammenstellung bei *Plumpe*, Theorie.

78 MEW 13, S. 7–160.

79 MEW 42.

80 Aus dem Vorwort zur englischen Neuausgabe der *Nacht der Proletarier* von 2012, in der deutschen Ausgabe S. 18. Eine Aktualisierung vormärzlicher Arbeits- und Lebensformen im Zeichen des Prekären entwirft überzeugend Timo Luks, »Prekarität. Eine nützliche Kategorie der historischen Kapitalismusanalyse«, in: *Archiv für Sozialgeschichte* 56 (2016), S. 51–80.

81 Einen Überblick über diese Debatten, die sich vom Feuilleton über die Sozialwissenschaften bis in die Philosophie erstrecken, versuche ich in dem Aufsatz »Ein ›leise anachronistisches air‹. Über die Gegen-Zeitlichkeit des Klassenkampfs bei Adorno, Thompson, Balibar, Rancière und Badiou«, in: *Historische Anthropologie* 3/2016, Schwerpunkt »Konflikt«, hg. v. Caroline Arni und Mischa Suter, S. 396–417.

82 Vgl. zum Überblick Robert Castel und Klaus Dörre (Hg.), *Prekarität, Abstieg, Ausgrenzung. Die soziale Frage am Beginn des 21. Jahrhunderts*, Frankfurt a. M./New York 2008, und Hans-Günter Thien (Hg.), *Klassen im Postfordismus*, 2., korr. Aufl., Münster 2011.

83 Eine ähnliche Geschichte der Einhegung und neuerlichen Verwilderung der

Arbeitsverhältnisse erzählt auch Robert Castel in seinem großen Buch *Die Metamorphosen der sozialen Frage. Eine Chronik der Lohnarbeit*, Konstanz 2000 [1995]. Castel erzählt seine Geschichte allerdings vor allem als Rechtsgeschichte, als Geschichte des Arbeitsvertrags. Die vorliegende Studie will dieser Geschichte eine andere, eine höhere Plastizität verleihen, indem sie eine Geschichte von Sozialfiguren präsentiert, die ihrerseits immer schon in vielfältige Geschichten eingespannt sind.

84 André Gorz, *Abschied vom Proletariat. Jenseits des Sozialismus*, Frankfurt a. M. 1980.

85 Vgl. dazu genauer Eva Blome, Patrick Eiden-Offe und Manfred Weinberg, »Klassen-Bildung. Ein Problemaufriss«, in: *Internationales Archiv für Sozialgeschichte der deutschen Literatur* 35.2 (2010), S. 158–194. Ich danke Eva Blome und Manfred Weinberg für die langen Diskussionen in unserem *Klasster*-Projekt, auf das viele der initialen Impulse der vorliegenden Studie zurückgehen.

86 Zum Erzählen als Operation der »Bewirtschaftung kognitiver Dissonanzen« vgl. Albrecht Koschorke, *Wahrheit und Erfindung. Grundzüge einer Allgemeinen Erzähltheorie*, Frankfurt a. M. 2012, S. 196–202.

87 Patrick Joyce, *Visions of the People. Industrial England and the Question of Class 1848–1914*, Cambridge/New York/Melbourne 1991.

88 David Cannadine, *The Rise and Fall of Class in Britain*, New York 1993, S. 1–24.

89 Zygmunt Bauman strukturiert sein Klassen-Buch mittels der Operationen von Erinnerung und Erwartung; es geht immer um »Class: before and after« (ders., *Memories of class. The Pre-history and After-life of Class*, London u. a. 1982).

90 So die Freundinnen und Freunde der klassenlosen Gesellschaft, »28 Thesen zur Klassengesellschaft«, in: *Kosmoprolet* 1 (2007), S. 10–51, hier S. 11.

91 So Albrecht Koschorke, *Hegel und wir*, Berlin 2015, S. 31, über Europa.

I Kleine Meister und Gesellen: Von der Zunft zur Bewegung

1 Die Auseinandersetzung ist quellenreich aufgearbeitet bei Wolfgang Bunzel, »Das Junge Deutschland«, in: Claudia Stockinger und Stefan Scherer (Hg.), *Ludwig Tieck. Leben – Werk – Wirkung*, Berlin/Boston 2011, S. 120–130, sowie Gustav Frank, »Tiecks Epochalität (Spätaufklärung, Frühromantik, Klassik, Spätromantik, Biedermeier/Vormärz, Frührealismus)«, in: Stockinger/Scherer, *Tieck*, S. 131–147.

2 Bunzel, »Junges Deutschland«, S. 128.

3 Ludwig Tieck, *Der junge Tischlermeister. Novelle in sieben Abschnitten*, in: ders., *Schriften in zwölf Bänden*, Bd. 11: *Eigensinn und Laune. Schriften 1834–1836*, hg. v. Uwe Schweikert unter Mitarbeit v. Gabriele Schweikert, Frankfurt a. M. 1988, S. 9–418, hier S. 12. Der *Tischlermeister* wird im Folgenden nach dieser Ausgabe im Fließtext in Klammern mit dem Sigel JTM und Seitenzahl zitiert.

4 Vgl. dazu grundlegend Barbara Vogel, *Allgemeine Gewerbefreiheit. Die Reformpolitik des preußischen Staatskanzlers Hardenberg (1810–1820)*, Göttingen 1983, zum Gewerbesteueredikt vom November 1810 vgl. S. 179–183.

5 Reinhart Koselleck, *Preußen zwischen Reform und Revolution. Allgemeines*

Landrecht, Verwaltung und soziale Bewegung von 1791 bis 1848, Stuttgart 1987 [1967], S. 587 f.

6 Zur Einführung wie Vertiefung in Geschichte, Systematik und Problematik der Zünfte und des Zunftwesens bestens geeignet ist Arnd Kluge, *Die Zünfte*, Stuttgart 2007.

7 Zum »ganzen Haus« vgl. Nacim Ghanbari, Saskia Haag und Marcus Twellmann, »Einleitung: Das Haus nach seinem Ende« im Schwerpunktheft »Das Haus nach seinem Ende«, *DVjs* 85.2 (2011), S. 155–160. Zum »Haus« als Bezugsgröße einer erneuerten Sozialgeschichte der Literatur vgl. umfassend Nacim Ghanbari, *Das Haus. Eine deutsche Literaturgeschichte 1850–1926*, Berlin 2011. Ich danke Nacim Ghanbari für unzählige Gespräche über Haus und Hof und das neue 19. Jahrhundert.

8 Zum gemeinsamen Mittag- und Abendessen im »ganzen Haus« vgl. Wilhelm Heinrich Riehl, *Die Familie. Die Naturgeschichte des Volkes als Grundlage einer deutschen Sozialpolitik*, Bd. 3, 7. Aufl., Stuttgart 1873 [1854], S. 153 f. und S. 263 ff. Zu Riehl als Propagandisten des »ganzen Hauses« vgl. Patrick Eiden-Offe, »Nachbarschaft als Lebensform in Wilhelm Raabes *Chronik der Sperlingsgasse*«, in: *DVjs* 85.2 (2011), S. 232–264; ich danke Ulf Heidel für zahllose Gespräche bei Tisch und das umsichtige Lektorat der ersten Fassung der *Poesie*.

9 Zum vormärzlichen Topos der Lohnarbeit, die schlimmer noch als Sklaverei sei, vgl. das sechste Kapital der vorliegenden Arbeit. Nach Grimms Wörterbuch geht »verschmachten« auf »schmachten« zurück, womit zunächst ein »hoher grad von hunger und durst« gemeint ist, bevor das Wort auf andere Bereiche der Begierde und Sehnsucht übertragen wird; Jacob Grimm und Wilhelm Grimm, *Deutsches Wörterbuch*, 16 Bde. in 32 Teilbänden, Leipzig 1854–1961, Bd. 25, Sp. 116. Das *Deutsche Wörterbuch* wird im Folgenden mit dem Sigel DWB und Band- und Spaltenzahl zitiert.

10 Zum Zusammenhang von Meistertitel, Zunftmeister- und Bürgerrecht vgl. Heinz-Gerhard Haupt, »Neue Wege zur Geschichte der Zünfte in Europa«, in: ders., *Das Ende der Zünfte. Ein europäischer Vergleich*, Göttingen 2002, S. 9–37, hier S. 26 f., sowie die klassische Studie von Mack Walker, *German Home Towns. Community, State, and General Estate, 1648–1871*, Ithaca 1971, v. a. Kapitel 3: »Guilds«, und hier besonders das Unterkapitel »Guild and home town«, S. 98–101.

11 Jürgen Kocka, »Das europäische Muster und der deutsche Fall«, in: ders. (Hg.), *Bürgertum im 19. Jahrhundert*, Bd. 1: *Einheit und Vielfalt Europas*, Göttingen 1995, S. 9–75, hier S. 16.

12 Zur semantisch-sprachpolitischen Verschiebung von »Bourgeoisie« auf »middle class« im Englischen vgl. Franco Moretti, *The Bourgeois. Between History and Literature*, London/New York 2013, S. 6–12. Begriffsgeschichtlich und komparatistisch ergiebig ist zudem Willibald Steinmetz, »Gemeineuropäische Tradition und nationale Besonderheiten im Begriff der ›Mittelklasse‹. Ein Vergleich zwischen Deutschland, Frankreich und England«, in: Reinhart Koselleck und Klaus Schreiner (Hg.), *Bürgerschaft. Rezeption und Innovation der Begrifflichkeit vom Hohen Mittelalter bis ins 19. Jahrhundert*, Stuttgart 1994, S. 161–236.

13 Dass Tiecks *Tischlermeister* mitnichten als bloße Feier von Bürgerlichkeit zu lesen ist, wie dies immer wieder behauptet wurde und wird, sondern umgekehrt gerade als »Angriff auf bürgerliche Freiheitsvorstellungen« und »falsche Bürgerlichkeitsvorstellungen« überhaupt, ist überzeugend demonstriert bei Helmut Koop-

mann, »Ein Roman gegen die Revolution. Ludwig Tieck. *Der junge Tischlermeister*«, in: ders., *Freiheitssonne und Revolutionsgewitter. Reflexe der Französischen Revolution im literarischen Deutschland zwischen 1789 und 1840*, Tübingen 1989, S. 171–202, hier S. 182f.

14 Eine Quellensammlung zur Pauperismus-Debatte der Zeit bietet Carl Jantke und Dietrich Hilger (Hg.), *Die Eigentumslosen. Der deutsche Pauperismus und die Emanzipationskrise in Darstellungen und Deutungen der zeitgenössischen Literatur*, Freiburg/München 1965.

15 [Daniel Defoe], *The Life and Strange Surprizing Adventures of Robinson Crusoe*, 3. Aufl., London 1719, S. 3.

16 Zum Topos der fehlenden Kinderliebe der Pauper vgl. Jacques Rancière, »Utopisten, Bürger und Proletarier«, in: *Kursbuch*, Bd. *52: Utopien I. Zweifel an der Zukunft*, hg. v. Karl Markus Michel und Harald Wieser unter Mitarbeit v. Hans Magnus Enzensberger, Berlin 1978, S. 146–158, hier S. 151.

17 Zur »Branntweinpest« wie zu allen anderen genannten Aspekten des Pauperismus vgl. Friedrich Engels, »Briefe aus dem Wuppertal«, in: MEW 1, S. 413–432. Vom »Branntweintrinken« heißt es dort: »Dies aber hätte wahrlich nicht auf eine so furchtbare Weise überhandgenommen, wenn nicht der Betrieb der Fabriken auf eine so unsinnige Weise von den Inhabern gehandhabt würde [...]. Aber es herrscht ein schreckliches Elend unter den niedern Klassen, besonders den Fabrikarbeitern im Wuppertal; syphilitische und Brustkrankheiten herrschen in einer Ausdehnung, die kaum zu glauben ist; in Elberfeld allein werden von 2500 schulpflichtigen Kindern 1200 dem Unterricht entzogen und wachsen in den Fabriken auf, bloß damit der Fabrikherr nicht einem Erwachsenen, dessen Stelle sie vertreten, das Doppelte des Lohnes zu geben nötig hat, das er einem Kinde gibt« (S. 418). Engels' Sozialreportage wurde zuerst in zwei Folgen im März und April 1839 in Karl Gutzkows *Telegraph für Deutschland* publiziert.

18 Benjamin, »Begriff der Geschichte«, These VII, S. 97.

19 Vgl. Michael Stürmer, *Der Herbst des Alten Handwerks. Zur Sozialgeschichte des 18. Jahrhunderts*, München 1979. Haupt, »Neue Wege zur Geschichte«, S. 31, schreibt von »Erosionserscheinungen«, die im späten 18. Jahrhundert zugenommen hätten; das »elegische Bild« Stürmers kritisiert Haupt auf S. 19.

20 Zu Tiecks Vater vgl. Rudolf Stadelmann und Wolfram Fischer, *Die Bildungswelt des deutschen Handwerkers um 1800. Studien zur Soziologie des Kleinbürgers im Zeitalter Goethes*, Berlin 1955, S. 139–143. Über den alten Tieck heißt es hier: »Er war ›seinem Stand ergeben‹, ein selbstbewußter Zunftbürger, der an allem Anteil nahm, was Handwerk und Bürgerwesen anging« (S. 140).

21 Vgl. Jürgen Kocka, *Weder Stand noch Klasse. Unterschichten um 1800*, Bonn 1990, S. 151–157.

22 Kocka, *Weder Stand*, S. 154. Zum »Abstieg« der Zünfte vgl. Kluge, *Zünfte*, S. 389–446.

23 Karl David Heinrich Rau, *Ueber das Zunftwesen und die Folgen seiner Aufhebung, Zweiter, mit vielen Zusätzen vermehrter Abdruck*, Leipzig 1816, S. 48–63. Zum Konzept der »Nahrung«, das dem »Gewinn« gegenübersteht, vgl. Justus Nipperdey, »Regulierung zur Sicherung der Nahrung. Zur Übereinstimmung von Menschenbild und Marktmodell bei Zünften und Kameralisten«, in: Margrit Müller, Heinrich R. Schmidt und Laurent Tissot (Hg.), *Regulierte Märkte. Zünfte und Kartelle – Marchés régulés. Corporations et cartels*, Zürich 2011, S. 165–182. Vgl. auch Kluge, *Zünfte*, S. 278–281.

24 Zum aktuellen Kontext der Zunftforschung im Hinblick auf verschiedene Versuche der Marktregulation vgl. Margrit Müller, Heinrich R. Schmidt und Laurent Tissot, »Einleitung«, in: dies., *Regulierte Märkte*, S. 9–22.

25 Rau, *Zunftwesen*, S. 98–102.

26 Vgl. Ahlrich Meyer, »Massenarmut und Existenzrecht«, in: ders., *Die Logik der Revolten. Studien zur Sozialgeschichte 1789–1848*, Berlin/Hamburg 1999, S. 93–256, hier S. 116 f. Eine frühe Quelle zur Handwerkskrise ist Justus Möser, »Von dem Verfall des Handwerks in kleinen Städten«, in: ders., *Patriotische Phantasien*, hg. v. seiner Tochter J. W. J. v. Voigt, geb. Möser, Berlin 1775, S. 181–209; Teilabdruck in Christa Bürger (Hg.), *Ludwig Tieck. Der blonde Eckbert/Die Elfen. Materialien zur romantischen Gesellschaftskritik*, Frankfurt a. M. u. a. 1974, S. 74.

27 Rudolf Köpke, *Ludwig Tieck. Erinnerungen aus dem Leben des Dichters nach dessen mündlichen und schriftlichen Mitteilungen*, Bd. II, Leipzig 1855, S. 244. Die »Mißbräuche« des Zunftwesens untersucht auch Rau in einem eigenen Kapitel. Während Leonhard zufolge aber diese »Mißbräuche [...] sich durch die Länge der Zeit eingeschlichen« haben, sieht Rau die »Länge der Zeit« selbst als schlimmsten Missbrauch: die »*Dauer der Lehrzeit*« werde vielfach allzu sehr gedehnt, wohl auch, um »die unentgeldliche[n] Dienste des Lehrlings so lange als möglich zu genießen«: »Die lange Zeit wird eben darum nicht gut angewendet« (Rau, *Zunftwesen*, S. 76 f.

28 Rau, *Zunftwesen*, S. 73.

29 Rau, *Zunftwesen*, S. 120.

30 Köpke, *Tieck*, S. 244. Auch Rau nennt die »Stümper« als Profiteure der Gewerbefreiheit (Rau, *Zunftwesen*, S. 120). Dass die Zünfte nicht nur die Qualität der Arbeit gesichert, sondern die »Künste« auch produktiv weiterentwickelt haben, mithin also auch eine große Rolle bei der Innovation von Produkten und Fertigungstechniken gespielt haben, hat die sozialhistorische Forschung der letzten Jahre belegt; vgl. etwa S. R. Epstein, »Property Rights to Technological Knowledge in Premodern Europe 1300–1800«, in: *The American Economic Review* 94 (2004), S. 382–387; S. R. Epstein und Maarten Prak (Hg.), *Guilds, Innovation, and the European Economy, 1400–1800*, Cambridge u. a. 2008; Jan Lucassen, Tine De Moor und Jan Luiten van Zanden (Hg.), *The Return of the Guilds*, Cambridge u. a. 2009.

31 Zur Anwendung von Arnold van Genneps Konzept der Übergangsriten auf das Gesellenwesen vgl. Kluge, *Zünfte*, S. 375 f. Zur Sozialgeschichte des Gesellenwanderns und zur Rolle autobiografischen Schreibens beim Wandern vgl. Sigrid Wadauer, *Die Tour der Gesellen. Mobilität und Biographie im Handwerk vom 18. bis zum 20. Jahrhundert*, Frankfurt a. M./New York 2005.

32 Rau, *Zunftwesen*, S. 80 f. Rauch schreibt vom »*Wandern der Gesellen*, eine[r] in mehrfacher Hinsicht treffliche[n] Einrichtung, die allein schon uns die Zünfte achtungswürdig machen müßte«.

33 Vgl. dazu Riehl, *Familie*, S. 242.

34 Rau, *Zunftwesen*, S. 119. Zur Fortsetzung des Wanderns in den autonomen Gesellenbewegungen des Vormärz vgl. den Abschnitt »Gesellenkultur und Arbeiterbewegung: Wilhelm Weitling« in diesem Kapitel.

35 Zur zünftigen Festkultur schreibt Kluge: »Eine beliebte Festform war der Umzug durch die Straßen mit Fahnenschwingen und geschmückten Wagen. Man ordnete sich nach dem Rang oder Alter der Zunft und präsentierte sich in einer Tracht, welche die Zusammengehörigkeit der Zunftangehörigen unterstrich.« Dass soziale Rangstufen im Fest nicht verwischt, sondern theatral unterstrichen wurden, zeigt auch die Tanzkultur der Gesellen: »Ähnlich beliebt waren die Gruppentänze der Handwerksgesellen. Während die Oberschichten Reigentänze aufführten, bei denen die Füße am Boden blieben, waren für die Zünfte lebendige Figurenreigen typisch, die im Freien stattfanden. [...] Messertänze wurden mit blanken Schwertern ausgeführt; sie setzten sich aus Tanzfiguren, Scheingefechten und akrobatischen Einlagen zusammen. [...] Auch Theater wurde gern gespielt« (Kluge, *Zünfte*, S. 384 f.). Zum »Fechten« vgl. den Abschnitt »Gesellensprache« in zweiten Teil des vorliegenden Kapitels.

36 Im Gespräch mit Köpke beklagt Tieck auch eine bevölkerungspolitische Implikation der Gewerbefreiheit: »Durch das heutige Verfahren [...] [wird] das frühe Heirathen befördert. Unreife Gesellen und Burschen, die ungeschickt und unwissend sind, fangen ihren eigenen Kram an, heirathen Köchinnen auf 30 Thaler, setzen eine Menge Kinder in die Welt, und fallen nachher dem Staate zur Last. Wo soll das hin?« (Köpke, *Tieck*, S. 244).

37 Wenn heute, in unserer Gegenwart, wieder »Elemente einer materialistischen Philosophie« geborgen werden, die zu klären helfen sollen, »[w]ofür es sich zu leben lohnt«, dann können auch – und ausgerechnet – die Reflexionen des romantischen Handwerkers Leonhard und des romantischen Dichters Tieck als Vorschein dieses Materialismus gewürdigt werden. Denn schon hier zeigt sich, dass jeder Zugriff auf »die Sache selbst« – sei es der »Trieb« oder die sonstwie bestimmte »tiefste Eigentümlichkeit« des Menschen, sei es schließlich die Essenz der Gemeinschaft – nur über den wesentlichen Umweg der Fantasie und der Repräsentation möglich ist. Vgl. Robert Pfaller, *Wofür es sich zu leben lohnt. Elemente materialistischer Philosophie*, Frankfurt a. M. 2011.

38 Arbeit ist demnach für den Bürger nichts mehr, was er loswerden will, denn: »work has become *the new principle of legitimation of social power*« (Moretti, *Bourgeois*, S. 30.

39 Zu Tiecks Affektpolitik und -poetik als Erbschaft der Romantik vgl. Primus-Heinz Kucher, »›Der Rausch ist auch oft nüchterner als wir uns gestehen möchten‹. Zwischen Romantik und Früh-Realismus. Ludwig Tiecks Romannovelle *Der Junge Tischlermeister*«, in: *Studia theodisca* 3 (1996), S. 127–141.

40 Bei Smith heißt es »pins« und »pin-making«, in der zeitgenössischen deutschen Diskussion abwechselnd »Nägel« oder »Nadeln«, Tieck nimmt einfach beides zusammen. Vgl. Adam Smith, *An Inquiry into the Nature and Causes of the Wealth of Nations*, hg. v. R. H. Campbell, A. S. Skinner und W. B. Todd, 2 Bde., Oxford u. a. 1976, Buch 1, Kapitel 1: »Of the Division of Labour«, S. 13–24. In der Übersetzung des Breslauer Aufklärers Christian Garve, die 1794 bis 1796 erschienen war und die Smiths Werk in Deutschland bekannt gemacht hat, wird »division of labour« mit »Vertheilung der Arbeit« wiedergegeben, was Leonhards Rede entspricht; *Untersuchung über die Natur und die Ursachen des Nationalreichthums von Adam Smith, Doctor der Rechte*, aus dem Englischen der vierten Ausgabe neu übersetzt [von

Christian Garve, Unterzeichner der Vorrede, S. XIV], Breslau 1794, Buch 1, Kapitel 3, S. 29.

41 Albert O. Hirschman, *Leidenschaften und Interessen. Politische Begründungen des Kapitalismus vor seinem Sieg*, Frankfurt a. M. 1980.

42 Die klassische Formulierung findet sich bei Smith eher an entlegener Stelle, im zweiten Kapitel des vierten Buches; Smith, *Inquiry*, S. 456.

43 Einen aktuellen Kommentar bietet Lisa Herzog, *Inventing the Market. Smith, Hegel, and Political Theory*, Oxford 2013, S. 33 f. Zur »Selbstregulierung bei Adam Smith« und zur »notorischen ›unsichtbaren Hand‹« vgl. Vogl, *Kalkül*, S. 246 ff.

44 Hirschman, *Leidenschaften*, erster Teil: »Interessen als Widersacher der Leidenschaften«, S. 17–76.

45 Hirschman, *Leidenschaften*, zweiter Teil: »Wirtschaftliche Expansion im Dienste einer Verbesserung der politischen Ordnung«, S. 79–122, besonders S. 80.

46 Die beiläufige, vor dem Hintergrund der Tradition aber ungeheure Gleichsetzung findet sich etwa im siebten Kapitel des vierten Buches; Smith, *Inquiry*, S. 630.

47 Hirschman, *Leidenschaften*, S. 117 f.

48 Vgl. Hirschman, *Leidenschaften*, S. 118. u. S. 110.

49 Hirschman, *Leidenschaften*, S. 120 f.

50 Über die Kämpfe der sich konstituierenden Arbeiterklasse im England der 1820er und 1830er Jahre heißt es bei Thompson, *Entstehung*, S. 218, dass »manche der härtesten Konflikte dieser Zeit sich an Problemen entzündeten, die nicht durch Statistiken über Lebenshaltungskosten erfaßt werden. Denn was die Gemüter am stärksten erregte, waren weniger ›Brot-und-Butter‹-Probleme *[›bread-and-butter‹ issues]* als die Bedrohung solcher Werte wie die überlieferten Gebräuche: ›Gerechtigkeit‹, ›Unabhängigkeit‹, Sicherheit oder Familienökonomie«. In letzter Instanz wandten sich alle Kämpfe gegen die »Reduktion des Menschen zu einem ›Instrument‹«.

51 *Des Lebens Überfluß* heißt eine andere späte Novelle Tiecks, in der die Relation von Notwendigkeit und Überfluss nachgerade systematisch durchspielt wird; Ludwig Tieck, *Des Lebens Überfluß*, in: ders., *Schriften in zwölf Bänden*, Bd. 12: *Schriften 1836–1852*, hg. v. Uwe Schweikert, Frankfurt a. M. 1986, S. 193–249.

52 Und so ist es vielleicht auch nicht die Aufklärung *tout court*, die für die rationalistische Geschmacksabflachung der Gegenwart verantwortlich gemacht werden kann, sondern nur eine »gewisse[ ] Aufklärung«: eine ihrer selbst nur allzu gewisse, eine selbstgewisse Aufklärung, die um das andere ihrer selbst eben darum nicht mehr weiß und auch nicht wissen kann.

53 Koopmann, »Roman«, S. 178 und S. 184 f., zeigt, dass Tiecks »Roman« zwar eine zweifellos konservative Auffassung vertrete, deshalb aber gerade nicht einfach als »Restaurationsliteratur« wegsortiert werden sollte. Tiecks *Tischlermeister* sei zwar ein »Roman gegen die Revolution«, der aber Geschichte »nicht rückwärtsgewandt, sondern prospektiv« erzähle und in der Durcharbeitung revolutionärer Ideale eine »neue kulturelle Ordnung« entwerfe.

54 Zu den Zünften als Teil einer »invention of tradition« vgl. Haupt, »Neue Wege zur Geschichte«, S. 10. Zu diesem Konzept überhaupt vgl. Hobsbawm/Ranger, *Invention of Tradition*.

55 Haupt, »Neue Wege zur Geschichte«, S. 21.

56 Karl Marx und Friedrich Engels, »Manifest der Kommunistischen Partei«, MEW 4, S. 457–493, hier S. 462 f.: »Die Geschichte aller bisherigen Gesellschaft ist die Geschichte von Klassenkämpfen. Freier und Sklave, Patrizier und Plebejer, Baron und Leibeigener, Zunftbürger und Gesell, kurz, Unterdrücker und Unterdrückte standen in stetem Gegensatz zueinander, führten einen ununterbrochenen, bald versteckten, bald offenen Kampf, einen Kampf, der jedesmal mit einer revolutionären Umgestaltung der ganzen Gesellschaft endete oder mit dem gemeinsamen Untergang der kämpfenden Klassen.«

57 Ludwig Tieck, *Phantasus*, hg. v. Manfred Frank, Bd. 6 der *Schriften in zwölf Bänden*, Frankfurt a. M. 1985, S. 17. In der einleitenden Rahmenerzählung heißt es zu dem Gegensatz der beiden Schwesterstädte weiter, dass Fürth mit seinen »Spiegelschleifereien, Knopf-Manufakturen und allen klappernden und rumorenden Gewerben« für alles »Nützliche, Neue, Fabrikartige« stehe, Nürnberg hingegen für jene »schöne Periode Deutschlands«, als »noch die Häuser von außen mit Gemälden von Riesen und alten deutschen Helden geschmückt waren« (S. 16 f.).

58 Zitiert im monumentalen sozialhistorischen Hauptwerk des Schlossergesellen und hochrangigen SPD-Politikers Rudolf Wissell, *Des alten Handwerks Recht und Gewohnheit*, 2., erweiterte und bearbeitete Ausgabe, hg. v. Ernst Schraepler, Bd. 3, Berlin 1981 [1929], S. 161 f. Zur desolaten politischen, ökonomischen und kulturellen Lage Nürnbergs im Ausgang des 18. Jahrhunderts vgl. den Reisebericht des rheinländisch-jakobinischen Publizisten Georg Friedrich Rebmann, *Kosmopolitische Wanderungen durch einen Teil Deutschlands* von 1793, in: Bürger, *Tieck*, S. 64 ff. Gesellenstreiks als Klassenkämpfe untersucht Andreas Grießinger, *Das symbolische Kapital der Ehre. Streikbewegungen und kollektives Bewußtsein deutscher Handwerksgesellen im 18. Jahrhundert*, Frankfurt a. M./Berlin 1981.

59 Haupt, »Neue Wege zur Geschichte«, S. 23 f. Vgl. dazu auch die detaillierte und nach Zünften und Gesellenschaften differenzierende Darstellung bei Sigrid Fröhlich, *Die Soziale Sicherung bei Zünften und Gesellenvereinigungen. Darstellung, Analyse, Vergleich*, Berlin 1976. Zum Übergang von der Armenfürsorge in den Zünften und Bruderschaften hin zum Sozialstaat vgl. Wolfgang Reinhard, *Lebensformen Europas. Eine historische Kulturanthropologie*, München 2004, S. 460 ff.

60 Hobsbawm, »Introduction: Inventing Traditions«, in: ders./Ranger, *Invention of Tradition*, S. 2.

61 Haupt, »Neue Wege zur Geschichte«, S. 33 f. Eine ähnliche, zunächst widersprüchlich erscheinende, sich dann aber als durchaus funktional erweisende Konstellation hat Koselleck in Bezug auf die Ordnung des Hauses und die Gültigkeit und Wiedereinsetzung der Gesindeordnung nachgewiesen; vgl. Reinhart Koselleck, »Die Auflösung des Hauses als ständischer Herrschaftseinheit. Anmerkungen zum Rechtswandel von Haus, Familie und Gesinde in Preußen zwischen der Französischen Revolution und 1848«, in: ders., *Begriffsgeschichten. Studien zur Semantik und Pragmatik der politischen und sozialen Sprache*, Berlin 2010, S. 465–485.

62 Vgl. Jürgen Kocka, »Traditionsbindung und Klassenbildung. Zum sozialhistorischen Ort der frühen deutschen Arbeiterbewegung«, in: *Historische Zeitschrift* 243 (1986), S. 333–376; hier heißt es: »Der Obrigkeitsstaat half kräftig mit, den Gesellen kollektiv das Rückgrat zu brechen« (S. 362). Auch Grießingers besonderes Augen-

merk gilt der »Zerschlagung der Gesellenbewegung« durch den marktliberalen Obrigkeitsstaat, der also nie gleichmäßig gegen *»die* Zünfte« überhaupt vorging, sondern von vornherein klassenselektiv; Grießinger, *Ehre*, S. 255–285.

63 Kocka, »Traditionsbindung«, S. 340f.

64 Kocka, »Traditionsbindung«, S. 354.

65 Kocka, »Traditionsbindung«, S. 368, Fn. 61.

66 Kocka, »Traditionsbindung«, S. 353.

67 Kocka, »Traditionsbindung«, S. 375, vgl. auch S. 357.

68 Kocka, »Traditionsbindung«, S. 357.

69 Thompson, *Making*, S. 49; ders., *Entstehung*, Bd. 1, S. 54.

70 Kocka, »Traditionsbindung«, S. 365.

71 Kocka, »Traditionsbindung«, S. 357.

72 Thompson, *Entstehung*, Bd. 1, S. 54.

73 Vgl. Raymond Williams, *Culture and Society, 1780–1950*, New York 1983 [1958], S. vii, wo er den initialen Impuls seiner eigenen und der Forschung seiner Mitstreiter benennt: »Our object then was to enquire into and where possible reinterpret this tradition which the word ›culture‹ decribes in terms of the experience of our generation.« Vgl. auch Williams, *Gesellschaftstheorie*, S. 7. In *Keywords*, dem begriffshistorischen Glossarium zu *Culture and Society*, notiert Williams – deutlich parteiisch – die Bedeutungsverschiebungen des Begriffs »tradition«: »It is sometimes observed [...] that it only takes two generations to make anything traditional: naturally enough, since that is the sense of tradition as active process. But the word tends to move towards *age-old* and towards ceremony, duty and respect. Considering only how much has been handed down to us, and how various it actually is, this, in its own way, is both a betrayal and a surrender. On the other hand, especially within forms of ›*modernization* theory‹ (cf. *Modern*) *tradition* and especially *traditional* are now often used dimissively, with a similiar lack of specifity« (Raymond Williams, *Keyword. A Vocabulary of Culture and Society. Revised Edition*, New York 1983, S. 319).

74 E.P. Thompson, »Romantik, Moral und utopisches Denken. Der Fall William Morris«, in: ders., *Plebeische Kultur und moralische Ökonomie. Aufsätze zur englischen Sozialgeschichte des 18. und 19. Jahrhunderts*, Frankfurt a. M./Berlin/Wien 1980, S. 202–245, hier S. 213 und S. 217.

75 William H. Sewell, *Work and Revolution in France. The Language of Labor from the Old Regime to 1848*, Cambridge u .a. 1980.

76 Kocka, »Traditionsbindung«, S. 348f.

77 Kocka, »Traditionsbindung«, S. 348.

78 Kocka, »Traditionsbindung«, S. 374.

79 Dazu immer noch grundlegend: Wolfgang Schieder, *Anfänge der deutschen Arbeiterbewegung. Die Auslandsvereine im Jahrzehnt nach der Julirevolution von 1830*, Stuttgart 1963.

80 Vgl. Werner Giesselmann, »Die *Manie der Revolte«. Protest unter der Französischen Julimonarchie (1830–1848)*, 2 Bde., München 1993.

81 Das Organ des Bundes war *Der Geächtete. Zeitschrift in Verbindung mit mehreren deutschen Volksfreunden herausgegeben von J. Venedey*, Paris 1834/35. In den insgesamt zwölf Heften wurden neben vielen anonymen Texten auch solche von Börne

und Heine veröffentlicht. Zur Publizistik der deutschen Exil-*Community*, in der sich »Ansätze einer informellen Kommunikationsstruktur in der frühen deutschen Arbeiterbewegung« zeigen, vgl. Hans-Joachim Ruckhäberle (Hg.), *Frühproletarische Literatur. Die Flugschriften der deutschen Handwerksgesellenvereine in Paris 1832–1839*, Kronberg/Ts. 1977, hier S. 7. Zum sozialhistorischen Hintergrund der ausgeprägten »Gesellenmobilität« mit dem »Ziel Paris« vgl. Sigrid Wadauer, »Paris im Unterwegs-Sein und Schreiben von Handwerksgesellen«, in: Mareike König (Hg.), *Deutsche Handwerker, Arbeiter und Dienstmädchen in Paris. Eine vergessene Migration im 19. Jahrhundert*, München 2003, S. 49–67.

82 Zur Bedeutung für die Dynamik, die von der »politischen« zur »sozialen Revolution« treibt, vgl. Reinhart Koselleck, »Historische Kriterien des neuzeitlichen Revolutionsbegriffs«, in: ders., *Vergangene Zukunft. Zur Semantik geschichtlicher Zeiten*, Frankfurt a. M. 1989, S. 67–86, hier S. 79: »Babeuf war der erste, der, noch rustikal, voraussagte, daß die französische Revolution nicht eher an ihr Ende gelange, als bis Ausbeutung und Sklavenarbeit beseitigt seien. Damit war ein Ziel gesetzt, das im Gefolge der Industriearbeit zu einer immer lauteren Herausforderung werden mußte.«

83 Vgl. als zentrales Dokument der ganzen Richtung Filippo Buonarroti, *Babeuf und die Verschwörung für die Gleichheit, mit dem durch sie veranlassten Prozess und den Belegstücken*, Bonn/Bad Godesberg 1975 [1828]. Die Lehren Babeufs und deren neobabouvistische Aufbereitung wurden im deutschen Vormärz verbreitet etwa durch die anonymen Artikel »Babœufs Prozeß« und »Analyse der Lehre Babœuf's. (Nach Buonarotti)« in: *Deutsches Bürgerbuch für 1846*. Zweiter Jahrgang, hg. v. Hermann Püttmann, Mannheim 1846, S. 102–136 und S. 136–146.

84 Zum allem Biografischen vgl. die monumentale Biografie von Waltraud Seidel-Höppner, *Weitling*. Einen konzisen Gesamtüberblick bietet das Kapitel »Schulden als Beraubung: Eine Theorie des Pauperismus« in Mischa Suter, *Rechtstrieb. Schulden und Vollstreckung im liberalen Kapitalismus 1800–1900*, Konstanz 2016, S. 154–170.

85 In seiner Züricher Zeit hat sich Weitling täglich eine Stunde mit dem russischen Revolutionär Bakunin getroffen, um »den Hegel zu studieren«. Das Unterrichtsprojekt scheitert: In der zweiten Stunde schon »kamen wir an das Wort *Geist*. Ich wollte mich nicht darüber hinausführen lassen, ohne daß mir der Sinn dieses Wortes, hier im Buche gebraucht, gehörig definiert werde. Ich wollte erst wissen, was *Geist* sei. Bakunin aber wollte, daß ich ihm einstweilen ohne diese Erklärung folge. ich versuchte es, aus purer Gefälligkeit für Bakunin, aber es ging nicht. Ich fühlte, daß mein Verstand auf diese Weise in der Irre herum geführt werde. Und das Studium der Hegelschen Philosophie hatte für mich ein Ende«; Wilhelm Weitling in der Zeitschrift *Die Republik der Arbeiter*, New York, 10. Mai 1851, zit. nach *Unterhaltungen mit Bakunin*, ges. v. Arthur Lehning, Nördlingen 1987, S. 62.

86 Wilhelm Weitling, *Theorie des Weltsystems*; ders., *Klassifikation des Universums*; ders., *Der bewegende Urstoff. In seinen kosmo-elektro-magnetischen Wirkungen*; in Einzelausgaben hg. v. Ernst Barnikol, Kiel 1931, sowie Wilhelm Weitling, *Grundzüge einer allgemeinen Denk- und Sprachlehre*, hg. v. Lothar Knatz, Frankfurt a. M. u. a. 1991.

87 So der russische Revolutionär Pawel Annenkow in seinem Bericht »Über die

Sitzung des Kommunistischen Korrespondenz-Komitees in Brüssel, 30. März 1846«, in: *Der Bund der Kommunisten*, Bd. 1, S. 303–305.

88 Zur Organisationsstruktur und Debattenkultur in den verschiedenen Ausformungen des Bundes vgl. Lena Christolova, »Vom Bund der Geächteten (1834–1836) zum Bund der Gerechten (1836–1840). Anomie und Ausnahmezustand im Vormärz«, in: Jutta Nickel (Hg.), *Geld und Ökonomie im Vormärz*, Jahrbuch des Forums Vormärz Forschung 2013, Bielefeld 2014, S. 215–236.

89 *Hülferuf*, H. 1, S. 21.

90 Kluge, *Zünfte*, S. 203 ff., besonders S. 210.

91 Zum Generationennarrativ vgl. Ohad Parnes, Ulrike Vedder und Stefan Willer, *Das Konzept der Generation. Eine Wissens- und Kulturgeschichte*, Frankfurt a. M. 2008, besonders das Kapitel »Innovation und Revolution: Die Generation als Zukunftsmodell um 1800«, S. 82–119.

92 Rancière, »Utopisten «, S. 147.

93 Wilhelm Weitling, *Das Evangelium des armen Sünders/Die Menschheit, wie sie ist und wie sie sein sollte*, Reinbek b. Hamburg 1971 [1845; 1838/39], S. 142–177. Die *Menschheit* ist ein genuines Produkt proletarischer Nächte. Dazu Weitling: »Ich verfaßte die Schrift zu einer Zeit, in welcher ich jeden Abend bis 10 oder 11 Uhr und jeden Sonntag bis 12 Uhr mittags als Schneidergeselle arbeiten mußte«; Wilhelm Weitling, »Ein Stück Selbstbiographie«, in: Hermann Schlüter, *Die Anfänge der deutschen Arbeiterbewegung in Amerika*, Stuttgart 1907, S. 56–66, hier S. 58 f.

94 Über den Konflikt zwischen Weitling und Marx/Engels, der in der berüchtigten Sitzung des Kommunistischen Korrespondenzbüros in Brüssel am 30. März 1846 zum Ausbruch gekommen ist, ist viel geschrieben worden. Die aktuellste und wohl ausgewogenste Darstellung findet sich bei Seidel-Höppner, *Weitling*, Bd. 2, S. 935–950; vgl. auch Jonathan Sperber, *Karl Marx. Sein Leben und sein Jahrhundert*, München 2013, S. 189 f. In Marx' Ausfällen gegenüber Weitling sieht Sperber Marx' generell »verächtlichen Umgang mit Arbeitern« am Werk. Theoretische Basis der Auseinandersetzung sei gewesen, dass für Weitling »der Kommunismus zu jedem Zeitpunkt der Menschheitsgeschichte möglich gewesen sei«, wohingegen »Marx eine entwickelte kapitalistische Industrie für das notwendige Substrat« einer kommunistischen Gesellschaft gehalten habe; die Durchsetzung der Industrialisierung habe Marx kühl beobachtet, während Weitling hier die »Moral« in die Quere gekommen sei – und damit sicher auch ein gewisser Romantizismus. Die Quellen sind zusammengestellt in: *Der Bund der Kommunisten*, *Dokumente und Materialien*, Bd. 1: *1836–1849*, hg. v. den Instituten für Marxismus-Leninismus bei ZK der SED und beim ZK der KPdSU, Berlin 1970, S. 301–309. Den Ausgang des Konflikts bringt Marx' und Engels' Genosse Moses Heß auf den Punkt, wenn er an die beiden schreibt: »Sein Mißtrauen gegen Euch hat den höchsten Gipfel erreicht. Ihr habt ihn ganz toll gemacht und wundert Euch nun darüber, dass er es ist. Ich mag nichts mehr mit der ganzen Geschichte zu tun haben; es ist zum Kotzen, Scheiße nach allen Dimensionen« (Moses Heß, *Briefwechsel*, hg. v. Edmund Silberer, Den Haag 1958, S. 155 f.). Heß ahnt hier wohl schon, dass er selbst der Nächste sein wird, der über Marx' und Engels' organisatorische Klinge springen muss.

95 *Hülferuf*, H. 2, S. 18–25; im Folgenden im Fließtext zitiert mit dem Sigel BBF und Seitenzahl.

96 Vgl. DWB, »Handwerksbursche«, Bd. 10, Sp. 427.

97 Für Weitling ist derjenige, der »das Bettelgesetz auf die Art, wie es jetzt besteht, erfunden und vorgeschlagen hat, […] der gefühlloseste Mann auf Gottes Erdboden. Der roheste Handwerker hätte es besser gemacht« (BBF, S. 23).

98 Vgl. Siegmund A. Wolf, *Wörterbuch des Rotwelschen. Deutsche Gaunersprache*, 2., durchgesehene Aufl., Hamburg 1985, S. 92 f., wo das Fechten als Synonym für Betteln damit erklärt wird, dass frühneuzeitliche Gesellenschaften sich darauf verlegt hätten, »kümmerlich das Erbe der ritterlichen Turniere« zu pflegen, »genauso wie die Meistersinger sich als Erben der edlen Minnesänger fühlten«. Weil aber all dies nicht recht funktionieren wollte (»kümmerlich«), kam bald der Spottname »Klopffechter« auf.

99 Zum »Notrecht« als Recht »*in der letzten Gefahr* und in der Kollision mit dem rechtlichen Eigentum eines anderen« vgl. Hegel, *Grundlinien*, § 127, S. 239 f. Zur Anwendung des »Notrechts« auf akute Probleme vormärzlicher Eigentumsfragen am Wald durch Marx vgl. Daniel Bensaid, *Die Enteigneten. Karl Marx, die Holzdiebe und das Recht der Armen*, Hamburg 2012, besonders S. 29 ff.

100 *Die junge Generation*, H. 5 (Mai 1843), S. 73–76.

101 Formal und in seiner groben inhaltlichen Ausrichtung ist Weitlings »Sprechlied« an überlieferte Gesellenlieder angelehnt, wie sie etwa aus der Sammlung *Deutsche Handwerkslieder* bekannt sind: Oskar Schade (Hg.), *Deutsche Handwerkslieder*, Leipzig 1865. Die Gesellenlieder zeichnen sich oft durch Wechselgesang aus, wobei ein Vorsänger die führende, fragende Rolle spielt: Schon eines der ersten Lieder der Sammlung, das »Böttcherlied«, ist strukturiert durch die Abfolge von gesprochenen und gesungenen Passagen. »Hauptquelle« der Sammlung waren, so gibt Schade in seinem Vorwort zu Protokoll, »junge Handwerksmeister und Gesellen, namentlich der letztern lebendiger Gesang in Herbergen und an der Straße«, also auf der Wanderschaft. (Schade, S. V/VI).

102 »Gesellen Trinklied«, in: Schade, *Handwerkslieder*, S. 173.

103 »Die lustigen Gesellen«, in: Schade, *Handwerkslieder*, S. 219.

104 Heinrich Bosse, *Bildungsrevolution 1770–1830*, hg. mit einem Gespräch von Nacim Ghanbari, Heidelberg 2012, S. 126. Zur bürgerlichen Transformationsgeschichte des Gesellenwanderlieds vgl. Heinrich Bosse, »Zur Sozialgeschichte des Wanderlieds«, in: Wolfgang Albrecht und Hans-Joachim Kertscher (Hg.), *Wanderzwang – Wanderlust. Formen der Raum- und Sozialerfahrung zwischen Aufklärung und Frühindustrialisierung*, Tübingen 1999, S. 135–157.

105 *Hülferuf*, H. 1, S. 7–16, und H. 2, S. 25–28; im Folgenden im Fließtext zitiert mit dem Sigel HVG und Seitenzahl.

106 Kluge, *Zünfte*, S. 325.

107 Zu den »[r]eligiös-karitative[n] Aufgaben« der Zünfte und speziell der Bruderschaften vgl. Sabine von Heusinger, *Die Zunft im Mittelalter. Zur Verflechtung von Politik, Wirtschaft und Gesellschaft in Straßburg*, Stuttgart 2009, S. 124–136.

108 War die »Lade« ursprünglich nur das Behältnis, in dem Akten, Vorschriften und Statuten zusammen mit der Kasse aufbewahrt wurden, wird sie später zum *pars pro toto* für die ganze Zunft. Noch später, und speziell bei den Gesellenladen, lässt sich eine umgekehrte semantische Bewegung feststellen: Die Lade bezeichnet jetzt nur noch die Kasse und das, was damit finanziert wird – im Sinne von »Kranken-

kasse«, »Sozialkasse«; vgl. Kluge, *Zünfte*. S. 23 f., sowie Wilfried Reininghaus, »Die Gesellenladen und Unterstützungskassen der Fabrikarbeiter bis 1870 in der Grafschaft Mark. Anmerkungen zu einem wenig erschlossenen Kapitel der Sozial- und Wirtschaftsgeschichte Westfalens«, in: *Der Märker. Landeskundliche Zeitschrift für den Bereich der ehemaligen Grafschaft Mark und den märkischen Kreis* 29 (1980), S. 46–55. Vgl. auch Kluge, *Zünfte*, S. 345 und S. 224.

109 Zur »Übergangsform« der »Gesellen-Arbeiter« vgl. Kocka, »Traditionsbindung«, S. 349, sowie Wolfgang Kaschuba, »Vom Gesellenkampf zum sozialen Protest. Zur Erfahrungs- und Konfliktdisposition von Gesellen-Arbeitern in den Vormärz- und Revolutionsjahren«, in: Ulrich Engelhard (Hg.), *Handwerker in der Industrialisierung. Lage, Kultur und Politik vom späten 18. bis ins frühe 20. Jahrhundert*, Stuttgart 1984, S. 381–406.

110 Vgl. etwa prominent Clifford Geertz, *Dichte Beschreibung. Beiträge zum Verstehen kultureller Systeme*, Frankfurt a. M. 1987, S. 9.

111 Williams, *Culture and Society*, S. xvi.

112 Williams, *Gesellschaftstheorie*, S. 19.

113 Friedrich Engels, »Georg Weerth«, MEW 21, S. 56.

114 Zur Biografie Weerths vgl. die Arbeit seiner Nichte aus der Zeit um 1910: Marie Weerth, *Georg Weerth (1822–1856). Ein Lebensbild*, Bielefeld 2009, sowie Bernd Füllner, *Georg-Weerth-Chronik (1822–1856)*, Bielefeld 2006.

115 Vgl. Bernd Füllner, »Zur Entstehungs- und Zensurgeschichte der sozialistischen Lyrikanthologie ›Album. Originalpoesien von Georg Weerth […] und dem Herausgeber H. Püttmann‹«, in: Bernd Kortländer und Enno Stahl (Hg.), *Zensur im 19. Jahrhundert. Das literarische Leben aus Sicht seiner Überwacher*, Bielefeld 2012, S. 111–126 (Auslassung im Aufsatztitel i. O.).

116 Notorisch für dieses Selbstverständigungsnarrativ der marxistischen Arbeiterbewegung ist Engels' Schrift *Die Entwicklung des Sozialismus von der Utopie zur Wissenschaft* von 1880 (MEW 19, S. 177–228).

117 Die Gedichte des Zyklus werden im Fließtext zitiert nach: Hermann Püttmann (Hg.), *Album. Originalpoesien*, Borna 1847, S. 5–14.

118 Genau genommen findet der Bruch schon am Ende der vierten Strophe statt: dass Bier und Wein wie Urin schmecken, lässt nichts Gutes erwarten.

119 Engels, »Weerth«, S. 56.

120 Zur »temporalen Differenz« von Dauer und Ausbruch als Formprinzip der Dichtung Weerths vgl. Jürgen Fohrmann, »Die Lyrik Georg Weerths«, in: Michael Vogt (Hg.), *Georg Weerth (1822–1856). Referate des 1. Internationalen Georg-Weerth-Kolloquiums 1992*, Bielefeld 1993, S. 54–72, hier S. 64 f.

121 Die autobiografisch grundierte Skizze wurde zum ersten Mal in der Zeitschrift *Der Gesellschaftsspiegel* veröffentlicht, die, unter stiller Mitarbeit von Engels, 1845/46 in zwölf Heften von Moses Heß in Elberfeld herausgegeben wurde. Weerths »Blumenfest der englischen Arbeiter« wird im Folgenden im Fließtext mit dem Sigel BF und Seitenzahl zitiert nach folgender Ausgabe: Georg Weerth, *Vergessene Texte. Werkauswahl*, Bd. 1, hg. v. Jürgen-W. Goette, Jost Hermand und Rolf Schloesser, Köln 1975, S. 266–274. Zur Veröffentlichungsgeschichte vgl. die »Vorbemerkung« in: Weerth, *Vergessene Texte*, Bd. 1, S. 185–189. Zu den literatur- und sozialhistorischen Zusammenhängen in West Yorkshire vgl. Susan Price und

Uwe Zemke, »Fabrikbesitzer und Industrieproletariat in den Romanen der Brontë-Schwestern und den England-Aufsätzen Georg Weerths«, in: Michael Vogt (Hg.), *Literaturkonzepte im Vormärz*, Jahrbuch des Forums Vormärz Forschung 2000, Bielefeld 2001, S. 261–290.

122 Zum Chartismus vgl. auch Weerths Skizze »Geschichte des Chartismus von 1832. Feargus O'Connor«, in: ders., *Vergessene Texte,* Bd. 1, S. 275–287.

123 Michael Perraudin stellt einerseits den realistischen Charakter von Weerths Text heraus – es gab einen Blumenzüchterverein, wie ihn Weerth darstellt, den Pub The Old Shoulder of Mutton hat es wirklich gegeben, und auch der Aktivist John Jackson ist »authentisch« –, andererseits betont er die nachgerade antikisch-heroische Stilisierung, die Weerth seinen Protagonisten (hier Jackson) zuteilwerden lässt; Michael Perraudin, »Georg Weerths *Das Blumenfest der englischen Arbeiter* und andere England-Skizzen: proletarisches Heldentum«, in: Michael Vogt (Hg.), *Georg Weerth und die Satire im Vormärz*, Bielefeld 2007, S. 215–231, hier S. 215 f. und S. 227.

124 Die klassische Darstellung des ersten *Secessio Plebis* findet sich bei Livius, *Ab urbe condita/Römische Geschichte*, 2. Buch, Abschnitte 32 u. 33, Stuttgart 1987, S. 93–99. Im England der 1840er Jahre wurde vielfach eine Wiederkehr der Livius-Geschichte beobachtet oder ersehnt. Friedrich Engels bezeichnet das nordenglische Kersal-Moor, wo regelmäßig Arbeiterversammlungen stattfanden, 1845 als den »Mons sacer von Manchester«; Friedrich Engels, *Die Lage der arbeitenden Klasse in England*, MEW 2, S. 225–506, hier S. 276. Bei Jacques Rancière, *Das Unvernehmen. Politik und Philosophie*, Frankfurt a. M. 2002, S. 34 ff., findet sich eine Kritik jener Fabel, mit der Menenius Agrippa die untergeordnete Stellung der Plebejer affirmiert und damit doch noch »die Gemüter [der Plebejer] umgestimmt« hat, wie Livius schreibt. Rancière hält aber fest, dass die Plebejer sich durch ihren Auszug selbst zu »Wesen« gemacht haben, die »fähig sind, Versprechen zu geben und Verträge zu schließen«, zu Wesen, die »sprechen *wie* Patrizier« (S. 36 f.). Anlass von Rancières Livius-Exerzitien ist der Umstand, dass schon 1829 der konterrevolutionäre Schriftsteller Pierre-Simon Ballanche die alte Geschichte im Spiegel seiner Gegenwart neu interpretiert hat. Das Gespenst des *Secessio* war im europäischen Vormärz allgegenwärtig.

125 Zur Interpretation von Weerths Berichten aus England als Irritation des »feststehende[n] Deutungsmuster[s] der Industrialisierung« vgl. Udo Köster, »Kontexte zu Weerths Berichten über Proletarier in England«, in: Vogt, *Georg Weerth (1822–1856)*, S. 85–108, hier S. 93 f.

126 So schon zu Beginn des Textes, wo der graue »Zug« der nach Schichtende heimkehrenden Arbeiterinnen und Arbeiter »plötzlich« »stockt« und sich vor einem »Anschlagzettel« versammelt, bei dem es sich um ein chartistisches Agitationsplakat handeln könnte oder aber um die Bekanntgabe von polizeilichen oder unternehmerischen Gegenmaßnahmen – Weerths Text lässt dies am Ende der Episode explizit und absichtsvoll offen: »Es wird still in dem Kreise. Da, mit einem Male entsteht ein Murmeln. Der größte Teil der Arbeiter kann nicht lesen – die Gelehrten teilen ihren Kameraden daher den Inhalt des Plakats mit. Das Murmeln wird lauter; Männer und Kinder sprechen durcheinander, die Weiber flüstern und machen bedenkliche Gesichter. Manche der Lauschenden setzen ihre Töpfe und Körbe, in denen sie das

Mittagessen, den Tee oder Kaffee mit sich führten, zur Erde; und hin und wieder ballt sich eine kräftige Hand zur drohenden Faust; – auch die Augen werden lebendiger – sie blitzen, sie leuchten –, man sieht, die Leidenschaft zieht plötzlich in jede Brust ein, – spät am Abend setzt sie die Geister jener Müden noch einmal in Flammen. – Wehe, wenn diese Geister erst zu vollem Bewußtsein erwachen! Es rollt ein düsterer Fluch von Mund zu Mund, – dann ein Lachen – Zorn und Spott zuckt durch die bleichsten, die ältesten Gesichter – der Haufe stiebt auseinander. Wovon sprach wohl jener Anschlagzettel?« (BF, S. 267).

127 Zu Weerths ambivalentem Bezug auf den romantisch-poetischen Komplex vgl. Bernd Füllner, »›Gottlob mit der Romantik ist es aus.‹ Romantik und Revolution in Georg Weerths Werken«, in: *Binger Geschichtsblätter*, Bd. 22: *Bingen und die Rheinromantik* (2003), S. 130–149, sowie ders., »›Der Handel ist für mich das weiteste Leben, die höchste Poesie.‹ Georg Weerth und die 1848er Revolution«, in: Friedrich Bratvogel (Hg.), »Ich aber wanderte und wanderte – Es blieb die Sonne hinter mir zurück.«, in: *Grabbe-Jahrbuch* 19/20 (2000/01), S. 358–372.

128 Michael Perraudin hebt hervor, dass Weerths Skizze »betont romantisch« ende, weil nämlich für Weerth nur eine »Klasse mit wahrhaft romantischem Bewusstsein« dazu in der Lage wäre, sich einem »künftigen Zeitalter« von »Liebe, Poesie« anzunähern. Präziser lässt sich der prospektiv-projektive Charakter von Weerths romantischem Antikapitalismus nicht umschreiben; Perraudin, »Blumenfest«, S. 220.

II »Wir? Verwickelte Frage!« – Zur Identitätsfindung der Klasse in Zeitschriftenprojekten

1 Carl Schmitt, *Politische Romantik*, Berlin 1991 [1919], S. 41.

2 Zu Kriege, der als Mitglied im Bund der Gerechten ebenfalls mit Marx und Engels aneinandergeriet, die ihm sogar ein eigenes Pamphlet gewidmet haben, das »Zirkular gegen Kriege« (MEW 4, S. 3–17), vgl. Alfred Wesselmann: *Burschenschafter, Revolutionär, Demokrat. Hermann Kriege und die Freiheitsbewegung 1840–1850*, Osnabrück 2002.

3 »Beglückt uns daher mit hunderttausend Abonnenten, so versprechen wir Euch bei den nächsten Wahlen jeden Sieg, den ihr verlangt«, heißt es im ersten Heft vollmundig; *Der Urwähler. Eine Wochenschrift, redigiert von Wilhelm Weitling. Organ des Befreiungs-Bundes*, H. 1 (Oktober 1848), S. 3. Die Zeitschrift ist von Oktober bis November 1848 in Berlin in vier Nummern erschienen.

4 *Urwähler*, H. 1, S. 3–5, hier S. 3.

5 *Urwähler*, H. 1, S. 3.

6 Der amerikanische Reisende etwa, der in James Fenimore Coopers Roman *Die Heidenmauer* 1831 den alten Kontinent besucht, trifft in der Pfalz auf einen äußerst gesprächigen Schneider, dessen »philosophische Bemerkungen [...] dem elenden Leben eines Menschen [entsprangen], der viel Plackerei, aber wenig zu essen hat«. Die Diagnose des Schneiders ist kurz und treffend: »Er meinte, dass Arbeit zu billig, Wein und Kartoffeln zu teuer seien.« Der Schneider ist übrigens weit gereist: Er war Paris, London, »Rom, Neapel, Dresden und anderen Hauptstädten«; James

Fenimore Cooper, *Die Heidenmauer oder die Benediktiner. Historischer Roman*, Speyer 2006 [1831], S. 18.

7 Zur Möglichkeit, die Intensität von »working class militancy« aus der sozialen Stellung verschiedener Berufsgruppen abzuleiten, vgl. die Debatte zwischen Rancière, Sewell und Christopher Johnson: Jacques Rancière, »The Myth of the Artisan. Critical Reflections on a Category of Social History«, in: *International Labour and Working Class History* 24 (1983), S. 1–16; mit je einer »Response« von William H. Sewell (S. 17–20) und Christopher H. Johnson (S. 21–26). Zur Proletarisierung der Schneider und Schuhmacher durch den »Terror der Konfektion« vgl. Christopher H. Johnson, »Patterns of Proletarianization. Parisian Tailors and Lodève Woolen Workers«, in: John M. Merriman (Hg.), *Consciousness and Class Experience in Nineteenth-Century Europe*, New York 1979, S. 65–84.

8 Vgl. Rüdiger Hachtmann, *Berlin 1848. Eine Politik- und Gesellschaftsgeschichte der Revolution*, Bonn 1997, besonders das Kapitel zu den Bürgerwehren S. 234–260.

9 Vgl. dazu Patrick Eiden-Offe, »Frederick Engels, Entrepreneur. Marx und Engels als Projektemacher«, in: *Merkur* 762, 11 (2012), S. 1045–1054.

10 Es ist sicher kein Zufall, dass die akademische Begriffsgeschichte in der BRD (und methodisch verwandte Ansätze in anderen Ländern) immer auch und zentral Vormärzforschung war..

11 *Anekdota zur neuesten deutschen Philosophie und Publicistik*, hg. v. Arnold Ruge, 2 Bde., Zürich/Winterthur 1843.

12 Die Aufgeführten benennt, neben »einigen Ungenannten« (unter denen lange auch Marx vermutet wurde), schon das Titelblatt der Zeitschrift.

13 Arnold Ruge, »Die Presse und die Freiheit«, in: *Anekdota* I, S. 93–116, hier S. 111.

14 Unpaginiertes, zweiseitiges »Vorwort« von Ruge in: *Ankedota* I. Die *Anekdota* wurden denn auch im Verlag des Literarischen Comptoir in Winterthur bei Zürich verlegt. Den Verlag hat der deutsche Liberale Julius Fröbel 1840 eigens gegründet, um in Deutschland verbotene Literatur veröffentlichen zu können. Er avancierte schnell zum führenden Verlag vormärzlicher Literatur und Publizistik. 1845/46 wird auch der junge Gottfried Keller seine ersten literarischen Erzeugnisse im Verlag seines Freundes Fröbel publizieren. Zu Fröbel und seinem Verlag vgl. Walter Grab, *Dr. Wilhelm Schulz aus Darmstadt. Weggefährte von Georg Büchner und Inspirator von Karl Marx*, Frankfurt a. M./Olten/Wien 1987, S. 217–256. Die Geschichte der Jahrbücher dokumentiert neuerdings umfassend Martin Hundt (Hg.), *Der Redaktionsbriefwechsel der Hallischen, Deutschen und Deutsch-Französischen Jahrbücher (1837–1844)*, 3 Bde., Berlin 2010.

15 Zur Kolportage-Geschichte und zu den historischen Hintergründen des Zitats vgl. Christoph-Eric Mecke, *Begriff und System des Rechts bei Georg Friedrich Puchta*, Göttingen 2009, S. 126.

16 Zur Spannung von Universität und Publizistik in den Lebenswegentscheidungen von Nachwuchsakademikern in der Mitte des 19. Jahrhunderts vgl. Anna-Maria Post, »Zeitschrift statt Lehrstuhl. Die ›Zeitschrift für Völkerpsychologie und Sprachwissenschaft‹«, in: *Grundlagenforschung für eine linke Praxis in den Geisteswissenschaften*, H. 1 (2014), S. 40–61.

17 Ruge, »Presse«, S. 96 f.

18 Ruge, »Presse«, S. 102 ff.

19 Ruge, »Presse«, S. 111.

20 Ruge, »Presse«, S. 112; Ruges »Prolatarier« firmieren wenige Jahre später bei Wilhelm Heinrich Riehl als »Proletarier der Geistesarbeit«; vgl. dazu Wilhelm Heinrich Riehl, *Die bürgerliche Gesellschaft. Die Naturgeschichte des Volkes als Grundlage einer deutschen Sozialpolitik*, Bd. 2, 6. Aufl., Stuttgart 1866 [1851], S. 312–349.

21 Vgl. Max Stirner, *Der Einzige und sein Eigentum*. Kommentierte Studienausgabe, hg. v. Bernd Kast, Freiburg/München 2009 [Leipzig 1845]; ferner Karl Marx und Friedrich Engels, *Die heilige Familie, oder Kritik der kritischen Kritik. Gegen Bruno Bauer & Consorten* [1845], in: MEW 2, S. 3–223.

22 Marx, *Kapital I*, MEW 23, S. 183.

23 Ruge, »Presse«, S. 112 f.

24 So beschreibt Marx die Position des doppelt »freien« Lohnarbeiters ganz ohne Ironie; Karl Marx, *Grundrisse der Kritik der politischen Ökonomie* [1857/58], MEW 42, S. 505. Vgl. dazu das fünfte Kapitel der vorliegenden Arbeit.

25 Vgl. Wergin, »Maskenball«, S. 665: »Hinsichtlich der Struktur von Tiecks Lebensweg ergibt sich also dies Bild: um seine Identität als bürgerliches Subjekt in seinem ungeschmälerten Sinn zu bewahren, verläßt er mit der Wahl des Schriftstellerberufs seine Herkunftsklasse, gerät dabei in eine Position zwischen den Ständen und weicht dann vor dem pathogenen Fluidum der Großstadt mit ihrer Anonymität ebenso wie vor den Marktmechanismen, die ihn auch in seiner Künstlerexistenz eingeholt haben, aufs Land und in die adelige Lebenswelt aus.«

26 Zur Biografie dieses rheinischen sozialistisch-demokratischen Projektemachers – im Alter wurde er noch der bis heute geehrte Begründer der deutschsprachigen Presse Australiens – vgl. den Eintrag von Wolfgang Mönke, »Hermann Püttmann«, in: Karl Obermann u. a. (Hg.), *Biographisches Lexikon zur Deutschen Geschichte. Von den Anfängen bis 1917*, Berlin (Ost) 1967, S. 381–384.

27 Hermann Püttmann, »Vorwort«, in: ders. (Hg.), *Deutsches Bürgerbuch für 1845*, Darmstadt 1845, S. III–VIII, hier S. III. Zum Umbau der romantischen Philisterschelte im Vormärz vgl. Eva Blome, »Vom ungebildeten Philister zum Bildungsphilister. Heinrich Heines Beitrag zu einer spannungsvollen Transformation«, in: Remigius Bunia, Till Dembeck und Georg Stanitzek (Hg.), *Philister. Problemgeschichte einer Sozialfigur der neueren deutschen Literatur*, Berlin 2011, S. 357–381.

28 Ruge, »Presse«, S. 112.

29 Marx hat in seinem Text »Zur Judenfrage« in den *Deutsch-Französischen Jahrbüchern* den sprengenden Widerspruch der Unterscheidung präpariert: Wer den »citoyen« affirmiert, der muss nicht bloß auch den »bourgeois« als Untertan akzeptieren, sondern auch den kapitalistischen »bourgeois«, der die politische Gleichheit der »citoyens« sozialökonomisch untergräbt; Marx, »Zur Judenfrage«, MEW 1, S. 347–377.

30 Püttmann, »Vorwort«, S. III f.

31 Püttmann, »Vorwort«, S. VII.

32 Damit ist auch ein weiterer tragender Widerspruch in Theorie und Praxis der (frühen) Arbeiterbewegung benannt, den v. a. Rancière immer wieder exponiert: dass die Arbeiter dann, wenn sie – etwa schreibend – mit ihrer Arbeiter-Identität brechen, unter der sie leiden, fast zwangsläufig dabei landen, eine Identität als Bürger

annehmen zu müssen. Bei Rancière nimmt dieser Widerspruch mitunter den Charakter eines aussagelogischen Automatismus an, zugespitzt etwa in dem Essay »The Proletarian and His Double, Or, The Unknown Philosopher«, in: Jacques Rancière, *Staging the People. The Proletarian and His Double*, London/New York 2011, S. 21–33. Der Band versammelt Aufsätze aus der linksradikalen sozialhistorischen Zeitschrift *Les Révoltes logiques*, bei der Rancière von 1975 bis 1981 mitgewirkt hat. Vgl. dazu Mischa Suter, »Ein Stachel in der Seite der Sozialgeschichte: Jacques Rancière und die Zeitschrift Les Révoltes logiques«, in: *Sozial-Geschichte Online* 5 (2011), S. 8–37.

33 Heß am 17. Januar 1845 aus Köln an Marx; Heß, *Briefwechsel*, S. 105. Aus demselben Brief geht hervor, dass das *Bürgerbuch* mit einer Auflage von dreitausend Stück verbreitet wurde.

34 Die Zitate entstammen einer zeitgenössischen Rezension aus der *Trier'schen Zeitung* vom 7. und 13. März 1845, zit. nach Hans Pelger, »Dokument einer literarischen Opposition in Deutschland«, in: *Deutsches Bürgerbuch für 1845*, neu hg. v. Rolf Schloesser, mit einem Vorwort v. Walter Dirks, Köln 1975, S. XIII–XXXVI, hier S. XXVI.

35 Heß, *Briefwechsel*, S. 105.

36 Hermann Püttmann, »Vorwort«, in: *Rheinische Jahrbücher zur gesellschaftlichen Reform. Herausgegeben unter Mitwirkung Mehrerer von Hermann Püttmann*, 2 Bde., Darmstadt 1845 und Bellevue bei Konstanz 1846, hier Bd. I, S. III–VI, hier S. IV.

37 Engels an Marx, 20. Januar 1845, MEW 27, S. 14.

38 Engels an Marx, Oktober 1844, MEW 27, S. 7.

39 Auf dem Deckblatt eines Bandes, in dem – so seine eigene Schreibweise – Bädiker schon Ende 1845 die ersten sechs Hefte der Zeitschrift unverändert wiederabdruckt, wird »M. Heß« als Redakteur genannt, auf dem Einband der einzelnen Hefte nicht.

40 Friedrich Engels, *Die Lage der arbeitenden Klasse in England* [1845]; MEW 2, S. 225–506.

41 Vgl. dazu den anonymen Beitrag »Versammlungen in Elberfeld«, in: *Rheinische Jahrbücher* I, S. 35–97.

42 Vgl. dazu ausführlich das sechste Kapital der vorliegenden Studie.

43 Der Prospekt wurde in der Buchausgabe der ersten sechs Hefte dem ersten Heft unpaginiert vorgeheftet. Die Nachweise erfolgen im Folgenden mit [I] und [II].

44 Theodor Zlocisti, *Moses Hess. Der Vorkämpfer des Sozialismus und Zionismus 1812–1875. Eine Biographie*, Berlin 1921, S. 179.

45 Prospekt, S. [I].

46 So Ernst Theodor Mohl, *Marginalien zum Nachdruck des »Gesellschaftsspiegel«, nebst Fußnoten zur neueren Marx- und Heß-Forschung*, Glashütten i. Ts. 1971, S. IV.

47 Prospekt, S. [I].

48 Prospekt, S. [I]/[II]. Erläuterung zum Tru[c]ksystem, bei dem ein Teil oder aber der ganze Lohn nicht in Geld-, sondern in Warenform ausbezahlt wurde, findet sich bei Jürgen Kocka, *Arbeitsverhältnisse und Arbeiterexistenzen. Grundlagen der Klassenbildung im 19. Jahrhundert. Geschichte der Arbeiter und der Arbeiterbewegung in Deutschland seit dem Ende des 18. Jahrhunderts*, Bd. 2, Bonn 1990, S. 275 f. und S. 487.

49 *Gesellschaftsspiegel*, H. 1, S. 1.

50 *Gesellschaftsspiegel*, H. 1, S. 3–9; H. 2, S. 35–39; Burets Werk hat die Pauperismus-Debatte der 1840er Jahre auf eine neue empirische Basis gestellt; das Daten-

material, das Buret in seinem zweibändigen Werk zusammenträgt, wird bis zur Revolution immer wieder zitiert und weiterverarbeitet, z. B. auch in Marx' Pariser Manuskripten; Karl Marx, Ökonomisch-philosophische Manuskripte aus dem Jahre 1844, MEW 40, S. 465–588, hier S. 480 f. und S. 495.

51 *Gesellschaftsspiegel*, H. 1, [S. 1–14]; die »Nachrichten und Notizen« sind nicht paginiert.

52 Etwa zum neuen Zellengefängnis in Köln; *Gesellschaftsspiegel*, H. 2 [S. 33–36].

53 MEW 2, S. 234. Auch im *Gesellschaftsspiegel* gibt es die »arbeitende(n) Klasse(n)« im Singular und Plural, ebenso wie »Arbeiter« und »Proletarier«, darüber hinaus die »besitzlose(n) Klasse(n)« (wieder im Singular wie im Plural).

54 Parallel zum *Gesellschaftsspiegel* publiziert Heß etwa im ersten Jahrgang der *Rheinischen Jahrbücher* den Traktat »Über das Geldwesen«, der einen ersten, schon sehr weit getriebenen Versuch zur Applikation der Feuerbach'schen Theologiekritik auf die politische Ökonomie darstellt.

55 Die Darstellungsformen der empirischen Untersuchungen im *Gesellschaftsspiegel* werden im dritten Kapitel der vorliegenden Studie ausführlich untersucht.

56 Zur Bedeutung des *Gesellschaftsspiegels* in der Konstitutionsphase der Arbeiterbewegung vgl. Shlomo Na'aman, *Zur Entstehung der deutschen Arbeiterbewegung. Lernprozesse und Vergesellschaftung 1830–1868*, Hannover 1978, S. 39 ff., sowie Franz Mehring, »Gesellschaftsspiegel« [1902], in: ders., *Gesammelte Schriften*, Bd. 4, *Aufsätze zur Geschichte der Arbeiterbewegung*, Berlin 1963, S. 170–175.

57 Wolfgang Eßbach, *Die Junghegelianer. Soziologie einer Intellektuellengruppe*, München 1988, S. 279.

58 Zur Historiografie, die sich um die Konstruktion solcher »opportunities not taken« herum aufbaut, vgl. die Vorbemerkung der vorliegenden Studie.

59 Die Konventionalität der Adressierung stellt, ob bewusst oder nicht, einen Rückbezug auf moralische und seelenkundliche Monatsschriften der Aufklärung her; vgl. etwa Karl Philipp Moritz, »Vorschlag zu einem Magazin einer Erfahrungs-Seelenkunde« [1782], in: ders., *Anton Reiser. Dichtungen. Schriften zur Erfahrungsseelenkunde*, Frankfurt a. M. 1999, S. 793–809, wo gleich zu Beginn der »Arzt«, der »Philosoph[ ]« und der »Richter« adressiert werden (S. 793).

60 Eßbach, *Junghegelianer*, S. 279.

61 Hermann Püttmann, »Freund und Feind«, in: ders. (Hg.), *Prometheus. Organ zur sozialen Reform*, Herisau 1846, S. 3–25. Püttmann schimpft hier über die »Blindesten unter den Blinden [...][,] unsere nationalen Tagesschriftsteller und liberalisirenden Deputirten« (S. 6). Püttmann zieht dann noch gegen Ruge, den »ehemalige[n] Pöbel-Emancipator« (S. 13), und den ehemaligen *Bürgerbuch*-Kollegen Karl Heinzen (S. 13 ff.) zu Felde.

62 Weitling, *Hülferuf*, H. 1, S. 1.

63 Weitling, *Hülferuf*, H. 1, S. 6.

64 Weitling, *Hülferuf*, H. 1, S. 6.

65 Weitling, *Hülferuf*, H. 1, S. 6 u. S. 2. Die biblische Tradition – gerade die von den »Arbeitern im Weinberg des Herrn« (Mt 20,1–16) – scheint im Deutschen lange die soziale und politische Verwendungsweise von »Arbeiter« überlagert zu haben; um »Arbeiter« zu vermeiden, hat sich Ende des 18. Jahrhunderts das Fremdwort »Ouvrier« auch im Deutschen eingebürgert; vgl. dazu Conze, »Arbeiter«, S. 217 ff.

66 Weitling, *Hülferuf*, H. 1, S. 2–6.

67 Weitling, *Hülferuf*, H. 1, S. 6.

68 Weitling, *Hülferuf*, H. 1, S. 6.

69 »Eine einzige Landstraße kostet Jahre lange Arbeit: wie ist es darum möglich in einem Tage die Oberfläche der Erde in einen Garten, und die Menschen in Brüder umwandeln zu wollen? Aber den Anfang müssen wir damit machen und nicht, beim Anblick so vieler Schwierigkeiten und Hindernisse, den Muth verlieren« (Weitling, *Hülferuf*, H. 1, S. 2).

70 Weitling, *Hülferuf*, H. 1, S. 4.

71 Weitling, *Hülferuf*, H. 1, S. 3.

72 Weitling, *Hülferuf*, H. 1, S. 4. Zur »Wortergreifung« als genuin politischer Geste vgl. Rancière, *Unvernehmen*. Die entscheidende historische Szene ist für Rancière die von Blanqui 1832 vor Gericht: »Vom Gerichtspräsidenten gebeten, seine Profession anzugeben, antwortet dieser [Blanqui]: ›Proletarier‹. Gegen diese Antwort wendet der Präsident sofort ein: ›Das ist doch keine Profession‹, nur um genauso schnell den Angeklagten antworten zu hören: ›Das ist die Profession von dreißig Millionen Franzosen, die von ihrer Arbeit leben und keine politischen Rechte haben.‹ Worauf der Präsident zustimmt, diese neue ›Profession‹ vom Gerichtsschreiber notieren zu lassen« (Rancière, *Unvernehmen*, S. 49).

73 Weitling, *Hülferuf*, H. 1, S. 5.

74 Weitling, *Hülferuf*, H. 1, S. 5.

75 Rancière, *Nacht*, S. 8.

76 Rancière, *Nacht*, S. 7.

77 Weitling, *Hülferuf*, H. 1, S. 4.

78 Schon zuvor hatte es geheißen, dass die Arbeiter ihre Interessen »auf gut deutsch« artikulieren, in einer Sprache, die nicht »von lateinischen, griechischen und kunstgemäßen Ausdrücken aufgeschwollen« sei (Weitling, *Hülferuf*, H. 1, S. 3).

79 Vgl. den Artikel »Die Kommunion und die Kommunisten«, *Hülferuf*, H. 3, S. 33–39. Hier werden christliche Kommunion und Kommunismus einfach gleichgesetzt, indem beides auf das Wesen der Tischgemeinschaft zurückgeführt wird: »Christus setzte sich am Abend vor seinem Tode mit seinen Jüngern zu Tische. Sie aßen und tranken gemeinschaftlich. [...] Dieses gemeinschaftliche Essen nannte man die Kommunion, oder die Gemeinschaft, und den Theilnehmer Kommunist oder Gemeinschafter« (S. 34). Zur gemeinsamen Speisung im »Gesellenverein« vgl. den so betitelten Abschnitt im zweiten Kapitel der vorliegenden Studie. Zur kommunistischen Tischgemeinschaft im französischen Kontext vgl. Jacques Rancière, »Die Gemeinschaft der Gleichen«, in: Joseph Vogl (Hg.), *Gemeinschaften. Positionen zu einer Philosophie des Politischen*, Frankfurt a. M. 1994, S. 101–132.

80 Alain Badiou, *Paulus. Die Begründung des Universalismus*, München 2002, S. 181–196.

81 Weitling, *Hülferuf*, H. 1, S. 5.

82 Flora Tristan, *Im Dickicht von London oder Die Aristokratie und die Proletarier Englands*, Köln 1993 [1840]. Tristans Erkundungen – im Original »Promenades« – können als ein frühes Beispiel für die »Erfindung der Sozialreportage« gelten; vgl. dazu den so betitelten Abschnitt im sechsten Kapitel der vorliegenden Studie.

83 Flora Tristan, *Arbeiterunion. Sozialismus und Feminismus im 19. Jahrhundert*,

Frankfurt a. M. 1988 [1843], S. 130 f. Das Kapitel, dem das Zitat entstammt, trägt den schönen Titel »Le *pourquoi* je mentionne les femmes«. Tristan, Großmutter des Malers Paul Gauguin, ist bereits 1844 an Typhus gestorben; Materialien zu ihrem Leben sind im zitierten Band versammelt, etwa auch ein anrührender Nachruf von Ruge (S. 176–179). Weitere Selbst- und Fremdzeugnisse von und zu Flora Tristan sowie einen biografischen Abriss bietet Florence Hervé (Hg.), *Flora Tristan oder: Der Traum vom feministischen Sozialismus*, Berlin 2013.

84 Hier muss auf die Rolle von Louise Otto-Peters hingewiesen werden, die schon im Vormärz »soziale« und »Frauen-Frage« miteinander verbunden hat, um dann in der Revolution, 1849, die *Frauen-Zeitung* und später, 1865, den Allgemeinen Deutschen Frauen-Verein zu gründen; zu Otto-Peters' Vormärz-Roman *Schloss und Fabrik* vgl. die Abschnitte »Der Familienroman der Proletarier« und »Maschinen-Sturm« im vierten und im sechsten Kapitel dieses Buches. Eine Einordnung der frühen Feministinnen des Vormärz aus Perspektive der bereits konstituierten sozialistischen Frauenbewegung nimmt Clara Zetkin vor: *Zur Geschichte der proletarischen Frauenbewegung Deutschlands*, Frankfurt a. M. 1971 [1928], besonders im 2. Kapitel »Die Forderung der Frauenemanzipation in der deutschen Revolution 1848/1849«.

85 Vgl. dazu den Abschnitt »Der Kampf um den Familienlohn, die Feminisierung der Fabrikarbeit und die Maskulinisierung der Arbeiterbewegung« im siebten Kapitel der vorliegenden Studie.

III *Die Auszählung der Stimmen: Klassen-Statistiken*

1 Vgl. Patrick Eiden-Offe, »›Oppositionelle Statistik‹. Von den unterschiedlichen politischen Gebrauchsweisen statistischen Wissens im Vormärz«, in: Gunhild Berg, Borbála Zsuzsanna Török und Marcus Twellmann (Hg.), *Berechnen/Beschreiben. Praktiken statistischen (Nicht-)Wissens 1750–1850*, Berlin 2014, S. 171–192.

2 Poovey, »The Social Constitution«.

3 Als Quelle wird oft Henri de Saint-Simons Schrift *Nouveau Christianisme* von 1825 angegeben, wo sich die Wendung als zusammenhängende aber gar nicht findet; zur Collagegeschichte der Formulierung vgl. Anm. der Hg. in: *Marx-Engels-Gesamtausgabe* (MEGA), Abt. I, Bd. 32: Engels, *Werke, Artikel, Entwürfe März 1891–August 1895*, Berlin 2010, S. 1348 (Apparat-Band). In der saint-simonistischen Literatur der 1830er Jahre ist die Formulierung in zahllosen Variationen allgegenwärtig.

4 Heinrich Heine, *Die romantische Schule*, in: ders., *Schriften*, Bd. 5, S. 357–504, hier S. 468.

5 Vgl. *Hülferuf*, H. 1, S. 39 oder Weitling, *Garantien der Harmonie und Freiheit* [1842], mit einem Nachwort hg. v. Ahlrich Meyer, Stuttgart 1974, S. 241 u. S. 252.

6 Spuren von Blanquis großer gerichtlicher Verteidigungsrede vom Januar 1832, in der dieser den gerade tobenden allgegenwärtigen »Krieg zwischen den Armen und den Reichen« analysiert, finden sich auch in Büchners Straßburger Korrespondenz. Die Rede ist umgehend auch als zwölfseitige Broschüre auf Deutsch erschienen – verlegt vom Verlag der Witwe Silbermann in Straßburg; vgl. dazu sowie zu den weiteren Verstrickungen Thomas Michael Mayer, »Die ›Gesellschaft der Menschenrechte‹ und *Der Hessische Landbote*«, in: Susanne Lehmann (Red.), *Georg Büchner.*

Revolutionär – Dichter – Wissenschaftler 1813 – 1837, Basel/Frankfurt a. M. 1987, S. 168 – 186. Blanquis »Verteidigungsrede« findet sich in Louis-Auguste Blanqui, *Schriften zur Revolution, Nationalökonomie und Sozialkritik*, Reinbek b. Hamburg 1971, S. 40 – 51. Der berühmte erste Satz der Rede lautet: »Ich bin angeklagt, zu dreißig Millionen Franzosen, Proletariern wie ich, gesagt zu haben, daß sie das Recht hätten zu leben«; der »*Krieg zwischen Reichen und Armen*« findet sich auf S. 41. Im September 1835 schreibt Büchner an Gutzkow in Frankfurt: »Die ganze Revolution hat sich schon in Liberale und Absolutisten getheilt und muß von der ungebildeten und armen Klasse aufgefressen werden; das Verhältniß zwischen Armen und Reichen ist das einzige revolutionäre Element in der Welt […]«; Georg Büchner, *Briefwechsel*, in: ders., *Historisch-kritische Ausgabe* [Marburger Ausgabe], Bd. 10.1, hg. v. Burghard Dedner, Tilman Fischer u. Gerald Funk, Darmstadt: Wissenschaftliche Buchgesellschaft 2012, S. 71 (die *Historisch-kritische Ausgabe* [Marburger Ausgabe] wird im Folgenden zitiert als MBA mit Band und Teilband); für andere Belegstellen der Formel vom »Krieg zwischen den Armen und den Reichen« vgl. MBA 10.2, S. 289 f.

7 Vgl. dazu Jacques Rancière, *Kurze Reisen ins Land des Volkes*, Wien 2014 [1990], S. 53 f.

8 Grundlegend zum Medium der Flugschrift vgl. Hans-Joachim Ruckhäberle, *Flugschriftenliteratur im historischen Umkreis Georg Büchners*, Kronberg i. Ts. 1975, sowie aktuell die Kapitel »Der Hessische Landbote« und »Die Nachrichtentechnik der Flugschrift« in Patrick Fortmann, *Autopsie von Revolution und Restauration. Georg Büchner und die politische Imagination*, Freiburg i. Br. 2013, S. 46 – 55 u. S. 71 – 77.

9 Gerhard Schaub, »Statistik und Agitation. Eine neue Quelle zu Büchners *Hessischem Landboten*«, in: Herbert Anton et al. (Hg.), *Geist und Zeichen. Festschrift für Arthur Henkel zu seinem 60. Geburtstag*, Heidelberg 1977, S. 351 – 375, hier S. 362

10 Georg Büchner, *Der Hessische Landbote*, MBA 2.1, S. 5. Zitate aus dem *Hessischen Landboten* im Folgenden im Fließtext mit dem Sigel MBA 2.1 und der Seitenzahl in Klammern. In der Tabelle stimmt die zuerst genannte Summe des Gesamtsteueraufkommens nicht mit der aufaddierten Summe überein. Wenn man die Einzelposten tatsächlich addiert, kommt noch ein dritter Wert hinzu: Es scheint den Autoren also, sofern man diese nicht einfach zu den sprichwörtlich gewordenen *innumerate humanists* zählen will, bei ihrer politischen Argumentation nicht wirklich auf exakte Zahlen angekommen zu sein.

11 Dies geschah wohlgemerkt erst 1977; zuvor war wohl, wie Schaub schreibt, »nicht einmal sonderlich gründlich [nach der Quelle] gesucht worden«. Zahlen galten und gelten als evident und scheinen daher keine besondere philologische Sorgfalt zu erfordern; Schaub, »Statistik«, S. 358.

12 Georg Wilhelm Justin Wagner, *Statistisch-topographisch-historische Beschreibung des Großherzogthums Hessen. Vierter Band: Statistik des Ganzen*, Darmstadt 1831. Wagners *Beschreibung* scheint eine gewisse Verbreitung gefunden zu haben: Im Vorwort des ersten Bandes weist der Autor auf den »äußerst mäßigen Preis« hin, über den er erreichen wollte, dass es »ein für Jedermann, und besonders zum Nachschlagen brauchbares Werk« werde (Wagner, *Statistisch-topographisch-historische Beschreibung des Großherzogthums Hessen. Erster Band: Provinz Starkenburg*, Darmstadt 1829, S. IV). Das »Subscribenten-Verzeichniß«, das im ersten Band, nach Bezirken sortiert, auf den Seiten VII bis XVI abgedruckt ist, führt in Butzbach im Bezirk Fried-

berg den »Dr. Weidig, Rektor« (S. xv), auf; von diesem hat sich Büchner das Werk wohl ausgeliehen. Die ersten Bände könnten Büchner schon aus der Schule bekannt gewesen sein, wird doch im Bezirk Darmstadt der »Dr. Lautenschläger, Hofrath« (S. viii) genannt, der Büchners Geschichtslehrer war. Vgl. Schaub, »Statistik«, S. 359; Schaub verschreibt sich mit »Lauteschläger«, bei Wagner heißt es »Lautenschläger«.

13 Dass man in diesem Einsatz der Statistik die »wesentliche Neuerung« des *Landboten* in der Geschichte oppositioneller Publizistik erblicken konnte und dass Hans Mayer in seiner bedeutenden Studie zu *Georg Büchner und seiner Zeit* von 1946 noch behaupten konnte, im *Landboten* sei gar »zum erstenmal« in dieser Weise von statistischem Material »Gebrauch gemacht« worden (Hans Mayer, *Georg Büchner und seine Zeit*, Frankfurt a. M. 1972, S. 183 f.), rührt daher, dass der zwanzigjährige Verfasser des *Landboten* sich später mit einer Erzählung und drei Dramen in den Kanon der deutschen Literaturgeschichte eingeschrieben hat und daher auch der *Landbote* in Werkausgaben aufgenommen wurde. Die zeitgenössische Flugschriftenliteratur ist hingegen in Vergessenheit geraten.

14 Zit. nach Schaub, »Statistik«, S. 354.

15 Zit. nach Schaub, »Statistik«, S. 354.

16 Marx, MEW 1, S. 378.

17 Schaub, »Statistik«, S. 373.

18 Insofern argumentiere ich im Folgenden gegen die Auffassung von Maud Meyzaud, die beim *Hessischen Landboten* eine »mathematische Teilung des [gesellschaftlichen] Leibes« am Werk sieht, der, mit Büchners Expertise als Anatom, wissenschaftliche Genauigkeit im Sinne von William Pettys *Political Anatomy* zugesprochen werden könne; Maud Meyzaud, *Die stumme Souveränität. Volk und Revolution bei Georg Büchner und Jules Michelet*, Paderborn 2012, S. 174–180, besonders S. 178 f. Büchners Rhetorik ruft diesen Anspruch in der Tat auf – wie Meyzaud überzeugend zeigt –, aber sie ruiniert ihn zugleich auch wieder.

19 Wolfgang Eßbach, »Elemente ideologischer Mengenlehren: Rasse, Klasse, Masse«, in: Justin Stagl und Wolfgang Reinhard (Hg.), *Grenzen des Menschseins. Problem einer Definition des Menschlichen*, Wien 2005, S. 727–755, hier S. 727. Eßbach untersucht in seinem Aufsatz die »Semantiken von Großgruppenbezeichnungen«: Welche »Termini, die zur Benennung von Mengen und Teilmengen von Individuen und von Ordnungen der Vielen benutzt werden«, führen welche »ideologische[n] Frachten« mit sich? – so die Grundfrage von Eßbachs grundlegender Abhandlung (S. 727).

20 Auch Fortmann, *Autopsie*, S. 80 f., bemerkt, dass Büchners Aufteilung des Sozialen auf »für sich genommen verschwommene[n] Größen« basiert und dass auch die Logik der »Gegenbegriffe« nicht aufgeht; er unterstellt dieser Unschärfe allerdings ein wiederum kohärentes strategisches Kalkül, nach dem »der Kreis der Angesprochenen« tendenziell ausgeweitet, die »Gruppe der Ausgeschlossenen« aber »immer weiter« eingegrenzt werden soll. Dieses kohärente Kalkül möchte ich im Folgenden infrage stellen.

21 Zum editionshistorischen Streit darum, ob es korrekterweise »Wille Aller« heißen müsste, vgl. MBA 2.1, S. 225 f.

22 Vgl. Emmanuel Sieyès, *Abhandlung über die Privilegien/Was ist der dritte Stand?*, Frankfurt a. M. 1968 [1788/1789], S. 55 u. S. 60, wo Sieyès ausführt: »Der dritte

Stand ist also alles, was zur Nation gehört. Und alles, was nicht der dritte Stand ist, kann sich nicht als Bestandteil der Nation betrachten. Was also ist der dritte Stand: Alles.«

23 In diese Sinn deutet Fortmann, *Autopsie*, die Verkehrung der Tier-Mensch-Differenz im *Landboten* als Operator zur »Entpastoralisierung der Obrigkeit« (S. 82 ff.) und zur »Entmystifizierung des Souveräns« als »Deformation des Souveräns bis hin zur Monstrosität« (S. 97 u. S. 101).

24 Eßbach, »Mengenlehren«, S. 729.

25 Carl Schmitt, *Der Begriff des Politischen. Text von 1932 mit einem Vorwort und drei Corollarien*, Berlin 1963, S. 55.

26 Vgl. den Titel des Bandes, in dem sich der Aufsatz von Eßbach findet: Justin Stagl und Wolfgang Reinhard (Hg.), *Grenzen des Menschseins. Problem einer Definition des Menschlichen*, Wien 2005.

27 Schaub, »Statistik«, S. 356 f.

28 Zitiert nach Jan-Christoph Hauschild, *Georg Büchner. Verschwörung für die Gleichheit*, Hamburg 2013, S. 94. Zu Jordans Rolle bei der Erstellung der Novemberauflage des *Landboten* vgl. MBA 2.1, S. 173–177.

29 In der genannten Ersetzung scheint – nach Aussage des Mitverschwörers August Becker – der zentrale Eingriff Weidigs bestanden zu haben. Die lange Forschung zur geteilten und umstrittenen Autorschaft Büchners und Weidigs wird resümiert und zugespitzt bei Burghard Dedner, »Zu den Textanteilen Büchners und Weidigs im ›Hessischen Landboten‹«, in: *Georg-Büchner-Jahrbuch* 12 (2009–2012) hg. v. Burghard Dedner, Matthias Gröbel und Eva-Maria Vering, S. 77–141.

30 Hauschild, *Verschwörung*, S. 236.

31 Nach Schulz habe Büchner »auf seinem Totenbette« »auf den tieferen, auf den socialen Grund seines frühzeitigen Todes« hingewiesen: »›Hätte ich in der Unabhängigkeit leben können, die der Reichtum gibt, so konnte etwas Rechtes aus mir werden‹«; vgl. Schulz' Rezension zu »Georg Büchners nachgelassene[n] Schriften« von 1851, wiederabgedruckt in Walter Grab, *Georg Büchner und die Revolution von 1848. Der Büchner-Essay von Wilhelm Schulz aus dem Jahr 1851. Text und Kommentar*, unter Mitarbeit von Thomas Michael Mayer, Königstein i. Ts. 1985, S. 51–82, hier S. 67.

32 Vgl. den Brief vom (vermutlich) 1. Juni 1836, in dem Büchner darauf beharrt, dass »[u]nsere Zeit […] rein *materiell*« orientiert und darum auch nur von den materiellen Interessen her revolutionierbar sei; MBA 10.1, S. 93.

33 Hauschild, *Verschwörung*, S. 245; die kursiv markierte Stelle in dem Zitat entstammt der zweiten Szene des ersten Akts aus *Dantons Tod*. Zur Klassenbasis, auf die sich der *Landbote* stützt und die er adressiert, vgl. Raphael Hörmann, »›Zum sogenannten, so gescholtenen Pöbel‹. Die radikale Aufwertung der sozialen Unterschichten bei Börne und Büchner«, in: *Georg-Büchner-Jahrbuch* 12 (2009–2012), S. 143–163.

34 Brief aus Straßburg an Wilhelm Büchner, 1835; MBA 10.1, S. 72 f.

35 Vgl. dazu Johannes Scheu, »Wider den *homme moyen*. Zur Soziologie des Einzelfalls«, in: Berg/Török/Twellmann, *Berechnen*, S. 193–211, sowie Bernhard Kleeberg, »Reisen in den Kontinent der Armut«, in: Michael Neumann und Kerstin Stüssel (Hg.), *Magie der Geschichten. Weltverkehr, Literatur und Anthropologie in der zweiten Hälfte des 19. Jahrhunderts*, Konstanz 2011, S. 29–52.

36 Prospekt, S. [II].

37 Prospekt, S. [I].

38 Prospekt, S. [I].

39 Vgl. dazu auch Johannes F. Lehmann, »Faktum, Anekdote, Gerücht – Zur Begriffsgeschichte der ›Thatsache‹ und Kleists Berliner Abendblätter«, in: *DVjs* 89, 3 (2015), S. 307–322. Johannes Lehmann danke ich für zahllose, immer anregende Gespräche über Fakten, Anekdoten und Gerüchte und über ehrliche und unehrliche Arbeit.

40 Ansgar Kemmann, »Evidentia, Evidenz«, in: Gert Ueding (Hg.), *Historisches Wörterbuch der Rhetorik*, Bd. 3: *Eup – Hör*, Tübingen 1996, Sp. 33–47, hier Sp. 33.

41 Zlocisti, *Heß*, S. 179.

42 Friedrich Engels, »Rapid Progress of Communism in Germany«, in: Karl Marx und Friedrich Engels, *Collected Works* [MECW], Bd. 4, London/New York 1975, S. 229–242, hier S. 235. In einem früheren Artikel in der *New Moral World* vom 19. November 1843 hatte Engels seinen Genossen Heß als »in fact, the first Communist of the party« (gemeint ist die junghegelianische Gruppe) bezeichnet; »Progress of Social Reform On the Continent«, MECW 3, S. 392–408, hier S. 406.

43 Zum »trockenen Ton«, der eher die Montage »heterogenen Materials« erlaube als rhetorisch aufwendigere Gestaltungen, vgl. Justin Stagl, »Die Entstehung der Völker- und Volkskunde aus der Krise der Statistik, 1750–1850«, in: Berg/Török/Twellmann, *Berechnen*, S. 213–229, hier S. 217.

44 Lüning gehört zu den großen publizistischen Projektemachern des Vormärz. Das von ihm herausgegebenen Wochenblatt *Das Westphälische Dampfboot* existierte immerhin dreieinhalb Jahre (1845–1848).

45 [Moses Heß,] »Die Ahr in den Pfingsttagen 1845«, in: *Gesellschaftsspiegel*, H. 3, S. 114–116, u. H. 4, S. 157–160.

46 Otto Lüning, »Die Lage der Weber und Spinner im Ravensbergischen«, in: *Gesellschaftsspiegel*, H. 3, S. 126–130; H. 4, S. 153–157; H. 5, S. 187–191; H. 6, S. 203–208, hier H. 3, S. 126.

47 Lüning, »Spinner«, H. 3, S. 127 f.

48 Lüning, »Spinner«, H. 3, S. 128.

49 Dass Sue für sich selbst in Anspruch nimmt, »in die Hütten der Unglücklichen« vorgedrungen zu sein, gibt er schon im Vorwort der *Mystères* zu Protokoll. Vgl. Eugène Sue, *Die Geheimnisse von Paris*, Frankfurt a. M./Leipzig 2008 [1843], S. 9.

50 Prospekt, S. [II]. Mit der deutschen sozialistischen Kritik an Sue beschäftigt sich der Abschnitt »Mystères – Misère« im vierten Kapitel der vorliegenden Studie.

51 Karl Marx, »Peuchet: vom Selbstmord«, in: *Gesellschaftsspiegel*, H. 7, S. 14–26 (im Folgenden zitiert mit dem Kurztitel: Marx, »Peuchet«). Der Text wurde 1932 in den Band I.3 der ersten *Marx-Engels-Gesamtausgabe* (MEGA) aufgenommen (Berlin 1932, S. 391–407), die dann von Stalin gestoppt wurde. In den MEW fehlt der Text. Der entsprechende Band der neuen, zweiten MEGA ist noch nicht erschienen. 1999 (deutsch 2001) wurde der Text in einer kommentierten Einzelausgabe wieder zugänglich gemacht: Karl Marx, *Vom Selbstmord*, hg. v. Eric A. Plaut und Kevin Anderson, Köln 2001 (im Folgenden zitiert als: Marx, *Selbstmord*).

52 Marx, »Peuchet«, S. 14. Michael Löwy schreibt im Vorwort zur Einzelausgabe des Selbstmord-Textes, dass Marx besonders eine »Gesellschaftskritik [schät-

ze], die begreift, daß *das Private politisch* ist. Marx war an einer solchen Kritik besonders interessiert, wenn sie in literarischer oder halbliterarischer Form daherkam: in Roman oder Memoiren« (Michael Löwy, »Ein ungewöhnlicher Marx-Text«, in: Marx, Selbstmord, S. 7–12, hier S. 8f.).

53 Marx, »Peuchet«, S. 15 u. S. 23.

54 Marx, »Peuchet«, S. 17.

55 Marx, »Peuchet«, S. 20. Zur geschlechterpolitischen Dimension von Marx' Artikel vgl. Kevin Anderson, »Der Selbstmord-Artikel im Kontext der Marxschen Schriften zu Entfremdung und Geschlechterverhältnissen«, in: Marx, *Selbstmord*, S. 15–35. Michael Löwy meint, dass der Selbstmord-Artikel »zu den heftigsten Verurteilungen der Frauenunterdrückung [gehöre], die je von Marx veröffentlicht wurden« (Löwy, »Marx-Text«, S. 10). Zur Einordnung des frühen Textes in Marx' Denken über das Geschlechterverhältnis vgl. Heather A. Brown, *Marx on Gender and the Family. A Critical Study*, Leiden 2012, S. 44–48; zu seiner Einordnung in die Geschichte der Soziologie des Selbstmords vgl. Eric A. Plaut, »Der Marx-Artikel im Kontext anderer Selbstmord-Theorien und das Selbstmord-Thema in der Marxschen Biographie«, in: Marx, *Selbstmord*, S. 37–47, sowie Thomas F. Tierney, »The Governmentality of Suicide: Peuchet, Marx, Durkheim, and Foucault«, in: *Journal of Classical Sociology* 10/4 (2010), S. 357–389.

56 Marx, »Peuchet«, S. 14.

57 Marx, »Peuchet«, S. 14.

58 Den selbsttransformatorischen Charakter des Marx'schen Artikels betont auch Charles Barbour, *The Marx Machine. Politics, Polemics, Ideology*, Lanham u.a. 2012, S. 101ff.

59 In einem Brief an Lasalle vom 22. Februar 1858, in dem er vom Stand seiner »ökonomischen Arbeit« berichtet, spricht Marx dieses Ideal aus: »Die Arbeit, um die es sich zunächst handelt, ist Kritik der ökonomischen Kategorien oder, if you like, das System der bürgerlichen Ökonomie kritisch dargestellt. Es ist zugleich Darstellung des Systems und durch die Darstellung Kritik desselben« (Ferdinand Lassalle, *Nachgelassene Briefe und Schriften*, Band 3: *Der Briefwechsel zwischen Lassalle und Marx nebst Briefen von Friedrich Engels und Jenny Marx an Lassalle und von Karl Marx an Gräfin Sophie Hatzfeld*, hg. v. Gustav Mayer, Stuttgart/Berlin 1922, S. 114–117, hier S. 116 [auch MEW 29, S. 549–552, hier S. 550]).

60 Dass Marx seine Strategie der Entpoetisierung in politisch-organisiatorischer Hinsicht durchaus sehr handfest durchzusetzen in der Lage war, das haben wir an seinem Umgang mit Weitling gesehen.

61 [Moses Heß,] »Schicksale weiblicher Dienstboten, in Briefen«, in: *Gesellschaftsspiegel*, H. 9, S. 80–91, u. H. 10, S. 114–133, hier H. 9, S. 80.

62 Maria schreibt an einer Stelle, sie habe erst 15-jährig ihren ersten Dienst angetreten, mittlerweile sei sie 17 Jahre alt; vgl. Heß, Schicksale, H. 9, S. 118. Einen sozialhistorischen Blick auf das »Jahrhundert des Dienstmädchens: Häusliches Gesinde im Wandel« wirft Kocka, *Arbeitsverhältnisse*, S. 109–145.

63 Heß, »Schicksale«, H. 10, S. 125.

64 Heß, »Schicksale«, H. 9, S. 90.

65 Heß, »Schicksale«, H. 10, S. 123 und S. 133.

66 Vgl. dazu in einem theoretisch weiteren und komparatistischen Rahmen Eva

Eßlinger, *Das Dienstmädchen, die Familie und der Sex. Zur Geschichte einer irregulären Beziehung in der europäischen Literatur*, Paderborn 2013. Für den Hegelianer Karl Rosenkranz, *Ästhetik des Häßlichen*, hg. v. Dieter Kliche, Stuttgart 1990 [1853], besteht »das Proletariat« selbst – »die Figuren des Straßenelends und der Spelunken« – schon in realer Gestalt »fast nur aus Karikaturen« (S. 387 f.).

67 [Anonym,] »Die Prostitution in Berlin und ihre Opfer«, in: *Gesellschaftsspiegel*, H. 11, S. 142–152 (im Folgenden zitiert als »Prostitution-Rezension«). Der vollständige Titel des rezensierten Werks lautet: *Die Prostitution in Berlin und ihre Opfer. Nach amtlichen Quellen und Erfahrungen. In historischer, sittlicher, medizinischer und polizeilicher Beziehung beleuchtet*, Berlin 1846.

68 Wilhelm Stieber war seit 1845 in Berlin mit der Überwachung der politischen Opposition betraut. Nachdem er dabei selbst nach damaligen Maßstäben über die Strenge geschlagen hatte – ihm wurden Misshandlung und Fälschung von Beweisen vorgeworfen –, wurde er aus dem Dienst entlassen. Nach der Revolution wieder eingestellt, führte er die Ermittlungen gegen den Bund der Kommunisten an. Karl Marx ist Stieber dafür in seiner Schrift »Enthüllungen über den Kommunisten-Prozeß zu Köln« 1853 scharf angegangen; unter anderem wirft er Stieber erneut Beweismittelfälschung und Meineid vor (MEW 8, S. 405–470). Auf persönliches Geheiß Bismarcks wurde Stieber dann 1867 zum Chef der gesamten Geheim- und politischen Polizei Preußens ernannt. Nach der Reichsgründung konnte er so noch die Sozialistengesetze vorbereiten. Deren Scheitern und Rücknahme 1890 musste Stieber nicht mehr miterleben; er starb 1881, steinreich – er besaß unter anderem mehrere Mietskasernen in den proletarischen Vierteln Berlins – und hochgeehrt. Zu Stiebers Biografie vgl. Julius H. Schoeps, »Agenten, Spitzel, Flüchtlinge. Wilhelm Stieber und die demokratische Emigration in London«, in: Horst Schallenberger und Helmut Schrey (Hg.), *Im Gegenstrom. Festschrift zum 70. Geburtstag von Helmut Hirsch*, Wuppertal 1977, S. 71–104, sowie Richard Albrecht, »Der General und sein Schatten. Engels, Stieber und die preußische Reaktion 1851/52«, in: *Marxistische Blätter* 37.1 (1999), S. 60–65.

69 Gemeint ist *De la prostitution dans la ville de Paris, considérée sous le rapport de l'hygiène publique, de la morale et de l'administration: ouvrage appuyé de documens statistiques puisés dans les archives de la Préfecture de police* des französischen Arztes Alexandre Jean Baptiste Parent du Châtelet, erschienen in zwei Bänden 1836 in Paris.

70 »Prostitution-Rezension«, H. 11, S. 151.

71 »Prostitution-Rezension«, H. 11, S. 144 f. u. S. 148 f.

72 »Prostitution-Rezension«, H. 11, S. 150.

73 F. [Friedrich] Schnake, »Die Polizeigeschichten und ›aus dem Volke‹ von Ernst Dronke«, in: *Gesellschaftsspiegel*, H. 11, S. 152–155. Die Rezension bezieht sich auf Ernst Dronke, *Polizei-Geschichten*, Leipzig 1846, und ders., *Aus dem Volk*, Frankfurt a. M. 1846.

74 [Ernst Dronke,] »Die Sünderin«, in: *Gesellschaftsspiegel*, H. 11, S. 155–163; auch in Dronke, *Aus dem Volk*, S. 235–249. Zu Dronkes »sozialer« Novellistik vgl. die Abschnitte »Frappante Stereotypen: Ernst Dronkes ›Reich und Arm‹« und »Unerbittlichkeit« im vierten Kapitel der vorliegenden Studie.

75 *Gesellschaftsspiegel*, H. 10, S. 134–136.

IV Miserabilismus und Kritik: Vom Elend der Literatur zum Elend der Theorie

1 Eine frühe, eindrückliche Darstellung des Pauperismus findet sich bei Engels, »Briefe aus dem Wuppertal«, MEW 1, S. 413–432. Eine innovative Theoretisierung des Pauperismus bieten zwei Denkschriften von Alexis de Tocqueville, *Das Elend der Armut. Über den Pauperismus*, Berlin 2007 [1835; 1837], eine Materialsammlung Jantke/Hilger, *Eigentumslose.*

2 Zum Begriff des Miserabilismus vgl. Suter, *Rechtstrieb*, S. 170.

3 Ludwig Tieck, *Die Vogelscheuche. Mährchen-Novelle in fünf Aufzügen*, in: ders., *Schriften in zwölf Bänden*, Bd. 11: *Eigensinn und Laune. Schriften 1834–1836*, hg. v. Uwe Schweikert unter Mitarbeit von Gabriele Schweikert, Frankfurt a. M. 1988, S. 419–731, hier S. 491; dazu Wergin, »Maskenball«, S. 659 f. Zu Tiecks Englandreise Roger Paulin, *Ludwig Tieck. Eine literarische Biographie*, München 1988, S. 183 ff.

4 Köpke, *Tieck*, Bd. I, S. 375.

5 Vgl. Eric Hobsbawm, »Die Maschinenstürmer«, in: ders., *Ungewöhnliche Menschen. Über Widerstand, Rebellion und Jazz*, München 1998, S. 15–30, hier S. 17. – Hegel hatte in seiner Vorlesung zur Rechtsphilosophie, zweifellos in Hinsicht auf die sozialen Unruhen der Zeit, festgestellt: »Der abscheulichste Pöbel, den die Phantasie sich gar nicht vorstellen kann, ist daher in England« (Georg Wilhelm Friedrich Hegel, *Die Philosophie des Rechts. Vorlesung von 1821/22*, Frankfurt a. M. 2005, S. 223). Die umfassendste und beste Gesamtdarstellung des Ludditen-Aufstands bietet Robert Reid, *Land of Lost Content. The Luddite Revolt, 1812*, London 1986. Dass der Soldat die Achtung des Eigentums für ein »läppisches Vorurteil« hält, könnte – standesgemäß, so möchte man sagen – auch damit zusammenhängen, das er selbst jüngst an Plünderungen beteiligt war. Dafür boten der Feldzug in den Norden genauso Gelegenheit wie die Expedition nach Spanien. Zu den Maschinenstürmern vgl. das siebte Kapitel der vorliegenden Studie.

6 Köpke, *Tieck*, Bd. I, S. 376.

7 Zur Geschichte der *Inclosure Acts* vgl. Gregory Clark und Anthony Clark, »Common Rights to Land in England, 1475–1839«, in: *The Journal of Economic History*, 61.4 (2001), S. 1009–1036 (die Schreibweise *i/enclosure* war Ende des 18. Jahrhunderts noch nicht standardisiert). Zum Zusammenhang von *enclosures* und Proletarisierung vgl. Peter Linebaugh, *The Magna Carta Manifesto. Liberty and Commons for All*, Berkeley/Los Angeles/London 2008, besonders S. 46–93, sowie die klassische Darstellung bei Karl Marx, »Die sogenannte ursprüngliche Akkumulation des Kapitals«, in: MEW 23, S. 741–791. Zur Entdeckung des Pauperismus durch deutsche Englandreisende – freilich ohne Bezug auf Tieck – vgl. umfassend Tilman Fischer, »Englische Gespenster. Zu den Armutsdarstelllungen in deutschsprachigen Reisebeschreibungen des 19. Jahrhunderts«, in: Elke Brüns (Hg.), *Ökonomien der Armut. Soziale Verhältnisse in der Literatur*, München 2008, S. 105–126.

8 Friedrich Engels, »Deutscher Sozialismus in Versen und Prosa«, in: MEW 4, S. 207–247. Karl Beck, *Lieder vom armen Mann, mit einem Vorwort an das Haus Rothschild*, Leipzig 1846. Der österreichische Dichter, Journalist und promovierte Philosoph Karl Isidor Beck (1817–1879) veröffentlichte zwischen 1838 und 1870 an die zehn

Lyrikbände, aber auch Dramen, Romane und Novellen. Er bewegt sich zeitweise im Umfeld des *Jungen Deutschland*, war mit Georg Herwegh bekannt und geriet im Vormärz mit der preußischen Zensur in Konflikt. Im Zuge der sozialen Verschärfung der 1840er Jahre gab Beck seinen ehedem eher politisch-liberalen Gedichten einen zunehmend sozial-anklägerischen und sozial-reformatorischen Ton. Daran erst stößt sich Engels, zuvor konnte Beck ihm egal sein. Im Österreichisch Biographischen Lexikon 1815–1950 (ÖBL), Bd. 1, Wien 1957, S. 61, wird Beck »als einer der frühesten Dichter des Proletariats« bezeichnet.

9 Beck, *Lieder*, S. 1–32.

10 MEW 4, S. 213 u. S. 207f.

11 MEW 4, S. 219.

12 MEW 4, S. 207.

13 MEW 4, S. 212f.

14 Zur Spiegelung gegenwärtiger Kapitalismuskritik in der zweiten Hälfte des 19. Jahrhunderts vgl. Patrick Eiden-Offe, »Die Immobilienblase von Münsterburg. Gottfried Keller unterscheidet guten von bösem Kapitalismus«, in: *Merkur* 715, 12 (2008), S. 1155–1159.

15 MEW 4, S. 213.

16 MEW 4, S. 217.

17 Vgl. Friedrich Engels, »Alexander Jung. Vorlesung über die moderne Literatur der Deutschen«, in: MEW 1, S. 433–445. Einen Realismus der an Balzac geschulten »Wiedergabe typischer Charaktere unter typischen Umständen« entwirft Engels in einem berühmten Brief an die Schriftstellerin Margaret Harkness vom April 1888 (MEW 37, S. 42–44, hier S. 42). Eine anspruchsvolle Ausarbeitung des Typus-Konzepts findet sich bei Georg Lukács, »Gottfried Keller«, in: ders., *Werke*, Bd. 7: *Deutsche Literatur in zwei Jahrhunderten. Werke*, Neuwied/Berlin 1964, S. 147–230.

18 MEW 4, S. 217.

19 MEW 4, S. 216, S. 221 u. S. 207.

20 Engels sieht bei Beck immerhin noch einige gelungene Stellen, etwa eine treffende »Darstellung des Lumpenproletariats«, wobei das Treffende der Darstellung vielleicht gerade darin liegt, dass diese sich in einem »formlosen und endlosen Gedicht« (MEW 4, S. 219) findet: Das Lumpenproletariat ist für Engels (wie für Marx) auch als *soziale* Figuration genau das, was sich Form und Formung entzieht; eben darum kommt es dem formschwachen Beck entgegen. Zur perhorreszierten Formlosigkeit des »Lumpenproletariats« vgl. Nicholas Thoburn, »Difference in Marx: The Lumpenproletariat and the Proletarian Unnamable«, in: *Economy and Society* 31.3 (2002), S. 434–460, sowie Peter Stallybrass, »Marx and Heterogeneity. Thinking the Lumpenproletariat«, in: *Representations* 31, Special Issue: *The Margins of Identity in Nineteenth-Century England* (Summer 1990), S. 69–95.

21 MEW 4, S. 222.

22 »Das Manuskript [»Die deutsche Ideologie«], zwei starke Oktavbände, war längst an seinem Verlagsort in Westphalen angelangt, als wir die Nachricht erhielten, daß veränderte Umstände den Druck nicht erlaubten. Wir überließen das Manuskript der nagenden Kritik der Mäuse um so williger, als wir unsern Hauptzweck erreicht hatten – Selbstverständigung« (Marx, *Zur Kritik der politischen Ökonomie. Vorwort*, in: MEW 13, S. 7–11, hier S. 10).

23 Friedrich Engels, »Die wahren Sozialisten«, in: MEW 4, S. 248–290. Für eine gründliche, archivgestütze Biografie Dronkes vgl. Alphonso A. Frost, Jr., *Ernst Dronke. His Life and His Work*, New York u. a. 1989.

24 MEW 4, S. 280.

25 MEW 4, S. 281.

26 Ernst Dronke, »Reich und Arm«, in: ders., *Aus dem Volk & Polizeigeschichten. Frühsozialistische Novellen 1846*, Köln 1981, S. 13–90, hier S. 24.

27 Dronke, »Reich und Arm«, S. 39.

28 Dronke, »Reich und Arm«, S. 83.

29 Dronke, »Reich und Arm«, S. 84.

30 Dronke, »Reich und Arm«, S. 87.

31 Zum Hintergrund vgl. Hanna Manchin, »The Grisette as the Female Bohemian«, online abrufbar unter {www.mtholyoke.edu/courses/rschwart/hist255s13/grisette/manchin.htm} (letzter Aufruf 1.2.2016), sowie das Kapitel »Maggie, Not a Girl of the Streets«, in: Daniel Cottom, *International Bohemia: Scenes of Nineteenth-Century Life*, Philadelphia 2013, S. 37–72. Als zeitgenössische Quelle vgl. Hans Wachenhusen, *Die Grisette. Ein Pariser Sittenbild*, Berlin 1855.

32 Vgl. Ernst Dronke, *Berlin*, Berlin 1987 [1846], besonders den Abschnitt »Die Grisette«, S. 33 f., wo es heißt: »Fast alle Arbeiterinnen haben ein ›Verhältnis‹.«

33 Claude Meillassoux, *»Die wilden Früchte der Frau«. Über häusliche Produktion und kapitalistische Wirtschaft*, Frankfurt a. M. 1983, S. 65.

34 »Der Schmerz einer Mutter ist riesengroß und meerestief wie kaum ein zweiter in der Welt. Fast jede Mutter, die ein totes Kind beweint, wird zu einer heiligen Mater dolorosa, vor welcher selbst jeder Fremde in ehrfurchstvoller Ferne stehenbleibt.« – So heißt es von der kleinbürgerlich-proletarisierten Amalie, der die »kleine Anna« gestorben ist, bei Louise Otto-Peters, *Schloss und Fabrik. Erste vollständige Ausgabe des 1846 zensierten Romans*, hg. u. mit e. Nachwort vers. v. Johanna Ludwig, Leipzig 1996, S. 132.

35 Vgl. dazu Gisela Mettele, »Mary und Lizzie Burns. Die Lebensgefährtinnen von Friedrich Engels«, in: *Marx-Engels-Jahrbuch* 2011, Berlin 2012, S. 130–149, sowie die aktuelle Engels-Biografie von Tristram Hunt, *Engels. Der Mann, der den Marxismus erfand*, Berlin 2012, besonders S. 272 ff. u. S. 304–314.

36 Engels' großes Spätwerk findet sich in MEW 21, S. 25–173.

37 Engels, MEW 4, S. 219.

38 Otto-Peters, *Schloss*, S. 68. Die engagierte Frauenrechtlerin Louise Otto-Peters ist nicht nur für ein *Recht der Frauen auf Erwerb* – so der Titel ihrer vielleicht bekanntesten Kampfschrift von 1866 – eingetreten, sondern hat auch immer wieder die Verantwortung gerade bürgerlicher Frauen für die Bekämpfung der negativen Folgen der Industrialisierung betont. In der Figur der Pauline zeichnet sie ein warnendes Portrait, das zeigt, wohin das bürgerliche Engagement auch ausschlagen kann, wenn der Narzissmus des Helfenwollens nicht rational kontrolliert wird. Zu Otto-Peters' Sozialprogrammatik, die bisweilen und nicht ganz unzutreffend mit der Bettine von Arnims verglichen wurde, vgl. Helen G. Morris-Keitel, »Not ›until Earth is Paradise‹: Louise Otto's Refractured Feminine Ideal«, in: *Women in German Yearbook* 12 (1996), S. 87–100, sowie Irina Hundt, »›Sich mit warmen Herzen an der Zeit und ihren Interessen betheiligen‹. Bettina von Arnim, der Fall Schlöffel und der

Roman *Schloß und Fabrik* von Louise Otto«, in: *Louise-Otto-Peters-Jahrbuch* (2004), S. 163–170.

39 Otto-Peters, *Schloss*, S. 76 f.

40 Vgl. auch Ernst Adolf Willkomm, *Weisse Sclaven oder die Leiden des Volkes*, Leipzig: Kollmann 1845; im Folgenden zitiert nach dem Reprint: Berlin 2013; das Kapitel »Des Armen Weihnachten«, S. 438–448. Zur Ideologie der »deutschen Weihnacht«, etwa bei Wilhelm Heinrich Riehl, und zu deren sozialkritischer Zuspitzung im Vor- und Nachmärz vgl. Eiden-Offe, »Nachbarschaft«, S. 254 f.

41 Hans Adler, »Der soziale Roman«, in: Gert Sautermeister und Ulrich Schmid (Hg.), *Zwischen Revolution und Restauration 1815–1848. Hanser Sozialgeschichte der Literatur*, Bd. 5, München 1998, S. 195–209, hier S. 204.

42 Einen Stammbaum derer von Boberstein, an dem sich die Verwicklungen der Handlung gut nachvollziehen lassen, findet sich bei Hans Adler, *Soziale Romane im Vormärz*, München 1980, S. 75; auf den S. 68–77 referiert Adler die »erzählte Handlung« des Romans.

43 Willkomm, *Weisse Sclaven*, S. 650 ff. Vgl. dazu den Abschnitt »Rache und Klasse« im siebten Kapitel der vorliegenden Studie.

44 Dronke, »Reich und Arm«, S. 38 f.

45 Dronke, »Reich und Arm«, S. 85.

46 Dronke, »Reich und Arm«, S. 90.

47 Vgl. Sebastian Susteck, *Kinderlieben. Studien zum Wissen des 19. Jahrhunderts und zum deutschsprachigen Realismus von Stifter, Keller, Storm und anderen*, Berlin/New York 2010, S. 129 ff.

48 Dronke, »Reich und Arm«, S. 90.

49 Willkomm, *Weisse Sclaven*, S. 383.

50 Adler, *Soziale Romane*, S. 108 ff., nennt diesen Aspekt das »mythische Paradigma«.

51 So die Formulierung aus Marx' und Engels' *Deutscher Ideologie*, MEW 3, S. 35.

52 MEW 4, S. 281.

53 Dronke, »Vorwort«, in: ders., *Aus dem Volk*, S. 10.

54 Vgl. das Spottgedicht »Die Tendenz« aus Heines *Zeitgedichten:* »Deutscher Sänger! sing und preise / Deutsche Freiheit, daß dein Lied / Unsrer Seelen sich bemeistre / Und zu Taten uns begeistre, / In Marseillerhymnenweise. // Girre nicht mehr wie ein Werther, / Welcher nur für Lotten glüht – / Was die Glocke hat geschlagen,/ Sollst du deinem Volke sagen, / Rede Dolche, rede Schwerter! // Sei nicht mehr die weiche Flöte, / Das idyllische Gemüt – / Sei des Vaterlands Posaune, / Sei Kanone, sei Kartaune, / Blase, schmettre, donnre, töte! // Blase, schmettre, donnre täglich, / Bis der letzte Dränger flieht – / Singe nur in dieser Richtung, / Aber halte deine Dichtung / Nur so allgemein als möglich.« (Heine, *Neue Gedichte*, in: ders., Schriften, Bd. 7, S. 297–433, hier S. 422 f.) Zur Erläuterung der »sogenannte[n] politische[n] Dichtkunst«, von der nur »vage[r], unfruchtbare[r] Pathos« und »nutzlose[r] Enthusiasmusdunst« zu erwarten sei, vgl. Heines Vorwort zu seinem Versepos *Atta Troll*, in: ders., *Schriften*, Bd. 7, S. 493–496, hier S. 494.

55 Vgl. dazu Rüdiger Campe, »Vor Augen stellen. Über den Rahmen rhetorischer Bildgebung«, in: Gerhard Neumann (Hg.), *Poststrukturalismus. Herausforderung an die Literaturwissenschaft*, Stuttgart/Weimar 1997, S. 208–225.

56 Dronke, »Vorwort«, in: ders., *Aus dem Volk*, S. 10 (Zusatz vom Hg.).

57 MEW 4, S. 279.

58 MEW 4, S. 280.

59 Auch dies macht Dronke explizit; vgl. die »Einleitung«, in der die Vorgeschichte der Entführung Pauls erzählt wird: »– Wir überspringen hier einen Zeitraum von zwanzig Jahren. Es ist nicht unsere Absicht, den Leser durch eine Reihe seltsamer Schicksale und Konflikte des Verlorenen spannen zu wollen; was wir zu erzählen haben, ist nichts als ein einfaches Bild aus dem Leben, und wir machen den Leser vielmehr von vornherein zum Vertrauten aller Verhältnisse der Beteiligten« (Dronke, »Reich und Arm«, S. 15 f.).

60 MEW 4, S. 279.

61 Den »Roman des Nebeneinander« propagiert Karl Gutzkow, »Der Roman des Nebeneinander«, in: Plumpe, *Theorie*, S. 211 f. (der Text entstammt dem Vorwort zu Gutzkows *Die Ritter vom Geiste* von 1850). Dagegen vorgegangen im Namen eines erzählerisch-logischen Nacheinanders sind Gustav Freytag und Julian Schmidt in ihrer Zeitschrift *Die Grenzboten*, aus der verschiedene Beiträge abgedruckt sind in: Plumpe, *Theorie*, S. 212–225. Vgl. dazu das Kapitel »Die Schließung der Literatur und die Literaturprogrammatik« in: Susteck, *Kinderlieben*, S. 132–139. Der Streit wurde, nun unter dem Vorzeichen eines Streits zwischen Realismus und Naturalismus, wieder aufgenommen von Georg Lukács, der nicht nur als Engels', sondern auch als Schmidts Nachfolger gelten kann. Vgl. Georg Lukács, »Beschreiben oder Erzählen?« [1936], in: ders., *Werke*, Bd. 4: *Essays über Realismus*, Neuwied/Berlin 1971, S. 197–242. Für eine verschiebende und das Wertungsschema umkehrende Wiederaufnahme der Problematik vgl. Eva Geulen, »Depicting Description: Lukács and Stifter«, in: *The Germanic Review* 73.3 (1998), S. 267–279.

62 Dronke, »Reich und Arm« , S. 19.

63 Dronke, »Reich und Arm« , S. 22.

64 Dronke, »Reich und Arm« , S. 22. Zu den Qualitäten Dronkes vgl. trocken, aber zutreffend Frost, *Dronke*, S. 149: »Dronke is at his best, in my opinion, when he describes Berlin and the life style of its inhabitants.« Dabei bezieht sich Frost ausdrücklich auf »Reich und Arm«, nicht etwa auf *Berlin*.

65 Dronke, »Reich und Arm«, S. 24.

66 Tieck, *Tischlermeister*, S. 75.

67 Dronke, »Reich und Arm«, S. 54.

68 Dronke, »Reich und Arm«, S. 82.

69 Ebendieser »Wertehimmel« wird zum Ausgangspunkt einer kritischen Analyse der Institution Familie bei Albrecht Koschorke et al., *Vor der Familie. Grenzbedingungen einer modernen Institution*, Konstanz 2010, S. 7.

70 Dronke, »Reich und Arm«, S. 87.

71 Georg Büchner, *Woyzeck*, MBA 7.1, S. 63.

72 MEW 4, S. 207.

73 MEW 4, S. 281.

74 Als Entgegnung auf den in Dronkes Novelle »Die Sklaven der Intelligenz« (in: ders., *Aus dem Volk*, S. 125–174) erhobenen Anspruch, dass auch die freischwebenden, prekären Schriftsteller zum Proletariat gehören, schreibt Engels: »Wenn es einmal dazu kommt, daß die deutschen Proletarier mit der Bourgeoisie und den übrigen

besitzenden Klassen die Bilanz abschließen, so werden sie es den Herren Literaten, dieser lumpigsten aller käuflichen Klassen, vermittelst der Laterne beweisen, inwiefern auch sie Proletarier sind« (MEW 4, S. 281). Von intellektuellen »Prolatariern« will auch Engels offenbar nichts wissen.

75 Karl Marx und Friedrich Engels, *Die Heilige Familie, oder Kritik der kritischen Kritik. Gegen Bruno Bauer & Consorten* [1845], in MEW 2, S. 3–223. In der *Heiligen Familie* vollziehen Marx und Engels den endgültigen Bruch mit der junghegelianischen Partei, die sie in Gestalt ihres Vordenkers Bruno Bauer und seiner Schüler abfertigen. »Szeliga« ist das Pseudonym des Berliner Offiziers und Journalisten Franz von Zychlin. Die Auseinandersetzung mit jenen Junghegelianern, die Marx und Engels auch theoretisch noch näherstanden: mit Feuerbach und Stirner, wird in der (damals unveröffentlicht gebliebenen) *Deutschen Ideologie* fortgesetzt (MEW 3). Vgl. dazu instruktiv Étienne Balibar, *Marx' Philosophie*, Berlin 2013, besonders das Kapitel »Die Welt verändern: von der *Praxis* zur Produktion«, S. 37–74, und Wolfgang Eßbach, *Gegenzüge. Der Materialismus des Selbst und seine Ausgrenzung aus dem Marxismus. Eine Studie über die Kontroverse zwischen Max Stirner und Karl Marx*, Frankfurt a. M. 1982.

76 MEW 2, S. 58.

77 MEW 2, S. 57.

78 MEW 2, S. 59.

79 Vgl. das 8. Kapitel, »Weltgang und Verklärung der ›Kritischen Kritik‹ oder ›die kritische Kritik‹ als Rudolph, Fürst von Gerolstein«, in: MEW 2, S. 172–221; von Marx verfasst.

80 MEW 2, S. 205.

81 So Norbert Bachleitner, *Der englische und französische Sozialroman des 19. Jahrhunderts und seine Rezeption in Deutschland*, Amsterdam/Atlanta 1993, S. 166.

82 MEW 2, S. 175.

83 MEW 2, S. 181.

84 MEW 2, S. 208.

85 MEW 2, S. 212.

86 Pierre-Joseph Proudhon, *Was ist das Eigentum? Untersuchungen über die Grundsätze des Rechts und der Regierung*, Münster 2013.

87 Karl Marx, *Misère de la philosophie. Réponse à la philosophie de la misère de M. Proudhon*, Paris/Brüssel 1847. Die deutsche Übersetzung von Karl Kautsky und Eduard Bernstein erschien mit einem Vorwort von Engels erst 1885 bei Dietz in Stuttgart; in: MEW 4, S. 63–182.

88 Pierre-Joseph Proudhon, *System der ökonomischen Widersprüche oder: Philosophie des Elends*, Berlin 2003. Eine erste deutsche Übersetzung des *Système* von Karl Grün und Wilhelm Jordan ist schon 1847 unter dem Titel *Philosophie der Staatsökonomie oder Notwendigkeit des Elends* bei Leske in Darmstadt erschienen.

89 Vgl. den Unterabschnitt »Übertreibung und Distanz: Der Stil der Kritik« im dritten Kapitel dieses Buches.

90 MEW 4, S. 66.

91 MEW 4, S. 71.

92 Zuvor hatte Marx eine Passage von Ricardo zitiert: »*Vermindert die Herstellungskosten* der Hüte, und ihr Preis wird schließlich auf ihren neuen natürlichen Preis

herabgehen, mag auch die Nachfrage sich verdoppeln, verdreifachen oder vervierfachen. *Vermindert die Unterhaltskosten der Menschen* durch Ermäßigung des natürlichen Preises der zum Leben notwendigen Nahrung und Kleidung, und ihr werdet sehen, wie die Löhne fallen, selbst wenn die Nachfrage nach Arbeitern erheblich steigen sollte« (MEW 4, S. 82).

93 MEW 4, S. 82 f.

94 Vgl. dazu Theodor W. Adorno, *Der Jargon der Eigentlichkeit. Zur deutschen Ideologie*, Frankfurt a. M. 1964, S. 137 ff.: »Daß jene Sprache tatsächlich Ideologie, gesellschaftlich notwendiger Schein sei, läßt immanent sich aufdecken am Widerspruch zwischen ihrem Wie und ihrem Was. Der Jargon, in seiner objektiven Unmöglichkeit, reagiert auf die heraufdämmernde von Sprache selbst. Entweder diese verschreibt sich dem Markt, dem Gewäsch, der herrschenden Gemeinheit. Oder sie drängt sich auf den Richterstuhl, hüllt sich in den Talar und bekräftigt dadurch das Privileg. Der Jargon ist die glückliche Synthesis, und darüber explodiert er.«

95 MEW 4, S. 131.

96 MEW 4, S. 131.

97 MEW 4, S. 133.

98 Vgl. MEW 4, S. 106 ff.

99 MEW 4, S. 133.

100 MEW 4, S. 144 u. S. 158.

101 MEW 4, S. 133 f.

102 MEW 4, S. 145, S. 138, S. 132.

103 MEW 4, S. 141.

104 Louise Otto-Peters schreibt pointiert, dass die Fabrik »Brot und Elend zugleich« gebe; Otto-Peters, *Schloss*, S. 71.

105 MEW 4, S. 122.

106 MEW 4, S. 123 f.

107 MEW 4, S. 154. Wenn in unserer Gegenwart der »methodische Nationalismus« der Geschichts- und Sozialwissenschaften kritisiert und im Zuge eines *global turn* korrigiert werden soll, dann können diese Versuche in Marx einen frühen Gewährsmann finden. Vgl. Marcel van der Linden und Karl Heinz Roth, »Ergebnisse und Perspektiven«, in: dies. (Hg.), *Über Marx hinaus. Arbeitsgeschichte und Arbeitsbegriff in der Konfrontation mit den globalen Arbeitsverhältnissen des 21. Jahrhunderts*, Berlin/Hamburg 2009, S. 557–600.

108 Vgl. Marcel van der Linden, *Workers of the World. Essays toward a Global Labor History*, Leiden 2008.

109 Vgl. den Abschnitt »Die Möglichkeiten der Literatur: Ernst Willkomms *Weisse Sclaven oder die Leiden des Volkes*« im sechsten Kapitel.

110 MEW 4, S. 69.

111 MEW 4, S. 68.

112 MEW 4, S. 74.

113 MEW 4, S. 160.

114 MEW 4, S. 92 f. Bei den Skrofeln (oder der Skrofulose) handelt es sich um eine mit Ausschlägen und Geschwulstbildungen verbundene Hauterkrankung im Halsbereich.

115 MEW 4, S. 93.

116 MEW 4, S. 93.

117 Zur lohntheoretischen Voraussetzung dieser Volte erklärt Marx: »Die Arbeit, wo sie selbst Ware ist, mißt sich als solche durch die Arbeitszeit, welche zur Herstellung der Ware Arbeit notwendig ist. Und was ist zur Herstellung der Ware Arbeit nötig? Genau die Arbeitszeit, die notwendig ist zur Herstellung der Gegenstände, die unerläßlich sind zum ununterbrochenen Unterhalt der Arbeit, d.h. um den Arbeiter in den Stand zu setzen, sein Leben zu fristen und seine Rasse fortzupflanzen. Der natürliche Preis der Arbeit ist nichts anderes als das Minimum des Lohnes.* Wenn der Marktpreis des Lohnes sich über seinen natürlichen Preis erhebt, so kommt dies gerade daher, daß das von Herrn Proudhon als Prinzip aufgestellte Wertgesetz in dem Wechsel des Verhältnisses von Angebot und Nachfrage sein Gegengewicht findet. Aber das Lohnminimum bleibt nichtsdestoweniger der Mittelpunkt, nach welchem der Marktpreis des Lohnes gravitiert« (MEW 4, S. 83); bei * folgt in der deutschen Ausgabe von 1885 eine Anmerkung von Engels: »Der Satz, daß der ›natürliche‹, d.h. normale Preis der Arbeitskraft zusammenfällt mit dem Minimum des Lohnes, d.h. mit dem Wertäquivalent der zum Leben und zur Fortpflanzung des Arbeiters absolut notwendigen Lebensmittel - dieser Satz wurde zuerst von mir aufgestellt in den ›Umrissen zu einer Kritik der Nationalökonomie‹ (*Deutsch-Französische Jahrbücher*, Paris 1844) und in der *Lage der arbeitenden Klasse in England.* Wie man hier sieht, hatte Marx diesen Satz damals akzeptiert. Von uns beiden hat Lassalle ihn übernommen. Wenn aber auch in der Wirklichkeit der Arbeitslohn die beständige Tendenz hat, sich seinem Minimum zu nähern, so ist der obige Satz dennoch falsch. Die Tatsache, daß die Arbeitskraft in der Regel und im Durchschnitt unter ihrem Wert bezahlt wird, kann ihren Wert nicht ändern. Im *Kapital* hat Marx sowohl den obigen Setz richtiggestellt (Abschnitt ›Kauf und Verkauf der Arbeitskraft‹) wie auch (Kap. XXIII, ›Das allgemeine Gesetz der kapitalistischen Akkumulation‹) die Umstände entwickelt, welche der kapitalistischen Produktion erlauben, den Preis der Arbeitskraft mehr und mehr unter ihren Wert zu drücken« (MEW 4, S. 83).

118 MEW 4, S. 123.

119 Eric Hobsbawm, »The British Standard of Living, 1790–1850« und »The Standard of Living Debate: a Postscript«, in: ders., *Labouring Men. Studies in the History of Labour*, London 1986 [1964], S. 64–104 u. S. 120–125.

120 Hobsbawm, »Standard Postscript«, S. 122.

121 Zu dieser Debatte, die zwischen Dichtern und Historikern ausgetragen wurde, vgl. W.A. Speck, »Robert Southey, Lord Macaulay, and the Standard of Living Controversy«, in: *History. The Journal of the Historical Association* 86.284 (2001), S. 467–477, sowie das Kapitel »Winners and Losers: Living through the Industrial Revolution« in: Emma Griffin, *A Short History of the British Industrial Revolution*, New York 2010, S. 144–161.

122 Tieck, *Tischlermeister*, S. 76.

123 Kocka, *Traditionsbindung*, S. 373.

124 E.P. Thompson, »Zeit, Arbeitsdisziplin und Industriekapitalismus«, in: ders., *Plebeische Kultur*, S. 34–65, hier S. 43f.

125 Thompson, »Zeit«, S. 43.

126 Thompson, »Zeit«, S. 58f.

127 Thompson, »Zeit«, S. 53 u. S. 48.

128 Tieck, *Tischlermeister*, S. 62. Vgl. dazu die Abschnitte »Zünftige Repräsentation« und »Affektpolitik von oben« im ersten Kapitel der vorliegenden Studie.

128 Thompson, »Zeit«, S. 43.

130 Zur Rolle des Uhrmacherhandwerks bei den technischen Innovationsschüben zu Beginn der industriellen Revolution vgl. Thompson, »Zeit«, S. 41. Justus Möser hat zeitgenössisch ausgerechnet die Tischler und Uhrmacher herangezogen, um den Niedergang handwerklicher Fertigkeit und den damit einhergehenden sozialen Statusverlust zu illustrieren. Vgl. Möser, »Verfall«, S. 182 f.

131 Vgl. dazu MEW 23, S. 85–98.

132 Tieck, *Tischlermeister*, S. 78 f.; Thompson, »Zeit«, S. 43, bestätigt sozialhistorisch den Befund, der zu Leonhards Klage Anlass gibt: »Obwohl einige sehr billige – und entsprechend minderwertige – Uhren auf den Markt kamen, blieben die Preise leistungsfähiger Modelle noch mehrere Jahrzehnte für den Handwerker unerschwinglich.«

133 Thompson, »Zeit«, S. 64.

134 Thompson, »Zeit«, S. 64.

135 MEW 42, S. 604.

136 Birger P. Priddat, »›Reiche Individualität‹ – Karl Marx' Kommunismus als Konzeption der ›freien Zeit für freie Entwicklung‹«, in: Ingo Pies und Martin Leschke (Hg.), *Karl Marx' kommunistischer Individualismus*, Tübingen 2005, S. 124–146, hier S. 129.

137 E. P. Thompson, »Time, Work-Discipline, and Industrial Capitalism«, in: ders., *Customs in Common*, Pontypol 1991, S. 352–403, hier S. 402.

138 Zum Kampf um das Nächste, um Arbeitszeitverkürzung z. B., der zugleich ein Kampf ums Fernste, ein utopischer Kampf und ein solcher um die Utopie sein kann, vgl. Ernst Bloch, *Das Prinzip Hoffnung*, Bd. 2, Frankfurt a. M. 1985 [1959], das Kapitel »Achtstundentag, Welt in Frieden, Freizeit und Muße«, S. 1039–1088, und hier besonders den letzten Absatz: »Muße, als unerläßliches, erst halb erforschtes Ziel«, S. 1080–1088.

139 Jacques Derrida, *Falschgeld. Zeit geben I*, München 1993, S. 43.

140 Benjamin, »Begriff der Geschichte«, These XV, S. 103.

V Lohnarbeit und Sklaverei: Uneingelöste Freiheitsversprechen

1 Fernand Braudel, *Sozialgeschichte des 15.–18. Jahrhunderts*, Bd. 3: *Aufbruch zur Weltwirtschaft*, München 1986, S. 65.

2 Zum Begriff der »labouring poor« vgl. Marx, *Kapital I*, MEW 23, S. 788: »Der Ausdruck ›labouring poor‹ [›arbeitende Arme‹] findet sich in den englischen Gesetzen vom Augenblick, wo die Klasse der Lohnarbeiter bemerkenswert wird. Die ›labouring poor‹ stehn im Gegensatz, einerseits zu den ›idle poor‹ [›müßigen Armen‹], Bettlern usw., andrerseits zu den Arbeitern, die noch keine gepflückten Hühner, sondern Eigentümer ihrer Arbeitsmittel sind. Aus dem Gesetz ging der Ausdruck ›labouring poor‹ in die politische Ökonomie über, von Culpeper, J. Child usw.

bis A. Smith und Eden.« Die Zusätze in eckigen Klammern stammen von den Herausgebern.

3 Die Wendung »cash nexus« findet sich bei Carlyle nicht wörtlich; in seinem Essay »Chartism« – einer entschiedenen Parteinahme für die frühe Arbeiterbewegung – beschreibt er seine Gegenwart als »these complicated times, with Cash Payment as the sole nexus between man and man« (Thomas Carlyle, *Chartism*, London 1840, S. 66). In *Past and Present*, seinem großen Essay zur Lage der Nation von 1843, zitiert sich Carlyle mit dieser Formulierung in verschiedenen Varianten immer wieder selbst; Thomas Carlyle, *Past and Present*, Berkeley/Los Angeles/London 2005, S. 149, 170, 186, 188, 189. Hier bezieht er den *cash nexus* deutlich auf die Lohnarbeit als gesellschaftliche Form: »We have profoundly forgotten everywhere that *Cash-payment* is not the sole relation of human beings; we think, nothing doubting, that *it* absolves and liquidates all engagements of man. ›My starving workers?‹ answers the rich Mill-owner: ›Did not I hire them fairly in the market? Did I not pay them to the last sixpence the sum covenanted for? What have I to do with them more?‹« (S. 149) Engels hat *Past and Present* in den *Deutsch-Französischen Jahrbüchern* eine äußerst wohlwollende Rezension gewidmet; vgl. Friedrich Engels, »Die Lage Englands von Friedrich Engels in Manchester, ›Past and Present‹ by Thomas Carlyle, London 1843«; MEW 1, S. 525–549.

4 MEW 2, S. 405 f. Der Titel des Gedichts lautet im Original »The Steam King« und umfasst noch zwei weitere Strophen. Es ist wiederabgedruckt in Peter Scheckner (Hg.), *An Anthology of Chartist Poetry: Poetry of the British Working Class, 1830s–1850s*, Cranbury/London/Mississauga 1989, S. 287 f. Das Gedicht war am 11. Februar 1843 in der Wochenzeitung *The Northern Star* erschienen, dem wichtigsten Organ der Chartisten. Die ambitionierte Übersetzung stammt von Engels selbst, der immer wieder Gedichte der englischen Arbeiterbewegung ins Deutsche übertragen hat, aber auch umgekehrt deutsche Gedichte ins Englische – so etwa Heines »Schlesische Weber«. Engels' Übersetzung erschien am 13. Dezember 1844 in *The New Moral World*, der Zeitung der Owenites; vgl. MEW 2, S. 512 f. Engels' Rolle und Rang als Übersetzer wären eine eigene Untersuchung wert.

5 Edward P. Mead, »The Steam King«, S. 288.

6 Die Personifikation der rituellen Opferungen von Kindern, die im Alten Testament unter der Bezeichnung »Moloch« in Gestalt eines finsteren Königs auftauchen, ist in der britischen Tradition seit Miltons Moloch, dem »horrid King besmear'd with blood / Of human sacrifice, and parent's tears«, bekannt (John Milton, *Paradise Lost*, in: ders., *Milton's Poetical Works in Two Volumes*, Bd. 1, New York 1831, S. 15–274, hier S. 25 [Buch I, Vers 392 f.]). Zur Metaphorisierung der großen Industrie als »Monster«, das wiederum Monster gebiert, vgl. Patrick Brantlinger, *The Reading Lesson. The Threat of Mass Literacy in Nineteenth Century British Fiction*, Bloomington 1998, das Kapitel »The Reading Monster«, S. 49–68, besonders S. 67 f.

7 Zur chartistischen »Politics of Form« vgl. Margaret Loose, *The Chartist Imaginary. Literary Form in Working-Class Political Theory and Practice*, Columbus 2014.

8 Vgl. Mike Sanders, *The Poetry of Chartism*, Cambridge u. a. 2009, S. 205–223.

9 Zum aktivistischen Aspekt von Meads Gedicht vgl. Linda K. Hughes, *The*

Cambridge Introduction to Victorian Poetry, Cambridge u.a. 2010, S. 120. Hughes betont hier zudem, dass die »biblical allusion« des kinderfressenden Molochs durch den exzessiven Einsatz von Kinderarbeit in der zeitgenössischen Industrie motiviert sei.

10 Dieser Abschnitt und Teile der nächsten Abschnitte sind eine überarbeitete und erweiterte Fassung von Patrick Eiden-Offe, »*Weisse Sclaven*, oder: Wie frei ist die Lohnarbeit? Freie und unfreie Arbeit in den ökonomisch-literarischen Debatten des Vormärz«, in: Nickel, *Geld*, S. 183–214.

11 Vgl. Weitling, *Garantien*, S. 9–120.

12 Der Urzustand ist bei Weitling dabei weniger real-historische Annahme als Konstruktion einer Kontrastfolie, vor der sich die »Übel der Gegenwart« schärfer konturieren lassen: »Welche Kluft zwischen damals und heute! Welch veränderter Zustand der Gesellschaft in unsern heutigen zivilisierten Ländern!« (Weitling, *Garantien*, S. 10).

13 Weitling, *Garantien*, S. 42. Weitling beobachtet hier insofern eine anthropologische Transformation, als den Menschen das Bewusstsein einer gemeinsamen Gattungszugehörigkeit verloren gehe. Zur »Entsozialisierung« und »Entpersönlichung« des Sklaven vgl. Claude Meillassoux, *Anthropologie der Sklaverei*, Frankfurt a. M./New York/Paris 1989, S. 101–109.

14 Vgl. Weitling, *Garantien*, S. 10: »Glücklich ist nur der Zufriedene, und zufrieden kann nur der sein, der Alles haben kann, was jeder Andere hat.«

15 Weitling, *Garantien*, S. 41. Die Kapitel über »Die Erfindung des Geldes« (S. 48–66) und über die »Geld- und Warenkrämerei« (S. 99–114) sind die längsten im ersten Teil der *Garantien.*

16 Weitling, *Garantien*, S. 55.

17 Weitling, *Garantien*, S. 49.

18 So heißt es im »Preface« zum Blakes Epos *Milton* von 1804: »And was Jerusalem builded here, / Among these dark Satanic Mills?« (William Blake, *Milton. A Poem in 2 Books*, in: ders., *The Complete Poetry and Prose of William Blake*, hg. v. David V. Erdman, Commentary by Harold Bloom, New York 1988, S. 95–144, hier S. 95). Zu Blakes Opposition gegen die Industrialisierung vgl. die klassische Studie von Jacob Bronowski, *William Blake and the Age of Revolution*, London 1972. Zur Einordnung von Blakes Hymne in die Geschichte der zeitgenössischen Klassenkämpfe in England und im globalen Kontext vgl. Linebaugh, »Ned Ludd«, S. 78 f.

19 Die Ablehnung der Arbeit als stumpfe, abstumpfende Tätigkeit ist bei Weitling vergleichbar mit dem, was Rancière aus den zeitgenössischen französischen Quellen herausarbeitet; vgl. Rancière, *Nacht*, besonders S. 72–87, wo anschaulich von der »Katastrophe der Arbeit« (S. 78) und dem »Schmerz der gestohlenen Zeit« (S. 72) die Rede ist.

20 Weitling, *Garantien*, S. 52.

21 Quentin Skinner, »John Milton und die Politik der Sklaverei«, in: ders., *Visionen des Politischen*, Frankfurt a. M. 2009, S. 196–223, hier S. 197; mit dem Terminus »Politik der Sklaverei« beschreibt Skinner Miltons publizistisch-propagandistische Strategie zur Legitimation der Absetzung und Hinrichtung Karls I.

22 Weitling, *Garantien*, S. 50.

23 Weitling, *Garantien*, S. 11 und S. 52. Weitlings »Politik der Sklaverei« wird hier – wie schon bei Büchner – zu einer »Politik der Gattung«; die Zugehörigkeit zur Gattung und die Tier-Mensch-Differenz werden zum Gegenstand des politischen Streits.

24 Weitling, *Garantien*, S. 43.

25 Friedrich Engels, »Lage Englands, Past and Present«; »Die Lage Englands«, Artikelserie aus dem Pariser *Vorwärts!*, 31. August bis 19. Oktober 1844, MEW 1, S. 550–592; *Die Lage der arbeitenden Klasse in England*, MEW 2, S. 225–506.

26 Engels, »Lage Englands (Vorwärts)«, MEW 1, S. 557.

27 MEW 6, S. 397–423. Die Artikelserie geht auf eine Reihe von Vorträgen zurück, die Marx im Dezember 1847 noch im belgischen Exil beim deutschen Arbeiterverein in Brüssel gehalten hat.

28 MEW 6, S. 401.

29 MEW 6, S. 401.

30 MEW 2, S. 404 f.

31 MEW 2, S. 405.

32 MEW 2, S. 310.

33 MEW 2, S. 310 f. Darüber empört sich besonders, wie gezeigt, die familienfixierte miserabilistische Literatur.

34 MEW 2, S. 398.

35 MEW 2, S. 397 u. S. 399 f.

36 MEW 2, S. 399 f.

37 MEW 2, S. 307.

38 MEW 2, S. 310.

39 MEW 6, S. 401.

40 MEW 6, S. 406 f.

41 MEW 23, S. 326 u. S. 618.

42 MEW 2, S. 120.

43 Über die Genese des Abolitionismus »von unten« aus den Arbeitskämpfen und Aufständen eines multiethnischen »atlantischen Proletariats« im gesamten 18. Jahrhundert vgl. Linebaugh/Rediker, Hydra, S. 229–267.

44 Vgl. Birgitta Bader-Zaar, »Abolitionismus im transatlantischen Raum: Organisationen und Interaktionen der Bewegung zur Abschaffung der Sklaverei im späten 18. und 19. Jahrhundert«, in: *Europäische Geschichte Online*, hg. v. Institut für Europäische Geschichte (Mainz), {www.ieg-ego.eu/baderzaarb-2010-de} (letzter Zugriff am 30. 1. 2016). Zur Geschichte der abolitionistischen Bewegung vgl. auch das Standardwerk von David Brion Davis, *The Problem of Slavery in the Age of Revolution 1770–1823*, New York/Oxford 1999, und ders., *The Problem of Slavery in the Age of Emancipation*, New York 2014.

45 MEW 2, S. 400.

46 Vgl. Michael Zeuske, »Die Massensklaverei auf Kuba – extreme Bedingungen und quantitative Dimensionen«, in: ders., *Sklavereien, Emanzipationen und atlantische Weltgeschichte. Essays über Mikrogeschichten, Sklaven, Globalisierungen und Rassismus*, Leipzig 2002, S. 82–89, sowie ders., *Schwarze Karibik. Sklaven, Sklavereikultur und Emanzipation*, Zürich 2004. Zur Globalgeschichte der Sklaverei vgl. ferner ders., *Handbuch Geschichte der Sklaverei. Eine Globalgeschichte von den Anfängen bis zur Gegenwart*, Berlin/New York 2013.

47 Weitling, *Garantien*, S. 50.

48 Weitling, *Garantien*, S. 51.

49 Weitling, *Garantien*, S. 51 (Herv. PEO).

50 Einen funktionalen Zusammenhang von Sklavenbefreiung und Lohnarbeitsregime behauptet auch Susan Buck-Morss, *Hegel und Haiti. Für eine neue Universalgeschichte*, Berlin 2011, S. 133: »Der Erfolg der Abolitionisten [...] koinzidierte mit der Geburt der Idee der ›freien‹ Arbeit, die dazu vorherbestimmt war, selbst zu einer Form der Arbeitsdisziplin zu werden, als ältere Gesetze, die die englischen Arbeiter schützen sollten, nach und nach systematisch abgeschafft wurden.« In einer Fußnote führt Buck-Morss E.P. Thompsons Beobachtung an, dass 1809 – just zwei Jahre nach dem Verbot des Sklavenhandels in Großbritannien – »schließlich die gesamte Schutzgesetzgebung in der Wollindustrie [...] abgeschafft wurde.«

51 MEW 25, S. 839.

52 Marx/ Engels, »Manifest der Kommunistischen Partei«, MEW 4, S. 462.

53 MEW 4, S. 468.

54 MEW 4, S. 472. Der historische Entwicklungsgedanke mit der scharfen Betonung des Unterschieds von »freier« und »unfreier« Arbeit dient nicht nur bei Marx, sondern im gesamten Denken des »Westens« dazu, andere Gesellschaftsformen, die angeblich auf »unfreier« Arbeit beruhen, als »rückständig« zu qualifizieren. Zu einer solchen »invention of backwardness in Western economic and philosophical thought« vgl. Alessandro Stanziani, »Free Labor – Forced Labor: An Uncertain Boundary? The Circulation of Economic Ideas between Russia and Europe from the 18th to the Mid-19th Century«, in: *Kritika: Explorations in Russian and Eurasian History* 9.1 (Winter 2008), S. 27–52, hier S. 29.

55 Methodologische Reflexionen zum Begriff der Tendenz finden sich ebenfalls im dritten Band des *Kapitals*, vor allem im Abschnitt über die Bildung der »Durchschnittsprofitrate« und im großem Kapitel zum »Gesetz des tendenziellen Falls der Profitrate«, MEW 25, S. 164–181 und S. 221–277. Dort heißt es etwa: »Es ist überhaupt bei der ganzen kapitalistischen Produktion immer nur in einer sehr verwickelten und annähernden Weise, als nie festzustellender Durchschnitt ewiger Schwankungen, daß sich das allgemeine Gesetz als die beherrschende Tendenz durchsetzt« (S. 171).

56 Marcel van der Linden und Karl Heinz Roth, »Einleitung«, in: dies., *Über Marx*, S. 7–28, hier S. 19f.

57 Vgl. die berüchtigte Bestimmung im »Manifest der Kommunistischen Partei«, MEW 4, S. 472, wonach das Lumpenproletariat als die »passive Verfaulung der untersten Schichten der alten Gesellschaft« zu fassen sei.

58 Vgl. Reinhart Koselleck, »Gibt es eine Beschleunigung der Geschichte?«, in: ders., *Zeitschichten. Studien zur Historik*, Frankfurt a. M. 2000, S. 150–177. Aus der heißlaufenden Produktion Hartmut Rosas zum Thema sei hervorgehoben *Beschleunigung und Entfremdung. Entwurf einer kritischen Theorie spätmoderner Zeitlichkeit*, Frankfurt a. M. 2013.

59 Georg Herwegh, »*Bundeslied für den Allgemeinen deutschen Arbeiterverein*«, in: *Vorwärts. Eine Sammlung von Gedichten für das arbeitende Volk*, hg. v. Rudolf Lavant, Zürich 1886, S. 472f. Das »Bundeslied« wurde 1863 zur Gründung des Allgemeinen Deutschen Arbeitervereins verfasst.

60 *Global Labor History* ist eine Prägung Marcel van der Lindens. Es handelt

sich dabei um keine methodologisch stabilisierte und klar identifizierbare Schule, sondern eher um ein Forschungsprogramm, das von einer Reihe gemeinsamer Grundannahmen getragen wird; vgl. dazu das Schwerpunktprogramm des International Institute of Social History in Amsterdam: {http://socialhistory.org/en/research/global-labour-history} (letzter Zugriff 30. 1. 2016). Ein vorläufiges Resümee des Forschungsprogramms liefert Jan Lucassen (Hg.), *Global Labour History. A State of the Art*, Bern 2008.

61 Vgl. Tom Brass, Marcel van der Linden und Jan Lucassen, »Conference on the history of free and unfree labor«, in: dies., *Free and Unfree Labor*, Amsterdam 1993, S. 5.

62 Vgl. Patrick Manning, *Slavery and African Life. Occidental, Oriental, and African Slave Trades*, Cambridge u. a. 1990, S. 84. Dass die Rede von »weißen Sklaven« nicht nur metaphorisch aufgefasst werden muss, weil im 17. und 18. Jahrhundert tatsächlich mehr als 300 000 »Weiße«, vor allem Iren, als Sklaven nach Amerika gebracht wurden, das ist spektakulär wieder ans Licht gebracht worden von Don Jordan und Michael Walsh, *White Cargo. The Forgotten History of Britain's White Slaves in America*, New York 2008. Zur gegenwärtigen Bedeutung unfreier Arbeitsverhältnisse vgl. den Global Slavery Index 2013 der Walk Free Foundation, nach dem weltweit 29,8 Millionen Menschen in 162 Staaten in »moderner Sklaverei« leben. Die Studie ist veröffentlicht aus {www.globalslaveryindex.org}. Weitere Informationen finden sich unter {www.walkfreefoundation.org} (letzter Zugriff 30.1.2016).

63 Guy Debord, *Die Gesellschaft des Spektakels*, Hamburg 1978, § 26, S. 13.

64 Ahlrich Meyer, »Eine Theorie der Niederlage. Marx und die Evidenz des 19. Jahrhunderts«, in: van der Linden/Roth, *Über Marx*, S. 311–333, hier S. 312 f.

65 Moses Heß, »Ueber die Noth in unserer Gesellschaft und deren Abhülfe«, in: *Deutsches Bürgerbuch 1845*, S. 22–48, hier S. 25 f., S. 29, S. 31.

66 Heß, »Noth«, S. 25.

67 Heß, »Noth«, S. 32.

68 Heß, »Noth«, S. 26.

69 Heß zitiert den 1835 erschienenen ersten Band von Tocquevilles *De la démocratie en Amérique* bereits 1837 in seiner *Heiligen Geschichte der Menschheit. Von einem Jünger Spinozas*, Stuttgart 1837, wiederabgedruckt in ders., *Philosophische und sozialistische Schriften 1837–1850. Eine Auswahl*, hg. v. Auguste Cornu u. Wolfgang Mönke, Berlin 1961, S. 1–74, hier S. 47. Tocquevilles Beobachtungen zu den politischen und sozialen Auswirkungen der Sklaverei in den amerikanischen Freistaaten, die sich im letzten Kapitel des ersten Bandes der *Démocratie* finden, können bei Heß als Hintergrundwissen also angenommen werden; Alexis de Tocqueville, *Über die Demokratie in Amerika*, München 1976, »Stellung der Schwarzen Rasse in den Vereinigten Staaten; Gefahren ihrer Anwesenheit für die Weißen«, S. 394–421. Das Kapitel endet mit einer von Tocquevilles berühmten Aporien: »Verweigert man den Negern des Südens die Freiheit, so werden sie sich diese schließlich mit Gewalt selber holen; gewährt man sie ihnen, so werden sie sie bald genug mißbrauchen.«

70 Heß, »Noth«, S. 32.

71 Vgl. Lenhardt/Offe, »Sozialpolitik«, S. 102 ff.

72 Lenhardt/Offe, »Sozialpolitik«, S. 102.

73 Zur Differenz von Proletariat und Arbeiterklasse und deren Verwischung bei einem »Großteil der marxistischen Tradition« vgl. auch Frank Ruda, *Hegels Pöbel. Eine Untersuchung der »Grundlinien der Philosophie des Rechts«*, Konstanz 2011, S. 250.

74 Karl Marx, Ökonomisches Manuskript 1861–63. Teil 1, MEW 43, S. 36f.

75 Peter Linebaugh, *The London Hanged. Crime and Civil Society in the Eighteenth Century*, London/New York 2006, S. 11.

76 Gans, *Rückblicke*, S. 100.

77 MEW 6, S. 398. Später ist davon die Rede, dass die Lohnarbeit die »Sklavin« der »Macht« des Kapitals sei (S. 410). Zur Rhetorik der Sklaverei bei Marx vgl. auch Stanziani, »Free Labor«, S. 41.

78 Zur »Lohnsklaverei« vgl. Karl Marx, *Der Bürgerkrieg in Frankreich. Adresse des Generalrats der Internationalen Arbeiterassoziation*, MEW 17, S. 313–365, hier S. 342. Zur »difficulty fixing a dividing line between free labor and forced labor« vgl. Stanziani, »Free Labor«, S. 29.

VI Darstellungsprobleme der »arbeitenden Armut«

1 Van der Linden/ Roth, »Ergebnisse und Perspektiven«, S. 570.

2 Die Binnenerzählung findet sich bei Willkomm, *Weisse Sclaven*, S. 58–291; der Beginn der Handlung ist datiert auf »179*« (S. 58).

3 Willkomm, *Weisse Sclaven*, S. 298.

4 Die Überblendung von Leibeigenschaft und Sklaverei war zeitgenössisch durchaus üblich und europaweit verbreitet; vgl. Stanziani, »Free Labor«, S. 34.

5 Willkomm, *Weisse Sclaven*, S. 16.

6 Zu diesem »Recht«, das über weite historische Strecken immer wieder zur Skandalisierung von Leibeigenschaft, Sklaverei und Hörigkeit bemüht wurde – zeitgenössisch etwa auch bei Engels, »Lage Englands (Vorwärts)«, MEW 1, S. 557 –, vgl. Alain Boureau, *Das Recht der Ersten Nacht. Zur Geschichte einer Fiktion*, Düsseldorf 1996.

7 Willkomm, *Weisse Sclaven*, S. 83, sowie das Kapitel »Die Gesindestube«, S. 114–128.

8 Willkomm, *Weisse Sclaven*, S. 383.

9 Willkomm, *Weisse Sclaven*, S. 413–426.

10 Dass »[s]eidene Tapeten aus Lyon« den Festsaal zieren, in dem Adrian die Streikenden empfängt, kann vielleicht als eine Anspielung auf den großen Lyoner Seidenweberaufstand von 1831 gelesen werden, den ersten großen proletarischen Aufstand auf dem Kontinent. Vgl. die Quellensammlung Kurt Holzapfel (Hg.), *Die Lyoner Arbeiteraufstände 1831 und 1834*, Berlin 1984.

11 Willkomm, *Weisse Sclaven*, S. 419.

12 Willkomm, *Weisse Sclaven*, S. 400.

13 Willkomm, *Weisse Sclaven*, S. 433f.

14 Willkomm, *Weisse Sclaven*, S. 683.

15 Willkomm, *Weisse Sclaven*, S. 425.

16 Vgl. dazu das Kapitel »Was ist also der Kapitalismus?« in: David Graeber,

Schulden. Die ersten 5000 Jahre, Stuttgart 2012, S. 363–378. Hier heißt es bündig: »Der geheime Skandal des Kapitalismus ist, dass er nie hauptsächlich auf der freien Arbeit beruhte« (S. 368). Den Zusammenhang zwischen Willkomms Roman und der Schuldendebatte in der Anthropologie wird auch angerissen bei Franziska Schößler, »Frühsozialistische Kapitalismuskritik und die Ausbeutung von Weiblichkeit. Zu Ernst Willkomm und Louise Otto«, in: Nickel, *Geld*, S. 57–75, hier S. 61.

17 Vgl. Linebaugh/Rediker, *Hydra*, besonders das Kapitel »Hydrarchie: Seeleute, Piraten und der Seestaat«, in dem das Kriegs- und Handelsschiff der Frühen Neuzeit als »Vorläufer der Fabrik« gekennzeichnet wird (S. 157–189, hier S. 164).

18 Willkomm, *Weisse Sclaven*, S. 305 f.

19 Willkomm, *Weisse Sclaven*, S. 298.

20 Willkomm, *Weisse Sclaven*, S. 299.

21 Zur »Atlantic recomposition of textile labor-power« vgl. Linebaugh, »Ned Ludd«, S. 89 f.

22 Marx, *Elend*, MEW 4, S. 132.

23 Koschorke, *Wahrheit*, S. 73.

24 Dass auch Erzählungen und gerade hochkonventionalisierte Erzählmuster den »Charakter einer kognitiven Prävention« annehmen können, um die »Wahrnehmung von Neuem« überhaupt erst zu ermöglichen, hat Albrecht Koschorke in Anlehnung an Hans Blumenberg ausgeführt; Koschorke, *Wahrheit*, S. 291.

25 Vgl. dazu den ersten Abschnitt des fünften Kapitels.

26 So vergewaltigt Magnus gleich drei Frauen, die im Roman auch sonst eine Rolle spielen, und zwei der drei Kinder, die aus diesen Vergewaltigungen hervorgegangen sind – Martell und Klütken-Hannes –, werden wiederum handlungstragend in die Intrige des Romans einbezogen. Adler hat sich die Mühe gemacht, die Genealogie derer von Boberstein in einen Stammbaum zu übertragen; vgl. Adler, Soziale Romane, S. 75.

27 Franziska Schößler betont bei Willkomm die Blockade der sozialrealistischen Funktion durch die »narrative[ ] Tendenz zur Personalisierung«. Dadurch, dass »die kolportagehafte Familiengeschichte […] wiederholt in den Bericht über die zermürbenden Arbeitsverhältnisse ein[breche]«, blieben »zentrale Aspekte des arbeiterlichen Widerstands verdeckt« (Schößler, Kapitalismuskritik, S. 63). Ich würde demgegenüber den sich bedingenden Charakter beider Darstellungsebenen betonen; die Kolportage lässt sich nicht subtrahieren.

28 Vgl. Georg Lukàcs, *Geschichte und Klassenbewußtsein. Studien über marxistische Dialektik*, Darmstadt/Neuwied 1970 [1923], S. 126; dazu Patrick Eiden-Offe, »Typing Class. Classification and Redemption in Lukács's Political and Literary Theory«, in: Timothy Bewes und Timothy Hall (Hg.), *The Fundamental Dissonance of Existence. New Essays on the Social, Literary and Aesthetic Theory of Georg Lukács*, London 2011, S. 65–78.

29 Walter Benjamin, »Erfahrung und Armut« [1933], in: ders., *Gesammelte Schriften*, Bd. II.1: *Aufsätze, Essays, Vorträge*, hg. v. Rolf Tiedemann u. Hermann Schweppenhäuser, Frankfurt a. M. 1991, S. 213–219.

30 Vgl. Koschorke, *Wahrheit*, S. 73, sowie ders., *Hegel*, S. 24 f.

31 Zur »Universalität des Erzählens« im Sinne eines »narrativen Apriori« und zu den »elementaren Operationen« des Erzählens: Reduktion, Schema- und Se-

quenzbildung, Motivation, Affekterregung und -bindung vgl. Koschorke, *Wahrheit*, S. 9–110.

32 MEW 4, S. 217. Vgl. dazu auch den Abschnitt »Deutsche Misere, deutsche Verse: Engels als Erzähltheoretiker« im vierten Kapitel der vorliegenden Studie.

33 Vgl. dazu Lukács, »Beschreiben«, und Geulen, »Depicting«.

34 Zur »Positionierung der Erzählinstanz« vgl. Koschorke, *Wahrheit*, S. 84–101.

35 Zur Etymologie von »Reportage« und zur Geschichte der Gattung vgl. Michael Haller, *Die Reportage*, 6. Aufl., Konstanz 2008, besonders die »Herleitung«, S. 17–41.

36 Friedrich Engels, »Briefe aus dem Wuppertal«, MEW 1, S. 413–432.

37 Auerbach, *Schrift und Volk*, S. 76.

38 [Charles Dickens,] *Sketches by Boz. Illustrative of Every-Day Life and Every-Day People*, London u. a. 1995, S. 7.

39 Dickens, *Sketches*, S. 18 f.

40 Zur politischen Verortung von Dickens' *Boz*-Stücken vgl. William F., Long und Paul Schlicke, »Bumple against Sludberry; or, Dickens Has an Early Encounter with Reform Politics«, in: *Dickens Quarterly* 32.3 (2015), S. 181–198.

41 Vgl. MEW 1, S. 413. Hier werden die Gemeinden im Wuppertal als »Zion der Obskuranten« bezeichnet.

42 MEW 2, S. 229; die Übersetzung stammt aus der zweiten deutschen Auflage von 1892.

43 Vgl. Heinz Dieter Kittsteiner, *Weltgeist, Weltmarkt, Weltgericht*, München 2007.

44 Vgl. Stagl, »Entstehung«, sowie Werner Petermann, *Die Geschichte der Ethnologie*, Wuppertal 2004, zu den »Differenzierungen: Anthropologie, Völkerkunde, Ethnologie« S. 278–300. Zu den nationalen Traditionen in der disziplinären Konsolidierungsphase der Ethnologie vgl. Henrika Kuklick (Hg.), *A New History of Anthropology*, Malden u. a. 2008, S. 33–110.

45 Sue, *Geheimnisse*, S. 9.

46 Vgl. dazu Bernhard Kleeberg, »Reisen in den Kontinent der Armut«, in: Michael Neumann und Kerstin Stüssel (Hg.), *Magie der Geschichten. Weltverkehr, Literatur und Anthropologie in der zweiten Hälfte des 19. Jahrhunderts*, Konstanz 2011, S. 29–52.

47 MEW 2, S. 230 f.

48 MEW 2, S. 229 f.

49 MEW 2, S. 230.

50 MEW 2, S. 233.

51 Engels als Trickster-Figur zu betrachten, legt nicht nur sein Schreiben von Reportagen nahe, sondern auch sein politisches Wirken im Vormärz, wenn er etwa in verschiedenen, sich eigentlich ausschließenden Arenen des Politischen auftritt; so dokumentiert in den Artikeln »Zwei Reden in Elberfeld« in den *Rheinischen Jahrbüchern für gesellschaftliche Reform 1845*, Bd. I, S. 45–62 und S. 71–81. Engels war hier – immerhin in seiner Heimat und als Sohn eines ortsansässigen Textilfabrikanten – auf einer selbstorganisierten Versammlung »im ersten Gasthof der Stadt« zusammen mit Heß aufgetreten, um die örtliche Bourgeoisie von der Legitimität und

Notwendigkeit des Kommunismus zu überzeugen. Neben den beiden langen Reden von Engels und Heß wurden »Gedichte von Müller, Püttmann und Stücke aus Shelley« vorgelesen; außerdem soll »ein Harfenmädchen« engagiert gewesen sein. Augenzwinkernd – oder ehrlich begeistert, wer weiß das schon? – berichtet Engels an Marx: »Ganz Elberfeld und Barmen, von der Geldaristokratie bis zur épicerie, nur das Proletariat ausgeschlossen, war vertreten. […] Nachher diskutiert bis ein Uhr. Das Ding zieht ungeheuer. Man spricht von nichts als vom Kommunismus, und jeden Tag fallen uns neue Anhänger zu. Der Wuppertaler Kommunismus ist une vérité, ja beinahe schon eine Macht. Was das für ein günstiger Boden hier ist, davon hast Du keine Vorstellung. Das dümmste, indolenteste, philisterhafteste Volk, das sich für nichts in der Welt interessiert hat, fängt an, beinahe zu schwärmen für den Kommunismus« (Engels an Marx, am 22. Februar 1845, MEW 27, S. 20). Dass Engels darüber hinaus vielfach als Übersetzer und anonymer Rezensent seiner eigenen Publikationen aufgetreten ist, rundet das Bild des Tricksters ab.

52 Vgl. Erhard Schüttpelz, »Der Trickster«, in: Eva Esslinger et al. (Hg.), *Die Figur des Dritten. Ein kulturwissenschaftliches Paradigma*, Berlin 2010, S. 208–224.

53 Vgl. dazu William G. Doty und William J. Hynes, »Historical Overview of Theoretical Issues: The Problem of the Tricksters«, in: dies. (Hg.), *Mythical Trickster Figures. Contours, Contexts, and Criticism*, Tuscaloosa 1993, S. 13–32, hier S. 14, sowie Benjamin Disraeli, *Sybil, or the Two Nations*, Oxford u. a. 1998 [1845]. In einer späten Fußnote der Neuauflage seines Buchs über *Die Lage der arbeitenden Klasse in England* weist Engels auf Parallelen seiner Analysen zu denen aus Disraelis Roman hin. Im Kapitel »Resultate« hatte Engels resümiert: »Wir werden uns nach alledem nicht mehr darüber wundern, daß die arbeitende Klasse allmählich ein ganz andres Volk geworden ist als die englische Bourgeoisie. Die Bourgeoisie hat mit allen andern Nationen der Erde mehr Verwandtes als mit den Arbeitern, die dicht neben ihr wohnen. Die Arbeiter sprechen andre Dialekte, haben andre Ideen und Vorstellungen, andre Sitten und Sittenprinzipien, andre Religion und Politik als die Bourgeoisie. Es sind zwei ganz verschiedene Völker, so verschieden, wie sie der Unterschied der Rasse nur machen kann«. 1892 folgt eine Fußnote: »Dieselbe Auffassung, daß die große Industrie die Engländer in zwei verschiedene Nationen gespalten hat, ist bekanntlich, ungefähr gleichzeitig, auch von Disraeli ausgeführt worden in seinem Roman ›Sybil, or the Two Nations‹«; MEW 2, S. 351.

54 Vgl. Anthony Julius, *Trials of the Diaspora. A History of Anti-Semitism in England*, Oxford u. a. 2010, S. 264 ff.

55 Zum journalistischen Fälschen vgl. Martin Doll, *Fälschung und Fake. Zur diskurskritischen Dimension des Täuschens*, Berlin 2012, besonders S. 253–329.

56 George Orwell, *Der Weg nach Wigan Pier*, Zürich 2003 [1937], S. 19. Nach Josef Rattner und Gerhard Danzer, *Die Junghegelianer. Porträt einer progressiven Intellektuellengruppe*, Würzburg 2005, S. 194, hat Orwell mit seiner Reportage aus Nordengland bewusst auf Elemente aus Engels' Werk zurückgegriffen.

57 Tristram Hunt, »Introduction«, in: Friedrich Engels, *The Condition of the Working Class in England*, London u. a. 2009, S. 1–31, hier S. 18. Das Kapitel ist mit gut fünfzig Druckseiten auch das längste des ganzen Buches.

58 MEW 2, S. 257.

59 MEW 2, S. 256.

60 MEW 2, S. 298. Dass die kapitalistische Stadt der Moderne – mit der Hauptstadt Paris – nicht nur die stadträumliche Materialisation der kapitalistischen Klassengesellschaft ist, sondern auch Hort und Ausgangspunkt des Widerstands gegen diese, diese Einsicht haben im Gefolge von Engels Henri Lefebvre, die Situationisten und David Harvey ausgearbeitet und praktisch umgesetzt; vgl. dazu etwa Henri Lefebvre, *Die Revolution der Städte*, Berlin 2003 [1970], und David Harvey, *Rebellische Städte. Vom Recht auf Stadt zur urbanen Revolution*, Berlin 2013. Einer der Erfinder der situationistischen »pychogeografischen« Experimente, bei denen die systematische Erforschung des urbanen Territoriums dessen revolutionäre Umwidmung in ein Terrain leidenschaftlicher Begegnungen initiieren sollte, war der britische Maler Ralph Rumney, genannt der »Konsul«. Rumney traf in seiner Adoleszenz in einem Dorf im nordenglischen Yorkshire auf einen alten Kauz, »einen berüchtigten Kommunisten«, der in einem nahegelegenen Landhaus seine historischen Studien trieb und Rumney nebenbei in den Marxismus einwies; der Kauz war E.P. Thompson. Vgl. dazu Ralph Rumney, *Der Konsul. Beiträge zur Geschichte der Situationistischen Internationale*, Berlin 2011, S. 17 f. Dem Konsul ein literarisches Denkmal gesetzt hat Patrick Mondiano in seinem Roman *Im Café der verlorenen Jugend*, dessen Titel wiederum Guy Debord entwendet ist; Patrick Modiano, *Im Café der verlorenen Jugend*, München 2013 [2007].

61 Als Beispiel sei die zweite Beschreibung zitiert: »Montag, den 15. Januar 1844 wurden zwei Knaben vor das Polizeigericht von Worship Street, London, gebracht, weil sie aus Hunger einen halbgekochten Kuhfuß von einem Laden gestohlen und sogleich verzehrt hatten. Der Polizeirichter sah sich veranlaßt, weiter nachzuforschen, und erhielt von den Polizeidienern bald folgende Aufklärung: Die Mutter dieser Knaben war die Witwe eines alten Soldaten und späteren Polizeidieners, der es seit dem Tode ihres Mannes mit ihren neun Kindern sehr schlecht ergangen war. Sie wohnte Nr. 2, Pool's Place, Quaker Street, Spitalfields, im größten Elende. Als der Polizeidiener zu ihr kam, fand er sie mit sechs ihrer Kinder in einem kleinen Hinterstübchen buchstäblich zusammengedrängt, ohne Möbel, ausgenommen zwei alte Binsenstühle ohne Boden, einen kleinen Tisch mit zwei zerbrochenen Beinen, eine zerbrochene Tasse und eine kleine Schüssel. Auf dem Herde kaum ein Funken Feuer, und in der Ecke so viel alte Lumpen, als eine Frau in ihre Schürze nehmen konnte, die aber der ganzen Familie zum Bette dienten. Zur Decke hatten sie nichts als ihre ärmliche Kleidung. Die arme Frau erzählte ihm, daß sie voriges Jahr ihr Bett habe verkaufen müssen, um Nahrung zu erhalten; ihre Bettücher habe sie dem Viktualienhändler als Unterpfand für einige Lebensmittel dagelassen, und sie habe überhaupt alles verkaufen müssen, um nur Brot zu bekommen. Der Polizeirichter gab der Frau einen beträchtlichen Vorschuß aus der Armenbüchse« (MEW 2, S. 262 f.).

62 MEW 2, S. 262.

63 Vgl. dazu Klaus Briegleb, *Opfer Heine? Versuche über die Schriftzüge der Revolution*, Frankfurt a. M. 1986, S. 125–156.

64 MEW 2, S. 256 f.

65 MEW 2, S. 276.

66 MEW 2, S. 278 f.

67 Vgl. etwa MEW 2, S. 335.

68 Es ist auffällig, dass Engels ungedeckte Universalbehauptungen explizit zu-

rückweist, was die Autorität des von ihm Gesagten nur noch erhöht. Vgl. etwa MEW 2, S. 263: »Es fällt mir nicht ein, zu behaupten, *alle* Londoner Arbeiter lebten in einem solchen Elend wie die obigen drei Familien; ich weiß wohl, daß zehn es besser haben, wo einer so ganz und gar von der Gesellschaft mit Füßen getreten wird – aber ich behaupte, daß Tausende von fleißigen und braven Familien, viel braver, viel ehrenwerter als sämtliche Reiche von London, in dieser eines Menschen unwürdigen Lage sich befinden und daß jeder Proletarier, jeder ohne Ausnahme, ohne seine Schuld und trotz allen seinen Anstrengungen, von gleichem Schicksal getroffen werden kann«.

69 Zur Frage-Trias »Wer sieht? Wer spricht? Wer weiß?« als Koordinatensystem zur Bestimmung der Erzählposition vgl. Koschorke, *Wahrheit*, S. 84–90.

VII Klasse im Kampf

1 Shelley, *Frankenstein*, S. 103. Der Titel diese Kapitels erinnert an einen Romantitel des Neuköllner Rätekommunisten und proletarischen Bildungsaktivisten Karl Schröder, in den 1920er Jahren Vertreter der radikalen Essener Richtung innerhalb der KAPD.

2 Bataille, »Verausgabung«, S. 24 u. S. 27.

3 MEW 2, S. 506. Engels erwähnt Büchner nur einmal (Marx übrigens nie). Vgl. dazu Engels' späten Rapport »Zur Geschichte des Bunds der Kommunisten« von 1885, MEW 21, S. 206–224, S. 207. Aus dem Kreis der Verschwörer um Büchner war Engels schon in den frühen 1840er Jahren mit August Becker bekannt. Von diesem, einem Genossen auch Wilhelm Weitlings in der Schweiz, schreibt Engels, er sei »ein höchst bedeutender Kopf [gewesen], der aber an innerer Haltlosigkeit zugrunde ging wie so viele Deutsche« (S. 209). Zu Becker vgl. Eberhard Kickartz, *»Der Rote Becker«. Das politisch-publizistische Wirken des Büchner-Freundes August Becker (1812–1871)*, Darmstadt 1997.

4 Zu Chamfort vgl. Claude Arnaud, *Chamfort. Die Frauen, der Adel und die Revolution*, Berlin 2007.

5 Vgl. Holzapfel (Hg.), *Lyoner Arbeiteraufstände.*

6 MEW 4, S. 182.

7 Ludwig Tieck, *Der Hexensabbat*, Stuttgart 1988 [1832], S. 143 und S. 189. Den Hinweis auf Tiecks *Hexensabbat* verdanke ich meinem Freund Alexander Schmitz.

8 Tieck, *Hexensabbat*, S. 41, S. 44, S. 85 f., S. 138, S. 150, S. 158, S. 160, S. 182 und S. 184.

9 Tieck, *Hexensabbat*, S. 189.

10 Tieck, *Hexensabbat*, S. 189 und S. 140. Das aufgeklärte Selbstverständnis der Bürger zeigt sich in einem Dialog zwischen der Protagonistin Catharina, einer reichen Witwe, auf die der Furor sich alsbald richten wird, und dem Bürger Friedrich, der ahnungsvolle Skepsis walten lässt: »[Catharina:] Jenen finstern Jahren sind wir auf immer entrückt, das dunkle Gewölbe des Aberglaubens und der Schrecken ist verriegelt und auf ewig verschlossen. Die Welt ist heiter geworden und wird sich immer mehr aufhellen, das wissen die Priester selbst und verkündigen es. [/] Man geht oft ebenso gern zurück, als man voranschreitet, bemerkte Friedrich« (Tieck,

Hexensabbat, S. 37). Man mag angesichts der Besonnenheit Catharinas an Adornos und Horkheimers Spott über die »Gescheiten« denken, die immer schon wussten und beweisen konnten, dass der »Faschismus im Westen unmöglich« sich durchsetzen könne: »Die Gescheiten haben es den Barbaren überall leicht gemacht, weil sie so dumm sind. Es sind die orientierten, weitblickenden Urteile, die auf Statistik und Erfahrung beruhenden Prognosen, die Feststellungen, die damit beginnen ›Schließlich muß ich mich hier auskennen‹, es sind die abschließenden und soliden statements, die unwahr sind. Hitler war gegen den Geist und widermenschlich. Es gibt aber auch einen Geist, der widermenschlich ist: sein Merkmal ist wohlorientierte Überlegenheit« (Max Horkheimer und Theodor W. Adorno, *Dialektik der Aufklärung. Philosophische Fragmente*, Frankfurt a. M. 1990 [1944], S. 218).

11 Tieck, *Hexensabbat*, S. 153.

12 Der Tapetenwirker ist »ein unzünftiger Handwerker, welcher künstliche Tapeten aus Wolle oder Seide wirket« (Johann Christoph Adelung, *Grammatisch-kritisches Worterbuch der Hochdeutschen Mundart*, Bd. 4., 2. Aufl., Leipzig 1801, Sp. 531).

13 Tieck, *Hexensabbat*, S. 154.

14 Walter Münz, »Nachwort«, in: Tieck, *Hexensabbat*, S. 301–335, hier S. 320.

15 Tieck, *Hexensabbat*, S. 154 f.

16 Tieck, *Hexensabbat*, S. 154.

17 Tieck, *Hexensabbat*, S. 188.

18 Tieck, *Hexensabbat*, S. 189.

19 Die »Wirtschaftsräume des Nordens« und der »industrielle[ ] ›Nordpol‹« mit einer »Ballung des Textilgewerbes zwischen Zuydersee und Seinetal« firmieren bei Braudel als zentrale Elemente seiner Erzählung über die »erste Weltwirtschaft Europas«; vgl. Braudel, *Sozialgeschichte*, S. 93–185, besonders S. 102–106. Vgl. auch Immanuel Wallerstein, *Das moderne Weltsystem I. Die Anfänge kapitalistischer Landwirtschaft und die europäische Weltökonomie im 16. Jahrhundert*, Wien 2004 [1974], S. 97–194.

20 Tieck, *Hexensabbat*, S. 6.

21 Vgl. Tieck, *Hexensabbat*, S. 8.

22 Tieck, *Hexensabbat*, S. 39.

23 Tieck, *Hexensabbat*, S. 176.

24 Tieck, *Hexensabbat*, S. 182.

25 Tieck, *Hexensabbat*, S. 187.

26 Tieck, *Hexensabbat*, S. 154.

27 Zum Genter Aufstand vgl. Joseph Calmette, *Die großen Herzöge von Burgund*, München 1963, S. 190 ff.

28 Eine genaue sozialhistorische Kontextualisierung von Börnes Briefen im Kontext der sozialen Unruhen der 1830er Jahre in Paris bietet das Kapitel »›Der Krieg der Armen gegen die Reichen‹: Börne's Shifting Perspective on Proletarian Social Revolution« bei Raphael Hörmann, *Writing the Revolution. German and English Radical Literature, 1819–1848/49*, Zürich/Berlin/Münster 2011, S. 233–252.

29 Börne, *Briefe*, S. 329.

30 Börne, *Briefe*, S. 329 f.

31 Börne, *Briefe*, S. 330.

32 MEW 2, S. 257.

33 *Die Junge Generation*, H. 3 (März 1843), S. 40–43, und H. 5 (Mai 1843), S. 71–73.

34 Vgl. Suter, *Rechtstrieb*, S. 170.

35 *Die Junge Generation*, S. 40.

36 Peter Bescherer, *Vom Lumpenproletariat zur Unterschicht. Produktivistische Theorie und politische Praxis*, Frankfurt a. M./New York 2013, S. 76. Bescherer nennt die »Scenen« eine »Dokumentation« (ebd.), was ihren offen fiktionalisierten Charakter ausblendet.

37 *Die Junge Generation*, S. 40 f.

38 *Die Junge Generation*, S. 43.

39 *Die Junge Generation*, S. 71.

40 *Die Junge Generation*, S. 71.

41 *Die Junge Generation*, S. 40 f. und S. 71.

42 *Die Junge Generation*, S. 72.

43 *Die Junge Generation*, S. 72.

44 Weitling, *Garantien*, S. 249 und S. 253 f. Über die konkreten Mittel, die Weitling hier im Sinn hat, ist zeitgenössisch schon viel spekuliert worden; vgl. dazu den Untersuchungsbericht des Züricher Regierungssekretärs Johann Caspar Bluntschli, *Die Kommunisten in der Schweiz nach den bei Weitling vorgefundenen Papieren*, Zürich 1843, besonders S. 109 ff. Aufgearbeitet wird der Komplex bei Waltraud Seidel-Höppner und Joachim Höppner, »Wilhelm Weitlings ›Guerillakrieg des stehlenden Proletariats‹. Dokumentation einer Legende«, in: Helmut Bleiber und Wolfgang Küttler (Hg.), *Revolution und Reform in Deutschland im 19. und 20. Jahrhundert*, 2. Halbbd.: *Ideen und Reflexionen. Zum 75. Geburtstag von Walter Schmidt*, Berlin 2005, S. 79–93, und pointiert bei Ahlrich Meyer, »Weitlings sozialrevolutionäre Konzepte«, in: ders., *Logik*, S. 257–271.

45 Eric J. Hobsbawm, *Primitive Rebels. Studies in Archaic Forms of Social Movement in the 19th and 20th Century*, Manchester 1959; deutsch: Eric J. Hobsbawm, *Sozialrebellen. Archaische Sozialbewegungen im 19. und 20. Jahrhundert*, Neuwied/Berlin 1962.

46 Willkomm, *Weisse Sclaven*, S. 339.

47 Willkomm, *Weisse Sclaven*, S. 224.

48 Willkomm, *Weisse Sclaven*, S. 339.

49 Willkomm, *Weisse Sclaven*, S. 243.

50 Willkomm, *Weisse Sclaven*, S. 343.

51 Willkomm, *Weisse Sclaven*, S. 339 und S. 375.

52 Willkomm, *Weisse Sclaven*, S. 236.

53 Willkomm, *Weisse Sclaven*, S. 343 f.

54 Hobsbawm, *Sozialrebellen*, S. 29.

55 Hobsbawm, *Sozialrebellen*, S. 18.

56 Willkomm, *Weisse Sclaven*, S. 240.

57 Willkomm, *Weisse Sclaven*, S. 319 f.

58 Willkomm, *Weisse Sclaven*, S. 321.

59 Hobsbawm, *Sozialrebellen*, S. 32.

60 Willkomm, *Weisse Sclaven*, S. 262.

61 Hobsbawm, *Sozialrebellen*, S. 17.

62 Hobsbawm, *Sozialrebellen*, S. 37.
63 Hobsbawm, *Sozialrebellen*, S. 19.
64 Willkomm, *Weisse Sclaven*, S. 248.
65 Willkomm, *Weisse Sclaven*, S. 271.
66 Willkomm, *Weisse Sclaven*, S. 250.
67 Willkomm, *Weisse Sclaven*, S. 185 f.
68 Willkomm, *Weisse Sclaven*, S. 217 ff.
69 Willkomm, *Weisse Sclaven*, S. 241 f.
70 Willkomm, *Weisse Sclaven*, S. 250.
71 Willkomm, *Weisse Sclaven*, S. 337 f.
72 Willkomm, *Weisse Sclaven*, S. 373.
73 Willkomm, *Weisse Sclaven*, S. 377.
74 Willkomm, *Weisse Sclaven*, S. 382.
75 Vgl. das Kapitel »Der Prozeß der schöpferischen Zerstörung« in: Joseph A. Schumpeter, *Kapitalismus, Sozialismus und Demokratie*, 4. Auflage, München 1975 [1942], S. 134–142.
76 MEW 23, S. 741.
77 MEW 23, S. 742.
78 MEW 23, S. 765.
79 MEW 23, S. 765.
80 Hobsbawm, *Sozialrebellen*, S. 42.
81 Hobsbawm, *Sozialrebellen*, S. 43.
82 Hobsbawm, *Sozialrebellen*, S. 47.
83 Hobsbawm, *Sozialrebellen*, S. 14.
84 Willkomm, *Weisse Sclaven*, S. 340.
85 Etwa wenn er schreibt, dass die »romantischen Dichter« sich »irrten [...], wenn sie sie [die Banditen] für wirkliche ›Rebellen‹ hielten« (Hobsbawm, *Sozialrebellen*, S. 46).
86 Thompson, *Entstehung*, S. 570.
87 Erstaunlicherweise stimmen Willkomms Darstellungen weitgehend mit den Berichten über die Verschwörungen der »Schwarzen Laterne« im West Riding von Yorkshire überein, die Thompson auswertet; vgl. Thompson, *Entstehung*, S. 556 ff. Dass man sich gerade bei der romantischen Geschichtsschreibung, so wie Thompson sie praktiziert, leicht die Finger verbrennen kann, zeigt sich daran, dass spätere Historiker Thompsons »Black Lamp« – aus der er auch metaphorisch einige Erkenntnisfunken schlägt – als »falsche Lesart« entlarvt haben; es müsse »statt dessen *Black Lump* (›schwarzer Haufen‹) heißen, womit wahrscheinlich nur eine einzige Versammlung der *United Englishmen* gemeint« gewesen sei; vgl. die »Anmerkungen der Übersetzer« in: Thompson, *Entstehung*, S. 1017, mit Verweis auf J. L. Baxter und F. K. Donnelly, »The Revolutionary ›Underground‹ in the West Riding«, in: *Past and Present* 64.1 (1974), S. 124–132. Mit Peter Linebaugh könnte man auch Emily Brontës *Wuthering Heights* als weiteren Beleg des Topos der nächtlichen proletarisch-insurrektionalistischen Versammlung im Moor lesen: »The empty landscape and ominous turbulent weather which open *Wuthering Heights* indicate the terror and fear of the Other (Irish, Gypsy, proletarian). It is a shadowy representation of the actuality when the people of the north prepared for civil war by practicing military evolution upon

the moor by the light of the moon« (Linebaugh, »Ned Ludd«, S. 85). Über geheime nächtliche Versammlungen auf freiem Feld bei Fackelschein als spezifisch englische Praxis der frühen Arbeiterbewegung berichtet auch Friedrich Engels, »Die ›Times‹ über den deutschen Kommunismus« [1844], MEW 41, S. 317–321, besonders S. 319.

88 Benjamin, »Begriff der Geschichte«, These XII, S. 101.

89 Hobsbawm, *Sozialrebellen*, S. 44.

90 Willkomm, *Weisse Sclaven*, S. 218.

91 Willkomm, *Weisse Sclaven*, S. 218 f.

92 Willkomm, *Weisse Sclaven*, S. 246 ff.

93 Willkomm, *Weisse Sclaven*, S. 192.

94 Willkomm, *Weisse Sclaven*, S. 204 und S. 193 f.

95 Willkomm, *Weisse Sclaven*, S. 196. Die ganze Aktion war zunächst, archaisch, als Strafe an der Familie gedacht: »›Ja‹, fuhr er fort, ›ich habe unter tausend Seufzern diese Stunde herangefleht vom ewigen Richter der Welt, und ich beklage nur, daß es nicht in meiner Macht steht, Auge um Auge, Zahn um Zahn mit Ihnen abzurechnen! Es peinigt mich, daß Sie keine Kinder haben. Ich würde mich ihrer bemächtigen und mit ihnen verfahren, wie Sie mit meinem armen Hans‹« (Willkomm, *Weisse Sclaven*, S. 196 f.).

96 Willkomm, *Weisse Sclaven*, S. 272 f.

97 Rancière, *Nacht*, S. 72.

98 Willkomm, *Weisse Sclaven*, S. 269.

99 Willkomm, *Weisse Sclaven*, S. 281.

100 Willkomm, *Weisse Sclaven*, S. 274.

101 Willkomm, *Weisse Sclaven*, S. 274 f.

102 Willkomm, *Weisse Sclaven*, S. 280 f.

103 Willkomm, *Weisse Sclaven*, S. 277.

104 Willkomm, *Weisse Sclaven*, S. 284 f.

105 Otto-Peters' Roman, in dem die Autorin nicht nur revolutionäre Ereignisse schildert, sondern auch revolutionäre Diskurse der Zeit vielfältig einspielt – etwa längere Passagen aus den *Rheinischen Jahrbüchern* – ist beim Erscheinen sofort zensiert worden. Vgl. dazu Johanna Ludwig, »›Ich martere mich selbst mit diesen Problemen …‹: Die Zensurgeschichte und zeitgenössische Bewertung des Romans *Schloß und Fabrik*«, in: Eva Schöck-Quinteros et al. (Hg.), *Bürgerliche Gesellschaft – Idee und Wirklichkeit. Festschrift für Manfred Hahn*, Berlin 2004, S. 179–200.

106 Otto-Peters, *Schloss*, S. 291.

107 Otto-Peters, *Schloss*, S. 291.

108 Die historische Vorlage für Otto-Peters' Aufstandserzählung bildet der Aufstand der Weber in den schlesischen Dörfern Peterswaldau und Langenbielau vom 3. bis zum 6. Juni 1844, der vom preußischen Militär niedergeschlagen wurde. Im Zuge des schlesischen Weberaufstands kam es auch zur Zerstörung von Maschinen und zur Plünderung und Verwüstung der Villa des berüchtigten Fabrikanten Zwanziger. Der Weberaufstand muss als regelrechtes Medienereignis betrachtet werden; die Nachricht vom Aufstand und dessen literarische Verarbeitung – nicht zuletzt durch Heines Gedicht »Die armen Weber« – verbreiteten sich innerhalb von Wochen in ganz Deutschland und Europa; Heines Gedicht etwa erschien schon am

10. Juli in der von Karl Marx redigierten Exilzeitung *Vorwärts!* in Paris. Eine sozialhistorische und literarische Quellensammlung bietet Lutz Kroneberg und Rolf Schloesser, *Weber-Revolte 1844*, mit einem Geleitwort v. Bernt Engelmann, Köln 1979; die literarische Adaptions- und Rezeptionsgeschichte wird aufgearbeitet bei Christina von Hodenberg, *Aufstand der Weber. Die Revolte von 1844 und ihr Aufstieg zum Mythos*, Bonn 1997.

109 Otto-Peters, *Schloss*, S. 299.

110 Otto-Peters, *Schloss*, S. 313.

111 Otto-Peters, *Schloss*, S. 313.

112 Otto-Peters, *Schloss*, S. 298.

113 Otto-Peters, *Schloss*, S. 314.

114 Otto-Peters, *Schloss*, S. 298 f. und S. 316. Neben einer neutralen militärischen Bedeutung weist das DWB unter dem Lemma »Rotte« eine»*wendung des begriffes ins üble« nach, »in engerem sinne von aufrührern, verschwörern, rebellen«; »weidmännisch«* wird mit Rotte *»von einem rudel wölfe« gesprochen; »bei den fleischern ist eine* rotte *ein paar zum schlachten bestimmter thiere verschiedener art, z. b. ein rind und ein schaf«;* DWB, Bd. 14, Sp. 1318 ff. Auch das Verb »sich rotten« werde *»gewöhnlich* [...] *mit üblem nebensinn gebraucht«: »sich in feindlicher absicht, zu aufruhr, empörung, überfall zusammenschaaren«;* DWB, *Bd. 14, Sp. 1320.* Hier geht »sich rotten« zu »rottieren« über: *»allein im sinne von ›sich zu bösen zwecken zusammenrotten‹, zur verschwörung, zum aufruhr, conjurare, conspirare ... alias* rottiren«; DWB, Bd. 14, Sp. 1321. In Kants *Anthropologie* heißt es: »[D]er Teil [des Volkes], der sich von diesem Gesetze ausnimmt (die wilde Menge in diesem Volk) heißt *Pöbel* (*vulgus*), dessen gesetzwidrige Vereinigung das *Rottieren* (*agere per turbas*) ist; ein Verhalten, welches ihn von der Qualität eines Staatsbürgers ausschließt«; Immanuel Kant, *Anthropologie in pragmatischer Hinsicht*, Hamburg 2000 [1798], S. 244. Vgl. dazu Susanne Lüdemann, »›Zusammenhanglose Bevölkerungshaufen, aller inneren Gliederung bar‹. Die Masse als das Andere der Ordnung im Diskurs der Soziologie«, in: Ulrich Bröckling et al. (Hg.), *Das Andere der Ordnung*, Schwerpunkt in: *Behemoth. A Journal of Civilization* 7.1 (2014), S. 103–117, besonders S. 104.

115 Bei Hess, »Noth«, S. 40 f, heißt es, dass die Lohnarbeit dem Proletarier nur dazu diene, »sein kümmerliches Dasein zu fristen, zu conservieren, wie man einen Leichnam conserviert«.

116 Zur Natur des Sklaven als a-logischem Wesen zwischen Tier und Maschine vgl. Aristoteles, *Politik*, 1. Buch, 3.–5. Kapitel, 1253b – 1255a (Aristoteles, *Politik*, Hamburg 1958, S. 6–11). Die angebliche Sprachlosigkeit des Sklaven macht Rancière zum Ausgangspunkt seiner Theorie der politischen Wortergreifung; vgl. Rancière, *Unvernehmen.*

117 Otto-Peters, *Schloss*, S. 297.

118 Otto-Peters, *Schloss*, S. 316.

119 Otto-Peters, *Schloss*, S. 314.

120 Vgl. Hobsbawm, »Maschinenstürmer«,. Die englische Fassung »The Machine Breakers« ist wieder abgedruckt in ders., *Labouring Men*, S. 5–22. Für die deutschen Gebiete vgl. Michael Spehr, *Maschinensturm. Protest und Widerstand gegen technische Neuerungen am Anfang der Industrialisierung*, Münster 2000, sowie Martin Henkel und Rolf Taubert, *Maschinenstürmer. Ein Kapitel aus der Sozialgeschichte des* *technischen Fortschritts*, Frankfurt a. M. 1979. Die Maschinenstürmerei in Frankreich ist in den letzten Jahren wieder verstärkt zum Gegenstand historischer Forschungen geworden; vgl. etwa Cédric Biagini und Guillaume Carnino (Hg.), *Les Luddites en France. Résistance à l'industrialisation et à l'informatisation*, Montreuil 2010; der Name der Reihe, die sich ganz dem Übertrag historischer Forschung auf aktuelle Formen der Kritik etwa der Informatisierung widmet, lautet bezeichnenderweise *Collection Frankenstein.*

121 Hobsbawm, »Maschinenstürmer«, S. 15 f.

122 Zur Rolle jener Historiker, die dem Fabianismus und der Labour Party nahestanden vgl. Hobsbawm, »Maschinenstürmer«, S. 15 f., sowie Thompson, *Entstehung*, S. 683. Wilhelm Liebknecht, einer der Begründer der organsierten Arbeiterbewegung in Deutschland, hat die Verurteilung der Maschinenstürmer in seiner großen Rede »Wissen ist Macht« von 1872 gleichsam für die nachfolgende Bewegung kodifiziert. Nachdem er die enormen Nachteile der maschinellen Arbeitsteilung für die körperliche und geistige Gesundheit der einzelnen Arbeiter dargelegt hat, beeilt er sich zu erklären: »Mißverstehe man mich nicht, ich bin kein Gegner der Maschinen. Die Maschinenstürmerei, zu der sich bei Anbruch der Großindustrie die Arbeiter Englands hinreißen ließen, war durchaus reaktionär, beruhte auf einer grundfaschen Auffassung der Dinge und mußte darum mißlingen – zum Heile der Menschheit, *nicht* der einzelnen arbeitenden Menschen. Das ist eben der Fluch der heutigen Kultur, daß jeder allgemeine Fortschritt nur einer privilegierten Minorität nutzt, die Lage der enterbten Masse dagegen relativ und absolut verschlimmert«; Wilhelm Liebknecht, »Wissen ist Macht – Macht ist Wissen. Festrede gehalten zum Stiftungsfest des Dresdner Bildungs-Vereins am 5. Februar 1872«, Berlin 1891, S. 40.

123 Thomas Pynchon, »Is It O. K. To Be A Luddite?«, in: *New York Times* vom 28. Oktober 1984, online abrufbar unter {www.nytimes.com/books/97/05/18/reviews/pynchon-luddite.html} (letzter Zugriff 10. 3. 2016).

124 Hobsbawm, »Maschinenstürmer«, S. 17 f.; ders., »The Machine Breakers«, S. 7 f.

125 Otto-Peters, *Schloss*, S. 136 f.

126 Otto-Peters, *Schloss*, S. 319.

127 Otto-Peters, *Schloss*, S. 311.

128 Thompson, *Entstehung*, S. 636 und S. 691.

129 Die überlieferten Schriften der Ludditen sind wieder verfügbar gemacht bei Kevin Binfield (Hg.), *Writings of the Luddites*, Baltimore 2004.

130 Charlotte Brontë, *Shirley*, München 2005 [1849], S. 83.

131 Willkomm, *Weisse Sclaven*, S. 314 f.

132 Thomson, *Entstehung*, S. 611 f.

133 Willkomm, *Weisse Sclaven*, S. 317 f.

134 Willkomm, *Weisse Sclaven*, S. 319.

135 Vgl. Wladimir Iljitch Lenin, *Der Imperialismus als höchstes Stadium des Kapitalismus. Gemeinverständlicher Abriß*, in: ders., *Werke*, Bd. 22: *Dezember 1915–Juli 1916*, Berlin 1960, S. 189–309, besonders das achte Kapitel »Parasitismus und Fäulnis des Kapitalismus«, S. 280–290.

136 Vgl. den treffend betitelten Aufsatz »Warum gab (und gibt) es Sklaverei im

Kapitalismus? Eine einfache und dennoch schwer zu beantwortende Frage« von Marcel van der Linden, in: M. Erdem Kabadayi und Tobias Reichardt (Hg.), *Unfreie Arbeit. Ökonomische und kulturgeschichtliche Perspektiven*, Hildesheim/Zürich/New York 2007, S. 260–279.

137 Linebaugh, »Ned Ludd«, S. 89 f.

138 Der vorletzte Satz des ganzen Buches lautet: »Die Fabrik gedieh, die Arbeiter wurden verhältnißmäßig wohlhabend und Niemand hat je wieder gehört, daß irgend Einer mit seinem Loose unzufrieden gewesen wäre oder die Erfindung der Maschinen als ein Werk des Teufels verwünscht hätte« (Willkomm, *Weisse Sclaven*, S. 660 f.).

139 Thompson, *Entstehung*, S. 639.

140 Thompson, *Entstehung*, S. 691.

141 Thompson, *Entstehung*, S. 640.

142 Thompson, *Entstehung*, S. 692.

143 Das etwa 120 Druckseiten umfassende Fragment wurde erst 1965 erstmals vollständig publiziert; zur Entstehungs- und Publikationsgeschichte vgl. Siegfried Unseld, »Georg Weerth – Lebenslauf eines Unbekannten«, in: Georg Weerth, *Fragment eines Romans*, Frankfurt a. M. 1965, S. 5–18, sowie Jürgen-Wolfgang Goette und Rolf Schlosser, »Vorbemerkung«, in: Georg Weerth, *Vergessene Texte. Werkauswahl*, Bd. 2, hg. v. Jürgen-W. Goette, Jost Hermand und Rolf Schlosser, mit einem Vorw. v. Reinhart Koselleck, Köln 1976, S. 265–270. Weerths *Romanfragment* wird im Folgenden nach dieser Ausgabe zitiert (S. 271–394).

144 Weerth, *Romanfragment*, S. 307.

145 Weerth, *Romanfragment*, S. 311.

146 Vgl. Riehl, *Bürgerliche Gesellschaft*, S. 298–311.

147 Thompson schreibt in *The Making of the English Working Class* an vielen Stellen von einem »paternalist code«, an der vielleicht bekanntesten von einem »obsolescent paternalist code«, auf den die Ludditen mit ihren Aktionen und Organisationsformen zurückblicken würden (Thompson, *Making*, S. 550). In der deutschen Übersetzung ist von einer »paternalistischen Gesetzgebung« die Rede (an angeführter Stelle Thompson, *Entstehung*, S. 638) bzw. von einem »paternalistischen Kodex« (S. 632).

148 Weerth, *Romanfragment*, S. 277.

149 Weerth, Romanfragment, S. 277.

150 Weerth, Romanfragment, S. 278.

151 Weerth, Romanfragment, S. 299.

152 Zur Verschuldung als Mittel der »ursprünglichen Akkumulation« vgl. David Harvey, *Marx' »Kapital« lesen. Ein Begleiter für Fortgeschrittene und Einsteiger*, Hamburg 2011, S. 327–348.

153 Weerth, *Romanfragment*, S. 310f.

154 Weerth, *Romanfragment*, S. 316. August macht sich – nur lesend, das ist entscheidend! – mit den »Systeme[n] Owens, Fouriers, Weitlings« vertraut und findet »plötzlich hier alles klar und deutlich ausgesprochen, was ihn quälte«. Besonders die »Lehren Saint-Simons« haben es August angetan – wohl nicht zuletzt, weil er sich als »industriel« hier mit den tätigen Arbeitern in einer Klasse, der »classe industrielle« wiederfindet; Weerth, *Romanfragment*, S. 323 f.

155 Weerth, Romanfragment, S. 338.

156 Weerth, Romanfragment, S. 343.

157 Vgl. Weerth, Romanfragment, S. 339.

158 Weerth, Romanfragment, S. 342.

159 Vgl. den Abschnitt »Vom Eingehen der Zünfte« im zweiten Kapitel der vorliegenden Studie.

160 Weerth, *Romanfragment*, S. 338.

161 Weerth, *Romanfragment*, S. 342.

162 Weerth, *Romanfragment*, S. 339.

163 Marx, MEW 23, S. 661.

164 Weerth, *Romanfragment*, S. 340.

165 Weerth, *Romanfragment*, S. 340.

166 Weerth, *Romanfragment*, S. 340.

167 Weerth, *Romanfragment*, S. 340.

168 Weerth, *Romanfragment*, S. 341.

169 MEW 4, S. 176. Die »self-acting mule« war eine Spinnmaschine, die als Weiterentwicklung der »Spinning Jenny« betrachtet werden kann, welche bei Marx ebenfalls häufiger ihren Auftritt hat.

170 MEW 23, S. 459. Wenig später heißt es auf derselben Seite: »Man könnte eine ganze Geschichte der Erfindungen seit 1830 schreiben, die bloß als Kriegsmittel des Kapitals wider Arbeiteremeuten ins Leben traten«.

171 Weerth, *Romanfragment*, S. 341.

172 Weerth, *Romanfragment*, S. 342.

173 Klaus Tenfelde und Heinrich Volkmann, »Einführung: Zur Geschichte des Streiks in Deutschland«, in: dies. (Hg.), *Streik. Zur Geschichte des Arbeitskampfes in Deutschland während der Industrialisierung*, München 1981, S. 9–30, hier S. 12.

174 Linebaugh/Rediker, *Many-Headed Hydra*, S. 219. In der Übersetzung kommt die Pointe der Wortherkunft des Wortes »strike« nicht zum Tragen; Linebaugh/Rediker, *Hydra*, S. 237. Zu den vielfach und verschärft »unfreien« Arbeitsverhältnissen der atlantischen Seefahrt vgl. das Kapitel zur »Hydrarchie« in: Linebaugh/Rediker, *Hydra*, S. 157–189.

175 Erhard Lucas, *Vom Scheitern der deutschen Arbeiterbewegung*, Frankfurt a. M. 1983, S. 45–69.

176 Weerth, *Romanfragment*, S. 341.

177 Lucas, *Scheitern*, S. 61. Dort findet sich auch eine ergreifende und subtil zupackende Analyse dieser Szene. Lucas' Buch, das sich aus der Geschichte der Arbeiterbewegung wie der Psychoanalyse speist, wird heute viel zu selten gelesen. Noch während der großen Arbeitskämpfe im Italien der 1960er und 1970er Jahre wurden Frauen in der Arbeiterbewegung oft »als Rivalinnen« und »als Spalter« wahrgenommen, die den kämpfenden Männern an der familiären Front in den Rücken fallen; vgl. dazu Mariarosa Dalla Costa, »Die Frauen und der Umsturz der Gesellschaft«, in: dies. und Selma James, *Die Macht der Frauen und der Umsturz der Gesellschaft*, Berlin 1973, S. 27–66, hier S. 53 f.

178 Lucas, *Scheitern*, S. 62.

179 Für Peter Linebaugh sind auch die Errichtung des modernen Geschlechterverhältnisses und die Durchsetzung einer arbeitsteiligen geschlechtlichen Sphä-

rentrennung nichts anderes als eine Strategie im System der *enclosures*; Linebaugh, »Ned Ludd«, S. 80. Der klassische Beitrag aus sozialhistorischer Perspektive ist Karin Hausen, »Die Polarisierung der ›Geschlechtscharaktere‹. Eine Spiegelung der Dissoziation von Erwerbs- und Familienleben«, in: Werner Conze (Hg.), *Sozialgeschichte der Familie in der Neuzeit Europas. Neue Forschungen*, Stuttgart 1976, S. 363–393.

180 Weerth, *Romanfragment*, S. 309.

181 Weerth, *Romanfragment*, S. 327f. Vgl. dazu auch Engels' Beschreibung, MEW 2, S. 384.

182 Thompson, *Entstehung*, S. 378.

183 Weerth, *Romanfragment*, S. 310.

184 Weerth, *Romanfragment*, S. 312.

185 Weerth, *Romanfragment*, S. 327.

186 Weerth, *Romanfragment*, S. 343.

187 Weerth, *Romanfragment*, S. 313.

188 Weerth, *Romanfragment*, S. 310.

189 Weerth, *Romanfragment*, S. 311.

190 Weerth, *Romanfragment*, S. 313.

191 Weerth, *Romanfragment*, S. 338.

192 Weerth, *Romanfragment*, S. 342.

193 Weerth, *Romanfragment*, S. 343.

194 MEW 2, S. 367.

195 Klaus Schlottau, »Maschinenstürmer gegen Frauenerwerbsarbeit: Dea ex machina«, in: Thorsten Meyer/Marcus Popplow (Hg.), *Technik, Arbeit und Umwelt in der Geschichte. Günter Bayerl zum 60. Geburtstag*, Münster u. a. 2006, S. 111–132, hier S. 112.

196 Schlottau, »Maschinenstürmer«, S. 131.

197 Schlottau, »Maschinenstürmer«, S. 115.

198 Zur Sozialgeschichte der bürgerlich-proletarischen Kleinfamilie vgl. das Kapitel »Protoindustrialisierung und Hochindustrialisierung« in: Jack Goody, *Die Geschichte der Familie*, München 2002, S. 167–201, sowie Louise A. Tilly, »Paths of Proletarianization. Organization of Production, Sexual Division of Labor, and Women's Collective Action«, in: Johanna Brenner, Barbara Laslett und Yasmin Arat (Hg.), *Rethinking the Political. Women, Resistance, and the State*, Chicago 1995, S. 127–144.

199 Joan Scott, »Die Arbeiterin«, in: Georges Duby und Michelle Perrot, *Geschichte der Frauen, Bd. 4: Das 19. Jahrhundert*, Frankfurt a. M./New York 1994, S. 451–480, hier S. 452.

200 Scott, »Arbeiterin«, S. 455.

201 Scott, »Arbeiterin«, S. 456.

202 Scott, »Arbeiterin«, S. 475.

203 Scott, »Arbeiterin«, S. 453.

204 Man sollte die Bedeutung weiblicher Industriearbeit wiederum insgesamt nicht überbewerten: Auch wenn die meisten Arbeitskräfte in den Fabriken Frauen waren, waren doch nicht die meisten weiblichen Arbeitskräfte Fabrikarbeiterinnen: 1851 waren in England »40 Prozent aller Frauen als Dienstmädchen und nur 22 Prozent als Arbeiterinnen in der Textilindustrie beschäftigt«; Scott, »Arbeiterin«, S. 456. Zur Realität weiblicher Fabrikarbeit vor allem im späteren 19. Jahrhundert vgl. Karin Hausen, »Arbeitsort Fabrik: ›... in unmittelbarer Vereinigung mit Männern‹«, in: dies. und Heide Wunder (Hg.), *Frauengeschichte – Geschlechtergeschichte*, Frankfurt a. M./New York 1992, S. 74–78.

205 Vgl. den Abschnitt »Das ›Problem‹ der Arbeiterin« bei Scott, »Arbeiterin«, S. 475 ff.

206 Scott, »Arbeiterin«, S. 455 f.

207 Bridget Hill, *Women Alone. Spinsters in England, 1660–1850*, New Haven 2001. Das Gewicht der *spinster* darf schon numerisch nicht unterschätzt werden: 1851 waren es in England 1,8 Millionen oder 8,9 Prozent der Gesamtbevölkerung, Ende des 17. Jahrhunderts betrug der Anteil wohl noch 16–18 Prozent; ähnliche Zahlen sind für ganz Europa anzusetzen. Vgl. Hill, *Spinsters*, S. 11.

208 Hill, *Spinsters*, S. 9.

209 Es gab Möglichkeiten für »Single Women in Agriculture« und für »Single Women in Manufacturing«, und besonders in der Textilbranche; vgl. Hill, *Spinsters*, S. 16–27 und S. 28–42. Dass sich das Wort »spinster« etymologisch von der Spinnerei herschreibt, kann wenigstens als Symbol verstanden werden: das *Oxford English Dictionary* definiert »spinster« sprachgeschichtlich als »a woman (or rarely a man) who spins, especially one who practises spinning as a regular occupation«; erst später, im 17. Jahrhundert, wurde »spinster« zur Bezeichnung für eine Person »still unmarried«. Vgl. Hill, *Spinsters*, S. 4. Zur Etymologie und den sich daraus ergebenden geschlechterpolitischen Identifikationsangeboten – bis hin zur »alten Spinnerin« als feministischem *role model* – vgl. Gerburg Treusch-Dieter, *Wie den Frauen der Faden aus der Hand genommen wurde. Die Spindel der Notwendigkeit*, Berlin 1984.

210 Zur biografischen »Flexibilität weiblicher Arbeitskraft« zu Beginn der Industrialisierung vgl. zusammenfassend Antje Schrupp, *Nicht Marxistin und auch nicht Anarchistin. Frauen in der Ersten Internationale*, Königstein i. Ts. 1999, S. 25 f. Hill hat sich vor ihrer Studie zu den *spinsters* ausführlich mit der heterogenen Beschäftigungssituation proletarischer Frauen vor der Industrialisierung beschäftigt; vgl. die Übersichtsdarstellung Bridget Hill, *Women, Work and Sexual Politics in Eighteenth-Century England*, Montreal u. a. 1994, und die Studie zu kommodifizierter Hausarbeit: dies., *Servants. English Domestics in the Eighteenth Century*, Oxford 1996.

211 Zum sittlichen Gefährdungspotential der Fabrikarbeit für Frauen vgl. Hausen, »Fabrik«.

212 Zur Verbürgerlichung des »Frauenbilds« in einem Proletariat, das zunehmend um »Respektabilität« bemüht ist, vgl. Schrupp, *Nicht Marxistin*, S. 29 f.

213 Hausen, »Polarisierung«, S. 384.

214 Zur modernisierungstheoretischen Metapher des Flaschenhalses vgl. Schlottau, »Maschinenstürmer«, S. 112.

215 Eine Zusammenfassung des beschriebenen historischen Verlaufs findet sich bei Schrupp, *Nicht Marxistin*, S. 24.

216 Zu dem, was hier neutralisierend als »Gegenbewegungen, Hemmungen und Abzweigungen« bezeichnet wird, vgl. Bettina Heintz und Claudia Honegger, »Zum Strukturwandel weiblicher Widerstandsformen im 19. Jahrhundert«, in: dies.

(Hg.), *Listen der Ohnmacht. Zur Sozialgeschichte weiblicher Widerstandsformen*, Frankfurt a. M. 1984, S. 7–68, sowie Dorothy Thompson, »Spurensicherung. Frauen in der frühen englischen Arbeiterbewegung«, in: Honegger/Heintz, *Listen*, S. 160–187.

217 Schlottau, »Maschinenstürmer«, S. 112.

218 Vgl. den Abschnitt »Geschlechtliche Arbeitsteilung: Produkt der Geschichte, Folge des Diskurses« bei Scott, »Arbeiterin«, S. 461–475. Zu den »diskriminierenden Ursachen und Folgen der sogenannten Frauenschutzgesetzgebung« vgl. Hausen, »Fabrik«, S. 78.

219 Vgl. dazu Freundinnen und Freunde der klassenlosen Gesellschaft, »Abseits des Spülbeckens. Fragmentarisches über Geschlechter und Kapital«, in: *Kosmoprolet* 4 (2015), S. 10–31, sowie Lilly Lent und Andrea Trumann, *Kritik des Staatsfeminismus. Oder: Kinder, Küche, Kapitalismus*, Berlin 2015.

Schluss

1 Weerth, *Romanfragment*, S. 341.

2 Die Reifungsgeschichte erzählt auch Marx im *Kapital*: »Es bedarf Zeit und Erfahrung, bevor der Arbeiter die Maschinerie von ihrer kapitalistischen Anwendung unterscheiden und daher seine Angriffe vom materiellen Produktionsmittel selbst auf dessen gesellschaftliche Exploitationsform übertragen lernt« (MEW 23, S. 451).

3 Hobsbawm, »Maschinenstürmer«, S. 20.

4 Hobsbawm, »Maschinenstürmer«, S. 19; Hobsbawm, »The Machine Breakers«, S. 8.

5 Werner Conze, »Vom ›Pöbel‹ zum ›Proletariat‹. Sozialgeschichtliche Voraussetzungen für den Sozialismus in Deutschland«, in: *Vierteljahrschrift für Sozial- und Wirtschaftsgeschichte* 41.2 (1954), S. 333–364.; Florian Tennstedt, *Vom Proleten zum Industriearbeiter. Arbeiterbewegung und Sozialpolitik in Deutschland 1800–1914*, Köln 1983.

6 Linebaugh, »Ned Ludd«, S. 106.

7 Zum Zusammenhang von Romantik und Mythos vgl. grundsätzlich Gerhart von Graevenitz, *Mythos. Zur Geschichte einer Denkgewohnheit*, Stuttgart 1987, der auf die Intention und Befähigung besonders der deutschen Romantik abhebt, eine »Heterogenität von Überlieferungen noch einmal synkretistisch zu vereinigen« (S. XXV). Zur Dekonstruktion der romantischen Mythopoiesis vgl. Jean-Luc Nancy, »Der unterbrochene Mythos«, in: ders., *Die undarstellbare Gemeinschaft*, Stuttgart 1988, S. 93–169.

8 Vgl. Thompson, *Entstehung*, S. 578 ff.

9 Vgl. Manfred Schneider, *Transparenztraum. Literatur, Politik, Medien und das Unmögliche*, Berlin 2013, besonders das fünfte Kapitel »Transparenzterrorismus und Panvisionen: Marat, Bentham, Ernst Wagner und Google Earth« und das sechste Kapitel »Glasarchitektur und Sozialutopien« (S. 125–190), in denen die Konvergenz liberaler und sozialistischer Gesellschaftsentwürfe gerade in ihrem Begehren nach transparenten Sozialbeziehungen aufgezeigt wird. Die zusammengehörige Gegenstrebigkeit von Aufklärung und Geheimnisproduktion – etwa in den Freimaurerlogen – hat schon Reinhart Koselleck festgehalten in *Kritik und Krise. Eine Studie zur Pathogenese der bürgerlichen Welt*, Frankfurt a. M. 1992, S. 49.

10 Zur Person Stiebers und seinem anonym veröffentlichtem Erstling *Die Prostitution in Berlin und ihre Opfer* von 1846 vgl. den Unterabschnitt »Fiktion und Korrektur: Statistik der Prostitution« im dritten Kapitel der vorliegenden Studie.

11 Thompson, *Entstehung*, S. 578.

12 Linebaugh, »Ned Ludd«, S. 79.

13 Pynchon, »Luddite«.

14 Vgl. dazu jüngst und überzeugend und die ganze Reihe aufnehmend Maya Barzilai, *Golem. Modern Wars and Their Monsters*, New York 2016, sowie die Beiträge der Schwerpunktnummer »Monster und Kapitalismus« der *Zeitschrift für Kulturwissenschaft* 2 (2017), hg. v. Till Breyer et al.

15 In seiner Jungfernrede im House of Lords, dem er qua Geburt angehörte, verteidigte Lord Byron die Ludditen und wandte sich sarkastisch und drastisch gegen die zur Debatte stehende »death-bill«. Durch diese und den Einsatz der Armee werde die hungernde Arbeiterschaft erst zu jenem rechtlosen »mob« gemacht, gegen den die Maßnahmen vorgeblich eingesetzt würden. Die Rede ist abgedruckt in: Alexander Robert Charles Dallas, *Recollections of the Life of Lord Byron, from the Vear 1808 to the End of 1814. Exhibiting His Early Character and Opinions, Detailing the Progress of His Literary Career, and Including Various Unpublished Passages of His Works. Taken from Authentic Documents, in the Possession of the Author*, London 1824, S. 205–218, hier S. 213.

16 Zum Selbstverständnis der Ludditen als »Sherwood Lads« vgl. Thompson, *Entstehung*, S. 640–664. Die beschriebene Fabrikation eines populären Mythos ist wiederum sehr anfällig für Manipulationen: Captain Swing etwa, ein spätes, agrarindustrielles Parallelphänomen zu General Ludd, ist ein Medienhype, eine Erfindung von Journalisten, die eine gute Story gewittert haben; vgl. Eric Hobsbawm und George Rudé, *Captain Swing*, London/Brooklyn 2014 [1969], S. 12.

17 Vgl. dazu Nicolas Fox, *Against the Machine. The Hidden Luddite Tradition in Literature, Art, and Individual Lives*, Washington u.a. 2002, sowie David McNally, *Monsters of the Market. Zombies, Vampires and Global Capitalism*, Leiden 2011, besonders die Kapitel »Jacobins, Irishmen and Luddites: Rebel-monsters in the Age of *Frankenstein*«, S. 77–112.

18 Vgl. Terry Eagleton, *Myths of Power. A Marxist Study of the Brontës*, London u.a. 1975, S. 45 ff.

19 Vgl. dazu grundlegend Karl Heinz Roth, *Die »andere« Arbeiterbewegung und die Entwicklung der kapitalistischen Repression von 1880 bis zur Gegenwart*, München 1974. Historisch entkernt und existentialistisch adaptiert findet sich das Konzept der »anderen« Arbeiterbewegung bei Antonio Negri, *Sabotage. Mit Briefen und Schriften aus dem Gefängnis*, München 1979, S. 22: »Ich bin *anders*, anders ist die ›Bewegung‹ des kollektiven Handelns, in die ich eingereiht bin. Das, woran ich teilnehme, ist die *andere Arbeiterbewegung*«.

20 Ernst Toller, *Die Maschinenstürmer. Ein Drama aus der Zeit der Ludditenbewegung in England in fünf Akten und einem Vorspiel*, Leipzig/Wien/Zürich 1922.

21 Hugo Ball, *Flametti oder Vom Dandysmus der Armen*, Berlin 1918. Hugo Ball hat ungefähr zeitgleich Wilhelm Weitling als einen seiner Vorläufer und Hausgötter

entdeckt; vgl. Hugo Ball, *Zur Kritik der deutschen Intelligenz* [1919], in: ders., *Sämtliche Werke und Briefe*, Bd. 5: *Die Folgen der Reformation. Zur Kritik der deutschen Intelligenz*, hg. v. Hans Dieter Zimmermann, Göttingen 2011, S. 135–391, besonders S. 264–272.

22 Zur Geschichte der Situationistischen Internationale im Spiegel der Theoriebildung ihres Vordenkers vgl. Anselm Jappe, *Guy Debord*, with a Foreword by T. J. Clark, Berkeley/Los Angeles/London 1999, sowie Jörn Etzold, *Die melancholische Revolution des Guy-Ernest Debord*, Zürich/Berlin 2009.

23 Vgl. Mario Tronti, »Fabrik und Gesellschaft«, in: ders., *Arbeiter und Kapital*, Frankfurt a. M. 1974, S. 17–44. Von den radikalen Gesten der Verweigerung will Negri heute allerdings nichts mehr wissen; stattdessen setzt er auf die positive, produktiv-konstituierende Macht der Multitude; vgl. dazu Patrick Eiden-Offe, »Der Verlust der Verweigerung. Von der Arbeiterklasse als Agentin der Nicht-Arbeit zur Selbstverwertung der Multitude. Abriss des (Post)Operaismus«, in: Jörn Etzold und Martin J. Schäfer (Hg.), *Nicht-Arbeit. Politiken, Konzepte, Ästhetiken*, Weimar 2011, S. 80–104.

24 So der Bologneser Autonome Franco Berardi, genannt ›Bifo‹, im Gespräch mit einem bekannten französischen Genossen, bei dem er nach der Niederschlagung der italienischen Bewegung Asyl gefunden hat; Félix Guattari, *Wunsch und Revolution. Ein Gespräch mit Franco Berardi (Bifo) und Paolo Bertetto*, Heidelberg 1978, S. 57. Guattari entgegnet süffisant, aber verständnislos: »Mir scheint, du erfindest dir eine Arbeiterklasse nach deinen eigenen Maßstäben, denn wenn Leute wie Artaud, Lautréamont und der Präsident Schreber dazu gehören, bin ich mit dir völlig einverstanden. Aber das ist ja nun nicht richtig …«

25 Vgl. Raniero Panzieri, »Über die kapitalistische Anwendung der Maschinerie im Spätkapitalismus«, in: Claudio Pozzoli (Hg.), *Spätkapitalismus und Klassenkampf: Eine Auswahl aus den »Quaderni Rossi«*, Frankfurt a. M. 1972, S. 14–32.

26 Vgl. dazu Romano Alquati, *Klassenanalyse als Klassenkampf. Arbeiteruntersuchungen bei Fiat und Olivetti*, hg. u. eingel. v. Wolfgang Rieland, Frankfurt a. M. 1974. Zur Einführung gut geeignet ist der Nachruf Emiliana Armano und Raffaele Sciortino, »Ciao Romano. Erinnerung an Romano Alquati«, in: *Sozial.Geschichte Online* 3 (2010), S. 192–197, online abrufbar unter{https://duepublico.uni-duisburg-essen.de/servlets/DerivateServlet/Derivate-24581/Sozial.Geschichte%203(2010)%20Gesamt.pdf} (letzter Zugriff 11. 3. 2016). Auch Guy Debord ruft eine neue ludditische Bewegung zu den Waffen, die nun nicht mehr gegen die Maschinen der kapitalistisch-industriellen Produktion ins Feld ziehen soll, sondern – wir befinden uns in der Hochphase des »Massenkonsums« – »einem neuen ›General Ludd‹« folgend, »zur Zerstörung der *Maschinen des erlaubten Konsums*« aufbricht (Debord, *Gesellschaft*, § 115, S. 66.

27 Zur Geschichte der italienischen Bewegungen vgl. Nanni Balestrini und Primo Moroni, *Die goldene Horde. Arbeiterautonomie, Jugendrevolte und bewaffneter Kampf in Italien*, Berlin/Hamburg 1994.

28 Elio Petri, *La classe operaia va in Paradiso*, Italien 1971. Der Film wurde bei den Festspielen in Cannes 1972 als bester Film prämiert.

29 Vgl. Nanni Balestrini, *Die große Revolte*. Romantrilogie. *Wir wollen alles/Die Unsichtbaren/Der Verleger*, Berlin/Hamburg 2008 [1971/1987/1989]; Gedichte und

Sekundärtexte zu Balestrini von u.a. Franco ›Bifo‹ Berardi, Peter O. Chotjewitz, Umberto Eco, Hanna Mittelstädt und Paul Virilio bietet Nanni Balestrini, *Landschaften des Wortes*, hg. v. Thomas Atzert u.a., Berlin/Hamburg 2015.

30 Thomas Sheehan hat schon 1979 in einer Sammelrezension zu Werken Negris das »key word« der *autovalorizzazione* adäquat charakterisiert: Es entstamme dem Bereich einer »counterculture of personal liberation and self-fulfillment«, es verbinde »the personal and the political [...] and more often than not Dylan pipes the tune and Marx dances«; Thomas Sheehan, »Italy: Behind the ski mask«, in: *New York Review of Books* vom 16. August 1979, online abrufbar unter {www.nybooks.com/articles/archives/1979/aug/16/italy-behind-the-ski-mask} (letzter Zugriff 19.3.2016). Zum Konzept der Selbstverwertung vgl. Eiden-Offe, »Verlust«.

31 Zur aktuellen Debatte vgl. Steven E. Jones, *Against Technology. From the Luddites to Neo-Luddism*, New York/London 2006, sowie Gerardo Herrera Corral, »Stand up against the anti-technology terrorists«, in: *Nature* 476.7361 (2011), S. 373, online abrufbar unter {www.nature.com/news/2011/220811/full/476373a.html} (letzter Zugriff 16.2.2016). In Frankreich läuft die politisch-wissenschaftliche Rehabilitierung der historischen Ludditen im Zeichen eines antiinformationellen Neo-Ludismus seit einiger Zeit auf Hochtouren; neben dem schon genannten Band von Biagini/Carnino, *Luddites*, wäre zu denken an François Jarrige, *Techno-critiques. Du refus des maschines à la contestation des technosciences*, Paris 2014. Eine umfassende wissenschaftshistorische Einbettung bietet Guillaume Carnino, *L'Invention de la science. La nouvelle religion de l'âge industriel*, Paris 2015, die neo-ludditische Manifestseite wird aus demselben Umfeld abgedeckt durch Cédric Biagini, *L'emprise numérique. Comment internet et les nouvelles technologies ont colonisé nos vies*, Montreuil 2012, sowie Cédric Biagini et al., *La Tyrannie technologique. Critique de la société numérique*, Montreuil 2007.

32 Noble untersucht vor allem die Effekte der immer weitergehenden Automatisation. Wenn die Technik einerseits immer größere Teile der Bevölkerung außer Arbeit setzt, andererseits aber gesellschaftliche Teilhabe am Zugang zu Lohnarbeit hängt, dann schlummert hier eine Systemkrise, die sich selbst nicht wiederum technisch lösen lässt. Die Provokationskraft von Nobles Intervention lag aber letztlich darin, dass er diese Krise nicht als ein selbst automatisch sich vollziehendes Geschick thematisiert, sondern als einen sozial produzierten Prozess – mit Gewinnern und Verlierern. Vgl. dazu David F. Noble, *Progress Without People. New Technologies, Unemployment, and the Message of Resistance*, Toronto 1995. Nach der Veröffentlichung seines Standardwerks *Forces of Production* 1984 kündigte ihm das MIT die *tenure position*, was Noble selbst auf seine politische Ausrichtung zurückführte und ihn zu einer Klage gegen das MIT veranlasste. Zu Nobles Lebens- und Denkweg und zur *Causa Noble* vgl. den Nachruf von Denis C. Rancourt, »David F. Noble: In Memoriam«, in: *counterpunch* vom 3. Dezember 2010, online verfügbar unter {www.counterpunch.org/2010/12/30/david-f-noble-in-memoriam} (letzter Zugriff 12. 3. 2016).

33 Lutz Dammbeck, *Das Netz – die Konstruktion des Unabombers. Im Anhang: Die industrielle Gesellschaft und ihre Zukunft (Unabomber-Manifest) von FC*, Hamburg 2005. Weiterführende Gedanken im Anschluss an Dammbecks Film finden sich bei Cord Riechelmann, »Neuer oder spekulativer Realismus«, in: *Merkur* 778, 3 (2014), S. 243–247.

34 Vgl. Niels Werber, »Gaias Geopolitik«, in: *Merkur* 792, 5 (2015), S. 59–67.

35 Das »Gesetz vom tendenziellen Fall der Profitrate« wird im dritten Abschnitt des dritten Bandes des *Kapitals* entfaltet; MEW 25, S. 221–277. Danach führt, stark vergröbert, der vermehrte Einsatz von immer teurerer Maschinerie dazu, dass, um diese Investitionen zu amortisieren, gleichzeitig die einzige Quelle von Mehrwert und damit der eigentliche Anker aller Profiterwirtschaftung aus dem Produktionsprozess herausgedrängt wird: die lebendige Arbeitskraft. Eine knappe und aktualisierende Darlegung findet sich bei Paul Mattick, *Business as usual. Krise und Scheitern des Kapitalismus*, Hamburg 2012.

36 Hegel, *Grundlinien*, § 198, S. 353 f.

37 Guy Standing, *Prekariat. Die neue explosive Klasse*, Münster 2015, S. 171 ff., hier als »Zeitdruck«.

38 Dazu immer moch unentbehrlich: Mike Davis, *Planet der Slums*, Berlin/Hamburg 2007, sowie Freundinnen und Freunde der klassenlosen Gesellschaft, »Reflexionen über das Surplus-Proletariat. Phänomene, Theorie, Folgen«, in: *Kosmoprolet* 4 (2015), S. 34–59. Jan Breman deutet die Prekarisierung westlich-metropolitaner Arbeitskraft als deren Globalisierung, als Inversion alter Avangardismen: »Up till the 1970s, the notion that the Rest would follow in the footsteps of the West was intrinsic to the dominant development paradigm. [...] Now, it seems, it is the West that is following the Rest when it comes to the growing insecurity of work conditions« (Jan Breman, »A Bogus Concept?« Rez. zu Standing, Precariat, in: *New Left Review* 84/2013, S. 130–138, hier S. 130).

39 Den Begriff des »nuisance value« verdanke ich Claus Offe, aus einem mündlichen Gespräch am Höhepunkt der EU-Griechenland-Krise Anfang Februar 2015 in Florenz.

40 Erschütternde globalhistorische Einsichten mit aktueller Relevanz bietet hier Jan Breman, *Outcast Labour in Asia. Circulation and Informalization of Workforce at the Bottom of Economy*, Oxford u. a. 2010. Zum »Eventual Return of Social Darwinism« S. 369–378. Vgl. auch Slavoj Žižek, *Der neue Klassenkampf. Die wahren Gründe für Flucht und Terror*, Berlin 2015, besonders das Kapitel »Die politische Ökonomie der Migration«, S. 37–46. Zum globalen »surplus proletariat« als Hintergrund der neuen Migrationsbewegungen vgl. Thomas Nail, *The Figure of the Migrant*, Stanford 2015, besonders das Kapitel »Elastic Force II«, S. 100–124, sowie zum Migranten als Proletarier das Kapitel »The Proletariat«, S. 156–178.

41 Standing, *Prekariat*, S. 7: »Dies Buch handelt von einer neuen Klasse in der Welt, die sich auf dem Weg der Entstehung befindet.«

42 Vgl. Michael Hardt und Antonio Negri, *Multitude. Krieg und Demokratie im Empire*, Frankfurt a. M./New York 2004, Kap. II.1, »Gefährliche Klassen«, S. 121–177.

43 Honoré Antoine Frégier, *Des classes dangereuses de la population dans les grandes villes, et des moyens de les rendre meilleures*, Paris 1840; ders., Über die gefährlichen Classen der Bevölkerung in den grossen Städten und die Mittel, sie zu bessern, Koblenz 1840.

44 Im Schlusssatz seiner Rezension zu Standings Werk kommentiert Claus Offe die Schwierigkeit unversehens vorgenommener historischer Parallelisierungen (und ebenso unversehens angesetzter Projektionen in die Zukunft) mit einer ironischen Pointe: »Standing concludes his wide-ranging exploration of many aspects of

the precariat and its political dynamics with some engaged proposals about what an imaginary post-laborist, post-social democratic political left can and should do in response to the plight of the precariat. For the time being, it remains an open question both whether the precariat is (in the process of becoming) a ›class‹ and, if so, whether it has the capacity of becoming dangerous, and to whom« (Claus Offe, »The Vanishing ›Shadow of the Future‹«, in: *European Journal of Sociology/Archives Européennes de Sociologie* 3 [2011], S. 466–474, hier S. 474).

45 Vgl. dazu neuerdings Guy Standing, *Eine Charta des Prekariats. Von der ausgeschlossenen zur gestaltenden Klasse*, Münster 2016.

46 Iain Levison, *Abserviert. Mein Leben als Humankapital*, Berlin 2006, und *Betriebsbedingt gekündigt*, Berlin 2005; Thomas Melle, *3000 Euro*, Berlin 2014, und *Die Welt im Rücken*, Berlin 2016. Den Hinweis auf Levison, der ganz am Anfang der Arbeit stand, und auf so viel mehr verdanke ich Marion Liebhold.

47 Die Schneller Autos Organisation unterbreitet nebenbei einen verbindlichen Vorschlag, auf den sich ein kommendes proletarisches »wir« wird einigen können: »*Wir* haben Probleme mit der Bank. Und Probleme mit dem Staat«. Dank an Mark Schumacher!

48 Jenny Erpenbeck, *Gehen, ging, gegangen*, München 2015.

49 Unsichtbares Komitee, *Der kommende Aufstand*, Hamburg 2010 [2007], S. 7.

50 Vgl. dazu Beke Sinjen, *Prosa der Verhältnisse. Die Entdeckung der Erzählliteratur durch die Arbeiterbewegung (1863–1906)*, Essen 2015, S. 51, und, allgemeiner, Hans Günther, *Der sozialistische Übermensch. M. Gor'kij und der sowjetische Heldenmythos*, Stuttgart/Weimar 1993, besonders S. 108–117. Zur Figur des Eduard als antikisierende Heros-Figur vgl. Perraudin, »Blumenfest«, S. 227f.

51 Dass die Geschichte der »anderen«, der dissidenten Arbeiterbewegung nie abtrennbar ist von der einen, offiziellen, so wie Karl Heinz Roth dies behauptet hat, ist das Ziel von Erhard Lucas' umfangreicher und äußerst quellennaher Regionalstudie zu Hamborn und Remscheid, *Zwei Formen von Radikalismus in der deutschen Arbeiterbewegung*, Frankfurt a. M. 1976.

52 Zur politischen Ökonomie dieses Sinnspruchs aus dem 2. Brief des Apostels Paulus an die Thessalonicher (3,10–11), vgl. Max Horkheimer, *Dämmerung. Notizen aus Deutschland*, in: ders., *Gesammelte Schriften*, Bd. II: *Philosophische Frühschriften 1922–1932*, Frankfurt a. M. 1987, S. 312–453, hier S. 405f.

53 Vgl. dazu Arnold Roller, *Der sociale Generalstreik*, 2. Aufl., New York o. J. [1905/07]. Die Poesie des proletarischen Generalstreiks hat, in Anlehnung an Georges Sorel und vor dem Hintergrund der Niederringung des Kapp-Putsches durch das vereinigte Berliner Proletariat 1920, auch Walter Benjamin erkannt und beschrieben (Walter Benjamin, »Zur Kritik der Gewalt« [1921], in: ders., *Gesammelte Schriften*, Bd. II.1: *Aufsätze, Essays, Vorträge*, hg. v. Rolf Tiedemann und Hermann Schweppenhäuser, Frankfurt a. M. 1991, S. 179–203). Die poetologischen Konsequenzen der Benjamin'schen Konzeption werden gezogen von Werner Hamacher, »Afformativ, Streik«, in: Christiaan Hart-Nibbrig (Hg.), *Was heißt ›Darstellen‹?* Frankfurt a. M. 1994, S. 340–374. Die medientheoretische Seite des Streiks als Störung wird herausgearbeitet bei Eva Horn, »Politische Störungen. Streik, Sabotage, Staatsstreich«, in: Albert Kümmel und Erhard Schüttpelz (Hg.), *Signale der Störung*, München 2003, S. 321–334.

54 Weerth, *Romanfragment*, S. 341.
55 Weerth, *Romanfragment*, S. 342.
56 Marx, »Kritik«, MEW 1, S. 388.

Epilog

1 Karl Friedrich Schinkel, »Brief an seine Frau Susanne, 19. 7. 1826«, abgedruckt in: ders., *Die Reise nach Frankreich und England im Jahre 1826*, hg. v. Reinhard Wegner, München/Berlin 1990, S. 187.

2 Schinkel, *Tagebuch*, in: ders., *Reise*, S. 160.

3 So Jörg Trempler, *Karl Friedrich Schinkel. Baumeister Preußens. Eine Biographie*, München 2012, S. 177. Zu den strittigen und vielfach falsch angegebenen – sogar auf dem Grabstein! – Vornamen Beuths sowie zur Sternenfreundschaft zwischen Schinkel und Beuth vgl. Christoph von Wolzogen, *Karl Friedrich Schinkel. Unter dem bestirnten Himmel*, Bd. 1, Frankfurt a. M. 2016, S. 334 f. und S. 337 f.

4 Wolzogen, *Schinkel*, S. 336 f und S. 340. Vor seinem Kontakt mit Hardenberg war Beuth schon als Jüngling von Stein gefördert worden.

5 So Beuths Förderer Ludwig von Vincke, zit. nach Wolzogen, *Schinkel*, S. 339. Noch in späteren Jahren, 1823, wird er bei einer Schottlandreise zum Grab des verehrten Ökonomen in Glasgow pilgern; vgl. Wolzogen, *Schinkel*, S. 352.

6 Giovanni Arrighi, *Adam Smith in Beijing. Die Genealogie des 21. Jahrhunderts*, Hamburg 2008.

7 Wolzogen, *Schinkel*, S. 241 und S. 338. Für den vielerorts zitierten, aber nirgends nachgewiesenen Ehrentitel »Vater der preußischen Gewerbeförderung« konnte ich keine Quelle finden.

8 Wolzogen, *Schinkel*, S. 346.

9 Zu Beuths Tätigkeit als Gewerbeförderer vgl. den Katalog *Klosterstraße 36. Sammeln, Ausstellen, Patentieren. Zu den Anfängen Preußens als Industriestaat*, Ausstellung des Geheimen Staatsarchivs/Preußischer Kulturbesitz, o.O., o.J. [Berlin 2014].

10 Wolzogen, *Schinkel*, S. 347.

11 Dass Beuth wie Schinkel auch Mitglieder in Achim von Arnims und Adam Müllers Deutscher Tischgesellschaft waren, zeigt einmal mehr, wie progressiv-liberale Gesinnung und antisemitische Exklusion im Preußen jener Zeit zusammengehen konnten.

12 Nadine Rottau, »Schinkel der Moderne – Gewerbeförderung und Design«, in: Hein-Th. Schulze Altcappenberg, Rolf Johannsen und Christiane Lange (Hg.), *Karl Friedrich Schinkel. Geschichte und Poesie*, München 2012, S. 227–229, hier S. 227.

13 Vgl. Reinhard Wahren, *Baukünstler und Ingenieur. Eine Berliner Freundschaft: Karl-Friedrich Schinkel und Christian Peter Wilhelm Beuth*, Berlin 2016, S. 34 f. und S. 39 f.

14 Wolzogen, *Schinkel*, S. 349; Wolzogen schlägt hier ironisch den neutraleren Terminus »Technologietransfer« vor.

15 »Schon der Freiherr vom Stein nahm auf seiner Englandreise 1787 einen ›Landschaftsmaler‹ mit, der sich allerdings auffällig lange bei Fabrikanlagen aufhielt« (Wolzogen, *Schinkel*, S. 349).

16 Beuth an Schinkel, zit. nach Bernhard Schulz, »Schinkels englische Reise – Wendepunkt oder Intermezzo? Die Industrie und die Poesie des Bauens«, in: Hein-Th. Schulze Altcappenberg und Rolf H. Johannsen (Hg.), *Karl Friedrich Schinkel. Geschichte und Poesie. Das Studienbuch*, Berlin 2012, S. 105–115, hier S. 105 f.

17 So Schinkel 1835 anlässlich der Entwürfe für die Residenz eines Fürsten; zit. nach Klaus Jan Philipp, »Poesie und Architektur um 1800«, in: Schulze Altcappenberg/Johannsen, *Schinkel Studienbuch*, S. 23–30, hier S. 23.

18 Schulz, »Englische Reise«, S. 110. Das Gebäude wurde im Zweiten Weltkrieg zerstört und ist nur noch auf dem Gemälde von Eduard Gärtner *Die Klosterstraße* von 1830 in der Alten Nationalgalerie zu sehen. Zur Bauakademie vgl. Wahren, *Baukünstler*, S. 28.

19 Schinkel, *Tagebuch*, S. 160.

20 Vgl. JTM, S. 62.

21 Vgl. Hein-Th. Schulze Altcappenberg, »›Letzte Lebensphilosophie‹. Die Allegorien auf Peter Beuth«, in: ders./Johannsen, *Schinkel Studienbuch*, S. 199–210, S. 205.

22 Zum Motiv des Pegasus bei Schinkel überhaupt vgl. Jörg Trempler, *Schinkels Motive*, Berlin 2007, S. 84 ff. Zum Zusammenhang von Pegasus und Ruhm vgl. Claudia Brink, »Fama«, in: Uwe Fleckner, Martin Warnke und Hendrik Ziegler (Hg.), *Handbuch der politischen Ikonographie*, Bd. 1, München 2011, S. 285–292, S. 287 f.

23 Die anderen Seifenblasen sind beschriftet mit »7 000 000 Eink.«, »Araber« und »Min. Gloria«; vgl. Schulze Altcappenberg, »Lebensphilosophie«, S. 205 und S. 210.

24 Schulze Altcappenberg, »Lebensphilosophie«, S. 205.

25 Vgl. Schulz, »Englische Reise«, S. 114 f.

26 Wolzogen, *Schinkel*, S. 346.

27 Zit. nach Wolzogen, *Schinkel*, S. 347.

28 Vgl. den Abschnitt »Politische Leidenschaften, ästhetischer Geschmack« im ersten Kapitel der vorliegenden Studie.

29 Vgl. etwa die Entwürfe zum nicht verwirklichten Warenhaus »Unter den Linden«, aber auch das Palmenhaus auf der Pfaueninsel, wo Schinkel Beispiele englischer Gewächs- und Ausstellungsgebäude aus Gusseisen und Glas in Modulbauweise aufnimmt; vgl. dazu Schulz, »Englische Reise«, S. 111 f. Die Kontinuität zwischen Schinkel und dem Neuen Bauen, besonders bei Mies van der Rohe, ist früh schon herausgestellt worden bei Julius Posener, *From Schinkel to the Bauhaus. Five Lectures on the Growth of Modern German Architecture*, London 1972.

30 Der Verweis besonders auf die Kontormöbel ist sicher nicht zufällig. Denn die von England sich ausbreitende Möbelmode begleitet eine Wirtschaftsweise, in der *paperwork* am Schreibpult eine immer größere Rolle spielt; scherzhaft wird Elsheim Leonhard bald genau eine solche Zukunft als »Kommissionsrat« prophezeien, der seine unter ihm arbeitenden Meister bloß noch mit »Zeichnungen und Bestellungen« versorgt und anleitet (JTM, S. 74). Schmucklose »Secretaire« und »Büreaus« stehen genau für diejenige Wirtschaftsweise, die mit dysfunktionalem Schmuckwerk nichts mehr anzufangen weiß und in der nur noch Effizienz zählt. Genau mit dieser Wirtschafts- und Gestaltungsweise aber haben Beuth und Schinkel kein Problem.

31 Vgl. die Abbildung bei Schulze Altcappenberg, »Lebensphilosophie«, S. 204,

Beschreibung S. 207; Kupferstichkabinett SMB, SM 54.11. Zu Schinkels Möbelentwürfen vgl. Birgit Kropmanns, »Die Möbelzeichnungen Karl Friedrich Schinkels. Versuch einer Kategorisierung«, in: Schulze Altcappenberg/Johannsen, *Schinkel Studienbuch*, S. 235–242. Hier wird darauf hingewiesen, dass Schinkels Zeichnungen verschiedentlich als »Kopiervorlage« mit »Lochlinien« für die konkrete Arbeit der Handwerker gedient haben; besonders mit dem Berliner Tischlermeister Bernhard Wanschaff gab es eine enge Kooperation (S. 237).

32 *Vorbilder* für Fabrikanten und Handwerker, hg. von der Königl. technischen Deputation für Gewerbe, Berlin 1830; »Vorwort«, unterzeichnet von Beuth, S. iv.

33 Wahren, *Baukünstler*, S. 29.

34 Vgl. Trempler, *Motive*, S. 177.

35 *Vorbilder*, »Vorwort Beuth«, S. v.

36 Das *Armenbuch* hat Bettina von Arnim nie fertiggestellt – wohl auch, weil eine Veröffentlichung nach dem schlesischen Weberaufstand von der Zensur verhindert worden wäre. Eine zuverlässige Edition aller Materialien sowie ausführliche Kommentare zur verwickelten und abgebrochenen Entstehungsgeschichte bietet Bettine von Arnim, *Politische Schriften*, hg. v. Wolfgang Bunzel et al., Frankfurt a. M. 1995, S. 369–555 und S. 1047–1150.

37 Arnim, *Politische Schriften*, S. 329–368; Kommentar S. 1039–1046. Zur Poetik auch der politischen Schriften von Arnims unverzichtbar sind die Arbeiten Christa Bürgers, etwa »Die Welt verzehren, um den Hunger nach dem Ich zu stillen. Bettina von Arnims Schreibprojekt«, in: dies. (Hg.), »Zerstörung, Rettung des Mythos durch Licht«, Frankfurt a. M. 1986, S. 43–68.

38 Vgl. dazu Ursula Püschel (Hg.), *»Die Welt umwälzen – denn darauf läufts hinaus«. Der Briefwechsel zwischen Bettina von Arnim und Friedrich Wilhelm IV.*, 2 Bde., Bielefeld 2001. Im Mai 1845 schreibt von Arnim an den König: »Ist aber Dein Volk nicht Dein Kind? Und wen verfolgt wen mißhandelt man denn ärger im geschlagnen Kinde, das Kind oder den liebenden Vater?« (S. 128); im Juli desselben Jahres schreibt sie: »Der König hat öffentlich ausgesprochen er vertraue seinem Volk, jedem sein Haupt in den Schoos zu legen; diese Worte sind allen ein erfrischender Quell der Begeisterung für den König« (S. 133). Später, im Mai 1847 schreibt sie an Friedrich Wilhelm, »der König [habe] seinem Volk sich vermählt« (S. 155).

39 Lorenz von Stein, *Geschichte der sozialen Bewegung in Frankreich von 1789 bis auf unsere Tage*, hg. v. Gottfried Salomon, Bd. 3: *Das Königtum, die Republik und die Souveränität der französischen Gesellschaft seit der Februarrevolution 1848*, München 1921 [1850], S. 41.

40 Baader, *Gesellschaftslehre*, S. 241.

41 Vgl. Jan Werquet, »Künstlerisches Ideal und historischer Aussagewert. Schinkel und die rheinischen Bauprojekte Kronprinz Friedrich Wilhelm (IV.)«, in: Schulze Altcappenberg/Johannsen, *Schinkel Studienbuch*, S. 261–272. Zur Affektpolitik Friedrich Wilhelm IV. und ihrer zeitgenössischen Kritik vgl. Patrick Eiden-Offe, »Dichter, Fürst und Kamarilla: Heinrich Heine berät Friedrich Wilhelm IV. Notiz zum *Wintermärchen*«, in: Michael Niehaus und Wim Peeters (Hg.), *Rat geben. Zu Theorie und Analyse des Beratungshandelns*, Bielefeld 2013, S. 275–300.

42 Moses Heß, »Socialismus und Communismus«, in: Georg Herwegh (Hg.), *Einundzwanzig Bogen aus der Schweiz*, Leipzig 1989 [1843], S. 157–177, besonders ab

S. 166, wo das gesamte Buch Steins als »ein langer Seufzer« bezeichnet wird (S. 168); Otto Lüning (Hg.), *Dieß Buch gehört dem Volke*, 3 Bde., Bielefeld 1845/46; Friedrich Oswald [d.i. Friedrich Engels], »Alexander Jung, Vorlesungen über die moderne Literatur der Deutschen«, in: MEW 1, S. 433–445, hier S. 445; Ferdinand Freiligrath, »Von unten auf!«, in: ders., *Werke in einem Band*, Berlin/Weimar 1980, S. 88–90; das Gedicht gehört zum 1846 veröffentlichten Zyklus *Ça ira!*

43 Vgl. dazu Eiden-Offe, »Nachbarschaft«.

44 Vgl. Wilhelm Heinrich Riehl, *Die deutsche Arbeit*, Stuttgart 1861.

45 Dass mit der Erosion der sozialstaatlichen Hegung der einmal national formierten Arbeiterklassen der Sinn für die buntscheckige Heterogenität zurückkäme, kann daraus nicht geschlussfolgert werden. Es scheint eher ein bunter Haufen zusammengetrieben zu werden, der weiterhin weder auf Nationalismus noch Chauvinismus verzichten möchte.

46 Moses Heß, *Rom und Jerusalem, die letzte Nationalitätsfrage*, Leipzig 1862. Vgl. dazu Volker Weiß, *Moses Hess. Rheinischer Jude, Revolutionär, früher Zionist*, Köln 2014, S. 170–184. Vgl. dazu auch die drei ersten Beiträge in Ludger Heid und Arnold Paucker (Hg.), *Juden und deutsche Arbeiterbewegung bis 1933. Soziale Utopien und religiös-kulturelle Traditionen*, Tübingen 1992: Arno Herzig, »Judenhaß und Antisemitismus bei den Unterschichten und in der frühen Arbeiterbewegung« (S. 1–18); Walter Grab, »Stephan Born: Organisator der deutschen Arbeiterbewegung in der Revolution von 1848« (S. 19–34) und Micha Brumlik, »Antisemitismus im Frühsozialismus und Anarchismus« (S. 35–42).

47 Étienne Balibar, »Vom Klassenkampf zum Kampf ohne Klassen?«, in: ders./ Immanuel Wallerstein, *Rasse – Klasse – Nation: Ambivalente Identitäten*, Hamburg/ Berlin 1992, S. 190–224, hier S. 220.

48 Johannes Berger und Claus Offe, »Die Zukunft des Arbeitsmarkts. Zur Ergänzungsbedürftigkeit eines versagenden Allokationsprinzips«, in: *Kölner Zeitschrift für Soziologie und Sozialpsychologie* 24 (1982), S. 348–371, hier S. 350.

49 Zur Geschichte des Sozialstaats als Geschichte des Arbeitszwangs und der Aussortierung der Arbeitsunfähigen oder -unwilligen vgl. auf drei historischen Plateaus: Paul Lapinski, »Der ›Sozialstaat‹: Etappen und Tendenzen seiner Entwicklung«, in: *Unter dem Banner des Marxismus* 4 (1928), S. 377–418; Karlsruher Stadtzeitung, »Mit dem Dreirad durch den Sozialstaat«, in: *Wildcat* 35 (1985), S. 45–55; Gruppe Blauer Montag, *Risse im Putz. Autonomie, Prekarisierung und autoritärer Sozialstaat*, Berlin/Hamburg 2008.

50 Für die Essener – wo sonst? – Gespräche über die Poesie des Sozialstaats danke ich Markus Steinmayr.

51 Zu narrativen »Bewirtschaftung kognitiver Dissonanz« vgl. den Abschnitt »Literaturgeschichte als Sozialgeschichte: Klasse als Figur« in der Einleitung dieser Studie sowie Koschorke, *Wahrheit*, S. 196–202.

52 Die empathische Schilderung des Arbeitsalltags der eigenen Mutter gehört zu den authentischsten, aber am wenigsten besprochenen Stellen in Didier Eribons *Rückkehr nach Reims*, Berlin 2016: »Der Körper einer alternden Arbeiterin führt allen die Wahrheit über die Klassengesellschaft vor Augen« (S. 78). Ob diese indes in einer Gesellschaft gesehen wird, die sich viel auf ihren *Abschied vom Proletariat* einbildet, bleibt fraglich.

Literaturverzeichnis

Quellen und Primärliteratur

Adelung, Johann Christoph, *Grammatisch-kritisches Wörterbuch der Hochdeutschen Mundart*, 2. Aufl., Leipzig 1801.

Aristoteles, *Politik*, Hamburg 1958.

Arnim, Bettine von, *Werke und Briefe*, Bd. 3: *Politische Schriften*, hg. v. Wolfgang Bunzel u. a., Frankfurt a. M. 1995.

Arnim, Bettina von/Friedrich Wilhelm IV., »Die Welt umwälzen – denn darauf läufts hinaus«. Der Briefwechsel zwischen Bettina von Arnim und Friedrich Wilhelm IV., hg. u. komm. v. Ursula Püschel, 2 Bde., Bielefeld 2001.

Auerbach, Berthold, *Schrift und Volk. Grundzüge der volksthümlichen Literatur, angeschlossen an eine Charakteristik J.P. Hebel's* [1846], in: ders., *Schriften zur Literatur*, hg. v. Marcus Twellmann, Göttingen 2014.

Aveling, Edward/Aveling-Marx, Eleanor, »Shelley and Socialism«, in: *To-Day*, April 1888, S. 103–116.

Baader, Franz von, *»Über das dermalige Mißverhältnis der Vermögenslosen oder Proletairs zu den Vermögen besitzenden Klassen der Sozietät in betreff ihres Auskommens, sowohl in materieller Hinsicht, aus dem Standpunkte des Rechts betrachtet« [1835], in: ders., Gesellschaftslehre*, München 1957, S. 235–250.

Balestrini, Nanni, *Die große Revolte.* Romantrilogie: *Wir wollen alles/Die Unsichtbaren/Der Verleger*, Berlin/Hamburg 2008 [1971/1987/1989].

Ball, Hugo, *Flametti oder Vom Dandysmus der Armen*, Berlin 1918.

Ball, Hugo, *Zur Kritik der deutschen Intelligenz* [1919], in: ders., Sämtliche Werke und Briefe, Bd. 5: *Die Folgen der Reformation. Zur Kritik der deutschen Intelligenz*, hg. v. Hans Dieter Zimmermann, 2. Aufl., Göttingen 2011, S. 135–391.

Beck, Karl, *Lieder vom armen Mann, mit einem Vorwort an das Haus Rothschild*, Leipzig 1846.

Bensen, Heinrich Wilhelm, *Die Proletarier. Eine historische Denkschrift*, Stuttgart 1847.

Binfield, Kevin (Hg.), *Writings of the Luddites*, Baltimore 2004.

Blake, William, *Milton: a Poem in 2 Books*, in: ders., *The Complete Poetry and Prose of William Blake*, hg. v. Davis V. Erdman u. komm. v. Harold Bloom, New York 1988, S. 95–144.

Blanqui, Louis-Auguste, *Schriften zur Revolution, Nationalökonomie und Sozialkritik*, Reinbek 1971.

Bluntschli, Johann Caspar, *Die Kommunisten in der Schweiz nach den bei Weitling vorgefundenen Papieren*, Zürich 1843.

[Born, Stephan], *Der Verein zur Hebung der arbeitenden Klassen und die Volksstimme über ihn*, Leipzig 1845.

Börne, Ludwig, *Briefe aus Paris*, Wiesbaden 1986.

Brontë Charlotte, *Shirley*, München 2005.

Büchner, Georg, *Sämtliche Werke und Schriften. Historisch-kritische Ausgabe mit Quellendokumentation und Kommentar*, hg. v. Burghard Dedner u. mitbegr. v. Thomas Michael Mayer, Darmstadt 2000–2013 [MBA].

Der Bund der Kommunisten, Dokumente und Materialien, Bd. 1: 1836–1849, hg. v. den Instituten für Marxismus-Leninismus beim ZK der SED und beim ZK der KPdSU, Berlin 1970.

Buonarroti, Philippe, *Babeuf und die Verschwörung für die Gleichheit mit den durch sie veranlassten Prozess und den Belegstücken*, 2. Aufl., Berlin u. a. 1975 [1828].

Carlyle, Thomas, *Chartism*, London 1840.

Carlyle, Thomas, *Past and Present*, Berkeley u. a. 2005 [1843].

Cooper, James Fenimore, *Die Heidenmauer oder die Benediktiner*, Speyer 2006 [1831].

Dallas, Alexander Robert Charles, *Recollections of the life of Lord Byron, from the year 1808 to the end of 1814, exhibiting his early character and opinions, detailing the progress of his literary career, and including various unpublished passages of his works.* Taken from authentic documents, in the possession of the author, London 1824.

[Defoe, Daniel], *The Life and Strange Surprizing Adventures of Robinson Crusoe, of York, Mariner. Who Lived Eight and Twenty Years All Alone in an Un-inhabited Island on the Coast of America, Near the Mouth of the Great River of Oroonoque*, 3. Aufl., London 1719.

[Dickens, Charles], *Sketches by Boz*, London u. a. 1995 [1836].

Disraeli, Benjamin, *Sybil or The Two Nations*, Oxford u. a. 1998 [1845].

Dronke, Ernst, *Aus dem Volk & Polizeigeschichten. Frühsozialistische Novellen 1846*, hg. v. Bodo Rollka, Köln 1981 (enthält: *Polizei-Geschichten* [Leipzig 1846] und *Aus dem Volk* [Frankfurt a. M. 1846]).

Dronke, Ernst, *Berlin*, hg. v. Rainer Nitsche, Berlin 1987 [1846].

Eribon, Didier, *Rückkehr nach Reims*, Berlin 2016.

Erpenbeck, Jenny, *Gehen, ging, gegangen*, München 2015.

Fourier, Charles, *Theorie der vier Bewegungen und der allgemeinen Bestimmungen*, hg. v. Theodor W. Adorno, Frankfurt a. M. 1966 [1808].

Frégier, Honoré Antoine, *Des classes dangereuses de la population dans les grandes villes, et des moyens de les rendre meilleures*, Paris 1840.

Frégier, Honoré-Antoine, *Über die gefährlichen Classen der Bevölkerung in den großen Städten und die Mittel, sie zu bessern*, 2 Bde., Coblenz 1840.

Freiligrath, Ferdinand, *Ferdinand Freiligraths Werke in einem Band*, hg. v. Werner Ilberg, 4. Aufl., Berlin/Weimar 1980.

Freytag, Gustav, *Soll und Haben*, München/Wien 1977 [1855].

Gans, Eduard, *Rückblicke auf Personen und Zustände*, hg., komment. u. mit e. Einl. vers. v. Norbert Waszek, Stuttgart-Bad Cannstadt 1995 [1836].

Gesellschaftsspiegel. Organ zur Vertretung der besitzlosen Volksklassen und zur Beleuchtung der gesellschaftlichen Zustände der Gegenwart, hg. v. Moses Heß, Elberfeld 1845/46.

Grimm, Jacob, *Deutsche Grammatik*, Bd. 1, Göttingen 1819.

Grimm, Jacob/Grimm, Wilhelm, *Deutsches Wörterbuch*, 16 Bde. in 32 Teilbänden, Leipzig 1854–1961, http://dwb.uni-trier.de/de/ (letzter Aufruf 23. 3. 2016) [DWB].

Gutzkow, Karl, »Der Roman des Nebeneinander« [1850], in: Gerhard Plumpe (Hg.), *Theorie des bürgerlichen Realismus*, Stuttgart 1986, S. 211 f.

Harrington, James, *The Commonwealth of Oceana and A System of Politics*, hg. v. John G. A. Pocock, Cambridge u. a. 1992 [1656 u. 1700].

Hegel, Georg Wilhelm Friedrich, *Die Philosophie des Rechts. Vorlesung von 1821/22*, hg. v. Hansgeorg Hoppe, Frankfurt a. M. 2005.

Hegel, Georg Wilhelm Friedrich, *Werke*, Bd. 7: *Grundlinien der Philosophie des Rechts oder Naturrecht und Staatswissenschaft im Grundrisse*, hg. v. Eva Moldenhauer u. Karl Markus Michel, Frankfurt a. M. 1986 [1820].

Hegel, Georg Wilhelm Friedrich, *Werke*, Bd. 13–15: *Vorlesungen über die Ästhetik*, hg. v. Eva Moldenhauer u. Karl Markus Michel, Frankfurt a. M. 1986 [1820–1929].

Heine, Heinrich, *Sämtliche Schriften in zwölf Bänden*, hg. v. Klaus Briegleb, München/Wien 1976.

Herwegh, Georg (Hg.), *Einundzwanzig Bogen aus der Schweiz*, Leipzig 1989 [1843].

Herwegh, Georg, »Bundeslied für den Allgemeinen deutschen Arbeiterverein«, in: [Rudolf Lavant], *Vorwärts. Eine Sammlung von Gedichten für das arbeitende Volk*, Zürich 1886, S. 472 f.

Hess, Moses, *Ausgewählte Schriften*, ausgew. u. eingel. v. Horst Lademacher, Wiesbaden 1981.

Hess, Moses, *Briefwechsel*, hg. v. Edmund Silberer, s'Gravenhage 1959.

Hess, Moses, *Philosophische und sozialistische Schriften 1837–1850. Eine Auswahl*, hg. v. Auguste Cornu u. Wolfgang Mönke, Berlin 1961.

Heß, Moses, *Rom und Jerusalem, die letzte Nationalitätsfrage. Briefe und Noten*, Leipzig 1862.

Heyse, Johann Christian August, *Theoretisch-praktische deutsche Grammatik oder Lehrbuch der deutschen Sprache, nebst einer kurzen Geschichte derselben*, Bd. 1, 5. von Karl Wilhelm Ludwig Heyse bearb. Aufl., Hannover 1838.

Holzapfel, Kurt (Hg.), *Die Lyoner Arbeiteraufstände 1831 und 1834*, Berlin 1984.

Der Hülferuf der deutschen Jugend. Herausgegeben und redigirt von einigen deutschen Arbeitern, Bern September–November 1841.

Hundt, Martin (Hg.), *Der Redaktionsbriefwechsel der Hallischen, Deutschen und Deutsch-Französischen Jahrbücher (1837–1844)*, 3 Bde., Berlin 2010.

Jantke, Carl/Hilger, Dietrich (Hg.), *Die Eigentumslosen. Der deutsche Pauperismus und die Emanzipationskrise in Darstellungen und Deutungen der zeitgenössischen Literatur*, Freiburg/München 1965.

Die junge Generation, [Genf] Januar 1842–Mai 1843.

Kant, Immanuel, *Anthropologie in pragmatischer Hinsicht*, hg. v. Reinhard Brandt, Hamburg 2000 [1798].

Köpke, Rudolf, *Ludwig Tieck. Erinnerungen aus dem Leben des Dichters nach dessen mündlichen und schriftlichen Mitteilungen*, 2 Bde., Leipzig 1855.

Künzel, Heinrich, *Drei Bücher deutscher Prosa, in Sprach- und Stylproben, von Ulphilas bis auf die Gegenwart*, Bd. 3, Frankfurt a. M. 1838.

Lafargue, Paul, *Das Recht auf Faulheit. Widerlegung des »Rechts auf Arbeit« von 1848*, mit e. Essay v. Guillaume Paoli, Berlin 2013 [1880].

Lassalle, Ferdinand, *Nachgelassene Briefe und Schriften*, Bd. 3: *Der Briefwechsel zwischen Lassalle und Marx nebst Briefen von Friedrich Engels und Jenny Marx an Lassalle und von Karl Marx an Gräfin Sophie Hatzfeld*, hg. v. Gustav Mayer, Stuttgart/Berlin 1922.

Lenin, Wladimir Iljitch, *Der Imperialismus als höchstes Stadium des Kapitalismus. Gemeinverständlicher Abriß*, in: ders., *Werke*, Bd. 22: *Dezember 1915 – Juli 1916*, Berlin 1960, S. 189 – 309.

Liebknecht, Wilhelm, *Wissen ist Macht – Macht ist Wissen. Festrede gehalten zum Stiftungsfest des Dresdener Bildungs-Vereins am 5. Februar 1872*, Berlin 1891.

Livius, *Ab urbe condita, Liber II/Römische Geschichte, Lateinisch/Deutsch*, Stuttgart 1987.

Lüning, Otto (Hg.), *Dieß Buch gehört dem Volke*, 3 Bde., Bielefeld 1845 – 1847.

Marx, Karl, *Vom Selbstmord*, hg. v. Eric A. Plaut u. Kevin Anderson, Köln 2001.

Marx, Karl/Engels, Friedrich, *Werke*, 43 Bde., Berlin 1962 ff. [MEW].

Melle, Thomas, *3000 Euro*, Berlin 2014.

Melle, Thomas, *Die Welt im Rücken*, Berlin 2016.

Milton, John, *Paradise Lost*, in: ders., *Milton's Poetical Works in Two Volumes*, Bd. 1, New York 1831, S. 15 – 274.

Modiano, Patrick, *Im Café der verlorenen Jugend*, München 2013 [2007].

Moritz, Karl Philipp, »Vorschlag zu einem Magazin einer Erfahrungs-Seelenkunde« [1782], in: ders., *Werke in zwei Bänden*, Bd. 1: *Dichtungen und Schriften zur Erfahrungsseelenkunde*, hg. v. Heide Hollmer u. Albert Meier, Frankfurt a. M. 1999, S. 793 – 809.

Möser, Justus, »Von dem Verfall des Handwerks in kleinen Städten«, in: ders., *Patriotische Phantasien*, hg. v. seiner Tochter J. W. J. v. Voigt, geb. Möser, Berlin 1775, S. 181 – 209.

Mundt, Theodor, *Die Kunst der deutschen Prosa. Aesthetisch, literargeschichtlich, gesellschaftlich*, Berlin 1837.

Niebuhr, Barthold Georg, *Römische Geschichte*, Bd. 1, Berlin 1811.

Otto-Peters, Louise, *Schloss und Fabrik. Erste vollständige Ausgabe des 1846 zensierten Romans*, hg. u. mit e. Nachwort vers. v. Johanna Ludwig, Leipzig 1996.

Proudhon, Pierre-Joseph, *System der ökonomischen Widersprüche oder: Philosophie des Elends*, Berlin 2003 [1846].

Proudhon, Pierre-Joseph, *Was ist das Eigentum? Untersuchungen über die Grundsätze des Rechts und der Regierung*, Münster 2014 [1840].

Prutz, Robert Eduard, *Vorlesungen über die deutsche Literatur der Gegenwart*, Leipzig 1847.

Püttmann, Hermann (Hg.), *Album. Originalpoesien*, Borna 1847.

Püttmann, Hermann (Hg.), *Deutsches Bürgerbuch für 1845*, Darmstadt 1845.

Püttmann, Hermann (Hg.), *Deutsches Bürgerbuch für 1846*, Mannheim 1846.

Püttmann, Hermann (Hg.), *Prometheus. Organ zur sozialen Reform*, Herisau 1846.

Rau, Karl David Heinrich, *Ueber das Zunftwesen und die Folgen seiner Aufhebung*, zweiter, mit vielen Zusätzen vermehrter Abdruck, Leipzig 1816.

Püttmann, Hermann (Hg.), *Rheinische Jahrbücher zur gesellschaftlichen Reform*, 2 Bde., Darmstadt 1845/Belle-Vue bei Constanz 1846.

Riehl, Wilhelm Heinrich, *Die deutsche Arbeit*, Stuttgart 1861.

Riehl, Wilhelm Heinrich, *Die bürgerliche Gesellschaft. Die Naturgeschichte des Volkes als Grundlage einer deutschen Sozialpolitik*, Bd. 2, 6. Aufl., Stuttgart 1866 [1851].

Riehl, Wilhelm Heinrich, *Die Familie. Die Naturgeschichte des Volkes als Grundlage einer deutschen Sozialpolitik*, Bd. 3, 7. Aufl., Stuttgart 1873 [1854].

Roller, Arnold, *Der sociale Generalstreik*, 2. Aufl., New York o. J. [1905/07].

Rosenkranz, Karl, *Ästhetik des Häßlichen*, hg. u. mit e. Nachw. v. Dieter Kliche, Stuttgart 1990 [1853].

Ruge, Arnold (Hg.), *Anekdota zur neuesten deutschen Philosophie und Publicistik*, 2 Bde., Zürich/Winterthur 1843.

Schade, Oskar (Hg.), *Deutsche Handwerkslieder*, Leipzig 1865.

Schinkel, Karl Friedrich, *Die Reise nach Frankreich und England im Jahre 1826*, hg. v. Reinhard Wegner, München/Berlin 1990.

Schulz, Wilhelm, »Georg Büchners nachgelassene Schriften« [1851], in: Walter Grab, *Georg Büchner und die Revolution von 1848. Der Büchner-Essay von Wilhelm Schulz aus dem Jahr 1851. Text und Kommentar*, u. Mitarb. v. Thomas Michael Mayer, Königstein/Ts. 1985, S. 51–82.

Shelley, Mary (mit Percy Shelley), *The Original Frankenstein. Two New Versions, Mary Shelley's Earliest Drafts and Percy Shelley's Revised Text*, hg. v. Charles E. Robinson, New York 2009 [1818/1831].

Shelley, Percy Bysshe, *The Selected Poetry and Prose*, London 1987.

Sieyès, Emmanuel, *Abhandlung über die Privilegien/Was ist der dritte Stand?*, Frankfurt a. M. 1968 [1788/89].

Smith, Adam, *An Inquiry into the Nature and Causes of the Wealth of Nations*, hg. v. R. H. Campell u. A. S. Skinner, 2 Bde., Oxford u. a. 1976 [1776].

Smith, Adam, *Untersuchung über die Natur und die Ursachen des Nationalreichthums von Adam Smith, Doctor der Rechte*, aus dem Englischen der vierten Ausgabe neu übersetzt [von Christian Garve], Bd. 1 u. 2, Breslau 1794.

[Stein, Heinrich Friedrich Karl vom und zum], *Die Briefe des Freiherrn von Stein an den Freiherrn von Gagern von 1813–1831*, Stuttgart/Tübingen 1833.

Stein, Lorenz von, *Geschichte der sozialen Bewegung in Frankreich von 1789 bis auf unsere Tage*, hg. v. Gottfried Salomon, 3 Bde., München 1921 [1850].

[Stieber, Wilhelm], *Die Prostitution in Berlin und ihre Opfer. Nach amtlichen Quellen und Erfahrungen. In historischer, sittlicher, medizinischer und polizeilicher Beziehung beleuchtet*, Berlin 1846.

Stirner, Max, *Der Einzige und sein Eigentum. Ausführlich kommentierte Studienausgabe*, hg. v. Bernd Kast, Freiburg/München 2009 [1845].

Sue, Eugène, *Die Geheimnisse von Paris*, 2 Bde., Frankfurt a. M./Leipzig 2009 [1843].

Tieck, Ludwig, *Der Hexensabbat*, Stuttgart 1988 [1832].

Tieck, Ludwig, *Der junge Tischlermeister. Novelle in sieben Abschnitten*, in: ders., *Schriften in zwölf Bänden*, Bd. 11: *Eigensinn und Laune. Schriften 1834–1836*, hg. v. Uwe Schweikert u. Mitarb. v. Gabriele Schweikert, Frankfurt a. M. 1988, S. 9–418.

Tieck, Ludwig, *Des Lebens Überfluß*, in: ders., *Schriften in zwölf Bänden*, Bd. 12: *Schriften 1836–1852*, hg. v. Uwe Schweikert, Frankfurt a. M. 1986, S. 193–249.

Tieck, Ludwig, *Die Vogelscheuche. Märchen-Novelle in fünf Aufzügen*, in: ders., *Schriften in zwölf Bänden*, Bd. 11: *Eigensinn und Laune. Schriften 1834–1836*, hg. v. Uwe Schweikert u. Mitarb. v. Gabriele Schweikert , Frankfurt a. M. 1988, S. 419–731.

Tieck, Ludwig, *Schriften in zwölf Bänden*, Bd. 6: *Phantasus*, hg. v. Manfred Frank, Frankfurt a. M. 1985.

Tocqueville, Alexis de, *Das Elend der Armut. Über den Pauperismus*, Berlin 2007 [1835/1837].

Tocqueville, Alexis de, *Über die Demokratie in Amerika*, München 1976 [1835/1840].

Toller, Ernst, *Die Maschinenstürmer. Ein Drama aus der Zeit der Ludditenbewegung in England in fünf Akten und einem Vorspiel*, Leipzig u. a. 1922.

Tristan, Flora, *Arbeiterunion. Sozialismus und Feminismus im 19. Jahrhundert*, Frankfurt a. M. 1988 [1843].

Tristan, Flora, *Im Dickicht von London oder Die Aristokratie und die Proletarier Englands*, Köln 1993 [1840].

Der Urwähler. Eine Wochenschrift, redigiert von Wilhelm Weitling. Organ des Befreiungs-Bundes, Berlin 1848 (vier Hefte, Oktober–November 1948).

Venedey, Jacob (Hg.), *Der Geächtete. Zeitschrift in Verbindung mit mehreren deutschen Volksfreunden*, Paris 1834/35.

Vischer, Friedrich Theodor, »Theorie des Romans« [1857], in: Gerhard Plumpe (Hg.), *Theorie des bürgerlichen Realismus*, Stuttgart 1986, S. 240–247.

Vorbilder für Fabrikanten und Handwerker, hg. v. der Königlich-technischen Deputation für Gewerbe, Berlin 1830.

Wachenhusen, Hans, *Die Grisette. Ein Pariser Sittenbild*, Berlin 1855.

Wagner, Georg Wilhelm Justin, *Statistisch-topographisch-historische Beschreibung des Großherzogthums Hessen*, Bd. 4: *Statistik des Ganzen*, Darmstadt 1831.

Wagner, Georg Wilhelm Justin, *Statistisch-topographisch-historische Beschreibung des Großherzogthums Hessen*, Bd. 1: *Provinz Starkenburg*, Darmstadt 1829.

Weerth, Georg, *Vergessene Texte. Werkauswahl*, nach den Handschriften hg. v. Jürgen-W. Goette, Jost Hermand u. Rolf Schloesser, 2 Bde., Köln 1975/1976.

Weitling, Wilhelm, »Ein Stück Selbstbiographie«, in: Hermann Schlüter, *Die Anfänge der deutschen Arbeiterbewegung in Amerika*, Stuttgart 1907, S. 56–66.

Weitling, Wilhelm, *Das Evangelium des armen Sünders/Die Menschheit, wie sie ist und wie sie sein sollte*, Reinbek 1971 [1845 u. 1838/1839].

Weitling, Wilhelm, *Garantien der Harmonie und Freiheit*, hg. v. Ahlrich Meyer, Stuttgart 1974 [1842].

Weitling, Wilhelm, *Kerkerpoesien*, Hamburg 1844.

Willkomm, Ernst Adolf, *Weisse Sclaven oder die Leiden des Volkes*, Leipzig 1845 (Reprint Berlin 2013).

Zetkin, Clara, *Zur Geschichte der proletarischen Frauenbewegung Deutschlands*, Frankfurt a. M. 1971 [1928].

Sekundärliteratur

Adler, Hans, »Der soziale Roman«, in: Gerd Sautermeister/Ulrich Schmid (Hg.), *Hanser Sozialgeschichte der deutschen Literatur vom 16. Jahrhundert bis zur Gegenwart*, Bd. 5: *Zwischen Revolution und Restauration 1815–1848*, München 1998, S. 195–209.

Adler, Hans, *Soziale Romane im Vormärz. Literatursemiotische Studie*, München 1980.

Adorno, Theodor W., *Der Jargon der Eigentlichkeit. Zur deutschen Ideologie*, Frankfurt a. M. 1964.

Albrecht, Richard, »Der General und sein Schatten. Engels, Stieber und die preußische Reaktion 1851/52«, in: *Marxistische Blätter* 37.1 (1999), S. 60–65.

Alquati, Romano, *Klassenanalyse als Klassenkampf. Arbeiteruntersuchungen bei FIAT und OLIVETTI*, hg. u. eingel. v. Wolfgang Rieland, Frankfurt a. M. 1974.

Anderson, Kevin, »Der Selbstmord-Artikel im Kontext der Marxschen Schriften zu Entfremdung und Geschlechterverhältnissen«, in: Karl Marx, *Vom Selbstmord*, hg. v. Eric A. Plaut u. Kevin Anderson, Köln 2001, S. 15–35.

Anderson, Perry, *Arguments within English Marxism*, London/New York 1980.

Armano, Emiliana/Sciortino, Raffaele, »Ciao Romano. Erinnerung an Romano Alquati«, in: *Sozial.Geschichte Online* 3 (2010), S. 192–197, https://duepublico.uni-duisburg-essen.de/servlets/DerivateServlet/Derivate-24581/Sozial.Geschichte %203(2010)%20Gesamt.pdf (letzter Aufruf 11. 3. 2016).

Arnaud, Claude, *Chamfort. Die Frauen, der Adel und die Revolution*, Berlin 2007.

Arni, Caroline/Suter, Mischa, »A Science of the Specific. An Interview with Mary Poovey«, in: *Historische Anthropologie* 24.3 (2016), S. 432–444.

Arrighi, Giovanni, *Adam Smith in Beijing. Die Genealogie des 21. Jahrhunderts*, Hamburg 2008.

Bachleitner, Norbert, *Der englische und französische Sozialroman des 19. Jahrhunderts und seine Rezeption in Deutschland*, Amsterdam/Atlanta 1993.

Bader-Zaar, Birgitta, »Abolitionismus im transatlantischen Raum. Organisationen und Interaktionen der Bewegung zur Abschaffung der Sklaverei im späten 18. und 19. Jahrhundert«, in: *Europäische Geschichte Online*, hg. vom Institut für Europäische Geschichte (Mainz), 12. 3. 2010, http://www.ieg-ego.eu/baderzaarb-2010-de (letzter Aufruf 30. 1. 2016).

Balestrini, Nanni, *Landschaften des Wortes*, hg. v. Thomas Atzert u. a., Berlin/Hamburg 2015.

Balestrini, Nanni/Moroni, Primo, *Die goldene Horde. Arbeiterautonomie, Jugendrevolte und bewaffneter Kampf in Italien*, Berlin/Hamburg 1994.

Balibar, Étienne, »Vom Klassenkampf zum Kampf ohne Klassen?«, in: ders./Immanuel Wallerstein, *Rasse, Klasse, Nation. Ambivalente Identitäten*, Hamburg/Berlin 1992, S. 190–224.

Balibar, Étienne, *Marx' Philosophie*, Berlin 2013.

Badiou, Alain, *Paulus. Die Begründung des Universalismus*, München 2002.

Barbour, Charles, *The Marx Machine. Politics, Polemics, Ideology*, Lanham u. a. 2012.

Barzilai, Maya, *Golem. Modern Wars and Their Monsters*, New York 2016.

Bataille, Georges, *Die Aufhebung der Ökonomie*, 2., erw. Aufl., München 1985.

Bauman, Zygmunt, *Memories of Class. The Pre-History and After-Life of Class*, London u.a. 1982.

Benjamin, Walter, »Erfahrung und Armut« [1933], in: ders., *Gesammelte Schriften*, Bd. II.1: *Aufsätze, Essays, Vorträge*, hg. v. Rolf Tiedemann u. Hermann Schweppenhäuser, Frankfurt a. M. 1991, S. 213–219.

Benjamin, Walter, *Werke und Nachlaß. Kritische Gesamtausgabe*, Bd. 19: *Über den Begriff der Geschichte*, hg. v. Christoph Gödde, Berlin 2010 [1940].

Benjamin, Walter, »Zur Kritik der Gewalt« [1921], in: ders., *Gesammelte Schriften*, Bd. II.1: *Aufsätze, Essays, Vorträge*, hg. v. Rolf Tiedemann u. Hermann Schweppenhäuser, Frankfurt a. M. 1991, S. 179–203.

Bensaid, Daniel, *Die Enteigneten. Karl Marx, die Holzdiebe und das Recht der Armen*, Hamburg 2012.

Berg, Gunhild/Török, Borbále Zsuzsanna/Twellmann, Marcus (Hg.), *Berechnen/Beschreiben. Praktiken statistischen (Nicht-)Wissens 1750–1850*, Berlin 2014.

Berg, Gunhild/Török, Borbále Zsuzsanna/Twellmann, Marcus, »Einleitung«, in: dies., *Berechnen/Beschreiben. Praktiken statistischen (Nicht-)Wissens 1750–1850*, Berlin 2014, S. 7–20.

Berger, Johannes/Offe, Claus, »Die Zukunft des Arbeitsmarkts. Zur Ergänzungsbedürftigkeit eines versagenden Allokationsprinzips«, in: *Kölner Zeitschrift für Soziologie und Sozialpsychologie* 24 (1982), S. 348–371.

Bescherer, Peter, *Vom Lumpenproletariat zur Unterschicht. Produktivistische Theorie und politische Praxis*, Frankfurt a. M./New York 2013.

Biagini, Cédric, *L'emprise numérique. Comment internet et les nouvelles technologies ont colonisé nos vies*, Montreuil 2012.

Biagini, Cédric/Carino, Guillaume (Hg.), *Les Luddites en France. Résistance à l'industrialisation et à l'informatisation*, Montreuil 2010.

Biagini, Cédric/Carnino, Guillaume/Izoard, Celia/Pièces et main d'œvre, *La Tyrannie technologique. Critique de la société numérique*, Montreuil 2007.

Bloch, Ernst, *Das Prinzip Hoffnung*, 3 Bde., Frankfurt a. M. 1985 [1959].

Blome, Eva, »Vom ungebildeten Philister zum Bildungsphilister. Heinrich Heines Beitrag zu einer spannungsvollen Transformation«, in: Remigius Bunia/Till Dembeck/Georg Stanitzek (Hg.), *Philister. Problemgeschichte einer Sozialfigur der neueren deutschen Literatur*, Berlin 2011, S. 357–381.

Blome, Eva/Eiden-Offe, Patrick/Weinberg, Manfred, »Klassen-Bildung. Ein Problemaufriss«, in: *Internationales Archiv für Sozialgeschichte der deutschen Literatur* 35.2 (2010), S. 158–194.

Bosse, Heinrich, »Zur Sozialgeschichte des Wanderlieds«, in: Wolfgang Albrecht/Hans-Joachim Kertscher (Hg.), *Wanderzwang – Wanderlust. Formen der Raum- und Sozialerfahrung zwischen Aufklärung und Frühindustrialisierung*, Tübingen 1999, S. 135–157.

Bosse, Heinrich, *Bildungsrevolution 1770–1830*, hg. mit einem Gespräch v. Nacim Ghanbari, Heidelberg 2012.

Boureau, Alain, *Das Recht der Ersten Nacht. Zur Geschichte einer Fiktion*, Düsseldorf u. a. 1996.

Brantlinger, Patrick, *The Reading Lesson. The Threat of Mass Literacy in Nineteenth Century British Fiction*, Bloomington 1998.

Brass, Tom/van der Linden, Marcel/Lucassen, Jan, »Conference on the history of free and unfree labor«, in: dies., *Free and Unfree Labor*, Bern u. a. 1997, S. 5.

Braudel, Fernand, *Sozialgeschichte des 15.–18. Jahrhunderts*, Bd. 3: *Aufbruch zur Weltwirtschaft*, München 1986.

Breman, Jan, »A Bogus Concept?« Rez. zu Guy Standing, *The Precariat*, in: *New Left Review* 84 (Nov./Dez. 2013), S. 130–138.

Breman, Jan, *Outcast Labour in Asia. Circulation and Informalization of the Workforce at the Bottom of the Economy*, Oxford u. a. 2010.

Breyer, Till/Overthun, Rasmus/Roepstorff-Robiano, Philippe/Vasa, Alexandra (Hg.), *Zeitschrift für Kulturwissenschaft: Monster und Kapitalismus*, 2 (2017).

Briefs, Goetz, »Das gewerbliche Proletariat«, in: *Grundriss der Sozialökonomik*, IX. Abt.: *Das soziale System des Kapitalismus*, Bd. 1: *Die gesellschaftliche Schichtung im Kapitalismus*, hg. v. Gerhard Albrecht, Tübingen 1926, S. 142–240.

Briegleb, Klaus, *Opfer Heine? Versuche über die Schriftzüge der Revolution*, Frankfurt a. M. 1986.

Briggs, Asa, »The Language of ›Class‹ in Early Nineteenth-Century England« [1960], in: ders., *The Collected Essays of Asa Briggs*, Bd. 1: *Word, Numbers, Places, People*, Brighton 1985, S. 3–33.

Bronowski, Jacob, *William Blake and the Age of Revolution*, London 1972.

Brown, Heather A., *Marx on Gender and the Family. A Critical Study*, Leiden 2012.

Buck-Morss, Susan, *Hegel und Haiti. Für eine neue Universalgeschichte*, Berlin 2011.

Bunzel, Wolfgang, »Das Junge Deutschland«, in: Claudia Stockinger/Stefan Scherer (Hg.), *Ludwig Tieck. Leben – Werk – Wirkung*, Berlin/Boston 2011, S. 120–130.

Bürger, Christa (Hg.), *Ludwig Tieck: Der blonde Eckbert/Die Elfen. Materialien zur romantischen Gesellschaftskritik*, Frankfurt a. M. 1974.

Bürger, Christa, »Die Welt verzehren, um den Hunger nach dem Ich zu stillen. Bettina von Arnims Schreibprojekt«, in: dies. (Hg.), »Zerstörung, Rettung des Mythos durch Licht«, Frankfurt a. M. 1986, S. 43–68.

Caldwell, Peter C., *Love, Death, and Revolution in Central Europe. Ludwig Feuerbach, Moses Hess, Louise Dittmar, Richard Wagner*, New York 2009, S. 39–68.

Calmette, Joseph, *Die großen Herzöge von Burgund*, München 1963.

Campe, Rüdiger, »Vor Augen stellen. Über den Rahmen rhetorischer Bildgebung«, in: Gerhard Neumann (Hg.), *Poststrukturalismus. Herausforderung an die Literaturwissenschaft*, Stuttgart/Weimar 1997, S. 208–225.

Cannadine, David, *The Rise and Fall of Class in Britain*, New York 1999.

Carnino, Guillaume, *L'Invention de la science. La nouvelle religion de l'âge industriel*, Paris 2015.

Castel, Robert, *Die Metamorphosen der sozialen Frage. Eine Chronik der Lohnarbeit*, Konstanz 2000 [1995].

Castel, Robert/Dörre, Klaus (Hg.), *Prekarität, Abstieg, Ausgrenzung. Die soziale Frage am Beginn des 21. Jahrhunderts*, Frankfurt a. M./New York 2009.

Castoriadis, Cornelius, *Gesellschaft als imaginäre Institution. Entwurf einer politischen Philosophie*, Frankfurt a. M. 1990.

Chaulieu, Pierre [Castoriadis, Cornelius]/Pannekoek, Anton, »Korrespondenz 1953–1954«. Vorwort und Kommentare von Henri Simon, in: *Archiv für die Geschichte des Widerstandes und der Arbeit* 18 (2008), S. 23–76.

Christolova, Lena, »Vom Bund der Geächteten (1834–1836) zum Bund der Gerechten (1836–1840). Anomie und Ausnahmezustand im Vormärz«, in: Jutta Nickel (Hg.), *Geld und Ökonomie im Vormärz*, Jahrbuch des Forums Vormärz Forschung 2013, Bielefeld 2014, S. 215–236.

Clark, Gregory/Clark, Anthony, »Common Rights to Land in England, 1475–1839«, in: *The Journal of Economic History* 61.4 (2001), S. 1009–1036.

Clark, T. J., *The Image of the People. Gustave Courbet and the 1848 Revolution*, London 1982.

Conze, Werner, »Vom ›Pöbel‹ zum ›Proletariat‹. Sozialgeschichtliche Voraussetzungen für den Sozialismus in Deutschland«, in: *Vierteljahrschrift für Sozial- und Wirtschaftsgeschichte* 41.2 (1954), S. 333–364.

Conze, Werner, »Arbeiter«, in: *Geschichtliche Grundbegriffe. Historisches Lexikon zur politisch-sozialen Sprache in Deutschland*, hg. v. Otto Brunner, Werner Conze u. Reinhart Koselleck, Stuttgart 1972 ff., Bd. 1 [1972], S. 216–242.

Conze, Werner, »Proletariat. Pöbel, Pauperismus«, in: *Geschichtliche Grundbegriffe. Historisches Lexikon zur politisch-sozialen Sprache in Deutschland*, hg. v. Otto Brunner, Werner Conze u. Reinhart Koselleck, Stuttgart 1972 ff., Bd. 4 [1984], S. 27–68.

Cottom, Daniel, *International Bohemia. Scenes of Nineteenth-Century Life*, Philadelphia 2013.

Dalla Costa, Mariarosa, »Die Frauen und der Umsturz der Gesellschaft«, in: dies./Selma James, *Die Macht der Frauen und der Umsturz der Gesellschaft*, Berlin 1973, S. 27–66.

Dammbeck, Lutz, *Das Netz – die Konstruktion des Unabombers. Im Anhang: Die industrielle Gesellschaft und ihre Zukunft (Unabomber-Manifest) von FC*, Hamburg 2005.

Davis, David Brion, *The Problem of Slavery in the Age of Revolution 1770–1823*, New York/Oxford 1999.

Davis, David Brion, *The Problem of Slavery in the Age of Emancipation*, New York 2014.

Davis, Mike, *Planet der Slums*, Berlin/Hamburg 2007.

Debord, Guy, *Die Gesellschaft des Spektakels*, Hamburg 1978 [1968].

Dedner, Burghard, »Zu den Textanteilen Büchners und Weidigs im ›Hessischen Landboten‹«, in: ders./Matthias Gröbel/Eva-Maria Vering (Hg.), *Georg Büchner Jahrbuch* 12, 2009–2012, Berlin/Boston 2012, S. 77–141.

Derrida, Jacques, *Falschgeld. Zeit geben I*, München 1993.

Doll, Martin, *Fälschung und Fake. Zur diskurskritischen Dimension des Täuschens*, Berlin 2012.

Doty, William G./Hynes, William J., »Historical Overview of Theoretical Issues: The Problem of the Tricksters«, in: dies. (Hg.), *Mythical Trickster Figures. Contours, Contexts, and Criticism*, Tuscaloosa u. a. 1993, S. 13–32.

Eagleton, Terry, *Myths of Power. A Marxist Study of the Brontës*, London u. a. 1975.

Eagleton, Terry, »The Critic as Clown«, in: ders., *Against the Grain. Essays 1975–1985*, London/New York 1986, S. 149–165.

Eiden-Offe, Patrick, »Die Immobilienblase von Münsterburg. Gottfried Keller unterscheidet guten von bösem Kapitalismus«, in: *Merkur* 715, 12 (2008), S. 1155–1159.

Eiden-Offe, Patrick, »Typing Class. Classification and Redemption in Lukács's

Political and Literary Theory«, in: Timothy Bewes/Timothy Hall (Hg.), *Georg Lukács: The Fundamental Dissonance of Existence. Aesthetics, Politics, Literature*, London/New York 2011, S. 65–78.

Eiden-Offe, Patrick, »Nachbarschaft als Lebensform in Wilhelm Raabes *Chronik der Sperlingsgasse*«, in: *DVjs* 85.2 (2011), S. 232–264.

Eiden-Offe, Patrick, »Der Verlust der Verweigerung. Von der Arbeiterklasse als Agentin der Nicht-Arbeit zur Selbstverwertung der Multitude. Abriss des (Post) Operaismus«, in: Jörn Etzold/Martin J. Schäfer (Hg.), *Nicht-Arbeit. Politiken, Konzepte, Ästhetiken*, Weimar 2011, S. 80–104.

Eiden-Offe, Patrick, »Frederick Engels, Entrepreneur. Marx und Engels als Projektemacher«, in: *Merkur* 762, 11 (2012), S. 1045–1054.

Eiden-Offe, Patrick, »Der Schmerz der gestohlenen Zeit«, in: *Jungle World* 46, Kulturbeilage, 14. 11. 2013, S. 12–13.

Eiden-Offe, Patrick, »Dichter, Fürst und Kamarilla: Heinrich Heine berät Friedrich Wilhelm IV. Notiz zum *Wintermärchen*«, in: Michael Niehaus/Wim Peeters (Hg.), *Rat geben. Zu Theorie und Analyse des Beratungshandelns*, Bielefeld 2014, S. 275–300.

Eiden-Offe, Patrick, »›Oppositionelle Statistik‹. Von den unterschiedlichen politischen Gebrauchsweisen statistischen Wissens im Vormärz«, in: Gunhild Berg/Borbále Zsuzsanna Török/Marcus Twellmann (Hg.), *Berechnen/Beschreiben. Praktiken statistischen (Nicht-)Wissens 1750–1850*, Berlin 2014, S. 171–192.

Eiden-Offe, Patrick, »*Weisse Sclaven*, oder: Wie frei ist die Lohnarbeit? Freie und unfreie Arbeit in den ökonomisch-literarischen Debatten des Vormärz«, in: Jutta Nickel (Hg.), *Geld und Ökonomie im Vormärz*, Jahrbuch des Forums Vormärz Forschung 2013, Bielefeld 2014, S. 183–214.

Empson, William, »Proletarian Literature«, in: ders., *Some Versions of Pastoral*, New York 1974 [1935], S. 3–23.

Epstein, S. R., »Property Rights to Technological Knowledge in Premodern Europe 1300–1800«, in: *The American Economic Review* 94 (2004), S. 382–387.

Epstein, S. R./Prak, Maarten (Hg.), *Guilds, Innovation, and the European Economy, 1400–1800*, Cambridge u. a. 2008.

Eßbach, Wolfgang, *Gegenzüge. Der Materialismus des Selbst und seine Ausgrenzung aus dem Marxismus. Eine Studie über die Kontroverse zwischen Max Stirner und Karl Marx*, Frankfurt a. M. 1982.

Eßbach, Wolfgang, *Die Junghegelianer. Soziologie einer Intellektuellengruppe*. München 1988.

Eßbach, Wolfgang, »Elemente ideologischer Mengenlehren: Rasse, Klasse, Masse«, in: Justin Stagl/Wolfgang Reinhard (Hg.), *Grenzen des Menschseins. Problem einer Definition des Menschlichen*, Wien u. a. 2005, S. 727–755.

Eßlinger, Eva, *Das Dienstmädchen, die Familie und der Sex. Zur Geschichte einer irregulären Beziehung in der europäischen Literatur*, Paderborn 2013.

Etzold, Jörn, *Die melancholische Revolution des Guy-Ernest Debord*, Zürich/Berlin 2009.

Federhofer, Marie-Theres, »›Urbanitas‹ als Witz und Weltläufigkeit. Zur Resonanz einer rhetorischen Kategorie im 17. und 18. Jahrhundert«, in: *Nordlit* 9 (2001), S. 3–27.

Fischer, Tilman, »Englische Gespenster. Zu den Armutsdarstellungen in deutschsprachigen Reisebeschreibungen des 19. Jahrhunderts«, in: Elke Brüns (Hg.), *Ökonomien der Armut. Soziale Verhältnisse in der Literatur*, Paderborn/München 2008, S. 105–126.

Fleckner, Uwe/Warnke, Martin/Ziegler, Hendrik (Hg.), *Handbuch der politischen Ikonographie*, 2 Bde., München 2011.

Fohrmann, Jürgen, »Die Lyrik Georg Weerths«, in: Michael Vogt (Hg.), *Georg Weerth (1822–1856). Referate des 1. Internationalen Georg-Weerth-Kolloquiums 1992*, Bielefeld 1993, S. 54–72.

Fohrmann, Jürgen, »Das Versprechen der Sozialgeschichte (der Literatur)«, in: Martin Huber/Gerhard Lauer (Hg.), *Nach der Sozialgeschichte. Konzepte für eine Literaturwissenschaft zwischen Historischer Anthropologie, Kulturgeschichte und Medientheorie*, Tübingen 2000, S. 105–112.

Fortmann, Patrick, *Autopsie von Revolution und Restauration. Georg Büchner und die politische Imagination*, Freiburg/Br. u. a. 2013.

Fox, Nicolas, *Against the Machine. The Hidden Luddite Tradition in Literature, Art, and Individual Lives*, Washington u. a. 2002.

Frank, Gustav, »Tiecks Epochalität (Spätaufklärung, Frühromantik, Klassik, Spätromantik, Biedermeier/Vormärz, Frührealismus)«, in: Claudia Stockinger/Stefan Scherer (Hg.), *Ludwig Tieck. Leben – Werk – Wirkung*, Berlin/Boston 2011, S. 131–147.

Freud, Sigmund, *Massenpsychologie und Ich-Analyse*, Wien u. a. 1921.

Freundinnen und Freunde der klassenlosen Gesellschaft, »28 Thesen zur Klassengesellschaft«, in: *kosmoprolet* 1 (2007), S. 10–51.

Freundinnen und Freunde der klassenlosen Gesellschaft, »Abseits des Spülbeckens. Fragmentarisches über Geschlechter und Kapital«, in: *kosmoprolet* 4 (2015), S. 10–31.

Freundinnen und Freunde der klassenlosen Gesellschaft, »Reflexionen über das Surplus-Proletariat. Phänomene, Theorie, Folgen«, in: *kosmoprolet* 4 (2015), S. 34–59.

Fröhlich, Sigrid, *Die Soziale Sicherung bei Zünften und Gesellenverbänden. Darstellung, Analyse, Vergleich*, Berlin 1976.

Frost, Alphonso A., Jr., *Ernst Dronke. His Life and His Work*, New York u. a. 1989.

Füllner, Bernd, »›Der Handel ist für mich das weiteste Leben, die höchste Poesie.‹ Georg Weerth und die 1848er Revolution«, in: Friedrich Bratvogel (Hg.), »Ich aber wanderte und wanderte – Es blieb die Sonne hinter mir zurück.«, Grabbe-Jahrbuch 19/20 (2000/01), S. 358–372.

Füllner, Bernd, »›Gottlob mit der Romantik ist es aus.‹ Romantik und Revolution in Georg Weerths Werken«, in: *Binger Geschichtsblatt* 22: *Bingen und die Rheinromantik* (2003), S. 130–149.

Füllner, Bernd, *Georg-Weerth-Chronik (1822–1856)*, Bielefeld 2006.

Füllner, Bernd, »Zur Entstehungs- und Zensurgeschichte der sozialistischen Lyrikanthologie ›Album. Originalpoesien von Georg Weerth […] und dem Herausgeber H. Püttmann‹«, in: Bernd Kortländer/Enno Stahl (Hg.), *Zensur im 19. Jahrhundert. Das literarische Leben aus Sicht seiner Überwacher*, Bielefeld 2012, S. 111–126.

Geertz, Clifford, *Dichte Beschreibung. Beiträge zum Verstehen kultureller Systeme*, Frankfurt a. M. 1987.

Geheimes Staatsarchiv/Preußischer Kulturbesitz, *Klosterstraße 36. Sammeln, Ausstellen, Patentieren. Zu den Anfängen Preußens als Industriestaat* [Katalog], [Berlin 2014].

Geisenhanslüke, Achim/Osterkamp, Ernst/Vogl, Joseph, »Statements und Diskussion« zum Beitrag »Literaturgeschichte nach dem Ende der Theorie?« , in: *Internationales Archiv für Sozialgeschichte der deutschen Literatur* 36.2 (2011), S. 415–444.

Geschichtliche Grundbegriffe. Historisches Lexikon zur politisch-sozialen Sprache in Deutschland, hg. v. Otto Brunner, Werner Conze u. Reinhart Koselleck, Stuttgart 1972 ff.

Geulen, Eva, »Depicting Description: Lukács and Stifter«, in: *The Germanic Review* 73.3 (1998), S. 267–279.

Geulen, Eva, »Begriffsgeschichten go global (or try to)«, in: Merkur 788, 1 (2015), S. 38–48.

Ghanbari, Nacim, *Das Haus. Eine deutsche Literaturgeschichte 1850–1926*, Berlin/Boston 2011.

Ghanbari, Nacim/Haag, Saskia/Twellmann, Marcus, »Einleitung: Das Haus nach seinem Ende«, in: *DVjs* 85.2 (2011), S. 155–160.

Giesselmann, Werner, »Die *Manie der Revolte«. Protest unter der Französischen Julimonarchie (1830–1848)*, 2 Bde., München 1993.

Global Slavery Index 2013 der *Walk Free Foundation*, http://www.globalslaveryindex.org/ (letzter Aufruf 30. 1. 2016).

Goette, Jürgen-Wolfgang/Schlosser, Rolf, »Vorbemerkung«, in: Georg Weerth, *Vergessene Texte. Werkauswahl*, nach den Handschriften hg. v. Jürgen-W. Goette, Jost Hermand u. Rolf Schlosser, Bd. 2, Köln 1976, S. 265–270.

Goody, Jack, *Die Geschichte der Familie*, München 2002.

Gorz, André, *Abschied vom Proletariat. Jenseits des Sozialismus*, Frankfurt a. M. 1980.

Grab, Walter, *Dr. Wilhelm Schulz aus Darmstadt. Weggefährte von Georg Büchner und Inspirator von Karl Marx*, Frankfurt a. M. u. a. 1987.

Graeber, David, *Schulden. Die ersten 5.000 Jahre*, Stuttgart 2012.

Graevenitz, Gerhart von, *Mythos. Zur Geschichte einer Denkgewohnheit*, Stuttgart 1987.

Graevenitz, Gerhart von, *Theodor Fontane. Ängstliche Moderne. Über das Imaginäre*, Konstanz 2014.

Grießinger, Andreas, *Das symbolische Kapital der Ehre. Streikbewegungen und kollektives Bewußtsein deutscher Handwerksgesellen im 18. Jahrhundert*, Frankfurt a. M. u. a. 1981.

Griffin, Emma, *A Short History of the British Industrial Revolution*, New York 2010.

Gruppe Blauer Montag, *Risse im Putz. Autonomie, Prekarisierung und autoritärer Sozialstaat*, Berlin/Hamburg 2008.

Guattari, Félix, *Wunsch und Revolution. Ein Gespräch mit Franco Beradi (Bifo) und Paolo Bertetto*, Heidelberg 1978.

Gubser, Martin, *Literarischer Antisemitismus. Untersuchungen zu Gustav Freytag und anderen bürgerlichen Schriftstellern des 19. Jahrhunderts*, Göttingen 1998.

Günther, Hans, *Der sozialistische Übermensch. M. Gor'kij und der sowjetische Heldenmythos*, Stuttgart/Weimar 1993.

Hachtmann, Rüdiger, *Berlin 1848. Eine Politik- und Gesellschaftsgeschichte der Revolution*, Bonn 1997.

Haenisch, Walter, »Percy Bysshe Shelley«, in: *Das Wort. Literarische Monatsschrift* 1 (1938), S. 96–110.

Haller, Michael, *Die Reportage*, 6. Aufl., Konstanz 2008.

Hamacher, Werner, »Afformativ, Streik«, in: Christiaan Hart-Nibbrig (Hg.), *Was heißt »Darstellen«?*, Frankfurt a. M. 1994, S. 340–374.

Hardt, Michael/Negri, Antonio, *Multitude. Krieg und Demokratie im Empire*, Frankfurt a. M./New York 2004.

Harvey, David, *Paris, Capital of Modernity*, New York/London 2006.

Harvey, David, *Marx' »Kapital« lesen. Ein Begleiter für Fortgeschrittene und Einsteiger*, Hamburg 2011.

Harvey, David, *Rebellische Städte. Vom Recht auf Stadt zur urbanen Revolution*, Berlin 2013.

Hastings-King, Stephen, *Looking for the Proletariat. Socialisme ou Barbarie and the Problem of Worker Writing*, Leiden/Boston 2014.

Haupt, Gerhard, »Neue Wege zur Geschichte der Zünfte in Europa«, in: ders. (Hg.), *Das Ende der Zünfte. Ein europäischer Vergleich*, Göttingen 2002, S. 9–37.

Hauschild, Jan-Christoph, *Georg Büchner. Verschwörung für die Gleichheit*, Hamburg 2013.

Hausen, Karin, »Die Polarisierung der ›Geschlechtscharaktere‹. Eine Spiegelung der Dissoziation von Erwerbs- und Familienleben«, in: Werner Conze (Hg.), *Sozialgeschichte der Familie in der Neuzeit Europas. Neue Forschungen*, Stuttgart 1976, S. 363–393.

Hausen, Karin, »Arbeitsort Fabrik: ›... in unmittelbarer Vereinigung mit Männern‹«, in: dies./Heide Wunder (Hg.), *Frauengeschichte – Geschlechtergeschichte*, Frankfurt a. M./New York 1992, S. 74–78.

Hebekus, Uwe/Matala de Mazza, Ethel/Koschorke, Albrecht (Hg.), *Das Politische. Figurenlehren des sozialen Körpers nach der Romantik*, München 2003.

Heid, Ludger/Paucker, Arnold (Hg.), *Juden und deutsche Arbeiterbewegung bis 1933. Soziale Utopien und religiös-kulturelle Traditionen*, Tübingen 1992.

Heintz, Bettina/Honegger, Claudia, »Zum Strukturwandel weiblicher Widerstandsformen im 19. Jahrhundert«, in: dies. (Hg.), *Listen der Ohnmacht. Zur Sozialgeschichte weiblicher Widerstandsformen*, Frankfurt a. M. 1984, S. 7–68.

Henkel, Martin/Taubert, Rolf, *Maschinenstürmer. Ein Kapitel aus der Sozialgeschichte des technischen Fortschritts*, Frankfurt a. M. 1979.

Herrera Corral, Gerardo, »Stand up against the anti-technology terrorists«, in: *Nature* 476.7361 (2011), S. 373, http://www.nature.com/news/2011/220811/full/476373a.html (letzter Aufruf 16. 2. 2016).

Hervé, Florence (Hg.), *Flora Tristan oder: Der Traum vom feministischen Sozialismus*, Berlin 2013.

Herzog, Lisa, *Inventing the Market. Smith, Hegel, and Political Theory*, Oxford 2013.

Heusinger, Sabine von, *Die Zunft im Mittelalter. Zur Verflechtung von Politik, Wirtschaft und Gesellschaft in Straßburg*, Stuttgart 2009.

Hill, Bridget, *Women, Work and Sexual Politics in Eighteenth-Century England*, Montreal u. a. 1994.

Hill, Bridget, *Servants. English Domestics in the Eighteenth Century*, Oxford 1996.

Hill, Bridget, *Women Alone. Spinsters in England 1660–1850*, New Haven u. a. 2001.

Hill, Christopher, *Die englische Revolution von 1640. Vier Aufsätze*, Berlin 1952.
Hirschman, Albert O., *Leidenschaften und Interessen. Politische Begründungen des Kapitalismus vor seinem Sieg*, Frankfurt a. M. 1980.
Hobsbawm, Eric J., *Primitive Rebels. Studies in Archaic Forms of Social Movement in the 19th and 20th Century*, Manchester 1959.
Hobsbawm, Eric J., *Sozialrebellen. Archaische Sozialbewegungen im 19. und 20. Jahrhundert*, Neuwied/Berlin 1962.
Hobsbawm, Eric, »The Machine Breakers«, in: Eric Hobsbawm, *Labouring Men. Studies in the History of Labour*, London 1986 [1964], S. 5–22.
Hobsbawm, Eric, »The British Standard of Living, 1790–1850«, in: Eric Hobsbawm, *Labouring Men. Studies in the History of Labour*, London 1986 [1964], S. 64–104.
Hobsbawm, Eric, »The Standard of Living Debate: a Postscript«, in: Eric Hobsbawm, *Labouring Men. Studies in the History of Labour*, London 1986 [1964], S. 120–125.
Hobsbawm, Eric, »Die Maschinenstürmer«, in: ders., *Ungewöhnliche Menschen. Über Widerstand, Rebellion und Jazz*, München 1998, S. 15–30.
Hobsbawm, Eric/Ranger, Terence (Hg.), *The Invention of Tradition*, Cambridge u. a. 2012 [1983].
Hobsbawm, Eric/Rudé, Georges, *Captain Swing*, London/New York 2014 [1969].
Hodenberg, Christina von, *Aufstand der Weber. Die Revolte von 1844 und ihr Aufstieg zum Mythos*, Bonn 1997.
Hoggart, Richard, *The Uses of Literacy. Aspects of Working-Class Life*, London 2009 [1957].
Horkheimer, Max, *Dämmerung. Notizen aus Deutschland*, in: ders., *Gesammelte Schriften*, Bd. II: *Philosophische Frühschriften 1922–1932*, hg. v. Alfred Schmidt u. Gunzelin Schmid Noerr, Frankfurt a. M. 1987, S. 312–453.
Horkheimer, Max/Adorno, Theodor W., *Dialektik der Aufklärung. Philosophische Fragmente*, Frankfurt a. M. 1990 [1944].
Hörmann, Raphael, *Writing the Revolution. German and English Radical Literature, 1819–1848/49*, Wien u. a. 2011.
Hörmann, Raphael, »›Zum sogenannten, so gescholtenen Pöbel‹. Die radikale Aufwertung der sozialen Unterschichten bei Börne und Büchner«, in: *Georg Büchner Jahrbuch* 12, 2009–2012, Berlin/New York 2012, S. 143–163.
Horn, Eva, »Politische Störungen. Streik, Sabotage, Staatsstreich«, in: Albert Kümmel/Erhard Schüttpelz (Hg.), *Signale der Störung*, München 2003, S. 321–334.
Hughes, Linda K., *The Cambridge Introduction to Victorian Poetry*, Cambridge u. a. 2010.
Hundt, Irina, »›Sich mit warmen Herzen an der Zeit und ihren Interessen betheiligen‹. Bettina von Arnim, der Fall Schlöffel und der Roman *Schloß und Fabrik* von Louise Otto«, in: *Louise-Otto-Peters-Jahrbuch* (2004), S. 163–170.
Hunt, Tristram, »Introduction«, in: Friedrich Engels, *The Condition of the Working Class in England*, London u. a. 2009, S. 1–31.
Hunt, Tristram, *Engels. Der Mann, der den Marxismus erfand*, Berlin 2012.
International Institute of Social History, Forschungsprogramm *Global Labour History*, http://socialhistory.org/en/research/global-labour-history (letzter Aufruf 30. 1. 2016).

Jappe, Anselm, *Guy Debord*, with a Foreword by T. J. Clark, Berkeley u. a. 1999.
Jarrige, François, *Techno-Critiques. Du refus des machines à la contestation des technosciences*, Paris 2014.
Johnson, Christopher H., »Patterns of Proletarianization. Parisian Tailors and Lodève Woolen Workers«, in: John M. Merriman (Hg.), *Consciousness and Class Experience in Nineteenth-Century Europe*, New York 1979, S. 65–84.
Johnson, Christopher H., »Response to Jacques Rancière«, in: *International Labour and Working Class History* 24 (1983), S. 21–26.
Jones, Steven E., *Against Technology. From the Luddites to Neo-Luddism*, New York/London 2006.
Jordan, Don/Walsh, Michael, *White Cargo. The Forgotten History of Britain's White Slaves in America*, Edinburgh 2008.
Joyce, Patrick, *Visions of the People. Industrial England and the Question of Class 1848–1914*, Cambridge u. a. 1991.
Joyce, Patrick, »What is the social in social history?«, in: *Past and Present* 206 (Feb. 2010), S. 213–248.
Julius, Anthony, *Trials of the Diaspora. A History of Anti-Semitism in England*, Oxford u. a. 2010.
Karlsruher Stadtzeitung, »Mit dem Dreirad durch den Sozialstaat«, in: *Wildcat* 35 (1985), S. 45–55.
Kaschuba, Wolfgang, »Vom Gesellenkampf zum sozialen Protest. Zur Erfahrungs- und Konfliktdisposition von Gesellen-Arbeitern in den Vormärz- und Revolutionsjahren«, in: Ulrich Engelhard (Hg.), *Handwerker in der Industrialisierung. Lage, Kultur und Politik vom späten 18. bis ins frühe 20. Jahrhundert*, Stuttgart 1984, S. 381–406.
Kemman, Ansgar, »Evidentia, Evidenz«, in: *Historisches Wörterbuch der Rhetorik*, hg. v. Gert Ueding, Bd. 3, Tübingen 1996, Sp. 33–47.
Kickartz, Eberhard, *»Der Rote Becker«. Das politisch-publizistische Wirken des Büchner-Freundes August Becker (1812–1871)*, Darmstadt 1997.
Kittsteiner, Heinz Dieter, *Weltgeist, Weltmarkt, Weltgericht*, Paderborn/München 2008.
Kleeberg, Bernhard, »Reisen in den Kontinent der Armut«, in: Michael Neumann/Kerstin Stüssel (Hg.), *Magie der Geschichten. Weltverkehr, Literatur und Anthropologie in der zweiten Hälfte des 19. Jahrhunderts*, Konstanz 2011, S. 29–52.
Kluge, Arnd, *Die Zünfte*, Stuttgart 2007.
Kocka, Jürgen, »Traditionsbindung und Klassenbildung. Zum sozialhistorischen Ort der frühen deutschen Arbeiterbewegung«, in: *Historische Zeitschrift* 243 (1986), S. 333–376.
Kocka, Jürgen, *Weder Stand noch Klasse. Unterschichten um 1800. Geschichte der Arbeiter und der Arbeiterbewegung in Deutschland seit dem Ende des 18. Jahrhunderts*, Bd. 1, Bonn 1990.
Kocka, Jürgen, *Arbeitsverhältnisse und Arbeiterexistenzen. Grundlagen der Klassenbildung im 19. Jahrhundert. Geschichte der Arbeiter und der Arbeiterbewegung in Deutschland seit dem Ende des 18. Jahrhunderts*, Bd. 2, Bonn 1990.
Kocka, Jürgen, »Das europäische Muster und der deutsche Fall«, in: ders. (Hg.), *Bürgertum im 19. Jahrhundert*, Bd. 1: *Einheit und Vielfalt Europas*, Göttingen 1995, S. 9–75.

Koopmann, Helmut, *Freiheitssonne und Revolutionsgewitter. Reflexe der Französischen Revolution im literarischen Deutschland zwischen 1789 und 1840*, Tübingen 1989.

Koschorke, Albrecht, *Wahrheit und Erfindung. Grundzüge einer Allgemeinen Erzähltheorie*, Frankfurt a. M. 2012.

Koschorke, Albrecht, *Hegel und wir*, Berlin 2015.

Koschorke, Albrecht / Ghanbari, Nacim / Eßlinger, Eva / Susteck, Sebastian / Taylor, Michael, *Vor der Familie. Grenzbedingungen einer modernen Institution*, Konstanz 2010.

Koselleck, Reinhart, »Begriffsgeschichte und Sozialgeschichte«, in: ders., *Vergangene Zukunft. Zur Semantik geschichtlicher Zeiten*, Frankfurt a. M. 1989, S. 107–129.

Koselleck, Reinhart, »Historische Kriterien des neuzeitlichen Revolutionsbegriffs«, in: ders., *Vergangene Zukunft. Zur Semantik geschichtlicher Zeiten*, Frankfurt a. M. 1989, S. 67–86.

Koselleck, Reinhart, *Kritik und Krise. Eine Studie zur Pathogenese der bürgerlichen Welt*, Frankfurt a. M. 1992.

Koselleck, Reinhart, »Gibt es eine Beschleunigung der Geschichte?«, in: ders., *Zeitschichten. Studien zur Historik*, Frankfurt a. M. 2000, S. 150–177.

Koselleck, Reinhart, »Die Auflösung des Hauses als ständischer Herrschaftseinheit. Anmerkungen zum Rechtswandel von Haus, Familie und Gesinde in Preußen zwischen der Französischen Revolution und 1848«, in: ders., *Begriffsgeschichten. Studien zur Semantik und Pragmatik der politischen und sozialen Sprache*, Berlin 2010, S. 465–485.

Koselleck, Reinhart, »Drei bürgerliche Welten? Zur vergleichenden Semantik der bürgerlichen Gesellschaft in Deutschland, England und Frankreich«, in: ders., *Begriffsgeschichten. Studien zur Semantik und Pragmatik der politischen und sozialen Sprache*, Berlin 2010, S. 402–461.

Köster, Udo, »Kontexte zu Weerths Berichten über Proletarier in England«, in: Michael Vogt (Hg.), *Georg Weerth (1822–1856). Referate des 1. Internationalen Georg-Weerth-Kolloquiums 1992*, Bielefeld 1993, S. 85–108.

Krantz, Mark, *Rise Like Lions. The History and Lessons of the Peterloo Massacre of 1819*, Manchester 2011.

Kronenberg, Lutz/Schloesser, Rolf, *Weber-Revolte 1844*. Mit e. Geleitwort v. Bernt Engelmann, Köln 1979.

Kucher, Primus-Heinz, »›Der Rausch ist auch oft nüchterner als wir uns gestehen möchten‹. Zwischen Romantik und Früh-Realismus. Ludwig Tiecks Romannovelle *Der Junge Tischlermeister*«, in: *Studia theodisca* 3 (1996), S. 127–141.

Kuklick, Henrika (Hg.), *A New History of Anthropology*, Malden u. a. 2008.

Lacoue-Labarthe, Phillipe/Nancy, Jean-Luc, »Der Nazi-Mythos«, in: Elisabeth Weber/Georg Christoph Tholen (Hg.), *Das Vergessen(e). Anamnesen des Undarstellbaren*, Wien 1997, S. 158–190.

Lapinski, P., »Der ›Sozialstaat‹: Etappen und Tendenzen seiner Entwicklung«, in: *Unter dem Banner des Marxismus* 4.7 (1928), S. 377–418.

Latour, Bruno/Lépinay, Vincent, *Die Ökonomie als Wissenschaft der leidenschaftlichen Interessen. Eine Einführung in die ökonomische Anthropologie Gabriel Tardes*, Berlin 2010.

Lehmann, Johannes F., »Faktum, Anekdote, Gerücht. Zur Begriffsgeschichte der ›Thatsache‹ und Kleists Berliner Abendblätter«, in: *DVjs* 89, 3 (2015), S. 307–322.

Lenhardt, Gero/Offe, Claus, »Staatstheorie und Sozialpolitik. Politisch-soziologische Erklärungsansätze für Funktionen und Innovationsprozesse der Sozialpolitik«, in: Christian von Ferber/Franz-Xaver Kaufmann (Hg.), *Soziologie und Sozialpolitik*, Sonderheft 19/1977 der Kölner Zeitschrift für Soziologie und Sozialpsychologie, S. 98–127.

Lent, Lilly/Trumann, Andrea, *Kritik des Staatsfeminismus. Oder: Kinder, Küche, Kapitalismus*, Berlin 2015.

Leonard, Angela M., *Political Poetry as Discourse. Rereading John Greenleaf Whittier, Ebenezer Elliott, and Hip-Hop-Ology*, Lanham u. a. 2010.

Lefebvre, Henri, *Die Revolution der Städte*, Berlin 2003 [1970].

van der Linden, Marcel, »Warum gab (und gibt) es Sklaverei im Kapitalismus? Eine einfache und dennoch schwer zu beantwortende Frage«, in: M. Erdem Kabadayi/Tobias Reichardt (Hg.), *Unfreie Arbeit. Ökonomische und kulturgeschichtliche Perspektiven*, Hildesheim u. a. 2007, S. 260–279.

van der Linden, Marcel, *Workers of the World. Essays toward a Global Labor History*, Leiden u. a. 2008.

van der Linden, Marcel/Roth, Karl Heinz, »Ergebnisse und Perspektiven«, in: dies. (Hg.), *Über Marx hinaus. Arbeitsgeschichte und Arbeitsbegriff in der Konfrontation mit den globalen Arbeitsverhältnissen des 21. Jahrhunderts*, Berlin/Hamburg 2009, S. 557–600.

Levison, Iain, *Betriebsbedingt gekündigt*, Berlin 2005.

Levison, Iain, *Abserviert. Mein Leben als Humankapital*, Berlin 2006.

Linebaugh, Peter, *The London Hanged. Crime and Civil Society in the Eighteenth Century*, London/New York 2006.

Linebaugh, Peter, *The Magna Carta Manifesto. Liberty and Commons for All*, Berkeley u. a. 2008.

Linebaugh, Peter, »Ned Ludd and Queen Mab. Machine-Breaking, Romanticism, and the Several Commons of 1811–12«, in: ders., *Stop, Thief! The Commons, Enclosures, and Resistance*, Oakland 2014, S. 77–107.

Linebaugh, Peter/Rediker, Marcus, *Die vielköpfige Hydra. Die verborgene Geschichte des revolutionären Atlantik*, Berlin/Hamburg 2008.

Linebaugh, Peter/Rediker, Marcus, *The Many-Headed Hydra, Sailors, Slaves, Commoners, and the Hidden History of the Revolutionary Atlantic*, Boston 2000.

Long, William F./Schlicke, Paul, »Bumple against Sludberry; or, Dickens Has an Early Encounter with Reform Politics«, in: *Dickens Quarterly* 32.3 (2015), S. 181–198.

Loose, Margaret, *The Chartist Imaginary. Literary Form in Working-Class Political Theory and Practice*, Columbus 2014.

Löwy, Michael, *Georg Lukács – From Romanticism to Bolshevism*, London/New York 1979.

Löwy, Michael, »Ein ungewöhnlicher Marx-Text«, in: Karl Marx, *Vom Selbstmord*, hg. v. Eric A. Plaut u. Kevin Anderson, Köln 2001, S. 7–12.

Löwy, Michael, *Fire Alarm. Reading Walter Benjamin's ›On the Concept of History‹*, London/New York 2005.

Löwy, Michael/Sayre, Robert, *Romanticism Against the Tide of Modernity*, Durham/London 2001.

Lucas, Erhard, *Zwei Formen von Radikalismus in der deutschen Arbeiterbewegung*, Frankfurt a. M. 1976.

Lucas, Erhard, *Vom Scheitern der deutschen Arbeiterbewegung*, Frankfurt a. M. 1983.

Lucassen, Jan (Hg.), *Global Labour History. A State of the Art*, Bern u. a. 2008.

Lüdemann, Susanne, »›Zusammenhanglose Bevölkerungshaufen, aller inneren Gliederung bar‹. Die Masse als das Andere der Ordnung im Diskurs der Soziologie«, in: Ulrich Bröckling/Christian Dries/Matthias Leanza/Tobias Schlechtriemen (Hg.), *Das Andere der Ordnung*, Schwerpunkt in: *Behemoth. A Journal of Civilization* 7.1 (2014), S. 103–117, http://ojs.ub.uni-freiburg.de/behemoth/article/view/775 (letzter Aufruf 7. 12. 2015).

Ludwig, Johanna, »›Ich martere mich selbst mit diesen Problemen …‹: Die Zensurgeschichte und zeitgenössische Bewertung des Romans *Schloß und Fabrik*«, in: Eva Schöck-Quinteros/Hans Kloft/Franklin Kopitzsch/Hans-Josef Steinberg (Hg.), *Bürgerliche Gesellschaft – Idee und Wirklichkeit. Festschrift für Manfred Hahn*, Berlin 2004, S. 179–200.

Lukács, Georg, »Gottfried Keller« [1938], in: ders., *Werke*, Bd. 7: *Deutsche Literatur in zwei Jahrhunderten*, Neuwied/Berlin 1964, S. 147–230.

Lukács, Georg, »Eichendorff« [1940], in: ders., *Werke*, Bd. 7: *Deutsche Literatur in zwei Jahrhunderten*, Neuwied/Berlin 1964, S. 232–248.

Lukács, Georg, *Geschichte und Klassenbewußtsein. Studien über marxistische Dialektik*, Darmstadt/Neuwied 1970 [1923].

Lukács, Georg, »Beschreiben oder Erzählen?« [1936], in: ders., *Werke*, Bd. 4: *Essays über Realismus*, Neuwied/Berlin 1971, S. 197–242.

Luks, Timo, »Prekarität. Eine nützliche Kategorie der historischen Kapitalismusanalyse«, in: *Archiv für Sozialgeschichte* 56 (2016), S. 51–80.

Manchin, Hanna, »The Grisette as the Female Bohemian«, 2010, https://www.mtholyoke.edu/courses/rschwart/hist255s13/grisette/manchin.htm (letzter Aufruf 1. 2. 2016).

Manning, Patrick, *Slavery and African Life. Occidental, Oriental, and African Slave Trades*, Cambridge u. a. 1990.

Mattick, Paul, *Business as usual. Krise und Scheitern des Kapitalismus*, Hamburg 2012.

Mayer, Hans, *Georg Büchner und seine Zeit*, Frankfurt a. M. 1972 [1946].

Mayer, Thomas Michael, »Die ›Gesellschaft der Menschenrechte‹ und *Der Hessische Landbote*«, in: Susanne Lehman (Red.), *Georg Büchner. Revolutionär – Dichter – Wissenschaftler 1813–1837*, Katalog d. Ausstellung Mathildenhöhe, Darmstadt 1987, Basel/Frankfurt a. M. 1987, S. 168–186.

Mecke, Christoph-Eric, *Begriff und System des Rechts bei Georg Friedrich Puchta*, Göttingen 2009.

Mehring, Franz, »Literarische Rundschau: Hermann Schlüter, ›Die Anfänge der deutschen Arbeiterbewegung in Amerika‹«, in: *Die Neue Zeit* 26.1 (1907/08), S. 347–349.

Mehring, Franz, »Gesellschaftsspiegel« [1902], in: ders., *Gesammelte Schriften*, Bd. 4: *Aufsätze zur Geschichte der Arbeiterbewegung*, Berlin 1963, S. 170–175.

Meillassoux, Claude, »Die wilden Früchte der Frau«. Über häusliche Produktion und kapitalistische Wirtschaft, Frankfurt a. M. 1983.

Meillassoux, Claude, *Anthropologie der Sklaverei*, Frankfurt a. M. u. a. 1989.

Mettele, Gisela, »Mary und Lizzie Burns. Die Lebensgefährtinnen von Friedrich Engels«, in: *Marx-Engels-Jahrbuch* 2011, Berlin 2012, S. 130–149.

Meyer, Ahlrich, »Massenarmut und Existenzrecht«, in: ders., *Die Logik der Revolten. Studien zur Sozialgeschichte 1789–1848*, Berlin/Hamburg 1999, S. 93–256.

Meyer, Ahlrich, »Eine Theorie der Niederlage. Marx und die Evidenz des 19. Jahrhunderts«, in: Marcel van der Linden/Karl Heinz Roth (Hg.), Über Marx hinaus. Arbeitsgeschichte und Arbeitsbegriff in der Konfrontation mit den globalen Arbeitsverhältnissen des 21. Jahrhunderts, Berlin/Hamburg 2009, S. 311–333.

Meyzaud, Maud, *Die stumme Souveränität. Volk und Revolution bei Georg Büchner und Jules Michelet*, Paderborn 2012.

Mohl, Ernst Theodor, *Einleitung zu Moses Hess Gesellschaftsspiegel. Marginalien zum Nachdruck der von Moses Heß redigierten Zeitschrift »Gesellschaftsspiegel. Organ zur Vertretung der besitzlosen Volksklassen und zur Beleuchtung der gesellschaftlichen Zustände der Gegenwart (1845/46)«, nebst Fußnoten zur neueren Marx- und Heß-Forschung*, Glashütten/Ts. 1971.

Mönke, Wolfgang, »Hermann Püttmann« in: *Biographisches Lexikon zur Deutschen Geschichte. Von den Anfängen bis 1917*, hg. v. Karl Obermann u. a., Berlin 1967, S. 381–384.

Moretti, Franco, *The Bourgeois. Between History and Literature*, London/New York 2013.

Morris-Keitel, Helen G., »Not ›until Earth is Paradise‹: Louise Otto's Refractured Feminine Ideal«, in: *Women in German Yearbook* 12 (1996), S. 87–100.

Müller, Ernst/Schmieder, Falko, B*egriffsgeschichte und historische Semantik. Ein kritisches Kompendium*, Berlin 2016

Na'aman, Shlomo, *Zur Entstehung der deutschen Arbeiterbewegung. Lernprozesse und Vergesellschaftung 1830–1868*, Hannover 1978.

Nail, Thomas, *The Figure of the Migrant*, Stanford 2015.

Nancy, Jean-Luc, »Der unterbrochene Mythos«, in: ders., *Die undarstellbare Gemeinschaft*, Stuttgart 1988, S. 93–169.

Negri, Antonio, *Sabotage. Mit Briefen und Schriften aus dem Gefängnis*, München 1979.

Nickel, Jutta (Hg.), *Geld und Ökonomie im Vormärz*, Jahrbuch des Forums Vormärz Forschung 2013, Bielefeld 2014.

Nipperdey, Justus, »Regulierung zur Sicherung der Nahrung. Zur Übereinstimmung von Menschenbild und Marktmodell bei Zünften und Kameralisten«, in: Margrit Müller/Heinrich R. Schmidt/Laurent Tissot (Hg.), *Regulierte Märkte. Zünfte und Kartelle/Marchés régulés. Corporations et cartels*, Zürich 2011, S. 165–182.

Noble, David F., *Forces of Production. A Social History of Industrial Automation*, New York 1984.

Noble, David F., *Progress Without People. New Technologies, Unemployment, and the Message of Resistance*, Toronto 1995.

Oexle, Otto Gerhard/Conze, Werner/Walther, Rudolf, »Stand, Klasse«, in: *Geschicht-*

liche Grundbegriffe. Historisches Lexikon zur politisch-sozialen Sprache in Deutschland, hg. v. Otto Brunner, Werner Conze u. Reinhart Koselleck, Stuttgart 1972 ff., Bd. 6 [1990], S. 155–284.

Offe, Claus, »The Vanishing ›Shadow of the Future‹«, in: *European Journal of Sociology/Archives Européennes de Sociologie* 3 (2011), S. 466–474.

Offe, Johanna, *Verheiratet mit einem Toten. Witwen und die AIDS-Krise in Sambia*, Konstanz 2010.

Orwell, George, *Der Weg nach Wigan Pier*, Zürich 2003 [1937].

Österreichisches Biographisches Lexikon 1815–1950 (ÖBL), Bd. 1, Wien 1957.

Palla, Rudi, *Verschwundene Arbeit. Das Buch der untergegangenen Berufe*, Wien 2014.

Panzieri, Raniero, *»Über die kapitalistische Anwendung der Maschinerie im Spätkapitalismus«, in:* Claudio Pozzoli (Hg.), *Spätkapitalismus und Klassenkampf. Eine Auswahl aus den Quaderni Rossi*, Frankfurt a. M. 1972, S. 14–32.

Parnes, Ohad/Vedder, Ulrike/Willer, Stefan, *Das Konzept der Generation. Eine Wissens- und Kulturgeschichte*, Frankfurt a. M. 2008.

Paulin, Roger, *Ludwig Tieck. Eine literarische Biographie.* München 1988.

Pelger, Hans, »Dokument einer literarischen Opposition in Deutschland«, in: *Deutsches Bürgerbuch für 1845*, neu hg. v. Rolf Schloesser u. mit e. Vorw. v. Walter Dirks, Köln 1975, S. XIII–XXXVI.

Perraudin, Michael, »Georg Weerths *Das Blumenfest der englischen Arbeiter* und andere England-Skizzen: proletarisches Heldentum«, in: Michael Vogt (Hg.), *Georg Weerth und die Satire im Vormärz*, Bielefeld 2007, S. 215–231.

Petermann, Werner, *Die Geschichte der Ethnologie*, Wuppertal 2004.

Pfaller, Robert, *Wofür es sich zu leben lohnt. Elemente materialistischer Philosophie*, Frankfurt a. M. 2011.

Plaut, Eric A., »Der Marx-Artikel im Kontext anderer Selbstmord-Theorien und das Selbstmord-Thema in der Marxschen Biographie«, in: Karl Marx, *Vom Selbstmord*, hg. v. Eric A. Plaut u. Kevin Anderson, Köln 2001, S. 37–47.

Plumpe, Gerhard (Hg.), *Theorie des bürgerlichen Realismus*, Stuttgart 1986.

Poovey, Mary, »The Social Constitution of ›Class‹«, in: Wai Chee Dimock/Michael T. Gilmore (Hg.), *Rethinking Class. Literary Studies and Social Formations*, New York 1994, S. 15–56.

Poovey, Mary, *A History of the Modern Fact. Problems of Knowledge in the Sciences of Wealth and Society*, Chicago/London 1998.

Posener, Julius, *From Schinkel to the Bauhaus. Five Lectures on the Growth of Modern German Architecture*, London 1972.

Price, Susan/Zemke, Uwe, »Fabrikbesitzer und Industrieproletariat in den Romanen der Brontë-Schwestern und den England-Aufsätzen Georg Weerths«, in: Michael Vogt (Hg.), *Literaturkonzepte im Vormärz*, Jahrbuch des Forums Vormärz Forschung 2000, Bielefeld 2001, S. 261–290.

Priddat, Birger P., »›Reiche Individualität‹ – Karl Marx' Kommunismus als Konzeption der ›freien Zeit für freie Entwicklung‹«, in: Ingo Pies/Martin Leschke (Hg.), *Karl Marx' kommunistischer Individualismus*, Tübingen 2005, S. 124–146.

Pynchon, Thomas, »Is It O.K. To Be A Luddite?«, in: New York Times, 28. 10. 1984, https://www.nytimes.com/books/97/05/18/reviews/pynchon-luddite.html (letzter Aufruf 10. 3. 2016).

Rancière, Jacques, »Utopisten, Bürger und Proletarier«, in: *Kursbuch 52: Utopien, I: Zweifel an der Zukunft*, hg. v. Karl Markus Michel u. Harald Wieser unter Mitarb. v. Hans Magnus Enzensberger, Berlin 1978, S. 146–158.

Rancière, Jacques, »The Myth of the Artisan. Critical Reflections on a Category of Social History«, in: *International Labour and Working Class History* 24 (1983), S. 1–16.

Rancière, Jacques, *Die Namen der Geschichte. Versuch einer Poetik des Wissens*, Frankfurt a. M. 1994.

Rancière, Jacques, »Die Gemeinschaft der Gleichen«, in: Joseph Vogl (Hg.), *Gemeinschaften. Positionen zu einer Philosophie des Politischen*, Frankfurt a. M. 1994, S. 101–132.

Rancière, Jacques, *Das Unvernehmen. Politik und Philosophie*, Frankfurt a. M. 2002 [1995].

Rancière, Jacques, *Staging the People. The Proletarian and His Double*, London/New York 2011.

Rancière, Jacques, *Die Nacht der Proletarier. Archive des Arbeitertraums*, Wien/Berlin 2013 [1981].

Rancière, Jacques, *Kurze Reisen ins Land des Volkes*, Wien 2014 [1990].

Rancourt, Denis C., »David F. Noble: In Memoriam«, in: *counterpunch*, 3. 12. 2010, http://www.counterpunch.org/2010/12/30/david-f-noble-in-memoriam/ (letzter Aufruf 12. 3. 2016).

Rattner, Josef/Danzer, Gerhard, *Die Junghegelianer. Porträt einer progressiven Intellektuellengruppe*, Würzburg 2005.

Reid, Robert, *Land of Lost Content. The Luddite Revolt, 1812*, London 1986.

Reinhard, Wolfgang, *Lebensformen Europas. Eine historische Kulturanthropologie*, München 2004.

Reininghaus, Wilfried, »Die Gesellenladen und Unterstützungskassen der Fabrikarbeiter bis 1870 in der Grafschaft Mark. Anmerkungen zu einem wenig erschlossenen Kapitel der Sozial- und Wirtschaftsgeschichte Westfalens«, in: *Der Märker. Landeskundliche Zeitschrift für den Bereich der ehemaligen Grafschaft Mark und den märkischen Kreis* 29 (1980), S. 46–55.

Riechelmann, Cord, »Neuer oder spekulativer Realismus«, in: *Merkur* 778, 3 (2014), S. 243–247.

Rosa, Hartmut, *Beschleunigung und Entfremdung. Entwurf einer kritischen Theorie spätmoderner Zeitlichkeit*, Berlin 2013.

Roseberry, William, »From peasant studies to proletarianization studies«, in: *Studies in Comparative International Development* 18.1/2 (1983), S. 69–89.

Roth, Karl Heinz, *Die »andere« Arbeiterbewegung und die Entwicklung der kapitalistischen Repression von 1880 bis zur Gegenwart*, München 1974.

Ruckhäberle, Hans-Joachim, *Flugschriftenliteratur im historischen Umkreis Georg Büchners*, Kronberg/Ts. 1975.

Ruckhäberle, Hans-Joachim (Hg.), *Frühproletarische Literatur. Die Flugschriften der deutschen Handwerksgesellenvereine in Paris 1832–1839*, Kronberg/Ts. 1977.

Ruda, Frank, *Hegels Pöbel. Eine Untersuchung der »Grundlinien der Philosophie des Rechts«*, Konstanz 2011.

Rumney, Ralph, *Der Konsul. Beiträge zur Geschichte der Situationistischen Internatio-*

nale. Ein Gespräch mit Gérard Berréby in Zusammenarbeit mit Giulio Minghini und Chantal Ostreicher, Berlin 2011.

Sanders, Mike, *The Poetry of Chartism*, Cambridge u. a. 2009.

Sayre, Robert/Löwy, Michael, »Die (antikapitalistische) Romantik in der *Theorie des Romans*«, in: Rüdiger Dannemann (Hg.), *Lukács 2016. Jahrbuch der Internationalen Georg-Lukács-Gesellschaft*, Bielefeld 2016, S. 145–162.

Schaub, Gerhard, »Statistik und Agitation. Eine neue Quelle zu Büchners *Hessischem Landboten*«, in: Herbert Anton/Arthur Henkel (Hg.), *Geist und Zeichen. Festschrift für Arthur Henkel zu seinem 60. Geburtstag*, Heidelberg 1977, S. 351–375.

Scheckner, Peter (Hg.), *An Anthology of Chartist Poetry. Poetry of the British Working Class, 1830s–1850s*, Cranbury u. a. 1989.

Scheu, Johannes, »Wider den *homme moyen.* Zur Soziologie des Einzelfalls«, in: Gunhild Berg/Borbále Zsuzsanna Török/Marcus Twellmann (Hg.), *Berechnen/Beschreiben. Praktiken statistischen (Nicht-)Wissens 1750–1850*, Berlin 2014, S. 193–211.

Schieder, Wolfgang, *Anfänge der deutschen Arbeiterbewegung. Die Auslandsvereine im Jahrzehnt nach der Julirevolution von 1830*, Stuttgart 1963.

Schlottau, Klaus, »Maschinenstürmer gegen Frauenerwerbsarbeit: Dea ex machina«, in: Thorsten Meyer/Marcus Popplow (Hg.), *Technik, Arbeit und Umwelt in der Geschichte. Günter Bayerl zum 60. Geburtstag*, Münster u. a. 2006, S. 111–132.

Schmidt am Busch, Hans-Christoph, *Religiöse Hingabe oder soziale Freiheit. Die saint-simonistische Theorie und die Hegelsche Sozialphilosophie*, Hamburg 2007.

Schmitt, Carl, *Der Begriff des Politischen. Text von 1932 mit einem Vorwort und drei Corollarien*, Berlin 1963.

Schmitt, Carl, *Politische Romantik*, Berlin 1991 [1919].

Schneider, Manfred, *Transparenztraum. Literatur, Politik, Medien und das Unmögliche*, Berlin 2013.

Schoeps, Julius H., »Agenten, Spitzel, Flüchtlinge. Wilhelm Stieber und die demokratische Emigration in London«, in: Horst Schallenberger/Helmut Schrey (Hg.), *Im Gegenstrom. Festschrift zum 70. Geburtstag von Helmut Hirsch*, Wuppertal 1977, S. 71–104.

Schrupp, Antje, *Nicht Marxistin und auch nicht Anarchistin. Frauen in der Ersten Internationale*, Königstein/Ts. 1999.

Schulze Altcappenberg, Hein-Th./Johannsen Rolf H. unter Mitarb. v. Anna Marie Pfäfflin (Hg.), *Karl Friedrich Schinkel. Geschichte und Poesie. Das Studienbuch*, Berlin 2012.

Schulze Altcappenberg, Hein-Th./Johannsen, Rolf H./Lange, Christiane unter Mitarb. v. Nadine Rottau u. Felix von Lüttichau (Hg.), *Karl Friedrich Schinkel. Geschichte und Poesie* [Katalog], München 2012.

Schumpeter, Joseph A., *Kapitalismus, Sozialismus und Demokratie*, 4. Aufl., München 1975 [1942].

Schüttpelz, Erhard, »Der Trickster«, in: Eva Eßlinger/Tobias Schlechtriemen/Doris Schweitzer/Alexander Zons (Hg.), *Die Figur des Dritten. Ein kulturwissenschaftliches Paradigma*, Berlin 2010, S. 208–224.

Scott, Joan, »Die Arbeiterin«, in: Georges Duby/Michelle Perrot (Hg.), *Geschichte der Frauen*, Bd. 4: *Das 19. Jahrhundert*, Frankfurt a. M./New York 1994, S. 451–480.

Seidel-Höppner, Waltraud, *Wilhelm Weitling (1808–1871). Eine politische Biografie*, 2 Bde., Frankfurt a. M. u. a. 2014.

Seidel-Höppner, Waltraud/Höppner, Joachim, »Wilhelm Weitlings ›Guerillakrieg des stehlenden Proletariats‹. Dokumentation einer Legende«, in: Helmut Bleiber/Wolfgang Küttler (Hg.), *Revolution und Reform in Deutschland im 19. und 20. Jahrhundert*, 2. Halbbd.: *Ideen und Reflexionen. Zum 75. Geburtstag von Walter Schmidt*, Berlin 2005, S. 79–93.

Sewell, William H., *Work and Revolution in France. The Language of Labor from the Old Regime to 1848*, Cambridge u. a. 1980.

Sewell, William H., »Response to Jacques Rancière«, in: *International Labour and Working Class History* 24 (1983), S. 17–20.

Sheehan, Thomas, »Italy: Behind the ski mask«, New York Review of Books, 16. 8. 1979, http://www.nybooks.com/articles/archives/1979/aug/16/italy-behind-the-ski-mask/ (letzter Aufruf 19.3.2016).

Simmel, Georg, *Soziologie. Untersuchungen über die Formen der Vergesellschaftung*, Leipzig 1908.

Sinjen, Beke, *Prosa der Verhältnisse. Die Entdeckung der Erzählliteratur durch die Arbeiterbewegung (1863–1906)*, Essen 2015.

Skinner, Quentin, »John Milton und die Politik der Sklaverei«, in: ders., *Visionen des Politischen*, hg. u. mit e. Nachw. v. Marion Heinz u. Martin Ruehl, Frankfurt a. M. 2009, S. 196–223.

Speck, W. A., »Robert Southey, Lord Macaulay, and the Standard of Living Controversy«, in: *History. The Journal of the Historical Association* 86.284 (2001), S. 467–477.

Spehr, Michael, *Maschinensturm. Protest und Widerstand gegen technische Neuerungen am Anfang der Industrialisierung*, Münster 2000.

Sperber, Jonathan, *Karl Marx. Sein Leben und sein Jahrhundert*, München 2013.

Stadelmann, Rudolf/Fischer, Wolfram, *Die Bildungswelt des deutschen Handwerkers um 1800. Studien zur Soziologie des Kleinbürgers im Zeitalter Goethes*, Berlin 1955.

Stagl, Justin, »Die Entstehung der Völker- und Volkskunde aus der Krise der Statistik, 1750–1850«, in: Gunhild Berg/Borbále Zsuzsanna Török/Marcus Twellmann (Hg.), *Berechnen/Beschreiben. Praktiken statistischen (Nicht-)Wissens 1750–1850*, Berlin 2014, S. 213–229.

Stagl, Justin/Reinhard, Wolfgang (Hg.), *Grenzen des Menschseins. Problem einer Definition des Menschlichen*, Wien 2005.

Stallybrass, Peter, »Marx and Heterogeneity: Thinking the Lumpenproletariat«, in: *Representations* 31, Special Issue: *The Margins of Identity in Nineteenth-Century England* (Summer 1990), S. 69–95.

Standing, Guy, *The Precariat. The New Dangerous Class*, London u. a. 2011.

Standing, Guy, *Prekariat. Die neue explosive Klasse*, Münster 2015.

Standing, Guy, *Eine Charta des Prekariats. Von der ausgeschlossenen zur gestaltenden Klasse*, Münster 2016.

Stanziani, Alessandro, »Free Labor – Forced Labor: An Uncertain Boundary? The Circulation of Economic Ideas between Russia and Europe from the 18th to the Mid-19th Century«, in: *Kritika: Explorations in Russian and Eurasian History* 9.1 (Winter 2008), S. 27–52.

Stedman Jones, Gareth, »Sprache und Politik des Charitsmus«, in: ders., *Klassen,*

Politik, Sprache. Für eine theorieorientierte Sozialgeschichte, hg. v. Peter Schöttler, Münster 1988, S. 133–229.
Steinmetz, Willibald, »Gemeineuropäische Tradition und nationale Besonderheiten im Begriff der ›Mittelklasse‹. Ein Vergleich zwischen Deutschland, Frankreich und England«, in: Reinhart Koselleck/Klaus Schreiner (Hg.), *Bürgerschaft. Rezeption und Innovation der Begrifflichkeit vom Hohen Mittelalter bis ins 19. Jahrhundert*, Stuttgart 1994, S. 161–236.
Strowick, Elisabeth, *Sprechende Körper – Poetik der Ansteckung. Performativa in Literatur und Rhetorik*, München 2009.
Stürmer, Michael, *Der Herbst des Alten Handwerks. Zur Sozialgeschichte des 18. Jahrhunderts*, München 1979.
Susteck, Sebastian, *Kinderlieben. Studien zum Wissen des 19. Jahrhunderts und zum deutschsprachigen Realismus von Stifter, Keller, Storm und anderen*, Berlin/New York 2010.
Suter, Mischa, »Ein Stachel in der Seite der Sozialgeschichte: Jacques Rancière und die Zeitschrift *Les Révoltes logiques*«, in: *Sozial-Geschichte Online* 5 (2011), S. 8–37.
Suter, Mischa, *Rechtstrieb. Schulden und Vollstreckung im liberalen Kapitalismus 1800–1900*, Konstanz 2016.
Taussig, Michael, *Sympathiezauber. Texte zur Ethnographie*, Konstanz 2013.
Tenfelde, Klaus/Volkmann, Heinrich, »Einführung: Zur Geschichte des Streiks in Deutschland«, in: dies. (Hg.), *Streik. Zur Geschichte des Arbeitskampfes in Deutschland während der Industrialisierung*, München 1981, S. 9–30.
Tennstedt, Florin, *Vom Proleten zum Industriearbeiter. Arbeiterbewegung und Sozialpolitik in Deutschland 1800–1914*, Köln 1983.
Thien, Hans-Günter (Hg.), *Klassen im Postfordismus*, 2., korr. Aufl., Münster 2011.
Thoburn, Nicholas, »Difference in Marx: The Lumpenproletariat and the Proletarian Unnamable«, in: *Economy and Society* 31.3 (2002), S. 434–460.
Thompson, Dorothy, »Spurensicherung. Frauen in der frühen englischen Arbeiterbewegung«, in: Bettina Heintz/Claudia Honegger (Hg.), *Listen der Ohnmacht. Zur Sozialgeschichte weiblicher Widerstandsformen*, Frankfurt a. M. 1984, S. 160–187.
Thompson, Dorothy, *Outsiders. Class, Gender and Nation*, London/New York 1993.
Thompson, E. P., *The Making of the English Working Class*, New York 1966.
Thompson, E. P., »Romantik, Moral und utopisches Denken: Der Fall William Morris«, in: ders., *Plebeische Kultur und moralische Ökonomie. Aufsätze zur englischen Sozialgeschichte des 18. und 19. Jahrhunderts*, Frankfurt a. M. u. a. 1980, S. 202–245.
Thompson, E. P., »Zeit, Arbeitsdisziplin und Industriekapitalismus«, in: ders., *Plebeische Kultur und moralische Ökonomie. Aufsätze zur englischen Sozialgeschichte des 18. und 19. Jahrhunderts*, Frankfurt a. M. u. a. 1980, S. 34–65.
Thompson, E. P., *Die Entstehung der englischen Arbeiterklasse*, Frankfurt a. M. 1987 [1963].
Thompson, E. P., »Time, Work-Discipline, and Industrial Capitalism«, in: ders., *Customs in Common*, Pontypol 1991, S. 352–403.
Thompson, E. P., *The Romantics. England in a Revolutionary Age*, Woodbridge 1997.
Thompson, E. P., »The Peculiarities of the English« [1965], in: ders., *The Poverty of Theory and Other Essays*, New York 2008, S. 245–301.

Thompson, E. P., *William Morris: Romantic to Revolutionary*, London 1955.
Thompson, E. P., *E. P. Thompson and the Making of the New Left. Essays and Polemics*, hg. v. Cal Winslow, New York 2014.
Tierney, Thomas F., »The Governmentality of Suicide: Peuchet, Marx, Durkheim, and Foucault«, in: *Journal of Classical Sociology* 10.4 (2010), S. 357–389.
Tilly, Louise A., »Paths of proletarianization. Organization of production, sexual division of labor, and women's collective action«, in: Johanna Brenner/Barbara Laslett/Yasmin Arat (Hg.), *Rethinking the Political. Gender, Resistance, and the State*, Chicago 1995, S. 127–144.
Trempler, Jörg, *Schinkels Motive*, Berlin 2007.
Trempler, Jörg, *Karl Friedrich Schinkel. Baumeister Preußens. Eine Biographie*, München 2012.
Treusch-Dieter, Gerburg, *Wie den Frauen der Faden aus der Hand genommen wurde. Die Spindel der Notwendigkeit*, Berlin 1984.
Tronti, Mario, »Fabrik und Gesellschaft«, in: ders., *Arbeiter und Kapital*, Frankfurt a. M. 1974, S. 17–44.
Ungern-Sternberg, Jürgen, »Proletarii«, in: *Der Neue Pauly*, hg. v. Hubert Cancik, Helmuth Schneider u. Manfred Landfester, Bd. 10, Stuttgart 2003, Sp. 397 f.
Unseld, Siegfried, »Georg Weerth – Lebenslauf eines Unbekannten«, in: Georg Weerth, *Fragment eines Romans*, Frankfurt a. M. 1965, S. 5–18.
Unsichtbares Komitee, *Der kommende Aufstand*, Hamburg 2010 [2007].
Vogel, Barbara, *Allgemeine Gewerbefreiheit. Die Reformpolitik des preußischen Staatskanzlers Hardenberg (1810–1820)*, Göttingen 1983.
Vogl, Joseph, *Kalkül und Leidenschaft. Poetik des ökonomischen Menschen*, Zürich/Berlin 2002.
Wadauer, Sigrid, »Paris im Unterwegs-Sein und Schreiben von Handwerksgesellen«, in: Mareike König (Hg.), *Deutsche Handwerker, Arbeiter und Dienstmädchen in Paris. Eine vergessene Migration im 19. Jahrhundert*, München 2003, S. 49–67.
Wadauer, Sigrid, *Die Tour der Gesellen. Mobilität und Biographie im Handwerk vom 18. bis zum 20. Jahrhundert*, Frankfurt a. M./New York 2005.
Wahren, Reinhard, *Baukünstler und Ingenieur. Eine Berliner Freundschaft: Karl-Friedrich Schinkel und Christian Peter Wilhelm Beuth*, Berlin 2016.
Walker, Mack, *German Home Towns. Community, State, and General Estate, 1648–1871*, Ithaca 1971.
Wallerstein, Immanuel, *Das moderne Weltsystem I. Die Anfänge kapitalistischer Landwirtschaft und die europäische Weltökonomie im 16. Jahrhundert*, Wien 2004 [1974].
Waszek, Norbert, *The Scottish Enlightenment and Hegel's Account of »Civil Society«*, Dordrecht u. a. 1988.
Waszek, Norbert, »War Eduard Gans (1797–1839) der erste Links- oder Junghegelianer?«, in: Michael Quante/Amir Mohseni (Hg.), *Die linken Hegelianer. Studien zum Verhältnis von Religion und Politik im Vormärz*. Paderborn 2015, S. 29–51.
Weber, Max, »Politik als Beruf« [1919], in: ders., *Gesammelte Politische Schriften*, hg. v. Johannes Winckelmann, 5. Aufl., Tübingen 1988, S. 505–560.
Weerth, Marie, *Georg Weerth (1822–1856). Ein Lebensbild*, Bielefeld 2009.
Wehler, Hans-Ulrich, *Deutsche Gesellschaftsgeschichte*, Bd. 2: *Von der Reformära bis zur*

industriellen und politischen »Deutschen Doppelrevolution« 1815–1845/49, München 1987.
Weiß, Volker, *Moses Hess. Rheinischer Jude, Revolutionär, früher Zionist*, Köln 2015.
Werber, Niels, »Gaias Geopolitik«, in: *Merkur* 792, 5 (2015), S. 59–67.
Wergin, Ulrich, »›Einer der letzten Gäste auf dem Maskenball der Poesie‹. Ludwig Tieck, die Romantik und die Folgen. Nachwort«, in: Ludwig Tieck, *Die Vogelscheuche. Das alte Buch und Die Reise ins Blaue hinein*, 2. Aufl., Frankfurt a. M. 1979, S. 627–692.
Wesselmann, Alfred, *Burschenschafter, Revolutionär, Demokrat. Hermann Kriege und die Freiheitsbewegung 1840–1850*, Osnabrück 2002.
Williams, Raymond, *The Country and the City*, Oxford u. a. 1973, S. 13–34.
Williams, Raymond, *Gesellschaftstheorie als Begriffsgeschichte. Studien zur historischen Semantik von »Kultur«*, München 1972.
Williams, Raymond, *Culture and Society: 1780–1950*, New York 1983 [1958].
Williams, Raymond, *Keyword. A Vocabulary of Culture and Society. Revised Edition*, New York 1983.
Wissell, Rudolf, *Des alten Handwerks Recht und Gewohnheit*, Bd. 3, hg. v. Ernst Schraepler, 2., erw. u. bearb. Ausgabe, Berlin 1981 [1929].
Wolf, Siegmund A., *Wörterbuch des Rotwelschen. Deutsche Gaunersprache*, 2., durchges. Aufl., Hamburg 1985.
Wolzogen, Christoph von, *Karl Friedrich Schinkel. Unter dem bestirnten Himmel*, 2 Bde., Frankfurt a. M. 2016.
Zeuske, Michael, »Die Massensklaverei auf Kuba – extreme Bedingungen und quantitative Dimensionen«, in: ders., *Sklavereien, Emanzipationen und atlantische Weltgeschichte. Essays über Mikrogeschichten, Sklaven, Globalisierungen und Rassismus*. Arbeitsberichte des Instituts für Kultur- und Universalgeschichte Leipzig 6, Leipzig 2002, S. 82–89.
Zeuske, Michael, *Schwarze Karibik. Sklaven, Sklavereikultur und Emanzipation*, Zürich 2004.
Zeuske, Michael, *Handbuch Geschichte der Sklaverei. Eine Globalgeschichte von den Anfängen bis zur Gegenwart*, Berlin/New York 2013.
Žižek, Slavoj, *Der neue Klassenkampf. Die wahren Gründe für Flucht und Terror*, Berlin 2015.
Zlocisti, Theodor, *Moses Hess. Der Vorkämpfer des Sozialismus und Zionismus 1812–1875. Eine Biographie*, Berlin 1921.

Filme

Dammbeck, Lutz: *Das Netz*, 121 Min., Deutschland 2003.
Petri, Elio: *La classe oparaia va in Paradiso* [dt. *Der Weg der Arbeiterklasse ins Paradies*], 120 Min., Italien 1971.

Namensregister

Matthes & Seitz Berlin - Batterien Neue Folge - 102

Erste Auflage dieser Ausgabe 2020

MSB Matthes & Seitz Berlin Verlagsgesellschaft mbH
Göhrener Str. 7 | 10437 Berlin
info@matthes-seitz-berlin.de

Satz und Gestaltung: Gaby Michel, Hamburg
Druck und Bindung: GGP Media GmbH, Pößneck
ISBN 978-3-7518-0301-4
www.matthes-seitz-berlin.de

POLITISCHE THEORIE BEI MATTHES & SEITZ BERLIN

Jean-Claude Michéa

Das Reich des kleineren Übels
Über die liberale Gesellschaft

Aus dem Französischen von Nicola Denis
192 Seiten, gebunden mit Schutzumschlag

Mit seinem Essay »über die liberale Gesellschaft« avancierte Jean-Claude Michéa in kurzer Zeit zu einem der meistdiskutierten politischen Philosophen Frankreichs. In seiner ebenso scharfsinnigen wie spitzzüngigen theoriegeschichtlichen Untersuchung des Liberalismus zeigt Michéa, dass sich der kulturelle Liberalismus freier individueller Entfaltung, der heute zum Grundinventar linker Positionen gehört, nicht vom Wirtschaftliberalismus des freien Marktes trennen lässt und immer auf ihn zurückfällt.

Gegen die linke Illusion, beide Spielarten des Liberalismus gegeneinander ausspielen zu können, plädiert Michéa für eine Befreiung des Moralischen aus der Sphäre des Privaten und für allgemein verbindliche positive Werte. Nur so gelingt der Auszug aus dem »Reich des kleineren Übels« des Liberalismus.

Eine radikale Intervention, die das politische Selbstverständnis von links und rechts grundlegend infrage stellt und herausfordert.

»Jean-Claude Michéa ist ein großer Wurf gelungen … Michéa ist eher ein Geheimtipp. Das dürfte sich mit diesem Buch ändern.«
Hannah Bethke, *Frankfurter Allgemeine Zeitung*

»Ein vitaler Einspruch zur richtigen Zeit … ein inspirierender Augenöffner und ein realistisches Menetekel.«
Marko Martin, *Deutschlandradio Kultur*